外務省条約局編　復刻版

外地法制誌（第六部）第二巻

［関東州租借地と南満洲鉄道附属地（後編）］

龍溪書舍

昭和六十三年三月

関東州租借地と南満洲鉄道附属地 後編

(「外地法制誌」第六部)

条約局法規課

昭和六十三年三月

関東州租借地と南満洲鉄道附属地　後編

（「外地法制誌」第六部）

条約局法規課

序

「外地法制誌」第六部関東州租借地と南満洲鉄道附属地・後編を中編に引続き、刊行することとした。

なお、本調書も元法規課事務官故中村洸氏の編集によるものであり、中編と同様の理由により部内資料とすることとした。

また、これをもって「外地法制誌」の刊行は終了することになる。

昭和六十三年三月

条約局

西田法規課長

外地法制誌一覧

外務省条約局法規課

日本旧領域に関係のあった条約（第１部）	昭和30年度刊行
外地法令制度の概要（第２部）	昭和32　〃
台湾の委任立法制度（第３部の１）	昭和33　〃
律令総覧（第３部の２）	昭和34　〃
制令（第４部の１）前編	昭和35　〃
制令（第４部の１）後編	昭和36　〃
委任統治領南洋群島（第５部）前編	昭和37　〃
委任統治領南洋群島（第５部）後編	昭和38　〃
日本統治下五十年の台湾（第３部の３）	昭和39　〃
台湾ニ施行スヘキ法令ニ関スル法律の議事録（第３部付属）	昭和41　〃
関東州租借地と南満洲鉄道付属地（第６部）前編	昭和41　〃
日本統治下の樺太（第７部）	昭和44　〃
日本統治時代の朝鮮（第４部の２）	昭和45　〃
関東州租借地と南満洲鉄道付属地（第６部）中編	昭和62　〃
関東州租借地と南満洲鉄道付属地（第６部）後編	昭和62　〃

関東州租借地と南満洲鉄道附属地　後編

目　次

第一章　財政

第一章　財　政

第一節　歳　計

一　**総説**　関東州では明治三十七年五月（日露戦役初期）、金州及び大連の占領直後に軍政が施行されたが、その経費の大半は臨時軍事費の支弁によるものであった。軍政区域内における治安の回復に伴い、軍政機関の命令をもって、露国時代あるいは清国時代の旧制を参酌して塩税規則並同施行細則（明治三十八年五月遼東守備軍令第二十一号）、関東州地租規則（明治三十八年十月関東州民政署令第六号）、関東州雑種税規則（明治三十八年十月関東州民政署令第七号）及び関東州営業税規則（明治三十九年四月関東州民政署令第十八号）を設け、民政署において徴税を行ない、これを行政費に充当した。

明治三十九年九月関東都督府が設置され、軍政の撤廃を見るに及んで、明治四十年三月関東都督府特別会計法（法律第十七号）が設定されると同時に地方費に関しても関東州地方費令（勅令第四十八号）が制定施行された結果、関東州の財政は明治四十年度以降、国費、地方費の両会計によって運用されることになった。しかして、軍政時代の租税はこれを踏襲し、地租及び塩税は国税に、営業税及び雑種税は地方税に配分されることになった。

特別会計創設の当初は戦後日なお浅く、日本人、支那人ともに経済的基盤が安定しておらず、民度低く資力も薄弱であったため、財政の基礎を租税に求めることはほとんど望むべくもなく、財源の大半を一般会計からの補充金に依存した。すなわち、明治四十年度歳入総額四百二十七万三千円のうち、一般会計からの補充金が三百万円で七〇パーセントを占め、次が官業及び官有財産収入の百九万円で二五・五パーセント、租税は地租、塩税を合わせわずかに十五万二千円で三パーセントを占めるにすぎなかった。

以来、関東都督府は管内の産業の奨励、振興に力を尽した結果、各種工業の興隆、自由港としての海運、貿易の発展は目覚ましく、逐年逓増する人口に対応し、教育施設、市街地の造成、上水道の拡張等に巨額の支出を必要とするにいたった。これら歳出の増加に応ぜしめるため関東州は施政十五年の大正八年以後初めて新税創設を行なった。すなわち大正八年に取引所令（勅令第四九四号）を制定して取引所税（大正九年実施）を、翌大正九年に法人所得税を、つづいて大正十一年に酒税及び煙草税を創設し、この結果租税収入は従前に比して一躍十倍の増加を見得るにいたった。

大正十二年以降昭和十年まで、十三年間にわたって新税の創設は全くなかったが、昭和十二年十二月一日の満鉄附属地行政権の満洲国への移譲を前に、この移譲の円滑を期するため、従来全く無税地帯として取り残されていた満鉄附属地に対し、予め満洲国の税制に対応する措置を講ずる趣旨をもって、昭和十一年七月、酒税、煙草税、営業税、麦粉税及びセメント税の徴収を実施することとした。これら諸税については税制の項に詳記することとする。

翻って関東州は、大正十四年（一九二五年）ジュネーヴにおける第一阿片会議協定並びに第二阿片会議条約の趣旨に基づき、阿片の輸入、賣下は官において直接これを管理しなければならなくなったので、従来宏済善堂と称する慈善団体に特許してその独占的に取扱わせていた阿片の輸入、元賣捌きの事業を国の専賣とすることに改め、昭和三年八月一日、阿片専賣を実施した結果、新たに数百万円の恒常的財源を期待し得ることとなった。

昭和七年満洲国建国後の一般経済界の発展により租税及び官業収入等の自然増収は著しく、財政の収支は均衡を得て堅実な上昇線をたどった。

昭和八年九月一日電信電話事業の施設のすべてを千六百五十万円の評価額をもって、新設の満洲電信電話株式会社に現物出資した結果、年九十九万円の配当金収入を得る反面、約五百万円の電信電話収入を失うこととなった。

しかしながら、財政全体に与える影響はいうに足りなかった。

昭和十年度にいたって、既往年度の剰余金の激増を理由として一般会計からの補充金繰入れは打切りとなり、翌十一年度にはかえって一般会計に対して百四十万円の繰入れを実行した。これはわが国の外地特別会計から本土の一般会計に対して財源繰入れを実行した始まりであって、同時に関東都督府特別会計が明治四十年に創設されてから満三十年の歳月を経て完全に自立するにいたったことを物語るものである。

昭和十二年度以降は、支那事変の長期化、つづいて太平洋戦争の突発に伴い、戦費の必要に応じるため、臨時軍事費特別会計に繰り入れる財源の増加を図ることを主眼として、内地及び他の外地に呼応して年々新税を創設し、あるいは増税を重ねて終戦時にいたった。すなわち、昭和十二年度においては第二種及び第三種の所得税、麦粉税、セメント税、外傷債特別税、揮発油税のほか北支事件特別税として所得特別税、臨時利得特別税、利益配当特別税、公債及社債利子特別税及び物品特別税を創設し、塩税、第一種所得税（旧法人所得税）、取引所営業税、酒税及び煙草税を増徴した。しかして、昭和十二年における一般会計への繰入額は一般財源繰入百五十万円、北支事件費財源繰入十六万五千余円、計百六十六万五千余円であった。

昭和十二年十一月五日調印の満洲国における治外法権の撤廃及び南満洲鉄道附属地行政権の移譲に関する日満条約に基づき、同年十二月一日、満鉄附属地行政権は全般的に満洲国に移譲された。その結果同附属地に置かれていた警察官署、郵便局、税務署、専賣官署、観測所支所、奉天救療所等の行政機関が移譲されたため、総額五百七十五万九千円の経費が減少したが、他面附属地における租税、印紙収入、通信収入及び専賣収入等、経費の減少とほぼ等額の財源が移譲されたので、関東局の財政にはほとんど影響を及ぼすことはなかった。

昭和十三年度においては、法人資本税、家屋税のほか支那事変特別税として利益配当税、公債及社債利子税、通行税、入場税、特別入場税及び物品税を創設し、地租、所得税、外貨債特別税等を増徴した。

昭和十四年度においては、支那事変特別税として建築税及び遊興飲食税を、同十六年度においては特別法人税及び個人臨時利得税を、同十七年度においては清涼飲料税、骨牌税、馬券税及び公告税を、同十八年度においては特別行為税を創設し、臨時軍事費特別会計への財源繰入の増加を図った結果、同十九年度決算においては歳出総計二億一千八百三十六万二千余円のうち、臨時軍事費特別会計への繰入額は一億二千四百三十万三千余円に達し、この繰入れは歳出額の五七パーセントを占めるものであった。

二　特別会計所管の変遷と補充金の特異性

イ　特別会計所管の変遷　関東都督府特別会計は、明治四十年度に創設以来所管を異動すること七回、名称もまた関東庁特別会計、関東局特別会計と二度改められた。

明治四十年三月、初めて関東都督府特別会計が設けられたときは、外務省所管であったが、明治四十三年六月、内閣拓殖局の設置に伴い大蔵省所管に移された。大正二年六月拓殖局の廃止により再び外務省所管に復したが、大正六年七月、内閣拓殖局の設置によって再び大蔵省所管に移った。大正八年四月、関東庁官制の公布とともに関東庁特別会計と改称された。昭和四年六月、拓務省の設置に伴い、拓務省所管に移されたが、昭和九年十二月、対満事務局設置及び関東局官制の公布に伴い関東局特別会計と改称し、三度大蔵省所管となった。昭和十七年十一月大東亜省の設置に伴い大東亜省所管に移され、同二十年八月大東亜戦争終戦によって大東亜省の廃止に伴い三度外務省の所管となった。

ロ　補充金の特異性　特別会計は明治四十年度に創設以来昭和十年度まで、毎年度おおむね三百万円ないし四百万円程度の補充金を一般会計から繰入れて財政の均衡を保ってきたのであるが、この補充金の繰入れは、単に関東州財政の歳入不足を補足するためにのみ行なわれたものではなく、次に説明するような重大な意味をもつ財政措置であったのである。

1　**満鉄附属地行政費に対応するもの**　満鉄附属地は関東州租借地とともに関東都督府の所管地域であるにかかわらず、始政以来全く無税地域であった。そもそも露国から譲渡を受けた東清鉄道南部線は、その建設に当り、遼陽、鉄嶺、奉天、開原、長春等の古城市から故意に一定の距離を有するほとんど無人の原野に敷設されていたため、日本の継承直後においては附属地全域を通じ、住民の戸数は五千、人口は二万にすぎなかった。

わが国は、この附属地を満洲経済開発の根源地とするため、速かに内外人を誘致して、その発展を図る必要を認めた結果、南満洲鉄道株式会社をして、巨資を投じてその沿線の須要な地域に道路、下水、上水道、公園等を整備した市街地を建設し、教育、衛生、消防、勧業等の地方行政に当たらしめ、関東都督府は警察、逓信、気象観測等の行政を関東州租借地内と一元的に執行した。しかるに附属地は鉄道沿線の狭長の地域であるため、面積人口に比較して警察官署、郵便局、測候所等の行政施設を多数必要とし、甚だしく行政費は割高になったが、国費、地方費とも附属地住民からは一切租税を徴収しなかった。したがって本特別会計への補充金は、そのほとんどが附属地行政費の不足に充当されたのであって、殊に昭和年代に入っては、鉄道沿線の発展に伴い増嵩する歳出は、挙げて関東州内の歳入の増加に依存していたことは、昭和九年度の附属地行政費の総額が一千七十八万余円に達していたのに対し、その収入は四百二万余円にすぎず、差引不足額六百七十六万余円のうち補充金をもって充当された額は三百万円であったことでみても明らかである（昭和財政史関東州の財政から）。

2　**満洲産銑鉄及び木材に対する関税払戻しのための補助金に充当するもの**　関東局特別会計への一般会計からの補充金は、前年度決算において多額の歳計剰余金を生じたことを理由に昭和十年度において一般政費に対する補充金としては皆減となったにかかわらず、なお同年度予算に百九十四万七千余円の補充金が計上されていた。これは内地に輸入された満洲産の銑鉄及び木材に課せられた関税払戻しの意味において補助する奨励金に相当する額であった。この措置は一般会計において輸入数量に応じて算出した額を特別会計に補充金として支出し、特別会計はこれを関東州地方費に補給金として支出し、地方費から企業者に交付するいわゆる通り抜け勘定に該当し、関東局特別会計の実質には何ら影響のないものであった。これは特恵関税と実質上同一の措置である。しかしてこれに該当する補充金は昭和十四年度をもって打切りとなった。

3　満洲国内における日本人の教育費国庫負担金の財源に充てるためのもの　昭和十二年十二月一日、満洲国における日本人子弟の教育行政は、満洲国における治外法権の撤廃及び満鉄附属地行政権の移譲に関する日満間の条約に基づき、なお当分の間日本政府がこれに当り、満洲国駐箚特命全権大使がこれを管掌することとなった。しかして在満日本人教育費の負担は日本国政府、満洲国政府、満鉄及び在満学校組合の四者において一定の割合をもって分担することとなったのであるが、この日本国政府分担の教育費の財源に充てるため、昭和十五年度以降、関東局特別会計に一般会計から補充金として繰入れられることになったのである。

関東局特別会計歳入歳出決算累年表

（単位円）

年度	歳入 一般歳入	歳入 補充金	歳入 繰入及び公債金	歳入 計	歳出	歳出に対する一般歳入の比	歳出に対する補充金の比
明治四〇	一、二七一、四七二	三、〇〇〇、〇〇〇	―	四、二七三、四七二	三、四五一、四八七	〇・三六	〇・八七
四一	二、四一八、〇九五	三、一二〇、〇〇〇	八二一、九八五	五、三六〇、〇七九	四、二三一、六四〇	〇・三三	〇・七三
四二	一、五五五、九六六	二、九六四、〇〇〇	一、一二八、三四八	五、六四八、四〇四	四、六一七、六八九	〇・三三	〇・六四
四三	一、九九六、二八八	三、六一五、四一六	一、〇三〇、七三五	六、六四二、四一九	五、七七一、三三五	〇・三四	〇・六二
四四	二、〇八九、五九五	三、三三〇、七九〇	八七一、〇八三	六、二九一、四六八	五、四九九、二九六	〇・三八	〇・六一

大正 一	一、八八七、一四一	三、一三三、五〇〇	一、一五三、一二九	六、一六二、七七〇	五、三五九、五〇三	〇・三五	〇・五八
二	二、三八七、六八八	二、三四八、八〇〇	八〇三、二六七	五、五三八、七五五	四、四二九、二五二	〇・五三	〇・五三
三	二、一四七、五九〇	二、二三三、〇〇〇	一、一〇九、五〇三	五、四九〇、〇九三	四、一一六、八九八	〇・五二	〇・五四
四	二、二五三、二六三	一、九三七、〇〇〇	一、三七二、一九五	五、五六三、四五八	四、一一八、九二四	〇・五四	〇・四七
五	二、八二八、八六六	二、〇〇七、〇〇〇	一、四四四、五三四	六、二八〇、四〇〇	四、二〇八、〇〇三	〇・六七	〇・四七
六	三、六四五、八二七	二、〇〇七、〇〇〇	二、〇七二、三九六	七、七二五、二二四	四、六一二、九八五	〇・七九	〇・四三
七	四、六四八、三二一	二、一〇三、二〇三	二、一一二、二二九	九、八六三、七六三	六、八九五、八五三	〇・六七	〇・三〇
八	六、四九〇、八〇二	三、〇〇〇、〇〇〇	二、九六七、九〇八	一二、四八五、七一〇	九、五三一、七二五	〇・六七	〇・三一
九	八、〇四七、二九五	三、二五〇、〇〇〇	二、九二六、九八五	一四、二二四、二八〇	一一、七〇五、七二七	〇・六七	〇・二七
一〇	一〇、二八五、二八七	四、〇〇〇、〇〇〇	二、五一八、五五三	一六、八〇三、八四〇	一三、七九二、七八九	〇・七四	〇・二九
一一	一二、〇三二、九二五	四、三〇〇、〇〇〇	三、〇一一、〇五一	一九、三四三、九七六	一五、二一七、五五七	〇・七九	〇・二八
一二	一〇、九七三、三〇七	四、〇〇〇、〇〇〇	四、一二六、四一八	一九、〇九九、七二五	一五、六〇三、九〇四	〇・七〇	〇・二五
一三	一一、二二一、四三六	四、〇〇〇、〇〇〇	三、四九五、八一一	一八、七一七、二四七	一五、二三七、五七一	〇・七三	〇・二三
一四	一一、四六八、〇四六	三、〇〇〇、〇〇〇	三、四七九、六七五	一七、九四七、七二一	一四、〇三六、四一三	〇・八一	〇・二〇
昭和 一	一二、一一〇、七三四	三、〇〇〇、〇〇〇	三、九一一、三〇七	一九、〇二二、〇四一	一四、五八〇、七二五	〇・八三	〇・二〇
二	一二、八三九、二八九	四、〇〇〇、〇〇〇	五、三六二、三一六	二二、二〇一、六〇五	一六、九八五、〇二九	〇・七五	〇・二三
三	一六、三三二、五八六	四、〇〇〇、〇〇〇	六、一四五、五三四	二六、四七八、一二〇	二〇、八五四、九三二	〇・七八	〇・一九

四	一七、三二〇、〇四〇	四、五五〇、〇〇〇	六、〇八二、〇〇五	二七、九四四、〇四五	三二、五七六、四六九	〇・七六	〇・二〇
五	一五、三三二、〇一九	四、〇〇〇、〇〇〇	五、八二九、一三三	二五、一六一、一四一	一九、八七〇、八七六	〇・七七	〇・二〇
六	一五、〇八九、六七七	三、七〇〇、〇〇〇	五、八三八、三八五	二四、六二八、〇六二	二〇、八九八、五三六	〇・七三	〇・一七
七	一八、三五五、七二六	四、〇〇〇、〇〇〇	七、七五七、三三二	三〇、一一三、〇四八	三二、九三七、六四九	〇・八〇	〇・一七
八	三三、一一五、一四八	六、〇〇〇、〇〇〇	一〇、三五九、三三四	三九、四七四、四八二	二五、三〇二、〇五〇	〇・九一	〇・二三
九	二〇、九九三、〇五六	四、〇〇〇、〇〇〇	一四、一七七、三九四	三九、一七〇、四五〇	三二、六五九、四六七	〇・九二	〇・一七
一〇	二〇、四四九、五八〇	一、九四七、四一二	一六、五一〇、九八四	三八、九〇七、九七六	三三、九九八、九五一	〇・八五	〇・〇八
一一	二五、一二一、〇五五	一、〇〇〇、〇〇〇	一四、九〇九、〇二六	四一、〇三〇、〇八一	二八、八五六、四七五	〇・八七	〇・〇三
一二	二六、六二三、二〇五	五〇二、〇〇〇	一二、一七三、六〇六	三九、二九八、八一一	二六、二〇七、四〇六	一・〇一	〇・〇一
一三	三二、六四九、三九二	三〇、〇〇〇	一三、〇九一、四〇四	四五、七七〇、七九六	三二、七七三、二一一	一・四三	〇・〇〇一三
一四	四五、一二五、五七六	一、三〇〇	二三、九九八、五八五	六八、一二五、四六一	三一、六九四、一四五	一・三八	〇・〇〇〇〇三
一五	六四、七〇八、六二一	八、七八七、三〇二	三五、四三一、三一五	一〇八、九二七、二三八	五五、一六〇、五一四	一・三五	〇・一〇五〇九
昭和一六	七九、三八八、八三五	一三、二七八、五九六	五三、七六六、七二三	一四六、四三三、五三六	八七、八七四、一三二	〇・九〇	〇・一五
一七	一三二、五八九、二一七	一九、〇五一、〇九七	五八、五五九、四〇四	二〇〇、二〇〇、三三六	一二四、〇五一、四八四	〇・九八	〇・一五
一八	一五九、八七八、九六四	一九、九四九、七六八	七六、一四八、八五一	二五五、九七七、五八三	一五〇、三八九、五九一	一・〇六	〇・一三
一九	二〇三、六八五、八六八	二七、二二五、九四八	一〇五、五八七、九九一	三三六、四九九、八〇七	二一八、三六二、六八二	〇・九三	〇・一二
二〇(予算)	二三九、九〇二、一五七	三〇、三〇八、五三五	三二、五二一、八三八	二九二、七三二、五三〇	二九二、七三二、五三〇	〇・七八	〇・一〇

三　**関東州地方費**　関東州地方費制度は関東都督府が設置された翌年の明治四十年三月関東州地方費令（勅令第四十八号）及び関東州地方費令施行規程（関東都督府令第十六号）の制定で、同年四月一日から施行され、関東都督府特別会計法と相まって財政運用の円滑を期し管内一般の発展に寄与した。地方費会計は地方費収入をもって直接地方住民の安寧福利に関する行政施設費を支弁するを目的とするもので、内地における地方自治団体の収入支出に相当するものである。

地方費収入の種目は地方税（営業税、雑種税の二種）、地方費において管理する事業及び財産の収入並びに雑収入と、特別会計からの補給金であるが、特別会計からの補給金は大正五年度以降地方費収入増加のため一時補給を中止したが、昭和二年度以降満鉄会社の地方施設補助に要する経費の財源として再び特別会計から補給を受けることとなった。支出は会屯事務費、教育費、衛生費、勧業費、営造物費、救育費、消防費、作業費、土木維持費、地方費取扱費等に充てるものである。

関東州には地方費を審議する州議会制度はもとより、審議会、評議会に類する制度もなかったので、地方費の予算及び決算は、管理者である都督（後には関東長官、駐満全権大使）がこれを主務大臣に報告し、かつその要領を告示することを義務づけられていたにすぎなかった（関東州地方費令第一条、第七条）。

地方費収支決算累年表

（単位円）

年度	収入			支出		
	経常部	臨時部	計	経常部	臨時部	計
明治四〇	四二八、七〇四	四六六、三一〇	八九五、〇一四	三九八、八三〇	三五六、九四八	七五五、七七八

四一	七四五、二五〇	三四四、六五三	一、〇八九、九〇三	六一五、四〇七	三一二、六六九	九二八、〇七六
四二	八〇〇、八八六	三八六、二〇四	一、一八七、〇九〇	六〇六、四四二	五一四、八一五	一、一二一、二五七
四三	八四二、二七五	三一六、三六六	一、一五八、六四一	七〇〇、二一七	三三四、二一七	一、〇三四、四三四
四四	八五四、六〇五	三四六、〇六四	一、二〇〇、六六九	六八七、〇二五	三四七、七四四	一、〇三四、七六九
大正一	八六六、八四〇	三七一、八〇三	一、二三八、六四三	七〇三、三四六	四一六、七〇四	一、一二〇、〇五〇
二	九〇八、五一二	三二七、四六〇	一、二三五、九七二	六五二、三七二	三七四、六八四	一、〇二七、〇五六
三	九七〇、七七四	五〇二、五三七	一、四七三、三一一	六五一、五六四	四一八、三五三	一、〇六九、九一七
四	三、一〇五、三六八	六〇七、一七五	三、七一二、五四三	六九三、五一五	一、一一九、二一四	一、八一二、七二九
五	三、五〇〇、四三七	一、九一三、一〇四	五、四一三、五四一	八八三、五三一	二、二六九、三一四	三、一五二、八四五
六	六、三九二、五四六	二、二七八、一五二	八、六七〇、六九八	一、一九〇、六三四	三、二七一、三二八	四、四六一、九六二
七	六、三九四、八四一	四、二三五、六九九	一〇、六三〇、五四〇	一、四二四、〇一九	四、四八九、七四八	五、九一三、七六七
八	四、一四四、〇六七	四、七五四、九七〇	八、八九九、〇三七	一、七九九、六二〇	三、〇一七、八九三	四、八一七、五一三
九	六、五五二、八一三	四、一二八、八〇二	一〇、六八一、六一五	二、四六〇、四三四	四、四三五、七九六	六、八九六、二三〇
一〇	四、九五三、六四五	三、九二五、七二四	八、八七九、三六九	二、〇六〇、三一三	二、七三〇、〇〇一	四、七九〇、三一四
一一	四、八七〇、二九四	四、一二三、〇六三	八、九九三、三五七	一、九四九、五四六	三、一四八、一五五	五、〇九七、七〇一
一二	四、六七〇、四七八	三、九一九、一九〇	八、五八九、六六八	二、〇六八、三六五	二、八〇〇、四四五	四、八六八、八一〇
一三	四、九一七、五三七	三、七四三、七四二	八、六六一、二七九	二、一〇〇、七九七	二、六九九、九三二	四、八〇〇、七二九
一四	五、二六四、七六二	三、九四七、六三八	九、二一二、四〇〇	二、五四六、七六三	二、五九一、五八一	五、一三八、三四四
昭和元	五、五四〇、六五四	四、二六二、八六八	九、八〇三、五二二	二、七二六、四七五	二、七一二、五四二	五、四三九、〇一七

二	五、五四一、二八一	五、四四八、一七八	一〇、九八九、四五九	三、〇一一、〇六三	三、七二四、四〇四	六、七三五、四六七
三	四、五五六、四〇九	五、四八九、四五七	一〇、〇四五、八六六	二、六三三、二二四	三、五一九、二四八	六、一五一、四七二
四	四、七七八、七四六	四、七五一、七二六	九、五三〇、四七二	二、八一三、九六五	三、一六四、八一三	五、九七八、七七八
五	四、四一四、一五五	四、三四三、五五〇	八、七五七、七〇五	二、六二三、六六三	三、二二九、五三〇	五、八五三、一九三
六	三、九七八、六六三	三、六五二、一五二	七、六三〇、八一五	二、五四〇、〇四三	二、二八五、五九八	四、八二五、六四一
七	三、九四〇、七五九	四、二七〇、七六五	八、二一一、五二四	二、七七〇、九二八	二、九六二、七六八	五、七三三、六九六
八	四、八八九、九〇〇	六、四三八、五二四	一一、三二八、四二四	二、九八六、五九二	五、二〇六、一八七	八、一九二、七七九
九	五、四六四、九二二	四、七五六、三九五	一〇、二二一、三一七	三、一六一、五二八	三、四一三、二二二	六、五七四、七五〇
一〇	六、三四九、七六四	五、六一九、三一六	一一、九六九、〇八〇	三、六八五、五七五	三、九七九、八二〇	七、六六五、三九五
一一	六、六六七、七九〇	九、〇七一、三五九	一五、七三九、一四九	三、八六二、九九七	七、九四〇、九四二	一一、八〇三、九三九
一二	六、八七〇、五三六	四、六四一、六八九	一一、五一二、二二五	四、二四七、四五四	三、七九九、四三二	八、〇四六、八八六
一三	六、二四五、七八五	五、八四〇、九六七	一二、〇八六、七五一	三、六三二、九一八	三、五一六、四八五	七、一四九、四〇三
一四	六、八〇〇、七一五	五、二六五、七九〇	一二、〇六六、五〇五	二、九二三、一七八	五、〇八九、六三六	八、〇一二、八一四
一五	八、九一四、五一八	六、一三八、六五五	一五、〇五三、一七三	三、三六九、七三四	四、九二〇、一二五	八、二八九、八五九
(予算)一九	一一、一九三、〇〇〇	五、七五五、〇〇〇	一六、九四九、〇〇〇	七、六一四、〇〇〇	九、三三四、〇〇〇	一六、九四九、〇〇〇

第二節　租税

関東州における租税制度の沿革概要は前節歳計の部で記述したところであって、国費に属する租税と地方費に属する租税とがあり、また、満鉄附属地は全く無税地域であったが、同附属地行政権の移譲に当り、その準備として昭和十一年度から酒税、煙草税、営業税、麦粉税、印紙税及びセメント税が創設されたことも既述のとおりである。それで、本節においては各税の沿革と概要を摘記することとする。

第一　関東州の国費に属する租税

一　所得税　大正九年勅令第二百二十七号関東州所得税令をもって、関東州に本店又は主たる事務所を有する法人の所得並びに内地、朝鮮、台湾、樺太以外に本店又は主たる事務所を有する法人(いわゆる外国法人)で、関東州内に資産又は営業を有するもののその資産又は営業から生ずる所得に賦課することとし、大正十五年以降、法人に非ざる社団もこれを法人とみなして所得税納付の義務を負わしめ、支那人間における法人類似の匿名組合の脱税を防止することとした。

所得税はこのように法人にのみ課税したため、経済界の好不況に左右され、その収入はすこぶる不安定であった。しかも本税収の主なものは南満洲鉄道株式会社にかかるものであって、その他は昭和四年から八年までの五か年間の平均が五十万円内外にすぎなかった。

満鉄の所得税も同社の業績により甚だしい高低があり、たとえば昭和六年度においては百六万円の納税があったが、昭和七年度においては皆無となり、昭和八年度には一躍三百十六万余円の納税があったように全く変動常ならぬものであった。

昭和十二年勅令第二百八十九号により関東州所得税令は全文改正され、新たに第二種所得税及び第三種所得税が創設されるとともに既存の法人所得税は第一種所得税と改称されて、当時、朝鮮、台湾及び樺太に施行されていた所得税制度とほとんど同じものになった。

所得税は昭和十三年三月勅令第二百十三号関東州支那事変特別税令の施行によって相当程度の増徴が加えられ

た。その後もしばしば改正されたが、昭和十八年関東州大東亜戦争特別税令の（前記支那事変特別税令を改称）の改正（勅令第三百三十五号）により同令による所得税の増徴は昭和十八年四月一日限り廃止し、同時に関東州所得税令の税率を改正して複雑な税率を一本化した。これよりさき、関東州所得税令も内地所得税法の改正に順応して昭和十三、十五、十六、十七、十八各年の改正を経、更に昭和十九年勅令第百八十五号により、大幅の税率改正が行なわれた。この増税の結果、昭和十九年度の所得税実収額は六千五百四十九万八千円に達し、一般所得税制度となった当初の昭和十二年度の実収額四百三十六万円に比較して十五倍の増加を示すにいたった。

二　特別法人税　特別法人税は昭和十六年勅令第二百九十六号関東州特別法人税令により創設され、関東州に主たる事務所を有する特別の法人すなわち（一）実業組合及び実業組合連合会（二）金融組合及び金融組合連合会の剰余金に対して賦課するもので、その税率は当初剰余金の百分の三であったが、その後昭和十九年勅令第百八十八号の改正によって百分の十五に引き上げられた。

昭和十九年度の実収額は十六万四千円であった。

三　法人資本税　法人資本税は昭和十三年勅令第二百十一号関東州法人資本税令により、関東州に本店を有する法人の資本又は外国法人で関東州に資本を有するもののその資本につき事業年度終了の都度、資本額に対し賦課するもので、当初の税率は資本額に対し一万分の五の割合であったが、その後昭和十五年勅令第百七十四号により一万分の六に、同十九年勅令第百八十七号により千分の二にそれぞれ引き上げられた。

昭和十九年度の実収額は三百五十三万五千円であった。

四　地租　地租は明治三十八年十月関東州民政署令第六号関東州地租規則により、露治時代の旧制を参酌して田畑の業主（所有者）に対し、一畝（約百八十三坪）につき年十銭を課した。大正七年にいたり税率を一畝につき十五銭に改め、次いで大正九年に二十銭に改めた。

地租の制度をこのような旧制によってまにあわせ的に改正を加えてきた理由は、一方において関東州の土地調査事業の完成をまって根本的の改正を行なうべく企図していたからである。ここにおいて昭和十三年勅令第二百五十二号をもって関東州地租令が制定され、広く土地の所有者又は質権者を納税義務者と定め、田及び畑に対しては地価の千分の十、宅地及び雑種地に対しては当分のうち地価の千分の六の割合をもって賦課し、地価は十年ごとに一般的に改訂することとなった。昭和十九年には宅地、雑種地に対する緩和規定を廃止し、一率に地価の千分の十をもって賦課することに改められた。この税率改正の結果、昭和十九年度の収入実績は七十九万円に達し、これを明治四十年度に比較すると七・五倍の増加を示した。

五　家屋税　家屋税は昭和十三年勅令第七百二号関東州家屋税令により創設され、家屋台帳に登録した賃貸価格により、所有者又は質権者に百分の二の割合をもって賦課し、毎年七月及び十二月に徴収した。なお、賃貸価格は五年毎に一般的に改訂することとし、第一回の改訂は昭和十九年において行なう旨規定されていた。

六　外貨債特別税　外貨債特別税は昭和十二年勅令第七百十号関東州外貨債特別税令により、関東州に住所を有し又は一年以上居所を有する者で、外貨債を所有するものに、その利子金額に対し、外貨国債にあっては利率年五分、外貨国債以外の外貨債にあっては利率年五分五厘に相当する金額を超える金額に十分の七の割合をもって賦課した。昭和十五年勅令第百七十五号をもってこの税率は外貨国債にあっては利率年四分、外貨国債以外の外貨債にあっては利率年四分五厘に相当する金額を超える金額に十分の七の割合をもって賦課することに改められた。しかし、昭和十九年度においては管内に外貨債所有者が皆無となったため、税収皆無となった。

七　取引所税　取引所税は大正八年勅令第四百九十四号関東州取引所令に基づいて制定された関東州取引所税規則（大正九年関東庁令第八号）により、取引所営業税及び取引税に区分して賦課徴収した。

イ　取引所営業税　取引所営業税は株式会社組織の取引所に対し、その賣買手数料収入金額の百分の十五の割合をもって毎月分を各翌月末に徴収した。

ロ　取引税　取引税は取引所における取引人定期取引の賣買各約定金額に対し、左記税率により毎月分を翌月末に取引人から徴収した。ただし国債証券の取引には課税しない。

第一種　地方債証券、社債券
　定期取引の賣買各約定金額一万分の一・五

第二種　有価証券
　同　一万分の三

第三種　商　品
　同　一万分の二

第四種　銭　鈔
　同　十万分の一

右のうち第四種は昭和十二年の規則改正によって削除された。

取引所税はこれを創設した翌年度の大正十年度においては三十四万三千円の収入を挙げたが、その後漸減して昭和十九年度の実績は大正十年度実収額の十分の一以下に減少した。

八　塩税　塩税は明治三十八年五月遼東守備軍令達第二十一号塩税規則により創設され、州内産塩については製造者が製造場から移出するとき、輸入塩については関東州外から輸入するとき（ただし日本製塩は除外）徴収し、税率は清国時代の旧慣による一石すなわちわが二石五斗の容量に相当する枡目を使用し、移出税は一石につき六十銭、輸入税は一石につき一円五十銭であった。

昭和十二年三月関東局令第十九号をもって塩税規則を改正し、

イ　関東州において消費する目的をもって製造場から移出する塩には百キログラムにつき八十銭の税率をもって課する。ただし当該官庁の承認を受け、別に指定する化学工業の用に供する塩は百キロにつき五銭とする。

ロ　当該官庁の承認を受け、関東州外に輸出する目的をもって製造場から移出する塩には百キロにつき十六銭を課する。ただし化学工業又は漁業の用に供する塩で、別に指定するものは百キロにつき五銭とする。

ハ　関東州外から輸入する塩（日本産塩及び通過貨物たる塩を除く）には百キロにつき一円六十銭の税を課する。ただし当該官庁の承認を受け、別に指定する化学工業の用に共する目的をもって関東州外から輸入する満洲国産塩は百キロにつき五銭とし、輸入の際輸入者からこれを徴収する。

とした。

次いで昭和十九年九月の税率改正により、関東州外に輸出する目的をもって製造場から移出する塩は化学工業用、漁業用の区別を廃し、一率に百キロにつき十二銭に改められた。

関東州産塩は天日産塩であるため、天候により製塩量が一定せず、また内地その他の需要関係に左右されて、年々税収額は不安定であった。昭和十八年度における塩税課税実績は七十四万七千九百八十九円であった。

九　酒税　酒税は大正十一年勅令第百九十八号関東州酒税令によって創設され、酒類を醸造酒、蒸溜酒、再製酒の三種に分ち、関東州内において酒類を製造するには免許を要することとし、その製造する酒類の造石数に応じて所定の税率を適用し一定の納期において徴収した。また、関東州外から輸入する酒類については保税地域又は郵便局からこれを引取る際、引取石数に応じ引取人から税金を徴収した。一方支那酒については地方特殊の事情にかんがみ、自家用酒の制度を設け、清酒、黄酒及び濁酒に限り一酒造年度二石以下の製造を免許し、製造石数一石以下のもの年額八十銭、一石を超えるもの年額一円六十銭の税を徴収した。その徴税は地租の物合と同様各会長をしてその管内の税金を取りまとめ、民政署に納入せしめる間接徴収の方法を採用した。なお、酒類製造用若しくは工業用に供した酒類又は関東州外に輸出した酒類に対しては酒税を免除し又は酒税に相当する金額を交付することとした。

その後大正十五年四月勅令第六十四号及び昭和十二年勅令第三十五号による再度の税率引上げがあったが、昭和十八年三月勅令第三百三十六号をもって関東州酒税令に全文改正が施され、酒税は酒類造石税及び酒類庫出税の二種となった。なお、自家用酒類の製造は昭和二十年八月末日まで従前の例により認められることとしていた。しかるにこの税令は施行後わずかに一年にして再び大改正が加えられた。すなわち昭和十九年三月勅令第百九十号をもって造石税、庫出税の区別はこれを撤廃し、従来自由販賣制であった酒類販賣業を政府の免許制に改め、税率も大幅に引上げた。この増税の結果、昭和十九年度の酒税実収額は七百七十九万円に達した。

十　**清涼飲料税**　本税は昭和十七年三月勅令第二百五十七号関東州清涼飲料税令により創設され、清涼飲料（炭酸ガスを含有する飲料をいう）の製造については製造場一か所毎に政府の免許を受けしめ、製造場から移出される玉ラムネ壜詰のもの（第一種）一石につき六円、その他の壜詰のもの（第二種）一石につき十五円、壜詰以外のもの（第三種）については炭酸ガス使用量一キログラムにつき六円の税率をもって賦課徴収した。昭和十九年三月勅令第百九十一号をもって税率引上げを行ない、前記の第一種については十二円、第二種については三十五円、第三種については十一円とそれぞれこれを改めた。

昭和十七年度の収入実績は十六万九千円であったが、翌十八年度は九万三千円に減少し、十九年度は約二倍の税率引上を行なったにかかわらず十五万一千円にとどまったのは大東亜戦争の悪化で資材の払底により生産が減少した結果である。

十一　**煙草税**　煙草税は大正十一年勅令第百九十九号関東州煙草税令により創設された。しかして煙草の耕作、製造及び販賣は免許を要することとし、課税上製造煙草と葉煙草に大別し、更に製造煙草は口附紙巻煙草、刻煙草及びその他の製造煙草に、葉煙草は各等級に区分し、小賣定價又は小賣價格を課税標準とし、保税地域（製造物を含む）又は郵便局から引取る際各税率に従い引取人から徴収した。その後大正十二年勅令第三十五号、昭和十六年勅令第二百九十八号、同十八年勅令第三百三十八号及び同十九年勅令第百九十三号による税率改正があって、当初のものに比較して約二倍の税率上となった。この増税の結果、昭和十九年度の煙草税は実収額二千百十八万三千円の巨額に達した。

十二　麦粉税　麦粉税は昭和十二年勅令第二百九十三号関東州麦粉税令によって創設された。麦粉の製造は製造場一か所毎に政府の免許を受けさせ、麦粉税は保税地域から麦粉を引取るとき、その引取人から一包装につき十銭（一包装で二十四キログラムを超えるものがあるときは二十四キログラム又はその端数毎に十銭）の割合をもって徴収した。しかして自己又はその同居家族の用にのみ供するために自ら製造する麦粉については麦粉税令を適用せず、また保税地域相互間における未納税運送の制度を認めた。なお当該官庁の承認を受けて関東州外に輸出する麦粉についてはこれを免税とした。

本税は昭和十四年度における三十四万七千円を最高とし、その後戦局の苛烈化に伴う麦粉輸入量の激減のため昭和十九年度の実収額はわずかに二万六千円にすぎない状況であった。

十三　セメント税　セメント税は昭和十二年勅令第二百九十二号関東州セメント税令により創設された。セメントの製造は免許制度とし、セメント税は保税地域からセメントを引取るときその引取人から百キログラムにつき二十銭の割合をもって徴収した。昭和十九年度のセメント税実収額は十万円であった。

十四　揮発油税　揮発油税は昭和十二年勅令第二百九十一号関東州揮発油税令により創設された。揮発油とは摂氏十五度における比重〇・八〇一七を超えない鉱油をいい、石炭、亜炭、油母夏岩又は天然ガスを原料として製造した揮発油は課税の対象とならなかった。揮発油の製造は免許制度とし、保税地域から揮発油を引取るときその引取人から一キロリットルにつき十三円二十銭の税率（昭和十五年勅令第百七十八号により三十四円三十五銭に増税）をもって徴税した。昭和十九年の実収額はわずかに四万三千円であったが、昭和十五年度においては実収額五十四万九千円であった。この減収は管内における民需用揮発油の絶対量が減少した結果にほかならない。

十五　骨牌税　骨牌税は昭和十七年三月勅令第二百五十八号関東州骨牌税令により創設され、骨牌の製造又は販賣については製造場又は販賣場一か所毎に政府の免許あることを要し、骨牌を製造場から移出し又は保税工場から引取る場合に、次の税率をもって製造者又は引取人から徴税するものであった。

㈠　麻　　雀　一組につき　五円

㈡　花　　牌　一組につき　二十銭

㈢　その他の骨牌　一組につき　七十銭

右税率は昭和十九年三月勅令第百九十二号により、㈠は十円、㈡は五十銭、㈢は一円五十銭にそれぞれ引上げられた。

昭和十八年度の課税実績三十三万五千円中九三パーセントに当たる三十一万円は花牌に対するものであって、最も高税率の麻雀に対するものは皆無であった。

十六　馬券税　本税は昭和十七年三月勅令第二百六十号関東州馬券税令により創設された。馬券税は関東州競馬令（昭和十三年勅令第三百七十四号）による競馬を開催する者に課し、その税率は㈠勝馬投票券の発行によって得た金額の百分の五、㈡勝馬投票券の購買者に払戻すべき金額から勝馬投票券の券面金額に勝馬投票的中数を乗じて得た金額を控除した金額の百分の二十であった。

昭和十七年度において五十八万九千円、同十八年度においては六十四万七千円の課税実績を挙げたが、戦局の推移にかんがみ競馬会の開催を中止するにいたった結果、昭和十九年度以降においては税収皆無となった。

十七　広告税　本税は昭和十七年三月勅令第二百五十九号関東州広告税令により創設され、次の区分によって課税した。

第一種

一　新聞紙、雑誌、書籍その他の出版物による広告

二　汽車、電車、自動車、汽船その他の交通運輸機関又は交通運輸業の設備による広告

三　映画、入場券、乗車船券、気球その他満洲国駐箚特命全権大使の定めるものによる広告

第二種

一　立看板、掛看板、幟旗又はこれらに類するものによる広告

二　ポスターによる広告

三　チラシその他大使の定めるものによる広告

四　建植看板、野立看板、額面広告又はこれらに類するもの

広告税の税率も昭和十九年三月勅令第百九十五号により大幅に改められ、したがって昭和十九年度の課税実績十八万一千円は昭和十七年度の分に対し二六パーセント、前年度の分に対し三三パーセントの増加を示した。

十八　特別行為税　本税は昭和十八年三月勅令第三百三十九号関東州特別行為税令により創設され、(一)写真の撮影、現像、焼付及び複写　(二)調髪及び整容　(三)織物及び被服類の染色（描絵を含む）及び刺繍　(四)被服類の仕立　(五)書画の表装　(六)印刷及び製本の行為をなす業を営む者がその行為の対価として取得する料金に対して百分の二十の税率をもって課した。たゞし、印刷及び製本の行為に関するものを除き昭和十九年三月勅令第百九十六号をもって料金に対する百分の二十の税率を百分の三十に引上げた。同時に新たに(七)写真機、蓄音機、楽器その他大使の定めるものの修繕　(八)金融機関の保護預り（有価証券その他大使の定めるものの被封預りを除く）及びこれに類するもの

を課税対象として附加した。

これらの特別行為についてはそれぞれ免税点を設け、零細な行為には課税しない措置が講じられたが、一般大衆の日常の行為を対象とした広範囲の課税であったために、昭和十八年度においては百三十六万一千円、同十九年度においては三百三十二万五千円の税収をあげた。

十九　臨時利得税　本税は昭和十年五月勅令第百三十号関東州臨時利得税令によって創設されたもので、時局の好影響を受けて収益を増大しつつあった関東州内の法人及び法人に非ざる社団に対して当分のうち賦課する臨時税として誕生したものであったが、その好財源たる重要性においてそのまま存続され大東亜戦争終末期にまで及んだ。

この間昭和十二年勅令第三百九十号、同十三年勅令第三百十二号、同十四年勅令第百三十九号による改正を経て、昭和十六年勅令第二百九十七号による全文改正があり、新たに個人利得税が設けられた。すなわち関東州に住所を有し又は一年以上居所を有する者は臨時利得税を納める義務を有し、また住所居所ともに有しない者で関東州に資産又は営業を有するものは、その利得についてのみ臨時利得税を納める義務あるものとしたのである。次いで昭和十七年勅令第二百五十三号、同十八年勅令第三百三十五号及び同十九年勅令第百八十六号による改正が加えられ、法人利得税の税率は創設当時に比較して二倍を上廻るものとなった。

昭和十九年度の本税実収額は法人利得税において千五百十六万四千円（昭和十年度の実収額二十四万九千円に比較して百二十九倍余）、個人利得税において千七百八万三千円、合計三千二百二十四万七千円であった。

二十　北支事件特別税　本税は北支事件費の財源に充当する目的をもって内地の北支事件特別税法施行に対応し昭和十二年八月勅令第四百五十八号関東州北支事件特別税令により創設された。北支事件特別税は所得特別税、臨時利得特別税、利益配当特別税、公債及社債利子特別税及び物品特別税の五種で、原則として本令施行（昭和十二年八月二十七日公布即日施行）後一年度限りの課税を規定した税令であった。しかし実際に税令が廃止されたのは昭

和二十年四月一日（昭和二十年三月二十八日勅令第百四十九号）である。

本税令により徴収された税額は昭和十二年度から同十九年度までを合計して二百三十九万七千円であった。

二十一　支那事変特別税（後に**大東亜戦争特別税**と改称）本税は最初昭和十三年勅令第二百十三号関東州支那事変特別税令として設けられ、今年四月一日から施行されたものである。本税令のうち所得税の増徴、利益配当税、公債及社債利子税及び物品税は、前記二十の項で説明した北支事件特別税令の税種を継承したもので、通行税、入場税及び特別入場税は新たに設けられたものであった。そして翌昭和十四年勅令第百三十八号により、更に建築税及び遊興飲食税の二税が設けられたが、同十八年勅令第三百三十五号により所得税の増徴は本税令から削除し、所得税令の改正により増税することに改められた。本税の名称が大東亜戦争特別税と改められたのは昭和十七年三月勅令第二百五十五号による。

本税令の内容はおおむね内地、朝鮮、台湾及び樺太の大東亜戦争特別税（当初は支那事変特別税）の内容とその軌を一にし、その税収は臨時軍事費特別会計の財源に充当したものである。

イ　所得税の増徴　所得税の項おいて記述したとおりである。

ロ　利益配当税　利益配当税は関東州に本店を有する法人から利益の配当を受ける者に対し、その配当金中配当率年七分の割合を超える金額を左の区分により配当金支払の際、支払者がこれを徴収し、毎月分を翌月十日までに政府に納付させた。

配当金中配当率年七分の割合をもって算出した金額を超える金額　百分の十

配当金中配当率年一割の割合をもって算出した金額を超える金額　百分の十五

ハ　公債及社債利子税　公債及社債利子税は関東州において公債又は社債の利子の支払を受ける者に対し、利子金額中国債にあっては利率年四分、国債以外の公債及び社債にあっては利率年四分五厘を超える金額の百分の十（昭和十九年勅令第百八十九号により百分の二十五に改正）に相当する金額を税額とし、利子支払の際、支払者がこれを徴収し毎月分を翌月十日までに政府に納付させた。

ニ　建築税　建築税は（一）居住の用に供する家屋　（二）料理店業、貸席業、貸座敷業に供する家屋　（三）演劇、活動写真、演芸又は観物の開催の用に供する家屋等を建築した場合においてその建築価格一万五千円以上のものに対し、その建築価格から七千五百円を控除した金額の百分の十（昭和十八年勅令第三百三十五号により百分の二十に改正）の割合をもって算出した金額を税額として、建築完成の際これを徴収した。

ホ　通行税　通行税は汽車、電車、乗合自動車及び汽船の乗客に対し、等級、距離数等の区分により、運賃領収の際運輸業者においてこれを徴収し、毎月分を翌月末日までに政府に納付させた。課税標準及び税率は数次にわたり改正されたので昭和十九年勅令第百八十九号による改正税率を掲げれば次のとおりである。

一等　乗車船区間のキロ数一キロ又はその端数につき　八厘
二等　乗車船区間のキロ数一キロ又はその端数につき　四厘
三等　乗車船区間のキロ数一キロ又はその端数につき　二厘

急行車又は寝台車に乗車した場合は前掲の通行税のほか、急行料金又は寝台料金の百分の二十の税率により通行税を課した。

ヘ　入場税　入場税はこれを第一種及び第二種に区別し、第一種は（一）演劇、活動写真、演芸又は観物を催す場所　（二）競馬場　（三）博覧会場、展覧会場、遊園地、鍛錬馬場を、第二種は舞踏場、麻雀場、ゴルフ場をいい、当初は入場料の百分の五の税率をもって入場税を賦課した。ただし、第一種の場所の入場料が一人一回三十九銭（後には二十八銭に改正）に満たない場合においては入場税は課税しなかった。

昭和十九年勅令第百八十九号をもって改正された入場税の税率は次のとおりである。

第一種の場所

入場料が一人一回七十五銭未満のとき	入場料の百分の十
同　一円五十銭未満のとき	入場料の百分の二十五
同　三円未満のとき	入場料の百分の四十
同　四円五十銭未満のとき	入場料の百分の五十五
同　四円五十銭以上のとき	入場料の百分の七十

第二種の場所

撞球場	入場料の百分の三十
麻雀場	入場料の百分の五十
ゴルフ場	入場料の百分の九十

ト　特別入場税　特別入場税は運動競技で学生生徒又は該競技をなすことを業としない者が行なうものにつき、観覧のため入場する者から料金を徴収する場合、その入場料の百分の五（後には百分の十に改められた）をもって主催者がこれを徴収し、競技終了後直ちに政府に納付させた。入場料が一人一回三十九銭（後には二十八銭に改められた）に満たない場合においては、特別入場税を課さなかった。

チ　物品税　本税はおおむね奢侈品、生活上の不要不急品、戦時下における物資需給調節品中の必要な物品について課税することとし、これを第一種、第二種及び第三種（後には第三種は削除された）の物品に区分し、第一種及び第二種はこれを更に甲類、乙類、丙類及び丁類（当初は甲類及び乙類のみ）に分類した。しかして第一種の物品については小賣業者が販賣した小賣価格により、第二種及び第三種の物品については製造場から移出するときの価格又は数量により毎月分を翌月末日までに小賣業者又は製造者から徴収した。ただし、保税地域から引取る物品については、原則として引取りの際の価格又は数量により引取人から徴収した。

物品税は昭和十二年北支事件特別税の物品特別税として創設されて以来ほとんど毎年その課税対象と税率の改正が重ねられた結果、昭和十三年四月一日の課税物件は第一種二十四、第二種二十一、第三種二、計四十七種目であったものが昭和十九年四月一日には第一種七十四、第二種四十九、計百二十三種目に達した。しかして昭和十九年四月一日現在における税率を昭和十三年における税率（かっこ内）に比較すれば次のとおりである。

第一種

甲類	物品の価格百分の八十	（百分の十五）
乙類	同　百分の四十	（百分の十）
丙類	同　百分の二十	
丁類	同　百分の十	

第二種

甲類	物品の価格百分の八十	（百分の十五）
乙類	同　百分の四十	（百分の十）
丙類	同　百分の三十	
丁類	同　百分の二十	

リ　**遊興飲食税**　本税は料理店、貸席、旅館、その他大使の定める類似の場所における遊興、飲食及び宿泊につ

き、その場所の経営者が、名称の何たるかを問わず、遊興、飲食及び宿泊をなした者から領収する金額に対して賦課し、当該場所の経営者から徴収した。昭和十九年四月一現在における税率を昭和十四年本税創設当初における税率（かっこ内）に対比すれば次のとおりである。

㈠　芸妓の花代　　料金の百分の百二十六（百分の二十一）

㈡　娼妓、俳優、酌婦の花代　　料金の百分の四十六（百分の九）

㈢　芸妓の花代又はその他の花代を伴う遊興飲料の料金、たゞし芸妓の花代及びその他の花代を除く
料金の百分の五十

㈣　カフェー、バーにおける遊興飲料の料金、たゞし芸妓の花代及びその他の花代を除く
料金の百分の六十（百分の十五）

㈤　前各号以外の遊興飲料の料金　　料金の百分の四十

㈥　旅館における宿泊の料金　　料金の百分の二十

しかして遊興飲食の料金が一人一回二円未満（当初は五円未満）の場合及び旅館における宿泊の料金が一人一泊五円に満たない場合には課税しない。たゞし芸妓の花代その他の花代、芸妓の花代又はその他の花代を伴う遊興飲食の料金には免税点の設けはなかった。

第二　関東州地方費に属する租税

地方税は関東州地方費令（明治四十年三月勅令第四十八号）第二条でその種類を営業税、雑種税の二種に限定している。その賦課徴収については関東州地方税規則（明治四十年関東都督府令第十八号）によってすべて軍政時代の規則に従うべき旨を定め、関東州営業税規則（明治三十九年四月関東州民政署令第十八号）及び関東州雑種税規則（明治三十八年十月関東州民政署令第七号）を踏襲適用したが、諸般の秩序が日を逐って整うに及び、明治四十

五年四月新たに関東都督府令第十一号をもって関東州地方税規則を制定して旧制に代わらせた。更に昭和五年三月関東庁令第十七号関東州営業税規則を、同年五月関東庁令第三十二号関東州雑種税規則をそれぞれ制定して後にいたったが、その間社会の変還、財界の隆替等に順応して部分的改正をすること実に十数回に及んだ。

一　**営業税**　本税は関東州に営業場を定めて営業をなす者に対し、物品販売業及び製造業については売上金額、銀行業、保険業及び無尽業については資本金額、金銭貸付業、運送業、鉄道業、倉庫業、印刷業、出版業、写真業、席貸業、料理店業、貸座敷業、旅人宿業、飲食店業、取引所信託業、洗濯業、湯屋業、理髪業、遊技場業、興行場業及び芸妓置屋業については収入金額、運送取扱業、周旋業、問屋業、代理業、両替業、仲立業、信託業及び代書業については報償金額、請負業については請負金額をそれぞれ課税標準として各所定の税率により賦課した。

賦課徴収の方法は納税義務者たる営業者が毎年一月三十日までに課税標準を所轄の民政署に申告し、所轄民政署長はこの申告に基づき営業税調査委員会に諮問して課税標準を決定し、これに対する税額を業種別に一期ないし四期に分けて徴収する。

二　**雑種税**　本税は関東州内で不動産その他の物件を所有し使用し又は特定の行為をなし若しくはこれをなした者のその物件又は特定の行為につき関東州雑種税規則第二条の規定により所轄民政署長が左の種類に対し各所定の課税標準及び税率によってこれを賦課徴収するのを原則とする。

車税（乗用馬車、荷車、人力者、自動車、自動自転車、自転車）、船税（汽船、帆船、小船）、芸妓税、遊芸師匠税、遊芸稼人税、幇間税、俳優税、酌婦税、娼妓税、屠畜税、不動産取得税、遊興税、土地増価税

本税のうち土地増価税は土地増価税規則（大正八年五月関東庁令第十三号）に基づいて賦課徴収し、他の地方税とはその法令を別にする。旅順市（趙家溝、孫家溝及び黄金台を除く）、大連市及び沙河口会のうち、台山屯及び河東屯の民有地につき、次に掲げる場合における土地の自然増価額に対してこれを賦課し、㈠の場合は前所有者、

(二)の場合は現所有者からこれを徴収する。

(一)土地所有権の有償移転のあったとき

(二)十五年間土地所有権の有償移転のないとき（土地所有者の住宅用に供する期間はこれを算入しない。）

税率は次のとおりである。

(一)自然増価額が原価額の百分の五十未満のときは、土地の有償移転のあった場合は百分の十五、十五年間土地所有権の有償移転のない場合は百分の十

(二)自然増価額が原価額の百分の五十以上百分の百未満のときは、土地の有償移転のあった場合は百分の二十、十五年間土地所有権の有償移転のない場合は百分の十五

(三)自然増価額が原価額の百分の百以上百分の百五十未満のときは、土地所有権の有償移転のあった場合は百分の二十五、十五年間土地所有権の有償移転のない場合は百分の二十

(四)自然増価額が原価額の百分の百五十以上のときは、土地の有償移転のあった場合は百分の三十、十五年間土地所有権移転のない場合は百分の二十五

土地の自然増価額は土地所有権の有償移転のあった場合は民政署長の調査により、十五年間土地所有権の有償移転のない場合は地価調査委員会の協賛を得て民政署長が決定するが、地価調査委員会が決議をしない場合又はその決議を不当と認めるときは関東州庁長官がこれを決定する。

また船舶税については大正三年関東都督府令第五号をもって登簿トン数一トン毎に年税金三十銭を賦課したが、昭和五年関東州雑種税規則をもってこれを改正し、従来登簿船に対してのみ賦課した船舶税を同年十月一日から不登簿船にも併課することとしたのである。

第三　国費に属する租税で満鉄附属地にのみ施行されたもの

一　**営業税**　本税は昭和十一年六月勅令第百八号南満洲鉄道附属地営業税令によって創設せられ、満鉄附属地に営業場を有し、所定の営業をなす個人に対し、各営業種類別に定められた課税標準及び税率によって毎年これを賦課する。営業税は納税義務者の申告する課税標準により所轄税務署長においてこれを決定し、年額を四期に分けて、徴収する。

二　**法人営業税**　本税は昭和十一年六月勅令第百九号南満洲鉄道附属地法人営業税令によって創設され、満鉄附属地に本店、支店その他の営業場を有する営利法人に対し、その営業の純益につき百分の二の税率によってこれを賦課徴収する。しかして本令においては構成員相互の利益のために事業を営むことを目的とする法人又は法人でない社団（匿名組合）もこれを営利法人とみなして課税することとした。法人営業税は法人の事業年度ごとに徴収することになっていた。

三　**酒税**　本税は昭和十一年六月勅令第百十七号南満洲鉄道附属地酒税令によって創設された。酒類の製造には製造場一か所ごとに政府の免許を受けることを必要とし、酒税は酒類（アルコールを含有する飲料）製造者に所定各酒類の造石高に対し適用する税率をもって賦課徴収する。酒類の種類は㈠酒精　㈡焼酒　㈢黄酒　㈣紹興酒　㈤麦酒　㈥清酒　㈦朝鮮薬酒　㈧濁酒　㈨その他となっており、その税率は百リットルにつき最高㈤及び㈦の九円五十銭、最低㈡の酒精分五十未満のもの六円五十銭である。

四　**煙草税**　本税は昭和十一年六月勅令第百十八号南満洲鉄道附属地煙草税令によって創設された。煙草の耕作及び製造は免許を受けることを要し、課税上製造煙草及び葉煙草に大別し、更に製造煙草は紙巻煙草、葉巻煙草及びその他の製造煙草に区分し、紙巻煙草は五万本、葉巻煙草は千本を単位とする従量税、その他の製造煙草及び葉煙草には従価税をもって製造場から搬出するとき製造者からこれを徴収する。

五　**麦粉税**　麦粉税は昭和十一年六月勅令第百二十号南満洲鉄道附属地麦粉税令によって創設された。麦粉の製造は製造場一か所毎に政府の免許を受けることを要し、麦粉税は製造場から麦粉を搬出するとき、その製造者から一包装につき十銭(一包装で二十四キログラムを超えるものがあるときは二十四キログラム又はその端数毎に十銭)の割合をもって徴収する。

六　セメント税　セメント税は昭和十一年六月勅令第百十九号南満洲鉄道附属地セメント税令によって創設された。セメントの製造は製造場一か所毎に政府の免許を受けることを要し、セメント税は製造場からセメントを搬出するときその製造者から百キログラムにつき三十六銭の割合をもって徴収する。

七　印紙税　印紙税は他の諸税におくれ、昭和十二年三月二十九日勅令第三十八号南満洲鉄道附属地印紙税令をもって創設された。税率は多岐にわたるのでこれを省略する。

以上の満鉄附属地にのみ施行された諸税令は、昭和十二年十二月一日の満鉄附属地行政権の満洲国への移譲と同時に廃止され、以後は満洲国の各税法規にしたがい課税されることとなった。

なお、附属地行政移譲の際、日本政府の課税権に属した前記諸税は、駐満日本国大使と満洲国総理大臣との協議決定に従い満洲国政府において賦課徴収し、かつ右両者間で協議決定された金額を日本政府に交付することとした。(附属地行政権移譲に関する日満条約の附属協定甲第十一条)。

第三節　国有財産

一　沿革　明治三十八年九月の日露講和条約第五条及び第六条に基づき、日本は露国に属した関東州租借権をはじめ、同国が関東州租借以来その経営のために買収した土地及びその建設した建物並びに長春・旅順間の鉄道及びこれに附属する一切の財産権を継承し、なおこれに日露戦役当時没収によって官有に帰した土地及び工作物を加え、明治三十九年九月、関東都督府が創設された当時には、すでに巨額の官有財産が構成されていたのである。

その後大正三年度から約十か年を費して行なわれた臨時土地調査の結果、広大な土地が官有に編入され、一面都督府設置以来政務の拡張充実に伴い、土地の買収並びに建物の築造等が行なわれたため、更に官有財産の額を増大させるにいたった。これら財産取得の起因による財産の大要を示すと次のとおりである。

1 **露国から継承したもの**

㈠ 官有土地及び建物

イ 関東州租借地内固有の官有土地建物

ロ 露治時代に未墾地は無償で収用する方針のもとに従来自然の状態に放任してあったものを適宜官有地として認定した土地

ハ 露国官憲の買収又は建設した建物

㈡ 旅順市有の土地及び建物

イ 露治時代、旅順市の名義で一般人民から買収した土地（後の旅順旧市街の大部分）及び建設した建物

ロ 未墾地を前期方針のもとに適宜市有地に編入した土地（旅順市街地のうち新支那街及び竜河右岸の新市街）

㈢ 東清鉄道会社所有の土地及び建物

長春・旅順間の鉄道をはじめ、これに附属する一切の財産権及び撫順、煙台の炭礦並びに露国政府指揮のもとに同会社に一般人民から買収させた土地で、大連市の一部（旧北沙河口外二十四か村区域）及び同会社の買収もしくは建設した建物等がこれに属する。

2 **没収地**

わが軍事行動中、軍事計画に妨害を加えた者に対し、わが軍事法廷で没収の宣告をした土地

3　わが施政以後取得したもの

(一)　大正三年勅令第八十五号関東州土地調査令による調査の結果新たに官に編入登録された土地

(二)　都督府創設以来買収、建設又は寄附等によって取得した土地・建物及び船舶

二　国有財産の管理

イ　沿革　軍政当時における官有財産の管理は、遼東守備軍司令官の制定した租借地内土地家屋及営造物管理規則（明治三十八年二月令達第五号）により、海軍要塞又は鉄道に属する財産を除いて守備軍経理部長の所管となり、明治三十九年九月関東都督府が設置されてからは陸軍において直接その用途に供されるものを除き、すべて都督府民政部の保管に移された。越えて明治四十年四月南満洲鉄道株式会社の設立に当り、鉄道に属する財産及び撫順、煙台等の炭鉱並びに都督府陸軍部所管の土地建物の一部は政府の出資財産として同会社に引き渡されたので、残余の土地建物は陸海軍所属のものを除き都督府民政部の所管となり、その後行政機構の改革に伴い、関東庁を経て関東局の管理するところとなったのである。

ロ　管理法規　従来関東州には国有財産に関する基本法規がなく、わずかに内部規程としての官有財産保管規程（明治四十二年十月都督府訓令第七十二号）、関東州官有土地家屋貸付内規（明治四十年十一月都督府内訓第十六号）等があるにすぎなかったので、常に内地における国有財産法及び同法施行令又は朝鮮その他の外地における国有財産管理規則等の規定を参酌するとともに、必要に応じ随時制定した訓令、通牒並びに会計規則等によって財産の管理及び処分を行なってきたのである。それでその根本法規の整備によって財産処理の適正を期すべく、準備調査を進めてきたのであるが、たまたま昭和十二年の内外地を通ずる統一的国有財産制度の樹立にあたり、同年三月勅令第四十八号をもって関東州国有財産令の制定公布を見、また同年九月関東局訓令第三十二号をもって関東局所管国有財産取扱規程が制定されて、後述の財産の処分に関する法規と相まって、ここに制度の確率を見るにいたったので

ある。右国有財産令は原則として内地の国有財産法及び同法施行令によるのほか、関東州の特殊事情を考慮して制定されたもので、その特徴とすべき点を挙げれば次のとおりである。

1　**国有財産事務の管理機関に関する特例**　国有財産に関する事務は各省大臣がこれを管理し、これに関する総括事務は大蔵大臣において管理するというのが国有財産法（大正十年法律第四十三号）に規定されている原則であるが、関東局所属の国有財産については関東州行政上における駐満大使の特殊地位にかんがみ、原則として同大使がこれを管理し、したがってこれに伴う財産の管理換、計算書又は報告書の調製送付、台帳の様式等に関し必要な特例を設けたこと。

2　**境界査定に関する特例**　国有財産法の規定によれば、国有地の境界が分明でない場合における境界の査定は当該官庁がこれを行なうべきものとなっているが、関東州においては土地の事情を熟知したものに施行させることが適当であり、また必要なので、大使の管理に属するものであると各省大臣の管理に属するものであるとを問わず、関東局所属機関である税務署長又は民政署長に委嘱して施行せしめるものとしたこと、また一面境界査定に関する行政上の救済についても関東州には訴願又は行政裁判の制度がないから、特に大使の定めるところによってその裁定を求めることができるものとしたこと。

3　**産業奨励に関する特例**　関東州塩田規則（明治三十九年関東州民政署令第八号）、関東州造林奨励規則（明治四十一年関東都督府令第四十五号）及び関東州牧野経営奨励規則（昭和十二年関東局令第十三号）中、国有土地の無償貸付又は無償使用に関する事項については国有財産法の規定にかかわらず当分のうち当該規則によって従来どおりの取扱ができるものとしたこと。

4　**公益事業保護奨励に関する特例**　管理財産を譲与できる場合については国有財産法は限定主義を採り、営利を目的としない公益事業に供するため必要ある場合における譲与の途を拓いていないが、関東州における公益事業の実状にかんがみ、その発達を促進する必要上、非営利の公共の利益となるべき事業に供するため必要ある場合においては雑種財産を譲与し得るものとしたこと。

5　**建物交換に関する特例**　国有財産法は建物の交換について土地及び建物以外の土地の定着物に限定したが、関東州における建物はおおむね煉瓦造りで、これを土地と分離することはその利用価値をほとんど無にすることとなるから、建物も土地とともに交換できることとしなければ公私経済上損失が少なくない。それで当分の間建物についてもその交換ができるものとしたこと。

八　**登簿財産**　明治三十九年度末における関東州の官有土地は宅地百二十二万分六千坪、原野十一万九千坪、苗圃十三万三千坪、耕地千四百十四万八千坪であったが、その後大正三年度から十年の日子と二百三十余万円の経費を投じて実施した土地調査の結果、別表のとおり官民有の区分が明確となり、広大な土地が官有に編入されて、官有土地は関東州全面積の三割を占めるにいたった。

なお関東局所管の昭和十五年度末国有財産現在額は別記のとおりである。

関東州内土地一覧　　大正十三年土地調査完成当時

管内別	官民有別	面積	地価	筆数
旅順	民有地	八二、六五五、五五二坪	六、九一九、七五五円	一〇一、〇五四筆
	官有地	七六、四五七、八五〇	一、六三一、九五四	六、四一二
	計	一五九、一一三、四〇二	八、五五一、七〇九	一〇七、四六六
大連	民有地	五〇、一八三、九五一	八、〇四八、一七〇	四七、六〇二
	官有地	六四、五七九、〇九五	九二、〇四六、七三二	二〇、一七五
	計	一一四、七六三、〇四六	一〇〇、〇九四、九〇二	六七、七七七

金州	民有地	一四六、二三九、五九六	一〇、〇五八、八二二	九四、六五三
	官有地	五三、一七一、八四五	五六四、八四三	三、五〇一
	計	一九九、四一一、四四一	一〇、六二三、六六五	九八、一五四
普蘭店	民有地	二四四、〇四一、五四〇	一八、〇二六、六〇六	一六七、七四五
	官有地	六〇、四八九、四〇一	六九三、〇七九	五、七六一
	計	三〇四、五三〇、九四一	一八、七一九、六八五	一七三、五〇六
貔子窩	民有地	一三一、九八〇、〇〇八	一一、二二六、七二二	一二九、二三一
	官有地	三四、〇三五、七〇〇	二六二、七三〇	二、七五〇
	計	一六六、〇一五、七〇八	一一、四八九、四五二	一三一、九八一
総計	民有地	六五五、一〇〇、六四七	五四、二八〇、〇七五	五四〇、二八五
	官有地	二八八、七三三、八九一	九五、一九九、三三八	三八、五九九
	計	九四三、八三四、五三八	一四九、四七九、四一三	五七八、八八四

昭和十五年度末現在額表

区分	土地	建物	工作物	船舶	株式及持分	合計
公用財産	五、〇五九、七三六坪 一八、四九九、〇三二円	建一五七、八七四坪 延三二八、七八五坪 二五、三四〇、三一三円	三一、九七九、八三九円	九四隻 五九五、三五一円		六六、四一四、五三九円

営林財産	三一、三〇七、三二七坪 一、一六四、七三一円					一、一六四、七三一円 立木一四、七九七石 二九、五五四円を含む
雑種財産	一六六、四六八、七六八坪 一二四、三六八、二五四円	建三九、三一〇坪 延六七、八三八坪 七、〇六三、六五二円	一、三三四、八三四	四隻 四八、一八四円	五五五、〇〇〇株 一九、三一二、五〇〇円	一五三、〇一七、四二六円
合計	二〇三、八三五、八一一坪 一四四、〇三二、〇一七円	三二、四〇三、九六五円	二三、二〇四、六八三	九八隻 六四三、五三五円	五五五、〇〇〇株 一九、三一二、五〇〇円	二一九、五九六、六九六円

備考
1　本表は関東州外（南満洲鉄道附属地）所在財産を合算掲記す
2　本表中には関東州地方費所属財産を包含す

三　国有財産の処分

イ　沿革及び関係法規

関東州における国有土地建物の処分は始政以来原則として貸付の方針を採り（明治三十八年二月遼東守備軍令達第七号露国租借地内官有土地及家屋貸付内規及び明治四十年十一月関東都督府内訓第十六号関東州官有土地家屋貸付内規等）きたったが、第一次世界大戦の進展に伴い経済界はにわかに活況を呈するにいたり、これに刺激されて出現した民間の土地利用熱は到底貸付処分のみではこれを満足させることができない状態となったので、従来の方針を一変し、大正七、八両年において官有地競売規則（大正七年二月都督府令第六号）及び官有地特賣規則（大正八年都督府令第三十三号）をそれぞれ制定し、ここに国有地の賣払処分の端緒を開くにいたり、越えて大正十一年一月会計規則の改正（同年勅令第一号）があって、関東州における国有土地建物の処分はここにその規準を与えられ、前記内規と相まってやや統一ある体系を備えるにいたった。しかし時勢の進運と関東州の特殊事情に即応せしめるにはなお適切な処分法規の必要があるので、昭和五年にいたり、関東州官有土地賣払及貸付内規（同年内訓第五号）を制定し、以来二、三の改正を加えた。その内規の骨子を略述すれば次のとおりである。

ロ　**処分の方針**　雑種財産は原則として賣払の方針を採り、おおむね次に掲げる場合にのみ貸付をなすこととした。

1　公共用、公用もしくは公益事業に供するため必要のあるとき
2　特殊産業保護奨励のため特に必要があると認めるとき
3　農耕の用に供するとき
4　その他官において必要があると認めたとき

ハ　**思惑的出願の禁止**　土地の賣払又は貸付出願者に対しては身元調査の上、必ず利用計画書を徴し、実行確実と認める者に対してのみ相当の条件を附して処分することとし、思惑的買占めないし借入等の弊を未然に防止することにつとめた。

ニ　**土地賣払の方法**　賣払の最も多いのは大連市の区域で、同市はその総面積の八割程度は国有地をもってこれを占める状況にあった。その賣払の方法は、連続する一団の未処分地又は広大な面積を特殊利用計画（大会社の工場又は社員宿舎の敷地等）に基づいて出願した者に対してはおおむね会計規則第百十四条第一項第十九号により随意契約をもって賣払ってきた。なお昭和十五年度における土地賣払高及び貸付現在高は次のとおりであた。

用途	賣払高 坪数	賣払高 賣払価格	貸付高 坪数	貸付高 貸付料年額
建物敷地	八六、四九五坪	一、七三九、九二七円	二、七七一、八一二坪 内八七一、四二六坪	一、七〇二、八〇九円
農耕地その他	二四、三〇三、七六二〃	三五一、二九六〃	三八、四七六、二五六坪 内三一、六九二、〇七九坪	二〇一、八九〇円

備考　内書は無償貸付である。

参考　租借地還付の場合における賣払地の法的関係について（信夫淳平・満蒙特殊権益論一七六ページ）

これら私有地の租借期限満了の暁において、仮に関東州が領土国たる中国に還付される場合となれば、しかして中国が外国人の土地所有権を認めない従前からの制度をその際に持続するものとせば、その法的関係はいかなるべきか、実際問題として、法律的にはこれを論及するに相応の価値あるやに思われる。

四　国有林野及び雑種地の処分　関東州の土地については大正三年五月勅令第八十七号関東州土地調査令、同年勅令第八十八号土地調査事務ノ為関東都督府ニ臨時職員増置ノ件等により、臨時土地調査部において十年の歳月を費して調査の結果、官民有の区分が明確となり、同時に国有林野及び雑種地以外の地目に属するものは細密な調査によって土地各筆の面積を測定して土地台帳並びに地籍図に登録したのであるが、当時官有林野及び雑種地は地目を同じくして連続するものはこれを一筆として調査し、その細部の調査を他日にゆだねた結果、その一筆の面積はおおむね膨大となり、かつ官有に査定されたにかかわらず従来の慣行によって地方民において随意に使用収益してきたものの数は少なからず、しかも同一地域内に数人ないし数十人の使用者を包含し、その各使用者間の境界は不分明で混屯たる状態にあった。これは諸般の行政上に及ぼす支障も少なくないのでこれらの土地整理計画を進め、昭和四年度から五か年を費し、その調査が完了したので、昭和九年にいたり土地使用者別の面積を確立すると同時に各使用者から賣払又は貸付の申請書を徴して処分の基礎を確立した。

土地調査完了（昭和九年）直後における売払又は貸付見込面積

	売払				貸付			
	出願人員	同筆数	坪数	価格	出願人員	同筆数	坪数	貸付料年額
林野	二八、六五七	四三、〇六五	九九、七八一、一一七坪	一、三一一、七四〇円	三、一一七	五、〇六六	二一、三〇九、九一三坪	七、四三六円
雑種地	一、七四〇	一、一三九	四、二七七、一一九	五〇、〇九五	一、〇八八	一、七三四	一、三七七、四三八	二、六七一
合計	三〇、三九七	四四、二〇四	一〇四、〇五八、二三六	一、三六一、八三五	四、二〇五	六、八〇〇	二二、六八七、三五〇	一〇、一〇七

備考　貸付けたものは官において水源涵養に資する土地及び景観地その他将来官において必要と認めた土地である。

五　南満洲鉄道附属地行政権移譲に伴う財産の措置　昭和十二年十一月満鉄附属地行政権の移譲に関する日満間条約の附属協定（甲）第十九条により、日本側の行政関係施設（土地建物及び附属諸設備を含む）及び職員を原則として条約実施当時の状態において満洲国へ引継ぐこととなったため、その細目協定において大要次のように措置された。

イ　土地　元来満鉄附属地における国有土地は、満鉄会社設立当時政府出資として会社に提供されたので皆無となり、以後官においては必要の都度大半会社から借受使用してきたものである。したがって日本側においては右貸借関係をそのまま満洲国に引継いだ。

ロ　建物　警察署、郵便局、税務署、専売局、観測所、救療所及び取引所等の庁舎たる建物及びその附属物件は取敢えず無償使用せしめることとし、職員官舎及びその附属物件は有償で譲渡した。なお、当時民間から借受けていた建物（大部分満鉄会社所有のもの）は前記土地と同様貸借関係をそのまま満洲国に引継いだ。

備考　南満洲鉄道株式会社との間における土地建物使用協定

そもそも右使用協定は、南満洲鉄道株式会社が設立されるに当り、明治四十年三月、政府の出資として会社に提供した財産中関東州外において当時関東都督府の使用中に属した土地建物に関しては当分のうち都督府において無償使用すべきことを都督府から満鉄会社に命令すべしとの陸軍大臣令達があったことに起因するもので、これにより同年十月、瓦房店のほか二十一か所の満鉄会社所有土地建物の使用に関し協定されたのを最初とする。その後この協定は各所に散在する満鉄会社所有建物に引用されるとともに国有の土地建物を（関東州内）を会社の必要に応じ随時使用させることとなり、以来幾多の曲折を経て昭和二年にいたり交互に貸借契約を締結した。相互貸借と称されるものがこれである。右契約の根幹をなす貸借物件並びにその使用料関係は概要次のとおりである。

㈠貸付土地建物　満鉄会社において鉄道経営上直接必要なもの並びに学校、病院及び遊園地等公共又は公益的施設の用に供するものは無償使用せしめることとし右以外の用に供するもの（主として社員宿舎たる建物及び敷地）は有償貸付とする。

㈡借受土地建物　一般官署の庁舎に使用する建物及びその敷地並びに公用、公共用に供する土地は無償借受とし右以外のもの（主として官舎として使用する建物及びその敷地）は有償借受とする。

六　株式配当金　配当金収入は満洲電信電話株式会社の日本政府持株に対する配当金の収入である。

満洲電信電話株式会社は、昭和八年三月二十六日新京において日満両国代表の間に締結された「満洲国ニ於ケル日満合併通信会社設立ニ関する協定」（昭和八年五月十五日批准、条約第一号）に基づいて、昭和八年九月一日午前零時をもって、関東州及び満鉄附属地内にある日本政府の電気通信事業と、満洲国行政権下の地域にある満洲国政府の電気通信事業を継承して、これを統一経営することを目的として設立された。会社の資本金五千万円、総株数百万株のうち、日満両国政府において四十五万株、賛成人、従業員及び縁故者において二十七万株、一般公募二十八万株を振り当て、日満両国政府の配分は日本国側三十三万株、満洲国側十二万株とし、それぞれ両国政府の電気通信施設の現物をもって出資した。

会社の利益配当率は政府持株に対しては年六分であったから、昭和十五年に増資が行なわれるまでは配当金収入は毎年度九十九万円の収入があった。

昭和十五年八月会社の資本金を五千万円から一億円に倍額増資するに当り、日満両国政府の持分四十五万株に対する新株は、日満両国において折半負担することとし、二十二万五千株が割当てられた。新株に対する出資は一般財源をもって昭和十五年度、十六年度、十八年度及び十九年度にそれぞれ額面の四分の一、金額二百八十一万二千円あて払込みを実施した結果、配当金収入は漸増した。

なお、満鉄会社、東洋拓殖株式会社等は、満洲においていわゆる国策会社たるの地位を占めた政府出資の大会社であるが、関東局はそれらについて株主関係を有しなかった。

第四節　専賣事業

一　**概説**　関東州の専賣事業は、昭和三年七月から実施された阿片専賣と昭和十六年七月から実施された燐寸専賣との二種であるが、ともに財政上の需要を充す目的に出たものでなく、前者は保健衛生上の必要から取締の目的で、後者は物資統制上の必要並びに満洲国の燐寸専賣制度に対応させる目的で実施されたものである。しかし結果的には相当額の収入をもたらし、財政上寄与するところ少なくなかった。

昭和三年に阿片専賣実施以来、昭和十五年までは世界市場における生阿片の需給関係によってその価格の変動甚だしく収入額は不安定であったが、相当の収益率を挙げることができた。

昭和十六年以降は燐寸専賣の実施に加えて太平洋戦争突発に伴う輸送難により、また原料阿片の騰貴と賣下価格の変更によって収支とも大巾に増加することとなった。

二　阿片専賣　関東州は阿片の輸入、製造及び販賣については当初個人特許制度を採用し、明治三十九年中国人藩忠国に、翌四十年日本人石本慣太郎にこれを許可したが、大正四年にいたり個人特許を廃して慈善団体である大連宏済善堂に特許し、当局の直接監督の下に宏済善堂戒煙部をして阿片の輸入及び販賣を行なわせ、その収益から営業費と同堂慈善部の基本金に充てるため、当局において指定した金額とを控除した残額を特許料として関東州地方費に納入させることとした。次いで大正十三年三月勅令第五十三号をもって関東州阿片令が、同年八月関東庁令第五十号をもって関東州阿片令施行規則がそれぞれ公布され、阿片及び阿片吸飲器具の製造、輸出入、賣買、授受及び所持等に関し厳重な規定が設けられた。しかるに大正十三、十四年のジュネーブ阿片会議における阿片協定並びに阿片条約の実施に伴い、昭和三年勅令第百六十七号をもって改正関東州阿片令の公布を見たので、同年関東庁令第三十四号をもって阿片令施行規則を改正して、従来の阿片販賣人制度は同年七月三十一日限り廃止し、阿片の輸入並びに賣下は一切これを官の独占事業となすこととし、同年関東庁専賣局官制（勅令第百七十九号）の公布を見、大連に関東庁専賣局を設置して専賣事業を開始するにいたった。越えて、昭和八年満洲国政府においては従来の厳禁主義を廃し、同年一月十日から阿片専賣制度を実施するにいたったので、地域接壌し、状況を等しくする満鉄附属地においてもこれと同一方針に出る必要を認め、六月一日奉天関東庁専賣局支局を、新京及び安東に各支局出張所を設置し、昭和十年九月営口にも支局出張所を開設するにいたった。かくして関東州及び満鉄附属地における生阿片及び薬用阿片の賣下、交付並びに薬用阿片の製造は当局においてこれを独占し、所轄警察署長が阿片癮者なることを認定した満支人に限り、官の指定した小賣人を通じて救療に必要な分量を定めて賣下げを行ない、もって漸禁主義の徹底を期した（昭和八年四月関東庁令第十四号南満洲鉄道附属地阿片取締規則）。

原料阿片は当初はトルコ及びペルシャ（イラン）から生阿片を輸入し、生阿片のまま賣下げを行なっていたが、昭和十二年旅順に煙膏製造工場を設置して煙膏専賣に改め、台湾で成功をおさめた阿片含有漸減の方法を採用し、他面生阿片のまま他の地域に流出することの防止につとめた。昭和九年度における癮者数は約四万六千人余人、小賣人数は百四十九人であった。

阿片専賣の年度別収入、専賣経費及び収益は別表のとおりである。

阿片専賣益金

（単位円）

年度	収入	専売経費	収益
昭和　三	一、九二九、一三九	八九六、七七一	一、〇三二、三六八
四	二、六八二、三三三	一、三二九、八二〇	一、三五二、五一三
五	二、〇二八、四三二	九八八、一四四	一、〇四〇、二八八
六	二、四九六、三八八	一、二六六、六八五	一、二二九、七〇三
七	四、五二八、〇三〇	一、五二六、一七三	三、〇〇一、八五七
八	六、八三九、七三八	二、〇八八、八九八	四、七五〇、八四〇
九	六、三七六、三二九	二、〇八五、九〇二	四、二九〇、四二七
一〇	四、三二九、三六九	一、二七七、八一七	三、〇五一、五五二
一一	六、〇二八、一一二	二、〇八九、四五八	三、九三八、六五四
一二	五、五〇三、八四六	一、三九四、九六八	四、一〇八、八七八
昭和一三	三、七一六、八一九	八六五、二六七	一、八五一、五三二
一四	三、二〇七、九二〇	一、〇九八、〇五五	二、一〇九、八六五
一五	四、五八九、八二〇	二、四二〇、七六六	二、一六九、〇五四

備考　専売経費中には新営費修繕費等臨時的経費は含まれていない。

三　燐寸専賣　関東州の燐寸専賣制度は昭和十六年五月勅令第六百一号関東州燐寸専賣令により、同年七月から実施された。本制度創設の趣旨は時局下燐寸生産原料の獲得難及び内地製造燐寸の輸出抑制等に対処する必要と、対外的には満洲国の燐寸専賣制度に対応するとともに、対内的には生産配給消費の三者にわたり適切な統制を加えて、民生の安定を図ることを目的としていた。

燐寸専賣の内容は、燐寸の販賣及びこれに附帯する事項を専賣権の対象とし、販賣に関しては元賣捌人及び小賣人を指定して販賣組織を構成させた。輸出燐寸及び特別燐寸は官の直賣とし、販賣価格はすべてこれを公定し、かつ販賣数量に統制を加えた。燐寸の製造は許可制とし、製品は官において収納し、これに対して賠償金を交付した。

第五節　その他の官業収入

一　通信収入　通信収入の沿革については郵便料金の制度等内地と全く同一である事項は省略し、電信電話事業の分離及び満鉄附属地逓信事業の満洲国への移譲により財政上に及ぼした影響を述べるにとどめる。

通信収入は昭和八年度までは郵便電信及電話収入と称され、切手収入、郵便収入、電信収入、電話収入、電信電話線路移転料収入及び電信電話線路機械維持料収入を包括する科目の名称であった。

関東逓信官署の逓信事業の範囲、料金等はほとんど内地の逓信事業と同一であって、郵便貯金、簡易生命保険、郵便年金の業務も内地の当該事業会計の委託業務として取扱われた。したがって、その取扱数量の実績に応じ大蔵省預金部特別会計から郵便貯金取扱費を、簡易生命保険及び郵便年金特別会計からは簡易生命保険取扱手数料及び郵便年金取扱手数料を毎年度雑収入として受け入れた。（関東局、台湾総督府、樺太庁及南洋庁ノ各特別会計ニ於ケル簡易生命保険及郵便年金ノ事務ノ取扱ニ関スル経費等ニ関スル法律「昭和十六年法律第二八号」）。

通信収入のうち、その過半を占めるものは電信電話に関する収入であって、その実収額は昭和七年度において四百九十六万余円に達した。しかるに昭和八年九月一日満洲電信電話株式会社の設立に伴い、関東局所管の電信電話事業は挙げて同社に移管し（関東州及南満洲鉄道附属地電気通信令「昭和八年勅令第一九七号」）、施設のすべてを千六百五十万円の評価をもって現物出資したため一年間に九十九万円の配当金収入を期待し得る反面、一切の電信電話事業に関する収入を失うこととなった。次いで昭和十二年十二月一日満洲附属地行政権の満洲国への移譲により、関東州外の通信収入を全く失うこととなった。

二　その他の官業収入としては種畜場収入、医院収入、刑務所収入等があるがいずれも少額である。

第六節　公債金

大連市の膨脹発展はきわめて急速であったため、大正年代の初頭から上水の欠乏は甚だしく、大正三年大連上水第二期拡張工事として着工された王家屯貯水池ダムが完成するにいたらないうちに、第三次拡張工事として大正九年度から竜王塘貯水池ダム新設工事を、工費四百六十八万余円をもって着工する必要に迫られた。この拡張工事費財源は、当時の財政状態において、一般財源に求めることが困難と認められたため、大正十一年法律第十五号をもって関東州事業公債法が制度交付され、公債に財源を求める道が開かれた。

大正十二年度から昭和九年度までに、公債金特別会計から受入れた公債金の総額は千百五十五万五千円に達した。この公債金のうち昭和七年度及び昭和八年度において、満洲事件費の財源として満洲事件費公債を受入れた額六百二十三万一千円を控除した残りの五百三十二万四千円が関東州事業公債の発行額である。これは前記第三期拡張工事費のほか、大連上水第三期第二次拡張工事費、同第四期拡張工事費の財源に充当されたものである。しかしてこの公債金の償還は、昭和五年度から開始し、昭和十一年度及び同十六年度以降三か年度に繰り上げ償還を実施し、昭和十八年度までに未償還額を完済した結果、昭和十九年度以降公債負担は皆無となった。

第二章　金融、貿易

第二章　金融、貿易

第一節　金融

一　**固有通貨**　従来満洲における固有の通貨は支那の他の地方と同様に混乱をきわめ、各種の通貨は雑然として混用されていた。したがって各種通貨の間には比価変動の危険、換算の繁雑あるいは真贋の鑑別というようなわずらわしい事情が存在していた。

その貨幣の体系を示すと次のようなものである。

- 制銭系
  - 硬貨
    - 制銭
    - 銅元
  - 紙幣
    - 官帖
    - 銅元票
- 洋銭系
  - 硬貨
    - 小洋銭
    - 現大洋
    - 新銅貨
  - 紙幣
    - 現大洋票
    - 哈大洋票
    - 奉天洋票
    - 奉大洋票
    - 私帖

銀錠系
- 硬貨 ─ 元宝銀
- 手形 ─ 過爐銀

イ　旧紙幣の整理　昭和七年三月満洲国が成立するに及んで、同国政府は紛乱した従来の満洲幣制の整備に努力し、同年六月十一日貨幣法を公布し、貨幣の製造及び発行の権を政府に回収し、東三省官銀号、辺業銀行、吉林永衡官銀銭号及び黒竜江省官銀号を合併して新たに設立された満洲中央銀行に発行権を統一したのである。なおこの機会に銀本位制を採り、純銀量目二三グラム九一を価格の単位としてこれを円と称し、一円の十分の一を角、百分の一を分、千分の一を厘と称し、中央銀行発行紙幣（百円、十円、五円、一円及び五角）及び補助鋳貨（白銅貨幣一角及び五分、青銅貨幣一分及び五厘）をもって法貨とし、中央銀行は紙幣発行高の三割以上に相当する銀塊、金塊、確実な外国通貨又は外国銀行に対する金銀預け金の保有を要することとした。更に同月二七日旧貨幣整理辧法を公布し、従来流通した鋳貨及び紙幣は本弁法に規定された左記のものを除くほか七月一日からいっさいその流通を禁止することとした。すなわち従来流通した紙幣中左記十五種は昭和七年七月一日以後二年間は法定換算率をもって新貨幣（国幣）と同一効力を有し、期間満了後は失効するものとしたのである。

一	東三省官銀号発行兌換券（天津券を含まず）	新貨幣一円につき	一円
二	辺業銀行発行兌換券（天津券を含まず）	同	同
三	遼寧四行号連合発行準備発行兌換券	同	同
四	東三省官銀号発行滙兌券	同	五〇円
五	公済平市銭号発行銅元票	同	六〇円
六	東三省官銀号発行哈爾浜大洋票（有管理官印）	同	一・二五円
七	吉林永衡官銀銭号発行哈爾浜大洋票（有管理官印）	同	同

八	黒竜江省官銀号発行哈爾浜大洋票（有管理官印）	同	同
九	辺業銀行発行哈爾浜大洋票（有管理官印）	同	同
十	吉林永衡官銀銭号発行官帖	同	五〇〇吊
十一	吉林永衡官銀銭号発行小洋票	同	五〇円
十二	吉林永衡官銀銭号発行大洋票	同	一・三〇円
十三	黒竜江省官銀号発行官帖	同	一・六八〇吊
十四	黒竜江省官銀号発行四釐債券	同	一四円
十五	黒竜江省官銀号発行大洋票	同	一・四〇円

ロ　鋳貨の整理　奉天省十進銅元は、昭和七年七月一日以降五ヵ年間新貨幣の一分青銅貨と同一の効力を有し、期限満了後は失効するものとし、中央銀行総分行において法定換算率をもって新貨幣と引換えることとした。

ハ　過炉銀、鎮平銀及び現小洋の整理　過炉銀は営口地方独特の通貨で、過去七十年の歴史を有し、営口繁栄の基礎と称されていたが、昭和八年十一月三日その発行及び流通を禁止し、同九年二月までに全部整理された。

鎮平銀は安東の通貨で、昭和九年四月二十日満洲国財政部布告をもって鎮平銀建の取引を禁止し、中央銀行をして同年十二月までに公定相場（国幣百円につき鎮平銀七十両二）をもってその買収をなさしめた。現小洋銭は東辺道安東方面に補助貨的役割をもって流通していたが、昭和九年十二月二十七日をもってその流通を禁止し、中央銀行をして中華民国以前の現小洋貨一百元に対し国幣九十円の割合をもって昭和十年二月末までその買上をなさしめた。

ニ　その他　中国銀行及び交通銀行は昭和七年七月一日現在、すでに発行した哈爾浜大洋票の額を限度として通用を許されたが、五か年以内に政府の命ずるところにより回収することとした。

二　幣制統一　満洲中央銀行がその開業當初に旧銀号から承継した旧貨幣一億四千二百二十四万円（国幣換算）の回収はきわめて順調に進み、期限満了の昭和九年六月末までに九三パーセント一の成績を示した。なお未回収の旧紙幣は期限後通貨としての資格は失われたが、所持者の利益を保護するために更に一か年の交換期間を設け、昭和十年八月末をもってこの旧紙幣整理事務を完了（四収率九七パーセント）し、幣制統一の大事業はここに完成した。

関東州においては従来満支人間日常一般取引の通貨として銀硬貨たる小洋銭の流通を見たが、諸種の弊害がおおいので昭和十年十二月二十一日勅令第三百十三号「関東州ニ於ケル小洋銭通用禁止ニ関スル件」をもって昭和十一年四月一日以降その通用を禁止し、右勅令と同日公布の関東局令第七十四号「小洋銭輸入禁止ニ関スル件」により四月一日から三か月間州内の村落金融組合及び同事務所をしてその買入をなさしめ、右買入事務を完了（買入額四百五十余万元）し、ここに小洋銭はその影を没するにいたった。

三　日本通貨

イ　軍用手票　満洲におけるわが通貨の流通は国力の発展に伴って幾多の変遷を経たが、日露戦役に際し、わが軍が軍費の支弁にあてるため円銀を代表する約一億五千万円の軍用手票を満洲に流通せしめたのがその発端である。

ロ　一覧払手形　日露戦役後政府は軍用手票回収の必要を認め、明治三十八年十二月横浜正金銀行に対し一覧払手形の発行を許し、これをもってその回収整理に当たらせるとともに軍用手票の後継として満洲における幣制の欠陥を補なわんことを期した。軍用手票の回収は以来漸次行なわれ、大正十三年末においては市場に残留するもの三十余万円にすぎずこれらは主して五十銭以下の小票でその多くは正金銀行券（後述）の補助貨に代用された。

ハ　正金銀行券　日露戦役後わが満洲撤兵の進捗に伴い政府は明治三十九年八月軍用手票回収に関する事務を横浜正金銀行に移すとともに、同行に対し円銀をもって兌換する銀行券の発行を許しその強制通用力を付与した（明治三十九年九月十五日勅令第二百四十七号「横浜正金銀行ノ関東州及清国ニ於ケル銀行券ノ発行ニ関スル件」）。

銀本位制の採用は銀貨を愛用する支那人間に広くわが通貨を普及せしめるためこれを便とし、かつ従来の軍用手票、一覧払手形並びに円銀の勢力を承継せしめることを有利と認めたことに因る。しかしこの銀券の発行は予期したような成績を収めることができなかったのみでなく、明治四十年に入り世界的財界反動の余波を受けて銀塊相場の大暴落をきたし、銀券の金に対する比価が折々変動して在留那人の財産関係の安定を害し、満洲に対する資本投下にははなはだ危惧の念を抱かせるにいたらせた。特に政府の予算関係において歳出は金をもって定め、租税その他の公納は軍政府時代の旧慣によって銀勘定としたごときは、歳計上の不便を及ぼすこと少なくなかった。

前述のような一般事情は次第に金券の使用を便とするにいたらしめたので、大勢に順応して関東都督府は明治四十年度からその歳入を金とすることに改め、また満鉄会社は明治四十年十月以降賃金を金計算とすることに改めた。これらの事情は一層金券の流通を助長し、政府は更に正金銀行をして明治四十二年十二月から満洲において金勘定の預金及び為替を取扱わしめ、かつ満洲における金庫の出納には日本銀行兌換券によることを原則となさしめ、また民間における取引は金銀いずれによるも各自の自由に委することとなり、通貨政策はここに一転して金券の流通に一段の進境を示した。ここにおいて政府は大正二年七月勅令第二百五十号をもってさきの円銀兌換銀行券発行に関する勅令を改正して正金銀行に五か年を限り金券の発行を許し、その強制通用力を与え、同行は同年十月からその発行を開始したが、その発行最高額は三百余万円にとどまった。

二　朝鮮銀行券　これと相前後して朝鮮銀行はその営業を満洲に進め、関東州及び満鉄沿線の各地に支店又は出張所を設置したので朝鮮銀行券も満洲に流通するにいたり、複雑せる幣制は更に一層のまぎらわしさを加え、各通貨は相互間にその相場を異にし、日常取引上繁雑に堪えないものがあるのみでなく、満洲に対する放資並びに外国貿易等の上に悪影響を及ぼすこと少なくなきにいたった。大正五年五月政府は金の補助貨にあてさせるため朝鮮銀行に対し金兌換の小額支払手形の発行を命じた。

大正四年五月二十五日北京において調印された日支間「南満洲及東部内蒙古ニ関スル条約」の発効によって邦人

の経済的地歩はますます向上し、日満の経済関係はいよいよ緊密となって金券の需要も急激に加わり、到底従来のような不徹底な通貨制度によることが不可能となったので、政府は大正六年十一月限り正金銀行に属しだ金券発行の業務はこれを朝鮮銀行に移さしめ、新たに朝鮮銀行券の流通を公認するとともに強制通用力を付与した（大正六年十一月二十八日勅令第二百十七号「関東州及南満洲鉄道附属地ニ於ケル朝鮮銀行銀行券ノ通用ニ関スル件、同日勅令第二百十八号「明治三十九年勅令第二百四十七号中改正ノ件」）

これと同時に関東都督府においては、同年十一月限り銀に関する公定相場の発表を廃止し、銀の受払を全廃した。次で大正七年六月以降満洲における金庫及び郵便局は軍票の回収に支障にのない限り銀の受払を廃止し、満鉄会社も大正八年七月以降特殊の事項を除くほか銀の受払を廃止する等それぞれ金本位統一の理想に向かって一歩を進めた。ただし多年流通していた正金銀行の銀券はにわかに廃止することができないので、しばらくその流通を認め、その絶対的廃止は他日に期することとなった。以来特産物出廻り期その他需要盛んな時期には千数百万円を超えることがあるが、本銀券の例月の発行高は数百万円にとどまり、漸減の傾向を示すにいたったので、政府は昭和十一年九月二十二日勅令第三百三十五号をもって「関東州等ニ於ケル横浜正金銀行券発行禁止等ニ関スル件」を公布し、同年十月一日以降同銀行券の発行を禁止するとともに、同銀行券は関東州、満鉄附属地及び満洲国行政権下にある正金銀行の各店舗において百円につき百円の割合により朝鮮銀行券又は貨幣法による貨幣に引換えることとした。

一方朝鮮銀行券の普及は経済界の急激な膨脹に順応して著しい発展を遂げ、一時満洲における流通高一億円内外に上ったこともあったが、満洲中央銀行の成立に伴い昭和十五年末流通推定高は八千万円内外と見込まれた。要するに満洲におけるわが通貨制度は銀本位制に始まり、次いで銀を本位とするかたわら金の通用をも黙認する両本位制を経て金本位制に統一したものである。しかして後関東州に流通する通貨は朝鮮銀行券と満洲国の国幣とになった。満洲国国幣は従来流通しなかったが、昭和十年八月末その金円に対する相場がパーとなったため以来関東州外からの旅行者の持込み等によって自然流通するにいたり、その金額も漸次増加し、満洲中央銀行連支行の当時の国幣回収額は一か月二千万円内外に及んでいた。

三　金融機関

イ　横浜正金銀行　満洲における邦人経営の金融機関は明治三十三年一月開設の横浜正金銀行（牛荘）支店（昭和九年に営口支店と改称）をもって最初とし、実に満洲における邦人活動の先駆をなした。当時露国の勢威は隆々として満洲を圧し、邦人在留者はまだはなはだ少なく同銀行の業務もまたほとんど見るに足るものがなかったが、たまたま日露戦端の開始は同行の急激な発展を促し、同三十七年には大連に、同三十八年には旅順、奉天、鉄嶺に各支店又は出張所を増設するにいたった。明治三十八年十二月政府は戦後経営の一端として同行をして満洲における中枢金融機関の任に当らしめることに決し、その固有業務のほか金庫事務、軍用手票の回収、銀券の発行等を併せ行わしめた。しかして明治四十三年五月には政府は一般の要望をいれ産業の発達を促進させるため、特に三百万円の低利資金を融通して同年七月正金銀行をして不動産を抵当とする長期興業資金の供給を開始せしめた。いわゆる特別貸付である。特別貸付資金は大正二年七月にいたり五百万円に増額したが、うち百万円は満洲以外の支那各地支店における特別貸付資金に流用すべきことを命じ、後これを五十万円に改めて満洲に対する放資能力は四百五十万円となった。右資金の貸出は明治四十三年七月の貸付開始から大正六年十月東洋拓殖株式会社に引継をなすまで、貸出総数六百四十一件、貸出総額四百八十六万円に達した。また正金銀行は満洲における唯一の信用すべき銀本位通貨として漸次をその信用を高めたが、一面邦人の渡満する者が増加するにしたがい、邦人相互間における一般取引に金券を用いる傾向は年とともに増進し、財政関係においても収支の標準を金に改めたため、大正二年七月前節に述べたように正金銀行に対し、五か年を限って金券の発行を許容した。

正金銀行は為替銀行であって金銀発券銀行を兼ね、そのかたわら不動産金融をもつかさどったが、満洲経済界の進歩発展とこれに伴うわが通貨統一の必要とは、遂に大正六年わが政府をして満洲特殊金融機関に関する制度を更新させるにいたった。すなわち政府は同年十一月限り金券の発行を朝鮮銀行に統一し、同月末日現在正金銀行金券発行高四百五十三万余円の兌換義務を同行に承継せしめ、また国庫事務をも移して同行を満洲における一般金融の中枢機関たらしめるとともに、不動産金融に関しては同年新たに満洲に進出した東洋拓殖株式会社をしてこれに当たらしめ、また従来正金銀行の取扱に属した特別貸付事務は同年十月一日から同会社に引継がしめ、正金銀行はその本来の職司である為替業務を専門とし、主として貿易金融に資せしめることとした。ここにおいて満洲各地における特殊金融機関は朝鮮銀行、正金銀行及び東洋拓殖株式会社の三者が相鼎立してその機能を発揮するにいたった。正金銀行の在満支店は大連、新京、営口、奉天、哈爾浜の五か所で、大連支店の昭和十六年上期現在における預り金は四千九百十六万円、貸出金は七千七百八十四万円であった。

ロ　朝鮮銀行　朝鮮銀行はその前身である第一銀行時代から安東に出張所を設置して一般銀行業務を営んでいたが、安奉線の開通後満鮮の経済関係がますます密接となったのにかんがみ、満洲の各要地に営業所の増設を図り、大正二年まず奉天、大連及び新京に支店を設け、次いで開原、営口、哈爾浜及び吉林の各地に支店又は出張所を開設し、その発行金券は正金銀行金券と相並んで関東州及び満鉄沿線各地に流通するにいたった。大正六年十一月政府は既述のように金券の発行を朝鮮銀行に統一したので、従来正金銀行に属した業務の一部を継承した朝鮮銀行は新たに旅順、遼陽、鉄嶺、鄭家屯の各地に支店又は出張所を増設して業務の拡張を図り、満洲における中枢金融機関として重きをなし、その発行金券はひろく満洲各地に普及するにいたった。しかるに昭和十一年十二月満洲興業銀行の設立に伴い朝鮮銀行は大連及び旅順の両支店以外の在満各店の営業を満洲興業銀行に引継ぐとともに満洲国内における銀行券の発行も廃止した。

昭和十六年上期現在の大連及び旅順両支店における預金は一億四百三十八万円で、貸出金は一億二千七百四十六万円であった。

ハ　東洋拓殖株式会社　東洋拓殖株式会社が満洲に進出したのは大正六年であって、この進出を認めた理由は主として満洲における不動産金融並びに企業金融の中枢機関たらしめることにあった。会社は当初奉天及び大連に支店を設置したが、その後哈爾浜及び新京にも支店を開設した。

大連支店の昭和十六年上期現在における貸出金は八百九十万円であった。

ニ　普通銀行　満洲における邦人経営の最初の普通銀行は正隆銀行である。同行は明治三十九年七月日支合併事業の一つとして、銀資本二十四万円をもって軍政治下の営口に設立開店した。その後明治四十四年六月には銀資本三十万円、金資本七十万円に増加して本店を大連に移した。その後も経済界の発展に伴ってしばしば資本金を増加し、また銀資本を廃止して大正九年二月には更に二千万円に増資した。大正十四年十二月には竜口銀行救済のためこれを合併し、資本金二千五百十三万三千二百五十円となったが、翌十五年四月には整理の目的をもって資本金を千二百万円に減少し、地方銀行の代表として重きをなした。その他満洲銀行を初めとして安東実業、協成、新京等の諸銀行があり、昭和九年十二月末現在関東局管内の普通銀行数は十三、その公称資本金二千九百九十七万円、払込資本金千百九十三万円、諸積立金二百二十五万円であった。その諸預かり金は金勘定一億二千百十二万円、銀勘定四百四十万円、国幣勘定五百十万円、諸貸出金は金勘定一億二千八百七十九万円、銀勘定四百十五万円、国幣勘定千八百九十六万円に達した。昭和十一年十二月満洲興業銀行が大連に本店を有する正隆銀行及び満洲銀行を買収して以後関東州に本店を有する銀行はなく、州内に支店又は出張所を有する台湾銀行、三井銀行、三菱銀行、第一銀行、住友銀行、安田銀行、三和銀行等がいずれも主として為替業務を営んでいた。昭和十六年六月末における右七行の預金合計は九千五百四十万円、貸出金合計は一億三千五百四十五万円である。

なお一般銀行に対する監督は従来銀行営業取締規則（明治四十年五月関東都督府令第三十一号）に依拠し、その事実上の取締の標準は銀行条例（明治二十三年法律第七十二号）に則ったが、大正十一年四月「関東州及南満洲鉄道附属地ニ於ケル銀行ニ関スル件」（勅令第二百七号）が公布され、同年七月一日から施行された結果、その後における監督は右勅令の定めるところにより全く銀行条例に依ることとなった。

貯蓄銀行に関しては「関東州及び満洲鉄道附属地ニ於ケル貯蓄銀行ニ関スル件」（大正十一年四月勅令第二百八号）によって同年七月以降新貯蓄銀行法（大正十年法律第七十四号）に依拠することとなった結果、従来の貯蓄銀行兼営のものはその兼営を廃止した。

昭和二年三月法律第二十一号をもって銀行法が公布され、同三年一月からの施行に伴い旧銀行条例は廃止となった。しかし関東州にあっては依然銀行条例を依用して普通銀行の監督を行なってきたが、漸次事情の変化により新銀行法に依拠する必要が生じたので、昭和十二年六月勅令第二百九十四号をもって新たに関東州及南満洲鉄道附属地銀行令が公布され、同年七月一日から新銀行法に依拠することとなった。

なお従来管内の銀行の種類はそのすべてが商業銀行に属するにかかわらずいずれも相当多額の不動産担保貸付を有し、その性質上資金の固定化を免れないため延いては資金操上不円滑をきたし、金融の疏通を阻害するところが少なくなかった。よって管内銀行の不動産貸出に対して資金を融通してそれら銀行の不動産固定貸を流動化し、金融の円滑を図るとともに他面不動産貸付の金利を低下して債務者の負担軽減を図るため、昭和八年十一月関東庁令第五十三号をもって、関東州及南満洲鉄道附属地不動産融資損失補償規則を公布施行した。

ホ　外国銀行

1　満洲国側銀行としては満洲中央銀行、満洲興業銀行及び天和銀行の三行があって、満洲興業銀行は昭和十一年十二月七日満洲における金融機関の整備確立を目的として設立され、朝鮮銀行の満洲国内の各店（支店、出張所等）並びに満洲銀行（当時大連に本店を有す）本支店及び天津支店と青島支店を除く正隆銀行（当時大連に本店を有す）の本店の営業全部を買収の上、関東州内に支店又は出張所を設置し、翌十二年一月一日から営業を開始したもので、州内八か所に支店又は出張所を有するにいたった。

満洲中央銀行は昭和八年三月、天和銀行は昭和十三年八月それぞれ大連に支店を設置したもので、これら満洲国側銀行の昭和十六年六月末における預金勘定は一億四千四百八十九万円、貸出金勘定は七千七十三万円であった。

2　中国側銀行としては中国銀行、交通銀行及び全域銀行の四行があり、いずれも大連に支店を置き普通銀行業務を営んでいた。

3　欧米側銀行として大連に英国系の香港上海銀行（ホンコン・エンド・シャンハイ・バイキング・コーポレーション）及び米国系の花旗銀行（ナショナル・シチーバンク・オブ・ニューヨーク）の支店があり、ともに主として外国為替業務及び華商に対する貸出を業としていた。

へ　無尽会社　従来庶民金融機関の一として関東州及び満鉄附属地を通じて十余の講会営業会社があったが、その多くは第一次欧州大戦争後の財界好況時に続生したものであり、かつその準則である講会取締規則（大正三年八月関東都督府令第二十一号）もまた不完全であったためにその経営は放漫に流れ、財界の変動に遭遇して総倒れとなる状態なので、取締法規改正の必要を認め、昭和二年七月から関東州無尽業令（大正十五年七月勅令第二百六十五号）が施行となり、大体無尽業法（大正四年法律第二十四号）に依ることとなったが、その後改正無尽業法（昭和六年法律第四十二号）の制定公布に伴って関東州無尽業令についても昭和六年勅令第百六十一号に依る改正が行なわれ、更に昭和九年勅令第三百九十五号をもって改正、これに伴い同九年関東庁令第二十一号をもって関東州無尽業令施行細則（大正十五年十一月関東庁令第五十九号）も改正された。かくしてこれら法令の整備によって漸次管内無尽業の面目は一新されるにいたったのである。関東州無尽業令によって免許を与えられたものには旅順一、大連二、奉天一、撫順一、本渓湖一、、安東二、新京一等があり、大連におけるものは第一無尽及び蓬萊無尽、旅

順における ものは旅順無益の各無尽会社である。

ト　金融組合　関東庁は在満中小商工農業者の小口金融の硬塞を緩和する目的をもって相互扶助の精神を基調とした朝鮮における金融組合の制度にならない、大正十三年度以降三か年間に関東州に合計五箇の村落金融組合（民法上の組合）を設立せしめ、各金融組合に対し関東州地方費をもって基本金一万円づつを補助したほか、設立後数か年度組合経費の全部又は一部を補助してこれを助成したが、その成績ははなはだ良好で農村経済の発達に寄与するところが多かったので、更にこの種の施設を関東州及び満鉄附属地の各主要都市に及ぼして邦人の中小商工業者の金融緩和に資する目的で昭和三年度国費予算要求に当り、その施設に要する貸下金百万円を計上するとともに、一方金融組合法規の立案に着手した。その結果昭和三年五月勅令第八十九号関東州及南満洲鉄道附属地金融組合令の公布を見、これに基づき同年九月関東庁令第四十四号をもって関東州及南満洲鉄道附属地金融組合令施行細則を公布して同年十月一日からこれを施行した。これによって同日既設村落金融組合は新令による設立の手続をふみ完全に法人格を獲得するにいたったが、一方都市金融組合の施設予算は議会解散のため不成立となって、金融組合施設の上に一屯座をきたした。しかるに小口金融の硬塞は年とともにますます甚だしく、邦人中小商工業者の窮状は傍観を許されない事情にあったので、国費予算成立にいたるまでの過渡的措置として昭和三年十一月関東州地方費予算から組合資金として二十六万円を貸付し、また組合経費の一部二万円を補助して大連、沙河口、旅順、奉天の四か所に都市金融組合を設立せしめた。

その後昭和四年春の第五十六議会において金融組合貸下金百万円の予算は協賛を得たが、実行予算により七十五万円に削減されたためその不足額は関東州地方費をもって充填し、既定計画の遂行に着手した。しかして同年七月及び八月にわたり瓦房店、大石橋、営口、鞍山、遼陽、鉄嶺、開原及び四平街の八組合の設立を許可し、更に昭和五年一月撫順、公主嶺及び長春の三組合を、昭和九年三月安東金融組合の設立を許可した。なお北満の中心市場たる哈爾浜は金融組合令の施行地外であるが、金融組合設置方の要望切なるものがあったため、組合令の関係を考慮して該地居住邦人の長春（新京）金融組合への加入を認め、事実上独立の組合を設けたのと同様の恩恵に浴せしめることに決し、昭和七年十月新京金融組合哈爾浜支所の設置を認めた。

これに先だち、これら金融組合の資金調節及び業務指導の機関として昭和四年九月満洲金融組合連合会の設立を許可し、国庫及び地方費の貸下金百万円は一旦連合会に貸付け、各組合に対しては関東庁においてその割当額を指定し、十か年間無利息の条件をもって連合会から貸付の形式を採ることとなり、さきに昭和三年度において地方費から貸付した大連ほか三組合に対する二十六万円はすべてこれを振替回収した。

これら金融組合は設立以来いずれも順調な発達を遂げ、村落組合は全部独立の域に達し、各都市組合においても昭和六年度において大連、奉天の二組合、同七年度において沙河口、旅順、撫順の三組合、同八年度において大石橋、営口の二組合、同九年度において新京の組合が各財政的に独立の域に達した。しかるに昭和十二年十二月一日を期し、満鉄附属地行政権を満洲国に移譲することとなったので、これに先だち満洲附属地内金融組合の満洲国移管を円滑ならしめるため、同年十一月一日満鉄附属地内金融組合を全員とする満洲金融組合連合会を設立するとともに、従来の同名金融組合連合会は関東州金融組合連合会と改称した。

関東州における金融組合は関東州金融組合連合会をして資金調節及び業務の指導に当たらしめ、各組合ともきわめて順調な発展を遂げてきたが、なお各組合の業務区域は広大で、組合業務の徹底を欠く点があるので、昭和十三年三月普蘭店民政署管内に一組合、同年八月旅順民政署管内及び金州民政署管内にそれぞれ一組合を増設した。

昭和十五年末現在の関東州における金融組合は都市組合として大連第一、同第二、同第三及び旅順第一の四組合、村落組合として旅順第二、同第三、金州第一、同第二、普蘭店第一、同第二、貔子窩の七組合があった。

チ　銭荘、質屋及び貸金業　銭荘は銀号又は銭舗とも称せられ、古くから満支人間に利用された特殊の金融機関で、当初は単に両替業務を営んでいたが、漸次発達して料金及び貸出をも営むにいたった。このように銭荘は満支人間の金融機関として相当重要な役割をつとめていたが、両替のみをなす小銭荘は満洲における幣制の統一に連れて自然に整理される運命にあった。

中産階級以下の者の金融機関として質屋及び貸金業者があり、これは邦人、満人及び極少の朝鮮人にわたって営まれ、邦人業者の昭和九年末における数は関東州及び満鉄附属地に質屋二三六戸、貸金業者六八戸、領事館管内に質屋一一七戸、貸金業者二一戸であった。

四　金融統制

イ　外国為替管理　わが国は昭和七年七月一日資本の海外逃避及び外国為替おもわく売買の取締を目的として資本逃避防止法（法律第十七号）を施行し、更に同八年五月同法を廃止して一層取締を強化せる外国為替管理法（昭和八年三月法律第二十八号）を施行したので、関東州及び満鉄附属地においても右内地の方針に協力するため、同年九月勅令第二百四十一号関東州及南満洲鉄道附属地外国為替管理令及び関東庁令第四十四号関東州及南満洲鉄道附属地為替管理規則並びに同施行細則（関東庁令第四十五号）を公布し、十月五日から施行した。しかして同日大連市に関東庁大連出張所を設置して外国為替管理事務を担当せしめた。

これら規則はおおむね内地の例に準拠したが、当時の特殊事情を斟酌して関東州及び満鉄附属地と満洲国との間の資金及び証券の移動並びに満洲銀系通貨の取引等につき取締の緩和をなし、かつ無為替貨物の輸出は取締の対象からはずした。

満洲国幣の流通、普及、日満為替相場の等価安定及び日満経済関係に対処するため、昭和十年十二月満洲国においては外国為替管理法を制定実施することになったので、地理上並びに経済上同国と緊密な関係にある関東州及び満鉄附属地においてもこれに対応する取締を加える必要を生じたので十一月局令第六十四号をもって邦貨及び国幣のおもわく売買、外国通貨の売買、外国通貨、金銀地金の輸出入等に関する取締規定を設け同年十二月十日から実施し、同日奉天に関東局奉天出張所を設置して取締を厳にした。

日本においては昭和十一年十一月二十七日外国為替管理法に基づく大蔵省令に関し、その取締の強化を主眼とし、また従来疑義のあった点を明らかにし併せて取締上別段弊害のない事項を緩和することを従たる目的として全般的改正を行なったので、関東局は同年十二月二十四日右内地の主旨に則り併せて小洋銭通用禁止並びに鈔票発行禁止及びこれに伴う銭鈔取引所の廃止の情勢に適応するため外国為替管理規則の改正局令（関東局令第八十三号）を公布した。次いで見越輸入の増加が著しくなり為替相場に及ぼす影響がようやく憂慮されるにいたったので、ここに臨時応急の処置として昭和十二年一月十九日一般輸入為替に対する管理及び外国為替銀行の本令施行地外指図による支払の制限に関する昭和十二年関東局令第一号（外国為替銀行ノ本令施行地外指図ニ依ル支払ノ制限ニ関スル関東州及南満洲鉄道附属地外国為替管理令ニ基ク命令ノ件）を公布施行した。同年八月には外国為替管理規則を一部改正（関東局令第七十七号）して為替及び信用状取引の取締範囲を改正強化し併せて外国為替銀行等に対し一般顧客との取引について確認義務を課した。

昭和十二年七月支那事変突発を見、その重大化に伴い物資及び資金の適合調節に完全を期し、しかも満洲の日本に対する経済的関係が加速度的緊密化し、日満経済ブロック完成の促進を図るの要切なるものがあるのにかんがみ、同年十月八日を期し、関東局管内と満洲国との間の障壁を撤去することとし、外国為替管理規則、同施行細則及び昭和十二年関東局令第一号を全面的に改正し、輸入貨物代金決済及び無為替貨物輸出入を許可制とし、諸報告義務を拡張したが、対日満関係については全然取締の範囲外とした。このようにして関東州及び満洲国は法制上日本の為替管理規定とおおむね同一形態を具備することとなったが、関東局における右改正は全く画期的なもので、後の為替管理法規の根幹をなすものであった。

次いで同年十二月一日満洲国における治外法権の撤廃並びに満鉄附属地行政権移譲に際しては、満鉄附属地に関する当方勅令その他の外国為替管理関係諸規定を削除し、かつ為替管理事務掌理のため設置した大連及び奉天の両出張所を廃止し、新たに関東州庁長官に管理事務の一部を委任することとするため外国為替管理関係法規中一部改正を行なった(局令第一一号)。

昭和十三年三月には従来懸案であった外国為替管理についての関東州及び満洲国間二重許可に関し、満洲国側と連絡の上その防止規定を設け、かつ外国為替管理法規の一部を改正強化した(局令第十二号)。なお時局の推移にかんがみ、物資需給に関する施設を戦争目的遂行に集中し、国家総動員体制の徹底強化を着々具現してきた日本に呼応協力するの目的をもって満洲国においてもその実現化に当たり、まず外貨資金に関する根本的対策の樹立を緊要と認め、外貨資金はこれを満洲中央銀行に集中し、かつ関東州及び満洲国における為替管理の運用を実質的に一元化することとし、昭和十三年八月十日から満洲中央銀行総行に臨時為替局を、同行大連支行にその弁事処を設置し、かつ関東局及び満洲国経済部又は関東州庁の出張所を併置し同一場所において共同の事務を処理することとなった。しかるに世界の金融経済情勢はますます逼迫して東亜共栄圏の物資及び資金の適合調節に関し、日満相互の協力を及び連絡をますます緊密強化するの要あるにいたったので、昭和十五年十一月臨時為替局も発展的解消を見て臨時貿易為替局となり、従来の関係職員のほかに貿易統制に参与した職員、すなわち本局においては関東局からは経済課、満洲国からは貿易科及び物価科の一部、大連の支局には関東州庁経済部及び大連税関のそれぞれ一部職員を参加させた。以来両当局は緊密な連絡の下に外国為替管理事務の円滑を期ししつつあったところ北支に対する国際収支の悪化並びに外国労働者の送金、持帰金の取締強化に伴う離満数の激増にかんがみ、従来外国労働者の携帯旅費の許可を要しない限度は一般旅客同様五十円相当額であったのを六十円相当額に緩和することによって労働力を確保するため、昭和十六年一月関東局令第五号をもって関東州外国為替管理規則の一部改正を行なった。しかるに労働票所持の外国労働者（商業に従事する者を除く）の持帰金はその旅費とは性質を異にする点を考慮し、持帰金に対する制限を緩和して就労所得剰余金である限り自由に持帰りを可能とするため同年五月更に関東局令第五十一号をもって同規則中外国労働者の持帰金について一部の改正を行なった。また同年三月十一日関東州庁長官、大連税関長及び満洲中央銀行大連支行経理部との間に臨時貿易為替局大連支局組織規程を制定し即日施行した。すなわち臨時貿易為替局大連支局においては臨時貿易為替局監理の下に満洲国及び関東州における貿易の統制並びに外国為替の管理に関する事務の処理に当たることとなった。

しかるに進展する国際情勢下米国においては昭和十六年七月二十五日附をもって日本に対して資金凍結令の発動を行なったので、その報復手段として関東局においても大蔵省の採った措置に呼応し、関東州外国為替管理令の規定によって取締った以外の外国人の取引又は行為を緊急制限するの必要に迫られ、これを即時取締ることとし、米国の採った措置に直接報復するとともに将来かかる措置を採らんとする国に対し予め備えるため、同年七月関東局令第八十一号をもって関東州外国人取引取締規則を公布、即日施行したが、同規則公布に先だち応急措置として七月二十六日、英米人の資産取締回避を防止する意味で、日満側銀行申合せにより、英米関係の個人及び法人に対する預金の払出及び貸付金の貸付を停止する等事実上の措置を講じた。

なお、外国為替管理法は昭和十六年四月法律第八十三号をもって改正され、その改正効果は同時に関東州にも及んだ。

ロ　金管理　日本内地においては時局下国際収支の実状に対処し産金法（昭和十二年八月法律第五十九号）に基づき金使用規則を公布して金の使用管理を行なうことになった。関東州においてもこれに対応し、昭和十三年二月勅令第六十七号をもって関東州ニ於ケル金ノ管理ニ関スル件を公布し、これに基づいて同年四月関東州金使用規則（関東局令第三十二号）を施行して工業用又は医療用として必要已むを得ないもの及び関東州庁長官の許可を受けたものを除き、九金以上の金製品についてはその製造を禁止し、また金、金箔、金絲、金粉等の使用について用途を制限する等金の使用管理を行なうこととした。

しかるに内地においてはその後金使用規則の全面的改正を行ない、金の使用管理を一層強化したので、これに呼応し昭和十四年六月勅令第四百十九号をもって改めて関東州ニ於ケル金ノ管理ニ関スル件また同年七月五日関東局令第六十六号をもって関東州金使用規則の全面的改正を行ない、従来九金未満のもの、金鍍金のものあるいは金箔、金絲、金粉等は製造が自由で、また九金以上のものでも工業用として必要已むを得ないものは製造について許可を要しなかったが、右改正によって金を用いた製品は医療用として必要已むを得ないものを除き金の品位いかんを問わず、また金張のもの、金鍍金のものはすべてその製造につき許可を要し、また金箔、金粉、金絲等はこれまで一定の用途に限り使用を禁じられていたが、用途のいかんを問わず使用上許可を要し更に物の加工又は修繕のために金地金、金帳地金、金箔等を使用する場合及び金地金販売業者の金地金譲渡等についてもこれを許可事項とし、また店舗を設け、金地金の販売業を営む者は届出を要する等金の使用管理を一層強化し、時局の進展に伴い、更に金の使用管理を強化することのますます急務であること認め、昭和十六年二月二十日関東局令第十二号をもって関東州金買上規則を公布施行し、また、同十八年局令第三十三号をもって金使用規則の全面的改正を行なった。

八　**資金調整**　日本内地においては支那事変に関連して物資及び資金の需給の適正を図るため、国内資金の使用を調整し、時局に緊密な事業に対して資金の供給を円滑ならしめる目的をもって、昭和十二年九月臨時資金調整法（法律第八十六号）の公布施行があったので、関東州においてもこれに呼応し、昭和十二年十一月勅令第六百五十一号で公布の関東州臨時資金の調整令を翌十三年一月から同年関東局令第百二十七号関東州臨時資金調整令施行規則とともに実施し、金融機関の十万円以上の事業設備資金の貸付、証券引受業者の十万円以上の有価証券の応募、引受又は募集の取扱、資本金五十万円以上の会社の設立、資本増加、目的変更、第二回以後の株金の払込、社債の募集及び自己資金による十万円以上の事業設備の新設、拡張又は改良については許可又は認可を要することとした。

その後内地においては自己資金による事業設備の新設、拡張又は改良につき許可を受ける者の範囲を拡大し、臨時資金調整法制定の効果を一層拡充強化するため昭和十四年四月同法の改正（法律第六十八号）があったので、関東州においてもこれに順応して関東州臨時資金調整令施行規則中改正（関東局令第五十八号）を行ない、従来自己資金による事業設備の新設、拡充等について許可を要するものは資本金五十万円以上の会社に限られたのを、その適用範囲を法人、個人等にいたるまで全面的に取締ることとし、なおこれに違反した者に対する中止命令を規定する等資金調整上一層の強化を図ったが、時局の緊急に対処して資金を更に調整仰制する必要あるを認め、昭和十五年更に大巾の規則改正（関東局令第十号三月一日施行）を行ない、一段と許可限度を引下げ、金融機関の五万円以上の事業設備資金の貸付、証券引受業者の五万円以上の有価証券の応募、引受又は募集の取扱、資本金二十万円以上の会社の設立、資本増加、目的変更、第二回以降の株金の払込、社債の募集及び自己資金による五万円以上の事業設備、拡張又は改良について許可又は認可を要することとし、更に昭和十六年二月関東局令第十号をもって関東州資金調査規則の一部を改正して効果を強化した。

昭和十六年一月ないし六月における資金調整額は金融機関の事業設備資金貸付四件、六百四十一万円、会社の設立三件、八十七万五千円、資本増加五百三十二万五千円、目的変更三件、第二回以後の株金の払込十一件九百三十四万二千円、自己資金による事業設備の新設、拡張又は改良六十四件、二千五百九十五万円であった。

五　貯蓄奨励　関東州においては昭和十三年十二月から貯蓄奨励の本格的運動を始め、同月九日関東局令第百号をもって関東州貯蓄奨励委員会規程を公布し、同一所得状況にある者を単位とする職業委員会を設置し、同一標準による貯蓄組合の結成を促進するとともに消費節約、生活刷新と併行して貯蓄増加につとめた。

昭和十五年四月から同十六年三月末日までにおける貯蓄の増加高は銀行預金四千二百二十六万二千円、銭荘預金

三十二万一千円減少（銭荘業者の激減に因る）、金融組合預金五百五十六万一千円、無尽会社資金六十一万七千円、郵便貯金六百四十二万四千円、簡易生命保険二百十六万二千円、支那事変国債百五十六万四千円、貯蓄債権五十三万八千円、満洲国債券十四万円、合計五千八百九十四万六千円の貯蓄増加を示した。

昭和十六年三月内地においては、貯蓄組合が法律的基礎を有するものとなり、同月十三日法律第六十四号をもって国民貯蓄組合法が公布され、同年六月二十日から施行となったのに順応し、関東州においても昭和十七年十二月勅令第八百三十八号をもって関東州貯蓄組合令の公布を見、翌十八年四月から施行された。

六　彩票

イ　彩票の特許

射倖的心理は満洲人一般の通有である。古来富籤《とみくじ》の流行は各地に盛んであって、軍政当時その興行を出願するものが多かった。

関東州民政署は民情に応じて適当に指導制限を加え、かたわらこれによって軍用手票の回収に資し、兼ねて地方経営の一財源とするのを機宜に適したものと認め、明治三十八年十月大連在住の満洲人二名に彩票の発行を指定特許した。特許された者は宏済彩票局を大連に設置して同年十二月第一回彩票を発行した。彩票は毎回の発行号数二万号、売価は一号につき銀一円、彩金は一等五千円から八等二円までとし、毎月二回発行の規定であったが、第一次発行の成績が不良であったため毎月一回に減じた。しかるにその後発行回数を重ねるに従い需要も漸次増加し、しばしば発行回数及び毎回の発行号数を増加したが、結局毎回六万号、毎月十五日一回の発行とし、彩金もまた一等一万円から最下級二円の各等級に改めた。なお地方通貨の変遷に伴って明治四十年七月以後すべて金建に改定した。

彩票の発行はもとより地方の特殊事情に応ずるにすぎないため、その売買は満洲及びその付近の支那地方に百八十余の代売所を設けて、厳重なる監督を加え一地方における販売数及び一人の購買数を制限する等取締上遺漏なきを期し、特に日本内地への郵送もしくは携行については最も厳重にこれを禁止したのである。

ロ　彩票の成績　彩票は大正四年三月政府の訓令に基づいてその発行を廃止するにいたるまでの、総計発行回数百六十七回、八百九十二万号、代価八百九十二万円である。うち彩金として支払ったもの七百十三万四千四百八円、公納金六十一万三千四百余円、その他必要なる経費を差引いた利益金は満洲人の慈善機関である宏済善堂の経費及び教育、衛生、廟社の保存等地方公共事業のために支出したが、その総額は四十九万余円に及んだ。彩票収入のごときはもとより常規でないが、新政草創の際地方開発に多少役立つところがあったことは否めないのである。

第二節　貿易

一　貿易　由来、関東州貿易はその地理的優位と、自由港制度の利とをもって隆盛の一途をたどり、殊に満洲及び中北支に対する中継貿易は州貿易において重要な地位を占め、関東州の繁栄に寄与するところ大であった。これを過去の実績に徴すれば、明治四十年の州貿易は輸出入わずかに二千二百万円であつたものが、三十年後の昭和十三年には海陸貿易総額は二十六億四千万円に達し、始政当時に比し百二十倍に飛躍したのである。

また昭和十三年度の実績によれば、海路輸入額九億四千万円、陸路輸入額四億二千万円、合計輸入総額十三億六千万円、海路輸出四億八千万円、陸路輸出額七億九千万円、合計輸出総額十二億七千万円であって、輸入総額の約九割は通過輸出又は再輸出され、州内の消費のための輸入はわずか一割程度にすぎなかった。

前記のうち海路重要輸出品目を挙げると、その首位は大豆の一億三千七百四十一万八千円（日本、ドイツ、エジプト向けを主とする）で、以下、豆粕五千五百七万円、豆油千六百二十八万円、硫安千五百二十万、混合飼料千三百五十七万円、玉蜀黍千二百四十七万円、砂糖千二百四万円、落花生千百八十八万円、毛及び毛糸千四万円、高粱九百三十七万円、小豆八百十四万円、蘇子七百二十五万円、薬材及び薬品七百十九万円、皮革五百九十九万円、蘇子油五百五十二万円等の順となっている。また海路重要輸入品は、建築材料、綿織物、綿花、絹織物、砂糖、薬材及び薬品、小麦粉、紙、麻袋、毛織物、米、化粧品、酒類、葉煙草、皮革、履物等であった。その仕出地は日本を主とし、朝鮮、中国、台湾、香港、北米等が他の大半を占めていた。

このように関東州貿易は日満支を通ずる中継的役割をもっていた関係上、日満両国の貿易統制に対応して、州貿易の統制を実施するにいたった。すなわち日本内地において昭和八年五月から外国為替管理が実施されるや、関東州も為替管理を通じて間接に貿易統制を行なった。その後支那事変の突発するに及び、日本内地において貿易統制を実施したのに対応し、関東州は物資需給調整の見地から貿易の統制を実施した。しかし当時の貿易統制は単に輸出入を許可制としたにすぎなかった。次いで満洲国において貿易統制を制定して物品と業者を統制する機構を確立したのに対応し、昭和十六年十月新たに関東州貿易統制令（勅令第九百二十二号）を公布して物資需給調整の実を挙げ、他面関東州と満洲国間の物資交流の円滑化を期する見地から、関満貿易の一体化が促進強化された。

（単位千円）

関東州海路貿易額

年別	輸出	輸入	合計
明治四〇	五、一〇五	一七、一六〇	二二、二六五
大正一	四二、一七三	五〇、九一五	九三、〇八八
六	一四三、三四一	一六二、二八七	三〇五、六二八
一一	二六四、二三八	一五九、九五九	四二四、一九七
昭和二	三二九、五九七	一〇七、一四一	四三六、七三八

関東州陸路貿易額

年別	輸出	輸入	合計
昭和九	三〇三、五五二	?	?
一〇	三四一、四六三	?	?
一一	三二八、一六三	?	?
一二	四六七、六三一	?	?
一三	七九九、八九六	四二三、一二八	一、二一八、〇二五

六	一九二、八七三	九七、九三五	二九〇、八〇七				
七	三〇五、〇六八	二〇七、五八七	五一二、六五五				
八	三三〇、一五一	三七四、七八一	七〇四、九三二				
九	三三五、三七七	四七一、五二七	八〇六、九〇四				
一〇	三七八、〇七一	五一七、五七四	八九五、六四五				
一一	四三二、〇五七	五二一、〇六六	九五三、一二三				
一二	四五一、七九九	六八〇、〇六二	一、一三一、八六一				
一三	四八四、六〇六	九四〇、五一一	一、四二五、一一七				
一四	五九九、四六二	一、一四五、七四九	一、七四五、二一一				
一五	四九二、七〇四	一、〇八一、八六〇	一、五七四、五六五				

二　関税　関東州は露治時代から関税自由地域として内外通商貿易に開放されてきた。したがって関東州に出入する貨物は大連海関設置及内水汽船航行ニ関スル協定（明治四十年六月二十一日外務省告示第十三号）及び関東州租借地税関仮規則（明治四十年六月関東都督府令第三十八号）に基づき、関東州を通過して満洲奥地に輸出入されるもの又は関東州産品で満洲奥地に輸入されるもの等につき大連税関において清国（後に中国、満洲国）の輸出入税を課せられるほかは日満いずれの関税も課せられることはなかった。

昭和七年三月独立の満洲国は関税並びに通商航海関係に関し、中華民国を純然たる外国として取り扱うこととした結果、同年九月二十五日から次のとおり実施すべきことを声明した。

1　大連港から中華民国に仕向ける満洲国生産品に対しては現行税率により輸出税を課する。

2　中華民国から到着した物品が関東州租借地境界を越えて満洲国に輸入される場合には現行税率により輸入税を課する。なお実施以前に荷主において善意に中華民国港以外の港から積出し中華民国の諸港において輸入税を徴収せられ実施の日以後において満洲国諸港に到着する貨物については不当の損害を与えないよう相当の考慮をする。

3　満洲国と中華民国諸港間の内水航行権はこれを認めず中華民国において発給された内水航行免状及び噸税納税済証書は満洲国においては無効とする。内水航行免状発給及び噸税賦課に関する方法及び効力等は従来の例に準ずる。

4　水災付加税は本改正実施の日からこれを賑災付加税と改称し北満水災救恤その他の賑災経費に充てるため当分の内従来のとおり徴収する。

なお右実施に関しては次のとおり取り扱う。

イ　輸入品に関しては期日前に到着した物品で期日前に満洲国への輸入申告をなしたもののほかは改正規則を適用する。

ロ　輸出品に関しては

A　海路による場合は期日前に輸出申告をなし積込むべき船舶期日前に入港しているときのほかは改正規則を適用する。

B　陸路による場合は期日前輸出申告をなし汽車その他運輸手段が期日前に国境を通過することを予想し得る場合のほかは改正規則を適用する。

C　噸税に関してはたとい期日前に入港した船舶であっても期日後に出港する場合は改正規則による噸税を

納付せしめる。

なお満洲国の関税率は建国草創の際従前のものをそのまま踏襲したものであるので、同国政府はその根本的是正を考究中であったが、さしあたり昭和八年七月、同九年十一月の二回にわたって過渡的にその一部改訂を行なった。

日本と関東州との関税関係は、日本内地と朝鮮、台湾、樺太及び南洋群島が同一関税圏内にあって、各地相互間に何ら関税関係の生ずることがないのに比べ、関東州は全く外国関係にあり、すなわち関東州から日本関税圏内に輸入するものに対して輸入税を課することは、これから輸入品の多くが満洲産品又は支那産品で、一般外国輸入品と同一に取扱われるべき性質のものであるからである。ただ関東州輸出品中には満洲産品のみならず関東州産品をも包含しているので、日本領域たる関東州における生産工業の発達を助長すると同時に、本邦の工業原料等の不足を補給せんとする趣旨により、関東州産品の日本輸入に対して特恵関税制度を設けることとなったのである。この沿革をたずねると明治三十九年九月勅令第二百六十二号をもって関東州に生産する物品の日本輸入に対しては協定税率に依る旨を定めた。しかるに右勅令に依り利益を受ける物品は支那素麺、石鹸等の二、三種にすぎなかったので、同年十一月勅令第三百四号をもって支那国の生産にかかる銑鉄、水銀、毛織物、毛綿交織物及び綿織物をも協定税率に依ることを得ることとしその適用を関東州にも及ぼした。このように関東州を初め満洲産品に対しわが国の輸入税の軽減を図ったが、なお在満邦人の経営する企業の発達を期するため、大正八、九年頃から関東州並びに満鉄附属地に対する特恵関税問題に関する世論が起り、あるいは全満商業会議所連合会の特恵関税実施要望に関する決議もあって、遂に大正十四年六月法律第五十一号をもって「関東州ノ生産ニ係ル物品ノ輸入税免除等ニ関スル法律」の公布施行を見るにいたったのである。その後昭和二年法律第四十三号及び同四年法律第四十六号の二回にわたって本法による特恵品目を追加し、この結果免税品は三十六種、減税品は三種となった。

次に安奉鉄道と朝鮮鉄道とによる鮮満貿易品については、大正二年五月に北京駐箚日本国公使と中国総税務司との間に「鮮満国境通過鉄道貨物関税軽減ニ関スル取極」をなし、これによって当時鮮満国境通過貨物に対しては各関税率の三分の二の輸出入税を課する—すなわち三分の一減—こととなった。これは明治三十八年満洲に関する日清条約附属協定第十一条の満韓国境貿易に対しては相互に最恵国の待遇をなすべきことの規定に従い、一八六一年露清間陸路貿易章程その他による露清間陸路通過貨物減税率に均霑するものである。

第三章　産　業

第三章　産業

第一節　農業、林業

一　関東州の農業

イ　耕地及び農業戸口　関東州における耕地面積は昭和十四年十二月末現在で田一、九六四、八四〇坪（内官有地七四二、一四〇坪）、畑六一〇、八三五、一九〇坪（内官有地一八、五七九、七一〇坪）、合計六一二、八〇〇、〇三〇坪とされ、農業を専業とする者は同年において日本人五五九戸六八〇人、満洲人五〇、三二八戸二〇一、八六一人合計五〇、八八七戸二〇二、五四一人である。これを明治三十九年当時のそれに比較して見るに日本人六戸十四人、満洲人三六、五〇一戸二五四、〇七七人で、それぞれ戸数において増加の著しいことが判る。なお兼業者は昭和十四年末現在で日本人九一戸二二〇人、満洲人一二、七七〇戸五二、九九五人となっている。

ロ　農業状態　農業は関東州産業の大宗であって、穀類は包米（玉蜀黍）を主として落花生、高粱、粟がこれに次ぎ、豆類はおおむね包米の間作とする。

蔬菜は白菜、蘿蔔、甘藷、馬鈴薯、瓜類が最も多く、葱、甘藷以外の一般蔬菜は園内に井戸を備え灌漑栽培をなす等きわめて集約的である。作付はアルカリ地帯その他特殊の作物以外に栽培できない土地のほかは普通二年又は三年の輪作で、水稲は直播と挿秧とあるが、漸次収量の多い挿秧に傾きつつあった。肥料は化学肥料の使用も増しつつあったが、一般には家畜糞を原料とする土糞を主とした。農民は役畜の使用がすこぶる巧妙であるから低地等牛馬を使役し得ないものを除けはすべて牛馬耕である。

1　穀菽類　主要農産物は包米、落花生、高粱、豆類及び穀子（粟）で、落花生はわが租借以来その栽培を奨励したものであるが、産額漸次増加し、主として欧米、南支、日本等に輸出され食用又は製油原料に用いられた。農家の生計は地方により、また階級によってひとしくないが、主食物としては包米を用い、高粱がこれに次いでいる。しかしてこれらの楷稈は牛馬飼料、燃料又は建築材料その他容器作製材料等に供せられた。

これらの農産物の生産高は、昭和七年において包米一、一〇六千石、高粱二二三千石、粟一七二千石、豆類二〇三千石、落花生一、一六七千石で、落花生は同十一年には一、三一六千石であった。

2　綿花　綿花は関東都督府農事試験場開設当時すなわち明治四十年に工芸作物の一としてその試作を行なったことがあるが、間もなく中止した。大正十年にいたり再び試作を開始したところ、関東州の風土が綿花の栽培に適応することを認め、翌十一年朝鮮総督府木浦綿作場から米国種陸地綿キングス・イムプルーヴド種早熟系種子の分譲をうけ試作した結果、その成績良好で陸地綿の栽培が可能であることを確め得たので、翌十二年から大規模にその試作を行ない、播種法、施肥法その他各種の試験を施行すると同時に旅順、大連、金州、普蘭店等の民政署管内にわたって地方に対する適否の試作を行なうとともに日満篤農家に試作を委託して勧奨したところ成績良好で、その作付反別は二十余町歩に達した。右委託試験中には大面積の単作又は果樹園の間作にこれを栽培して、ともに好成績を収め、その他の地方における試作もまたいずれも好結果を得た。このように大正十一、十二両年における試験は好成績を挙げ、品質優良なものを産出し、その収益は在来の普通畑作物に比し二、三倍に上ったので、大正十三年には一般民間栽培者が続出し、ここに州内における陸地綿栽培の有望なことを確認するにいたった。よって当局は綿作奨励に関する方針をたて、同十三年九月には満洲綿花栽培協会を設立せしめ、当局の方針に順応し栽培法の指導、種子の配給及び生産綿花の共同販売その他斯業の普及発達を図るに必要な事業を実施せしめる等もっぱらその栽培を奨励した。越えて大正十五年には種子の混交散逸を防止するため満洲綿花株式会社を設立せしめ、綿花の買入及び加工、綿花及び種子の販売、綿花栽培用品の供給及び綿花の栽培をなさしめ、併せて生産者の販売の便宜を図った。なお農事試験場において関東州の風土に更になれた優良種子の育成並びに栽培の研究を行なった結果、昭和六年にいたり原種に比し約二週間早熟で、収量がまた三〇パーセント豊産と認められる一系統を選出し、これを「関農一号」と命名した。ここにおいて当局は各民政署、農事試験場、満洲綿花栽培協会並びに満洲綿花株式会社相互提携の下にこの系統種子の増殖を図り、速かに耕作者に配布して斯業の堅実な発達を図るとともに州内綿花の産額を増加し、門地における紡績原料の一部を補い、また一面州内日満農民の経済向上を図り、かつ関東州における重要農産物として産業上貢献せしめるため指導の徹底と栽培技術の向上を計り、反当収量を増加せしめるようつとめた。

昭和十五年における綿花収穫高は八三八、三七六斤（作付反別一五、七一一反）であった。

3　果樹　関東州の気候風土が果樹栽培に好適し、梨、林檎、杏（あんず）、山樝等を産したが、その品種、栽培法ともに原始的で生産価値がなかったが、明治三十九年関東都督府農事試験場は内地から苹果（林檎）、梨、葡萄、桜桃等の優良苗木を移入し栽培上の試験研究を試みたところ、その成績が良好であったので優良品種を繁殖育成し、無償配布して大いにこれを奨励した。

民間においても明治四十三、四年ころから各地に日本人の手によって果樹園の開設を見、次いで大正十一、二年ころにいたり、生産品質が優良で病害虫その他の被害も少なく栽培利益が大なるを見て日満人間に果樹園の経営を志す者が激増し、大正十三、四年ころには年々四、五十万本の苹果、桜桃その他の苗木を内地、朝鮮等から輸入栽培するにいたった。

しかるにこれら輸入苗木には病害虫の附着するものがあるため、大正十二年二月はこれら病菌害虫の伝播を防止する目的で関東州輸入果樹及び櫻樹取締規則（関東庁令第三号）を公布して輸入樹苗に対し厳重なる検査を施行し、罹病したもの及び害虫の附着したものの輸入を禁止し、また同十三年七月関東州病害虫駆除予防規則（関東庁令第三十八号）を公布して果樹園に発生する病害虫の駆除予防につとめ、果樹に対する保護取締を講じて斯業の堅実な発達を期した。

一方大正十四年当業者として関東州果樹組合を組織せしめ、これに補助金を交付して栽培指導、病害虫駆除予防、輸出苹果の検査、共同出荷、販路拡張等に当らせた結果堅実な発達を遂げるにいたった。また昭和十四年四月右組合を関東州農会（昭和十二年勅令第四百三十二号関東州農会令に基づく）に合併し、斯業の発達につとめさせることとなった。なお販売については昭和六年満洲輸出販売組合を設立して出荷統制を行なったが、昭和十三年七月関東州苹果輸出取締規則（関東局令第六十五号）の公布とともにこれを解散して東亜生果株式会社を設立し、出荷の統制を図るとともに内地、満洲、北支、南支、南洋等への販路拡張につとめしめた結果、漸次関東州特産として内外に声価を発揚した。

昭和十五年における果樹の作付反別は五七、九九一反、収穫高は六、一八四、五三一貫で、このうち苹果は四七、五九九反、五、四六六、一九一貫でその大半を占めていた。

4　稲作　関東州の水田の経営は従来土着民により在来種をもって単に自然の水湿地に行なわれたにすぎないが、明治四十三年ころから邦人の着眼するところとなり、荒廃地の貸下を受け水利の便を講じ、相当の規模をもって経営を試みる者があるにいたった。経営上最も重要な灌漑水は常に不十分なるを免れなかったが、後、地下水及び貯水池の灌漑に成功したものもあって水田面積は漸増した。これにかんがみ農事試験場においては金州管内愛川村に試作田を設け、各種の試験を行ないその結果により指導奨励した。州内に栽培された品種は主として陸羽百三十二号、万年、大野早生、〆張糯、紅糯等である。

二　蚕業　関東州内の蚕業は明治四十一年以来関東都督府農事試験場において飼育試験の結果、その有望なことを認め、大正七年各民政署に専任技術員を配置し、また同年蚕業試験場を旅順に設置した。昭和二年十月関東州蚕業取締規則（関東庁令第五十五号）及び同三年七月関東庁蚕業試験場官制を公布施行するとともに、社団法人満洲養蚕会を創立せしめ、農家の副業として蚕業奨励を行なった結果一時相当の盛況を見るにいたり、これを専業とするものもできたが、その後絲価の暴落と新興農作物に圧倒されて逐年減少の一途をたどり、遂に昭和七年関東庁農事試験場官制改正（勅令第百五十五号）の結果蚕業試験場は廃止され、蚕業に関する試験は農事試験場にこれを行なわせることとなり、同十一年には満洲養蚕会も解散し、以後は農会において蚕種の購入配布等の斡旋をなすにとどまり、養蚕は僅少の農家が副業として行なうのみとなった。

三　**農事施設**

イ　**関東農事試験場**　関東州並びに満洲開発の第一要義は産業の改善発達を図るにありとし、明治三十九年十一月関東都督府農事試験場規程（関東都督府令第三十一号）を制定し、農事試験場を大連西公園内に設置して穀菽、蔬菜、果樹等の試験並びに種畜、種卵及び蚕種の配布を初め草花及び山林並びに街路並木等の種苗の供給をもつかどらせた。

明治四十二年杞柳栽培を開始したが、逐年試験事項の増加に伴い地積が狭小となったため、大正元年普通作物、特用作動の試験を廃し、果樹、蔬菜、桑樹及び杞柳の栽培と併せて配布用種苗の採取育成を主な事業とすることとなった。しかるに西公園内の敷地は年々拡張を要する試験場としては手狭である上、地勢も不均一なので、大正七年沙河口に移転し同時に蚕業試験場を独立させた。

大正八年大連市街の拡張実施により果樹試験地の大部分を失ったが、更に市の発展と農事改良の必要上敷地は不適当となったので、大正十四年三月金州会東門外屯に移転した。

昭和三年七月関東庁農事試験場管制（勅令第百八十二号）が公布されて種畜場を併合、更に昭和七年七月官制の改正（勅令第百五十五号）によって蚕業試験場の事業を継承した。昭和九年十二月関東局管制の公布と同時に関東農事試験場と改称した。同十年には綿花原種圃の増設、同十二年には畜産改良増殖の拡張を行ない、増員増築をなし試験研究の陣容を整備したが、昭和十三年四月関東種畜場官制（勅令第百八十九号）の公布に伴い、畜産に関する業務を分割した。

ロ　関東植物検査所　関東州における植物検査取締の業務は大正十二年二月関東州輸入果樹及桜樹取締規則（関東庁令第三号）により、もっぱら輸入の果樹及びそれらと多大の関係を有する桜樹の検査を施行したが、その後州内農林業の発達と貿易、交通の進展に伴い輸出入植物数量はにわかに激増したため、植物の病菌害虫の侵入伝播をますます容易ならしめる機会を醸成するにいたったので、輸出入植物の全般的検査取締を必要とするにいたった。よって昭和十年七月関東植物検査所官制（勅令第二百十七号）が公布され、本所を大連に、出張所を旅順、金州、普蘭店及び貔子窩の四か所に設置した。しかして翌八月関東州輸出入植物取締規則（関東局令第四十八号）を公布して九月十日から輸入植物の検査取締と輸出植物の検査消毒及び取締事務を開始した。

ハ　関東輸出農産物検査所　関東州における苹果及び落花生は始政以来その栽培奨励につとめた結果輸出農産物中最も重要な位置を占めるにいたったので、当局においてはその品質の改善向上を図り、海外市場を確保するとともに進んで市場を開拓するため、輸出苹果及び落花生の規格等を定めて粗悪品の輸出防止を企て、昭和五年以降苹果は関東州果樹組合をして、落花生は金州、普蘭店及び貔子窩の各落花生企業組合に対し補助金を交付して検査せしめたが、その徹底が困難であったので昭和十年八月関東州苹果及落花生検査規則（関東局令第四十九号）を公布し、同年九月関東輸出農産物検査所を大連に設置し、旅順、金州、普蘭店、亮甲店、貔子窩、城子疃及び三十里堡（昭和十一年九月開設）の各地に出張所を置いて検査を開始した。しかるにその後逐年苹果及び落花生の輸出が増加したので、これに伴い検査機構を一層完備せしめるため、昭和十二年九月関東輸出農産物検査所官制（勅令第四百九十一号）が公布された。すなわち関東州から輸出する苹果及び落花生は関東州庁長官の定めるところによって荷造包装を行ない、苹果は品質、色沢、玉揃、形状、外傷及び病虫害顆数の七項目につき、落花生は生産年度、種類、水分、爽雑物、色沢、割実、粒形、病虫害の九項目につき毎年関東州庁長官の定める検査標準品規格に基づいて厳正な輸出検査を施行した結果、各市場において関東州重要輸出農産物としての名声を博した。苹果は生果実として満洲、中国、香港、フィリピン、南洋、日本内地及び台湾等に、落花生は油脂原料及び食用として欧州諸国、北米、日本、中国等に大量輸出を見るにいたった。

二　**農会**　大正二年二月関東州内在住日本人農業者によって関東州農会なるものが設立せられ、大正三年官の補助を得て園芸及び畜産品の品評会を開催したことがあったが、その後同会は間もなく解散し、新たに旅順、大連及び金州の各民政署管内ごとに農会が組織された。しかしその会員は僅少な邦人農業者のみであったため、その活動は著しいものがなかった。大正七年にいたって旅順農会はその組織を改め、日満人農業者全員を集合するにいたり、大いに活動の範囲を拡張して農事改良に貢献するところが大であった。その後金州、大連等の各農会も漸次同様の改組を行ない。また普蘭店、貔子窩等にも同様の新農会の設立を見るにいたり、農事指導員の設置、肥料の共同購入、農産物の販売斡旋、講習会、講話会の開催、畜産事業の奨励、農事諸般の調査等を行なって州内農業の改良発達に大いに貢献した。しかるにこれら農会は任意団体であって会員の強制加入、会費の強制徴収等について権限がなく、その事業実施に伴って各種の不便があるとともに官においても農会事業に関しては産業行政上適当な監督を行なうの必要を認め、昭和十二年八月関東州農会令（勅令第四百三十二号）を公布し、農会を公法人とし、これに会員の強制加入、会費の強制徴収権等の特権を付与してその発達を図ることとした。よって昭和十三年三月従来の農会は全部解散し、同時に関東州農会令に基づき日満人農業者をもって各市又は民政署管轄区域毎に地方農会を設立し、その各地方農会を会員とする関東州農会の設立も見るにいたった。

関東州における重要農産物生産高

単位　石

品別	昭和七年	昭和十一年	昭和十五年
包米	一、一〇六、一四〇	一、〇〇六、一三六	八八二、一六六
高粱	二二三、〇三三	一九八、九一六	一五二、四二二
粟	一七二、八五七	一五三、七二七	一一六、九七六
豆類	二〇三、七七〇	一八三、三二五	一八五、七八五
落花王	一、一六七、二二七	一、三一六、二〇七	六七三、三九八

五　満鉄会社の農事施設　満蒙における農産資源を開発し、農業の振興を図ることは満鉄会社社業の拡張発展上最も緊要であるとし、同社は各種の事業施設を企画実施した。すなわち大正十一年一月新たに本社に事務課を置いて、従来地方課に属した農業係を独立せしめ、これを農事施設に関する中枢機関として各種の農事機関をその指揮下に置いた。そして既設の農事試験場（熊岳城及び公主嶺におけるもの）、農事試作場（鳳凰城「煙草」、遼陽「綿花」、銭家店、洮南、海倫、敦化及び海竜におけるもの）、原種圃（開原、四平街及び大屯におけるもの）、採種圃（撫順、奉天、大楡樹及び敦化におけるもの）、果樹苗圃（瓦房店）、種羊場（公主嶺、黒山頭及び沙里）、種鶏場（鉄嶺、鞍山、撫順、瓦房店、鄭家屯）、獣疫研究所（奉天）等を管轄し、また地方事務所をして満鉄附属地内外における諸般の事務を遂行せしめた。

公主嶺農事試験場は大正二年四月に設置されたもので、種芸科、農芸化学科、畜産科及び庶務科を置き、同場において試験研究の結果完成した主要なものは大豆、粟、小麦及び陸稲の改良、胡菜（唐菜）、忽布（ホップ）、ルーサン等の品種の育成、緬羊、豚の改良等である。熊岳城農事試験場は当初満鉄附属地における植樹用苗生産のかたわら果樹、蔬菜及び一般作物の試作を行なう目的で、明治四十二年熊岳城苗圃として設置されたものである。大正二年に公主嶺農事試験場が設置されるに及んで、熊岳城試験場もその組織内容を充実し、園芸科、種芸科、養蚕科、病理科、昆虫科の五科及び庶務科を設けた。主要業績として水稲、果樹及び綿花の改良品種の選出等である。

そのほか同社の農事機関において施行した主なる業績は農事調査、資料刊行等であり、また助成事業として農耕地の貸付、優良種苗及び種苗の配布、樹苗の配布、水田事業の援助、煙草、綿花、忽布、亜麻及びルーサン等の栽培事業の援助、果樹栽培事業の助成、改良大豆の商品化助成、農業者使用品運賃割引、農事講習会及び農産物品評会開催、野蚕に関する研究、獣疫予防等であった。また東亜勧業株式会社、大連農事株式会社、礼免採木公司等には多額の投資をしてその経営を助成した。

六　畜産

イ　関東州の畜産

関東州において飼養する家畜の種類には牛、馬、羊、豚、家禽のほか驢及び騾で、これらの家畜は満洲在来種と改良雑種とである。由来満洲在来の家畜は一般に体軀矮小で、性能、品種ともに不良である。当局においてその改良を奨励する必要を認め、大正四年以来各家畜についてそれぞれ改良の方針を樹立し、以来大いに指導奨励を加えた結果その実績を認め得るにいたった。

関東州は地積狭小の割合に耕地があまねく拓け、集約的農業が営まれるため、雑地の放牧及び農業残滓によって飼料を得られ、一面家畜は動力及び自給肥の資源として農業経営の重要な要素となっていた。しかるに満洲国の発展に伴い軍馬その他の使役家畜及び食糧家畜の需要が激増して該資源は枯渇への一途をたどりつつあったので、資源滋養の必要上関東局においては関東州畜産改良増殖の新計画を樹立し、昭和十二年から実施に着手した。

1 畜牛　関東州内に生産する畜牛の多くは満洲在来種に対し朝鮮種をもって若干改良を加えたもので、その起源において蒙古牛と系統を一にするものであるが、主として労役に供するを目的として畑地の耕耘又は車輌の輓曳に使役していた。

乳用牛は旅順及び大連において搾乳業者の手に飼養され、種類はホルスタイン種で、次第に優良種牡牛の輸入により泌乳能力に富むものを生産するにいたった。

2 馬匹　州内に飼養する在来種はほとんど東部内蒙古産馬で、体駆小、容姿不良であるが、性質温順で馴致し易く、体質強健、粗飼粗管理に堪え、またよく寒冷に抵抗し気候風土に適応し得る特質を有する。しかも比較的力量に富み持久力もあって歩調軽快である。それで州内における用途はもっぱら輓曳用であった。

関東州は馬の生産地ではなかったが、後牝馬の飼養を見るに及び、在来の支那馬を改良せんとし、まず大正十一年日本の馬政局から種馬を得て種付を行なったが、交配希望が多いので大正十五年金州に種馬所を設置（同年四月関東庁令第十六号関東庁種畜場規程に基づく）し、内地から種馬を購入して、軍事並びに産業上の見地から小格輓馬生産をもって改良方針と定め在来種の改良につとめた。

3 驢　満洲に産する驢は体格矮小で、体高わずかに三尺ないし三尺七、八寸、体重平均三十貫にすぎない。外貌不整、四肢細小であるが蹄質堅牢、性質温順、強健忍耐力あり、粗食粗管理に堪え、比較的力量に富むので、小農に欠くことのできない役畜である。すなわち駄載輓曳用を初め、眼掩を施して終日碾子（ひきうす）又は臼を挽き又は潅漑用汲水作業に使役し得る等きわめて重宝視される。大正十一年以降支邦直隷及び山東地方から大型驢を輸入しその改良につとめた。

4 騾　騾は牡驢を牝馬に交配して生産した一代交配雑種で、馬と同じく農耕及び輓曳に使役するが乗用にはできない。その体型、外貌は部分的に馬及び驢に類似し、平均体高四尺五寸内外である。性質は怯懦、遅鈍で悍威がない。一層粗飼粗管理に堪え、力量はかえって馬に優り、かつすこぶる強健なので速力を要しない重輓曳に適している。

5 豚 由来満洲において飼養される豚には大型、中型及び小型の三種がある。関東州にあっては小型及びその改良雑種の飼養が最も多かった。小型の肉付は不良で、体重ようやく十五、六貫ないし二十貫にすぎず、改良雑種はバークシャ種の体形を具備し、肉用豚としての体形を備え、体重二十五貫ないし三十貫に達する。

小型種は体質が強健で、飼養管理がきわめて容易であるが、体躯矮小で、しかも晩熟であるから、当局においては従前からその改良を企て、大正十四年以来バークシャ種による改良方針を定め、もっぱらその改良繁殖を図ったところ、この改良方針はよく農家の意向に投じ、州内豚の大多数は改良種及び改良雑種をもって充実されるにいたり、年々十万頭内外の仔豚を生産しつつあった。満洲事変後、需要激増に加え、改良種は満洲、北支、蒙疆の畜産事業実施に伴い重要なる種豚として多数輸出される状況にあった。

6 緬羊及び山羊 関東州内は耕地拓け、山野には植林をなし集約的農業を営むにいたったので、緬羊及び山羊の飼育に必要な牧野に乏しいが、満洲事変後日満協調による緬羊の増殖を急務とし、かつ昭和九年調査の結果は州内における飼料資源、気候風土並びに飼育、産毛の技術、肉利用の方法及び家畜伝染病防過等各種条件に適合していることが判明したので、緬羊増殖計画を樹立し、昭和十二年来羊毛国策に対応してその普及増殖につとめた。

7 家禽 満洲においては鶏の飼養きわめて普及し、飼料は穀類又は庖厨残滓等わずかに給与することはあるが、多くは庭園周囲に自由に放飼して落穂、虫類等を啣食せしめるにすぎない。関東州は気候風土及び飼料の供給労銀関係等養鶏経営に幾多の好条件を具備した最適地である。品種は大多数がいわゆる支邦鶏で産卵又は肉の目的に向かって何ら改良を経たものではなく経済価値に乏しいものである。鶩の飼養もまた多いが、鶏同様の飼養法で、鶏に比して飼料は少量で足り、地積を要せず、管理もまた容易である。

養鶏はその数莫大で、その改良は農民に寄与するところが著しいものであるから、肉用卵用ともに能力低劣な在来種を、その用途に向かって卵用種及び卵肉兼用種の二種類をもって改良することとし、農民の嗜好、気候風土に対する抵抗力及びその能力等を考慮し、大正五年以来、卵用には白色レグホーン種を、卵肉兼用には名古屋種、ロードアイランドレッド種を選び奨励してきた。

人口増加に伴う鶏卵、肉の需要増加は必然に卵価の昇騰をきたし、かつ邦人農業者は果樹園芸の経営上採肥による収益の多大なることを悟り、改良種鶏の飼養者続出して好個の副業であることを示し、満人農家もまたこれにならい、ますます好成績を収め殊に満洲事変後卵肉の需要激増による本事業の改善普及に長足の進歩を招来した。昭和十五年末現在の飼養数は三十九万羽に達し、そのうち改良種二割、雑種三割、在来種五割の状態であった。

七　**畜産奨励機関**　畜産奨励機関として関東州農会及び地方農会があり、各種畜場を経営して良種の普及につとめ、官の指導奨励に呼応提携して斯業の実務に当った。

イ　**関東種畜場**　大正五年七月金州種畜場を設置（同年六月関東庁令第二十九号関東庁種畜場規程に基づく）して金州民政署長の管理に属せしめ、馬以外の種畜種禽を飼養し、生産育成を行なったが、昭和三年七月関東農事試験場に合併してもっぱら種畜種禽の生産育成配合並びに畜産に関する試験調査に当った。しかるに満洲事変以来種畜種禽の配給要望その他試験調査等の業績利用者が激増したのみでなく、畜産機関の一元化の必要に迫られ、昭和十三年四月関東種畜場官制（勅令第百八十九号）の公布により関東種畜場を設置して関東種馬所を廃止し、馬匹育成のための分場を置き事業遂行につとめた。

大正十二年に創始した馬匹改良事業は同十五年種馬所創立によってその体系を整え、漸次施設の整備と事業の普及を図った。以来供用種牡馬として日本内地産のアラブ種、アングロアラブ種並びにこれら系種を主として現在種牡馬八十六頭を関東州内二十五か所に派遣し、民有牝馬の種付を実施したが、関東州内改良馬充実計画に対し年次種牡馬の充実を図り所期の目的達成につとめた。なお昭和十五年から繁殖用牝馬三十数頭を繁養し、種牡馬の自給自足を期し繁殖を実施した。

ロ　関東州競馬会　大正十二年七月勅令第三百四十号関東州ニ於ケル競馬ニ関スル件が公布され、翌月関東庁令第三十八号をもって右勅令の施行規則を定め、同年十月社団法人大連競馬倶楽部を公認して競馬法（大正十二年法律第四十七号）による競馬を開催せしめた。しかして競馬の施行に関しては競馬法及び同施行規則に準拠し年三回大連に開催せしめていたが、前記勅令は関東州に限り施行され、満鉄附属地における競馬会に適用がないため、附属地に関しては大正四年の射倖行為取締規則（関東都督府令第七号）によることとし、施行方法については公認競馬に準じて取締った。附属地には大正十三年五月奉天総領事の許可を得て社団法人奉天競馬倶楽部が設けられ、奉天附属地若松町の競馬場において毎年開催してきた。

その後内地競馬法の改正及び満鉄附属地行政権の移譲等による新事態と当時の事情に即し、昭和十三年五月関東州競馬令（勅令第三百七十四号）を公布し、同年六月関東州競馬会を設立せしめ、競馬場を大連、旅順、金州の三か所に設置し、各競馬場を通じて年十回を開催せしめ、産馬の改良、馬事思想の普及につとめた。

ハ　満鉄附属地における畜産　満鉄附属地における畜産の改良は満鉄会社の公主嶺農事試験場畜産科が設立された大正三年以来のことである。同場は当初主として蒙古在来緬羊の毛質改良、満洲在来豚の改良、飼料作物の栽培並びに獣疫に関する試験調査を目的とし、更に馬、牛、鶏等の改良、試験及び畜産物加工に関する試験を行ない、漸次民間に対する優良種畜の配布、飼料作物の栽培の指導等につとめた。

右試験場事業中最も注目に価するものは緬羊改良事業である。蒙古の在来種は産毛量が僅少で、かつ毛質粗悪であるため、製絨原料としては毛布、カーペット用に供される程度のもので、利用範囲はきわめて狭かったが、在来種牝にメリノー種牡を交配した雑種試験を実施した結果、毛質、毛量ともに優秀な成績を挙げ得るにいたった。また蒙古在来種の牝にカラクール種牡を交配して同種同様の毛皮を生産する改良固定種の造成と、カラクール種の純粋繁殖とによって遺伝力の確実な種羊の選出につとめ、更にコリデール種牡羊を交配して在来種の毛質改良試験を行なった。昭和六年同試験場内に設置された満洲緬羊組合は民間の緬羊飼育奨励を図り着々その実績を挙げ、数年にして満鉄沿線を初め満洲国鉄道沿線を合して組合員四十五名、飼養緬羊七千七百二十四頭に達して逐年増加のすう勢にあった。

豚は関東州同様在来牝にバークシャー種牡を配して改良固定種の造成を図り、鉄嶺、鞍山、撫順に種豚場を設置して民間に対する改良普及につとめた。

満洲馬の改良に関してはさきに決定した関東庁、軍部及び満鉄会社の協定方針に基づいて、大正十四年関東庁から農林省保管転換の種牡馬二頭を貸下げたのを初めとして計七頭の貸下をうけ、更に試験場において昭和四年原産地からアラブ種牡馬五頭及びハクニー種牡馬三頭を購入して撫順、鉄嶺及び開原に派遣して民間の牝馬に交配せしめて改良の実現を図った。

九　林業

イ　概説　関東州の林野面積は九万六千町歩で、総面積の二割七分を占めるが、往時林政に意をいたさず濫伐暴採にゆだねながら植栽保護に意を用いず、また野火、放牧等のため林野の大部分は荒廃をきわめ、わずかに河岸地、墳墓地、村落及び寺廟等に赤松及び白楊柳類、楡その他数種の落葉樹を有するにすぎず、ほとんど森林として見るべきものなく、いたるところ禿山荒野が起伏し、また基岩露出、土砂崩壊するの惨状を呈するので、一朝暴雨があれば濁流溢濫し、干天が続けば水源たちまち涸渇するの状態であった。

ロ　林政　明治三十八年わが軍政の実施とともに林政の急務なることを認め、旅順、大連、金州の三か所における露治時代の苗圃を襲用して樹苗の養成につとめ、同年四月造林規則を発布して林業経営の端を開いたが、同年六月関東州民政署が開設されるや軍政時代の諸施設を継承し、更に植樹計画を一層拡張し、一面在来樹木の濫伐を防ぐため同年十二月関東州民政署告示第三十五号をもって山林の林木はもち論道路並木並びに寺廟、公園、苗圃、墓地の内外等に生育する一切の樹木は官民有の別を問わず、官の許可なくみだりに伐採することを厳禁してその保護を図った。次いで明治四十年民政部の旅順移転とともに林政機関は統一せられ、事業はますます積極的となり、従来の国有造林事業を拡張するの方針を定めると同時に、また民間造林を奨励するため明治四十一年八月関東州造林奨励規則（関東都督令第四十五号）を公布して造林用官有地の無償貸付、造林用種苗の無償下付を行なった。更に大正二年以降官の補助の下に地方苗圃の開設を奨励して民間造林の促進を図るとともに同年五月林野保護取締規則（関東都督府令第十三号）を公布して一般林野の保護取締につとめ、更に大正七年以降山林監視所を設置してもっぱら官行造林の保護監視に当らしめ、また私有林の保護撫育のためには大正十五年以来森林保護組合の設立活動を勧奨する等その達成につとめた。殊に金州及び普蘭店管内のごときは従来の地域的保護組合ではなお不徹底なりとして既設保護組合を解散せしめ、改めて全管内における公私有林を一丸とした森林組合を設立し、併せて地方苗圃の経営をもこれに移し、同組合で施業に当ってきたが、昭和十三年にいたり、農会の設立に伴い旅順、大連を除くほかは農会に造林業務を一切移管し、営林事業の統一合理化を期する等植林につとめた結果、州内の林野は著しくその面目を改め、業績大いに見るべきものがあった。昭和十五年には紀元二千六百年記念事業計画を樹立し、州内の緑化を一層促進すべく金州に新たに記念苗圃を設置した。

ハ　森林の経営

1　苗圃　苗圃は官設及び地方の二とする。官設苗圃は関東州庁農林課の所管で、国有造林苗木及び林業奨励のため民間その他へ交付すべき苗木を養成することを主な目的とし旅順、大連、金州、記念の四苗圃を通じて一か年三百万本内外の樹苗を生産する。地方苗圃は地方団体たる市、会及び農会の経営で公私有林の造成に要する苗木を養成し、その費用は関東局からの補助及び各所属団体費をもってこれに充て、民政署及び市の監督の下に作業を実行し、州内三十五か所の苗圃を通じ一か年二千万本内外の樹苗を生産した。

2　造林　国有造林については日露戦争当時遼東守備軍においてすでに造林の端を開いて以来水源養成林、風致林、魚附林等の造成を主とし、かたがた民間造林奨励のためその範を公衆に示した。明治三十八年に着手以来昭和十五年までの造林面積は一万二千四百七十七町歩に達した。

公私有造林としては前記明治四十一年関東州造林奨励規則を公布して造林のため官有地の無償貸付を許可し、併せて、造林用種苗の無償貸下を行なうのほか奨励上必要な諸施設を講じ、極力その促進につとめた結果、昭和十五年末における造林面積公有林二万五百八十九町歩、私有林五万一千七百五十三町歩に及んだ。なお目標は公有林二万四千町歩、私有林五万六千町歩となっていた。

3　森林保護　造林を奨励するとともに林野の保護についても軍政時代から厳密な注意を加えてきたことは既述のとおりであるが、前記大正二年五月林野保護取締規則を公布して一層徹底的にその取締の励行を図り、保護の実を挙げるにつとめるとともに特に国有林の保護取締には大正七年以来設置してきた旅順管内五、大連管内四、金州管内一計十か所の山林監視所勤務専任職員をしてこれに当らしめ、その実績見るべきものがあった。公私有林にあってはおおむね小面積から成るため、林業の性質上合理的な保護管理が困難である場合が少なくなかったので、協同施業を目的とする森林保護組合の設立を奨め、林業経済上の不利を救済し、被害防止の効果を全からしめるため民間の自治的活動を促進するの緊急なることを認め、大正十五年度以来その設立を勧奨の結果、昭和十二年末までに旅順管内において八、大連管内において一の組合を算し、なお、金州、普蘭店のごときは管内一円にわたる公私有林経営を統一し、合理的施業を目的として森林組合を設立し本業に当らせてきたところ、昭和十三年にいたり地方農会が設立されて金州、普蘭店、貔子窩の三管内にあっては地方苗圃の経営とともに森林保護の事業をも同会において管掌することとなった。

4 **事業費補助** 造林奨励のため、さきに造林奨励規則を公布してその遂行に便ならしめたが、なお業績遅々として挙らないのでその促進を図り適切な経営発達を期するため地方苗圃の経営者たる市、会及び農会の団体に対しては毎年事業費の一部を補助し、また造林用種苗を購入する者にはその費用を交付し、なお既成林保護のためには農会及び森林保護組合に対しその費用の一部を交付し、一般森林所有者に対しては各自所有にかかる森林について害虫駆除を励行して保護の実績を挙げたものには奨励金を交付しあるいは造林品評会を開催して林業の進歩発達に資せんとするものに対してはその費用の一部を補助する等の諸施設を講じてきた。

関東州林野面積

国有地	五六、六四七町六二一六歩四一
民有地	三一、四七五、八七二七
軍用地	七、六五四、五三一九、三六

第二節 水産業

一 **漁業** 関東州は南満洲の最南端に突出した半島で、地域はわずかに三千四百六十二平方キロメートル余にすぎないが、その海岸線の長さは附属島嶼を合せれば一千三百十二キロメートル余で、沿岸屈曲して港湾多く、南東側は黄海に、北西側は渤海に面する。その南端は渤海湾口の一角をなして直隷海峡を控え、舟楫の便、漁撈の利等に恵まれているため、古来住民は水産業をもって主要の生業とする、満洲における唯一の水産地である。

イ **漁場及び漁法** 関東州の漁業は地形上これを黄海漁業、渤海漁業の二に区別し、また民族関係で日本人漁業、満洲人漁業の二に区別することができる。黄海は朝鮮西岸から直隷海峡にいたる間の一帯で、水深三十六メートルから七十二メートル内外で、これに生産又は回游する主な水族は鯛《たい》、鰆《さわら》、鯖《さば》、平鰤《ひらぶり》、鯵《あじ》、鯔《ぼら》、金頭魚《かなしがら》、鰈《かれい》、鮃《ひらめ》、鱶《ふか》、鮹《たこ》、太刀魚《たちうお》、鱈《たら》、鰮《いわし》等で、他に鯨《くじら》、海鼡《なまこ》、貝類、藻類等がある。

渤海はその面積約二万七千方マイル（約九万五千平方キロメートル）、水深二十尋《ひろ》内外で、その最深部も四十尋《ひろ》を超えず、生産する主な水族は黄華魚《ぐち》、鯛《たい》、鯖《さば》、鱸《すずき》、鮸《ほうぼう》、鯔《ぼら》、鮹《たこ》、鰈《かれい》、鮃《ひらめ》、太刀魚《たちうお》、蝦《えび》、牡蠣《かき》、蛤《はまぐり》、浅蜊《あさり》等である。これら重要漁場における漁法は、延縄《はえなわ》漁業、機船底曳網漁業、打瀬網漁業、流網漁業、駐木網漁業、桝網漁業、風網漁業等の各種に及び、鯨はノールウェー式捕鯨業である。

ロ　漁業者・漁獲高及び製造高　関東州における昭和十五年末漁業者の数は、土着満洲人戸数九千七百三十一戸、人員二万九千三百二十五人、日本人定住者戸数四百九戸、人員八百九十三人である。昭和十四年末現在漁船の数は、満洲人所有漁船は大型漁船（ジャンク）六百五十九隻、舢板五千七十二隻、日本型漁船六十四隻、発動機付漁船二十七隻、漁獲物運搬船百七十二隻、日本人所有漁船は舢板二十四隻、日本型漁船十一隻、発動機付漁船百六十二隻、漁獲物運搬船十三隻で、このほか内地から出漁した発動機付漁船百隻余、動力を有しない漁船十数隻に及んだ。

昭和十五年中における関東州総漁獲高数量は一千八百十九万四百五十七貫、金額二千百十六万六千七百八十三円に達した。このうち日本人の分は一千三百三十八万六千九百七十四貫、一千五百七十四万七千八百六十五円に及んでいる。しかして日本人の出漁地方は大連を主とし、満洲人は旅順、金州地方を主としていた。漁獲物中最も多量なのはグチの六百七十一万八百二十四貫（七百六十八万八千余円）を筆頭とし、ヒラメ及びカレイ二百五十万二千四百一貫（二百六十五万余円）、太刀魚百六十三万千百七十四貫（百五十三万九千余円）、エイ九十八万八千七百二十二貫（五十九万四千二百二十四円）、カナガシラ及びホウボウ九十三万千九百十八貫（六十七万千三百二十二円）等がこれに次ぐ。

水産製造物は、黄華魚（グチ）、鱗刀魚（タチウオ）、蒲鉾《かまぼこ》、乾鱈《ひだら》、罐詰等を代表的なものとし、その他を合せて同年中二百六十六万七千七百四貫、四百十五万三千四百三十七円を産した。

ハ　**関東水産試験場**　明治四十年七月水産試験場規程（関東都督府訓令第六十号）に基づき（一）漁撈、製造、養殖業の発達改良に資する模範及び試験（二）漁場の調査及び探検（三）水産生物及びその繁殖保護に関する調査（四）水産製品の鑑定及び販路に関する調査（五）水産上の指導、通信及び講話（六）標本、試験品及び参考品の陳列等の事務をつかさどらせるため関東都督府内に水産試験場を設置した。しかして翌年四月大連市外老虎灘に移転した。次いで大正八年四月関東庁水産試験場と改称したが、昭和三年七月関東庁水産試験場官制（勅令第百八十四号）が公布され、（一）水産に関する試験及び調査（二）水産に関する分析及び鑑定（三）水産に関する講習及び講話等の事務をつかさどるところとなり、越えて昭和九年関東局官制の公布に伴い関東水産試験場と改称した。創立以来施行した事業は、漁撈部では底曳網漁業試験ほか四十九種、製造部では鯛大和煮《たいやまとに》罐詰試験ほか九十九種、養殖部では牡蠣《かき》養殖試験ほか十二種、海洋調査部では定地海洋観測ほか八種にわたっている。

ニ　**漁業行政**　関東州における漁業行政に関しては明治三十九年三月関東州水産組合規則（関東州民政署令第十号）を制定し、更に明治四十一年九月「水産ニ関スル会社又ハ組合監督ノ件」（関東都督府令第五十六号）を制定して本業の統制取締に当ってきたが、その後州内漁業の発達と社会事情の推移に伴い一層魚族の繁殖、保護又は本業の奨励、取締等の徹底を期するため、大正十四年八月関東州漁業規則（関東庁令第五十一号）を制定して従来の取締規則を廃止し、更に同十五年五月関東州水産会令（勅令第百七号）関東州水産会令施行規則（関東庁令第二十六号）、昭和元年十二月関東州水産会魚市場規則（関東庁令第二号）並びに昭和十三年五月前記関東州漁業規則に代る関東州漁業令（勅令第三百六十三号）等を制定して水産行政の統制完備に力めた。

ホ　**関東州水産会令**　関東州水産会は大正十五年勅令第百七号関東州水産会令に基づいて設立されたもので、関東州水産業の改良発達を図ることを目的とする公法人である。主たる事務所を関東州庁内に置き、大連、旅順、金州、普蘭店、貔子窩にそれぞれ支部を設けた。関東州における漁業者、水産製造業者、水産物販賣業者又は保管業者は必ず会員たることを強制されるもので、昭和十五年末現在の会員数は日本人約三百八十人、満洲人約五千二百五十人である。同会の主な事業としては大連、旅順における魚市場の開設(昭和十四年四月一日以降関東州水産振興株式会社をして魚市場業務を代行せしめた)、水産物販路調査、漁業需品配給、漁業保護取締、遭難救助その他水産上の講習、講話等であった。

二 塩業

イ 沿革 関東州における天日塩の創始は一八六〇年代のことであるが、日清、日露の戦禍はその発達を阻害し、殊に露国租借当時は衰退の極に達し、各地塩田の荒廃するものが少なくなかった。すなわち明治三十八年わが施政当初にあっては支那人の塩田がわずかに千二百余町歩を数えるにすぎなかったが、その後邦人の企業着手によって盛況をきたし、昭和十五年においては日満人のものを合せ約一万一千六百町歩すなわち約十倍の増加となり、諸般の施設は大いに面目を改め、著名な製塩地となったのである。

ロ 塩田規則の制定 わが関東州租借以来邦人の塩業に着目するものが次第に多く、支那人塩田もまた盛に改修されるにいたり、既成塩田に対する業主権(所有権)の確認、塩田開設の奨励及び取締に関する法規制定の必要を生じた。よって明治三十九年三月関東州塩田規則(関東州民政署令第八号)及びその施行細則(関東州民政署令第九号)を制定実施した。すなわち(一)既成塩田の使用者は一か年以内に民政長官に届出で権利の確認を求めること(二)新たに塩田を開設せんとする者は民政長官に願出で無償で土地の貸付を受け、塩田の開設成功後その使用許可を受けること(三)貸付土地の面積は特別の場合を除き一人九十九ヘクタール以内とし、面積の大小に応じ塩田成功の期間を定め、期間内に成功しない者に対しては未成功地の返還を命ずること等を定めたのである。

明治四十三年四月関東都督府令第九号をもって製塩監視規則を公布施行し、前記の塩田規則に基づく業者の塩田開設、製塩状況等について監視を行なうこととした。

ハ　**塩田の開設**　明治三十八年六月軍政隷下に民政を施行して以来、翌年末までに邦人の塩田開設地の貸付を出願したものは五十五件に達したが、なるべく小規模の経営を避ける方針を採り、同年中に日本食塩コークス株式会社ほか三会社と二個人に対して主なる干潟地一万六千五百六十二ヘクタール余を分割貸付し、それ以外は全部出願を却下した。同四十五年満韓塩業株式会社に貸付中の普蘭店河・三十里堡間の未開設地の貸付許可を取消して、これを合名会社鈴木商店に貸付けた。その後諸種の事情もあって各塩業者が経営困難の状態にあるのにかんがみ、関東都督府はその合同計画の実現を援助した結果、元日本食塩コークス株式会社を改称した大日本塩業株式会社は大正元年まず東洋製塩株式会社を合併し、次いで満韓塩業株式会社をも合併した。翌四年には合名会社鈴木商店も塩田開設に関する一切の権利を東亜塩業株式会社に譲渡したが、東亜塩業同社もまた同年解散して大日本塩業株式会社に合併されることとなり、ここに邦人塩業者の合同計画は、大正四年末には一個人を除きその目的を達することができた。その後大正九年東洋捕鯨株式会社及び東洋拓殖株式会社が新たに塩業を経営することとなり、個人経営者も二名を加え、大正十四年末邦人経営者は三会社、三個人となり、翌年末には州内塩田総面積五千九百五十ヘクタールに達し、一方支那人経営者数は大正十三年末現在二百八十九で、その面積とも当初に対し別段増減を見なかった。

その後内地における化学工業の躍進的発展に伴い、その原料塩の供給の大半を外国塩輸入にまつ情勢なるにかんがみ、関東州においても積極的に州塩の増産を図ることとし、昭和七年十月まず第一次増産計画に基づき二千六百七十八ヘクタールの新規開設を許可し、更に第二次増産計画に基づき約四千九百六十ヘクタールの塩田を開設せしめることとし、その結果前述のように昭和十五年において約一万一千六百町歩の塩田が完成したのである。しかもなお州内には数千ヘクタールの塩田適地が残存していた。

二 **製塩の種類** 関東州における製塩の種類は天日塩、再製塩、煎熬塩及び加工塩の四種で天日塩がその根幹をなしている。再製塩は天日塩を海水又は塩水で溶解し、浄過の上その清澄塩水を煎熬製造するものであり、煎熬塩は塩田で濃縮された塩水又は製塩廃液たる苦汁《にがり》を火力で煎熬結晶せしめるものであり、加工塩は機械装置により天日塩を粉砕洗浄又は単に洗浄するもので、粉砕洗浄塩及び洗浄塩の二種とする。天日塩の製造方法は火力を用いず、自然の蒸発を利用し、塩田内には海水を濃縮結晶をせしめ、これを掻集揚塩するもので、その粒状は粗大で普通これを天日原塩又は単に原塩と称する。

ホ **産塩、製塩額** 天日塩の生産額はその製法上、天候の良否により差異あるほかその位置、土質、設備、構造の適否及び熟成の程度等によって産率に大なる影響を及ぼすものであるが、州塩の平年見込産額は約六十万トンであった。

関東州における再製塩製造業は州内の需要と少量の大蔵省専売局納入を目的とする程度のものにすぎないため、再製工場としては東洋拓殖会社旅順工場を除くほかはきわめて小規模で、工場は邦人経営のもの四、満人経営のもの五で、その生産額は年六十トン程度であった。

加工塩は大日本塩業会社雙島湾工場において昭和二年七月から製造を開始し、次いで貔子窩、塔連島、五島及び営城子にも類似工場を設置し、内地における食糧用及び化学工業並びに北洋方面の漁業用塩として供給していた。その製造高は粉砕洗浄塩約七万トン、洗浄塩約十七万トンである。

煎熬塩については関東州加里工業株式会社及び東洋拓殖株式会社が塩田で濃縮造成した塩水又は製塩廃液たる苦汁《にがり》から優良な煎熬塩及び副産物の製造を開始し、関東加里工業会社は約十五万トンの精製煎熬塩と若干の硫酸カリ、臭素並びに塩化苦土等を製造し、東洋拓殖会社は年産約五万トンの煎熬塩を製造した。

へ　**塩の品質及び用途**　天日塩田の生産塩は朝鮮、台湾、青島等の天日塩と同様結晶粒が粗大で色相は純白でないが、その成分は日本内地塩の二等塩以上に相当する。なお普蘭店管内五島及び旅順管内雙島湾塩田の一部においては特殊結晶状態の天日塩を生産した。本特殊塩は結晶堅く色相やや透明でその純分は九四ないし九九パーセントを有し、化学工業原料塩として最も適し化学工業家の賞用するところであるが、本特殊塩の生成原因及びその製造については関東塩業試験場の試験塩田において試験研究を遂げ、人工的に製造し得るにいたったものである。

普通の天日塩は主として化学工業用、しょうゆ製造用及び再製用原料に使用される。洗浄塩は粒形が普通の天日塩よりやや細粒で色相は白く、成分も九三パーセント以上を有するので、化学工業用原料塩に最も適し、その需要も大きい。粉砕洗浄塩は白色細粒でその成分は九六パーセント以上を有し食用、しょうゆ、みそ製造用、漁類塩蔵用又は化学工業用等いずれの方面にも賞用されるが、価格がやや割高なので主として内地食料用塩の補充及び北洋方面の漁業用として供給された。再製塩及び煎熬塩は日本内地のそれと少しも差異なく品質佳良で内地の一等塩に相当した。

関東州における塩田面積、産塩高、輸移出高

単位　トン

年度	塩田面積（町）	産塩高	輸移出高		
			日本内地	朝鮮	その他
昭和一〇	八、六五三	五〇五、八〇九	一七八、五〇四	三五、三五一	二四、四四九
一一	九、〇二三	四一三、〇八三	二四三、六五八	三一、八九七	三一、三七七
一二	九、〇八二	四二九、一八七	四四九、四九八	五六、九七八	三〇、一三一
一三	九、一九七	四一八、九八六	三〇一、四六三	六二、九六一	三五、九八四

一四	一〇、二五一	六九六、六〇五	三一六、六二九	六二、七七五	五九、二八二
一五	一一、一七三	七〇五、五八九	四三三、七七六	三一、八三八	六一、七九四
(計画)二〇	一五、〇〇〇	八七五、〇〇〇	六六一、五〇〇		

ト　**関東塩業試験場**　関東庁においては昭和元年度から塩業に関する各種の調査並びに試験を行ない、翌二年度には旅順港内に約三十町歩の試験塩田の開設に着手し、同三年度末に完成、昭和四年度から右塩田においてもっぱら天日製塩に関する生産の増進、製塩品質及び色相の向上、塩田構造の改善、副産物の製造並びに利用、塩の貯蔵及び欠減、生産費の低減等各種の試験及び研究を施行してきた。しかるに実地試験に関する事項がおびただしくあって従来の塩田面積ではてぜまで、目的を達することができず、かつ将来における関東州塩業のために塩田面積の拡張及び諸般施設の充実を行なうことを緊急と認め、昭和五年度から三か年半にわたる継続事業をもって金州管内大房身前面の干潟地に塩田百九町二反部余、内部面積八十五町歩を昭和七年に完成した。しかして昭和八年六月二十七日関東庁塩業試験場官制(勅令第百七十二号)が公布せられ、本場を大房身に、分場を旅順に置き、独立の機関をもって塩業に関する諸種の試験研究及び指導講習を進めた。しかして昭和九年十二月関東局官制の公布により関東塩業試験場と改称、同十三年十月天日製塩業に関連するにがり利用工業の発展にかんがみ、その工業試験を実施すべく官制を改正(勅令第七百一号)し、かつ試験工場の設立に着手、同十五年末に完成を見るにいたった。同試験場の業務については関東塩業試験場分析、試験及鑑定規則(昭和十二年九月関東局令第八十五号)がある。

第三節　鉱　業

一　**満鉄沿線の鉱業**　日露戦後満鉄会社及び大倉組を初めとするわが資本の進出により、満鉄沿線の鉱山は近代的設備の下に急速に開発され、満洲の鉱業は一躍して自足経済の域を脱し国際市場に進出するにいたった。わが国は満鉄会社が引継を受けた撫順、煙台両炭鉱の開発とともに広く満洲の鉱業を開発するため、明治四十二年に満洲五案件に関する協約を、また大正四年に日支条約を結んだ。前者においては大倉組の本渓湖煤鉄公司が設立され、後者においては鞍山鉄鉱及び牛心台炭鉱の採掘権を得た。その他は旧支部官辺の排外手段のため奥地の鉱業的進出は大いに阻害されたが、欧州大戦当時には奥地においても新鉱山の開発されたもの及び旧鉱山の復活されたもの等相当に多く、中には日支合弁の鉱山もあって一時は活況を呈した。しかし前記重要鉱山以外に邦人関係の鉱業及び鉱業権は数において必ずしも少なくないが、注目に値するものは復州五湖咀の耐火粘土、大石橋附近のマグネサイト、火連寨及び本渓湖の石灰石、海城の滑石等である。このほか各所に邦人関係の鉄鉱及び石炭のやや重要鉱山があるが、従来特に満洲事変までは政治的事情及び地理的関係から大量の産出を見なかった。満洲国建国後、同国の鉱業開発方針が決定されて昭和十年八月一日には鉱業法が公布された。同法は鉱業経済上重要なもの四十種を選んでこれを法定鉱物とし、更にそのうち二十三種は資源の保全又は国防上の見地から一般私人の無統制な採掘に放任せず、満洲鉱業開発株式会社及び政府の指定する会社のみに許可することとした。なお鉱業権の種別を撤廃し、また新たに鉱区の単位区域を規定し租鉱権を設定する等国内の実情に適応した近代的法制というべきものであった。

二　**関東州の鉱業**　関東州には大規模の鉱山はないが、すでに採掘を許可された鉱物は苦灰石、石綿、金、鉄、石炭、重晶石、蛍石、マンガン、金剛砂、礬土鉱の十種である。昭和十五年度末における鉱区数は八十三、この面積一千四百八十三万四千八十一坪に達し、これらは苦灰石、石綿、重晶石、蛍石、金剛砂及び礬土鉱を主とするものであった。

苦灰石の用途は種々あるが、製鉄事業の上で高熱炉の耐火材料及びガラス配合剤並びに一般土木建築、高級塗料として使用される州内苦灰石の鉱床はまれに見る大きなもので、品質優良、かつ運輸至便なため採掘原価が抵廉である等多くの優越点を有する。昭和十五年度の採掘量は三十万六千トンに達し、うち二十万トンは内地輸出、残りは鞍山製鉄所及び大連方面山元微粉塗料工場で消化された。同十五年度における微粉の産額は八万六千トンであった。

石綿鉱区は金州管内和尚屯にあって、昭和十五年度に百十五トンの産出があった。この石綿も品質優良で鉱量も多く埋蔵されていた。

石炭は州内の埋蔵分布きわめて少なく、金州董家溝が唯一の埋蔵地である。地質は二畳石炭紀層に属し、無煙炭であるが、夾炭層区域狭く、大規模の稼行には適しない。

鉄は州内所々に鉱床点在し、品位も相当なものであるが、鉱量が貧弱である。

重晶石及び蛍石は普蘭店管内に五鉱区あって、年産額二千五百トンであった。重晶石は化学工業原料に、蛍石は製鉄剤としていずれも需要が多かった。

礬土鉱は金州管内に四鉱区あって、従来耐火材料として採掘されたが、満洲軽金属製造会社が設立され、同社においてアルミニウム原鉱として使用されることとなった。

金及び砂金は州内いたるところに分布し、範囲すこぶる広いが大規模の稼行に適したものはない。

マンガン及び金剛砂も埋蔵分布少なく、金剛砂は昭和十五年度に三百トンの産額があった。

前記鉱物はいずれも関東州鉱業取締規則（大正二年十一月関東都督府令第三十四号）に規定さる鉱物であるが、このほか関東州石材採掘規則（明治四十年十月関東都督府令第五十六号）によって稼行産出された石灰石、大理石等がある。

石灰石は金州、大連、旅順の各管内に広範囲に埋蔵され、品質優良で小野田セメントの原料、鞍山製鉄所の製鉄原料として用いられ、大連管内に大規模の採掘所があった。

硅石は旅順、大連、普蘭店管内を主要産地とし、品質優良でガラス原料並びに耐火資材として需要が多かった。

大理石は渦巻大理石を主とし、白色系のものがこれに次ぐ、主要産地は普蘭店管内三十里堡会、正明寺会、大連管内南関嶺会、旅順管内方家屯会等である。

第四節　工業

一　概説　満洲における工業は当初農産品を原料とする家内工業に始まり、漸次文化の進展に伴って近代的工業となったが、その発達を促進させたのは日露戦前における露国の進出である。すなわち哈爾濱における集団工業の発達と、原始的工業であった北満各地の油坊（大豆の搾油）磚坊（煉瓦製造）等の新式工業化と製糖、煙草、アルコール及び製革諸工業の興隆等がその主なものである。それのみならず関東州及び満鉄附属地における当局の施政よろしきを得て諸般の制度が整備し、満洲の資源開発上資本と技術とを投入しやすい状態に置くにいたったこともまた大きな事由の一である。しかして工業の発達過程を見ると、炭鉱の開発によって大なる工業上の原動力が与えられ、一方満鉄会社の絶大な技術的研究によって満洲の農産物、鉱産物、畜産物等の利用加工方法が発見又は改善され、民間側における諸研究と投資とがこれに加わって各般の工業は目覚しい発達をした。殊に大連における集団工業、鞍山及び本渓湖における製銑工業、安東における製材、製紙、柞蚕（野蚕に似た蚕）絲等の工業、撫順における石炭を中心とする諸工業、その他毛織物、煙草、綿絲布等の諸工業の振興は特筆に値する。このうち特殊銑、特殊鋼、液体燃料、窯業品等はわが国に格別の貢献をしたのである。かくて満洲における工業は欧州大戦中から躍進的に発達を遂げたが、大戦後はその反動として全面的に沈衰期に入った。支那側諸工業は旧政権の保護奨励及び旧東支鉄道の保護によって人為的な不振原因をもたなかったが、邦人の諸工業は満洲旧政権の邦人企業に対するあらゆる圧迫と相次ぐ兵乱によりますます悲境に陥った。しかるに満洲国が建設されて日満不可分一体となるに及び、在来の邦人工業は一斉に躍進してことごとく好成績を挙げ、邦人資本家が続出する傾向を示すにいたった。この状勢はやがて満洲を得意先とする日本内地の工業と利害衝突の虞れを生じ、日満経済ブロック内における工業問題は職者の関心をそそり、ごうごうたる議論を見たが、結局満洲国が適正な統制主義を採り、かつ適地適業主義により日満両国に巧みに工業分布を行なう方針をとることとなってようやく解決をみることができた。かくして満洲の工業はいよいよ第二躍進時代に入ったのである。その中心地は奉天で、特に鉄道西部地区を工業地帯として各種工業はここに集中し、昭和十年末には染色、ほうろう鉄器、酒造、製帽、ガラス器、皮革、製薬及び製菓そのほか諸工業を合せて三十八工場が建設され、その投資額は約千四百万円を算した。しかもなお引き続き建設ないし計画中のものが多数あった。

鞍山には昭和製鋼所の銑鋼一貫作業が完成し、これを中心として鞍山銑鋼業ブロックを形成し、そのほかパルプ、製糖、セメント及び製麻等の新工場が、いずれも原料産地に興隆してきた。特に旧奉天造兵廠の設備を利用して設立された奉天造兵所（兵器、弾薬類）、同和自動車工業会社、車輛及び建設用鉄材の製造工場たる満洲工廠等は特異なものである。

一方関東州内の工業についてこれを見るに、過去において旅順、金州、貔子窩地方に油坊、焼鍋（高粱酒製造場）、磨坊（小麦粉製造場）、窯業等農産物及び鉱産物を原料とした粗工業があったが、その規模はいずれも小さく、かつ操作も幼稚でようやくその地方の需要を満し得る程度のものであった。関東都督府及び満鉄会社における資源開発調査、工業研究機関の設置、奨励金の下付並びに海港発着特定運賃制度の制定等工業助長政策の実施によって、大連港を中心として満鉄の鉄道工場、日清製油株式会社、豊年製油株式会社、関東州小野田セメント株式会社、大連機械製作所、大連船渠鉄工株式会社等化学工業、機械器具工業を中心として各種の工場の設立を見るにいたり、特に大正三年欧州大戦突発の影響で大豆硬化油、石鹸、ステアリン塗料、硫化染料、陶器、マッチ、大豆油、ガラス、綿糸布、麻袋、特殊鋼の製造工業が興隆し、南満工業の黄金時代を現出したが、戦乱終息とともに経済界の反動期に逢着し、基盤薄弱なものの中から倒産するものが続出し、関東州特恵関税の恩典を有する工業のみかろうじて操業を継続する実情であった。

満洲事変突発後はいわゆる満洲景気に乗じ、各工業はにわかに繁忙を告げ、昼夜兼行作業に没頭しつつなお足らざるの盛況を呈して生産設備の改善拡張をなすもの続出し、さらに満洲化学工業株式会社、満洲石油株式会社、満洲曹達株式会社、満洲大豆化学工業株式会社、関東州興業株式会社、満洲重機株式会社等の大規模の設備を有する新興工業が興隆し、この状勢は支那事変発生に伴って一層拍車が加えられ、この地に工業用地を求めるもの相当数を加えるにいたった。しかし関東州は工業用地に乏しいので、関東局、満鉄会社相協力して昭和十四年七月関東州工業土地株式会社を設立し、最も経済的効果的な大連港湾臨時工業地帯を造成し、州工業の発展に資することとした。

これら諸工業のうちソーダ工業、アルミニウム工業、石炭液化工業等に対する技術ないし経費の犠牲はきわめて莫大なものであるが、ソーダ工業及び工業塩に対する関東局多年の研究、耐火粘土を原料とするアルミニウム工業に対する満鉄会社の献身的努力と、石炭液化工業に対する海軍当局及び満鉄会社の熱意等は右諸事業の促進上看過し得ないものがあったのである。

関東州における業種別工場調　　昭和十五年末

工場種別	工場数	工員数 日本人	工員数 中国人	工員数 計
紡織工場	一一七	三六	八、五〇八	八、五四四
金属工業	一一三	一〇六	七、二三二	七、三三八
機械器具工業	二一八	三、六四五	二四、五三五	二八、一八〇
窯業	一四一	一〇八	八、九五三	九、〇六一
化学工業	一三三	一、一六一	八、七七二	九、九三三
製材及び木製品工業	七九	一六	一、四八四	一、五〇〇
印刷製本業	九六	一五六	二、三一四	二、四七〇
食料品工業	一八四	二〇一	五、三二一	五、五二二
ガス電気業	三	七、三二四	四〇、三二二	四七、六四六
その他の工業	八二	二一	二、五四八	二、五六九
計	一、一六五	一三、七七四	一〇九、九八九	一二三、七六三

関東州における主要工業品産出額　昭和十五年

区分	数量	価格
綿糸	一〇、一三三、三三九キロ	二、二二四、五〇七円
綿		七七〇、一一六
豆粕	三五四、七八四トン	六〇、〇〇三、四二三円
油類		三八、五〇九、五四八
燐寸	一三、三一三箱	六六六、五四九円
酒精		一、九二四、四四三

織物		九、九九三、六二〇	薬品		二八、二五四、八〇三	日本酒	一五、三四〇石	一、四八四、七五三
麻袋	三、七四六、三〇〇枚	二、二三八、三八〇	石鹸		一、一六五、九四四	支那酒	一六、七〇五石	二、五七〇、五一四
鋳鉄製品		三、一八八、〇五九	蠟燭		一六八、三一五	味噌	五、三六三、四一八キロ	一、三六三、八九三
煉瓦	一三三、六二九、五九八個	五、四六一、七五三	染料		二、一九〇、七四二	澱粉	六五、三七九石	二、〇一九、九四四
瓦	一、二九六、二三〇枚	一五二、五九四	塗料		三、二七八、七三四	菓子パン		七、七四〇、〇五〇
セメント	二〇六、〇五七トン	三、四九一、九〇三	人造肥料	一四〇、七八一、九八六キロ	一五、一〇四、〇八二	清涼飲料		一、六九〇、六七〇
石灰	二三六、〇八七トン	六三一、七〇〇	皮革類	二、八五七枚	一三、五一五	製氷		六四三、七三〇
玻璃	四九六、八〇〇箱	三、六九六、八〇〇	ゴム製品		一六三、四六二	煙草	一、〇七四、九〇五、四一〇本	二、五三九、〇四三
豆油	四三、四二三トン	三、一一五、四九三	紙		一、五八九、三九五	行李・バスケット	一九、〇八二	一二三、三五五
軸木	四、〇三二、〇〇〇本	八〇、六四〇	製材		四、一五〇、六九二	家具		一、一七七、七六三
						計		二五一、五六一、九一六

二　各種工業

イ　柞蚕絲工業　柞蚕は全満いたる所に産繭されるが、その主なる飼育地域は遼河流域の東北地区で、北は新京附近から吉林地方にまで及んでいる。中でも鴨緑江沿岸三角地帯及び西豊縣において最も盛で、その面積は四十万町歩と推定されていた。

柞蚕糸工場数は安東が第一位で五十一工場、西豊の四十四工場がこれに次ぎ、蓋平の十四工場、海城の十二工場その他の順序であった。

邦人工場としては安東に株式会社富士瓦斯紡績安東工場があって、大正八年四月設立、柞蚕挽手を原料として絹紡絲、油紡絲及び柞ペニーを生産する近代的大工場であった。昭和十年における同社の生産額は六十三万六千三百八十一円（絹紡絲二四、八〇六貫、油紡絲一五、六一七貫、柞ペニー一八、〇二〇貫）で絹紡絲は主として米国を、油紡絲は満洲を、柞ペニーは日本内地をそれぞれ販路としていた。

ロ　綿絲布工業　満洲に近代工業としての綿紡織工業熱が興隆したのは大正十年以降のことで、奉天紡紗廠が大正十二年七月に創業したのが最初である。その後も内外綿、満洲紡績、満洲福紡等の各会社の工場が設けられたが、昭和六年ころまでの状勢はおおむね不振で、ただ関東州内の二工場（内外綿金州工場、満洲福紡大連工場）は、昭和四年以来特恵関税制度の下、無税でその製品を日本内地へ仕向け得たので、多量の綿織絲を母国に輸出して不況時をささえることができたのであった。

綿絲の製産高は満洲事変前は四万ないし六万梱であったが、昭和十年ごろには八万五千梱に及び、そのうち約七万梱は満洲内消費で、関東州産は多く日本向けであった。その大部分は十六番手及び二十五番手であるが、四十番手（関東州産）はすべて南支、インド方面に仕向けられた。また大工場における綿布の生産高は約七十万反（昭和十年頃）で、全部満洲内消費であった。個人綿織業は従来金州において満人が経営するもの多く、主として大尺布、粗布等を生産したが、小規模で家内工業の域を脱せず、昭和十五年関東州綿織物製造実業組合を設立し、技術経営の改善指導をなすに及び業績が好転した。

ハ　麻袋工業　満洲における麻の生産は必ずしも少なくないが、満洲産各種穀物の運搬包装用麻袋はインド黄麻製のものを年額三千万枚を輸入しているので、満洲産青麻（イチビ）に黄麻を配合して麻袋の原料とする研究が進められ、大正六年、大連に満洲製麻株式会社が、大正八年には奉天に奉天製麻株式会社がそれぞれ設立されて操業を見るにいたった。関東都督府は大連の満洲製麻株式会社に対し、大正七年機械を購入して貸与したが、越えて昭和四年には特恵関税で内地における輸入税免除の特典を受けしめた。その業績はきわめて良好で、昭和十九年に支払うべき右機械代金の償却見積額を昭和八年八月に償却完了するにいたった。

奉天製麻株式会社の工場は大正十二年に全部が焼失し、それが遠因となった上、更に銀価暴落等種々の原因に災され経営困難となって昭和五年には遂に工場を閉鎖した。昭和八年十二月再び操業を開始したが、同十一年五月にいたって前記満洲製麻株式会社（公称資本金五百万円）に合併され、同社奉天工場となった。

昭和九年四月には資本金六百万円をもって日満亜麻紡織株式会社が創立され、北満農民をして亜麻を請負耕作せしめ、これを原料として麻布、ホース類、雑絲の製造を目標とし、奉天に製品工場を設けて操業を開始した。昭和十一年には大連に前岡製鋼株式会社が設立され、麻鋼及び帆布の製造を開始し、いずれも満洲における麻栽培の増産奨励により前途を有望視されていた。

二　毛織物工業　満洲は気候の寒冷と獣毛の豊富なるため古くから獣毛の利用が広く行なわれているが、その加工技術は幼稚で家内工業の域を脱せず、本業工場の代表的なものとしてはわずかに満蒙毛織株式会社があるにすぎなかった。

満蒙毛織株式会社は大正七年満蒙産の羊毛をその応用の方面から普及開発せしめるため資本金千万円をもって設立された日満合併会社である。同社は大正八年早々奉天に工場の建築に着手し、翌九年六月にはすでに製品の一部を出市するなど一気呵成に進捗し、その後着々業礎を固めつつあったが、欧州大戦終息後の財界反動その他内憂外患相ついで、大正十四年遂に資本金を三百万円に減ずるの止むなきにいたった。満洲事変後は業績も挙り将来を期待されるにいたった。生産能力は毛織物年額百二十万ヤード、毛絲年額四十八万ポンド、帽子年額六万ダースで、その原料としては満蒙産羊毛年額二百万ポンド（全産額の約半量）、濠州産羊毛年額約十五万ポンドであった。

ホ　特殊鋼製造業　満洲における本業の代表的なものは大正七年大連に設立された大華鉱業株式会社で、同社製品の高速度鋼、特殊工具鋼、ニッケルクローム鋼、ダイス鋼、硬質ダイヤモンド代用合金は斯界に貢献するところ大なるものがあった。特に満洲事変以来その需要著しく増加し、甘井子に工場を移転拡張し、業績もまた盛況を呈しつつあった。同社の研究により鉄鉱石から直接低温還元による純鉄の製造のごときは将来を嘱望されたものであった。

へ　金属及び機械器具工業　本業は油坊用機器の製造並びに修理に関連して発達したが、その後運輸事業及び各般の製造工業の興隆に伴い、これら諸事業用機器の修繕及び簡易な部分品ないし附属品製作の必要上小規模の鉄工業が多数起こった。しかしきわめて簡易な普通品に限られ、大規模工場としては満鉄鉄道工場、大連機械製作所、大連汽船ドック工場等十工場にすぎなかった。

満洲事変後、昭和製鋼所の銑鋼一貫作業の開始及び満洲における重工業品の需要増加等のため、昭和製鋼所の所在地鞍山において、同所の銑鉄、半製鋼材及び鋼材の供給を受けて企業するものが相次いで生じ、鞍山鋼材株式会社、満洲住友鋼管株式会社、満洲亜鉛鉱会社、満洲ロール製作所、久保田鉄工所鞍山工場、日満鋼管株式会社、満洲鋳鋼所、井口洋行製作所等が操業中あるいは建設中であった。

関東州における主な工場は進和商会、満洲レール用品製造会社、松下鉄工所等で、その生産品たる軌条附属品、ボールト、ナット、リベット、ワッシャ、洋釘、鉄条等は満洲建国以来需要がにわかに増加したので工場を拡張し、増産に努めつつあった。

満鉄大連鉄道工場（明治四十年設立）及び大連機械製作所（大正七年設立）はいずれも設立当初は設備きわめて不完全かつ小規模であったが、欧州大戦後漸次整備し、満洲事変後にわかに機関車、客貨車及び同附属品そのほか一般機械器具の需要が激増した。

造船業の代表的なものは大連船渠鉄工株式会社で、その前身たる川崎造船所は欧州大戦当時相当発展を遂げたが、た。

大戦終息による財界反動の結果大打撃を受けるにいたった。大正十二年満洲船渠株式会社に改組し、次いで昭和六年大連汽船株式会社に合併され、事業の整備に努めつつあったが、支那事変の突発による船舶の需要増加に伴い、再び独立して大連船渠鉄工株式会社に改組してその強化を図るとともに同十三年増資を行ない、工場設備を拡張した。

機械器具工業として特に注目すべきものは精密機械、工作機械、鉱山機械、化学機械等を製造するため設立された満洲重機金州工場の膨大な施設であった。すでに一部は製造を開始し、圧延機、水圧機、製鉄機械、鉱山機械等を製作していた。

精密微妙な重化学工業に欠くことのできない度量衡器製造には満洲計器株式会社大連工場が当っていた。銑鉄鋳物では大連鋳造所ほか数工場があり、主として鉄管、車輌、暖房器具等を製造していた。各種鋳鉄品、砲金鋳物、飛行機、自動車の部品製造工場の建設も見られた。建築金物等では満洲金物工場がその代表的なものであった。

電気器具製造では満洲東京電気大連工場が最新式設備で電球を、義昌無線、沖電気が無線通信機を、川崎重工業大連電気工場が満鉄車輌用電気部分品を製造していた。

ト　陶磁器工業　日清戦争後露国の東進南下に伴い在来の黒煉瓦に加えて露式赤煉瓦が出現し、また満洲における日本の進出とともに鉄道敷設又は市街建設用として、日本式赤煉瓦及び陶管等の製造がにわかに活況を呈するにいたった。この情勢にかんがみ満鉄会社は明治四十五年中央試験所に窯業試験工場を設置し、陶磁器、耐火煉瓦、ガラス等あらゆる窯業に関する製造試験に着手した。特に陶磁器については陶磁器試験工場において満洲産原料を用いて、まず満人向の飲食用粗磁器の製作に成功し、次いで電気用碍子類及び低圧用品の製造試験を行なった。同試験工場は大正九年十月満鉄会社から分離独立して大連に匿名組合大華窯業公司を設立した。更に満鉄窯業試験研究部における支那古陶器の研究により小森陶磁器研究所匋雅堂が開設され、古来至難とされた支那古陶磁器の模造に成功し、これと相前後して満洲各地には陶管、耐火煉瓦、建築用タイル及び碍子等の製造工業が興隆し、主要工場として大華窯業公司、恵東窯業公司、宏達窯業工廠、東昇窯業公廠、東華甕業公廠、遼東甕業工廠、肇新窯業公司（以上満人工場）、満洲製陶株式会社、奥野製陶所、台山窯製陶所、営口煉瓦製造所、日華窯業所、満洲タイル工業所、石川製陶所（以上邦人工場）等があり、関東州内での代表的工場たる大華窯業はもっぱら満人向食器を製造し、また満洲製陶及び奥野製陶は主として通信及び電気用碍子類の製造を行なっていた。

チ　板ガラス及びガラス器工業　満洲における板ガラス製造は日露戦争前一面坡においてロシヤ人の起業したのが最初のようである。次いで奉天に、更に大正九年には大連に人口吹による板ガラスの製造工場として多田硝子工場が設立されたが、いずれも短期間で閉鎖された。満鉄窯業試験場は大正七年にガラス工場を設け、満洲産原料を使用し、普通ソーダガラス製造の研究を開始したところ、相当好成績を収めたので、大正十四年満鉄から分離し大連窯業株式会社を設立し、耐火煉瓦とともにガラスの製造に着手したが、更に昭和三年ガラス工場は大連窯業会社から分離し、南満硝子株式会社を創立して輸出向食卓用品類、ビン類、ゲージ類その他高級ガラス製品を製造した。

大正十四年四月満鉄会社は旭硝子会社と共同出資をもって資本金三百万円の昌光硝子株式会社を創立し、最初ラバース式により板ガラス製造の設備を整えたが、昭和六年これをフルコール式に改造、更に同十一年生産設備を拡張した。同社工場の製品はいわゆる窓ガラスを主とし、すりガラス、結霜ガラス及び厚板ガラス等であった。

ガラス器生産高を地域別に示せば大連を筆頭として哈爾浜、奉天、新京等の順位で、これを品種別に見ればランプ用品及び瓶類が圧倒的高位を占めていた。

リ　耐火煉瓦工業　元来満洲には耐火材料がきわめて豊富で、関東州境に近い復州を初めとして金州、煙台、本渓湖等に良質耐火粘土の産出がある。硅石も南満洲いたるところ豊富に産出し、特に関東州に良質のものがある。マグネサイト及びドロマイトは満洲は世界的に著名な産地である。したがって耐火煉瓦工場は大連窯業株式会社、

奥野製陶所、大陸窯業株式会社、日華窯業所、小林耐火煉瓦工場、満洲窯業公司、川崎窯業、福昌公司、東亜煉瓦、恩田煉瓦、永順昌、宮口煉瓦（以上関東州内）、大陸窯業会社撫順工場、撫順窯業会社東ヶ岡工場（以上撫順附属地内）、昭和製鋼所煉瓦工場（鞍山附属地内）、本渓湖製鉄窯業工場（本渓湖製鉄所構内）等があった。

満洲の耐火煉瓦はマグネサイトクリンカーとともに日本に輸入されて内地製鉄界に寄与したが、関東州内産耐火煉瓦は関東州生産品特恵関税法によって地場消費よりむしろ日本向輸出がはるかに多かった。

関東州におけるドロマイトの原鉱石はその埋蔵量約三億トンと称せられ、その製品は耐久、耐火、耐水性に富み、糊料不要、かつ水硬性の優秀な壁材料であるが、不当競争等によってその業績を挙げ得なかったので、昭和十五年関東州ドロマイト実業組合を設立し、品質の検査、製品の共同販売、価額の統制をなすに及び業績更新し更に満洲国及び北中支の経済建設に伴いその需要は増加の一途をたどりつつあった。

ヌ　セメント工業　セメント工業は明治四十一年大連市外に小野田セメント製造株式会社の支工場として、ポートランドセメント製造工場の設立されたのが最初である。関東州はセメントの原料たる石灰石及び粘土が豊富で、会社は明治四十二年から作業を開始し、その後満洲土木建築界の発展、南洋方面の需要増進、満洲国の産業開発計画の実施に伴う需要激増に伴い、大正八年、昭和二年、同十四年の三回にわたり生産設備を拡張し、極力その需要の充足に努めた。同社は大連以外に鞍山、泉頭等にも工場を有したが、州外での同社以外のセメント製造業者には満洲洋灰股份有限公司、撫順セメント株式会社、哈爾浜洋灰股份有限公司、大同洋灰股份有限公司及び本渓湖洋灰股份有限公司等があった。

ル　油坊工業　日清戦争後満洲の豆粕は肥料として窒素分に欠乏せる日本の土地に適することが知られ、しかも他の肥料に比較して低廉なため、俄然日本における豆粕の需要を喚起し、大豆とともに満洲貿易品として重要な地位を占めるにいたった。日露戦争後日本における豆粕の需要は激増し、大正七年には豆油が欧州へ進出したので、ここに満洲油坊工業が近代工業としての第一歩を踏み出したのである。

営口は油坊工業の発祥地で、鉄道敷設以前は遼河水運の利を得て日清戦争当時すでに小規模ながら三十余戸の油坊があった。しかし本業の発達を促した最大の原動力は日本が南満洲鉄道を経営して大連港を満洲輸出入貿易の中心港にしたことと欧州戦争の結果満洲の生産物並びにその加工品が世界の需要に応じて海外輸出を見るにいたったことである。すなわち大連においては明治三十九年雙和棧油坊の創設を初めとして逐次増加したが、欧州戦後においては単に大連油坊のみでなく安東、哈爾浜等における油坊工業も躍進した。

関東州における油坊工業は以前はきわめて原始的な楔式搾油法により生産も微々たるものであったが、大連港中心主義に基づく諸般の施設の講ぜられるに及び新たに同港を中心とする油坊工業が興隆し、かつ水圧式搾油法の採用されるにいたって楔式搾油機はその影を失いようやくその面目を一新し、欧州大戦突発後化学工業原料及び食料として豆油の需要がにわかに増加したため著しく活況を呈した。しかるに大戦終息後欧州製油工場の出現、化学肥料の発達、支那官商の不当売買のため極度の経営難に陥り、関東州における特殊工業たる油坊工業の危機を招来するにいたったので、関東庁、満鉄、大連油坊連合会及び満洲重要物産組合等関係者の組織した大豆工業研究会においてその対策を考究するとともに一方満鉄中央試験所においてはベンジン油抽出の研究に成巧してこれを企業化し、斯界に一新時代を画し、更に昭和二年アルコールによる大豆油の新抽出法に成巧し、昭和九年これが企業化されるに及び油坊工業は面目を一新するにいたったのである。

ヲ　硬化油工業　関東州における油脂工業は従来原料が豊富なるに比してははなはだ振わなかった。大正五年満鉄は大豆油を原料とする硬化油製造の目的をもって満洲油脂工業株式会社の前身たる大連油脂工業株式会社を設立して大豆硬化油、グリセリン、ステアリン等の製造を開始し、これら事業の改良発達に多大の努力と犠牲を払ってきたが、大正十年日本内地における斯業保護策として輸入関税が増徴されるに及び内地向輸出は不能となり、硬化油事業を除いてその他は休止のやむなきにいたった。しかるに大正一四年大豆油を原料とした硬化油に対する日本内地輸入税は毎百斤一円二〇銭に低下されたので、ここに社業は好転した。満洲事変以後はますます同社製品の需要が激増したので、設備の拡張を行い増産に努めた。同工場は工業用としてローソク原料、石鹸原料、また食用として食用硬化油、人造ラード、人造バター、落花生硬化油及び椰子油硬化脂等のほか魚油をも硬化し、更にサラダ油、白絞油、化粧及び洗濯石鹸等を製造した。

ワ　**染料及び塗料工業**　染料及び染料製造工場としては大和染料株式会社及び満洲ペイント株式会社の二社があり、大和染料株式会社は大正九年の設立にかかり、硫化染料の製造を営み、当時欧州大戦のため外国品の輸入が途絶した影響で業績大いに挙ったが、戦後再びドイツ品の進出を見るに及んで業況悪化した。しかるに満洲建国以来退勢を回復し、新たにベンゾール精製その他化学製品製造を兼営してその発展めざましく、満洲ペイント株式会社は大正八年大豆油を原料として塗料及び顔料の製造に着手したが、一時財界の不況に遭遇し、経営はなはだ困難となった。しかし大正一二年ころ再び業績好転し、満洲国建国とともに需要ますます増加したので大いに増産に努めた。

なお撫順炭鉱研究所においては昭和七年来同炭鉱の炭素中に介在するこはく炭から、こはくニス原料を製出する方法を研究してきたが、その後遂にこれを完成した。本品はこはく本来の光沢と堅さとを保持し、かつ淡色透明で化学薬品及び風化作用に対する低効力が強く、飛行機資材に用いて特性を認められており、昭和九年からは工業的製造試験に着手していた。

カ　**窒素工業**　硫安工業は昭和三年、時の満鉄総裁山本条太郎によって計画され、以来満鉄において慎重研究の未成案を得、昭和七年一二月満洲化学工業株式会社を設立し、同十年三月操業を開始したもので、その後需要の増加に伴い生産能力を拡充した。

ヨ　その他の化学工業　ソーダー工業は関東州が原料たる塩及び石灰石に恵まれるほか、諸般の好条件を具備し、ソーダ工業の最適地なるにかんがみ、以前から関東局、満鉄、旭硝子会社等相協力してその企業化に努力していたが、気運熟するにいたらなかったところ、満洲事変による環境の好転を見るに及んで昭和十一年満洲曹達株式会社が創立せられ、本工業の確立を見るにいたったのである。

獣骨工業としては大正九年に設立された満蒙殖産株式会社がある。その製品の主なものは蒸製骨粉、蹄角粉、牛脂、にかわ等で、年々需要が逓増し業績も良好となった。

アルコール製造工業は昭和十年に設立された関東州興業株式会社一社で当初含水アルコールを製造してきたが、昭和十四年設備を改善して無水アルコールの製造をも開始した。

石油製造業は昭和九年十一月に満洲石油株式会社が設立されて、原油処理能力、原料油処理能力ともにすぐれ、その製品は主として満洲国及び関東州に供給された。

タ　食料品工業　日本酒は明治四十三年ころ関東州内に醸造されたのを最初とし、満鉄沿線地方ではやや遅れて大正五年ころ撫順において醸造された。その後漸次醸造家の増加を見たが、酒質は劣りいわゆる地酒の域を脱しなかった。関東州においては大正十一年四月関東州酒政令（勅令第百九十八号）が施行されたが、同十五年その改正とともに酒造組合を組織せしめ、一方当局は酒質の改善に向って補助奨励を行なったので、著しく改善され昭和三年ころには内地酒に比して見劣りなきにいたった。その後更に内地著名醸造家の奉天その地各地への進出により品質はますます向上するにいたった。昭和九年末醸造場は八十七工場（内二十二は満鉄附属地管外）で、その醸造高は五万四千余石であった。

しょうゆ、みそ製造業の興隆は明治四十年以後で、比較的順調な発展をたどり、特に満洲国建国以来邦人の満支進出激化に伴い需要も急増した。関東州内の主要工場としては大連醤油株式会社、島喜醤油醸造所、池田商店、巴商行、丸辰醤油会社、大連精糧会社等があった。

支那酒は高粱酒をもってその代表とする。しかして高粱酒は一般に好んで飲用されるため、焼鍋は都鄙を通じての普遍的工業で、油坊、磨坊とともに満洲の三大工業と称されていた。昭和九年末全満所在の工場数は約三百で、生産額は年額約四十五万石（一石は約二七五斤）、二千三百万円と推定された。しかして満洲の高粱生産高を三千五百万石とすれば、そのうち高粱酒に使用する全量百二十三万七千二百五十石はわずかに三・三四パーセントにすぎない。

高粱酒に対し黄酒は小資本で経営可能のため、醸造場はきわめて多かった。

満洲における製糖工業は明治三十九年支那側政府が奉天に農事試験場を設立して、日本人技師を招いて甜菜を試作したのが最初であるが、その後数年にして同技師の去るとともに中絶した。大正三年満鉄公主嶺農事試験場で甜菜の試作に着手したところ、その結果が良好だったので大正六年奉天に南満製糖株式会社を創立し、同十一年には鉄嶺に同社の分工場を建設操業した。甜菜の栽培もまた盛となり北は開原地方から南は遼陽付近にいたる十万畝(一畝は、日本の約六畝）以上の地域にわたって行なわれた。同社は創立当初世界大戦の好況にのって初年度から利益配当を行なう業績であったが、その後、経営上の失敗と財界不況の影響を受け業勢ようやく逆転し、大正十五年六月鉄嶺工場を閉鎖し、更に昭和二年三月にいたって奉天工場をも閉鎖して全く事業を中止するにいたった。

しかるに満洲事変以来満洲産業開発の主潮に乗り、昭和十年六月満洲国政府から事業の許可指令を受け、同年十二月に成立を見た満洲製糖股份有限公司は本店を奉天に置き、南満製糖会社奉天工場の全部及び鉄嶺工場の機械を買収して操業を開始した。しかして奉天工場は一日五百トン、鉄嶺工場は同六百トンの甜菜処理能力を有するものであった。ほかに昭和九年四月日本砂糖貿易会社が米銀行から施設を買収し、日米合併の北満製糖会社を設立して北満阿什河にある一日甜菜処理能力三百五十トンを有する工場をもって製糖作業を営みつつあった。

製氷事業は当初天然氷の採取に始まったが、天然氷の品質は著しく粗悪で漁業用及び食用に適しないため、大正六年大連製氷株式会社を設立し、製氷のほか魚菜、果実の冷凍及び清涼飲料の製造を営んだところ、需要が漸増し、遂次工場設備を拡張した。また清涼飲料は同社のほか関東州内においても月星合資金社、満洲野鉱泉製造所及び関東州飲料株式会社等がこれを製造していた。

レ　**煙草工業**　管内の煙草工場の先駆は東亜煙草株式会社の営口工場であるが、明治三十八年以来英米トラストは南支からその製品を漸次南満に侵入せしめ、後大正八年駐華連合煙公司なる支那式名称を用いて奉天に工場を新設した。しかしてその後次第に勢力を扶植し、しばらく満支の煙草界に君臨してきたが、銀価の暴落、南支からの下級煙草の進出、東亜煙草会社の躍進等により満洲での販売はようやく不振となった。

一方日本においては明治三十七年煙草専売実施後、その製造煙草は清、韓両国にも大量輸出されるにいたり、同三十九年東亜煙草株式会社の創立にあたり、政府は同社に対し製造煙草輸出特許書を下附して特に保護を与えた。また同社は営口工場の開設に際して専売局長からゴールデンバット、敷島、朝日等の商標を一定条件の下に使用することの特許を受けて競争したため、大正五年には朝鮮から英米系の勢力を駆逐することができたが、大正十年七月朝鮮に煙草専売制度が実施されてからは、その主要地盤であった朝鮮から撤退するの余儀なきにいたり、その後満洲における十余年間の経営はすこぶる苦境にあったのである。大正八年に設立された亜細亜煙草株式会社は昭和二年九月東亜煙草会社と合同した。東亜煙草会社は本店を東京に、支店を奉天に置き、工場を奉天、営口、大連及び天津の四か所に設けて、紙巻両切二十六種、紙巻口付五種及び刻二種を製造していたが、関東庁は昭和四年度以降同八年度までに十二万八千円を補助してその助成につとめたが、満洲事変突発後は特に社業の安定を見、英米トラストに対抗してきわめて好況を呈した。

ソ　**製紙及びパルプ工業**　満洲における製紙事業は比較的発達が遅れ、満洲唯一の近代的工業設備を有する製紙工場は安東の鴨緑江製紙株式会社で、同工場は大正八年六月の創設であった。しかして大正十年十月第一期パルプ事業を開始したが、欧州大戦後のパニックによってしばらく休業を余儀なくされ昭和二年一月にいたりようやく再開した。これと前後して大連、撫順、営口に邦人製紙工場、安東に満人製紙工場の開設を見たが邦人工場はいずれも財界不況、兵乱、排日貨等のため業績挙らず苦難の極に達した。しかるに満洲事変後はようやく活況を呈するにいたった。工場の主なものは鴨緑江製紙株式会社工場（安東付属地内）、撫順製紙株式会社工場（撫順付属地内）、松浦製紙株式会社工場（大連）及び六合成紙廠（安東付属地外）等であつた。

パルプは前記鴨緑江製紙会社において従来わずかづつ生産していたが、人造絹絲その他の新繊維工業が驚異的に発達を見るにいたったので、満洲の木材を材料とするパイプ工業を企図し、年産能力各一万トンをもつ日満パルプ会社、東満洲人絹パルプ会社、満洲パルプ股份公司及び満洲パルプ工業会社の四社が昭和十一年四月に満洲国政府からパルプ工場経営の認可を得た。

ツ　**石炭乾溜工業**　満鉄会社はその創立早々大連にガス事業を計画し、明治四十三年三月南満洲瓦斯株式会社大連瓦斯作業所を開設した。これは満洲における石炭乾溜事業の最初である。

撫順炭鉱は大正の初期事業の進展に伴い発電所の拡張を迫られたが、炭鉱において産出する多量の粗悪炭は窒素分一・五ないし二パーセントに及びしかも灰分が低いため、直接燃料とするよりもこれによりガスを製造して発電用蒸気の発生に供することが有効であるとの研究結果に基づき、大正四年からモンドガス発生工場の操業を開始した。

右のほか昭和九年四月満洲化学工業株式会社が硫安製造の原料たるアンモニアの合成原素たる水素発生を目的として石炭乾溜を開始するまでに、本渓湖、鞍山（昭和製鋼所）両製鉄所のコークス製造工場のほか、南満洲瓦斯株式会社が満鉄附属地主要都市にガス作業所を開設したが、昭和十年現在の石炭乾溜工場は南満洲瓦斯株式会社大連瓦斯製造所、撫順炭鉱モンドガス発生工場、株式会社昭和製鋼所コークス工場（鞍山）、撫順炭鉱石炭乾溜工場、南満洲瓦斯株式会社奉天瓦斯製造所、同安東瓦斯製造所、同新京瓦斯製造所、本渓湖煤鉄股份有限公司コークス工場及び満洲化学工業株式会社コークス工場（大連市外）の九工場であった。

ネ　シェール油工業　撫順炭鉱においてオイルシェールが発見されたのは明治四十二年である。その後大正十一年古城子露天掘区域内の炭層調査のため試錐作業を行ない、同時に得たボーリングコアーを試料とし、中央試験所において全頁岩層にわたり含油量その他について詳細な研究を行なった。以来昭和二年まで実験を継続し、予期の成績を収めたので、昭和三年一月建設資金千万円で内熱式乾溜法による一日シェール処理量四千トンの製油工場建設の議が決定され、同五年一月工場の完成とともに操業を開始した。

撫順炭鑛天掘において剝離されつつあるシェール量は年額四百万トン以上であるが、製油工場のシェール処理量を増大し、工場建設費を低減して一層低廉なる原油を生産するとともに、重油を更に加工して高価品化することによって製品の原価を低減すべきものとしてその研究に余念なかったが、いずれもこれを解決し、昭和九年資金六百万円を投じて（一）乾溜炉を改良して能力を一基一日百トンとし、（二）分解揮発油工場を新設して昭和十年末から操業を開始し、以来好調を続けてきた。

当時の原料と生産品との量的関係はオイルシェール三六万トンから乾溜用シェール一九〇万トンを選別し、これから海軍重油六万六三二八トン、粗蠟二万トン、精製揮発油二万四千百二キロリットル、コークス一万五五一五トン、硫安三万四八〇〇トン及びガス（一、〇六〇カロリー）十三万九二〇〇立方メートルを得るのであるが、重油は海軍に納入し、硫安は南支、後に台湾、南洋方面及び米国に輸出し、コークスは阪神地方に、揮発油は自動車用として満洲に販出した。製油工場粗蠟は日本内地石蠟の原料としてきわめて重きをなしていた。

ナ　石油工業　満洲国内には従来油田の発見なく、石油類の輸入は年額一千万円に及び、英米系三社の独占市場であった。満洲国政府は建国早々国内における石油資源を確保し、需給の調節を図るため、石油類専売法及び満洲石油株式会社法を制定して石油類の専売制度を実施し、昭和九年二月資本金五百万円をもって満洲石油株式会社を設立せしめて石油の採掘、精製及び売買に関する事業を営ませることとした。同社は大連市外甘井子に製油工場を置いたが、その原油処理能力は月当り五千トンであった。生品歩留は九五パーセントで、その生産品の割合は揮発油三〇、灯油二〇、軽油一〇、アスファルト五、パラフィン二、ピッチ一〇、であった。

同社は満洲国の国家的使命を帯びた特殊会社で、社業の発展いかんは同国石油政策成販の岐路とされていた。満洲国の専売法規はもとより関東州及び満鉄附属地には及ばないが、関東局は昭和十年四月石油類取締規則(関東局令第二十三号)を公布して満洲国政府と同一歩調を採り、その目的達成を支援した。

ラ　マッチ工業　マッチ工業は日露戦役の直後長春城内に広仁津火柴公司が、邦人の手によって創立されたのを最初とする。当時は微力のため多くの困難をなめ、翌四十年四月初めて製品を市場に出すことを得たのである。以来マッチ業は満洲における有望工業の一として遂次発達し、大正十一、二年ころは最盛期であったが、このころから市場はようやく生産過剰となって販売競争をひき起し、漸次経営困難に遭遇する運命に陥った。たまたま大正十四年世界マッチ界に君臨するスウェーデンマッチ会社は満洲に大工場を買収して進出したため、日、満、瑞三者間に幾多の乱戦を演じたが、昭和六年四月満洲におけるマッチ公売制度が実施されるや、スウェーデン系は日満勢力に圧迫されて、吉林燐寸、吉林製軸、日清燐寸等三社の所有株を長春洋火、宝山燐寸、日清燐寸の各会社に売渡し、満洲マッチ界から手を引くにいたった。軸木原料の白楊は一面坡、ハンダリンク、海林等の山地に多量に存し主として吉林方面において製軸し、薬材類はほとんど全部を日本から輸入していた。マッチ製品の種類はほとんど全部が硫化マッチであった。

ム　製材工業　日露戦役の初期すなわち明治三十七年五月大倉組が安東において軍用材の製材に着手したころ

は、満洲製材はほとんどロシア式手挽鋸に圧倒されていた。その後、機械工業の振興と、山東苦力の移民等により奉天以南鉄道沿線は支那式手挽鋸が多く用いられ、また機械製材も安東を主たる中心として発達した。大正二年大倉組の製材業は秋田木材会社と提携して会社組織の製材工場となし、更に大正四年鴨緑江採木公司（明治四十一年日清合同材木会社章程に基づき設立された日清合併会社）の出資によって日支合併鴨緑江製材無限公司と改称改組して東洋有数の大工場となった。大正五年ころには欧州戦争の影響による好況の波に乗り安東の製材工場は実に三十を数えたが、その後財界の恐慌、銀価の変動、関税問題等幾多の困難に逢着したため、昭和四年在安東材木商組合を設立し、更に同七年一月全満各主要都市の木材商組合をもって満洲木材同業組合連合会を組織し、本業の健実なる発達を企図した。他方満洲事変後は満洲における土建事業が盛となり、製材の需要を著しく喚起した。安東以外の地における製材工場は地方的需要を主な目的とするが、邦人側工場は大連七、営口一、撫順二、奉天一、新京一四、吉林二、哈爾浜一などで、満人側は大連四、公主嶺一、新京二四、吉林二、哈爾浜一〇というような分布状態であった。

ウ　製鉄製鋼業

1　本渓湖煤鉄股份有限公司製鉄　大倉組が本渓湖炭鉱に手を染めたのは明治三十八年十一月であるが、同四十三年五月、日支合弁本渓湖煤鉱公司となり、翌年十月製鉄事業を兼営することとなって本渓湖煤鉄公司と改称し、更に昭和十年九月二十日、日満合弁本渓湖煤鉄股份有限公司に改組したのである。軍事工業上の高級鋼並びに一般高級鋼用の銑鉄は燐及び硫黄の僅少であることを絶対的必要条件とされているが、海軍省は種々調査の結果、本渓湖煤鉄公司所属の廟児溝鉄山の鉱石が低燐なることに着眼し、大正四年七月大倉組と低燐銑の製造計画に関する契約を結んだ。すなわち磁力選鉱場を安奉線南坆駅の近くに設置し、精粉鉱を固めるための固鉱工場を本渓湖製鉄所構内に、また新たに広島県小方村に山陽製鉄所を創設し、木炭吹熔鉱炉二基（能力各二十トン）を建設して海軍規格に合格する低燐、低硫黄及び低銅なる純銑鉄の年産一万トン計画がたてられたが、欧州大戦中のため機械の到着が遅れ、両工場の操業開始は大正七年末となり、翌八年から最初の国産純銑鉄を製出したのである。なおコークス吹純銑鉄製造を企図し、本渓湖炭鉱の最上層なる宝炸層において発見した低燐でしかも硫黄及び灰分のともに低い理想的石炭を精選し、当時の野焼コークス窯をもって総平均灰分一三・五パーセント、燐〇・〇六五パーセントの木炭にもまさる低燐コークスの製出に成功した。一方山陽製鉄所に供給した低燐固鉱の貯蔵も少なくなったので、これに石灰石及びマンガン鉱の低燐なるものを選び、大正十年八月末から第一熔鉱炉において試験の上、燐〇・〇一二パーセント、硫黄〇・〇〇六パーセントの逸品を得ることができた。その後諸事情により本格的事業に入らずにいたが、大正十二年財界回復の曙光が認められるにいたり、再び第一熔鉱炉に火入れした。以後需要量の漸増と作業の熟達により、低燐銑においては日本は全く自給自足の域に到達したのである。

2 株式会社昭和製鋼所製鉄、製鋼 明治四十二年八月満鉄地質調査所長の探知した湯崗子駅西方の小丘鉄石山の鉄鉱は鞍山鉄鉱開発の端緒となったが、満鉄会社は一大製鉄所の建設を企て、大正五年十二月、中日合弁振興無限公司を組織して鉄鉱採掘機関とし、欧州戦争の影響で諸工事は遅延したが、大正八年四月第一熔鉱炉に火入れした。

元来鞍山鉄鉱の埋蔵量は含鉄分約三〇パーセント以上のもののみで約六億トンと推定されたが、ほとんど大部分が含鉄量三五パーセントの貧鉱で、しかも製銑上によくない珪酸の夾雑が多いため、人為的に豊鉱に処理すべきものと考慮された。このため鞍山は満鉄会社の癌なりとまで極言される不評の存在となったが、再起を期して貧鉱処理の方法を講じ、精鉱作業の基礎確率を画し、鋭意研究、施策三年半を費してついに世界にその類例のないいわゆる「鞍山式還元焙焼法」なる効果的かつ経済的な貧鉱処理法を発見し、大正十二年十月銑鉄年産二十万トンに対する貧鉱処理による鉄原鉱供給のため選鉱工場の建設に着手した。しかし、関東大震災等他動的支障のため工事は遅延し、大正十五年七月に、選鉱工場の作業開始を見るにいたった。同時に第二熔鉱炉にも火入れし、本格的に銑鉄二十万トンの生産実施期に入った。かくして選鉱工事の作業はおおむね予期どおりに成功し、昭和二年以降は出銑二十万トンを突破するにいたったが、昭和五年三月第三熔鉱炉として五百トン炉一基を新設して火入れをなし同時に第二熔鉱炉を吹降した。しかして出銑量は昭和五年二十八万八千トン、同七年三十万トン、同八年三十一万トンと累年増加した。

昭和三年には銑鋼一貫作業が計画され、同四年七月資本金一億円の株式会社昭和製鋼所の設立手続を了したが、その後政変その他種々の支障を生じ、設立実施にいたらなかった。しかるに昭和六年満洲事変が突発し、次いで満洲国の建設を見、日満両国の経済上並びに国防上の提携はますます緊密の度を加えるにいたり、多年の急案を一決して昭和八年四月ついに銑鋼一貫作業による事業開始が認可せられ、ここに鞍山製鉄所は満鉄会社から分離し、昭和八年六月一日をもって設備その他いっさいを昭和製鋼所に譲渡して独立企業として経営されることとなり、昭和十年四月最初の出鋼を見たのである。

廾　配合飼料工業　配合飼料工業は関東州における新興工業の一で、急速の発展を遂げ、昭和三年以来配合飼料として対日輸出が行なわれ、その数量は逐年増加を示し、昭和九年に最高に達したが、その後満洲産原料はうち続く凶作によって価格騰貴となったのに反し、南米、南洋産は驚異的豊作によって低廉な原料が日本に輸入されるにいたり、関東州配合飼料はこのため多大の圧迫をうけてその需要減退となり、輸出高の漸減となったのである。しかるに昭和十二年外国為替管理の強化によって外国品の輸入が困難となったため、対日輸出は漸次回復するにいたった。

第五節　商　業

一　**概説**　日露戦役の結果、わが国は露国から関東州の租借権、南満洲鉄道及び附属炭坑の譲渡を受けて以来、清国から東三省主要都市の開放及び営口、奉天、安東の居留地設定、鴨緑江採木公司の設立、満鮮国境貿易に対する最恵的待遇（明治三十八年満洲善後条約）、南満洲における居住、往来の自由、農工商業等の経営及び土地商租権、鉱山採掘権、東部内蒙古における農工業の日支合弁企業権及び主要都市の開放（大正四年日支条約）等種々の特殊権益を獲得してわが満洲経営は着々進捗した。しかして施政以来、旧東三省軍閥の圧迫と幾多の困難とを克服して関東州及び満鉄附属地を中心とする治安の維持、交通機関ないし文化施設の整備、産業の積極的指導助成につとめた結果、在満邦人は激増し各種産業特に近代的商工業の発展は顕著となり、満洲の輸移出入貿易は異数の躍進を続けて後日の盛況を見せるにいたった。昭和六、七年における満洲事変及び満洲国建国は東アの政治経済上に劃期的変革をもたらせた。すなわち日満経済共同委員会が組成されて、相互依存一体不可分の日満経済ブロックの結成強化となって逐年その面目を改めた。しかして治安の粛正に伴う在満邦人の激増、道路、鉄道の新設延長、幣制及び度量衡制度の確立、郵便電信事業の統制整備、各種産業の奨励、主要工業の助長統制又は土建事業の新興殷盛、輸出入関税率の合理的改訂等による邦商の躍進に随伴して、国内商業ないし日満貿易は躍進の一途をたどり、その発展はまことに目覚ましいものがあった。

二　**企業形態**

イ　**邦商**　個人経営の中・小商業は相当の発達を遂げつつあったが、なお多年財界の不況裡に同業者の増加と満支外商ないし消費組合等の進出による商圏の縮小によって商勢不振をきたしたため、漸次共同経営組織に誘導転化せしめ、各種の商事会社、組合若しくは企業同盟等の結成を促進するにいたった。

昭和九年末における関東州及び満鉄附属地に本社を有する商事会社数は八百十二で、このほか支店又は出張所として本邦会社の進出したものは会社総数の過半数を占めていた。会社の種類は株式組織を第一とし、合資及び合名組織のものが順次これについだ。またその地方別分布状態は関東州が六、七割を占めたが、満鉄附属地内は邦商の奥地進出に順応して逐年増加を示していた。その業種別は物品販売業の四百七十二が最高で、金融業七十八、貿易業六十四、仲買委託売買及び売買仲立業五十三等が順次これに次ぎ、取引所、生鮮食料品市場、銀行、無尽会社、保険業等事業の統制を必要とする特殊許可営業に属するものは僅少であった。

会社数並びに資本額の動向は大正四年第一次欧州大戦突発当時、すなわちわが施政十年後は四十二社、三百十六万円にすぎなかったが、大戦の好影響を受けて各種事業は随所に企画せられ、一般商況も活発となり大正九年には一躍二百五十六社、八千五百八十余万円となった。工業その他一般事業会社は財界の好況にやや濫設の弊に陥り、戦後の反動的恐慌に遭遇して社礎脆弱なものは相次いで解散又は合併の悲境に陥ったが、商事会社のみはかえって漸増の一途をたどり、満洲事変の突発した昭和六年には六百八十一社、九千六百三十六万円となり、同九年には八百十二社、九千二百八十八万円となって、従来に比し会社数は最高であるが、資本額においては昭和七年の一億六十三万円よりも七百七十五万円の減少である。また本店を有しない会社を含む総会社数は昭和九年の千四百六十九社で、その総資本金額は八億三千八百九十余万円であった。また組合若しくは企業同盟的のものに各種同業組合、輸入組合、大連連鎖街、保険協会、百貨店等があり、中でも百貨店は各地に続出の傾向を示し一般中小商業者に漸次その影響を及ぼしつつあった。

満鉄附属地行政権移譲後における会社の動向を見ると関東州における会社数及び払込資本金（又は出資金）の合計は、昭和十四年度において五百八十九社、九億四千六百八十九万余円、同十五年度において六百四十一社、十億七十一万余円であった。

満鉄附属地に本店を有する日本国法人たる会社の設立及びその監督は日本母国法たる民法、商法等によってなされたことは前編三四〇ページに説明したとおりであるが、この例外として新京に本店を有する満洲電信電話株式会社及び満洲拓殖公社は、いずれも次の日満協定に基づき設立された日満両国籍をもつ合弁会社であった。

満洲ニ於ケル日満合弁通信会社設立ニ関スル協定（昭和八年三月二十六日新京で調印）満洲拓殖公社ノ設立ニ関スル協定（昭和十二年八月二日新京で調印）

関東州及び満鉄附属地における各年度末現在商事会社（本社）概況

年度	関東州 会社数	関東州 払込資本金又は出資金	満鉄附属地 会社数	満鉄附属地 払込資本金又は出資金
明治四〇	二	二六、〇〇〇円	—	—円
大正一	一九	一、六六七、二〇〇	四	八一、五〇〇
五	三七	三、六七〇、七五〇	一三	一、〇六五、〇〇〇
一〇	一七五	六六、二五二、三五〇	八八	二一、〇一一、二〇〇
昭和一	三二七	七三、一三九、九九二	一八三	三四、一五七、六三七
五	三九七	七六、四〇五、九三二	二四三	二八、九六四、二五〇
九	五三九	六四、五七八、九九七	二七三	二八、三〇二、三〇〇
一四	五八九	九四六、八九五、二〇六	？	？
一五	六四一	一、〇〇一、七一七、一五四	？	？

口　満商　一般的商業組織形態は邦商と同様これを個人経営及び共同経営の二種に大別することができる。前者は露店又は行商等で比較的その数少なく、共同経営特に単独出資共同経営のものが満人の相続制度、大資本の欠

乏、貯蓄機関の不備及び蓄財的国民性等に基因して大多数を占めている。

連号は合資共同経営を主眼とし、共同の利益擁護、同業者間の競争抑制並びに共同仕入及び販売をなす等満商一流の有機的団結力をもって商敵に対することを目的として発達したものである。満洲主要都市における連号組織の商店数は奉天百八十一、哈爾浜百二十八、安東八十八、大連六十七、新京五十四、営口四十五、四平街四十、開原十一、遼陽四、公主嶺四、合計六百二十二(附属地行政権移譲前)を数えた。

公司は大体わが商法上の会社に該当する企業組織である。満支においては公司法の制定以来数十年を経過し多数公司の設立を見たが、関東州及び満鉄附属地においてはその多くは一起一倒あるいは経営難に陥っているというような状態であった。満支人間に会社組織の発達を見ないのは(一)国民性が公司のごとき近代的資本の合同機能を十分に発揮できないこと(二)過去における政治的不安のため会社組織による企業経営に幾多の困難を伴ったこと(三)民間における資本の発達不十分なこと(四)有産者は比較的安全な国民固有の共同経営組織の商店又は連号に投資し株式応募の必要を認めないこと(五)株式会社の不成績であった前例があってその信用が薄いこと(六)満支人は縁故関係等を尊重する結果人材を得がたいこと等に因るものといわれ、また公司設立の株式募集に当ってこれを忌避して応募するものが僅少であった事例も少なくないが、満洲建国以来、日満経済ブロックの拡大強化に伴い遂年日満合弁組織による満洲国法人たる特殊会社又は公司等が新設され、相当の業績を挙げているため、一般満人間にもようやく公司組織を利用する思潮を馴致した。

特殊企業形態の主なものとして牙行(牙紀又は大屋子)及び糧桟を挙げることができる。牙行は一種の仲人問屋とも称すべきもので、売買両当事者間を斡旋紹介し、取引貨物の価格を評価して牙銭(手数料)を収める仲介者であるが、近時更に客商の宿泊、商品の販売又は買付の受託、代金の取り立て若しくは立替、貨物の運送ないし保管業務をも兼営し、交通又は金融関係上特殊の発達を遂げたもので、満洲国内においては米穀問屋、雑貨問屋、船店

（舷問屋及び舷宿）、**行桟**（旅宿業、運送業、倉庫業）、**存儲**（貨物の保管）等にこれを見ることができる。

糧桟は満洲特産物を農民から直接収集して輸出仲買商又は油坊業者等に配給することを主な職能とし、更にその保管、金融、雑貨、旅舎、馬車、油房若しくは焼鍋業をも兼営するものがあり、配給市場において強固な地歩を占め、満洲経済界に顕然たる勢力を有していた。しかも満人のみでなく邦人で糧桟を経営する者もまた相当多数に及んでいた。

三　商品　満洲の主要産業は農業、牧畜、林業及び鉱業等いわゆる原始産業であるが、日露戦役後わが積極的指導奨励並びに交通運輸機関等の整備に伴い顕著な発達を遂げてその産額を激増し、特に大豆は国際商品として海外市場に覇をとなえている。他方満洲の工業界でこれら土産品を原料とするものは油房、製粉、皮革工業等である。満洲事変後、日満経済統制方針に基づき各種工業が急激に興隆したが、関東州又は満鉄沿線におけるわが一部既成工業を除いては、なお創業の域を脱しない状態で、満洲は国際経済上原料供給地としての地位を占めていたのである。

輸出品目の主なものは、満洲特産物の大豆、高粱、雑穀及びその加工品であって、満洲事変前まではおおむね出超を示していたが、満洲建国後は産業その他の建設資材、生活必需物資の急激な需要増加のために、加速度的に入超に反転した。建設資材以外の商品もまた各国から集り、さながら国際ダンピング市場の観を呈し殷賑をきわめた。しかし太平洋戦争突発後は大連を中心とする船舶の往来もほとんど跡を断ち、市況は極度に不振に陥った。関東州は地元の生産に乏しく、したがって商売は常に貿易によって左右され、貿易の消長に伴い一進一退するほかなかったのであるが、太平洋戦争中は貿易不振に加えて相次ぐ統制強化のため、商業界の被る影響はきわめて大であって、市内商舗はあるいは閉鎖あるいは企業合同によって余命を保つのほかなき状況に陥ったのである。

四　取引所　日満貿易は第一次欧州大戦の初期は全満総貿易額の三割内外にすぎなかったが、逐年増加して満洲事変直前は約五割となり、更に増加の状勢にあった。また対日輸出額は全満輸出貿易不振のため著しい発展を見ない本邦品が、日本からの輸入は満洲事変後飛躍的増加を示して総輸入額の七割五分以上に達し、したがって満洲への本邦品輸入経路の動向いかんはきわめて重要性を有するにいたった。在満邦商が本邦商品を輸入するには一般的に日本内地製造業者又は輸出業者と直接又は代理店等を通じて取引するが、昭和二年満洲各地に輸入組合が設立されて後は一般中・小商業者で同組合を経由して輸入するものが漸増した。更に昭和十年各組合は満洲輸入株式会社を組織し大量の共同仕入によりその経営の合理化につとめ成績見るべきものがあった。なお、取引斡旋の機関として官営及び民営の取引所があって重要物産、銭鈔（貨幣）及び有価証券等を上場していた。

満洲における運輸、倉庫、金融その他の各種経済機関が輸出品の大宗たる大豆並びにその加工品を中心に施設経営される実情から、市場におけるその取引方法の良否は直に満洲経済界の消長に大なる影響を与えるのであるが、従来の取引方法は各地におおむね不規律、不完全をきわめ、大連のごとき大豆貿易の中心市場でさえ適当な取引機関がなかったため、よるべき一定の相場なきはもち論取引物件の受渡しは不確実で、相場のいかんによってその成否を決し、不渡りの場合の補償並びに制裁の手段なく取引上の弊害はなはだしく、かつ無謀な投機取引が盛に行なわれる等幾多の余弊を醸成したのである。ここにおいて関東都督府はこれら弊害を除去して取引の円滑を期し、その秩序ある発達を助長するため適当なる取引機関設置の必要を認め、明治四十二年以来、満洲及び南北支那各地における商慣習その他必要事項を調査の上、明治四十四年大連に官営取引所を設置することに決し、同年六月関東都督府令第十三号をもって大連重要物産取引市場規則を公布した。本規則により取引所の職制及び商議員制等を定めたが、大正二年二月勅令第六号「関東州内ニ設立スル重要物産取引市場ニ関スル件」が公布されて取引所の法律上の根拠が初めて定まり、同年三月大連重要物産取引所規則（関東都督府令第七号）を公布して従前の取引市場規則を廃止した。なお同年六月大連重要物産取引所規則施行規程（関東都督府令第十五号）をもって賣買受渡その他に関する事項を規定した。

大連重要物産取引所は大正二年九月その所務開始以来成績きわめて良好であったので、都督府においては更に大豆の大集散地たる開原及び長春に同様の施設をなすことに決し、大正四年四月勅令第五十四号をもって前述大正二年勅令第六号中「関東州内」とあるを「関東州及南満洲鉄道附属地内」と改正し、次いで大正五年二月関東都督府令第一号をもって関東都督府取引所規則を公布して大連のほか開原、長春各取引所も一律に本規則によらしめ、従来の大連重要物産取引所規則を廃止したが、新たに大連重要物産取引所規程（大正五年二月関東都督府令第三号）、長春取引所規程（大正五年三月関東都督府令第八号）及び開原取引所規程（大正五年二月関東都督府令第二号）を制定公布した。

開原、長春の各取引所は先物取引の期限その他において多少大連重要物産取引所と異なるが、大体において動向を同じくし、ただ重要物産のほかに貨幣すなわち銭鈔を加えた点において一新生面を開いた。この日本内地の取引所に類を見ない銭鈔の取引を兼営したことは満洲における通貨不統一の結果にほかならないのである。従来大連における銭鈔取引は支那人が公議会に集合して一定の相場を建てたのであるが、大正三年二月正隆銀行代表者及び支那商人等が官許を得て、大連銭業公所を設立し、章程を設けて現物及び先物の取引をした。しかしてその後開原及び長春の例により取引所における取引の一種とするのを適当と認め、大正六年五月大連重要物産取引所銭鈔取引規程（関東都督府令第九号）を公布して同六月一日から施行し、銭業公所は解散した。大正八年二月大連取引所規程（関東都督府令第六号）を制定して大連重要物産取引所規程及び同取引所銭鈔取引規程を廃止し、その名称を大連取引所と改めた。大正八年八月四平街及公主嶺取引所規程（関東庁令第三十八号）、同十月鉄嶺取引所規程（関東庁令第五十一号）を公布し、次いで同十二月奉天、遼陽及営口取引所規程（関東庁令第六十五号）を公布して、同年十月四平街取引所を、同十一月公主嶺、鉄嶺の両取引所を開所し、また翌九年八月遼陽取引所の、同十月奉天、営口二取引所の各所務を開始した。このうち鉄嶺、遼陽及び営口の三取引所は支那側における交易所の開設又は満鉄会社の混合保管制度実施等の影響を受け次第に市場不振となり、大正十二年末以後取引皆無となったため、翌十三年十月末限りこれを廃止した。

株式の取引については、大正八年八月には満鉄会社を除き二百四十八会社、その資本総額七千九百十一万余円を算し、大連における株式の賣買高は一日一万円ないし二万円に達したが、その賣買取引は単に警察署の許可を受けた株式賣買仲介業者が、現物の授受をなすにとどまり、一定の成規の下に整然とした取引が行なわれなかったため、おのずから取引の円滑を欠くのみでなく弊害の及ぶところ大なるものがあり、一面主要輸入品たる綿絲布及び麻袋等のごときもそのよるべき公定相場なく、当業者の不利不便が少なくなかったので、関東庁は産業発達増進の目的で大正八年十二月勅令第四百九十四号関東州取引令の公布に基づき同月関東州取引所規則（関東庁令第六十七号）を公布して同十二月二十五日大連に株式会社大連株式商品取引所の設立を認可し、翌九年二月十日から有価証券、綿絲布、麻袋、麦粉及び砂糖の賣買取引をなさしめることとした。

株式会社安東取引所は大正十三年行政移管の際満鉄附属地所管の関東庁所定の法令（関東州取引令及び関東州取引所規則）によって設立免許されたもので、その以前は在安東日本領事の免許により存立したものである。取引物件は鎮平銀及び有価証券等で、そのうち鎮平銀の取引は満洲国の幣制統一に順応して昭和九年九月末日限りこれを廃止し、新たに満洲国幣を上場し、かつ当時中絶の状態にあった有価証券（株式）の取引を再開して市場の更生を期した。

関東庁取引所規則は昭和九年十二月関東局官制の実施により関東取引所規則（関東局令第四十七号）と改正され、また関東局管理の官営取引所は整理の結果大連及び新京の二となったが、同十二年十二月満鉄附属地行政権移譲の結果大連取引所一か所となった。しかし本取引所も昭和十四年十月三十一日限り廃止されたので、管内取引所は大連株式商品取引所のみとなったのである。同取引所の昭和十五年中における取引高は株式につき定期取引出来高二

八、三九〇枚八九四、五〇八円、延取引出来高一、六四一、〇八〇枚一一三、五一一、一九二円、現物取引出来高一九一、六〇〇枚五、四八九、三五一円で、商品取引は皆無となっている。

五　市場　家畜市場、穀物市場及び生鮮食料品市場があるが、邦人の市場は生鮮食料品を主とし、日露戦役後在満邦人の増加に伴い日常生活の必要上、漸次関東州及び満鉄附属地内にその小賣市場又は卸賣市場を設けた。経営形態ないし機構は昭和元年十二月関東庁令第二号関東州水産会魚市場規則及び昭和七年十月関東庁令第二十八号関東州中央卸賣市場規則に依る大連、旅順両市の公設市場と、満鉄附属地における満鉄経営の小賣市場を除いてはほとんど株式会社組織をもって卸小賣市場を兼営していたが、その数は少く規模も小さかった。

六　度量衡　関東州にあっては明治四十一年大連に度量衡検定所を設け器物の検査を実施したが間もなくこれを廃止した。しかし度量衡制度の確立とその取締の実施は社会経済生活上当然の要請で、久しくこれを等閑に附すべきでないので、大正十三年関東庁は関東州に限り取りあえず庁令第七号をもって暫定的取締法規を公布し、当分の間検定制度を採らず、また器物の製作、修覆及び販売は依然自由とし、ただ器物及び商品計量の取締に止めたが、その効果が顕著だったので、昭和二年五月関東庁令第二十三号をもって関東州度量衡取締規則を制定し、同年八月から大連に関東庁権度所を設けて度量衡に関する事務を開始した。

本規則は主として内地の度量衡法（明治四十二年法律第四号）に準じ度量衡はメートル法を採用し、営業の許可及び器物の検定制度を実施し、関東州内度量衡制度は初めて整備統一されるにいたった。以来制度の普及宣伝に努力し、かつ定期及び臨時の取締を励行した結果、不正器物はようやく一掃され、不正取引の弊は大いに改められ、特に本制度実施上の癌であった従来慣用の度量衡器は数年ならずして新制によるものに置換えられた。

満鉄附属地においては支那側制度と相連係協調を図ることを必要とするところであるが、満洲事変前の政治経済の環境は久しくその実現を阻止していた。満洲建国後は同国政府においても度量衡制度の確立を期し、日本側諸制度と満洲における特殊事情とを参酌して、大同三年一月教令第五号をもって度量衡法を、康徳二年七月勅令第八十一号をもって計量法をそれぞれ公布した。一方康徳元年五月には新たに日満合弁の満洲計器股份有限公司を設立せしめ、製作、修覆及び卸売業の独占を認め、器物の普及統制に画期的施設を試みるにいたった。関東局においてもこれと密接な連係を採って制度の大改正を行ない、昭和十年四月従来の関東州度量衡取締規則を廃し、関東州及南満洲鉄道附属地度量衡取締規則（関東局令第二十八号）を制定、翌五月十五日から実施し、従来の制度の不備欠陥を補正するとともに奉天に権度所支所を設け、大連にあっても昭和十一年度に権度所庁舎を新築しこれに近代的計器検定設備を施設して各種追加計器類の検定に遺憾なきを期した。また満洲計器股份有限公司の営業の特権を容認する等新しい視野における制度の刷新強化を図った。かくして多年の懸案たる満洲一円の度量衡制度の統制ある体系を整え円滑なる運用の途を開くにいたった。なお昭和十二年十二月満鉄附属地行政権の移譲に伴い権度所奉天支所も開所三か年の短期間にかかわらず良好な業績を残して閉所となった。

昭和十五年度における計器の検定成績は検定総数において三十三万七百九十三箇、うち不合格数六千九百三箇、その比率一分九厘で前年度一分六厘に比しやや不良である。

七　保険業　関東州における保険業者は日本内地又は朝鮮において免許を受けた内外国保険会社及び香港に本店を有する支那保険会社が支店、出張所又は代理店を設けて営業しているものであって、その数七十社（生命保険二十二社、損害保険四十八社）に達し、このうち関東局の免許を受けたものは朝鮮海上火災保険株式会社、満洲生命保険株式会社、満洲火災保険株式会社及び上海連保水火険有限公司の四社であった。

関東州における保険事業については従来何らの取締法規なく、保険業者は任意に事業を営むことができたが、明治四十一年九月関東州裁判事務取扱令（勅令第二百十三号）において保険業法を依用することとなり、内外国保険会社は事実上一律に該法規の適用を受けることとなった。しかしこの結果として事業者は二重の供託金を納め、二重の免許を受けることとなり不便不利であるのみならず、莫大な金額を供託せしめることは事業そのものを関東州から駆逐する虞があるので、本事業の監督には特別法制定の必要を認め、外務省及び農商務省と協議の結果、明治四十三年六月勅令第二百九十四号「関東州ニ支店又ハ代理店ヲ設ケテ保険事業ヲ営ム者ニ関スル件」及び関東都督府令第二十一号（同件名）の公布を見たのである。すなわち内地主務官庁の免許を受けた内外国保険会社が関東州に支店又は代理店を設けて保険事業を営む場合は単に届出をもって足りることとなり、また新たに会社を関東州内に設立して保険事業を営む場合は関東州裁判事務取扱令に基づく保険業法（明治三十三年法律第六十九号）及び「保険業法ノ施行及外国保険会社ニ関スル件」（大正二年一月関東都督府令第一号）により保険業法施行規則（大正元年農商務省令第二十九号）によるが、まだ内地主務官庁の免許を受けない外国保険会社が新たに関東州に支店又は代理店等を設けて保険事業を営む場合は、明治三十三年勅令第三百八十号及び「外国保険会社ニ関スル件」（大正元年農商務省令第三十号）に依ることとなっていたのである。

満洲における保険事業は累年顕著なる発達を遂げたが、満洲国建国後は更に一段の飛躍発展をなし、その業績は注目に価するものがあった。

八　商工団体　満洲における商工業の助長発達を図る目的をもって、満洲主要都市に組織されていた邦人の団体には商工会議所、満洲商工会議所連合会、実業会又は商工会、商店協会、日満商業団体連合会、工業会、五一協会、大連油房連合会、日満実業協会、特産中央会、各府県市駐在員協会、輸入組合及び重要物産組合その他各種の同業組合等があり、満人側では商会、商務会、商務公議会等がその主なものであった。

イ　商工会議所　従来の商工会議所は関東州の大連、満鉄附属地の営口、奉天、安東、鉄嶺及び新京、領事館管内の哈爾浜、吉林及び斉斉哈爾等主要都市に設立されていたのであるが、当時商工会議所に関する特別法規がないため、大連、奉天、安東、鉄嶺及び新京のものは民法の規定による社団法人で、その他は当該領事館令によって組織されていたものであった。したがって多くは一部商工業者の会員組織で、常議員は地区内商工業者の総意を代表することができず、また会費の強制徴収権もないため、その財政的基礎はおのずから薄弱になることを免かれず、折角各別に満洲商工会議所連合会あるいは日本商工会議所に加盟して、わが国の対満経済方策に順応し、邦人商工業の発達に寄与せんとする目的に出たものであるにかかわらず、その機能発揮には必ずしも十分な力をもつものといえなかった。ここにおいて昭和十二年三月勅令第三十三号をもって関東州商工会議所令が公布され、おおむね内地の商工会議所法（昭和二年法律第四十九号）に準拠することとなり、これに基づいて設立された商工会議所は在満邦人商工業団体のうち最も重要性をもつものとなった。昭和十八年十月さきに（同年三月）内地において商工会議所法を廃止し、新たに商工経済会法（法律第五十二号）が制定された経緯にかんがみ、戦時下体制を整えるため関東州においてもその趣旨に順応し、新たに関東州経済会令（勅令第七百五十七号）の制定公布を見た。

ロ　その他　なお上記の商工会議所のほかに、実業協会、実業会、商工会と名乗っていた商工団体が鞍山、撫順、遼陽、開原、四平街、公主嶺、本渓湖等満鉄沿線の主要地にあって、商工会議所と同様な役割を演じていた。これらは附属地行政権の移譲とともに中国系商会と合併して商工公会の結成となったのである。

ハ　邦人の同業組合　各種の日本人商工業者の進出に伴なって、特に同業者相互の利益を増進するため、同業組合の組織が満洲の各地に増加した。一九三〇年（昭和五年）における関東州及び満鉄附属地における同業組合の数は三二八に及び組合人員は日本人一一、二〇七　満支人八六、二〇五　外国人一四である。

なお日系経済関係の同業組合中で、主要なものは、満洲輸入組合、都市金融組合、大連油房連合会、満洲重要物産組合、満洲土木建築協会、大連取引所重要物産取引人組合、大連株式商品取引所株式取引人組合、大連市設中央卸売市場卸売人組合、大連石炭商組合、普蘭店畜産組合、瓦房店果樹組合、奉天取引所取引人組合等であった。このうち最も活発に動いたのは満洲輸入組合、都市金融組合等であった、満洲輸入組合は、昭和二年に奉天に設立されたのが最初で、その後きわめて短時日の間に全満主要都市に相次いで設立され、翌年八月にはその中心的な統制機関として、満洲輸入組合連合会が大連に設けられた。同組合設立の目的は、当時あたかも第一次世界大戦後の不況に悩まされて苦境にあえいでいた在満邦商の振興発展及び日本商品の満洲輸入の増進等を意図したものであり、その設立に当って、満鉄はこれに五百万円の無利息融資を行なって援助した。かくて昭和五年当時における同業組合は大連、旅順、大石橋、営口、開原、鞍山、遼陽、奉天、撫順、本渓湖、安東、鉄嶺、四平街、長春、吉林、公主嶺、哈爾浜等の各地に及んでいた。なお同業組合に関してはその準拠法として昭和十二年九月勅令第四百九十七号関東州実業組合令が制定（昭和十三年四月二十五日施行）されている。しかして、本令は昭和二十年五月勅令第三百一号により全文改正が加えられ、同業組合の戦時協力体制が要求されることとなった。

第四章　拓殖、移民

第四章　拓殖、移民

第一節　内地人移住民・開拓民

一　沿革　満洲開拓がわが政府によって本格的に始められたのは満洲建国以後のことであるが、沿革的にいえば、わが内地人による満洲の開拓はすでにその以前から行なわれており、その実績として、(一)南満洲鉄道株式会社実施の除隊兵移民、(二)関東庁実施の愛川村移民、(三)大連農事株式会社移民等がある。

(一)　**南満洲鉄道株式会社除隊兵移民**　大正三年から同六年にいたる四年間にわたり、満鉄守備隊の除隊兵中から満洲に定住して農耕に従事せんとする者を満鉄附属地内に収容し、これに対して土地の貸付、農舎の建築、家畜及び農具の購入経営の指導等について諸般の便宜並びに補助を供与し、かつ所要資金の一部を貸与した。収容者数は合計三十四戸であったが、種々遺憾の点があって、残留者は当初の半数に減少した。

(二)　**関東庁愛川村移民**　関東庁は大正四年金州附近に水田経営を主とする内地人十九戸を収容し、土地家屋及び農具等を支給してその保護助成につとめた。しかるに計画に不十分なところがあったため、大半は脱退したが、その後補充を行ない、欠陥も補正されて残留者七戸はいずれも相当の成績を挙げるにいたった。

(三)　**大連農事株式会社移民**　大連農事株式会社は満鉄会社の小会社として設立され、移住者に対して年賦償還の方法によって土地を譲渡し、家屋の建築、農具及び家畜購入等に要する資金の貸付を行なうほか、経営の指導に当たった。創業三年間に収容した移住戸数は七十余戸、各移住者の経営も次第に好調に向いつつあったが、同会社においては昭和七年以降移住者の募集を停止した。

なお右のほか東亜勧業株式会社の計画もあったが、ついに成績の見るべきものがなかった。これには種々の原因が数えられるが、その中の主因は土地の取得が容易でなく、取得してもその所有権がきわめて不確実であるためであった。

二　満洲開拓民計画　しかるに満洲事変後諸般の情勢が一変し、邦人の満洲移住が対満国策の遂行上きわめて重要なことが深く認識されるにいたり、満洲開拓民計画の機運が熟したので昭和七年の初頭にいたり、拓務省は朝野専門家の協力を得て満洲移民計画大綱を起案し、送出計画を樹立した。

次いで現地の諸調査、諸準備も済み、同年十月特別農業開拓民四百九十三名を北満の三江省永豊鎮に入植せしめたのを初めとして第二次、第三次、第四次と以後連年集団開拓民を送り、昭和十年にいたるまでに約千八百名を入植せしめた。右開拓民のうち第一次、第二次開拓民はいわゆる武装移民であるが、第三次、第四次以降は普通の集団農業開拓民として入植した。この第四次開拓民まではいわば試験時代というべきであって、その実績によって満洲開拓事業の可能性が歴然として証明されるにいたった。

試験開拓民の成績が優良であるのにかんがみ、昭和十一年には第五次開拓民として一千名を送出したが、同年八月、時の内閣は満洲開拓の重要性を深く認識し、これを重要国策の一項目として採用するにいたった。よって拓務省においては二十か年百万戸開拓民送出計画を樹立し、翌十二年度からこれを実施した。その具体的送出予定数は次のとおりである。

第一期	（昭和　十二～十六年度）	十万戸
第二期	（昭和　十七～二十一年度）	二十万戸
第三期	（昭和二十二～二十六年度）	三十万戸
第四期	（昭和二十七～三十一年度）	四十万戸

なお、右百万戸送出計画は、拓務省の計画たる集団農業開拓民のほか、集合及び分散開拓民をも含むものであった。

拓務省の集団農業開拓民の送出実施以来、これとは別に民間各方面において満洲開拓民計画が起り、あるいは既設の機関を利用し、あるいは特にこれを目的とする新団体を組織して実行に移されたものが多い。拓務省はこれら新計画の統制を図るとともに国策としての満洲開拓の完遂を期するため、確実なる計画を有するものに対しては相当の補助金を交付してその指導監督を行なってきた。これらがいわゆる自由開拓民（その後集合開拓民と改称される）であって、その入植の形態によって農業、林業、煙草、商工、鉱業、鉄道自警村等の開拓民に大別されていた。しかるに昭和十五年度から半農的開拓民、商工鉱業その他の開拓民の制度が始められた結果、これら旧自由開拓民は右開拓民のいずれかに包含されるにいたった。

右の百万戸開拓民送出計画実施の翌年昭和十三年度から満蒙開拓青少年義勇軍の制度が創始され、集団農業開拓民と併行して毎年多数の青少年が満洲に送られることになった。

以上のように満洲開拓民の送出は昭和七年実施以来着々と進展してきたが、満洲国の急速なる発展と支那事変突発後の東アの新事態に即応するため、開拓政策は根本的に再検討の必要を認められ、日満両国関係当局の間において審議研究の結果、昭和十四年十二月、**満洲開拓政策基本要綱**が確定するにいたった。本要綱の主なる事項は、基本方針としては満洲開拓政策が日満両国の一体的重要国策であって、特に新大陸政策との関係において最も重要なる点を強調し、かつ日本内地人開拓民を中核とする日満不可分関係の強化、民族協和の達成、国防力の増強、産業の振興、農村の更生等がその指標なることを明らかにし、この基本方針に即応して政策遂行上の各種の問題に対する処理の要綱を取り上げた。以来満洲開拓事業はすべて本要綱を基準として運営施策されるにいたった。しかして従来満洲開拓民は集団移民及び自由移民に分れていたのを右満洲開拓政策要綱の確定によって開拓民は（イ）開拓農民、（ロ）半農的開拓民（林業・牧畜・漁業等）、（ハ）商・工・鉱その他の開拓民、（ニ）満蒙開拓青少年義勇軍義勇軍以外の一般開拓民は移住の形態によって集団及び分散の三種に区分されるにいたった。

（ただし渡満後は満洲開拓青年義勇隊）の四種類に分類され、昭和十五年度から実施された。なお満蒙開拓青少年

（イ）集団開拓民は二百戸又は三百戸をもって一開拓団を構成する。すなわち府県又は特定の町村等を編成区域として所定の期間内に大量集団的に一開拓地に移住するものである。二百戸、三百戸の集団移住であるため、現地建設の過程、送出の事情等を勘案し、先遣隊（基幹並びに補充先遣隊）、本隊、家族等に別れて順次入植する。第一次彌栄村、第二次千振郷を始めとして第九次にいたる集団開拓民は量的にもまた質的にも全開拓民の中核となるべきものである。したがってその送出に当っては内地府県において約一か月、基幹先遣隊は更に現地訓練所において半年ないし十か月、いずれも所定の訓練をうけ、開拓地建設に必要な団体的勤労、精神の錬磨と体験を経ることになっていた。

現地入植当初約五か年は団の建設並びに営農の基礎を確立するため、開拓団法による開拓団を形成して行政、経済両部門を一括運営し、この間に基礎建設を行ない、引続き行政部門は街村に、経済部門は開拓協同組合法による組合に、それぞれ移行して総合的な農村の生成発展に邁進するのである。しかして開拓団結成期間約五か年間政府は団長はじめ諸指導員を配属して指導に当らしめ、開拓民助成に関しては一戸当り千四百円ないし千五百円の補助金が交付される。

（ロ）集合開拓民は五十戸ないし百戸を標準とし、小集団をもって一部落を構成する。集団開拓民のような先遣隊制度はなく、一か年間に送出するのを建前とする。渡満前の内地訓練は集団開拓民と同様である。入植地区は集団開拓団ほど大面積を要しないことはもとより、その位置においても都市の近郊あるいは交通運輸の便に近い処を選ぶ場合が多い。公共施設その他はもより既存施設を利用し得る場合が多いので政府補助金も右に関する部分がや

や少額である。指導員は五十戸につき団長一名のほか、六か集合につき一人の割合で保健指導員が配置される。集合開拓民の行政経済機構については集団の場合に準ずることとなっている。

（八）分散開拓民は既設の集団、集合開拓民の内部もしくは周辺にあるいは全然別箇に小数独立して入植する開拓民である。開拓団員の縁故者等が多く、これらは前記開拓民と異なり一般に内地訓練をうけない。入植後は集合開拓民の場合以上に産業施設、公共施設等は既設物を利用することを原則とするので、政府補助金も渡航費並びに個別補助のみである。

三　**開拓地の実態**　各開拓地の位置はおおむね北緯四三―四度ないし四七―八度の間にあり、日本でいえば北海道から樺太の地帯に相当し、気候はいわゆる大陸的気候の常として寒暑の差甚だしく一日中の気温の差も著しい。四月の解氷期以後気温は急速に上昇し殊に作物成長期たる五、六、七月ごろの温度は日本内地のいずれの地方よりも高く、耕作に非常に有利である。北海道、樺太も満洲同様冬期は寒気がすこぶる厳しいが、春から夏への気温の上昇は満洲より遅れる。この点から見て満洲の農業は青森、北海道、樺太の農業よりははるかに恵まれているといえる。作物生育期間中における日照時間が非常に長いのと相まって稲作のごときも同緯度の北海道等に比しはるかに有利であり北部地方（五十度の璦琿地方）にいたるまでその栽培が可能である。作物栽培と最も密接なる関係にある無霜期間のごときも東北における他の同緯度地方に比して長い。たとえば同緯度の秋田は一七八日であるのに対して大連は二〇七日であり、旭川一二七日に対して新京は一四五日であり、第一次弥栄村は一三〇日ぐらいとされる。降水量は一般に少なく、一年間の雨量はおおむね四〇〇ミリないし七〇〇ミリであり、第一弥栄村においては平均四七〇ミリである。月別降水量の分布を見るに六、七、八、九の四か月間が多く、年総量の七割を占める。この降水量が大部分農作物生育全盛期に集中されていることと九月以降の収穫調整期に乾燥することは農業上きわめて好都合である。次に満洲の農耕地の大部分は第四紀古層又は新層に属し、その土壌は埴土又は埴壌土であるが、北満の新開地にはしばしば黒色に腐植土が見うけられる。大体弱塩基性であって酸性土壌は少ない。特に満鉄本線から西部又は蒙古地方にはアルカリ土壌の甚だしいものがあるが、開拓民の入植地は窒素燐酸カリの三要素とも一般に豊富で入植地はおおむねこの北満方面に求められる。

開拓民は全満にわたり広範囲に分布入植するのを本旨とするが、集団開拓民は主として三江、東安、牡丹江、浜江、北安、竜江、吉林等の北満地方に入植していた。その理由とするところは（イ）北辺充実による国防の強化を図ること（ロ）未耕地多くかつ肥沃なること（ハ）地価が低廉であること（開拓民に分譲する土地原価は（町歩三十円内外である）（ニ）人口稀薄で入植の余地多く、かつ原住民との間に紛議を惹起することが少ないこと等である。昭和七年に入植した第一次から昭和十五年二月先遣隊の入植した第九次開拓団にいたる集団開拓団の地方別分布状態を示せば次のとおりである。

集合開拓民（従来の自由移民）は集団開拓民が従来主として北満に偏して入植しているのに反し、全満に散布入植している。すなわち昭和十五年三月末現在、吉林三二、浜江一七、三江九、牡丹江一一、東安一〇、北安八、奉天九、竜江二、間島七、安東五、興安北三、興安南一、錦州三、黒河一、通北一、新京特別市五である。この集合開拓民の中には開拓農民のほか半農的開拓民も相当数あり、しかも各種の経営形態が存し、既設の社会的、経済的施設を利用するため比較的都市の近郊及び南満に入植しているのである。

入植地の選定については、毎年春秋二期拓務省、満洲国開拓総局及び満洲拓殖公社が合同して、数名の入植適地調査班を組織して入植予定地の気象、土壌、水質、水量、作物状況、衛生状態、交通、治安等を詳細に調査した後決定することになっている。

第一次弥栄村から第九次先遣隊までの集団開拓民の送出戸数を表示すれば次のとおりである。

集団開拓民送出戸数調　昭和十五年三月末現在

年度	次別	送出戸数	入植個所数
昭和七年	第一次	四九三	一
同八年	第二次	四九四	一
同九年	第三次	二九八	一
同一〇年	第四次	五〇〇	二
同一一年	第五次	一、〇〇〇	四
昭和一二年	第六次	四、七三九	一八
同一三年	第七次	四、七九二	二三
同一四年	第八次	六、二四一	四〇
同一五年	第九次	一、九四六	六二
計		二〇、五〇三	一五一

備考　集団開拓民の送出を府県別に見るに、送出府県は第一次から第三次までは日本全国府県数の四分の一ないし三分の一（東北を主とし、関東及び中部の一部）にすぎなかったが、第四次以降においてはほとんど全国にわたり、第七次・第八次にいたっては開拓民の送出のない府県は皆無であった。

四　営農概況

イ　営農方針

従来開拓農民の一戸当耕地配当面積の標準としては、おおむね水田一町、畑九町計十町のほかに開拓団の共有地として放牧採草地、薪田備林として適宜所要の面積を附加されるようになっている。しかしもとよりすべての開拓団がこの標準地区を得られるとは限らない。たとえば第一次ないし第九次までの開拓団中水田経営の困難な団は十四、五団に上り、これと反対に水田を一戸当り二町歩以上を有する開拓団もあった。北満における水田は畑作に比して労力も二倍かかる代りに収益も二倍以上に上る。したがって、水田の多い所は所要耕地面積は標準より少なくてよい。しかし興安各省のごとく牧畜を重要視すべき経営においてはより広い面積を必要とし、半農的開拓民の場合においては耕地の標準は多少異なってくる。満洲開拓民の農業経営に対する方針が次のごとくである。

（イ）自作農主義　開拓民定着の目的を達するためにはまず名実ともに自作農として終始せしめなければならない。すなわち基本要綱にも「農業経営に関しては家族的勤労主義並びに部落的協同勤労主義を目途し、その形態については自作農を主眼とし協同経営を加味し、特に集団開拓民については機械営農併用の協同経営又は必要な鮮満人との合作等に関し考究する」こととされた。

（ロ）有畜農業　合理的な輪作関係に加うるに適宜家畜部分を織込み、労力の合理化、地力の維持、副産物の利用、加工部門の拡充に努める。

（ハ）食糧並びに飼料の自給　現地の経済条件に適応し、可及的に食糧作物並びに飼料作物を自作し、経営並びに生活上の重要資料の自給に努める。

（ニ）国防資源物資の供給　満洲開拓民の国策性にかんがみ、自家用を除いた生産物は国防資源として食糧（米及び麦）、馬糧（燕麦及び野乾草）その他原料（羊毛、羊肉、牛乳、牛肉、牛皮）を補給し得るよう開拓民の営農もできるだけ国防国家の産業計画に添わしめることが要請される。

ロ　経営面積と労力　開拓民一戸当りの耕地面積は家族労力の状況、経営手段の整備次第で増減はあるが、従来の実績に徴するに、農業所要労力は水田一町当り百人、普通畑作三十人ないし五十人、蔬菜作二百人内外である。したがって集団開拓民の場合を例にして見るに先遣隊時代約九反、本隊入植第一年目一町二反、第二年目二町七反、第三年目五町、第四年目七町五反、第五年目十町歩となっている。十町歩を完全に耕作するためには家族労力を十分に発揮し、馬に二頭と改良農具を用い、改良新農法によらなければならない。

従来の開拓地農法がやむなく原始的な在来農法に依拠していた弊を改め、真に日本人開拓民に即した営農形態を創造するの緊要なるを認め、昭和十四年、十五両年度にわたり北海道から約百五十戸の指導農家及び実験農家を送出し、開拓実験農場を北満各地の代表的開拓地に設定し、大陸新農法の創設に当らしめ、着々その効を収めつつあった。

ハ　**農耕**　開拓団設定当初においては、その労力の少なくない部分を団建設事業に用いるので本格的に農耕に従事できるのは団設置後おおむね四年目になる。

開拓地において栽培される普通作物は主として小麦、大麦、大豆、玉蜀黍、粟等である。小麦はその品質グルーテンの含量多く、カナダ小麦に匹敵し、パン製造に好適しているが、従来豊凶の差が甚だしい傾向があり一般満人間には栽培面積の増加が少なかったが、北満克山農事試験場において鋭意品種改良に努め、優良品種も次第に育成されて有望作物となった。大麦は小麦以上に栽培が容易であり、その反当収量も平均一石三斗余に及ぶが、従来満人農家は大麦を馬糧として用い、食用とすることを知らなかった。

日本人開拓民にとっては粟や玉蜀黍より大麦が食物として適しているので、栽培面積は増加の状勢にあった。その他燕麦、ライ麦もその栽培に適する。この麦類の開拓地に適することは農耕労力の需給関係を著しく緩和する好結果をもたらすこととなる。すなわち大豆、粟、玉蜀黍等の普通作物は五月上旬にならなければ栽培できないが、麦類は少なくとも一週間ないし十日間早く、四月二十日ころから播種できるから播種期の労力緩和に役立つのみならず、麦類の中耕除草は一、二回で足りるので、最も労力を要する除草期の労力を緩和することとなる。

水稲は水利の便のある平原部では、北緯五十度の璦琿、黒河までも栽培可能である。開拓地は一般に水稲適作地と見なされ、開田工事、用水工事の遂行により、その水田面積は逐年増加し、早生品種の選定改良、栽培法の進歩と相まって開拓地はようやく重要産米地域となりつつあった。陸稲は余程高温日照時の多い夏季でないと北満の栽培は危険である。高粱は南満の主要作物であり、高緯度の北満では生育が余り良好でないが、麦類が適するので日本人にはかえって好都合であるといえる。大豆は北満農民の最も重要視する作物で、世界産額の六割約四千万石を生産する。大豆のごとき豆科作物を輪作内に加えることは満洲粗放農業に地力維持上きわめて有利な役割を演ずるものである。その他特用作物として大麻、青麻、甜菜等が有望であり、葉煙草もまたよく生産する。なお蘇子、洋麻も有望である。蔬菜はいかなる種類もよく生産され、トマト、胡瓜、南瓜、茄子、白菜、甘藍、大根、馬鈴薯、牛蒡にいたるまで美事なでき栄えである。

昭和十四年度における集団開拓団の主要農作物についてその実績を示すと、作付面積は三万七千九百四十二ヘクタール、収穫高は水稲十二万六百四十七石、大豆八万七千七百八石、小麦二万九千五十三石、大麦一万四千八百九十二石、燕麦二万八千八百三十一石、高粱一万八千二百五十九石、粟二万二千七百三十三石、玉蜀黍一万一千九百四十九石、このほか特用作物、蔬菜その他である。右の石は日本石である。

また昭和十四年七月現在における集合開拓民の作付面積は各種開拓民を通じ合計一万三千八百十五ヘクタールで、この団体数八十九、戸数二千三百七十三戸であった。

二　畜産　寒地満洲における合理的営農並びに生活上畜産の重要なことは言うをまたない。第一次開拓団の入植以来各開拓団にあっても地力の維持増進、労力配分の合理化、団員家族の栄養保持並びに農家経営収益の増加等の見地から、家畜の飼養に意を用い、その改良増殖並びに獣疫の予防に対しても甚大な努力が払われてきたが、日満両国畜産資源の増加計画樹立実施並びに開拓団農耕の進捗に伴い畜産は一層急速なる進展を見るにいたった。飼育家畜の主なるものは馬、牛、緬羊、豚、鶏、家兎、蜜蜂等で、馬は移住日本馬、在来馬がある。役畜として使用され、耕地十町歩に対し馬二頭を適当とした。牛は乳牛、役牛、肉牛であり、豚は在来種牝豚にバークシャー種を交配繁殖せしめて逐次売却する。緬羊は羊毛国策の見地からしてもすこぶる重要であり、開拓団では在来種各戸当五頭ないし十頭を購入し、これにメリノー又はコリデール種を交配繁殖せしめて羊毛の改良に資し、主として共同飼育を行ない、子羊牡を売却し牝は三十頭となるまで保有飼育し、以上は売却する方針であった。緬羊改良の目的のため東亜緬羊協会では東安省竜爪に種羊牧場を設置して増産改良を図りつつあった。

ホ　林産　開拓地における森林の伐採、造林事業、林産加工は次第に盛んとなり、その成績見るべきものがあった。開拓団の森林は建設当初における建設用材の自給を期するとともに冬期間余剰労力の利用により、開拓団の経済に有利な弾力を与えるものである。開拓地における造林の必要性は種々の観点からつとに唱えられてきたが、北満の長期にわたる酷寒に備える薪炭材の補給、春冬期の季節的西北強風に対する農耕地、牧草地並びに宅地保護の見地から薪炭備林、防風林並びに宅地林の造成は緊急不可欠のもので、各開拓団はいずれも入植早々に造林備林計画を樹立してその造成につとめ、また満洲国林野当局は国務院訓令に基づき開拓地に備林牧野併せて一戸当五ヘクタール以内の農村備林を設定し、開拓地森林資源の恒久的確保を期することとなった。植栽苗木については開拓団及び満洲拓殖公社において昭和十四年春以来北満要所十か所に中央苗圃を開設し、鋭意所要苗木生産に当った。主な造林樹種はカラマツ、ドロノキ、ニレ、イタチハギ等である。

開拓地における林産加工の主なものは、製材、製炭、木工であって、あくまで自団の建築用材の自給自足、薪炭用材の自給自足を図った（林業開拓民は林野局管下各営林署の官行斫伐事業の官役人夫として森林労働に従事するのであるから、本項に開拓地林産とは趣を異にする）。

五　共同産業施設　開拓地の産業施設としては、最初は精米、精麦、製粉等の共同作業場、みそ、しょうゆ、製油、豆粕等の製造農産加工場等食糧飼料を補給する程度のものにすぎないが、漸次建設の進むに従い、煉瓦工場、鍛工場、蹄鉄工場、木工場、自動車部、倉庫等を設けあるいは消費部、共済部を設ける等次第に諸種の設備が完備する。すなわち生産物の販売部、農具その他の利用部、日用品その他農業資材の購買部、あるいは金融の信用部、あるいは農事の改良発達及び指導奨励に関する事業等内地の産業組合及び農会に匹敵する協同組合組織も次第に発達してゆくのである。

六　公共施設

イ　神社及び寺院　開拓地における神社は開拓民の敬神崇祖、報本反始の念慮によって各団に建立され、信仰の中心、団結の核心をなしている。神社造営はおおむね入植後二年又は三年目に行なわれ、第一次弥栄神社、第二次千振神社、第三次の瑞穂神社等がそれである。寺院も本願寺等から漸次布教師が派遣され、第一次から第六次まで建立されている。

ロ　教育施設　開拓地の学校は一般在満日本人学校と同様関東局在満教務部の監督下にあり、その経営は各省日本人学校組合によって管理されるのを原則とするが、開拓団入植後若干期間は開拓地の特殊事情に応じ開拓団に委任されていた。

昭和十四年十二月末現在第一次ないし第八次集団開拓団において指定学校九校、委託学校五十七校、計六十六校、その児童三千八百二十九名、教員数は百七十九名であったが、昭和十九年十二月現在では、開拓地国民学校五一七校、この学級数一五九三、職員三〇九〇人、児童四一二四六となった。児童はおおむね寄宿舎に収容され、土曜、日曜日には帰宅することとなっていた。

集合開拓民は附近の既存施設を利用するものが多いが、団自体で小学校を開設したもの二十九校、その児童数は千百三十八名であった。

ハ　衛生施設　開拓地にはさほどの風土病はない。満洲の風土病は満人の衛生思想の欠如から生ずるものである。満洲建国以来同国政府は衛生思想普及に努力し、また種々の衛生施設を全満にわたって設置するにいたり、風土病も次第に減少しつつあった。開拓地に対する衛生方面の調査設備は特に考慮せられ、水質その他の点については満鉄衛生研究所、奉天の南満医科大学等においてそれぞれ専門的に調査研究されていた。

開拓団の医療施設としては、集団開拓団は各団毎に保健指導員たる医師が配属され、病院は入植第一年目から建築され無料投薬を行なってきた。事情により医師不在の集団及び集合開拓団は近接開拓団施設若しくは最寄りの陸軍病院、満鉄医院、福民病院等と連絡の上医療衛生の万全を期した。なお昭和十五年度からは六団に一名の割合をもって保健指導員を配置した。また産婆は各団に数名づつ免許状所有者（主として団員の妻）が助産に当っていた。なおまた同十五年度から佳木斯《チャムス》に医科大学、斉々哈爾、哈爾浜、竜井の三か所には開拓医院がそれぞれ開設され、更に同年度から日満両国政府によって開拓医学生の依託養成が実施されるにいたった。開拓医学生は医学専門学校生徒に対しては一か月四十円、大学医学部学生に対しては同五十円を日満両国折半負担で支給するが、同年度の開拓医学生総数は百四十名であった。

第二節　朝鮮人移住民・開拓民

一　在満朝鮮人の概況　朝鮮人の満洲における交渉は歴史的、地理的に因縁深く、かつ緊密なものがある。世紀前の古くから扶余族の一派である高句麗は満洲に進出し、その後裔である渤海は満洲全土のみならず遠く露領沿海州の一部を併呑したという史実を有している。しかるにその後清帝国を創建した太宗帝及びその後裔の諸帝は満洲を祖先発祥の地として神聖視し、他種族の入満を禁じ、また一方当時の韓国政府の鎖国政策は渡満者を越江罪として罰したため、近世の初期にいたるまで長年間朝鮮人の満洲進出はほとんど不可能視されていたが、自然的すう勢には抗することができず、また明治初年ころから渡満禁止令も撤廃されたので、近代朝鮮人の満洲進出はここにその勢を増し、貧困農民及び労働者の渡満する者日に多きを加えるにいたった。しかしながらいわゆる旧東北軍閥政権時代における官憲、地主等は朝鮮人移民に対して苛斂誅求の横暴をきわめ、ために彼らは常に不安、焦燥、圧迫におびえつつも、なお幾多の犠牲を払い悪戦苦闘を継続しきったのである。しかるに昭和六年満洲事変が突発し、次いで民族協和、王道楽土を国是とする満洲帝国が建設され、日満両国は一体不可分の緊密な関係を結び、鮮満一如の精神が具現化されるに及び、朝鮮人の満洲への関心は著しく高調し、これに進出する者日に月に増加し、毎年五万を数えるにいたった。満洲移住朝鮮人の戸口総数はその移動性の激しいのと奥地調査の至難なるとによって正確を期することはできないが、昭和十四年末のわが方調査によれば二十一万五千戸、百十六万三千人で、更に同十七年十一月一日満洲国治安部の調査によれば、在満朝鮮人の数は百五十六万二千人となっている。しかしてこれら在満朝鮮人の約八割は農業に従事している者であり、しかもその過半数は間島及び旧東辺道に営農しているもので、日夜営々として広野を拓き、すでに数百万町歩の未墾地を開墾するにいたり、満洲国の宝庫充実に貢献しつつあった。

在満朝鮮人戸口の分布（昭和九年十二月末現在）

地方別	市内 戸数	市内 人口	村落 戸数	村落 人口	合計 戸数	合計 人口
関東州	四三八	二、三八二	六〇	三二六	四九八	二、七〇八
旅順	二五	一三一	三	三〇	二八	一六一
大連市	三五七	一、九五九	四〇	二〇五	三九七	二、一六四
大連	一九八	一、一五一	二四	一四三	二二二	一、二九四
小崗市	九〇	四一八	―		九〇	四一八
沙河口	六八	三八六	一六	六二	八四	四四八
水上	一	四	―		一	四
金州	一三	六八	―	一	一三	六九

地方別	附属地 戸数	附属地 人口	満洲街 戸数	満洲街 人口	合計 戸数	合計 人口
普蘭店	三七	一四五	九	四二	四六	一八七
貔子窩	一七	七九	八	四八	二五	一二七
鉄道附属地	五、四六八	一七、八七四	六、六九三	二五、七三九	一二、一六一	四三、六一三
瓦房店	二四	一一三	一九	九四	四三	二〇七
大石橋	五一	二六一	八	四一	五九	三〇二
営口	七九	四三一	一〇七	四九二	一八六	九二三
鞍山	一八七	八七一	四六	二一三	二三三	一、〇八七
遼陽	九二	三五二	三三	九四	一二五	四四六

領事館管轄	(戸口)		男女 (人口)		(人口)	
蘇家屯	一〇	五六	五三	二五五	六三	三一一
奉天	二三四	一、六〇八	[illegible]、四九四	七、九四一	一、七二八	九、五四九
撫順	七三三	三、八九七	一、五八八	八、四九三	三、三二一	一三、三八四
鉄嶺	三七	一九二	三二一	一、六五四	三一八	一、八四六
開原	四四九	二、三七六	九七八	五、七二七	一、四二七	八、一〇三
四平街	一七四	八五一	四五	一八九	二一九	一、〇四〇
公主嶺	八九	四五八	四七八	二、〇三七	五六七	二、四九五
范家屯	一〇	四五	一〇	三七	二〇	八二
新京	四三三	二、六九三	八五三	四、五三四	一、二七六	七、二二七
本渓湖	四五	二二五	二七五	一、五三一	三二〇	一、七五六
鳳凰城	一〇七	五六九	二七八	二、〇一八	三八五	二、五八七
安東	二、七三四	一三、八九九	一〇七	三八九	二、八四一	一三、二七八
		一三三、六三五	男	三七四、二〇〇		七一五、五三三
			女	三四一、三三三		
営口		一、五六一				七、八二四

	戸	男女	
奉天	一七、三二一		九五、二六三
新京	二、二八三		一〇、七七六
安東	九、四一三		五一、八九八
吉林	七、六八三		三四、二六六
錦州	二〇三		七九三
間島	七六、〇〇八		四三九、三一九
鄭家屯	八八六		三、六二一
哈爾浜	三、四七三		六一、四一一
斉々哈爾	二、五七四		九、六九八
満洲里	三三		七三
海拉爾	四三		一九四
赤峰	一四六		三九九
在満合計	一四六、二八四	男 四一〇、七三〇 女 三七一、一二四	七八一、八五四

二　在満者に対する施設

イ　満洲事変前における施設

朝鮮を後にして大陸の沃野にあこがれ渡満した朝鮮人の多くは、赤手空拳なんらの資本を有しないため、日夜の奮闘努力によって得た収入も満人地主へ納める小作料にあるいは高利債務の支払に搾取され、ことに甚だしきが旧軍閥の苛斂誅求により、農耕資金はもちろん日々の生活の糧にも追われるがごとき悲惨な生活を余儀なくさせられていた。そこで旧韓国の日本保護統治時代の統監府は間島に臨時派出所を設け、種々の保護施設を講じてこれら同胞の伸展を図ってきたが、さらに日韓併合後朝鮮総督府はますますその施設を拡充し、各地に朝鮮総督府職員を駐在せしめて直接朝鮮人の保護に当らせ、外務省、満鉄会社等と協力し、年々多額の経費を支出して教育、衛生、獣疫予防、金融、産業救済等に関する各般施設をなすとともにその充実につとめてきた。

ロ　満洲事変後における施設　満洲事変と共に蜂起した暴逆な兵匪、共産匪、土匪の魔手をのがれ、鉄道沿線その他市街地に避難してきた奥地居住の朝鮮人の数は、一時的ではあったが間島及び表満洲において各三万余人の多きに上った。朝鮮総督府はこれら避難民の救護処理のため、新京その他各避難地中の重要箇所に臨時に多数の職員を配置し、軍部、大使館及び領事館等と協力して避難民の救済に遺憾無きを期した。次いで満洲建国があって満洲の情勢は一変し、多年旧軍閥の誅求にあえぎつつあった在満朝鮮人は漸次生活の更生を期し得るにいたったが、この画期的な現象はまた一面、朝鮮内の一般民衆に大きな刺激を与え、新たに多くの渡満者を誘致することとなった。ここにおいて朝鮮総督府は、これら朝鮮人の保護撫育に一層拍車を加えるの要あるを認め、まず既移住者に対する生活安定の方途を講じ、従来の教育、医療、金融、産業の諸施設をますます積極的に拡充し、次いで満洲事変及び北満大水害による罹災朝鮮農民中、原地帰還不能者に対する恒久的安定処理として、表満洲においては昭和六年度に鉄嶺、昭和八年度に営口及び河東、昭和九年度に綏化（興亜と改称）の四安全農村を、昭和十年度には三源浦の安全農村を建設するとともに、既設農村の拡充につとめ、昭和十二年から営口農村の一部を除き、土地代、家屋費の年賦償還を開始し、自作農創定に入ることとなった。これらの安全農村にはいずれも南満及び北満一円にわたる避難鮮農及びその他貧困な朝鮮農民を収容したのであるが、各農村とも順調な発展を遂げた。

安全農村の概況　昭和十四年十二月現在

昭和十四年十二月現在

農村別	戸数	作付水田面積	籾収量
栄興（元栄口）	一、八三二戸	四、一〇六町	一〇五、四二五石
鉄嶺	三八三	九二五	二三、三七四
河東	七六六	一、六五五	四五、八〇〇
興和（元綏北）	四八〇	一、〇九六	二二、四二八
三源浦	一七二	三五五	一〇、八一六
計	三、六三三	八、一三七	二〇七、八四三

また間島地方は思想的にきわめて複雑なものがあって、満洲事変以前から不逞団の巣窟、共匪の根拠地として善良な朝鮮農民は絶えずその迫害を被り、殊に満洲事変直後にあっては兵匪、共匪等が随所にはびこって殺害、放火、掠奪、拉致等の暴状が甚だしいため、奥地居住の鮮農は陸続として安全地帯に避難する状態であった。総督府はこれら朝鮮農民救済のためあらゆる障害を排し、極力応急的保護を加えるとともに、彼等の安定策として間島に集団部落を建設することとした。この部落は自衛自作の一種特異の農民部落であって、昭和七年度に九か所、同八年度に十六か所、更に同九年度には五か所を建設した。本施設の実現は、間島における安全圏を拡大し、兵匪、共匪等のうごめきを圧迫することとなるので、匪賊は必死の勢をもって部落建設作業に妨害を試み、数十回にわたって襲撃を敢行したが、自衛団は勇敢に応戦し、よくこれを排撃してその事業を完成した。本部落は地理的に見て要所要

所を占拠しているため、間島の治安上最も効果的な一大役割を演ずるものであって、総督府はこれら集団部落に収容した朝鮮農民のために各般の施設を集中した。

なお間島に対しては、朝鮮総督府は別に昭和七年度から東洋拓殖株式会社と協定し、同社をして、なお五か年間に二百万円の資金をもって二千五百戸の自作農創定を計画し、その貸出額は百二十万円で、創定面積約一万四千町歩、戸数三千戸を自作農として創定した。

右集団部落並びに安全農村の施設は、昭和十二年十二月一日、満洲国におけるわが国の治外法権の撤廃と同時に挙げてこれを満洲国に移譲し、満洲国は朝鮮総督府の方針を踏襲してその指揮監督につとめることとなった。

なお昭和十六年における在満鮮系小学校は一四校、一八五学級、職員二一一名、児童一〇、四六七であった。

三　朝鮮農民の満洲新規入植　朝鮮人の満洲移住者は満洲建国当時すでに百三十万人を突破し、なお朝鮮からの新移住者は年々数万人に上る実状にかんがみ、朝鮮総督府はその統制及び安定を図り、これによって満洲国の統治並びに産業開発に貢献し、同時に朝鮮における過剰人口に調整に資し、更に内地における朝鮮人労働問題の解決に寄与することのきわめて重要であることを認め、朝鮮人に満洲開拓民事業を経営せしめるため、昭和十一年六月制令第七号を発布し、同年九月鮮満拓殖株式会社を京城に設立せしめるとともに、また満洲国においては康徳三年（昭和十一年）勅令を発布し、新京に満鮮拓殖股份有限公司（康徳五年七月に満鮮拓殖株式会社と改称）を設置し、両者は一体不可分の関係の下に開拓民事業に当ってきたのであるが、その後支那事変突発で四囲の情勢はますます開拓民事業の重要性を加えるにいたったため、遂に昭和十四年十二月満洲開拓政策基本要綱（日満両国政府において決定）により、朝鮮人開拓民も内地人開拓民に準じて取扱われることとなり、従来朝鮮人開拓民の助成機関であった鮮満拓殖株式会社は昭和十六年六月一日に内地人開拓民の助成機関である満洲拓殖公社に統合され、ここに内鮮開拓民事業は一元的に取扱われることとなった。しかして第一期計画の終了とともに昭和十七年度からは第二期五か年計画を確立し、開拓政策の強力な推進を図り、時局の要請に応ずることとなった。

開拓民（入植形態を集団、集合及び分散に分ける）特に集団、集合開拓民の重要使命にかんがみ、個人施設に要する経費は朝鮮総督府単独で補助するとともに、開拓地における共同施設に要する諸経費は鮮・満で折半負担し、積極的、助成策を講じつつあった。朝鮮総督府の斡旋により昭和十八年六月までに新規に入植せしめた集団、集合開拓民は左表のとおりであるが、開拓民の一戸当耕地は水田の場合は二町五反内外、畑の場合は南満は五町内外、北満は十町内外で、食糧費、家屋、農具その他の営農費は満洲拓殖会社で貸付けし、土地の熟田化をまって年賦償還の方法により、土地建物、耕牛代の償還完了とともに自作農たらしめる計画であった。

開拓民はいずれもいわゆる統制開拓民として取扱い、在満既往開拓朝鮮農民の遊動防止並びに安定定着の必要上、昭和十三年から総督府・満洲国間の協定により、朝鮮から満洲への新規営農開拓民は毎年おおむね一万戸とし、彼らには総督府発給の移住証を必ず携行せしめ、漫然渡満者の防止を図っていた。

集団開拓民省別入植調（単位戸）　昭和十七年六月末現在

年次＼省名	間島	奉天	通化	吉林	牡丹江
昭和九	ー	ー	ー	ー	ー
昭和一〇	二四〇	ー	ー	ー	ー
昭和一一	ー	五〇	ー	ー	ー
昭和一二	二、二八〇	ー	ー	ー	ー
昭和一三	一、八二四	ー	六〇四	四二六	ー
昭和一四	一、〇七四	三五八	三七〇	八三三	九一一
昭和一五	ー	ー	ー	ー	ー
昭和一六	ー	ー	ー	ー	ー
昭和一七	二二六	四三六	ー	五八	ー
昭和一八	九二	ー	七四	ー	ー
計	五、七三六	八四四	一、〇四八	一、三一七	九一一

（単位戸）　昭和十七年六月末現在

浜江	—	—	—	—	—	三五二	—	—	—	—	三五二
竜江	—	—	—	—	—	五一	—	—	—	—	五一
錦河	五六〇	—	四四三	一九八	—	一三一	—	四三六	—	—	一、七六八
北安	—	—	九九	—	—	—	二、八一〇	二二九	四三五	七七	三、六五〇
黒河	—	—	—	—	—	—	—	三九三	七九三	一〇一	一、二八七
興安南	—	—	—	—	—	—	—	—	—	四〇一	四〇一
興安東	—	—	—	—	—	—	—	—	—	三〇一	三〇一
計	五六〇	二四〇	五九二	二、四七八	二、八五四	四、〇八〇	二、八一〇	一、〇五八	一、九四八	一、〇四六	一七、六六六

集合開拓民省別入植調（単位戸）昭和十七年六月末現在

省別＼年次	昭和一四	昭和一五	昭和一六	昭和一七	昭和一八	計
間島	二七四	五五〇	—	三八八	二五〇	一、四六二
吉林	八七	五〇	一〇〇	五八	—	二九五
奉天	四五	九五	四一	—	—	一八一
錦州	—	五〇	—	—	—	五〇
通化	一一	一五〇	—	—	一九七	三五八
牡丹江	四六四	—	—	—	—	四六四

（単位戸）　昭和十七年六月末現在

浜江	―	一九一	―	―	―	一九一
興安南	―	六八六	―	―	―	六八六
計	八八一	一、七七三	一四一	四四六	四四七	三、六八七

第三節　満洲拓植公社、満洲拓植委員会及び満洲移住協会

一　**公社の設立趣旨**　日本政府は昭和七年以来北満に農業開拓民を送出するにいたったが、その実績見るべきものがあったので、その後毎年引続き入植せしめることとなったところ、その入植地の確保が焦眉の急務となった。よって当時南満において移民事業を経営中の東亜勧業株式会社の手によって約百万町歩の土地を準備することとなったが、更にこの土地の管理と開拓民助成機関の設立が必要となり、向う十か年間二万戸開拓民入植計画の実施を目標として、昭和十年十二月資本金一千万円の満洲拓植株式会社が設立された。

しかるに昭和十一年八月に百万戸大量開拓民送出の国策の確立を見るにいたった結果、満洲拓植株式会社はこれに即応する強力な機関として改組拡充し、この大事業の遂行に遺憾なきを期することとなった。ここにおいて昭和十二年八月四日、日満両国間に「満洲拓植公社ノ設立ニ関スル協定」(条約第十一号)が締結され、これに基づいて同年八月三十一日、日満両国特殊法人たるこの満洲開拓公社が設立され、翌九月一日に営業を開始するにいたった。

二　**公社の概要**　**資本金**　本公社の資本金は満洲国幣五千万円(協定第二条)で、日満両国政府は公社の国策的重要性にかんがみ、各一千五百万円を出資し、残り二千万円のうち、一千万円は南満洲鉄道株式会社、他の一千万円は東洋拓殖株式会社、三井合名会社、三菱合資会社、住友本社からの出資とした。

職制　本公社は業務執行機関として総裁一人、理事六人以内、また業務監査機関として監事三人以内を置く。総裁及び理事は日満両国政府がこれを任命し、監事は株主総会において日満両国のいずれか一方の国民たる株主中から選任した者に対し日満両国政府の認可によって定めることとなっており、その任期は総裁五年、理事四年、監事三年である（協定第五条）。

本公社は本社を新京に、支社を東京に、地方事務所を哈爾浜、佳木斬、北安、東安、斉々哈爾、牡丹江、吉林、羅津の八か所に、また出張所を奉天ほか二十一か所に置き、社員総数約三千名（昭和十五年末現在）を擁し、公社本社は総務、資金、助成、訓練、管理、墾務、建設、需品の八部（二十六課）、企画委員会及び監査役から成り、東京支社には三課、地方事務所には六課を置いた。

特権及び政府の監督　本公社は「満洲拓植公社設立ニ関スル協定」により次の特権を有する。

㈠資本増加に関する特権　本公社は株金全額の払込前といえどもその資本を増加することができる（協定第二条第二項）。

㈡株式の所有及び譲渡の制限　本公社の株式は記名式とし、日満両国政府、公共団体もしくは国民又は両国の法令のいずれかに依り設立した法人で、社員、株主もしくは業務を執行する役員の半数以上又は資本金額の半額以上もしくは議決権の過半数が両国の国民又は法人に属するものに限って所有することができる（協定第三条）。

㈢株式配当に関する特権　日満両国政府持株以外の株式に対する利益配当は毎営業年度その払込株金額に対し年三分五里の割合に達するまで政府持株に優先してこれをなすことができる（協定第七条）。

㈣社債発行に関する特権　社債発行額は払込資本金額の十倍までとし、日満両国政府においてその元利支払を保証するものとする（協定第六条）。

㈤租税公課の免除　満洲国政府は本公社に対し登録税、法人営業税、契税、木税及び牲畜税はこれを免除する（協定第八条)。また本公社より移住者に土地を分譲する場合に、移住者に対し契税を免除するものとする(協定第九条)。

㈥公社が移住者に譲渡した財産の処分制限　公社が移住者に譲渡した不動産及び不動産上の権利の移転(相続に因る場合を除く)、貸付又はこれに対する物権の設定、もしくは移転(相続に因る場合を除く)は公社の承諾を得なければその効力を生じないものとする(協定第十条)。

しかして日満両国政府は、公社の性質の特殊性にかんがみ慎重な監督を行なうこととし、公社に重要事項について認可、許可を受けさせることとした。すなわち、

㈠社債を発行する場合には日満両国政府の認可を受けるものとする(協定第六条第二項)。

㈡毎年度の資金計画及び決算は日満両国政府の認可を受けるものとする(協定第十三条第一項)。

㈢定款の変更、監事の選任及び解任並びに合併及び解散の決議は日満両国政府の認可を得なければ無効とする(協定第十三条第二項)。

㈣公社の決議又は役員の行為で「満洲拓植公社設立ニ関スル協定」、両国の法令もしくは公社の定款に違反し、公益を害し又は監督命令に違反したときは、日満両国政府はその決議を取消し又は役員を解任することができるものとする(協定第十二条)。なお、日満両国政府は新京に満洲拓植委員会を設置して常時本公社の監督機関として、右以外の事項について公社に承認を受けさせ又は報告させ、更に監督上必要な命令を発することができる(協定第十四条、第十五条)。

業務の範囲　本公社の業務は定款第二条に規定するところであって、満洲における移植民を助成し、満洲国土の開発をなすことを目的とし、次の業務を営むものとする。

㈠移住者に必要な施設及びその経営

㈡移住者に必要な資金の貸付

㈢移住用土地の取得、管理及び分譲
㈣移住者に必要な事業に附帯する業務を目的とする会社又は組合に対する出資及び金融
㈤前各号の事業に附帯する業務

三　公社の事業概況　本公社の主なる事業は次のとおりである。

イ　開拓地の取得　本公社の開拓用地取得は原住民に及ぼす影響を考慮して一応打切り、満洲国政府は直接これに当ることとなり、昭和十四年度以降公社はただ買渡地及び集合、分散開拓民用地の整備のみに当ることとなった。所有地（昭和十五年末現在）は地券面積において五百七十万町歩、実測概算一千万町歩まで、この価格九千九百万円となっていた。開拓民に対する移譲は一戸当耕地十町歩を標準とする。未利用地はおおむね原住鮮満農民に小作せしめてこれを管理していた。昭和十五年三月末における小作管理面積は約四十七万町歩で小作人は八万九千戸に及び、これに対する農耕貸付金は三十二万五千円、小作管理による純益は三百九十万円を示した。なお未利用地は右のほか機械農場、勤労奉仕隊農場としても利用し、私墾防止、穀物飼料に増加に向けていた。

ロ　開拓地の建設及び経営の補導助成　各開拓団に対する建設概要立案、土地の改良、未墾地の開墾、道路の開設、家屋の建築、農畜林経営の補導、文化施設並びに保健衛生施設の補導助成に当るほか、開拓民の宿泊所、製材所、樹苗園、糧穀保管所その他各種の利用施設を整備し、その建設経営の助成促進を図った。これら施設費は昭和十五年三月末現在九百万円で、その対象たる開拓民は、同年十一月末現在約二万五千戸（五万人）であった。

ハ　開拓民需要物資の購買並びに配給　開拓団、訓練所の増加に伴い物資配給の円滑を期し、需品部を設けて開拓地、訓練所の諸建設資材、一般用品の購買配給の斡旋をなし、昭和十四年にはその取扱額四千九百万円に達した。その他収穫物の販売斡旋も行なった。

二　開拓民に対する金融　開拓民に対する金融は土地取得事業とともに本公社事業中最も代表的なものであっ

て、五か年据置、二十五か年年賦償還の長期かつ年四分五厘の低利の好条件をもって開拓民に対して貸付けるものである。家屋建築資金、土地改良費、役畜購入費、諸共同施設及び食費にいたる諸流通資金を合せて一戸当り約四千円を限度とし、五か年の建設期間は据置として貸付けるものである。昭和十五年三月末現在貸付高は集団開拓団一万六千戸、四千八百万円、集合開拓団三千四百戸、五百万円、合計約二万戸、五千三百五十万円に及んだ。

ホ　甲種実務訓練所の経営　昭和十三年度から日満両国政府の代行として満蒙開拓青少年義勇軍現地訓練所の建設並びに経営に当ってきたが、十五年四月一日満洲開拓青年義勇隊訓練本部の設置に伴って甲種訓練所を除く一切の訓練所の経営を同本部に移譲した結果、本公社は当時甲種訓練所三十四か所の経営に当っていた。昭和十五年度の予算においては創設費、経営費を合せて二千万円の支出、補助金及び営農等の収入三百万円を計上している。

ヘ　開拓に必要な事業への投資　昭和十二年九月に満洲畜産株式会社が新京に設立されたところ、同社の事業は満洲国における家畜の需要調整を目的とするものであって、開拓民との関係がきわめて密接であるため、本公社はこれに対し百五十万円を出資してその目的達成に協力した。

また満洲糧穀株式会社は米穀の統制、飼料穀物の価格調整を目的として昭和十三年十二月新京に設立され、開拓民との関係密接なるものがあるので、本公社は二百五十万円を出資して該事業に協力してきたが、右両会社ともまだ配当するにいたらなかった。

ト　その他の附帯事業　本公社は開拓民並びに青少年義勇軍の入満に際しては輸送の万全を期し、輸送委員会を設置して満鉄その他の関係機関と連絡をとり、また羅津、大連のごとき関門には地方事務所または出張所を置き、渡満入植者の便宜を図った。日本内地との業務連絡は東京支社がこれを担当し、更に開拓事業の普及宣伝に関しては映画、講演、出版物その他の方法によってこれに努めた。

四　満洲拓植委員会　満洲拓植委員会は「満洲拓植公社設立ニ関スル協定」に基づき、同社の監督機関として昭和十二年九月一日に設立されたものであって新京に置かれていた。すなわち本委員会は満洲開拓政策に関する日満共同の常設機関として両国意思の連絡調整及び満洲拓植公社の監督に任ずるものであって、それがため満洲拓植公社に対し監督上必要な命令を発し、また必要に応じて満洲拓殖に関する一切の事項につき日満両国に建議する権限を有する。

委員会の構成は協定書の定めるところに従い、日満両国政府によって任命された各六名（計十二名）の委員及び臨時委員をもって組織され、会長は委員中から互選することになっている。

更に委員会には事務を処理するため満洲拓植委員会事務局を置き、委員会において選任する委員若干名並びに随員及び書記の全員をもって構成している。事務局の事務を処理する事務局長は前記の委員中から会長がこれを命ずることになっている。

なお委員会の経費は日満両国において均等に負担する。

委員会構成員は次のとおりである。

（日本側）

一、関東軍参謀長たる陸軍将官

一、大使館主席参事官

一、関東局総長

一、開拓民事務関係者で政府の特に任命するもの三名

（満洲国側）

一、興農部大臣

一、経済部大臣

一、総務庁長官

一、開拓民事務関係者で政府の特に任命するもの三名

委員会事務局においては関東軍、拓務省、満洲国及び開拓団間の連絡事務を処理し、開拓民参考資料に作製及び開拓事業の諸調査を行なった。

五　財団法人満洲移住協会

イ　**設立趣旨及び沿革**　満洲移住協会は満洲開拓事業の発展を助成するための民間の公益団体として昭和十年に設立されたものであるが、百万戸大量開拓民送出計画が樹立されてから本協会も改組拡大の必要に迫られ、昭和十二年財団法人の組織となったものである。

ロ　**機構**　本協会は本部を東京に置き、支部を大阪に設けた。その機構は、役員として会長、副会長、理事長及び数名の理事があり、その下に庶務、宣伝、指導、斡旋及び弘報の五部門と企画委員会が置かれてある。会長は現在の拓務大臣がこれに任ずることになっている。

ハ　**事業**　本協会は国庫からの補助金と一般からの寄付金とを財源としてその運営を行なっている。その事業の大略を具体的に示せば次のとおりである。

(一)満洲開拓民及び義勇軍の一般的宣伝及び指導宣伝部員を全国各府県に派遣して講演会、座談会、協議会等に出席せしめ、また文書、写真、映画等を利用して満洲事情、満洲開拓民及び義勇軍の現況を紹介して宣伝に努める。

(二)分郷分村運動の指導、分村計画の経験家又は講師を各町村に派し、その計画樹立に指導を与える。

(三)移住者渡航の斡旋

(四)満洲開拓地視察者の派遣及び視察旅行の斡旋

(五)満洲開拓事業に関する調査、研究、企画及び機関雑誌「開拓」の発行

(六)内地における義勇軍訓練所並びに開拓幹部訓練所の経営　拓務省の委託によって経営するもので、茨城県東茨城郡下中妻村の満蒙開拓青少年義勇軍訓練所及びその隣接鯉淵村の満洲開拓幹部訓練所がこれである。

(七)宿泊所の経営　開拓関係の宿泊所として新潟市に満蒙開拓館を経営し、開拓民の宿泊及び開拓関係者の利便に供する。

第四節　東洋拓殖株式会社

一　沿革　東洋拓殖株式会社は本来明治三十八年の韓国保護協約の趣旨にかんがみ、韓国における産業資源の助長、開発を目的として、明治四十一年八月発布の東洋拓殖株式会社法（同年法律第六十三年号）に基づき設立された特殊会社であるが、その後韓国併合のことあり（明治四十三年八月）、また時勢の進展に伴い、政府は大正六年七月同会社法に改正を加え、営業地域の制限を撤廃し、かつ業務範囲を拡張すると共に同年十月本店を京城から東京に移し、新たに奉天及び大連の二支店を増置して従来の営業範囲を朝鮮のほかに満洲に拡張したのである。しかして右事業拡大の第一歩としてまず満蒙に進出するや、資金の需要を喚起し、多額の供給を見たのみでなく、ますます増加のすう勢にあるので、大正七年五月資本金を倍加して二千万円としたが、依前資金の需要は旺盛で、加うるに第一次世界大戦終息後、列国は競って経済的発展を企図せんとする情勢なので、会社もまた対外放資を促進し、更に営業区域を中華民国、東部シベリア、ブラジル、南洋方面に拡張し、同時に資本金増加の要を認め、大正八年九月資本金三千万円を増加して五千万円とした。その後大正十二年一月マレー半島、昭和十二年タイ国、同十四年五月樺太をも業務地域とするにいたった。

二　組織及び業務　会社の組織について見るに総裁、副総裁の下、東京本社に理事六名、朝鮮支社に駐在理事一名を置くほか、満洲、北支駐在理事一名を置いて大連、奉天、新京、哈爾浜及び間島の在満各支店並びに北支各支店に関する業務を担当させた。

会社の業務は東洋拓殖株式会社法第十一条に規定されるところであって、

㈠拓殖のため必要な資金の供給

㈡拓殖のため必要な農業、水利事業及び土地の取得、経営、処分

㈢拓殖のため必要な移住民の募集及び分配

㈣**移住民**のため必要な建築物の築造、売買及び貸借

㈤**移住民**または農業者に対し拓殖のため必要な物品の供給及びその生産した物品の分配

㈥委託による土地の経営及び管理

㈦その他拓殖のため必要な事業の経営

等である。

三　**貸付金**　満洲事変後、朝鮮、満洲及び支那方面における各種事業に興隆進展により、会社貸付高は毎期著しく増加した。その満洲関係の昭和十一年以降における期末現在高と総貸付高に対する率を示すと次の通りである。

昭和十一年	上半期	二九、二九八千円	二二%
	下半期	三三、七一七	二三
同　十二年	上半期	三四、七七三	二四
	下半期	三六、五五二	二三

同　十三年	上半期	三四、八七〇	二三
	下半期	四三、四六七	二五
同　十四年	上半期	四四、〇九五	二六
	下半期	五二、二八一	二六
同　十五年	上半期	五七、六三〇	二七

なお昭和十五年六月末における貸付金利率及び手形割引料率の認可最高歩合は次の通りであった。もっともこれは最高歩合であって実際貸付歩合は相当低額であった。

貸付金最高利率

朝鮮　年七分五厘、関東州　年八分五厘、

南満（新京奉天）　年九分、北満（哈爾浜間島）　年九分五厘、

その他の地方　年九分八厘

最高手形割引料

朝鮮　日歩二銭、関東州　同二銭三厘、南満　同二銭四厘、北満　同二銭六厘、その他の地方　同二銭六厘

四　株式・債券の応募・引受　大正六年七月東洋拓殖株式会社法を改正して業務地域を拡張すると共に「移民取扱業其ノ他拓殖事業ヲ営ムコトヲ目的トスル会社ノ株券又ハ債券ノ応募、引受」を営業項目に加え、もって鮮満その他の方面における各種事業会社の設立を援助し産業開発を助長した。これら事業会社は昭和十五年六月末日において六十社に及んだが、そのうち満洲関係のものを挙げれば次のとおりである。

満洲関係会社の株式引受高

会社名	本店所在地	業務	公称資本金（千円）	総株数（千株）	東拓引受株式 引受株数（株）	東拓引受株式 総払込額（千円）
東拓土地建物	大連	不動産経営	五、〇〇〇	一〇〇	一〇〇、〇〇〇	一、六二五
満蒙毛織	奉天	毛糸毛織物製造販売	二〇、〇〇〇	四〇〇	三三五、三〇六	一〇、七二三
東省実業	同	金融、株式引受、生産品取次販売	五、〇〇〇	一〇〇	一〇〇、〇〇〇	四、〇〇〇
大同酒精	哈爾浜	酒精醸造	満洲国幣 一、六七〇	一七	八、三五〇	満洲国幣 八三五
日満製粉	同	製粉業	一〇、〇〇〇	二〇〇	二九、八八〇	一、〇七三
満洲特産工業	奉天	満洲特産物加工及び酒類製造	三、〇〇〇	六〇	五、〇〇〇	一八七
満洲電業	新京	満洲国内における電気事業	一六〇、〇〇〇	三、二〇〇	五四、一六九	二、四八二
満洲塩業	同	採塩事業	一五、〇〇〇	三〇〇	三、〇〇〇	七五
鮮満拓殖	京城	満洲国における朝鮮人移住者に必要なる事業	二〇、〇〇〇	四〇〇	一〇〇、〇〇〇	二、〇〇〇
満洲拓植	新京	満洲国における拓植事業	五〇、〇〇〇	一、〇〇〇	七五、〇〇〇	三、七五〇
満洲鴨緑江水電	同	水力電気工業	五〇、〇〇〇	一、〇〇〇	二〇〇、〇〇〇	一〇、〇〇〇
満洲房産	新京	満洲国における建築事業並びに建築金融	六〇、〇〇〇	六〇〇	二〇〇、〇〇〇	五、〇〇〇
海林木材	牡丹江	伐木事業	五、〇〇〇	一〇〇	一〇〇、〇〇〇	三、七五〇
満洲林業	新京	木材売買、輸入並びに製材	三〇、〇〇〇	六〇〇	一〇〇、〇〇〇	三、〇〇〇

関東州工業土地	大連	工業用土地の造成	一〇、〇〇〇	二〇〇	五、〇〇〇	六二
計					一、四一四、七〇五	四八、五六二 内満洲国幣 八三五

五　満洲における直営事業

イ　間島自作農創定事業　間島、琿春地方における移住朝鮮人農民救済のため、朝鮮総督府は自作農創定計画を立案し、昭和七年から五か年の予定をもってその実行に移り、しかして会社は右創定資金の調達に当り、すなわち土地の購入及び改良、住宅の建築、耕牛の購入その他営農資金の貸付等を実施した。かくして昭和十五年三月までに二千九百十九戸を創定し、これらに対する同社の投資額は百七十五万三千余円に達した。

ロ　製塩事業　関東州における天日製塩地を調査の結果その有望なることを認め、塩田開設の結果を樹てて工事に着手した。会社が関東庁から貸付をうけた面積は登沙河及び貔子窩地方を併せて約四千町歩で、まず登沙河河口地に東西二か所六百二十町歩の塩田を開設し、更に貔子窩地先についても塩田開設工事を行ない、その第一期計画として清水河六百九十町歩に対してはすでに昭和九年十二月にその完成を見たほか、賛子及び河宋河屯地先においても塩田開設工事を進めた。

ハ　住宅経営　満洲国における新京その他各都市の急激なる膨脹に伴い住宅は極度の払底をきたした。それで新京市公署等の要望により会社はこれらのため住宅の建設をなし、その需要の緩和を図った。

後編関係参照条約及び法令

後編関係参照条約目次

◎大連海関設置並内水汽船航行ニ関スル協定（明治四十年五月三十日署名）……179
○右協定（附）膠州湾租借地ニ於ケル製造品ニ関スル規則（抄）明治四十年四月十七日北京で調印……179
◎日満経済共同委員会設置ニ関スル協定　昭和十年七月十五日新京で署名……181
◎日満間工業所有権相互保護ニ関スル協定　昭和十一年六月二十九日新京で署名……183
◎満洲拓植公社ノ設立ニ関スル協定　昭和十二年八月二日新京で署名……183

◎大連海関設置並内水汽船航行ニ関スル協定（明治四十年五月三十日北京で署名）

○（附記）膠州湾租借地ニ於ケル製造品ニ関スル規則（抄）（明治四十年四月十七日北京で調節）

（甲）総則

（一）租借地ノ産物及該産物ヨリ製造セル商品若ハ同地ヘ海路輸入セル商品ニ対シテハ輸出税ヲ課セス未製原料ヨリ製造セル物品ハ其ノ原料ヲ海関ニ申告シ特別取扱ヲ変クルニアラサレハ普通物品ト同様ニ取扱ハルヘシ納税ニ関シテハ製造物ノ自由区域内部ニアルト外部ニアルトヲ問ハス同様ニ取扱ハルヘシ

（二）租借地に於テ製造シタル物品ヲ内地ニ輸送セムトスルトキハ製造者任意ニ該製造品ニ対シ通過税ヲ納メ通過免状ヲ附シテ輸送スルコトヲ得

（三）背後地若ハ非条約港ヨリ租借地ニ輸入スル清国未製原料ヲ製造物ニ使用セントスルモノハ之ヲ海関ニ申告シ其ノ税金ニ対シ担保ヲ差入ルルコトヲ得右申告ニ係ル原料ヨリ製造セル物品ニシテ輸出セラルルトキハ其ノ使用セル原料ニ対シ輸出税ヲ納メ右担保ニ依リ保証セラレタル税金ハ夫レ丈控除セラルヘシ

右担保ニ依リ保証セラレタル税金ハ其ノ日附ヨリ三箇年以内ニ之ヲ納付シ又ハ清算スヘキモノトス

物品製造用ノ原料ニ対シ納税セスシテ輸出物品ニ対スル税率金額ヲ納税スルコトハ輸出者ノ任意タルヘシ海関ニ申告セス且担保ヲ供セサル原料ヨリ製造セル物品ヲ輸出スルトキハ海関通過ノ際輸出税全額ヲ納ムヘキモノトス

（四）外国若ハ清国条約港ヨリ到着ノ原料ニ課シタル輸入税又ハ沿岸貿易税ハ右原料ヨリ製造セル物品ヲ海路輸出スル際之ヲ払戻スヘシ但シ右原料ハ輸入ノ際其ノ製造用ニ供セラルルコトヲ成規ノ通海関ニ申告シタルモノニ限ル

（五）租借地ニ於テ製造セル製品ヲ清国ヘ海路輸送スルトキハ輸入ノ際税率全額ヲ納税スヘキモノトス又之ヲ内地ニ輸送スルトキハ通過税ヲ納メ通過免許ヲ受クルコトヲ得

（六）租借地官憲ト海関官憲トノ間ニ協商ヲ遂ケ諸種ノ製品輸出ノトキ其ノ使用原料ノ多寡ニ関シ一定ノ率ヲ立テ之ニ準シテ輸出税ヲ減額スヘキ取極ヲ為スヘシ

（七）前記ノ取扱ヲ受クヘキ权利アル製造場ハ之ヲ登記シ其ノ目録ハ必要ニ応シテ修正シ必要アルトキハ海関ヘ送付スヘシ

（乙）説明書

左記ノ事項ハ租借地到着ノ際膠州湾海関ニ於テ製造場ノ使用ニ供セラルルコトヲ成規ノ通リ申告シ且必要ノ場合ニ納税金ニ対シ担保ヲ差入レタル原料ニノミ適用セラルルモノトス

一、外国ヨリ直接若ハ条約港経由到着ノ外国産原料

（イ）其ノ製造品外国ヘ輸出セラルルトキハ

（一）既納税金ヲ払戻スヘキコト

（ロ）其ノ製造品ヲ清国条約港ニ向ケ船積ノトキハ輸入ノ際納メタル税金払戻ヲ受ケ左ノ税金ヲ納ムヘキコト。

（二）陸揚港ニ於テ外国ヨリ直接到着セル同様ノ商品ニ対シ

規定セルト同一ノ税金及

（三）爾後通過税ヲ納ムルトキハ内地輸送ノ際通過免許ヲ受ケ得ルコト

（ハ）若シ該製造品内水航行規則ニ従イ運輸セラルルトキハ左記ノ税ヲ課セラルルコト

（四）同様ノ商品カ同様ニ運輸セラルルトキ其ノ出発ノ際若ハ途中及内地ニ於テ納ムヘキ諸税又ハ諸賦課金

（五）然レトモ右物品ニシテ二分半ノ通過税ヲ納メ通過免状ヲ有スルトキハ前記ノ内地税ヲ免カレ通過状ヲ受ケ得ルコト

（ニ）右製造品陸路背後地ニ運搬セラルルトキハ左ノ如ク取扱ハルルコト

（六）内水航行規則ニ従ヒ輸送セラルル同様ノ物品通リナルヘキコト

二、清国条約港ヨリ到着ノ清国産原料

（ホ）其ノ製造品外国ヘ輸出セラルルトキハ

（七）既納沿岸貿易税ヲ払戻スヘキコト

（ヘ）其ノ製造品清国条約港ヘ仕向ケラルルトキハ

（八）右製造品ニ包含セル原料ニ対シ沿岸貿易税納済証ヲ下付シ其ノ陸揚条約港ニ到着ノ際納税ヲ免カレシメ爾後清国商品トシテ取扱ハレ内地通過権ヲ有セサルカ又ハ輸出者ノ任意ニテ

（九）沿岸貿易税ヲ払戻シ陸揚条約港ニ於テ該製造品ニ対スル輸入税金額ヲ納メ爾後内地輸送ノ場合ニ通過権ヲ有スヘキコト

（十）其ノ場合ニハ二分半ノ通過税ヲ納メ通過免状ヲ有スヘキコト

（ト）該製造品内水航行規則ニ従ヒ膠州湾ヨリ輸送セラルルトキハ

（十一）同様ノ商品カ同様ニ運搬セラルルトキ其ノ出発ノ際若ハ途中及内地ニ於テ納ムヘキ諸税及諸賦課金ヲ課セラルルコト

（十二）然レトモ右製造品ニシテ膠州湾ニ於テ二分半ノ通過税ヲ納ムルトキハ前記ノ内地税ヲ免カレ通過権ヲ有スルコト

（チ）右製造品陸路膠州湾ヨリ背後地ヘ輸送セラルルトキハ

（十三）内水航行規則ニ従ヒ輸送セラルルモノト同様ニ取扱ハルヘキコト

三、内水航行規則ニ依リ到着ノ清国産原料

（リ）其ノ製造品外国ヘ輸出セラルルトキハ膠州湾ニ於テ

（一四）製造ニ使用セル原料ニ対シ輸出税全額ヲ納ムルカ又ハ輸出者ノ任意ニテ

（十五）製造品ニ対シ輸出税全額ヲ納メ其ノ数量ヲ担保ヨリ控除スヘキコト

（ヌ）製造品清国条約港ニ仕向ケラルルトキハ膠州湾ニ於テ

（十六）使用原料ニ対シ税率規定ノ全額ヲ納メ及陸揚港ニ於テ沿岸貿易税ヲ納メ爾後清国商品トシテ取扱ハルルカ又ハ輸出者ノ任意ニテ

（十七）製造品ニ対シ右ノ金額ヲ納ムヘキコト比ノ場合ニ於テハ免除証書ヲ発給シ到著港ニ於テ外国品トシテ自由通関

ヲ得
（十八）爾後二分半ノ税ヲ払フトキハ内地輸送ニ際シ通過権ヲ得ルコト
（ル）製造品内水航行規則ニ依リ輸送セラルルトキハ
（十九）使用原料ニ対シ沿岸貿易税ヲ納ムルカ又ハ製造者ノ任意ニテ
（二十）製造品ニ対シ同税ヲ納メ
（二十一）同様ノ商品カ同様ニ運搬セラルルトキ途中及内地ニ於テ課セラルヘキ諸税及賦課金ヲ払フヘキコト然レトモ右原料若ハ製造品ニ対シ前記ノ税ヲ払ヒタル後ハ
（二十二）膠州湾ニ於テ製造品ニ対シ二分半ノ通過税ヲ納ムルトキハ前記ノ内地税ヲ免カレ通過権ヲ有スヘキコト
（ヲ）製造品膠州湾ヨリ陸路背後地ニ輸送セラルルトキハ
（二十三）内水航行規則ニ依リ輸送ノモノト同様ノ取扱ヲ受クヘキコト

四　背後地ヨリ陸路到着ノ清国産原料
（ワ）其ノ製造品外国ニ輸出ノトキハ其ノ原料ヲ担保ヨリ控除シ輸出者ハ膠州湾ニ於テ
（二十四）使用原料ニ対シ輸出税ノ全額ヲ納ムルカ或ハ輸出者ノ任意ニテ
（二十五）製造品ニ対シ同全額ヲ納ムヘキコト
（カ）該製造品清国条約港ニ仕向ケラルルトキハ膠州湾ニ於テ
（二十六）使用原料ニ対シ税額ヲ全額ヲ納メ陸揚港ニ於テ沿岸貿易税ヲ払ヒ爾後ハ清国商品トシテ取扱ハルルカ又ハ
（二十七）製造品ニ対シ右全額ヲ納ムルコト比ノ場合ニ於テハ免除証書ヲ発給シ到着港ニ於テ外国商品トシテ自由通関ヲ得爾後
（二十八）内地ニ輸送ノトキハ二分半ノ税ヲ納メ通過権ヲ得ヘキコト
（ヨ）製造品内水航行規則ニ依リ輸送セラルルトキハ輸出者ノ任意ニテ膠州湾ニ於テ
（二十九）使用原料ニ対シテ沿岸貿易税ヲ納ムルカ又ハ
（三十）製造品ニ対シ同税ヲ納メ爾後ハ通過証書ニヨリ保護セラルルニアラサレハ同様ニ運搬セラルル同様ノ商品ト均シク諸種ノ内地税及賦課金ヲ課セラルヘキコト
（三十一）該証書通過権ヲ附与スルモノニシテ製造品ニ対シ更ニ二分半ノ通過税ヲ納ムルトキハ膠州湾ニ於テ同地海関ヨリ発給セラルヘキコト
（タ）前記ノ如ク申告セラレタル原料ニシテ原状ノ儘若ハ製造品トシテ租借地ヨリ陸路背後地ニ輸送セラルルトキハ清国商品トシテ同国ニ再輸入セラルルモノニシテ同様ニ運搬セラル商品ト均シク同一ノ諸税及賦課金ヲ課セラルヘキコト

◎日満経済共同委員会設置ニ関スル協定

昭和十年七月十五日新京デ署名条約第七号

日本国政府及満洲国政府ハ日本国及満洲ノ間ニ現ニ存スル日満両国ノ経済上ノ依存関係ヲ永遠ニ鞏固ナラシムル為日満両国経済ノ合理的融合ヲ実現センコトヲ希望シタルコトニ因リ
両国政府ハ昭和七年九月十五日即チ大同元年九月十五日調印ノ

日本国満洲国間議定書ノ趣旨ニ拠リ日満両国相互間ノ重要ナル経済問題ニ関シテモ日満両国ハ充分且緊密ニ共同ノ実ヲ挙グルノ必要ナルヲ認メタルニ因リ

両国政府ハ日満経済共同委員会ヲ設置スルコトニ決シ茲ニ左ノ如ク協定セリ

第一条

満洲国新京ニ日満経済共同委員会ヲ設置ス

第二条

委員会ハ日満両国経済ノ連繫ニ関スル重要事項及日満合辦特殊会社ノ業務ノ監督ニ関スル重要事項ニ付日満両国政府ノ諮問ニ応ジ其ノ意見ヲ両国政府ニ具申スベキモノトス

第三条

日満両国政府ハ前条ノ事項ニ付テハ予メ之ヲ委員会ニ諮問シ其ノ意見ヲ俟テ之ヲ処理スベキモノトス

第四条

委員会ハ必要ニ応ジ日満両国経済ノ合理的融合ニ関スル一切ノ事項ニ付日満両国政府ニ建議スルコトヲ得

第五条

委員会ノ組織及運用ニ付テハ本協定附属書ノ定ムル所ニ依ル

第六条

本協定ハ署名ノ日ヨリ実施セラルベシ

本協定ノ正文ハ日本文及漢文トシ日本文本文ト漢文本文トノ間ニ解釈ヲ異ニスルトキハ日本文本文ニ依リ之ヲ決ス

右証拠トシテ下名ハ各本国政府ヨリ正当ノ委任ヲ受ケ本協定ニ署名調印セリ

昭和十年七月十五日即チ康徳二年七月十五日新京ニ於テ本書二通ヲ作成ス

日本帝国特命全権大使　南　次郎（印）

満洲帝国外交部大臣　張燕卿（印）

附属書

一　委員会ノ委員ハ八名トシ日満両国政府ハ各四名ヲ任命シ相互ニ之ヲ通報スベシ委員事故アルトキハ其ノ代理者ニ付満洲国駐剳日本帝国特命全権大使満洲国国務総理大臣相互協議ノ上之ヲ出席セシムルコトヲ得代理者ハ委員ノ名ニ於テ其ノ職ヲ行フ

右ノ外日満両国政府ハ必要ニ応ジ協議ノ上各同数ノ臨時委員ヲ任命スルコトヲ得

二　議長ハ委員中ヨリ之ヲ互選ス

三　委員会ニ幹事若干名ヲ置ク幹事ハ庶務ヲ整理ス

幹事ハ随員中ヨリ日満両国政府各同数ヲ任命スルモノトス

四　委員会ノ議事ハ過半数ヲ以テ之ヲ決ス可否同数ナルトキハ議長ノ決スル所ニ依ル

議長ハ委員トシテ議決ニ加ハルコトヲ妨ゲズ

五　委員会ハ日満両国政府ノ承認ヲ経テ其ノ議事規則ヲ定ム

◎日本国満洲国間工業所有権相互保護ニ関スル協定

昭和十一年六月二十九日新京で署名
昭和十一年七月一日条約第六号

大日本帝国政府及満洲帝国政府ハ工業所有権ノ相互保護ヲ確保センガ為左ノ如ク協定セリ

第一条

締約国ノ一方ノ臣民ハ法定ノ手続ヲ履行スルトキハ他方ノ領域内ニ於テ発明特許、実用新案、意匠及商標ニ付内国ノ臣民ト同一ノ保護ヲ受クベシ

第二条

締約国ノ一方ニ於テ発明特許ノ出願又ハ実用新案、意匠若ハ商標ノ登録出願ヲ合式ニ為シタル者又ハ其ノ承継人ハ他方ニ於テ出願ヲ為スニ付優先権ヲ享有スベシ

前項ノ優先期間ハ発明特許、実用新案及意匠ニ在リテハ十二月、商標ニ在リテハ六月トス

第三条

締約国ノ一方ハ他方ニ於テ発明特許、実用新案及意匠ニ関シ手数料、特許料又ハ登録料ヲ徴セラルルコトナキモノトス

第四条

本協定ハ満洲帝国駐剳大日本帝国特命全権大使ト満洲帝国外交部大臣トノ間ニ協議ヲ以テ定ムル日ヨリ之ヲ実施ス

第五条

本協定ノ正文ハ日本文及漢文トシ日本文本文ト漢文本文トノ間ニ解釈ヲ異ニスルトキハ日本文本文ニ依リ之ヲ決ス

右証拠トシテ下名ハ各本国政府ヨリ正当ノ委任ヲ受ケ本協定ニ署名調印セリ

昭和十一年六月二十九日即チ康徳三年六月二十九日新京ニ於テ本書二通ヲ作成ス

満洲帝国駐箚大日本帝国特命全権大使　植田謙吉（印）

満洲帝国外交部大臣　張燕卿（印）

◎満洲拓植公社ノ設立ニ関スル協定

昭和十二年八月二日新京で署名
昭和十二年八月四日条約第十一号

大日本帝国政府及満洲帝国政府ハ両国協力シテ満洲国ニ於ケル移住ヲ助成シ満洲国国土ノ開発ヲ為シ以テ両国間ノ緊密不可分ノ関係ヲ益鞏固ナラシメンコトヲ希望シ之ガ為日満合辦ノ株式会社ヲ設立スルノ必要ナルヲ認メ茲ニ左ノ条款ヲ訂立セリ

第一条

日満両国政府ハ協力シテ日満合弁ノ株式会社ヲ設立セシメ満洲国ニ於ケル開拓移住ノ助成ニ関スル事業ヲ経営セシムルモノトス

前項ノ株式会社ハ満洲拓植公社ト称ス

第二条

満洲拓植公社（以下公社ト称ス）ノ資本ハ満洲国国幣五千万円トス但シ日満両国政府ノ認可ヲ受ケ之ヲ増減スルコトヲ得
会社ハ株金全額払込前ト雖モ其ノ資本ヲ増加スルコトヲ得

第三条

公社ノ株式ハ記名式トシ日満両国ノ政府、公共団体若ハ国民又ハ両国ノ法令ノ何レカニ依リ設立シタル法人ニシテ社員、株主若ハ業務ヲ執行スル役員ノ半数以上又ハ資本ノ半額以上若ハ議決権ノ過半数ガ両国ノ国民又ハ法人以外ノ者ニ属セザルモノニ限リ之ヲ所有スルコトヲ得
公社ノ各株主ハ一株ニ付一個ノ議決権ヲ有ス

第四条

公社ニ総裁一名並ニ理事及監事若干名ヲ置ク
総裁ハ公社ヲ代表シ其ノ業務ヲ総理ス
総裁事故アルトキハ理事ノ一人其ノ職務ヲ代理シ総裁缺員ノトキハ其ノ職務ヲ行フ
理事ハ総裁ヲ輔佐シ公社ノ業務ヲ分掌ス
監事ハ公社ノ業務ヲ監査ス

第五条

公社ノ総裁及理事ハ日満両国政府之ヲ任命ス
総裁ノ任期ハ五年、理事ノ任期ハ四年、監事ノ任期ハ三年トス

第六条

公社ハ其ノ払込ミタル株金額ノ十倍ヲ限リ社債ヲ発行スルコトヲ得
公社社債ヲ発行セントスル場合ニ於テハ日満両国政府ノ認可ヲ受クベシ
前項ノ社債ノ元利支払ニ付テハ日満両国政府ニ於テ各所要ノ手続ヲ経タル上連帯シテ之ガ保証ヲ為スモノトス

第七条

公社ノ利益配当ハ公正ナル一定率ヲ超エザルモノトス
政府持株以外ノ株式ニ対スル利益配当ハ定款ノ定ムル所ニ依リ或程度ノ率ニ達スル迄政府持株ニ優先シテ之ヲ為スコトヲ得

第八条

満洲国政府ハ公社ニ対シ登録税、法人営業税、契税、木税及牲畜税ヲ免除ス

第九条

満洲国政府ハ移住者ガ公社ヨリ土地ノ分譲ヲ受ケタル場合移住者ニ対シ契税ヲ免除ス

第十条

公社ガ移住者ニ譲渡シタル不動産及不動産上ノ権利ノ移転（相続ニ因ル場合ヲ除ク）、貸付又ハ之ニ対スル物権ノ設定若ハ移転（相続ニ因ル場合ヲ除ク）ハ公社ノ承諾ヲ得ルニ非ザレバ其ノ効力ヲ生ゼズ

第十一条

日満両国政府ハ公社ノ業務ヲ監督ス

第十二条

日満両国政府ハ公社ノ決議又ハ役員ノ行為ニシテ本協定、両国ノ法令若ハ公社ノ定款ニ違反シ、公益ヲ害シ又ハ監督命令ニ違反シタルトキハ其ノ決議ヲ取消シ又ハ役員ヲ解任スルコトヲ得

第十三条

公社ノ毎年度ノ資金計画及決算ハ日満両国政府ノ認可ヲ受クベ

シ
公社ノ定款ノ変更、監事ノ選任及解任及並ニ合併及解散ノ決議ハ日満両国政府ノ認可ヲ受クルニ非ザレバ其ノ効力ヲ生ゼズ

第十四条

日満両国政府ハ公社ノ業務ノ監督ヲ為サシムル為満洲国新京ニ満洲拓植委員会ヲ設置ス

委員会ノ組織及運用ニ付テハ本協定附属書ノ定ムル所ニ依ル

第十五条

委員会ハ公社ノ業務ノ監督上必要ナル命令ヲ為スコトヲ得

第十六条

委員会ハ第二条第一項但書、第六条第二項、第十三条第一項及第二項ノ認可、第六条第三項ノ保証並ニ第十二条ノ決議ノ取消及役員ノ解任ニ付日満両国政府ニ其ノ意見ヲ具申スルコトヲ得

第十七条

委員会ハ必要ニ応ジ満洲国ニ於ケル移民ニ関スル一切ノ事項ニ付日満両国政府ニ建議スルコトヲ得

第十八条

委員会ノ経費ハ日満両国政府ニ於テ均等ニ之ヲ分担スルモノトス

第十九条

公社ニ付テハ本協定ニ定ムルモノノ外日満両国政府間ニ別ニ定ムル所ニ拠ルモノトス

第二十条

日満両国政府ハ夫々十五名ノ設立委員ヲ命ジ両国政府監督ノ下ニ公社設立ニ関スル一切ノ事務ヲ処理セシムルモノトス

第二十一条

設立委員ハ定款ヲ作リ日満両国政府ノ認可ヲ受ケタル後株主ヲ募集スルモノトス

第二十二条

設立委員ハ株主ノ募集ヲ終リタルトキハ株式申込証ヲ日満両国政府ニ提出シ公社設立ノ許可ヲ申請スルモノトス

前項ノ許可ヲ受ケタルトキハ設立委員ハ遅滞ナク各株式ニ付第一回ノ払込ヲ為サシメ其ノ払込アリタルトキハ遅滞ナク創立総会ヲ招集スルモノトス

第二十三条

創立総会終結シタルトキハ設立委員ハ其ノ事務ヲ公社ニ引渡スモノトス

第二十四条

本協定ハ署名ノ日ヨリ実施セラルベシ

本協定ノ正文ハ日本文及漢文トシ日本文本文ト漢文本文トノ間ニ解釈ヲ異ニスルトキハ日本文本文ニ依リ之ヲ決ス

右証拠トシテ下名ハ各本国政府ヨリ正当ノ委任ヲ受ケ本協定ニ署名調印セリ

昭和十二年八月二日即チ康徳四年八月二日新京ニ於テ本書二通ヲ作成ス

満洲帝国駐箚大日本
帝国特命全権大使　植田　謙吉（印）

満洲帝国国務総理大臣　張　景　恵（印）

附属書

一　満洲拓植委員会ノ委員ハ十二名トシ日満両国政府ハ各六名ヲ任命シ相互ニ之ヲ通報スベシ

日満両国政府ハ必要ニ応ジ協議ノ上各同数ノ臨時委員ヲ任命スルコトヲ得

委員又ハ臨時委員事故アルトキハ其ノ代理者ニ付満洲帝国駐劄大日本帝国特命全権大使満洲帝国国務総理大臣相互協議ノ上之ヲ出席セシムルコトヲ得代理者ハ委員又ハ臨時委員ノ名ニ於テ其ノ職ヲ行フ

二　委員会ノ会長ハ委員中ヨリ之ヲ互選ス会長事故アルトキハ委員中ヨリ其ノ代理者ヲ互選ス代理者ハ会長ノ名ニ於テ其ノ職ヲ行フ会長ハ委員会ヲ代表シ且会議ノ議長ト為ル

三　委員会ノ議事ハ過半数ヲ以テ之ヲ決ス可否同数ナルトキハ会長ノ決スル所ニ依ル会長ハ委員トシテ議決ニ加ハルコトヲ妨ゲズ

四　委員会ニ満洲拓植委員会事務局ヲ置キ委員会ノ常務ヲ処理セシム

前項ノ事務局ハ委員会ニ於テ選任スル委員若干名及随員ヲ以テ之ヲ構成ス

事務局ニ局長ヲ置ク局長ハ前項ノ委員中ヨリ会長之ヲ命ズ

五　委員会ハ日満両国政府ノ承認ヲ経テ其ノ規則ヲ定ム

満洲拓植公社設立ニ関スル協定及附属書ニ関スル日満両国全権委員間了解事項

第一

協定第五条ノ総裁及理事ノ任命ニ付テハ日満両国政府事前ニ協議ヲ遂ゲ意見ノ一致ヲ見タル上各同日附ヲ以テ之ヲ任命スルモノトス

第二

協定第二条第一項但書、第六条第二項、第十三条第一項及第二項ノ認可、第六条第三項ノ保証並ニ第十二条ノ決議ノ取消及役員ノ解任ニ付テハ前項ニ準ズルモノトス但シ両国政府間ノ協議ハ満洲拓植委員会ヲ経由シテ為サルルモノトス

第三

協定附属書ノ一ノ第一項ノ委員ハ左ノ如クスルモノトス

大日本帝国

関東軍参謀長タル陸軍将官

大使館首席参事官

関東局総長

移民事務ニ関係アル者ニシテ日本国政府ニ於テ特ニ任命スルモノ三名

満洲帝国

産業部大臣

経済部大臣

総務長官

移民事務ニ関係アル者ニシテ満洲国政府ニ於テ特ニ任命スルモノ三名

第四

協定附属書ノ四ノ第二項ノ随員ハ左ノ如クスルモノトス

大日本帝国

関東軍司令部ノ陸軍佐尉官　二名

大使館書記官　一名

拓務書記官又ハ拓務事務官及拓務技師三名

関東局事務官　一名

満洲帝国

総務庁企画処参事官　一名

総務庁主計処理事官又ハ事務官　一名

内務局管理処理事官又ハ事務官　一名

産業部拓政司理事官又ハ事務官　二名

産業部農務司理事官又ハ事務官　一名

経済部金融司理事官又ハ事務官　一名

右ノ外所要ノ臨時随員及書記ヲ置クコトヲ得ルモノトス

昭和十二年八月二日即チ康徳四年八月二日新京ニ於テ

満洲帝国駐箚大日本帝国特命全権大使　植田　謙吉（印）

満洲帝国国務総理大臣　張　景　恵（印）

右漢文左ノ如シ（省略）

一　財　政

㈠　会　計

◎関東都督府特別会計法（明治四〇、法律一七）……199
◎関東都督府及樺太庁特別会計規則（明治四〇、勅令八七）……199
◎関東州地方費令（明治四〇、勅令四八）……201
◎関東都督府ニ於ケル収入印紙ニ関スル件（明治四〇、勅令三四二）……202
◎関東都督府ニ於ケル租税其ノ他ノ歳入ニ関スル規定中改正ノ件（明治四〇、勅令八六）……202
◎関東州及満洲ニ於ケル陸軍召集諸費支弁方ニ関スル件（昭和三、勅令一六一）……203
○朝鮮台湾関東州又ハ南洋群島ニ居住スル者ノ徴兵旅費ニ関スル件（昭和一六年、勅令五四八）……204

㈡　国有財産

◎関東州国有財産令（昭和一二、勅令四八）……205

㈢　租税・専売

◎関東都督府ニ於ケル租税其ノ他ノ公課ノ徴収ニ関スル件（明治四〇、勅令五六）……207
◎関東州納税施設令（昭和一九、勅令五四）……207
◎関東州ニ於ケル日満国税徴収事務共助ニ関スル件（昭和一三、勅令三五四）……210
◎関東州ニ於ケル所得税等ノ日満二重課税防止ニ関スル件（昭和一七、勅令八五四）……210
◎関東州ヨリ輸出スル物品ニ対スル内国税免除又ハ交付金交付ノ停止等ニ関スル件（昭和一八、勅令三四〇）……210
◎支那事変ノ為従軍シタル軍人及軍属ニ対スル関東州及南満洲鉄道附属地ニ於ケル租税ノ減免、徴収猶予等ニ関スル件（昭和一二、勅令五七二）……211
◎関東州戦時災害国税減免令（昭和一七、勅令二六一）……212
◎関東州地租令（昭和一三年、勅令二五二）……213
◎関東州家屋調査令（昭和一三、勅令二八九）……216
◎関東州家屋税令（昭和一三、勅令七〇二）……217
◎関東州所得税令（大正九、勅令二二七）……221
◎関東州所得税令施行規則（大正九、庁令六〇）（抄）……226

◎改正関東州所得税令（昭和一二、勅令二八九）……227
◎関東州臨時利得税令（昭和一〇、勅令一三〇）……250
◎改正関東州臨時利得税令（昭和一六、勅令二九七）……256
◎関東州法人資本税令（昭和一三、勅令二一一）……264
◎関東州特別法人税令（昭和一六、勅令二九六）……267
◎関東州外貨債特別税令（昭和一二、勅令七一〇）……271
◎関東州北支事件特別税令（昭和一二、勅令四五八）……277
◎関東州支那事変特別税令（昭和一三、勅令二一三）……280
◎関東州臨時租税措置令（昭和一三、勅令二八八）……323
◎関東州酒税令（大正一一、勅令一九八）……337
◎改正関東州酒税令（昭和一八、勅令三三六）……345
◎関東州清涼飲料税令（昭和一七、勅令二五七）……360
◎関東州取引所税規則（大正九、庁令八）……364
◎関東州骨牌税令（昭和一七、勅令二五八）……366
◎関東州煙草税令（大正一一、勅令一九九）……369
◎塩税規則（明治三八、遼東守備軍令達二一）……374
◎関東州揮発油税令（昭和一二、勅令二九一）……376
◎関東州セメント税令（昭和一二、勅令二九二）……378
◎関東州麦粉税令（昭和一二、勅令二九三）……380
◎関東州広告税令（昭和一七、勅令二五九）……382
◎関東州馬券税令（昭和一七、勅令二六〇）……386
◎関東州特別行為税令（昭和一八、勅令三三九）……387
◎南満洲鉄道附属地営業税令（昭和一一、勅令一〇八）……393
◎南満洲鉄道附属地法人営業税令（昭和一一、勅令一〇九）……397
◎南満洲鉄道附属地酒税令（昭和一一、勅令一一七）……399

◎南満洲鉄道附属地煙草税令（昭和一一、勅令一一八）…… 402
◎南満洲鉄道附属地セメント税令（昭和一一、勅令一一九）…… 405
◎南満洲鉄道附属地麦粉税令（昭和一一、勅令一二〇）…… 406
◎南満洲鉄道附属地印紙税令（昭和一二、勅令三八）…… 408
◎関東州又ハ南洋群島ニ於ケル租税ニ関シ事犯アリタルトキノ処罰ニ関スル件（大正一一、勅令二〇〇）…… 410
◎関東州間接国税犯則者処分令（大正一一、勅令二〇一）…… 411
◎関東州及南満洲鉄道附属地間接国税犯則者処分令（昭和一一、勅令一二一）…… 411
◎関東州営業税規則（昭和五、庁令一七）［抄］…… 412
◎関東州雑種税規則（昭和一七、局令四三）…… 417
◎土地増価税規則（大正八、庁令一三）［抄］…… 421
◎支那事変ノ為従軍シタル軍人ニ対スル関東州地方費令第二条ノ営業税ノ減免、徴収猶予等ニ関スル件
（昭和一二、局令九三）…… 423
◎関東州臨時営業税措置規則（昭和一三、局令五九）…… 424
◎営業税及雑種税ハ市及会ニ於テ徴収スルノ件（昭和一四、局令四三）…… 425
◎関東州ニ於ケル日満地方税徴収事務共助ニ関スル件（昭和一八、勅令四六一）…… 426
◎関東州燐寸専売令（昭和一六、勅令六〇一）…… 426

(四) 公債

◎関東州ニ於ケル国債ニ関スル件（大正元、勅令三七）…… 428
◎関東州及南洋群島ニ於ケル国債ノ価額計算ニ関スル件（昭和七、勅令一〇四）…… 429
◎本邦内ニ於テ募集シタル外国債ノ関東州ニ於ケル待遇ニ関スル件（昭和一三、勅令三九一）…… 429
◎関東州事業公債法（大正一一、法律一五）…… 429
◎帝国ノ満洲国ニ於ケル治外法権ノ撤廃及南満洲鉄道附属地行政権ノ調整乃至移譲ニ伴ヒ退官退職シタル者等ニ交付スル公債発行ニ
関スル法律（昭和一二、法律三六）…… 430
◎関東州及南洋群島ニ於ケル昭和十五年法律第六十九号第一条ノ規定ニ依リ発行スル公債ニ関スル件
（昭和一六、勅令六九三）…… 430

二　金融・貿易

(一)　通貨

◎関東州ニ於ケル小洋銭通用禁止ニ関スル件（昭和一〇、勅令三一三）……430

(二)　金融機関

◎関東州及南満洲鉄道附属地ニ於ケル銀行ニ関スル件（大正一一、勅令二〇七）……431
◎関東州及南満洲鉄道附属地銀行令（昭和一二、勅令二九四）……432
◎関東州及南満洲鉄道附属地ニ於ケル貯蓄銀行ニ関スル件（大正一一、勅令二〇八）……432
◎関東州無尽業令（大正一五、勅令二六五）……433
◎関東州及南満洲鉄道附属地金融組合令（昭和一三、勅令八九）……434

(三)　資本移動

◎関東州及南満洲鉄道附属地外国為替管理令（昭和八、勅令二四一）……445
◎関東州臨時資金調整令（昭和一二、勅令六五一）……446
◎関東州ニ於ケル金ノ管理ニ関スル件（昭和一三、勅令六六七）……447
◎改正関東州ニ於ケル金ノ管理ニ関スル件（昭和一四、勅令四一九）……447
◎関東州敵産管理令（昭和一六、勅令一二五一）……447

(四)　貿易・関税

◎帝国ト関東州トノ間ニ通行スル船舶ノ件（明治三九、勅令二三六）……448
◎大連税関ニ於テ適用スル税率（昭和一二、局令一二五）……448
◎大連税関ニ於テ適用スル輸入税ノ税率（昭和一六、局令九四）……448
◎関東州通関業取締規則（昭和一〇、勅令七〇）「抄」……448
◎関東州ニ於ケル輸出入品等ニ関スル臨時措置ニ関スル件（昭和一二、勅令七二七）……449
◎関東州ノ生産ニ係ル物品ノ輸入税率ニ関スル件（明治三九、勅令二六二）……449
◎関東州ノ生産ニ係ル物品ノ輸入税免除等ニ関スル法律（大正一四、法律五一）……450
◎大正十四年法律第五十一号ニ依ル生産品ノ製産原地証明ニ関スル件（大正一四、勅令二三二）……452
◎大正十四年勅令第二百三十二号ニ依ル製産原地証明ニ関スル件（大正一四、庁令三六）……453

三　産業

㈠　農業

◎関東州棉花取締規則（大正一五、庁令五三）……457
◎関東州苹果輸出取締規則（昭和一三、局令六五）……457
◎関東州農会令（昭和一二、勅令四三二）……458

㈡　林業

◎関東州造林奨励規則（明治四一、府令四五）……461
◎林野保護取締規則（大正二、府令一三）……462

㈢　畜産

◎関東州牧野経営奨励規則（昭和一二、局令一三）……462
◎関東州ニ於ケル競馬ニ関スル件（大正一二、勅令三四〇）……463
◎関東州競馬令（昭和一三、勅令三七四）……464

㈣　水産業

◎関東州塩田規則（明治三九、民政署令八）……465
◎関東州水産会令（大正一五、勅令一〇七）……466
◎関東州漁業令（昭和一三、勅令三六三）……468

㈤　鉱業

◎関東州鉱業取締規則（大正二、府令三四）……476
◎関東州鉱業取締規則ニ依ル鉱物ノ種類（大正二、告示一三一）……479

㈥　工業

◎関東州兵器等製造事業特別助成令（昭和一七、勅令五三二）……479

㈦　商業

◎関東州会社等臨時措置令（昭和一九、勅令三五八）……479
◎関東州軍需会社令（昭和二〇、勅令四六九）……480
◎関東州及南満洲鉄道附属地ニ於ケル担保附社債信託ニ関スル件（大正一一、勅令一三）……481

◎朝鮮及台湾ニ工業所有権戦時法施行等ニ関スル件（大正六、勅令一四三）「抄」……535

四　拓殖　移民

◎東洋拓殖株式会社法（明治四一、法律六三）……535
◎鮮満拓殖株式会社令（昭和一一、制令七）……539

法令一財政（歳計、租税「徴収、減免税、地租、家屋税、所得税、臨時利得税、法人資本税、特別法人税」）外貨債特別税

一 財政

(一) 会計

◎関東都督府特別会計法

明治四十年三月二十日法律第十七号

朕帝国議会ノ協賛ヲ経タル関東都督府特別会計法ヲ裁可シ茲ニ之ヲ公布セシム（総理、大蔵、外務大臣副署）

関東都督府特別会計法

第一条 関東都督府ノ会計ハ特別トシ其ノ歳入及一般会計ノ補充金ヲ以テ其ノ歳出ニ充ツ

第二条 関東都督府特別会計ノ収入支出ニ関スル規定ハ勅令ヲ以テ之ヲ定ム

第三条 政府ハ毎年関東都督府特別会計ノ歳入歳出予算ヲ調整シ歳入歳出ノ総予算ト共ニ帝国議会ニ提出スヘシ

附則

本法ハ明治四十年度ヨリ之ヲ施行ス

◎関東都督府及樺太庁特別会計規則

明治四十年三月三十日勅令第八十七号

朕関東都督府及樺太庁特別会計規則ヲ裁可シ茲ニ之ヲ公布セシム（総理、大蔵、内務外務大臣副署）

関東都督府及樺太庁特別会計規則

第一条 歳入歳出予定計算書ハ所管大臣之ヲ調整シ前年度八月三十一日迄ニ大蔵大臣ニ送付スヘシ

第二条 所管大臣ハ関東都督府ニ在リテハ関東都督、樺太庁ニ在リテハ長官ヲ以テ仕払命令官トシ各其ノ特別会計ニ属スル仕払命令ヲ発セシム

関東都督及樺太庁長官ハ部下ノ官吏ニ分任シテ各其ノ特別会計ニ属スル仕払命令ヲ発セシムルコトヲ得

第三条 関東都督及樺太庁長官ハ仕払命令官毎ニ所要ノ費額ヲ定メ仕払計算書ヲ調整シ金庫ニ送付スヘシ仕払計算書ヲ更定シタルトキ亦同シ

第四条 関東都督及樺太庁長官ハ年度内一時収入金額ニ不足ヲ生スルトキハ其ノ不足金額ヲ予定シ所管大臣ヲ経由シテ大蔵大臣ニ仕払元金ノ繰替ヲ請求スヘシ

大蔵大臣ハ前項ノ請求ナキトキハ仕払元金ニ超過シタル仕払命令ノ仕払ヲ停止スルコトアルヘシ

第五条 関東都督及樺太庁長官ハ会計規則第十八条ニ基キ発シタル勅令ニ依リ第一予備金ノ支出ヲ為シタルトキハ其ノ金額理由ヲ示ス所ノ計算書ヲ作リ所管大臣ヲ経由シテ大蔵大臣ニ通知スヘシ

第六条 大蔵大臣第一予備金支出ノ通知ヲ受ケタルトキハ之ヲ会計検査院ニ通知スヘシ

第七条 関東都督及樺太庁長官ハ土地ノ情況ニ依リ会計規則第六十九条、第七十三条及第七十九条ノ期限ヲ短縮シ又ハ第六十九条ノ保証金ヲ免除スルコトヲ得

第八条 歳入歳出ノ決定計算書ハ予定計算書ト同一ノ区分ニ依リ所管大臣之ヲ調整シ翌年度十一月三十日迄ニ大蔵大臣ニ送付スヘシ

第九条　本令ニ規定セサルモノハ総テ会計規則ノ各条項ヲ適用ス

附　則

本令ハ明治四十年四月一日ヨリ之ヲ施行ス

○関東都督府及樺太庁特別会計規則中改正

大正十一年三月二十七日勅令第四十七号

第一条中「八月三十一日」ヲ「九月三十日」ニ改ム

第二条　所管大臣ハ関東庁ニ在リテハ関東長官、樺太ニ在リテハ樺太庁長官ヲ以テ支出官トシ各其ノ特別会計ニ属スル歳出ヲ支出スル為小切手ヲ振出サシム

関東長官及樺太庁長官ハ部下ノ官吏ニ分任シテ各其ノ特別会計ニ属スル歳出ヲ支出スル為小切手ヲ振出サシムルコトヲ得

第三条　関東長官及樺太庁長官ハ毎年度決定ノ予算定額ニ基キ支出官毎ニ所要ノ費額ヲ定メ支払予算ヲ調整シ大蔵大臣及会計検査院ニ送付シ同時ニ其ノ皆日本銀行ニ通知スヘシ支払予算ヲ更定シタルトキ亦同シ

第四条中「関東都督」ヲ「関東長官」ニ、「仕払元金」ヲ「支払元金」ニ、「仕払命令ノ仕払ヲ停止スルコトアルヘシ」ヲ「小切手ノ支払ヲ停止セシムルコトアルヘシ」ニ改ム

第五条中「関東都督」ヲ「関東長官」ニ改ム

第六条ノ二　歳入徴収官ハ毎月徴収報告書ヲ調製シ参照書類ヲ添ヘ之ヲ関東長官又ハ樺太庁長官ニ送付スヘシ

第六条ノ三　関東長官及樺太庁長官ハ徴収報告書ニ依リ毎月徴収総報告書ヲ調製シ参照書類ヲ添ヘ所管大臣ヲ経由シテ其ノ翌月中ニ之ヲ大蔵大臣ニ送付スヘシ

第六条ノ四　支出官ハ毎月支出済額報告書ヲ調製シ之ヲ関東長官又ハ樺太庁長官ニ送付スヘシ

第六条ノ五　関東長官及樺太庁長官ハ支出済額報告書ニ依リ毎月支出総報告書ヲ調製シ支出済額報告書ヲ添ヘ所管大臣ヲ経由シテ其ノ翌月中ニ之ヲ大蔵大臣ニ送付スヘシ

第七条中「関東都督」ヲ「関東長官」ニ、「第六十九条、第七十三条及七十九条ノ期限ヲ短縮シ又ハ第六十九条」ヲ「第九十九条」ニ改ム

第八条中「十一月三十日」ヲ「七月三十一日」ニ改ム

第九条　関東庁及樺太庁ハ歳入簿ヲ備ヘ歳入ノ予算額、調定済額、収入済額、不納欠損額及収入未済額ヲ登記スヘシ

第十条　関東庁及樺太庁ハ歳出簿ヲ備ヘ歳出ノ予算額、予算決定後増加額、支出済額、翌年度繰越額及残額ヲ登記スヘシ

第十一条　本令ニ規定セサルモノハ会計規則ノ定ムル所ニ依ル但シ会計規則第四十二条、第八十五条、第八十八条、第九十二条、第九十七条、第九十八条、第百四条、第百二十五条、第百二十六条、第百二十九条、第百三十四条、第百三十五条第二項、第百三十六条乃至第百三十八条、第百四十四条及第百四十六条中各省大臣又ハ所管大臣トアルハ関東長官又ハ樺太庁長官トス

附　則

本令ハ大正十一年四月一日ヨリ之ヲ施行ス

会計規則第五十条、第五十三条又ハ第七十八条ニ規定スル期限

ニ付テハ大正十年度分ニ限リ四月三十日ヲ五月十五日、五月三十一日ヲ六月十五日トシ同令第百七十条ニ規定スル期限ハ之ヲ六月十五日トス
大正十年度所属歳入歳出金ヲ日本銀行ニ於テ出納スルハ大正十一年六月十五日限トス
大正十年度所属ノ歳入歳出金ノ六月分徴収総報告書及支出総報告書ハ参照書類又ハ支出済額報告書ト共ニ所管大臣ヲ経由シテ大正十一年六月三十日迄ニ之ヲ大蔵大臣ニ送付スヘシ

○関東庁官制等ノ改正ニ際シ憲兵令其ノ他ノ勅令中改正等ノ件（抄）

昭和九年十二月二十六日勅令第三百九十五号

第五十条 関東都督府及樺太庁特別会計規則中左ノ通改正ス
「関東都督府及樺太庁特別会計規則」ヲ「関東局及樺太庁特別会計規則」ニ改ム
第二条第一項中「関東庁ニ在リテハ関東長官」ヲ「関東局ニ在リテハ満洲国駐箚特命全権大使」ニ改ム
第二条第二項、第三条乃至第五条及第六条ノ二乃至第七条中「関東長官」ヲ「大使」ニ改ム
第九条及第十条中「関東庁」ヲ「関東局」ニ改ム
第十一条中「関東長官」ヲ「大使」ニ改ム

附　則

本令ハ公布ノ日ヨリ之ヲ施行ス

◎関東州地方費令

明治四十年三月二十日勅令第四十八号

朕関東州地方費令ヲ裁可シ茲ニ之ヲ公布セシム（総理、外務大臣副署）

関東州地方費令

第一条 関東州地方費ハ地方税其ノ他ノ収入ヲ以テ之ヲ支弁ス
関東州地方費ハ関東都督ノ管理ニ属ス

第二条 地方税ハ左ノ種目ニ従ヒ賦課徴収ス
一　営業税
二　雑種税
営業税及雑種税ノ種類及課率ハ関東都督之ヲ定ム

第三条 営造物又ハ公共ノ用ニ供シタル財産ノ使用ニ付テハ使用料ヲ徴収スルコトヲ得国ニ属スル営造物及財産ニシテ地方費ニ於テ管理スルモノニ在リテモ亦同シ
特ニ一個人ノ為ニスル事務ニ付テハ手数料ヲ徴収スルコトヲ得

第四条 特別ノ必要アルトキハ夫役及現品ヲ賦課スルコトヲ得
但シ学芸、美術及手工ニ関スル労役ヲ課スルコトヲ得ス

第五条 地方費ヲ以テ支弁スル事業ニ関シ金穀、物件又ハ労力ノ寄附ヲ受ケタルトキハ寄附者ノ指定シタル条件ニ従ヒ之ヲ使用スヘシ

第六条 地方費ニ於テ支弁スヘキ費目左ノ如シ
一　会計事務費
二　教育費
三　衛生費

四　勧業費
五　営繕土木費
六　教育費
七　営造物費
八　地方費取扱費
公益上必要アル場合ニ於テハ寄附又ハ補助ヲ有スルコトヲ得

第七条　地方費ノ予算及決算ハ関東都督之ヲ主務大臣ニ報告シ且其ノ要領ヲ告示スヘシ

第八条　本令施行ノ為必要ナル規程ハ関東都督之ヲ定ム

附　則

本令ハ明治四十年四月一日ヨリ之ヲ施行ス

◎関東庁官制等ノ改正ニ際シ憲兵令其ノ他ノ勅令中改正等ノ件（抄）

昭和九年十二月二十六日勅令第三百九十五号

第四十一条　関東州地方費令中左ノ通改正ス
第一条第二項中「関東都督」ヲ「満洲国駐箚特命全権大使」ニ改ム
第二条第二項、第七条及第八条中「関東都督」ヲ「大使」ニ改ム

附　則

本令ハ公布ノ日ヨリ之ヲ施行ス

◎関東都督府ニ於ケル収入印紙ニ関スル件

明治四十年十二月五日勅令第三百四十二号

朕関東都督府ニ於ケル収入印紙ニ関スル件ヲ裁可シ茲ニ之ヲ公布セシム（総理、外務大臣副署）

関東都督府ニ於テ賣捌クヘキ収入印紙ノ賣下ニ関スル規則及収入印紙ヲ以テ納付スルコトヲ得ル手数料ノ種目ハ関東都督之ヲ定ム

附　則

本令ハ公布ノ日ヨリ之ヲ施行ス

◎関東都督府ニ於ケル租税其ノ他ノ歳入ニ関スル規定中改正ノ件

明治四十年三月三十日勅令第八十六号

朕関東都督府ニ於ケル租税其ノ他ノ歳入ニ関スル規定中改正ノ件ヲ裁可シ茲ニ之ヲ公布セシム（総理、大蔵、外務大臣副署）

関東都督府ニ於ケル租税其ノ他ノ歳入ニ関スル規定中銀ヲ金ニ改ム

附　則

本令ハ明治四十年四月一日ヨリ之ヲ施行ス

○関東庁官制等ノ改正ニ際シ憲兵令其ノ他ノ勅令中改正等ノ件（抄）

昭和九年十二月二十六日勅令第三百九十五号

第九十六条　左ノ勅令第八十六号

明治四十年勅令第八十六号

附　則

本令ハ公布ノ日ヨリ之ヲ施行ス

◎関東州及満洲ニ於ケル陸軍召集諸費支弁方ニ関スル件

昭和三年七月二十三日勅令第百六十一号

朕関東州及満洲ニ於ケル陸軍召集諸費支弁方ニ関スル件ヲ裁可シ茲ニ之ヲ公布セシム（総理、外務大臣副署）

第一条　陸軍召集旅費ハ応召員召集部隊ニ到着後該部隊ニ於テ支給ス但シ集合場ヨリ直ニ帰郷セシムル者ニ在リテハ該集合場ニ於テ支給ス

第二条　関東州ニ居在スル者ニシテ前金払ヲ為スニ非ザレバ召集ニ応ズルコト能ハザル者ノ召集旅費ハ現住地ヲ管轄スル民政署又ハ民政支署ニ於テ地方費ヲ以テ繰替支給スベシ

第三条　満洲ニ居在スル者ニシテ前金払ヲ為スニ非ザレバ召集ニ応ズルコト能ハザル者ノ召集旅費ハ関東庁警察署又ハ総領事館若ハ領事館（総領事館分館及出張所並ニ領事館分館及出張所ヲ含ム以下之ニ同ジ）ノ出納官吏ニ於テ其ノ保管ニ係ル前渡ノ資金ヲ以テ繰替支給スルコトヲ得但シ総領事館又ハ領事館ノ出納官吏ニ於テ繰替支給スルハ充員召集、臨時召集及国民兵召集ノ場合ニ限ル

第四条　前二条ノ繰替支弁金ノ払戻ニ関スル手続ハ陸軍大臣之ヲ定ム

附　則

本令ハ公布ノ日ヨリ之ヲ施行ス

○関東庁官制等ノ改正ニ際シ憲兵令其ノ他ノ勅令中改正等ノ件（抄）

昭和九年十二月二十六日勅令第三百九十五号

第五十六号　昭和三年勅令第百六十一号中左ノ通改正ス

第二条中「又ハ民政支署」ヲ削ル

第三条中「関東庁警察署」ヲ「関東局警察署」ニ改ム

附　則

本令ハ公布ノ日ヨリ之ヲ施行ス

○昭和三年勅令第百六十一号中改正

昭和十二年十二月二十七日勅令第七百四十六号

第二条中「民政署」ノ下ニ「（大連市ノ区域ニ在リテハ関東州庁）」ヲ加フ

第三条　満洲国ニ居住スル者ニシテ前金払ヲ為スニ非ザレバ召集ニ応ズルコト能ハザルモノノ召集旅費ハ充員召集、臨時召集

及国民兵召集ノ場合ニ限リ総領事館又ハ領事館（総領事館分館及出張所並ニ領事館分館及出張所ヲ含ム）ノ出納官吏ニ於テ其ノ保管ニ係ル前渡ノ資金ヲ以テ繰替支給スルコトヲ得

附　則

本令ハ公布ノ日ヨリ之ヲ施行ス

○昭和三年勅令第百六十一号中改正

昭和十四年四月二十六日勅令第二百四十八号

第二条中「民政署（大連市ノ区域ニ在リテハ関東州庁）」ヲ「市又ハ民政署」ニ改ム

附　則

本令ハ昭和十四年五月一日ヨリ之ヲ施行ス

○昭和三年勅令第百六十一号改正

昭和十五年十月十六日勅令第六百七十二号

第二条中「市又ハ民政署」ヲ「警察署」ニ改メ同条ニ左ノ一項ヲ加フ

　前項ノ繰替支弁金ノ払戻ニ関スル手続ハ陸軍大臣之ヲ定ム

第三条　満洲国ニ居住スル者ニシテ前金払ヲ為スニ非ザレバ召集ニ応ズルコト能ハザルモノノ召集旅費及召集雑費ハ充員召集、臨時召集及国民兵召集ノ場合ニ限リ大使館兵事員ニ於テ満洲国ノ法令ニ依ル立替金ヲ以テ立替支弁スルコトヲ得

前項ノ立替支弁及之ガ請求ニ関スル規程ハ満洲国駐箚特命全権大使関東軍司令官ニ協議シテ之ヲ定ム

第四条ヲ削ル

附　則

本令ハ公布ノ日ヨリ之ヲ施行ス

○昭和三年勅令第百六十一号中改正（抄）

昭和十七年四月二十二日勅令第四百四十四号

第二条第一項中「居在」ヲ「居住」ニ改メ同条第二項ヲ削ル

第三条第一項中「、臨時召集及国民兵召集」ヲ「及臨時召集」ニ改ム

第四条及び第五条省略（関東州及び満洲に関係ない）

第六条　第二条及第四条ノ繰替支弁金ノ払戻ニ関スル手続ハ陸軍大臣之ヲ定ム

附　則

本令ハ公布ノ日ヨリ之ヲ施行ス

○朝鮮台湾関東州又ハ南洋群島ニ居住スル者ノ徴兵旅費ニ関スル件

昭和十六年五月十日勅令第五百四十八号

改正　昭和一八年勅令第一五六号

朕大正五年勅令第十四号朝鮮台湾関東州又ハ樺太ニ居住スル者ノ徴兵旅費ニ関スル件改正ノ件ヲ裁可シ茲ニ之ヲ公布セシム

（総理、内務、拓務大臣副署）

第一条　朝鮮、台湾、関東州又ハ南洋群島ニ居住スル者ニ支給スル徴兵旅費ハ夫々朝鮮総督、台湾総督、満洲国駐箚特命全権大使又ハ南洋庁長官ニ於テ地方費又ハ地方公共団体ノ経費ヲ以テ一時之ヲ繰替支弁セシムルコトヲ得

第二条　満洲国ニ居住スル者ニ支給スル徴兵旅費ハ大使館兵事員ニ於テ満洲国ノ法令ニ依ル立替金ヲ以テ立替支弁スルコトヲ得

附　則

本令ハ公布ノ日ヨリ之ヲ施行ス

(二)　国有財産

◎関東州国有財産令

昭和十二年三月三十一日勅令第四十八号

改正　昭和一二年第六八五号、十七年第七二四号

朕関東州国有財産令ヲ裁可シ茲ニ之ヲ公布セシム（総理、大蔵大臣副署）

関東州国有財産令

第一条　関東州ニ於ケル国有財産ニ関シテハ本令ニ定ムルモノヲ除クノ外国有財産法、国有財産法施行令及昭和二年法律第一号ニ依ル但シ国有財産法第十三条及第二十四条並ニ国有財産法施行令第二条、第四条乃至第六条、第十四条、第十九条、第二十八条及第二十九条ノ規定ハ此ノ限ニ在ラズ

第二条　関東局ニ属スル国有財産ニ関スル事務ハ満洲国駐箚特命全権大使之ヲ管理スベシ

第三条　各省大臣公用財産ノ用途ヲ廃止セントスルトキハ予メ之ヲ大使及大蔵大臣ニ通知シ特ニ大使ト協定シタルモノヲ除クノ外用途廃止後遅滞ナク之ヲ大使ニ引継グベシ但シ其ノ用途廃止ト同時ニ国有財産タルノ性質ヲ失ウモノニ付テハ此ノ限ニ在ラズ

大使前項ノ規定ニ依リ引継ヲ受ケタルトキハ遅滞ナク之ヲ大蔵大臣ニ通知スベシ

第四条　前条ノ規定ニ依リ引継ヲ受ケタル財産又ハ之ト交換シタル財産ハ国有財産整理資金ノ為大使之ヲ管理スベシ但シ大使大蔵大臣ト協定シタルモノニ付テハ此ノ限ニ在ラズ

第五条　大使各省大臣ノ管理ニ属スル国有財産ノ管理換ヲ受ケントスルトキハ所管大臣及大蔵大臣ニ協議スベシ

各省大臣大使ノ管理ニ属スル国有財産ノ管理換ヲ受ケントスルトキハ大使及大蔵大臣ニ協議スベシ

第六条　大使国有財産整理資金ノ為管理スル雑種財産ヲ公用財産若ハ営林財産ト為サントスルトキ又ハ譲与、交換若ハ無償ニテ貸付セントスルトキハ大蔵大臣ニ協議スベシ

第七条　雑種財産ハ営利ヲ目的トセザル公共ノ利益ト為ルベキ事業ニ供スル為必要アルトキハ国有財産法第五条ノ規定ニ拘ラズ之ヲ当該事業者ニ譲与スルコトヲ得

第八条　国有財産ニ付境界ノ分明ナラザルモノアル場合ニ於テ当該官庁必要ト認メタルトキ又ハ隣接地所有者ノ申請アリタルトキハ当該官庁ハ其ノ境界査定ヲ税務署長又ハ民政署長ニ委嘱スベシ

前項ニ規定スル委嘱アリタルトキハ税務署長又ハ民政署長ハ

其ノ境界査定ヲ施行スベシ

国有財産法施行令第十五条乃至第十八条中当該官庁トアルハ前項ノ規定ニ依リ境界査定ヲ施行スベキ税務署長又ハ民政署長トス

第九条 国有財産法第十二条ノ公告ハ関東局局報ヲ以テ之ヲ為シ且関係アル市長又ハ会長ヲシテ掲示其ノ他ノ方法ニ依リ之ヲ為サシムベシ

第十条 隣接地所有者其ノ他境界査定ニ対シ不服アル者ハ大使ノ定ムル所ニ依リ其ノ裁定ヲ求ムルコトヲ得

第十一条 大使ハ其ノ管理ニ属スル国有財産ニ付毎会計年度間ニ於ケル国有財産増減報告書ヲ調整シ翌年度七月三十一日迄ニ之ヲ大東亜大臣ニ送付スベシ

大使ハ其ノ管理ニ属スル国有財産ニ付毎五年三月三十一日現在ニ於ケル国有財産現在額報告書ヲ調製シ其ノ年八月三十一日迄ニ之ヲ大東亜大臣ニ送付スベシ

第十二条 国有財産法施行令第三十八条ニ規定スル事項ハ大使ノ管理ニ属スル国有財産ニ付テハ大使大蔵大臣ニ協議シテ之ヲ定ム

第十三条 国有財産法第三条ノ規定ハ関東局ニ属スル国有財産ニ付之ヲ適用セズ

国有財産法施行令第三条、第八条但書及第三十八条ノ規定ハ大使ノ管理ニ属スル国有財産ニ付之ヲ適用セズ

第十四条 大使ノ管理ニ属スル国有財産ニ付テハ国有財産法第六条中法律トアルハ勅令、国有財産法施行令第一条中所管大臣又ハ第三十五条中各省大臣トアルハ大使、同令第三十条中所管ノ各省又ハ各省トアルハ関東局トス

附　則

第十五条 本令ハ昭和十二年四月一日ヨリ之ヲ施行ス

第十六条 本令施行ノ際ニ於ケル各省所管ノ雑種財産ハ第三条ノ規定ニ準ジ本令施行ノ日ノ現在ニ依リ大使ニ引継グベシ

第十七条 塩田、造林又ハ牧野経営ニ関シ大使ノ定メタル命令中国有財産ノ無償貸付又ハ無償使用ニ関スル規定ニシテ本令施行ノ際現ニ存スルモノハ本令ニ拘ラズ当分ノ内仍其ノ効力ヲ有ス

第十八条 雑種財産ハ国有財産法第七条第一項ノ規定ニ依ル場合ヲ除クノ外当分ノ内土地及土地ノ定着物ニ限リ帝室用又ハ国、公共団体若ハ私人ニ於テ公共用、公用若ハ公益事業ニ供スル為必要アルトキハ之ヲ他ノ土地及土地ノ定着物ト交換ヲ為スコトヲ得

国有財産法第七条第二項ノ規定ハ前項ノ場合ニ付之ヲ準用ス

第十九条 本令施行前国有財産ノ使用又ハ貸付ニ関シ為シタル処分又ハ契約ニシテ本令施行ノ際現ニ其ノ効力ヲ有スルモノニ付テハ仍従前ノ例ニ依ル

第二十条 国有財産ノ増減異動ニシテ本令施行前ニ係ルモノノ報告ニ付テハ仍従前ノ例ニ依ル

第二十一条 本令施行ノ際国有財産ノ台帳ニ登録スベキ土地及立木ノ価格ハ其ノ購入、交換又ハ収用ニ係ルモノト雖モ爾後二年ヲ経過シタルモノニ付テハ国有財産法施行令第三十二条第一号又ハ第二号ノ規定ニ依リ算定シタル金額ニ依ル

第二十二条 国有財産現在額報告書ノ第一回分ハ昭和十二年三

月三十一日ノ現在ニ依リ之ヲ調製スベシ

(三) 租税・専売

◎関東都督府ニ於ケル租税其ノ他ノ公課ノ徴収ニ関スル件

明治四十年三月二十六日勅令第五十六号

朕関東都督府ニ於ケル租税其ノ他ノ公課ノ徴収ニ関スル件ヲ裁可シ茲ニ之ヲ公布セシム（総理、外務大臣副署）

関東都督府ニ於ケル租税其ノ他ノ公課ノ徴収ニ関シテハ国税徴収法ノ規定ヲ準用ス

本令施行ニ必要ナル事項ハ関東都督之ヲ定ム

附　則

本令ハ明治四十年四月一日ヨリ之ヲ施行ス

◎関東庁官制等ノ改正ニ際シ憲兵令其ノ他ノ勅令中改正等ノ件（抄）

昭和九年十二月二十六日勅令第三百九十五号

第六十二条　明治四十年勅令第五十六号中左ノ通改正ス

「関東都督府」ヲ「関東局」ニ、「関東都督」ヲ「満洲国駐箚特命全権大使」ニ改ム

附　則

本令ハ公布ノ日ヨリ之ヲ施行ス

◎関東州納税施設令

昭和十九年一月二十八日勅令第五十四号

朕関東州納税施設令ヲ裁可シ茲ニ之ヲ公布セシム（総理、大東亜大臣副署）

関東州納税施設令

第一章　納税組合

第一条　本令ニ於テ納税組合トハ組合員ノ満洲国駐箚特命全権大使ノ定ムル租税公課ノ納付ヲ容易確実ナラシムル為当該租税公課ノ納付又ハ其ノ納付資金（納税資金ト称ス以下同ジ）ノ管理及当該租税公課ノ納付ニ関シ必要ナル事業ヲ行フ組合ヲ謂フ

第二条　納税組合ヲ組織シタルトキハ其ノ組合ノ代表者ハ大使ノ定ムル所ニ依リ規約ヲ税務署長、民政署長又ハ市長ニ届出ヅベシ規約ヲ変更シタルトキ亦同ジ

第三条　納税組合ノ管理スル納税資金ハ納税準備預金又ハ郵便貯金ヲ以テ之ヲ保有スベシ

第四条　納税組合ノ代表者ハ其ノ事業ニ関スル帳簿ヲ備ヘ大使ノ定ムル事項ヲ之ニ記載スベシ

第五条　政府ハ予算ノ範囲内ニ於テ納税組合ニ補助金又ハ奨励金ヲ交付スルコトヲ得

第六条　税務署長、民政署長若ハ此等ノ代理官又ハ市長必要アリト認ムルトキハ大使ノ定ムル所ニ依リ納税組合ノ代表者ニ対シ其ノ事業ニ関シ質問ヲ為シ若ハ報告ヲ為サシメ又ハ帳簿書類其ノ他ノ物件ヲ検査スルコトヲ得

税務署長、民政署長又ハ市長必要アリト認ムルトキハ大使ノ定ムル所ニ依リ納税組合ノ代表者ニ対シ規約ノ変更其ノ他監督上

必要ナル命令ヲ為スコトヲ得

第二章　法人納税積立金

第七条　法人ハ毎事業年度ノ利益金又ハ剰余金ノ処分ニ当リ第一種ノ所得ニ対スル所得税其ノ他大使ノ定ムル租税ニ付大使ノ定ムル所ニ依リ納税積立金ヲ積立ツベシ

納税積立金ハ当該事業年度分ノ前項ニ規定スル租税ノ納付ニ充ツル場合ヲ除クノ外之ヲ使用スルコトヲ得ズ但シ大使ノ定ムル所ニ依リ税務署長若ハ民政署長ノ承認アリタル場合又ハ納税積立金ガ前項ニ規定スル租税ノ額ヲ超過スル場合ニ於ケル其ノ超過額ニ付テハ此ノ限ニ在ラズ

第八条　納税積立金ハ大使ノ定ムル所ニ依リ納税準備預金ヲ以テ之ヲ保有スベシ

納税積立金中納税準備預金ヲ以テ保有スベキ割合ハ大使之ヲ定ム

第九条　税務署長又ハ民政署長ハ大使ノ定ムル所ニ依リ前条ノ規定ニ依ル義務ノ全部又ハ一部ヲ免除スルコトヲ得

第三章　納税準備預金

第十条　本令ニ於テ納税準備預金トハ大使ノ定ムル租税公課ノ納付ニ充ツル為大使ノ定ムル金融機関（指定金融機関ト称ス以下同ジ）ニ預ケ入レタル預金ヲ謂フ

第十一条　指定金融機関ハ他ノ法令ニ拘ラズ納税準備預金ヲ受入ルルコトヲ得

第十二条　納税準備預金ハ第十条ニ規定スル租税公課ニ充ツル場合其ノ他大使ノ定ムル場合ヲ除クノ外之ヲ引出スコトヲ得ズ

第十三条　納税準備預金ヲ引出シ第十条ニ規定スル租税公課ノ納付ニ充テントスルトキハ納税告知書其ノ他納付ニ必要ナル書類ヲ指定金融機関ニ提出シ租税公課ノ納付ヲ委託スベシ

指定金融機関ハ正当ノ事由ナクシテ前項ノ委託ヲ拒ムコトヲ得ズ

第十四条　納税準備預金ハ之ヲ譲渡スルコトヲ得ズ

第十五条　納税準備預金ハ大使ノ定ムル場合ヲ除クノ外之ヲ差押フルコトヲ得ズ

第十六条　納税準備預金ノ利子ニ付テハ大使ノ定ムル所ニ依リ第二種甲ノ所得ニ対スル所得税ヲ免除ス

第四章　雑則

第十七条　左ノ場合ニ於テハ法人ノ代表者ヲ千円以下ノ過料ニ処ス

一　第七条ノ規定ニ違反シ納税積立金ヲ積立テズ又ハ納税積立金ヲ使用シタルトキ

二　第八条ノ規定ニ違反シ納税積立金ヲ納税準備預金ヲ以テ保有セザルトキ

第十八条　左ノ場合ニ於テハ納税組合ノ代表者ヲ三百円以下ノ過料ニ処ス

一　第三条ノ規定ニ違反シ納税資金ヲ納税準備預金又ハ郵便貯金ヲ以テ保有セザルトキ

二　第六条第二項ノ規定ニ依ル命令ニ違反シタルトキ

第十九条　左ノ場合ニ於テハ納税組合ノ代表者ヲ百円以下ノ過料ニ処ス

一　本令ニ依ル届出ヲ為サザルトキ

二　第四条ノ規定ニ依ル帳簿ノ記載ヲ為サズ又ハ虚偽ノ記載

ヲ為シタルトキ

三　第六条第一項ノ規定ニ依ル税務署長、民政署長若ハ此等ノ代理官又ハ市長ノ質問ニ対シ答弁ヲ為サズ又ハ虚偽ノ陳述ヲ為シタルトキ

四　第六条第一項ノ規定ニ違反シ報告ヲ為サズ若ハ虚偽ノ報告ヲ為シ又ハ帳簿書類其ノ他ノ物件ノ検査ヲ拒ミ、妨ゲ若ハ忌避シタルトキ

第二十条　本令ニ規定スルモノノ外納税組合、法人納税積立金及納税準備預金ニ関シ必要ナル事項ハ大使之ヲ定ム

附　則

本令施行ノ期日ハ大使之ヲ定ム

法人納税積立金ニ付テハ昭和十九年七月一日以後終了スル事業年度分ヨリ之ヲ適用ス

本令施行ノ際現ニ第一条ニ規定スル事業ヲ行フ組合ノ代表者ハ本令施行ノ日ヨリ一月以内ニ大使ノ定ムル所ニ依リ規約ヲ税務署長、民政署長又ハ市長ニ届出ヅベシ

○関東州所得税令外十一勅令中改正等ノ件

昭和二十年三月二十八日勅令第百四十九号

第十一条　関東州納税施設令中左ノ通改正ス

第一章中第六条ノ次ニ左ノ三条ヲ加フ

第六条ノ二　政府ハ納税組合ノ管理スル納税資金又ハ納税組合ニ対シ国税ノ納付ヲ委託シテ交付シタル金銭等ガ亡失シタル為被害ヲ受ケタル組合員ニ対シ大使ノ定ムル所ニ依リ国税ヲ軽減又ハ免除スルコトヲ得

組合員前項ノ規定ニ依リ国税ノ軽減又ハ免除ヲ受ケタルトキハ当該組合員ガ前項ノ管理ニ関シ又ハ前項ノ委託ニ基キ有スル権利ハ軽減又ハ免除ヲ受ケタル国税額ノ限度ニ於テ消滅ス

第一項ノ規定ニ依リ軽減又ハ免除セラルル国税ハ法令上ノ納税資格要件ニ関シテハ軽減又ハ免除セラレザルモノト看做ス

第六条ノ三　政府ハ前条第一項ノ規定ニ依リ国税ヲ軽減又ハ免除シタル場合ニ於テ同項ニ規定スル亡失ガ納税組合ノ役員、使用人等ノ故意又ハ過失ニ因ルト認メラルルトキハ関東州納税資金亡失責任審査委員会ノ諮問ヲ経テ此等ノ者ニ対シ軽減又ハ免除シタル国税額ノ全部又ハ一部ニ相当スル金額ノ賠償ヲ命ズルコトヲ得

前項ノ賠償金ノ徴収ニ付テハ国税徴収ノ例ニ依ル

第一項ノ規定ニ依リ賠償ヲ命ゼラレタル者其ノ命令ニ付不服アルトキハ大使ノ定ムル所ニ依リ政府ニ異議ノ申立ヲ為スコトヲ得

関東州納税資金亡失責任審査委員会ニ関スル規程ハ大使之ヲ定ム

第六条ノ四　第六条ノ二並ニ前条第一項及第二項ノ規定ハ関東州地方費令第二条ニ規定スル営業税及市、会其ノ他大使ノ定ムル公共団体ノ租税公課ニ付之ヲ準用ス此ノ場合ニ於テ政府トアルハ関東州地方費又ハ市、会其ノ他大使ノ定ム

ル公共団体トシ関東州納税資金亡失責任審査委員会ノ諮問トアルハ関東州地方費ニ在リテハ関東州納税資金亡失責任審査委員会ノ諮問、市、会其ノ他大使ノ定ムル公共団体ニ在リテハ市参事会、協議会其ノ他之ニ準ズルモノノ議決又ハ諮問トス

前項ニ於テ準用スル前条第一項ノ規定ニ依リ賠償ヲ命ゼラレタル者其ノ処分ニ付不服アルトキハ大使ノ定ムル所ニ依リ関東州地方費ニ対スル賠償ニ在リテハ大使ニ、市、会其ノ他大使ノ定ムル公共団体ニ対スル賠償ニ在リテハ関東州庁長官ニ異議ノ申立ヲ為スコトヲ得

附　則

第十四条　本令ハ昭和二十年四月一日ヨリ之ヲ施行ス

◎関東州ニ於ケル日満国税徴収事務共助ニ関スル件

昭和十三年五月十八日
勅令第三百五十四号

朕関東州ニ於ケル日満国税徴収事務共助ニ関スル件ヲ裁可シ茲ニ之ヲ公布セシム（総理大臣副署）

関東州ニ於ケル日満国税徴収事務共助ニ関シテハ日満国税徴収事務共助法第四条ノ規定ヲ除クノ外同法ニ依ル

附　則

本令ハ昭和十三年五月二十日ヨリ之ヲ施行ス

◎関東州ニ於ケル所得税等ノ日満二重課税防止ニ関スル件

昭和十七年十二月二十九日
勅令第八百五十四号

朕関東州ニ於ケル所得税等ノ日満二重課税防止ニ関スル件ヲ裁可シ茲ニ之ヲ公布セシム（総理、大東亜大臣副署）

政府ハ所得税其ノ他ノ内国税ニ付満洲国ニ於ケル内国税トノ間ニ於ケル課税ノ重複ヲ避クル為必要アリト認ムルトキハ満洲国駐箚特命全権大使ノ定ムル所ニ依リ之ヲ軽減若ハ免除シ又ハ其ノ課税標準ノ計算ニ関スル特例ヲ設クルコトヲ得

附　則

本令ハ公布ノ日ヨリ之ヲ施行ス

◎関東州ヨリ輸出スル物品ニ対スル内国税免除又ハ交付金交付ノ停止等ニ関スル件

昭和十八年三月三十一日
勅令第三百四十号

朕関東州ヨリ輸出スル物品ニ対スル内国税免除又ハ交付金交付ノ停止等ニ関スル件ヲ裁可シ茲ニ之ヲ公布セシム（総理、大東亜大臣副署）

第一条　酒類、煙草、揮発油、清涼飲料、骨牌、関東州大東亜戦争特別税令第三十五条第一項ニ掲グル物品又ハ関東州広告税令第一条第二種第三号ニ掲グル広告ニシテ輸出スルモノニ付関東州酒税令、関東州煙草税令、関東州揮発油税令、関東

州清涼飲料税令、関東州骨牌税令、関東州大東亜戦争特別税令又ハ関東州広告税令ニ規定スル内国税ノ免除又ハ交付金ノ交付ニ関スル規定ハ当分ノ内之ヲ適用セズ但シ満洲国駐箚特命全権大使ノ定ムルモノニ付テハ此ノ限ニ在ラズ

第二条 前条ニ掲グル物品ニシテ大使ノ定ムル地域ヨリ輸入スルモノニ付テハ大使ノ定ムル所ニ依リ前条ニ掲グル税令ニ依リ課スベキ租税ヲ軽減又ハ免除ス

附　則

本令ハ昭和十八年四月一日ヨリ之ヲ施行ス

昭和十八年三月三十一日以前ニ輸出シタル酒類、煙草、揮発油、清涼飲料、骨牌、関東州大東亜戦争特別税令第三十五条第一項ニ掲グル物品及関東州広告税令第一条第二種第三号ニ掲グル広告ニ付テハ仍従前ノ例ニ依ル

○関東州所得税令外十一勅令中改正等ノ件（抄）

昭和二十年三月二十八日勅令第百四十九号

第十二条 昭和十八年勅令第三百四十号中左ノ通改正ス

第一条中「煙草、」ノ下ニ「セメント、麦粉、」ヲ、「関東州煙草税令、」ノ下ニ「関東州セメント税令、関東州麦粉税令、」ヲ加フ

附　則

第十四条 本令ハ昭和二十年四月一日ヨリ之ヲ施行ス

◎支那事変ノ為従軍シタル軍人及軍属ニ対スル関東州及南満洲鉄道附属地ニ於ケル租税ノ減免、徴収猶予等ニ関スル件

昭和十二年十月二日勅令第五百七十二号

朕支那事変ノ為従軍シタル軍人及軍属ニ対スル関東州及南満洲鉄道附属地ニ於ケル租税ノ減免、徴収猶予等ニ関スル件ヲ裁可シ茲ニ之ヲ公布セシム（総理大臣副署）

第一条 満洲国駐箚特命全権大使ハ其ノ定ムル所ニ依リ支那事変ノ為従軍シタル軍人及軍属ノ納付スル昭和十二年以降ノ分ノ第三種所得税及南満洲鉄道附属地ニ於ケル営業税ヲ軽減又ハ免除スルコトヲ得

第二条 大使ハ其ノ定ムル所ニ依リ支那事変ノ為従軍シタル軍人及軍属ノ昭和十三年以降ノ分ノ第三種所得税ニ付課税標準ノ決定ニ関スル特例ヲ設クルコトヲ得

第三条 大使ハ其ノ定ムル所ニ依リ支那事変ノ為従軍シタル軍人及軍属ノ本令施行後ニ於テ納付スベキ租税ノ徴収ヲ猶予スルコトヲ得

第四条 前三条ノ規定ハ同居ノ戸主又ハ家族中ニ支那事変ノ為従軍シタル軍人及軍属アル者ノ租税ニ付之ヲ準用ス

第五条 第一条又ハ前条ノ規定ニ依リ軽減又ハ免除セラルル租税ハ法令上ノ納税資格要件ニ関シテハ軽減又ハ免除セラレザルモノト看做ス

前項ノ規定ハ地方税ニシテ支那事変ノ為従軍シタルニ因リ軽減又ハ免除セラルルモノニ付之ヲ準用ス

附　則

本令ハ公布ノ日ヨリ之ヲ施行ス

○昭和十二年勅令第六百八十五号（抄）

昭和十二年十二月一日勅令第六百八十五号

第三十五条　昭和十二年勅令第五百七十二号中左ノ通改正ス

第一条中「及南満洲鉄道附属地ニ於ケル営業税」ヲ削ル

○昭和十三年勅令第二百八十八号附則

昭和十三年四月二十七日勅令第二百八十八号

第三項

昭和十二年勅令第五百七十二号第一条中「第三種所得税」ノ下ニ「及同十三年以降ノ分ノ地租」ヲ加フ

○昭和十二年勅令第五百七十二号中改正

昭和十七年三月二十八日勅令第二百六十二号

「支那事変」ヲ「大東亜戦争」ニ改ム

附　則

本令ハ公布ノ日ヨリ之ヲ施行ス

◎関東州戦時災害国税減免令

昭和十七年三月二十八日勅令第二百六十一号

朕関東州戦時災害国税減免令ヲ裁可シ茲ニ之ヲ公布セシム

（総理大臣副署）

関東州戦時災害国税減免令

第一条　政府ハ戦時災害（戦争ノ際ニ於ケル戦闘行為又ハ之ニ起因シテ生ズル災害ヲ謂フ以下同ジ）ニ因ル被害者ノ納付スベキ国税及戦時災害ニ因ル被害物件ニ対シ課セラルベキ国税ニ付満洲国駐箚特命全権大使ノ定ムル所ニ依リ之ヲ軽減又ハ免除スルコトヲ得

第二条　政府ハ戦時災害ニ因ル被害者ノ納付スベキ国税ニ付大使ノ定ムル所ニ依リ課税標準ノ計算ニ関スル特例ヲ設クルコトヲ得

第三条　政府ハ戦時災害アリタル地方ニ於テ納付スベキ国税並ニ戦時災害ニ因ル被害者ノ納付スベキ国税及戦時災害ニ因ル被害物件ニ対シ課セラルベキ国税ニ付大使ノ定ムル所ニ依リ課税ニ関スル申告及申請並ニ納期ニ関スル特例ヲ設クルコトヲ得

第四条　政府ハ戦時災害アリタル地方ニ於テ納付スベキ国税並ニ戦時災害ニ因ル被害者ノ納付スベキ国税及戦時災害ニ因ル被害物件ニ対シ課セラルベキ国税ニ付大使ノ定ムル所ニ依リ其ノ徴収ヲ猶予スルコトヲ得

附　則

本令ハ公布ノ日ヨリ之ヲ施行ス

○関東州所得税令外十一勅令中改正等ノ件

昭和二十年三月二十八日勅令第百四十九号

第十条 関東州戦時災害国税減免令中左ノ通改正ス

第二条 政府ハ戦時災害アリタル地方ニ於テ納付スベキ国税及戦時災害ニ因ル被害者ノ納付スベキ国税ニ付大使ノ定ムル所ニ依リ課税標準ノ計算、調査及決定ニ関スル特例ヲ設クルコトヲ得

政府ハ戦時災害アリタル地方ニ於ケル所得調査委員会ニ関シ大使ノ定ムル所ニ依リ特例ヲ設クルコトヲ得

第三条中「申請」ノ下ニ「(審査ノ請求及異議ノ申告ヲ含ム)」ヲ加ヘ同条ニ左ノ一項ヲ加フ

政府ハ戦時災害アリタル地方ニ於テ為シ又ハ戦時災害ニ因ル被害者ノ為スベキ国税ニ関スル支払調書、計算書其ノ他大使ノ定ムル書類ノ提出ニ付大使ノ定ムル所ニ依リ特例ヲ設クルコトヲ得

附　則

第十四条 本令ハ昭和二十年四月一日ヨリ之ヲ施行ス

◎関東州地租令

昭和十三年四月十六日勅令第二百五十二号

朕関東州地租令ヲ裁可シ玆ニ之ヲ公布セシム(総理大臣副署)

関東州地租令

第一条 関東州ニ於ケル土地ノ地目ハ其ノ種類ニ従ヒ左ノ如ク区別ス

一　田、畑、宅地、雑種地

二　塩田、池沼、林野

三　社寺地、墓地、鉄道用地、水道用地、溜池

四　軍用地、道路、河川、溝渠、堤防、鉄道線路、水道線路

第二条 前条第一号ニ掲グル土地ニハ本令ニ依リ地租ヲ課ス但シ有料借地ニ非ザル土地ニシテ左ノ各号ノ一ニ該当スルモノニハ地租ヲ課セズ

一　国又ハ満洲国駐箚特命全権大使ノ指定スル公共団体ニ於テ公用又ハ公共ノ用ニ供スルモノ

二　学校用地ニシテ大使ノ指定スルモノ

第三条 土地ニハ一筆毎ニ地番ヲ付シ其ノ地目、地積及地価(地租ヲ課セザル土地ニ付テハ地価ヲ除ク)ヲ定ム

第四条 税務署及民政署ニ土地台帳及地籍図ヲ備フ

土地台帳ニハ左ノ事項ヲ登録ス

一　土地ノ所在

二　地番

三　地目

四　地積

五　地価
六　所有者ノ住所及氏名又ハ名称
七　質権又ハ五十年ヨリ長キ存続期間ノ定アル地上権ノ目的タル土地ニ付テハ其ノ質権者又ハ地上権者ノ住所及氏名又ハ名称

本令ニ定ムルモノノ外土地台帳及地籍図ニ関シ必要ナル事項ハ大使之ヲ定ム

第五条　地租ノ課税標準ハ土地台帳ニ登録シタル地価トス

地価ハ土地ノ収益其ノ他ノ事項ヲ査案シ其ノ土地ノ状況ニ応ジテ之ヲ定ム

第六条　地租ヲ課セザル土地ガ地租ヲ課スル土地ト為リタルトキハ地価ヲ設定ス

地租ヲ課スル土地ガ地租ヲ課スル他ノ地目ノ土地ト為リタルトキハ地価ヲ修正ス但シ第十四条ノ規定ニ依リ地価ノ据置ヲ為スモノニ付テハ此ノ限ニ在ラズ

第七条　地租ノ税率ハ地価ノ千分ノ十トス

第八条　地租ハ毎年左ノ納期ニ於テ之ヲ徴収ス

一　田租及畑租

第一期　其ノ年十月一日ヨリ三十一日限　年額ノ二分ノ一

第二期　其ノ年十二月一日ヨリ二十八日限　年額ノ二分ノ一

二　其ノ他

第一期　其ノ年七月一日ヨリ三十一日限　年額ノ二分ノ一

第二期　翌年一月一日ヨリ三十一日限　年額ノ二分ノ一

第九条　地租ハ納期開始ノ時ニ於テ土地台帳ニ所有者トシテ登録セラレタル者ヨリ之ヲ徴収ス但シ質権ノ目的タル土地又ハ五十年ヨリ長キ存続期間ノ定アル地上権ノ目的タル土地ニ付テハ土地台帳ニ質権者又ハ地上権者トシテ登録セラレタル者ヨリ之ヲ徴収ス

第十条　納税義務者ノ一市会内ニ於ケル同一地目ノ土地ニ対スル地租ノ年額十銭以下ナルトキハ当該地租ハ之ヲ徴収セズ

第十一条　市又ハ会ノ全部又ハ一部ニ亘ル災害又ハ天候不純ニ困リ収穫皆無ニ帰シタル田畑ニ付テハ納税義務者ノ申請ニ依リ其ノ年分地租ヲ免除ス

前項ノ土地ニ付テハ被害ノ調査中其ノ年分地租ノ徴収ヲ猶予スルコトヲ得

第十二条　地租ヲ課スル土地ニシテ災害ニ因リ地形ヲ変ジ又ハ作土ヲ損傷シタルモノニ付テハ納税義務者ノ申請ニ依リ十年内ノ期間ヲ定メ地租ヲ免除ス

第十三条　前条ノ期間満了スルモ尚原状ニ復シ難キ土地ニ付テハ納税義務者ノ申請ニ依リ更ニ十年内ノ期間ヲ定メ地価ヲ低減ス

前項ノ期間満了スルモ尚原状ニ復シ難キ土地ニ付テハ納税義務者ノ申請ニ依リ地価ヲ修正ス

第十四条　地租ヲ課スル土地ニ特ニ労費ヲ加ヘ地租ヲ課スル他ノ地目ノ土地ト為シタルトキハ納税義務者ノ申請ニ依リ十年内ノ期間ヲ定メ原地価ヲ据置クモノトス

第十五条　地租ヲ課セザル土地ニ特ニ労費ヲ加ヘ地租ヲ課スル土地ト為シタルトキハ納税義務者ノ申請ニ依リ二十年内ノ期間ヲ定メ地租ヲ免除ス

第十六条　海面、水面等ニ労費ヲ加ヘ地租ヲ課スル土地ト為シタルトキハ納税義務者ノ申請ニ依リ三十年内ノ期間ヲ定メ地租ヲ免除ス

第十七条　地租ヲ課スル土地ガ地租ヲ課セザル土地ト為リタルトキ又ハ地租ヲ課スル土地ニ付地租ヲ免除セラレタルトキハ其ノ以後ニ開始スル納期ヨリ地租ヲ徴収セズ但シ第十一条ノ場合ハ此ノ限ニ在ラズ

地租ヲ課セザル土地ガ地租ヲ課スル土地ト為リタルトキ又ハ地租ヲ免除スル土地ニ付免除ノ事由止ミタルトキハ其ノ翌年分ヨリ地租ヲ徴収ス

第十八条　地租ヲ課スル土地ニシテ地価ヲ低減シ又ハ修正シタルモノニ付テハ其ノ翌年分ヨリ低減地価又ハ修正地価ニ依リ地租ヲ徴収ス

第十九条　税務官吏ハ土地ノ検査ヲ為シ又ハ土地ノ所有者、質権者、地上権者其ノ他ノ利害関係人ニ対シ必要ナル事項ヲ質問スルコトヲ得

第二十条　本令ハ国有ノ土地ニ付テハ之ヲ適用セズ

第二十一条　大使ハ本令ニ定ムルモノヲ除クノ外地租ニ関シ必要ナル規定ヲ設ケルコトヲ得

附　則

第二十二条　本令ハ公布ノ日ヨリ之ヲ施行ス

第二十三条　本令ハ昭和十三年分地租ヨリ之ヲ適用ス

第二十四条　第七条ノ規定ニ依ル税率（以下甲率ト称ス）ガ一市会内ヨリ徴収シタル昭和十二年分地租ノ合計額ノ本令施行ノ日ニ於ケル当該市会内ノ田畑ノ地価ノ合計額ニ対スル割合（以下乙率ト称ス）ヲ超ユルトキハ當該市会内田畑ノ地租ハ第七条ノ規定ニ拘ラズ昭和十三年分及同十四年分ニ限リ左ノ税率ニ依リ之ヲ徴収ス

昭和十三年分　甲率ガ乙率ヲ超ユル部分ノ三分ノ一ヲ乙率ニ加算シタルモノ

昭和十四年分　甲率ガ乙率ヲ超ユル部分ノ三分ノ二ヲ乙率ニ加算シタルモノ

第二十五条　宅地及雑種地ノ地租ノ税率ハ第七条ノ規定ニ拘ラズ当分ノ間千分ノ六トス

宅地及雑種地ノ地租ハ昭和十三年分ニ限リ課税標準ニ前項ノ税率ヲ適用シテ算出シタル金額ノ十二分ノ九ヲ以テ其ノ税額トシ第八条ノ規定ニ拘ラズ左ノ納期ニ於テ之ヲ徴収ス

一　第一期　昭和十三年十月一日ヨリ三十一日限　年額ノ二分ノ一

一　第二期　昭和十四年一月一日ヨリ三十一日限　年額ノ二分ノ一

○関東州地租令中改正

昭和十六年三月二十九日勅令第二百九十四号

第十条中「一市会内」ヲ「同一税務署所轄内又ハ同一会内」ニ改ム

附　則

本令ハ昭和十六年四月一日ヨリ之ヲ施行ス
本令ハ昭和十六年分地租ヨリ之ヲ適用ス

◯関東州地租令中改正

昭和十九年三月三十一日勅令第百八十四号

第八条　地租ハ毎年十二月一日ヨリ二十八日限之ヲ徴収ス
同一税務署所轄内又ハ同一会内ニ於ケル土地ニ付納付スベキ地租額ガ大使ノ定ムル金額ヲ超ユルトキハ其ノ二分ノ一ニ付テハ大使ノ定ムル所ニ依リ二月内其ノ徴収ヲ猶予スルコトヲ得

第十条　地租ハ各納税義務者ニ付同一税務署所轄内又ハ同一会内ニ於ケル同一地目ノ土地毎ニ其ノ地価ノ合計金額ニ依リ算出シ之ヲ徴収ス但シ合計金額ガ十円ニ満タザルモノニ付テハ地租ヲ徴収セズ

第十九条ノ二　詐欺其ノ他不正ノ行為ニ依リ地租ヲ逋脱シタル者ハ其ノ逋脱シタル税金ノ三倍ニ相当スル罰金又ハ科料ニ処シ直ニ其ノ地租ヲ徴収ス但シ自首シ又ハ税務署長若ハ民政署長ニ申出デタル者ハ其ノ罪ヲ問ハズ

第十九条ノ三　前条ノ規定ニ依リ地租ヲ徴収スル場合ニ於テハ第十条ノ規定ニ拘ラズ当該土地一筆毎ニ其ノ地租ヲ算出ス

第十九条ノ四　第十九条ノ規定ニ依ル税務官吏ノ質問ニ対シ答弁ヲ為サズ若ハ虚偽ノ陳述ヲ為シタル者又ハ土地ノ検査ヲ拒ミ、妨ゲ若ハ忌避シタル者ハ百円以下ノ罰金又ハ科料ニ処ス

第十九条ノ五　大正十一年勅令第二百号第一条ノ規定ハ前条ノ罪ヲ犯シタル者ニ付テハ之ヲ適用セズ

第二十五条第一項ヲ削ル

附　則

本令ハ昭和十九年四月一日ヨリ之ヲ施行ス
本令ハ昭和十九年分地租ヨリ之ヲ適用ス

◎関東州家屋調査令

昭和十三年四月二十七日勅令第二百八十九号

朕関東州家屋調査令ヲ裁可シ茲ニ之ヲ公布セシム（総理大臣副署）

関東州家屋調査令

第一条　政府ハ家屋税創設ニ関スル準備ノ為関東州ニ在ル家屋ニ付昭和十三年五月一日現在ニ依リ左ノ事項ヲ調査ス

一　所在
二　種類、構造及床面積
三　時価
四　賃貸価格
五　所有者ノ住所及氏名又ハ名称

昭和十三年五月二日以後ニ於テ異動（新築ヲ含ム）ヲ生ジタル家屋ニ付テハ異動ヲ生ジタル日ノ現在ニ依リ前項各号ノ事項ヲ調査ス但シ時価及賃貸価格ハ前項ノ規定ニ依リ調査シタル類似ノ家屋ノ時価及賃貸価格ニ比準シ其ノ家屋ノ情況ニ応ジ之ヲ定ム

第二条　家屋所有者ハ其ノ家屋ニ関シ左ノ事項ヲ政府ニ申告ス

ベシ但シ正当ノ事由ニ因リ第二号事項分明ナラザルトキハ其ノ事由ヲ申告スベシ

一　前条第一項第一号、第二号及第五号ノ事項

二　建築価格又ハ買入価格

三　現ニ賃貸スル家屋ニ付テハ賃貸料

第三条　税務官吏ハ調査上必要アルトキハ家屋若ハ其ノ敷地ニ立入リ検査ヲ為シ又ハ家屋若ハ其ノ敷地ノ所有者、占有者其ノ他ノ利害関係人ニ対シ質問ヲ為シ若ハ其ノ帳簿物件ノ検査ヲ為スコトヲ得

日没ヨリ日出迄ノ間ハ税務官吏ハ占有者ノ承諾アルニ非ザレバ家屋又ハ其ノ敷地ニ立入ルコトヲ得ズ

第四条　工業的発明其ノ他特殊ノ業務ニ関スル秘密又ハ個人ノ秘密ニ属スル家屋又ハ其ノ一部ニシテ満洲国駐箚特命全権大使ノ定ムルモノニ付テハ占有者ノ承諾アルニ非ザレバ前条ノ規定ニ依リ之ニ立入ルコトヲ得ズ

第五条　本令ニ規定スルモノヲ除クノ外家屋ノ調査ニ関シ必要ナル事項ハ大使之ヲ定ム

附　則

本令ハ公布ノ日ヨリ之ヲ施行ス

◎関東州家屋税令

昭和十三年十月二十六日勅令第七百二号

朕関東州家屋税令ヲ裁可シ茲ニ之ヲ公布セシム（総理大臣副署）

関東州家屋税令

第一条　関東州ニ在ル家屋ニハ本令ニ依リ家屋税ヲ課ス

第二条　本令ニ於テ家屋トハ住家、店舗、工場、倉庫其ノ他ノ建物ヲ謂フ

第三条　左ニ掲グル家屋ニハ家屋税ヲ課セズ但シ有料借家ハ此ノ限ニ在ラズ

一　国又ハ満洲国駐箚特命全権大使ノ指定スル公共団体ニ於テ公用又ハ公共ノ用ニ供スル家屋

二　神社、廟宇又ハ寺院、教会其ノ他ノ布教所トシテノ用ニ供スル家屋但シ住家ニシテ教会其ノ他ノ布教所トシテノ用ニ供スルモノヲ除ク

三　大使ノ定ムル所ニ依リ古蹟トシテ指定セラレタル家屋

四　鉄道、軌道若ハ埠頭ノ経営者又ハ航空輸送業者ガ専ラ其ノ事業ノ用ニ供スル家屋ニシテ大使ノ定ムルモノ

五　大使ノ指定スル私立ノ幼稚園、学校其ノ他ノ教育施設ニ於テ直接ニ保育又ハ教育ノ用ニ供スル家屋但シ住家ニシテ保育又ハ教育ノ用ニ供スルモノヲ除ク

六　一時ノ使用ニ供スル家屋

第四条　家屋ニハ一個毎ニ家屋番号ヲ附シ其ノ床面積及賃貸価格ヲ定ム但シ家屋税ヲ課セザル家屋ニ付テハ賃貸価格ヲ附セズ

前項ノ場合ニ於テ附属家屋アルトキハ之ヲ合シタルモノヲ以テ一個ノ家屋ト看做ス

第五条　税務署及民政署ニ家屋台帳ヲ備ヘ左ノ事項ヲ登録ス

一　家屋ノ所在

二　家屋番号

三　種類、構造及床面積
四　賃貸価格
五　所有者ノ住所及氏名又ハ名称
六　質権ノ目的タル家屋ニ付テハ其ノ質権者ノ住所及氏名又ハ名称

第六条　家屋税ノ課税標準ハ家屋台帳ニ登録シタル賃貸価格トス

賃貸価格ハ貸主ガ公課、修繕費其ノ他家屋ノ維持ニ必要ナル経費ヲ負担スル条件ヲ以テ之ヲ賃貸スル場合ニ於テ賃主ノ収得スベキ一年分ノ金額ニ依リ之ヲ定ム

第七条　家屋税ノ税率ハ百分ノ二トス

第八条　家屋ノ所有権若ハ質権ニ得喪アリタルトキ又ハ家屋ニ異動アリタルトキハ家屋所有者又ハ質権者ハ大使ノ定ムル所ニ依リ三十日内ニ其ノ旨ヲ政府ニ申告スベシ

第九条　家屋ヲ建築シタルトキ又ハ家屋税ヲ課セザル家屋ガ家屋税ヲ課スル家屋ト為リタルトキハ直ニ其ノ賃貸価格ヲ設定ス

第十条　家屋ヲ増築シタルトキハ直ニ其ノ賃貸価格ヲ修正ス家屋ノ毀損アリタル場合ニ於テ家屋所有者又ハ質権者其ノ旨ヲ申告スルトキ亦同ジ

第十一条　家屋ノ建築又ハ異動ニ因リ賃貸価格ヲ設定シ又ハ修正スル場合ニ於テハ類似ノ家屋ノ賃貸価格ニ比準シ其ノ家屋ノ情況ニ応ジテ之ヲ定ム

前項ノ場合ニ於テハ床面積及賃貸価格ハ家屋所有者又ハ質権者ノ申告ニ依リ、申告ナキトキ又ハ申告ヲ不相当ト認ムルトキハ政府ノ調査ニ依リ政府ニ於テ之ヲ定ム

第十二条　賃貸価格ハ五年毎ニ一般ニ之ヲ改訂ス第一回ノ改訂ハ昭和十九年ニ於テ之ヲ行フ

前項ノ場合ニ於テハ政府ハ改訂スベキ年ノ前年四月一日現在ノ家屋（家屋税ヲ課セザル家屋ヲ除ク）ニ付賃貸価格ヲ調査シ家屋賃貸価格調査委員会ニ諮問シ其ノ改定賃貸価格ヲ定ム

賃貸価格ヲ一般ニ改訂スベキ年ノ前年四月二日以後賃貸価格ヲ改訂スル迄ノ間ニ於テ建築セラレ又ハ異動アリタル家屋ノ改訂賃貸価格ハ前項ノ規定ニ拘ラズ類似ノ家屋ノ改定賃貸価格ニ比準シ其ノ家屋ノ情況ニ応ジ政府ニ於テ之ヲ定ム

前二項ニ定ムルモノヲ除クノ外第一項ノ改訂ニ関シ必要ナル事項ハ其ノ都度大使之ヲ定ム

第十三条　賃貸価格ヲ一般ニ改訂スル毎ニ各税務署及民政署所轄内ニ賃貸価格調査委員会ヲ置ク

賃貸価格調査委員会ハ会長及調査委員ヲ以テ之ヲ組織ス

会長ハ税務署長又ハ民政署長ヲ以テ之ニ充ツ

調査委員ノ定数ハ大使之ヲ定ム

第十四条　調査委員ハ賃貸価格調査委員会ヲ置クベキ区域内ニ居住シ其ノ区域内ニ在ル家屋ニ付家屋税ノ納税義務アル者ノ中ヨリ関東州庁長官之ヲ命ズ

第十五条　調査委員ハ賃貸価格調査委員会ノ会議ノ終了ニ因リ退任ス

第十六条　調査委員左ノ各号ニ該当スル場合ニ於テハ其ノ職ヲ失フ

一　賃貸価格調査委員会ノ属スル区域内ニ居住セザルニ至リ

タルトキ

二　賃貸価格調査委員会ノ属スル区域内ニ在ル家屋ニ付家屋税ノ納税義務ナキニ至リタルトキ

調査委員職務ヲ怠リ又ハ体面ヲ汚損スル行為アリタルトキハ関東州庁長官ハ之ヲ解任スルコトヲ得

第十七条　調査委員ニハ大使ノ定ムル所ニ依リ旅費及手当ヲ支給ス

第十八条　賃貸価格調査委員会ノ議事ニ関スル事項ハ大使之ヲ定ム

第十九条　賃貸価格ヲ一般ニ改訂スベキ年ノ三月三十一日迄ニ賃貸価格調査委員会成立セザルトキ又ハ諮問事項ヲ議事セザルトキハ政府ニ於テ改訂賃貸価格ヲ定ム

第二十条　第十二条第二項第三項又ハ前条ノ規定ニ依リ改訂賃貸価格ヲ定メタルトキハ政府ハ改訂賃貸価格簿ヲ作成シ之ヲ二十日間関係者ノ縦覧ニ供スベシ縦覧ノ場所及期間ハ予メ之ヲ公示スベシ

第二十一条　自己ノ所有シ又ハ質権ヲ有スル家屋ノ改訂賃貸価格ニ付異議アル者ハ前条ノ縦覧期間満了ノ日ヨリ二十日内ニ不服ノ事由ヲ具シ所轄税務署長又ハ民政署長ヲ経由シテ関東州庁長官ニ異議ノ申立ヲ為スコトヲ得

前項ノ申立アリタル場合ト雖モ政府ハ税金ノ徴収ヲ猶豫セズ

第二十二条　前条第一項ノ申立アリタルトキハ関東州庁長官ハ之ヲ審査決定シ異議申立人ニ通知スベシ

第二十三条　家屋税ハ年額ヲ二分シ左ノ二期ニ於テ之ヲ徴収ス

第一期　其ノ年七月一日ヨリ三十一日限

第二期　其ノ年十二月一日ヨリ二十八日限

第二十四条　家屋税ハ納期開始ノ時ニ於テ家屋台帳ニ所有者トシテ登録セラレタル者ヨリ之ヲ徴収ス但シ質権ノ目的タル家屋ニ付テハ家屋台帳ニ質権者トシテ登録セラレタル者ヨリ之ヲ徴収ス

第二十五条　家屋税ハ各納税業務者ニ付同一市会内ニ於ケル家屋ノ賃貸価格ノ合計金額ニ依リ算出シ徴収ス但シ賃貸価格ノ合計金額ガ十円ニ満タザルトキハ家屋税ヲ徴収セズ

第二十六条　賃貸価格ノ設定又ハ修正ヲ為シタル家屋ニハ其ノ設定又ハ修正ヲ為シタル年ノ翌年分ヨリ設定賃貸価格又ハ修正賃貸価格ニ依リ家屋税ヲ課ス

第二十七条　家屋税ヲ課スル家屋ガ家屋税ヲ課セザル家屋ト為リタルトキハ申告アリタル後ニ開始スル納期ヨリ家屋税ヲ徴収セズ

第二十八条　家屋ガ滅失シタルトキ其ノ他家屋トシテノ効用ヲ失ヒタルトキハ家屋所有者又ハ質権者ノ申請ニ依リ申請アリタル後ニ開始スル納期ヨリ家屋税ヲ徴収セズ

第二十九条　賃貸価格ヲ一般ニ改訂シタルトキハ改訂シタル年ノ分ヨリ其ノ改訂賃貸価格ニ依リ家屋税ヲ徴収ス但シ改訂シタル年ノ一月一日以後賃貸価格ヲ改訂スル迄ノ間ニ於テ建築シタル家屋、増築シタル家屋ノ増築ニ係ル部分又ハ家屋税ヲ課セザル家屋ガ家屋税ヲ課スル家屋ト為リタルモノニ付テハ改訂シタル年ノ翌年分ヨリ其ノ改訂賃貸価格ニ依リ家屋税ヲ徴収ス

第三十条　税務官吏ハ家屋ノ検査ヲ為シ又ハ家屋ノ所有者、質

権者其ノ他ノ利益関係人ニ対シ必要ナル事項ヲ質問スルコトヲ得

第三十一条　本令ハ国有ノ家屋ニハ之ヲ適用セズ

第三十二条　大使ハ本令ニ定ムルモノヲ除クノ外家屋税ニ関シ必要ナル規定ヲ設クルコトヲ得

附　則

第三十三条　本令ハ公布ノ日ヨリ之ヲ施行ス

第三十四条　本令ハ有料借家ニ非ザル家屋ニ付テハ昭和十三年分家屋税ヨリ、有料借家ニ付テハ昭和十四年分家屋税ヨリ之ヲ適用ス

前項ノ昭和十三年分家屋税ハ第七条ノ規定ニ依リ算出シタル金額ノ十二分ノ三ヲ以テ其ノ税額トシ第二十三条ノ規定ニ拘ラズ昭和十四年三月一日ヨリ三十一日限リ之ヲ徴収ス

第三十五条　有料借家ニ非ザル家屋ニシテ昭和十三年中ニ於テ建築シタルモノ、増築シタルモノノ増築ニ係ル部分又ハ家屋税ヲ課セザル家屋ガ家屋税ヲ課スル家屋ト為リタルモノニ付テハ昭和十四年分ヨリ家屋税ヲ徴収ス

第三十六条　本令施行ノ際ニ於ケル賃貸価格ハ関東州家屋調査令ニ依リ調査シタル賃貸価格ヲ家屋賃貸価格調査委員会ニ諮問シ政府ニ於テ之ヲ定ム但シ同令第一条第二項本文ニ掲グル家屋ノ賃貸価格ニ付テハ賃貸価格調査委員会ニ諮問スルコトヲ要セズ

第十三条、第十五条、第十六条第一項第一号第二項、第十七条及第十八条ノ規定ハ前項ノ賃貸価格調査委員会ニ付之ヲ準用ス

賃貸価格調査委員ハ賃貸価格調査委員会ヲ置クベキ区域内ニ居住スル者ノ中ヨリ関東州庁長官之ヲ命ズ

第三十七条　前条ノ賃貸価格調査委員会昭和十四年一月三十一日迄ニ成立セザルトキ又ハ諮問事項ヲ議了セザルトキハ政府ニ於テ本令施行ノ際ニ於ケル賃貸価格ヲ定ム

第三十八条　第二十条乃至第二十二条ノ規定ハ本令施行ノ際ニ於ケル賃貸価格ニ付之ヲ準用ス

第三十九条　左ニ掲グル家屋ニハ当分ノ内家屋税ヲ課セズ但シ有料借家ハ此ノ限ニ在ラズ

一　漁業組合、実業組合、金融組合又ハ金融組合連合会ノ用ニ供スル家屋

二　社会事業又ハ公益事業ノ用ニ供スル家屋ニシテ大使ノ指定スルモノ

○関東州家屋税令中改正

昭和十六年三月二十九日勅令第二百九十九号

第二十五条中「同一市会内」ヲ「同一税務署所轄内又ハ同一会内」ニ改ム

附　則

本令ハ昭和十六年四月一日ヨリ之ヲ施行ス

本令ハ昭和十六年分家屋税ヨリ之ヲ適用ス

○関東州所得税令外十一勅令中改正等ノ件

昭和二十年三月二十八日勅令第百四十九号

第四条　関東州家屋税令中左ノ通改正ス

第二十三条　家屋税ハ毎年七月一日ヨリ三十一日限之ヲ徴収ス同一税務署所轄内又ハ同一会内ニ於ケル家屋ニ納付スベキ家屋税額ガ大使ノ定ムル金額ヲ超ユルトキハ其ノ三分ノ一ニ付テハ大使ノ定ムル所ニ依リ二月内其ノ徴収ヲ猶予スルコトヲ得

第三十条ノ二　詐偽其ノ他不正ノ行為ニ依リ家屋税ヲ逋脱シタル者ハ其ノ逋脱シタル税金ノ三倍ニ相当スル罰金又ハ科料ニ処シ直ニ其ノ家屋税ヲ徴収ス但シ自首シ又ハ税務署長若ハ民政署長ニ申出デタル者ハ其ノ罪ヲ問ハズ

第三十条ノ三　本令ニ依リ申告ヲ為スベキ義務ヲ有スル者其ノ申告ヲ為サズ仍テ家屋税ニ不足額アルトキハ直ニ之ヲ徴収ス

第三十条ノ四　前二条ノ規定ニ依リ家屋税ヲ徴収スル場合ニ於テハ第二十五条ノ規定ニ拘ラズ当該家屋一個毎ニ其ノ家屋税ヲ算出ス

第三十条ノ五　第三十条ノ規定ニ依ル税務官吏ノ質問ニ対シ答弁ヲ為サズ若ハ虚偽ノ陳述ヲ為シタル者又ハ家屋ノ検査ヲ拒ミ、妨ゲ若ハ忌避シタル者ハ百円以下ノ罰金又ハ科料ニ処ス

第三十条ノ六　賃貸価格ノ調査又ハ審査ノ事務ニ従事シ又ハ従事シタル者其ノ調査又ハ審査ニ関シ知得タル秘密ヲ正当ノ事由ナクシテ漏泄シタルトキハ二百円以下ノ罰金ニ処ス

第三十条ノ七　大正十一年勅令第二百号第一条ノ規定ハ前二条ノ罪ヲ犯シタル者ニ付テハ之ヲ適用セズ

附　則

第十四条　本令ハ昭和二十年四月一日ヨリ之ヲ施行ス

◎関東州所得税令

大正九年七月三十一日勅令第二百二十七号

朕関東州所得税令ヲ裁可シ茲ニ之ヲ公布セシム（総理大臣副署）

関東州所得税令

第一条　関東州ニ本店又ハ主タル事務所ヲ有スル法人ハ本令ニ依リ所得税ヲ納ムル義務アルモノトス

第二条　前条ノ規定ニ該当セサル法人関東州ニ資産又ハ営業ヲ有スルトキハ其ノ資産又ハ営業ヨリ生スル所得ニ付所得税ヲ納ムル義務アルモノトス但シ所得税法施行地、朝鮮、台湾又ハ樺太ニ本店又ハ主タル事務所ヲ有スル法人ニ付テハ此ノ限ニ在ラス

第三条　所得税ハ左ノ所得ニ付之ヲ賦課ス

一　法人ノ超過所得
二　法人ノ留保所得
三　法人ノ配当所得
四　法人ノ清算所得
五　前条ノ規定ニ依リ納税義務アル法人ノ関東州ニ於ケル資

産又ハ営業ヨリ生スル所得

第四条　法人ノ所得ハ各事業年度ノ総益金ヨリ総損金ヲ控除シタル金額ニ依ル但シ保険会社ニ在リテハ各事業年度ノ利益金又ハ剰余金ニ依ル

前項ノ総益金、利益金又ハ剰余金中国債ノ利子及貯蓄債券法ニ依リ発行シタル貯蓄債券ノ利子アルトキハ之ニ相当スル金額ハ総益金、利益金又ハ剰余金ヨリ之ヲ控除ス

第二条ノ規定ニ依リ納税義務アル法人ノ所得ハ関東州ニ於ケル資産又ハ営業ニ付前二項ノ規定ニ準シ之ヲ計算ス

法人カ事業年度中ニ解散シ又ハ合併ニ因リテ消滅シタル場合ニ於テハ其ノ事業年度ノ初ヨリ解散又ハ合併ニ至ル迄ノ期間ヲ以テ一事業年度ト看做ス

第五条　法人ノ各事業年度ノ所得カ同年度ノ資本金額ニ対シ年百分ノ十ノ割合ヲ以テ算出シタル金額ヲ超過スルトキハ其ノ超過金額ヲ以テ法人ノ超過所得トス

第六条　法人ノ各事業年度ノ資本金額ハ各月末ニ於ケル払込株式金額、出資金額又ハ基本及積立金額ノ月割平均ヲ以テ之ヲ計算ス

前項計算ノ場合ニ於テ繰越欠損金アルトキハ其ノ各月末ニ於ケル金額ノ月割平均ヲ以テ之ヲ計算シ資金金額ヨリ控除ス

第七条　第二条ノ規定ニ依リ納税義務アル法人又ハ所得税ヲ課スヘキ所得ト其ノ他ノ所得トヲ有スル法人ノ各事業年度ノ資本金額ハ関東長官ノ定ムル所ニ依リ之ヲ計算ス

第八条　本令ニ於テ積立金ト称スルハ積立金其ノ他名儀ノ何タルヲ問ハス法人ノ所得中其ノ留保シタルモノヲ謂フ

第九条　法人ノ各事業年度ノ所得中積立金ト為シタル金額ヲ以テ法人ノ留保所得トス

法人カ積立金ヲ減少シタルトキハ其ノ減少額ヲ填補スルニ至ル迄其ノ後ノ各事業年度ノ留保所得ニ付所得税ヲ課セス

積立金ヲ減少シタル法人カ合併ニ因リテ削減シタルトキハ合併後続在スル法人又ハ合併ニ因リテ設立シタル法人ニ付前項ノ規定ヲ適用ス但シ合併ノ際合併ニ因リテ消滅シタル法人ノ積立金ヲ以テ合併後存続スル法人又ハ合併ニ因リテ設立シタル法人ノ株式金額又ハ出資金額ニ充当シタルモノニ付テハ此ノ限ニ在ラス

第十条　法人ノ各事業年度ノ所得中利益ノ配当又ハ剰余金ノ分配ニ充当シタル金額ヲ以テ法人ノ配当所得トス

法人ノ積立金ヲ減少シテ利益ノ配当又ハ剰余金ノ分配ニ充当シタル金額ハ之ヲ前項ノ配当所得ニ加算ス

第十一条　法人解散シタル場合ニ於テ其ノ残余財産ノ価額カ解散当時ノ払込株式金額、出資金額、積立金及最後ノ事業年度ニ於ケル留保所得ノ合計金額ヲ超過スルトキハ其ノ超過金額ヲ以テ法人ノ清算所得トス

法人合併ヲ為シタル場合ニ於テ合併ニ因リテ消滅シタル法人ノ株主又ハ社員カ合併後存続スル法人若ハ合併ニ因リテ設立シタル法人ヨリ合併ニ因リテ取得スル株式ノ払込済金額又ハ出資金額及金銭ノ総額カ合併ニ因リテ消滅シタル法人ノ合併当時ノ払込株式金額、出資金額、積立金及最後ノ事業年度ニ於ケル留保所得ノ合計金額ヲ超過スルトキハ其ノ超過金額ハ之ヲ合併ニ因リテ消滅シタル法人ノ清算所得ト看做ス

第十二条　合併後存続スル法人又ハ合併ニ因リテ設立シタル法人ハ合併ニ因リテ消滅シタル法人ノ所得ニ付所得税ヲ納ムル義務アルモノトス

第十三条　左ニ掲クル法人ニハ所得税ヲ課セス

一　関東長官ノ指定スル公共団体

二　民法第三十四ノ規定ニ依リ設立シタル法人其ノ他之ニ類スル法人ニシテ関東長官ノ指定スルモノ

第十四条　関東長官ノ指定スル重要物産ノ製造業ヲ営ム法人ニハ関東長官ノ定ムル所ニ依リ開業ノ年及其ノ翌年ヨリ三年間其ノ業務ヨリ生スル所得ニ付所得税ヲ免除ス

前項ノ規定ニ依リ所得税ノ免除ヲ受クヘキ重要物産ノ製造業ヲ継続シ又ハ其ノ継続ト認ムヘキ事実アル法人ハ其ノ業務ニ付所得税ノ免除期間ノ残存スルトキニ限リ其ノ免除期間ヲ継承ス

第十五条　所得税方施行地、朝鮮、台湾又ハ樺太ニ於テ所得税ヲ免除スル各当該地ノ製造業ヨリ生スル所得ニ付テハ関東長官ノ定ムル所ニ依リ所得税ヲ免除ス

第十六条　所得税ハ左ノ税率ニ依リ之ヲ賦課ス

一　超過所得金額ヲ左ノ各級ニ区分シ逓次ニ各税率ヲ適用ス

所得金額中資本金額ニ対シ年百分ノ十ノ割合ヲ以テ算出シタル金額ヲ超ユル金額　百分ノ四

同百分ノ二十ノ割合ヲ以テ算出シタル金額ヲ超ユル金額　百分ノ十

同百分ノ三十ノ割合ヲ以テ算出シタル金額ヲ超ユル金額　百分ノ二十

二　留保所得金額　百分ノ五

三　配当所得金額　百分ノ五

四　清算所得金額　百分ノ七・五

五　第二条ノ規定ニ依リ納税義務アル法人ノ関東州ニ於ケル資産又ハ営業ヨリ生スル所得金額　百分ノ七・五

法人ノ事業年度末ニ於ケル積立金及其ノ事業年度ニ於ケル留保所得ノ合計金額カ其ノ事業年度末ニ於ケル払込株式金額、出資金額又ハ基金及之ニ代ルヘキ積立金ノ合計金額ノ二分ノ一ニ相当スル金額ヲ超過スルトキハ其ノ超過金額ニ属スル其ノ事業年度ノ留保所得ニ対スル税率ハ百分ノ十トシ其ノ事業年度末ニ於ケル払込株式金額、出資金額又ハ基金及之ニ代ルヘキ積立金ノ合計金額ニ相当スル金額ヲ超過スルトキハ其ノ超過金額ニ属スル其ノ事業年度ノ留保所得ニ対スル税率ハ百分ノ二十トス但シ其ノ事業年度ニ於ケル所得ノ二十分ノ一ニ相当スル金額以内ノ金額ニ付テハ其ノ税率ハ百分ノ五トス

第十七条　所得税ヲ納ムル義務アル法人ハ関東長官ノ定ムル所ニ依リ財産目録、貸借対照表、損益計算書又ハ清算書若ハ合併ニ関スル計算書並第四条乃至第十一条ノ規定ニ依リ計算シタル所得及資本金額ノ明細書ヲ添附シ其ノ所得ヲ政府ニ申告スヘシ但シ第二条ノ規定ニ依リ納税義務アル法人ハ関東州ニ於ケル資産又ハ営業ニ関スル損益ヲ計算シタル所得及資本金額ノ明細書ヲ添附スヘシ

前項ノ規定ハ所得税ヲ課セラルヘキ法人ニ付其ノ所得ナキ場合ニ之ヲ準用ス

第十八条　所得金額ハ前条ニ規定スル申告ニ依リ、申告ナキト

キ又ハ申告ヲ不相当ト認ムルトキハ政府ノ調査ニ依リ政府之ヲ決定ス

第十九条　所得税ハ法人ノ事業年度毎ニ之ヲ徴収ス但シ清算所得ニ付テハ清算又ハ合併ノ際之ヲ徴収ス

第二十条　法人解散シタル場合ニ於テ清算所得ニ対スル所得税ヲ納付セスシテ残余財産ヲ分配シタルトキハ其ノ税金ニ付清算人連帯シテ納税ノ義務アルモノトス

第二十一条　所得税ヲ納ムル義務アル法人関東州ニ本店又ハ主タル事務所ヲ有セサルトキハ納税地ヲ定メ申告スヘシ申告ナキトキハ関東長官其ノ納税地ヲ指定ス

第二十二条　所得税ヲ納ムル義務アル法人関東州ニ本店又ハ主タル事務所ヲ有セサルトキハ其ノ所得ノ申告、納税其ノ他所得税ニ関スル一切ノ事項ヲ処理セシムル為納税管理人ヲ定メ申告スヘシ関東州外ニ本店又ハ主タル事務所ヲ移サムトスルトキ亦同シ

第二十三条　関東長官ハ本令ニ定ムルモノヲ除ク外所得税ニ関シ必要ナル規定ヲ設クルコトヲ得

附　則

本令ハ大正九年八月一日ヲ含ム法人ノ事業年度分ヨリ之ヲ適用ス

○関東州所得税令中改正

大正十三年十一月二十一日勅令第二百六十五号

第四条第二項中「国債ノ利子及貯蓄債券法ニ依リ発行シタル貯蓄債券ノ利子」ヲ「国債、貯蓄債券法ニ依リ発行シタル貯蓄債券又ハ復興貯蓄債券法ニ依リ発行シタル復興貯蓄債券ノ利子」ニ改ム

第十五条ノ二　外国法人ニハ外国ノ船籍ヲ有スル船舶ノ所得ニ付所得税ヲ免除ス但シ其ノ船籍国カ日本船舶ノ所得ニ付同様ノ免税ヲ為ササル場合ニ於テハ此ノ限ニ在ラス

附　則

本令ハ公布ノ日ヨリ之ヲ施行ス

○関東州所得税令中改正

大正十五年八月六日勅令第二百七十一号

第二十二条ノ二　本令ニ於テハ法人ニ非サル社団モ亦之ヲ法人ト看做ス

前項ノ社団其ノ財産ヲ以テ所得税ヲ完納スルコト能ハサルトキハ其ノ税金ニ付社員連帯シテ納税ノ義務アルモノトス

附　則

本令施行ノ期日及本令施行ニ関シ必要ナル規定ハ関東長官之ヲ定ム

本令ニ於テ法人ト看做サレタル社団ノ所得ニ対スル所得税ノ賦課ニ付テハ当分ノ内第九条第二項第三項、第十条第二項、第十

六条第一項第一号及同条第二項ノ規定ハ之ヲ適用セス

○関東州所得税令中改正

昭和二年四月十四日勅令第八十四号

第三条　所得税ハ左ノ所得ニ付之ヲ賦課ス

一　法人ノ普通所得

二　法人ノ超過所得

三　法人ノ清算所得

第四条及第八条中「法人ノ所得」ヲ「法人ノ普通所得」ニ改ム

第五条中「法人ノ各事業年度ノ所得」ヲ「法人ノ普通所得」ニ、「同年度」ヲ「当該事業年度」ニ改ム

第九条　削除

第十条　削除

第十一条中「留保所得」ヲ「普通所得中留保シタル金額」ニ改ム

第十二条ノ二中「第九条第三項及」ヲ削ル

第十六条　所得税ハ左ノ税率ニ依リ之ヲ賦課ス

一　普通所得　百分ノ五

二　超過所得

超過所得金額ヲ左ノ各級ニ区分シ逓次ニ各税率ヲ適用ス

普通所得金額中資本金額ニ対シ年百分ノ十ノ割合ヲ以テ算出シタル金額ヲ超ユル金額　百分ノ四

同百分ノ二十ノ割合ヲ以テ算出シタル金額ヲ超ユル金額　百分ノ十

同百分ノ三十ノ割合ヲ以テ算出シタル金額ヲ超ユル金額　百分ノ二十

三　清算所得　百分ノ五

附　則

本令ハ公布ノ日ヨリ之ヲ施行ス

本令施行前ニ終了シタル法人ノ各事業年度分ノ所得及本令施行前ニ於ケル解散又ハ合併ニ因リ清算所得ニ付テハ仍従前ノ例ニ依ル

法人ニ非サル社団ノ所得ニ対スル所得税ノ賦課ニ付テハ当分ノ内第三条第二号及第十六条第二号ノ規定ハ之ヲ適用セス

○関東庁官制度等ノ改正ニ際シ憲兵令其ノ他ノ勅令中改正等ノ件（抄）

昭和九年十二月二十六日勅令第三百九十五号

第五十八条　関東州所得税令中左ノ通改正ス

第七条中「関東長官」ヲ「満洲国駐箚特命全権大使」ニ改ム

第十三条乃至第十五条、第十七条、第二十一条及第二十三条中「関東長官」ヲ「大使」ニ改ム

附　則

本令ハ公布ノ日ヨリ之ヲ施行ス

○関東州所得税令中改正

昭和十年三月九日 勅令第二十三号

第四条第二項中「国債、貯蓄債券法ニ依リ発行シタル貯蓄債券又ハ復興貯蓄債券法ニ依リ発行シタル復興貯蓄債券」ヲ「国債又ハ復興貯蓄債券」ニ改ム

第六条第二項ヲ削ル

附　則

本令ハ公布ノ日ヨリ之ヲ施行ス

本令施行前ニ終了シタル法人ノ各事業年度分ノ所得ニ付テハ仍従前ノ例ニ依ル

○昭和二年勅令第八十四号（関東州所得税令中改正ノ件）中改正

昭和十年五月十一日 勅令第百三十一号

昭和二年勅令第八十四号中左ノ通改正ス

附則第三項ヲ左ノ如ク改ム

法人ニ非ザル社団ノ超過所得ニ対スル税率ハ当分ノ内第十六条中百分ノ四トアルハ百分ノ二、百分ノ十トアルハ百分ノ五、百分ノ二十トアルハ百分ノ十トス

附　則

本令ハ法人ニ非ザル社団ノ本令公布ノ日ヲ含ム事業年度分ヨリ之ヲ適用ス

◎関東州所得税令施行規則（抄）

大正九年九月二十一日関東庁令第六十号

第九条　左ニ掲クル法人ニハ税令第十三条ノ規定ニ依リ所得税ヲ課セス

一　市会

二　民法第三十四条ノ規定ニ依リ設立シタル法人

第十条　左ニ掲ケル物産ノ製造業ヲ営ム法人ニハ税令第十四条ノ規定ニ依リ所得税ヲ免除ス

一　金、銀、鉛、亜鉛、鉄又ハアルミニウムノ地金

二　鉄ノ条、竿、テー形アングル形類、軌条、板、線及管（鋳製管ヲ除ク）

三　銅ノ合金ノ条、竿、板及管

四　汽罐、原動機（機関車ヲ含ム）及動力ヲ以テ運転スル鉄製ノ機械

五　燐、曹達灰、苛性曹達、硫酸アンモニウム、石炭酸、クロール酸加里及グリセリン

六　製紙用パルプ

七　板硝子

八　コンデンスドミルク

九　絹、亜麻又ハ毛ノ織物

十　豆粕、豆油

前項第九号ノ物産ノ製造業ニ付テハ動力ヲ以テ運転スル機械ヲ使用シ幅鯨尺一尺八寸以上及長鯨尺三十尺以上ノ織物ノミヲ製造スル者ニ限ル

第十一条　税令第十四条第一項ノ規定ニ依リ所得税ノ免除ヲ受ケムトスル法人ハ税令第十七条ノ申告ト同時ニ其ノ旨所轄民政署ニ申請スヘシ

第二十四条　詐欺其ノ他不正ノ行為ニ因リ所得税ヲ逋脱シタル者ハ二百円以下ノ罰金又ハ科料ニ処シ其ノ税金ヲ追徴ス但シ自首シタル者又ハ民政署長ニ申出タル者ハ其ノ罪ヲ問ワス

第二十七条　本令中民政署又ハ民政署長トアルハ民政署支署ノ管轄ニ付テハ民政支署又ハ民政支署長トス

◎改正関東州所得税令

朕関東州所得税令改正ノ件ヲ裁可シ茲ニ之ヲ公布セシム（総理大臣副署）

昭和十二年六月二十六日勅令第二百八十九号

関東州所得税令

第一条　関東州ニ住所ヲ有シ又ハ一年以上居所ヲ有スル者ハ本令ニ依リ所得税ヲ納ムル義務アルモノトス

第二条　前条ノ規定ニ該当セザル者左ノ各号ノ一ニ該当スルトキハ其ノ所得ニ付テノミ所得税ヲ納ムル義務アルモノトス

一　関東州ニ資産又ハ営業ヲ有スルトキ

二　関東州ニ於テ公債、社債又ハ銀行預金（東洋拓殖株式会社ノ預金ヲ含ム）ノ利子支払ヲ受クルトキ

三　関東州ニ本店又ハ主タル事務所ヲ有スル法人ヨリ利益若ハ利息ノ配当、剰余金ノ分配又ハ利益若ハ剰余金ノ処分タル賞与若ハ賞与ノ性質ヲ有スル給与ヲ受クルトキ

第三条　所得税ハ左ノ所得ニ付之ヲ賦課ス但シ復興貯蓄債券ノ利子ニハ之ヲ課セズ

第一種

甲　法人ノ普通所得

乙　法人ノ超過所得

丙　法人ノ清算所得

第二種

甲　関東州ニ於テ支払ヲ受クル公債、社債又ハ銀行預金（東洋拓殖株式会社ノ預金ヲ含ム）ノ利子

乙　第一条ノ規定ニ該当セザル者ノ関東州ニ本店又ハ主タル事務所ヲ有スル法人ヨリ受クル利益若ハ利息ノ配当、剰余金ノ分配又ハ利益若ハ剰余金ノ処分タル賞与若ハ賞与ノ性質ヲ有スル給与

第三種

第二種ニ属セザル個人ノ所得

第四条　法人ノ普通所得ハ各事業年度ノ総益金ヨリ総損金ヲ控除シタル金額ニ依ル但シ保険会社ニ在リテハ各事業年度ノ利益金又ハ剰余金ニ依ル

前項ノ規定ニ依リ法人ノ普通所得ヲ計算スル場合ニ於テハ国債ノ利子額中其ノ国債ヲ所有シタル期間ノ利子額百分ノ七十ニ相当スル金額ヲ申請ニ依リ其ノ普通所得ヨリ控除ス

第二条ノ規定ニ依リ納税義務アル法人ノ普通所得ハ関東州ニ於ケル資産又ハ営業ニ付前二項ノ規定ニ準ジ之ヲ計算ス

法人ガ事業年度中ニ解散シ又ハ合併ニ因リテ消滅シタル場合ニ於テハ其ノ事業年度ノ始ヨリ解散又ハ合併ニ至ル迄ノ期間

ヲ以テ一事業年度ト看做ス

第五条 法人ノ普通所得ガ当該事業年度ノ資本金額ニ対シ年百分ノ十ノ割合ヲ以テ算出シタル金額ヲ超過スルトキハ其ノ超過金額ヲ以テ法人ノ超過所得トス

第六条 法人ノ各事業年度ノ資本金額ハ各月末ニ於ケル払込株式金額、出資金額又ハ基金及積立金額ノ月割平均ヲ以テ之ヲ計算ス

第七条 第二条ノ規定ニ依リ納税義務アル法人又ハ所得税ヲ課スベキ所得ト其ノ他ノ所得(第四条第二項ノ控除額ヲ含ム)トヲ有スル法人ノ各事業年度ノ資本金額ハ満洲国駐箚特命全権大使ノ定ムル所ニ依リ之ヲ計算ス

第八条 本令ニ於テ積立金トハ積立金其ノ他名儀ノ何タルヲ問ハズ法人ノ普通所得中其ノ留保シタルモノヲ謂フ

第九条 法人解散シタル場合ニ於テ其ノ残余財産ノ価額ガ解散当時ノ払込株式金額又ハ出資金額ヲ超過スルトキハ其ノ超過金額ヲ以テ法人ノ清算所得トス

法人合併ヲ為シタル場合ニ於テ合併ニ因リテ消滅シタル法人ノ株主又ハ社員ガ合併後存続スル法人又ハ合併ニ因リテ設立シタル法人ヨリ合併ニ因リテ取得スル株式ノ払込済金額又ハ出資金額及金銭ノ総額ガ合併ニ因リテ消滅シタル法人ノ合併当時ノ払込株式金額又ハ出資金額ヲ超過スルトキハ其ノ超過金額ハ之ヲ合併ニ因リテ消滅シタル法人ノ清算所得ト看做ス

第四条第二項ノ規定ハ法人ノ清算所得ノ計算ニ付之ヲ準用ス

第十条 合併後存続スル法人又ハ合併ニ因リテ設立シタル法人ハ合併ニ因リテ消滅シタル法人ノ所得ニ付所得税ヲ納ムル義務アルモノトス

第十一条 所得税法施行地、朝鮮、台湾又ハ樺太ニ本店又ハ主タル事務所ヲ有スル法人ガ所得税法施行地、朝鮮、台湾、樺太又ハ関東州ニ本店又ハ主タル事務所ヲ有スル法人ト合併ヲ為シタル場合ニ於テ合併後存続スル法人又ハ合併ニ因リテ設立シタル法人ガ関東州ニ本店又ハ主タル事務所ヲ有スルトキハ前条ノ規定ヲ準用ス

第十二条 第二種ノ所得ハ其ノ支払ヲ受クルベキ金額ニ依ル

第十三条 第三種ノ所得ハ左ノ各号ノ規定ニ依リ之ヲ算出ス

一 営業ニ非ザル貸金ノ利子並ニ第二種ノ所得ニ属セザル公債、社債及預金ノ利子ハ前年中ノ収入金額

二 山林ノ所得ハ前年中ノ総収入金額ヨリ必要ノ経費ヲ控除シタル金額

三 賞与又ハ賞与ノ性質ヲ有スル給与ハ前年三月一日ヨリ其ノ年二月末日迄ノ収入金額

四 法人ヨリ受クル利益若ハ利息ノ配当又ハ剰余金ノ分配ハ前年三月一日ヨリ其ノ年二月末日迄ノ収入金額(無記名株式ノ配当ニ付テハ支払ヲ受ケタル金額)ヨリ其ノ十分ノ二ヲ控除シタル金額

五 俸給、給料、歳費、年金、恩給及此等ノ性質ヲ有スル給与ハ前年中ノ収入金額但シ前年一月一日ヨリ引続キ支給ヲ受ケタルニ非ザルモノニ付テハ其ノ年ノ予算年額

六 前各号以外ノ所得ハ前年中ノ総収入金額ヨリ必要ノ経費ヲ控除シタル金額但シ前年一月一日ヨリ引続キ有シタルニ非ザル資産、営業又ハ職業ノ所得ニ付テハ其ノ年ノ予算年

額

株式ノ消却ニ因リ支払ヲ受クル金額又ハ退社ニ因リ持分ノ払戻トシテ受クル金額ガ其ノ株式ノ払込済金額又ハ出資金額ヲ超過スルトキハ其ノ超過金額ハ之ヲ法人ヨリ受クル利益ノ配当ト看做ス

第一項第一号、第二号及第四号ノ所得ニ付テハ被相続人ノ所得ハ之ヲ相続人ノ所得ト看做シ第六号ノ所得ニ付テハ相続シタル資産又ハ営業ハ相続人ガ引続キ之ヲ有シタルモノト看做シテ其ノ所得ヲ計算ス

第十四条　前条ノ規定ニ依リ算出シタル所得総額一万四千円以下ナルトキハ其ノ所得中勤労所得（前条第一項第三号及第五号ノ所得）ニ付左ノ金額ヲ控除ス

一　所得総額七千円以下ナルトキハ勤労所得ノ十分ノ二

二　所得総額中勤労所得以外ノ所得七千円以上ナルトキハ勤労所得ノ十分ノ一

三　所得総額七千円ヲ超エ勤労所得以外ノ所得七千円未満ナルトキハ勤労所得中勤労所得以外ノ所得ト合算シテ七千円ニ達スル迄ノ金額ノ十分ノ二、其ノ他ノ金額ノ十分ノ一、

戸主及其ノ同居家族ノ所得ハ之ヲ合算シ其ノ総額ニ付前項ノ規定ヲ適用ス戸主ト別居スル二人以上ノ同居家族ノ所得ニ付亦同ジ

第十五条　前二条ノ規定ニ依リ算出シタル所得総額三千円以下ナルトキハ其ノ所得ヲ有スル者ノ申請ニ依リ其ノ所得ヨリ其ノ年三月一日現在ノ同居ノ戸主及家族中年令十八歳未満若ハ六十歳以上ノ者又ハ不具廃疾者一人ニ付百円ヲ控除ス但シ第二条ノ規定ニ依ル納税義務者ニ付テハ此ノ限ニ在ラズ

戸主及其ノ同居家族ノ所得ハ之ヲ合算シ其ノ総額ニ付前項ノ規定ヲ適用ス戸主ト別居スル二人以上ノ同居家族ノ所得ニ付亦同ジ

前項ノ場合ニ於テ控除スベキ金額ハ大使ノ定ムル所ニ依リ納税義務者ノ一人又ハ数人ノ所得ヨリ之ヲ控除ス

同一人ニシテ山林ノ所得ト山林以外ノ所得トヲ有スル場合ニ於テハ前三項ノ規定ニ依ル控除ハ先ズ山林以外ノ所得ニ付之ヲ為シ不足アルトキハ山林ノ所得ニ及ブ

第一項ノ不具廃疾者ハ大使之ヲ定ム

第十六条　自己、戸主若ハ家族又ハ其ノ相続人ヲ保険金受取人トスル生命保険契約ノ為ニ払込ミタル保険料ハ年額二百円ヲ限リ大使ノ定ムル所ニ依リ本人ノ申請ニ依リ其ノ所得ヨリ之ヲ控除ス但シ第二条ノ規定ニ依ル納税義務者ニ付テハ此ノ限ニ在ラズ

第十七条　左ニ掲グル者ニハ所得税ヲ課セズ

一　大使ノ指定スル公共団体

二　関東州裁判事務取扱令ニ於テ依ルコトヲ定メタル民法第三十四条ノ規定ニ依リ設立シタル法人其ノ他之ニ類スルモノニシテ大使ノ指定スルモノ

第十八条　所得税法施行地、朝鮮、台湾又ハ樺太ニ本店又ハ主タル事務所ヲ有スル法人ノ第一種甲及乙並ニ第二種乙ノ所得ニ付テハ所得税ヲ課セズ

第十九条、所得税法施行地、朝鮮、台湾又ハ樺太ニ住所又ハ一年以上居所ヲ有スル個人ノ第二種乙ノ所得ニ付テハ所得税ヲ

課セズ

所得税法施行地、朝鮮、台湾又ハ樺太ニ住所ヲ有スル個人又ハ関東州ニ住所ヲ有セズシテ所得税法施行地、朝鮮、台湾又ハ樺太ニ一年以上居所ヲ有スル個人ノ第三種ノ所得ニ付テハ左ニ掲グル場合ヲ除クノ外所得税ヲ課セズ

一　関東州ニ住所ヲ有スル者所得金額決定後所得税法施行地、朝鮮、台湾又ハ樺太ニ住所ヲ移転シタルトキ

二　所得税法施行地、朝鮮、台湾又ハ樺太ニ住所ヲ有スル者所得税法施行地、朝鮮、台湾又ハ樺太ニ於ケル法令ニ依ル所得金額決定前関東州ニ住所ヲ移転シタルトキ

三　関東州、所得税法施行地、朝鮮、台湾又ハ樺太ニ住所又ハ一年以上居所ヲ有スル者ノ住所又ハ居所ニ付前二号ニ準ズベキ事由ノ生ジタルトキ

第二十条　第三種ノ所得ニシテ左ノ各号ニ該当スルモノニハ所得税ヲ課セズ

一　軍人従軍中ノ俸給及手当

二　扶助料及傷痍疾病者ノ恩給

三　旅費、学資金及法定扶養料

四　郵便貯金、金融組合預金及銀行貯蓄預金ノ利子

五　営利ノ事業ニ属セザル一時ノ所得

六　所得税法施行地、朝鮮、台湾又ハ樺太ニ於ケル法令ニ依リ第二種ノ所得トシテ所得税ヲ課スル所得

七　日本ノ国籍ヲ有セザル者ノ関東州、所得税法施行地、朝鮮、台湾及樺太外ニ於ケル資産、営業又ハ職業ヨリ生ズル所得

第二十一条　大使ノ指定スル重要物産ノ製造業ヲ営ム者ニハ大使ノ定ムル所ニ依リ開業ノ年及其ノ翌年ヨリ三年間其ノ業務ヨリ生ズル所得ニ付所得税ヲ免除ス

前項ノ規定ニ依リ所得税ノ免除ヲ受クル重要物産ノ製造業ノ承継又ハ其ノ承継ト認ムベキ事実アリタル場合ニ於テ其ノ業務ニ付所得税ヲ免除スル期間残存スルトキハ現営業者ハ其ノ残存期間ヲ承継ス

第二十二条　所得税法施行地、朝鮮、台湾又ハ樺太ニ於テ所得税ヲ免除スル各当該地ノ製造業ヨリ生ズル所得ニ付テハ大使ノ定ムル所ニ依リ所得税ヲ免除ス

第二十三条　関東州ニ住所ヲ有セザル外国人又ハ外国法人ニハ外国ノ船籍ヲ有スル船舶ノ所得ニ付所得税ヲ免除ス但シ其ノ船籍国ガ日本船舶ノ所得ニ付同様ノ免税ヲ為サザル場合ニ於テハ此ノ限ニ在ラズ

第二十四条　第三種ノ所得ハ千五百円ニ満タザルトキハ所得税ヲ課セズ第十四条乃至第十六条ノ規定ニ依ル控除ヲ為シタル為千五百円ニ満タザルニ至リタルトキ亦同ジ

戸主及其ノ同居家族ノ所得ハ之ヲ合算シ其ノ総額ニ付前項ノ規定ヲ適用ス戸主ト別居スル二人以上ノ同居家族ノ所得ニ付亦同ジ

第二十五条　第一種ノ所得ニ対スル所得税ハ左ノ税率ニ依リ之ヲ賦課ス

甲　普通所得

関東州ニ本店又ハ主タル事務所ヲ有スル法人　百分ノ六

関東州ニ本店又ハ主タル事務所ヲ有セザル法人　百分ノ

九

乙　超過所得

超過所得金額ヲ左ノ各級ニ区分シ逓次ニ各税率ヲ適用ス

普通所得金額中資本金額ニ対シ年百分ノ十ノ割合ヲ以テ算出シタル金額ヲ超ユル金額　百分ノ四

同百分ノ二十ノ割合ヲ以テ算出シタル金額ヲ超ユル金額　百分ノ十

同百分ノ三十ノ割合ヲ以テ算出シタル金額ヲ超ユル金額　百分ノ二十

丙　清算所得

清算所得金額ヲ左ノ如ク区分シ各税率ヲ適用ス積立金又ハ本令ニ依リ所得税ヲ課セラレザル所得ヨリ成ル金額　百分ノ三

其ノ他ノ金額　百分ノ九

法人ガ各事業年度ニ於テ納付シタル第二種ノ所得ニ対スル所得税額ハ大使ノ定ムル所ニ依リ当該事業年度ノ第一種ノ所得ニ対スル所得税額ヨリ之ヲ控除ス

前項ノ場合ニ於テ控除スベキ第二種ノ所得ニ対スル所得税ハ第一種ノ所得計算上之ヲ損金ニ算入セズ

前二項ノ規定ハ法人ノ清算所得ニ対スル所得税ニ付之ヲ準用ス

前三項ノ規定ハ法人ノ所得税法施行地、朝鮮、台湾又ハ樺太ノ法令ニ依リ納付シタル第二種ノ所得ニ対スル所得税額ニ付之ヲ準用ス

第二十六条　同族会社ガ各事業年度ニ於テ留保シタル金額中左ノ各号ノ一ニ該当スル金額アルトキハ政府ハ其ノ事業年度ノ普通所得ヲ年額ニ換算シタル金額中五万円以下ノ金額ニ百分ノ八、五万円ヲ超ユル金額ニ百分ノ十二、十万円ヲ超ユル金額ニ百分ノ十六、五十万円ヲ超ユル金額ニ百分ノ二十、百万円ヲ超ユル金額ニ百分ノ二十五ヲ乗ジタル合計金額ノ普通所得年額ニ対スル割合ヲ求メ之ヲ税率トシテ左ノ各号ノ一ニ該当スル金額（各号共ニ該当スル場合ニハ其ノ多額ナル一方）ニ付適用シテ算出シタル税額ヲ普通所得ニ対スル所得税ニ加算スルコトヲ得

一　事業年度ノ普通所得中留保シタル金額ガ其ノ事業年度ニ於ケル普通所得ノ十分ノ三ニ相当スル金額ヲ超過スルトキハ其ノ超過金額

二　事業年度末ニ於ケル積立金及其ノ事業年度ノ普通所得中留保シタル金額ノ合計ガ其ノ事業年度末ニ於ケル払込株式金額又ハ出資金額ノ二分ノ一ニ相当スル金額ヲ超過スルトキハ其ノ超過金額但シ其ノ事業年度末ニ於ケル積立金ガ払込株式金額又ハ出資金額ノ二分ノ一ヲ超過スル場合ニ於テハ其ノ超過額ハ之ヲ控除ス

本令ニ於テ同族会社トハ株主又ハ社員ノ一人及之ト親族、使用人等特殊ノ関係アル者ノ株式金額又ハ出資金額ノ合計ガ其ノ法人ノ株式金額又ハ出資金額ノ二分ノ一以上ニ相当スル法人ヲ謂フ

第二十七条　第二種ノ所得ニ対スル所得税ハ左ノ税率ニ依リ之ヲ賦課ス

甲　国債ノ利子　百分ノ一・五

其ノ他　百分ノ三

乙　百分ノ五

第二十八条　第三種ノ所得ニ対スル所得税ハ所得金額ヲ左ノ各級ニ区分シ逓次ニ各税率ヲ適用シテ之ヲ賦課ス但シ山林ノ所得ハ山林以外ノ所得ト之ヲ区分シ其ノ所得ヲ五分シタル金額ニ対シ此ノ税率ヲ適用シテ算出シタル金額ヲ五倍シタルモノヲ以テ其ノ税額トス

千五百円以下ノ金額	百分ノ〇・六
千五百円ヲ超ユル金額	百分ノ一・五
二千円ヲ超ユル金額	百分ノ二
三千円ヲ超ユル金額	百分ノ三
五千円ヲ超ユル金額	百分ノ四
七千円ヲ超ユル金額	百分ノ五
一万円ヲ超ユル金額	百分ノ六・五
一万円五千円ヲ超ユル金額	百分ノ八
二万円ヲ超ユル金額	百分ノ九・五
三万円ヲ超ユル金額	百分ノ十一
四万円ヲ超ユル金額	百分ノ十三
五万円ヲ超ユル金額	百分ノ十五
七万円ヲ超ユル金額	百分ノ十七
十万円ヲ超ユル金額	百分ノ十九
二十万円ヲ超ユル金額	百分ノ二十一
五十万円ヲ超ユル金額	百分ノ二十三
百万円ヲ超ユル金額	百分ノ二十五
二百万円ヲ超ユル金額	百分ノ二十七
三百万円ヲ超ユル金額	百分ノ三十
四百万円ヲ超ユル金額	百分ノ三十三

前項ノ場合ニ於テ戸主及其ノ同居家族ノ所得金額ハ之ヲ合算シ其ノ総額ニ対シ税率ヲ適用シテ算出シタル金額ヲ各其ノ所得金額ニ案分シテ各其ノ税額ヲ定ム戸主ト別居スル二人以上ノ同居家族ノ所得金額ニ付亦同ジ

第二十九条　第一種ノ所得ニ付納税義務アル者ハ大使ノ定ムル所ニ依リ財産目録、貸借対照表、損益計算書又ハ清算若ハ合併ニ関スル計算書並ニ第四条乃至第九条ノ規定ニ依リ計算シタル所得及資本金額ノ明細書ヲ添付シ其ノ所得ヲ政府ニ申告スベシ但シ関東州ニ本店又ハ主タル事務所ヲ有セザル法人ハ関東州ニ於ケル資産又ハ営業ニ関スル損益ヲ計算シタル所得及資本金額ノ明細書ヲ添付スベシ

前項ノ規定ハ第一種ノ所得ニ付所得税ヲ課セラルベキ法人ニ付其ノ所得ナキ場合ニ之ヲ準用ス

第四条第二項ノ規定ニ依ル控除ヲ受ケントスル者ハ第一項ノ申告ト同時ニ大使ノ定ムル所ニ依リ其ノ申請書ヲ提出スベシ

第三十条　第三種ノ所得ニ付納税義務アル者ハ大使ノ定ムル所ニ依リ毎年三月十五日迄ニ所得ノ種類及金額ヲ詳記シ政府ニ申告スベシ

第十五条又ハ第十六条ノ規定ニ依ル控除ヲ受ケントスル者ハ前項ノ申告ト同時ニ大使ノ定ムル所ニ依リ其ノ申請書ヲ提出スベシ

第三十一条　第一種ノ所得金額ハ第二十九条ノ申告ニ依リ、申告ナキトキ又ハ申告ヲ不相当ト認ムルトキハ政府ノ調査ニ依

リ政府ニ於テ之ヲ決定シ第三種ノ所得金額ハ所得調査委員会ニ諮問シ政府ニ於テ之ヲ決定ス

所得調査委員会閉会後第三種ノ所得ノ決定ニ付脱漏アルコトヲ発見シタルトキハ其ノ決定ヲ為スベカリシ年ノ翌年以後ニ於ケル所得調査委員会ニ諮問シ政府ニ於テ其ノ所得金額ヲ決定スルコトヲ得

所得調査委員会閉会後第三種ノ所得ヲ有スル者納税義務アルコトヲ申出デ又ハ納税義務者所得金額ノ増加アルコトヲ申出デタルトキハ前二項ノ規定ニ拘ラズ政府ニ於テ其ノ所得金額ヲ決定ス

第三十二条　各民政署所轄内ニ所得調査委員会ヲ置ク

所得調査委員会ハ会長及調査委員ヲ以テ之ヲ組織ス

会長ハ民政署長ヲ以テ之ニ充ツ

調査委員ノ定数ハ大使之ヲ定ム

第三十三条　調査委員ハ所得調査委員会ノ属スル区域内ニ居住シ前年第三種ノ所得税ヲ納メ其ノ年第三十条第一項ノ申告ヲ為シタル者ニ付関東州庁長官之ヲ命ズ

前項ノ場合ニ於テ被相続人ハ為シタル納税又ハ申告ハ其ノ相続人ノ納税又ハ申告ト看做ス

第三十四条　調査委員ノ任期ハ二年トス但シ補欠ノ調査委員ノ任期ハ前任者ノ残任期間トス

第三十五条　調査委員左ノ各号ノ一ニ該当スルニ至リタルトキハ其ノ職ヲ失フ

一　第三種ノ所得ニ付納税義務ヲ有セザルニ至リタルトキ

二　所得調査委員会ノ属スル区域内ニ居住セザルニ至リタルトキ

調査委員職務ヲ怠リ又ハ体面ヲ汚損スル行為アリタルトキハ関東州庁長官ハ之ヲ解任スルコトヲ得

第三十六条　調査委員ニハ大使ノ定ムル所ニ依リ手当及旅費ヲ給ス

第三十七条　所得調査委員会ノ議事ニ関スル事項ハ大使之ヲ定ム

第三十八条　七月十五日迄ニ所得調査委員会成立セザルトキ又ハ諮問事項ヲ議了セザルトキハ政府ハ直ニ所得金額ヲ決定ス

第三十九条　関東州ニ於テ利子支払ヲ為スベキ公債又ハ社債ヲ募集シタル者ハ遅滞ナク其ノ公債又ハ社債ニ付左ノ事項ヲ記載シタル調書ヲ政府ニ提出スベシ

一　公債又ハ社債ノ名称及其ノ総額

二　利子支払期限及利率

三　償還ノ方法及期限

四　数回ニ分ケテ払込ヲ為サシムルトキハ其ノ払込ノ金額及時期

第四十条　第三種ノ所得ニ属スル俸給、給料、歳費、年金、恩給、賞与若ハ此等ノ性質ヲ有スル給与ノ支払ヲ為ス者又ハ利益若ハ利息ノ配当若ハ剰余金ノ分配ヲ為ス法人ハ大使ノ定ムル所ニ依リ支払調書ヲ政府ニ提出スベシ

前項ノ支払調書ヲ提出シタル者ニ対シテハ大使ノ定ムル金額ヲ交付スルコトヲ得

第四十一条　税務官吏ハ調査上必要アルトキハ納税義務者、納税義務アリト認ムル者又ハ前条ノ支払調書ヲ提出スル義務アル者ニ質問シ又ハ其ノ所得若ハ支払ニ関スル帳簿物件ヲ検査

スルコトヲ得

第四十二条　税務官吏ハ調査上必要アルトキハ納税義務者又ハ納税義務アリト認ムル者ニ金銭又ハ物品ヲ支払フノ義務ヲ有スト認ムル者ニ対シ其ノ金額、数量、価格又ハ支払期日ニ付質問スルコトヲ得

第四十三条　第三十一条若ハ第三十八条ノ規定ニ依リ第一種若ハ第三種ノ所得金額ヲ決定シタルトキ又ハ第二十六条ノ規定ニ依リ税額ヲ加算シタルトキハ政府ハ之ヲ納税義務者ニ通知スベシ

関東州ニ住所若ハ居所又ハ営業所ヲ有セザル納税義務者納税管理人ノ申告ヲ為サザルトキハ前項ノ通知ハ公告ヲ以テ之ヲ為スコトヲ得此ノ場合ニ於テ公告ノ初日ヨリ七日ヲ経過シタルトキハ其ノ通知アリタルモノト看做ス

第四十四条　納税義務者前条ノ規定ニ依リ政府ノ通知シタル所得金額又ハ加算税額ニ対シテ異議アルトキハ通知ヲ受ケタル日ヨリ二十日内ニ不服ノ事由ヲ具シ政府ニ審査ノ請求ヲ為スコトヲ得

前項ノ請求アリタル場合ト雖モ政府ハ税金ノ徴収ヲ猶豫セズ

第四十五条　前条第一項ノ請求アリタルトキハ所得審査委員会ニ諮問シ政府ニ於テ之ヲ決定ス

所得審査委員会ハ前条第一項ノ請求ヲ為シタル者ニ対シ其ノ所得ニ関スル事実ヲ質問スルコトヲ得

第四十六条　所得審査委員会ハ関東州庁ニ之ヲ置ク

所得審査委員会ハ会長及審査委員六人ヲ以テ之ヲ組織ス

会長ハ関東州庁高等官中ヨリ大使之ヲ命ズ

審査委員ハ関東州庁高等官中ヨリ三人、調査委員中ヨリ三人ヲ大使ニ於テ命ズ

所得審査委員会ノ議事ニ関スル事項ハ大使之ヲ定ム

第四十七条　調査委員中ヨリ命ゼラレタル審査委員ニハ大使ノ定ムル所ニ依リ日当及旅費ヲ給ス

第四十八条　第三種ノ所得ニ付納税義務アル者第十三条第一項第五号及第六号ノ所得金額二分ノ一以上ヲ減損シタルトキハ政府ニ所得金額ノ更訂ノ請求ヲ為スコトヲ得但シ翌年一月三十一日ヲ過ギタルトキハ此ノ限ニ在ラズ

所得金額決定後相続、贈与又ハ営業承継ニ因リ所得金額ヲ減損シタル場合ニハ前項ノ規定ヲ適用セズ

第四十九条　前条第一項ノ請求アリタルトキハ政府ハ所得金額ヲ査覈シ二分ノ一以上ノ減損アリトキハ之ヲ更訂ス

第五十条　第一種ノ所得ニ付テハ事業年度毎ニ所得税ヲ徴収ス但シ清算所得ニ付テハ清算又ハ合併ノ際之ヲ徴収ス

第二種ノ所得ニ付テハ其ノ金額支払ノ際支払者其ノ所得税ヲ徴収シ翌月十日迄ニ之ヲ政府ニ納ムベシ

第三種ノ所得ニ付テハ所得税ノ年額ヲ三分シ左ノ三期ニ於テ之ヲ徴収ス但シ納税義務者納税管理人ノ申告ヲ為サズシテ関東州外ニ住所又ハ居所ヲ移ストキハ直ニ其ノ所得税ヲ徴収スルコトヲ得

第一期　其ノ年八月一日ヨリ三十一日限

第二期　其ノ年十一月一日ヨリ三十日限

第三期　翌年二月一日ヨリ末日限

第五十一条　前条第二項ノ規定ニ依リ徴収スベキ所得税ヲ徴収

セザルトキ又ハ其ノ徴収シタル税金ヲ納付セザルトキハ国税徴収ノ例ニ依リ之ヲ支払者ヨリ徴収ス

第五十二条　法人解散シタル場合ニ於テ清算所得ニ対スル所得税又ハ前条ノ規定ニ依リ徴収セラルル税金ヲ納付セズシテ残余財産ヲ分配シタルトキハ其ノ税金ニ付清算人連帯シテ納税ノ義務アルモノトス

第五十三条　第四十八条第一項ノ請求アリタルルトキハ政府ハ更訂処分ノ確定スルニ至ル迄税金ノ徴収ヲ猶豫スルコトヲ得

第五十四条　第三種ノ所得ニ付二以上ノ民政署所轄内ニ於テ所得金額ノ決定アリタルトキハ政府ハ納税義務者ノ住所地以外、住所ナキトキハ居所地以外ニ於ケル所得金額ノ決定ヲ取消スベシ

第五十五条　第一種及第三種ノ所得ニ対スル所得税ハ納税義務者ノ住所地、住所ナキトキハ居所地又ハ営業所ノ所在地ヲ以テ納税地トス但シ住所地以外ニ在ル者ハ申告シテ居所地ニ於テ所得税ヲ納ムルコトヲ得

関東州ニ住所及居所又ハ営業所ナキ者ハ納税地ヲ定メ政府ニ申告スベシ申告ナキトキハ政府其ノ納税地ヲ指定ス

五十六条　納税義務者納税地ニ現住セザルトキ又ハ営業所ナキトキハ其ノ所得ノ申告、納税其ノ他所得税ニ関スル一切ノ事項ヲ処理セシムル為納税管理人ヲ定メ政府ニ申告スベシ関東州外ニ住所、居所又ハ営業所ヲ移サントスルトキ亦同ジ

第五十七条　同族会社ノ行為又ハ計算ニシテ其ノ所得又ハ株主社員若ハ之ト親族、使用人等特殊ノ関係アル者ノ所得ニ付所得税逋脱ノ目的アリト認メラルルモノアル場合ニ於テハ其ノ行為又ハ計算ニ拘ラズ政府ハ其ノ認ムル所ニ依リ此等ノ者ノ所得金額ヲ計算スルコトヲ得

第五十八条　本令ニ於テハ法人ニ非ザル社団モ亦之ヲ法人ト看做ス

前項ノ社団其ノ財産ヲ以テ所得税ヲ完納スルコト能ハザルトキハ其ノ税金ニ付社員連帯シテ納税ノ義務アルモノトス

第五十九条　大使ハ本令ニ定ムルモノノ外所得税ニ関シ必要ナル規定ヲ設クルコトヲ得

附　則

第六十条　本令ハ昭和十二年七月一日ヨリ之ヲ施行ス

第二種甲ノ所得ニシテ支払期ノ本令施行前ニ属スルモノ及第二種乙ノ所得ニシテ本令施行前ニ終了シタル法人ノ各事業年度ニ属スルモノニ付テハ本令ヲ適用セズ

第三種ノ所得ニ付テハ昭和十二年分所得税ヨリ本令ヲ適用ス

第六十一条　昭和十二年分及同十三年分ノ第三種ノ所得中所得税法施行地、朝鮮、台湾又ハ樺太ニ於ケル法令ニ依リ本令施行ノ日ノ前日迄ニ第二種乙ノ所得トシテ所得税ヲ課セラレタル所得アル場合ニ於テハ大使ノ定ムル所ニ依リ其ノ所得ニ付納付シタル税額ヲ第二十八条ノ規定ニ依リ計算シタル税額ヨリ控除シタル残額ヲ以テ其ノ年分ノ所得税額トス

第六十二条　昭和十二年分ニ限リ第二十八条及前条ノ規定ニ依リ算出シタル第三種ノ所得ニ対スル所得税ハ其ノ半額ヲ以テ税額トシ第五十条第三項中三分シトアルハ二分シトシ三期トアルハ二期トシ其ノ納期ハ左ノ通トス

第一期　其ノ年十二月一日ヨリ二十八日限

第二期　翌年二月一日ヨリ末日限

第六十三条　昭和十二年分ノ第三種ノ所得ニ対スル所得税ニ限リ第十五条中三月一日トアルハ七月一日、第三十条中三月十五日トアルハ八月三十一日、第三十八条中七月十五日トアルハ十一月十五日トス

第六十四条　本令施行前ニ終了シタル法人ノ各事業年度ノ所得及本令施行前ニ於ケル解散又ハ合併ニ因ル清算所得ニ付テハ仍従前ノ例ニ依ル

第六十五条　昭和十二年中ニ命ズベキ調査委員ハ所得調査委員会ノ属スル区域内ニ居住シ其ノ年第三十条第一項ノ規定ニ依ル申告ヲ為シタル者ニ就キ関東州庁長官之ヲ命ズ

前項ノ規定ニ依リ命ゼラレタル調査委員ノ任期ハ昭和十四年五月三十一日ヲ以テ終了ス

第六十六条　本令施行前関東州ニ於テ利子支払ヲ為スベキ公債又ハ社債ヲ発行シタル者ハ本令施行後遅滞ナク第三十九条第一号乃至第四号ニ規定スル事項ヲ記載シタル調書ヲ政府ニ提出スベシ

第六十七条　法人ニ非ザル社団ノ超過所得ニ対スル税率ハ当分ノ内第二十五条中百分ノ四トアルハ百分ノ二、百分ノ十トアルハ百分ノ五、百分ノ二十トアルハ百分ノ十トス

第六十八条　法人ニ非ザル社団ノ所得ニ対スル所得税ノ賦課ニ付テハ当分ノ内第二十六条ノ規定ヲ適用セズ

第六十九条　南満洲鉄道附属地ニ於テ公債、社債又ハ銀行預金（東洋拓殖株式会社ノ預金ヲ含ム）ノ利子支払ヲ為ス者ハ大使ノ定ムル所ニ依リ関東州ニ居住スル者ニ対スル支払調書ヲ政府ニ提出スベシ

第四十条第二項ノ規定ハ前項ノ場合ニ付之ヲ準用ス

税務官吏ハ第一項ノ支払調書ヲ提出スル義務アル者ニ質問シ又ハ其ノ支払ニ関スル帳簿物件ヲ検査スルコトヲ得

○昭和十二年勅令第六百八十五号（抄）

昭和十二年十二月一日勅令第六百八十五号

第三十六条　関東州所得税令中左ノ通改正ス

第三十二条第一項中「各民政署」ヲ「各税務署及民政署」ニ、同条第三項中「民政署長」ヲ「税務署長又ハ民政署長」ニ改ム

第五十四条中「民政署」ヲ「税務署又ハ民政署」ニ改ム

第六十九条ヲ削ル

○関東州所得税令中改正

昭和十三年四月一日勅令第二百十号

第二条ニ左ノ一号ヲ加フ

四　関東州ニ於テ一時恩給又ハ之ニ類スル退職給与ノ支払ヲ受クルトキ

第三条「但シ」ノ下ニ「貯蓄債券又ハ」ヲ加ヘ同条第二種ニ左ノ一号ヲ加フ

丙　関東州ニ於テ支払ヲ受クル一時恩給又ハ之ニ類スル退職給与

第十一条中「又ハ樺太」ヲ「、樺太又ハ南洋群島」ニ、「又ハ関東州」ヲ「、南洋群島又ハ関東州」ニ改ム

第十二条ニ左ノ但書ヲ加フ

　但シ一時恩給又ハ之ニ類スル退職給与ハ其支払ヲ受クベキ金額ヨリ五千円ヲ控除シタル金額ニ依ル

第十三条第一項第一号ノ次ニ左ノ一号ヲ加フ

　一ノ二　第二種ノ所得ニ属セザル一時恩給及之ニ類スル退職給与ハ前年中ノ収入金額ヨリ支払者ヲ異ニスル毎ニ五千円ヲ控除シタル金額

同条第一項第五号中「年金」ノ下ニ「(郵便年金ヲ除ク)」ヲ、「恩給」ノ下ニ「(一時恩給ヲ除ク)」ヲ加フ

第十五条第四項ヲ左ノ如ク改ム

　同一人ノ所得ニ付前三項ノ規定ニ依ル控除ヲ為ス場合ニ於テハ先ヅ第十三条第一項第一号ノ二及第二号ノ所得以外ノ所得ニ付之ヲ為シ不足アルトキハ順次同項第二号及第一号ノ二ノ所得ニ及ブ

第十八条及第十九条中「又ハ樺太」ヲ「、樺太又ハ南洋群島」ニ改ム

第二十条第五号ヲ左ノ如ク改ム

　五　第十三条第一項第六号ノ所得中営利ノ事業ニ属セザル一時ノ所得

同条第六号中「又ハ樺太」ヲ「、樺太又ハ南洋群島」ニ、第七号中「及樺太」ヲ「樺太及南洋群島」ニ改ム

第二十二条及第二十五条第五項中「又ハ樺太」ヲ「、樺太又ハ南洋群島」ニ改ム

第二十七条ニ左ノ一号ヲ加フ

　丙　所得金額ヲ左ノ各級ニ区分シ逓次ニ各税率ヲ適用ス

　　二万円以下ノ金額　百分ノ三
　　二万円ヲ超ユル金額　百分ノ六
　　十万円ヲ超ユル金額　百分ノ十四
　　五十万円ヲ超ユル金額　百分ノ二十

第二十八条第一項但書ヲ左ノ如ク改ム

　但シ第十三条第一項第一号ノ二及第二号ノ所得ハ其ノ他ノ所得ト之ヲ区分シ同項第一号ノ二ノ所得ニ付テハ支払者ヲ異ニスル金額毎ニ前条第一項丙ノ税率ヲ適用シテ算出シタル金額ヲ以テ其ノ税額トシ第十三条第一項第二号ノ所得ニ付テハ其ノ所得ヲ五分シタル金額ニ対シ本項ノ税率ヲ適用シテ算出シタル金額ヲ五倍シタルモノヲ以テ其ノ税額トス

同条第二項中「前項ノ場合ニ於テ」ノ下ニ「第十三条第一項第一号ノ二ノ所得ヲ除クノ外」ヲ加フ

第三十六条ノ二　調査委員ハ自己ノ所属スル所得調査委員会ノ調査ニ依リ決定セラレタル課税標準額ニ対スル審査ノ請求ニ付納税義務者ノ代理ヲ為シ若ハ其ノ相談ニ応ズルヲ以テ業ト為シ又ハ報職ヲ得テ此等ノ事務ヲ行フコトヲ得ズ

附　則

本令ハ公布ノ日ヨリ之ヲ施行ス

本令施行前ニ終了シタル法人ノ各事業年度分ノ所得及本令施行前ニ於ケル解散又ハ合併ニ因ル清算所得ニ付テハ本令ヲ適用セズ

一時恩給又ハ之ニ類スル退職給与ニシテ本令施行前ノ退職ニ因

ルモノニハ本令ヲ適用セズ
第三種ノ所得ニ付テハ昭和十三年分所得税ヨリ本令ヲ適用ス
関東州北支事件特別税令第三条及第四条中「其ノ所得ニ対スル」ヲ「其ノ所得ニ対シ関東州所得税令ニ依リ算出シタル」ニ改メ
同令第十七条第一項ニ左ノ但書ヲ加フ
但シ南洋群島ニ本店又ハ主タル事務所ヲ有スル法人ニ付テハ此ノ限ニ在ラズ
関東州外貨債特別税令第十一条ニ左ノ但書ヲ加フ
但シ南洋群島ニ本店又ハ主タル事務所ヲ有スル法人ニ付テハ此ノ限ニ在ラズ

○関東州所得税令中改正

昭和十五年三月三十一日勅令第百七十二号

第三条中「乙　法人ノ超過所得」ヲ削リ「丙　法人ノ清算所得」ヲ「乙　法人ノ清算所得」ニ改ム
第四条第一項中「保険会社」ヲ「相互保険会社及会員組織ノ取引所」ニ、「利益金又ハ剰余金」ヲ「剰余金」ニ、同条第三項中「前二項」ヲ「前四項」ニ改メ同条第二項ヲ左ノ如ク改ム
法人ガ各事業年度ニ於テ納付シタル又ハ納付スベキ第一種所得税及臨時利得税ハ前項ノ所得ノ計算上之ヲ損金ニ算入セズ
法人ノ各事業年度開始ノ日前三年間ニ開始シタル事業年度ニ於テ生ジタル損金ニシテ満洲国駐箚特命全権大使ノ定ムルモノハ第一項ノ所得ノ計算上之ヲ損金ニ算入ス
前二項ノ規定ハ相互保険会社又ハ会員組織ノ取引所ノ剰余金ノ計算ニ付之ヲ準用ス
第五条　前条ノ規定ニ依リ法人ノ普通所得ヲ計算スル場合ニ於テ法人ガ国債ヲ所有スルトキハ国債ノ利子額中其ノ国債ヲ所有シタル期間ノ利子額ノ百分ノ七十ニ相当スル金額ヲ大使ノ定ムル所ニ依リ其ノ所得ヨリ控除ス但シ国債ノ利子ガ外貨債特別税又ハ公債及社債利子税ヲ課セラルルモノナルトキハ其ノ控除額ハ其ノ国債ヲ所有シタル期間ノ利子額ヨリ其ノ利子額ニ対スル外貨債特別税相当額又ハ公債及社債利子税相当額ヲ控除シタル残額ノ百分ノ七十ニ相当スル金額トス
前項ノ規定ハ配当利子特別税法施行地、朝鮮、台湾、樺太又ハ南洋群島ノ法令ニ依リ課セラルル配当利子特別税又ハ公債及社債利子税ニ付之ヲ準用ス
第六条　法人ノ各事業年度ノ臨時利得税額ハ当該事業年度ノ普通所得金額ヨリ之ヲ控除ス
所得税ヲ課スベキ所得ト其ノ他ノ所得トヲ有スル法人ノ所得金額ヨリ控除セラルベキ臨時利得税額ハ大使ノ定ムル所ニ依リ之ヲ計算ス
第七条　法人解散シタル場合ニ於テ其ノ残余財産ノ価格ガ解散当時ノ払込株式金額又ハ出資金額及積立金額ノ合計金額ヲ超過スルトキハ其ノ超過金額ヲ以テ法人ノ清算所得トス
法人合併ヲ為シタル場合ニ於テ合併ニ因リテ消滅シタル法人ノ株主又ハ社員ガ合併後存続スル法人若ハ合併ニ因リテ設立シタル法人ヨリ合併ニ因リテ取得スル株式ノ払込済金額又ハ出資金額及金銭ノ総額ガ合併ニ因リテ消滅シタル法人ノ合併当時ノ払込株式金額又ハ出資金額及積立金額ノ合計金額ヲ超

過スルトキハ其ノ超過金額ハ之ヲ合併ニ因リテ消滅シタル法人ノ清算所得ト看做ス

第五条ノ規定ハ法人ノ清算所得ノ計算ニ付之ヲ準用ス

第八条　法人ノ清算期間中ニ於テ生ジ又ハ合併ニ因リ生ジタル所得ニシテ本令ニ依リ所得税ヲ課セラレザルモノノ金額ハ法人ノ清算所得金額ヨリ之ヲ控除ス

第九条　本令ニ於テ積立金額トハ積立金其ノ他名義ノ何タルヲ問ハズ法人ノ普通所得中其ノ留保シタル金額ヲ謂フ

第一種所得税及臨時利得税トシテ納付スベキ金額ハ前項ノ留保シタル金額ニハ之ヲ算入セズ

第十一条　法人税法施行地、朝鮮、台湾、樺太又ハ南洋群島ニ本店又ハ主タル事務所ヲ有スル法人ガ法人税法施行地、朝鮮、台湾、樺太、南洋群島又ハ関東州ニ本店又ハ主タル事務所ヲ有スル法人ト合併ヲ為シタル場合ニ於テ合併後存続スル法人又ハ合併ニ因リテ設立シタル法人ガ関東州ニ本店又ハ主タル事務所ヲ有スルトキハ合併後存続スル法人又ハ合併ニ因リテ設立シタル法人ハ合併ニ因リテ消滅シタル法人ノ最後ノ事業年度分ノ所得ニ付所得税ヲ納ムル義務アルモノトス

前項ノ場合ニ於テ合併ニ因リテ消滅シタル法人中法人税施行地、朝鮮、台湾、樺太又ハ南洋群島ニ本店又ハ主タル事務所ヲ有シタル法人ノ所得ニ付テハ第二十五条ノ規定ニ拘ラズ各当該地ニ於ケル法令ニ依リ算出シタル所得ニ対スル法人税額又ハ第一種ノ所得ニ対スル所得税額ニ相当スル金額ヲ以テ所得税ノ税額トス

第十二条ノ二　左ノ金額ハ之ヲ法人ヨリ受クル利益ノ配当ト看做シ本令ヲ適用ス

一　株式ノ消却ニ因リ支払ヲ受クル金額又ハ退社若ハ出資ノ減少ニ因リ持分ノ払戻トシテ受クル金額ガ其ノ株式ノ払込済金額又ハ出資金額ヲ超過スル場合ニ於ケル其ノ超過金額

二　法人解散シタル場合ニ於テ残余財産ノ分配トシテ株主又ハ社員ノ受クル金額ガ其ノ株式ノ払込済金額又ハ出資金額ヲ超過スル場合ニ於ケル其ノ超過金額

三　法人合併ヲ為シタル場合ニ於テ合併ニ因リテ消滅シタル法人ノ株主又ハ社員ガ合併後存続スル法人又ハ合併ニ因リテ設立シタル法人ヨリ合併ニ因リテ取得スル株式ノ払込済金額又ハ出資金額及金銭ノ総額ガ其ノ株主又ハ社員ノ有シタル株式ノ払込済金額又ハ出資金額ヲ超過スル場合ニ於ケル其ノ超過金額

第十三条第一項第三号中「前年三月一日ヨリ其ノ年二月末日迄」ヲ「前年中」ニ改メ、第五号但書及六号但書ヲ削リ、同条第二項ヲ左ノ如ク改ム

第三種所得税ハ前項第二号及第六号ノ必要ノ経費ニ之ヲ算入セズ

第十八条中「所得税法施行地」ヲ「法人税法施行地」ニ改メ、「乙並ニ」ヲ削ル

第二十条第一号及第二号ヲ左ノ如ク改ム

一　軍人及軍属ノ従軍中ノ俸給、手当及賞与

二　傷痍疾病者ノ恩給並ニ遺族ノ恩給及年金

同条第六号中「所得税法施行地」ヲ削リ第七号ヲ第八号トシ第六号ノ次ニ左ノ一号ヲ加フ

七　所得税法ニ依リ分類所得税ヲ課スル公債、社債又ハ銀行預金ノ利子及合同運用信託ノ利益並ニ一時恩給又ハ之ニ類スル退職給与

第二十一条第一項中「製造業ヲ営ム者」ヲ「製造、採掘又ハ採取ヲ業トスル者」ニ、同条第二項中「製造業」ヲ「製造、採掘若ハ採取ノ事業」ニ改ム

第二十二条中「所得税法施行地」ヲ「所得税法及法人税法ノ施行地」ニ、「所得税ヲ免除スル」ヲ「所得税又ハ法人税ヲ免除スル」ニ、「製造業」ヲ「製造、採掘又ハ採取ノ事業」ニ改ム

第二十五条第一項ヲ左ノ如ク改ム

甲　普通所得

関東州ニ本店又ハ主タル事務所ヲ有スル法人　百分ノ六

関東州ニ本店又ハ主タル事務所ヲ有セザル法人　百分ノ九

乙　清算所得　百分ノ九

同条第五項ヲ左ノ如ク改ム

前三項ノ規定ハ法人ノ所得税法ニ依リ納付シタル配当利子所得ニ対スル分類所得税額、朝鮮、台湾、樺太又ハ南洋群島ニ於ケル法令ニ依リ納付シタル第二種ノ所得ニ対スル所得税額及台湾ニ於ケル法令ニ依リ納付シタル配当税額ニ付之ヲ準用ス

第二十六条第一項第二号ヲ左ノ如ク改メ、同条第二項中「使用人」ノ下ニ「、大使ノ定ムル出資関係アル法人」ヲ加フ

二　事業年度ノ普通所得中留保シタル金額ヨリ其ノ事業年度ニ於ケル普通所得ノ十分ノ一ニ相当スル金額ヲ控除シタル残額及其ノ事業年度末ニ於ケル積立金額ノ合計ガ其ノ事業年度末ニ於ケル払込株式金額又ハ出資金額ノ二分ノ一ニ相当スル金額ヲ超過スルトキハ其ノ超過金額但シ其ノ事業年度末ニ於ケル積立金額ガ払込株式金額又ハ出資金額ノ二分ノ一ヲ超過スル場合ニ於テハ其ノ超過額ハ之ヲ控除シタル残額ニ依ル

同条第一項ノ次ニ左ノ一項ヲ加フ

前項ノ普通所得及普通所得中留保シタル金額ハ其ノ事業年度ノ第一種所得税額(前項ノ規定ニ依リ加算スル税額ヲ含マズ)及第六条ノ規定ニ依リ控除スベキ臨時利得税額ヲ其ノ事業年度ノ普通所得及普通所得中留保シタル金額ノ双方ヨリ控除シタル残額ニ依ル

第二十九条第一項中「第四条乃至第九条」ヲ「第四条、第七条及第九条」ニ、「但シ」ヲ「尚」ニ改メ「法人」ノ下ニ「右ノ外」ヲ加ヘ「及資本」ヲ削ル

同条第三項中「第四条第二項」ヲ「第五条」ニ改ム

第四十八条　第三種ノ所得ニ付納税義務アル者災害、失業其ノ他ノ事由ニ因リ著シク資力ヲ喪失シ納税困難ト認ムルトキハ政府ハ大使ノ定ムル所ニ依リ所得税ヲ軽減又ハ免除スルコトヲ得

第四十九条　削除

第五十三条　政府ハ第四十八条ノ規定ニ依リ軽減又ハ免除セラルル所得税ニ付軽減又ハ免除ニ関スル処分ノ確定スルニ至ル迄税金ノ徴収ヲ猶豫スルコトヲ得

第五十七条中「使用人」ノ下ニ「、大使ノ定ムル出資関係アル法人」ヲ加フ

第六十七条　削除

附　則

本令ハ昭和十五年四月一日ヨリ之ヲ施行ス但シ第三種ノ所得ニ付テハ昭和十五年分所得税ヨリ之ヲ適用ス

法人ノ本令施行前ニ終了シタル各事業年度ノ所得及本令施行前ニ於ケル解散又ハ合併ニ因リ清算所得ニ対スル所得税ニ付テハ仍従前ノ例ニ依ル

昭和十五年四月一日ヲ含ム事業年度ノ直前事業年度前ノ各事業年度分ノ第一種所得税及臨時利得税ハ関東州所得税令第四条第二項ノ改正規定ニ拘ラズ法人ノ各事業年度ノ所得ノ計算上之ヲ損金ニ算入ス

左ニ掲グル第三種ノ所得ニ付テハ政府ハ大使ノ定ムル所ニ依リ昭和十五年分又ハ昭和十六年分ニ限リ所得税ヲ軽減若ハ免除シ又ハ所得金額ノ計算ニ関シ特例ヲ設クルコトヲ得

一　昭和十四年一月一日ヨリ昭和十六年一月一日ニ至ル期間引続キ有シタルニ非ザル資産、営業又ハ職業ノ所得

二　昭和十四年一月一日ヨリ昭和十六年一月一日ニ至ル期間引続キ支給ヲ受ケタルニ非ザル俸給、給料、歳費、年金及恩給並ニ此等ノ性質ヲ有スル給与

賞与又ハ賞与ノ性質ヲ有スル給与ニ付テハ昭和十五年分ニ限リ関東州所得税令第十三条第一項第三号ノ改正規定ニ拘ラズ昭和十四年三月一日ヨリ同年十二月三十一日迄ノ収入金額ヲ第三種ノ所得トシテ計算ス

○関東州所得税令中改正

昭和十六年三月二十九日勅令第二百九十五号

第二十八条ノ二　第三種ノ所得中所得税法ニ依リ勤労所得トシテ分類所得税ヲ課セラレタル所得アル場合ニ於テハ大使ノ定ムル所ニ依リ其ノ第三種ノ所得ニ対スル所得税額ヨリ当該勤労所得ニ対スル分類所得税額ヲ控除ス

第三十一条ニ左ノ二項ヲ加フ

第三種ノ所得ニ付納税義務アル者第一項ノ規定ニ依ル所得金額決定前ニ納税管理人ノ申告ヲ為サズシテ関東州ニ住所及居所ヲ有セザルニ至ルトキハ第一項ノ規定ニ拘ラズ政府ノ調査ニ依リ政府ニ於テ其ノ所得金額ヲ決定スルコトヲ得

前四項ノ規定ハ第十四条乃至第十六条ノ規定ニ依ル控除ニ因リ徴収税額ナシト認ムル者ニ付テハ之ヲ適用セズ

第三十四条中「任期ハ二年」ヲ「任期ハ任命ノ日ノ属スル月ヨリ二年」ニ改ム

第三十四条ノ二　税務署又ハ民政署ノ管轄区域ノ変更ニ因リ其ノ税務署又ハ民政署所轄内ニ於ケル第三種ノ所得ニ付其ノ年所得金額ノ決定ヲ受ケタル者（其ノ年所得金額ノ決定前ナルトキハ前年所得金額ノ決定ヲ受ケタル者）ノ数ニ五分ノ一以上ノ増減アリタルトキハ調査委員ノ任期ハ其ノ管轄区域ノ変更アリタル月ヲ以テ終了スルモノトス

第三十四条ノ三　税務署ノ新設又ハ前条ノ場合ニ於ケル新任調査委員ノ任期ハ従前ノ税務署又ハ民政署所轄内ノ調査委員ノ残任期間ト同一期間トス

第四十二条　税務官吏ハ調査上必要アルトキハ納税義務者若ハ納税義務アリト認ムル者ニ金銭若ハ物品ヲ支払フノ義務ヲ有スト認ムル者ニ対シ又ハ納税義務者若ハ納税義務アリト認ムル者ヨリ金銭若ハ物品ノ支払ヲ受クルノ権利ヲ有スト認ムル者ニ対シ其ノ金額、数量、価格、支払期日等ニ付質問スルコトヲ得

第五十条三項中「第一期　其ノ年八月一日ヨリ三十一日限」ヲ「第一期　其ノ年九月一日ヨリ三十日限」ニ改ム

附　則

本令ハ公布ノ日ヨリ之ヲ施行ス

第三種ノ所得ニ付テハ昭和十六年分所得税ヨリ本令ヲ適用ス

○関東州所得税令中改正

昭和十七年三月二十八日勅令第二百五十二号

第十三条第二項中「第三種所得税」ノ下ニ「及臨時利得税」ヲ、同条同項ノ次ニ左ノ二項ヲ加フ

営業利得ニ対スル臨時利得税額ハ当該臨時利得税ヲ課セラルベキ年分ノ所得金額ヨリ之ヲ控除ス

関東州臨時利得税令ニ依リ臨時利得税ヲ課セラルル営業ノ所得ニシテ所得税ヲ課スベキ所得ト其ノ他ノ所得トヲ有スル場合ニ於テハ前項ノ規定ニ依リ控除スベキ臨時利得税額ハ大使ノ定ムル所ニ依リ之ヲ計算ス

第十五条第一項ヲ左ノ如ク改ム

前二条ノ規定ニ依リ算出シタル所得総額四千円以下ナルトキハ其ノ所得ヲ有スル者ノ申請ニ依リ其ノ所得ヨリ其ノ年一月一日現在ノ同居ノ妻並ニ同居ノ戸主及家族中年令十八歳未満若ハ六十歳以上又ハ不具癈疾ノ者一人ニ付百五十円ヲ控除ス但シ第二条ノ規定ニ依ル納税義務者ニ付テハ此ノ限ニ在ラズ

第十六条中「二百円」ヲ「二百四十円」ニ改ム

第五十二条中「解散シタル場合ニ於テ」ノ下ニ「各事業年度ノ所得若ハ」ヲ加フ

第五十九条　詐偽其ノ他不正ノ行為ニ依リ所得税ヲ逋脱シタル者ハ其ノ逋脱シタル税金ノ三倍ニ相当スル罰金又ハ科料ニ処ス但シ自首シ又ハ税務署長若ハ民政署長ニ申出デタル者ハ其ノ罪ヲ問ワズ

前項ノ場合ニ於テ第三種ノ所得ニ付所得税ヲ、逋脱シタル者ノ所得金額ハ所得調査委員会ニ諮問セズ政府ニ於テ之ヲ決定シ直ニ其ノ税金ヲ徴収ス

第五十九条ノ二　第三十六条ノ二ノ規定ニ違反シタル者ハ千円以下ノ罰金ニ処ス

第五十九条ノ三　正当ノ事由ナクシテ第四十条第一項ノ規定ニ依リ政府ニ提出スベキ支払調書ヲ提出セズ又ハ虚偽ノ記載ヲ為シタル支払調書ヲ提出シタル者ハ千円以下ノ罰金ニ処ス

前項ノ規定ニ依リ処罰セラレタル者ニ対シテハ其ノ提出ニ係ル支払調書ニ付第四十条第二項ノ規定ニ依ル金額ヲ交付セズ

第五十九条ノ四　第四十一条ノ規定ニ依ル税務官吏ノ質問ニ対シ答弁ヲ為サズ若ハ虚偽ノ陳述ヲ為シタル者、帳簿物件ノ検査ヲ拒ミ、妨ゲ若ハ忌避シタル者又ハ虚偽ノ記載ヲ為シタル帳簿ヲ呈示シタル者ハ千円以下ノ罰金又ハ科料ニ処ス

第五十九条ノ五　所得ノ調査又ハ審査ノ事務ニ従事シ又ハ従事シタル者其ノ調査又ハ審査ニ関シ知得タル秘密ヲ正当ノ事由ナクシテ漏洩シタルトキハ千円以下ノ罰金ニ処ス

第五十九条ノ六　大正十一年勅令第二百号第一条ノ規定ハ第五十九条ノ二乃至前条ノ罪ヲ犯シタル者ニ付テハ之ヲ適用セズ

附　則

本令ハ昭和十七年四月一日ヨリ之ヲ施行ス

第一種ノ所得ニ付テハ普通所得ニ対スル所得税ハ昭和十七年一月一日以後ニ終了スル事業年度分ヨリ、清算所得ニ対スル所得税ハ同日以後ニ於ケル解散又ハ合併ニ因ル分ヨリ、第三種ノ所得ニ付テハ昭和十七年分所得税ヨリ本令ヲ適用ス

第三十条第一項ノ規定ニ依リ所得ノ申告ヲ為シタル者第十五条第一項及第十六条ノ改正規定ニ依リ控除ヲ受ケントスルトキハ大使ノ定ムル所ニ依リ昭和十七年四月十五日迄ニ其ノ申請書ヲ政府ニ提出スベシ

昭和十七年分ノ第三種ノ所得ニ対スル所得税ニ限リ改正後ノ第十五条中一月一日トアルハ三月一日トス

○関東州所得税令中改正

昭和十八年三月三十一日勅令第三百三十三号

第二十条第八号中「及南洋群島」ヲ「、南洋群島及満州国」ニ改ム

第二十四条第一項中「千五百円」ヲ「千円」ニ改ム

第二十五条第一項ヲ左ノ如ク改ム

第一種ノ所得ニ対スル所得税ハ左ノ税率ニ依リ之ヲ賦課ス

甲　普通所得

関東州ニ本店又ハ主タル事務所ヲ有スル法人　百分ノ十五

関東州ニ本店又ハ主タル事務所ヲ有セザル法人　百分ノ二十二

乙　清算所得　百分ノ十五

第二十六条第一項中「百分ノ八」ヲ「百分ノ十」ニ、「百分ノ十二」ヲ「百分ノ十五」ニ、「百分ノ十六」ヲ「百分ノ二十」ニ、「百分ノ二十」ヲ「百分ノ二十六」ニ、「百分ノ二十五」ヲ「百分ノ三十二」ニ改ム

第二十七条　第二種ノ所得ニ対スル所得税ハ左ノ税率ニ依リ賦課ス

甲

国債ノ利子

利率年四分以下ノモノ　百分ノ三・六

利率年四分ヲ超ユルモノ　百分ノ四・五

国債以外ノ公債及社債ノ利子

利率年四分五厘以下ノモノ　百分ノ六

利率年四分五厘ヲ超ユルモノ　百分ノ七

其ノ他　百分ノ七・五

乙　百分ノ十

丙　所得金額ヲ左ノ各級ニ区分シ逓次ニ各税率ヲ適用ス

二万円以下ノ金額　百分ノ五

二万円ヲ超ユル金額　百分ノ八

十万円ヲ超ユル金額　百分ノ十六

五十万円ヲ超ユル金額	百分ノ二十五

第二十八条第一項ヲ左ノ如ク改ム

第三種ノ所得ニ対スル所得税ハ所得金額ヲ左ノ各級ニ区分シ逓次ニ各税率ヲ適用シテ之ヲ賦課ス但シ第十二条ノ二ニ規定スル利益ノ配当タル所得並ニ第十三条第一項第一号ノ二及第二号ノ所得ハ其ノ他ノ所得ト之ヲ区分シ第十二条ノ二ニ規定スル利益ノ配当タル所得及第十三条第一項第二号ノ所得ニ付テハ其ノ所得ヲ五分シタル金額ニ対シ本項ノ税率ヲ適用シテ算出シタル金額ヲ五倍シタルモノヲ以テ各其ノ税額トシ第十三条第一項第一号ノ二ノ所得ニ付テハ支払者ヲ異ニスル金額毎ニ前条丙ノ税率ヲ適用シテ算出シタル金額ヲ以テ其ノ税額トス

千二百円以下ノ金額	百分ノ一
千二百円ヲ超ユル金額	百分ノ一・五
千五百円ヲ超ユル金額	百分ノ二
二千円ヲ超ユル金額	百分ノ三
三千円ヲ超ユル金額	百分ノ五
五千円ヲ超ユル金額	百分ノ八
七千円ヲ超ユル金額	百分ノ十
一万円ヲ超ユル金額	百分ノ十二
一万五千円ヲ超ユル金額	百分ノ十四
二万円ヲ超ユル金額	百分ノ十六
三万円ヲ超ユル金額	百分ノ十八
四万円ヲ超ユル金額	百分ノ二十一
五万円ヲ超ユル金額	百分ノ二十四
七万円ヲ超ユル金額	百分ノ二十七
十万円ヲ超ユル金額	百分ノ三十
十五万円ヲ超ユル金額	百分ノ三十三
二十万円ヲ超ユル金額	百分ノ三十六
三十万円ヲ超ユル金額	百分ノ三十九
五十万円ヲ超ユル金額	百分ノ四十二
七十万円ヲ超ユル金額	百分ノ四十五
百万円ヲ超ユル金額	百分ノ五十
二百万円ヲ超ユル金額	百分ノ五十五
三百万円ヲ超ユル金額	百分ノ六十
四百万円ヲ超ユル金額	百分ノ六十五

附　則

本令ハ昭和十八年四月一日ヨリ之ヲ施行ス

第一種ノ所得ニ付テハ普通所得ニ対スル所得税ハ昭和十八年四月一日以後ニ終了スル事業年度分ヨリ、清算所得ニ対スル所得税ハ同日以後ニ於ケル解散又ハ合併ニ因ル分ヨリ、第三種ノ所得ニ付テハ昭和十八年分所得税ヨリ本令ヲ適用ス

第二十条第八号ノ改正規定ハ個人ノ昭和十九年分所得税ヨリ之ヲ適用ス

○関東州所得税令中改正

昭和十九年三月三十一日勅令第百八十五号

第二条第二号及第三条第二種甲中「又ハ銀行預金（東洋拓殖株式会社ノ預金ヲ含ム）」ヲ「、銀行預金（東洋拓殖株式会社ノ

預金ヲ含ム）、銀行貯蓄預金又ハ金融組合預金」ニ改ム
第四条第二項及第九条第二項中「第一種所得税」ノ下ニ、「、法人資本税」ヲ加フ
第十一条第一項中「事業年度分ノ所得」ノ下ニ「及清算所得」ヲ加フ
第十二条中「其ノ支払ヲ受クベキ金額ニ依ル」ヲ「其ノ支払ヲ受クベキ金額（公債及社債ノ利子ニ付テハ支払ヲ受ケタル金額）ニ依ル」ニ、「五千円」ヲ「三千円」ニ改ム
第十二条ノ二中「配当」ノ下ニ「又ハ剰余金ノ分配」ヲ、「退社」ノ下ニ「、脱退」ヲ加ヘ「又ハ社員」ヲ「、社員又ハ出資者」ニ改ム
第十三条第一項第一号ノ二中「五千円」ヲ「三千円」ニ、同項第四号中「前年三月一日ヨリ其ノ年二月末日迄」ヲ「前年中」ニ、「十分ノ二」ヲ「元本ヲ得ルニ要シタル負債ノ利子」ニ改メ同条ニ左ノ一項ヲ加フ
　前年一月一日ヨリ其ノ年分所得金額ノ決定前ニ関東州ニ住所又ハ一年以上居所ヲ有スルニ至リタル者ノ第三種ノ所得ノ計算ニ関シ必要ナル事項ハ大使之ヲ定ム
第十五条第四項中「先ヅ」下ニ「第十二条ノ二ニ規定スル利益ノ配当又ハ剰余金ノ分配タル所得並ニ」ヲ加ヘ「同項」ヲ「第十二条ノ二ニ規定スル利益ノ配当又ハ剰余金ノ分配タル所得並ニ第十三条第一項」ニ改ム
第十八条中「法人税法施行地、」ヲ削リ「課セズ」ノ下ニ「法人税法施行地ニ本店又ハ主タル事務所ヲ有スル法人ノ第一種甲ノ所得ニ付亦同ジ」ヲ加フ
第十九条第一項中「所得税法施行地、」ヲ削リ「課セズ」ノ下ニ「所得税法施行地ニ住所又ハ一年以上居所ヲ有スル個人ノ第二種乙ノ所得中賞与若ハ賞与ノ性質ヲ有スル給与ニ付亦同ジ」ヲ加フ
第二十条第四号中「、金融組合預金及銀行貯蓄預金」ヲ削リ同条第七号中「銀行預金」ヲ「預金」ニ改ム
第二十四条第一項中「千円」ヲ「八百円」ニ改ム
第二十五条第一項中「百分ノ十五」ヲ「百分ノ二十」ニ、「百分ノ二十二」ヲ「百分ノ三十」ニ改ム
第二十六条第一項中「百分ノ十」ヲ「百分ノ十三」ニ、「百分ノ十五」ヲ「百分ノ十九」ニ、「百分ノ二十」ヲ「百分ノ二十五」ニ、「百分ノ二十六」ヲ「百分ノ三十二」ニ、「百分ノ三十二」ヲ「百分ノ三十七」ニ改メ同条第二項中「（前項ノ規定ニ依リ加算スル税額ヲ含マズ）」ノ下ニ「、法人資本税額」ヲ加フ
第二十七条　第二種ノ所得ニ対スル所得税ハ左ノ税率ニ依リ之ヲ賦課ス

甲　国債ノ利子	
利率年四分以下ノモノ	百分ノ七・六
利率年四分ヲ超ユルモノ	百分ノ八・五
国債以外ノ公債及社債ノ利子	
利率年四分五厘以下ノモノ	百分ノ十一
利率年四分五厘ヲ超ユルモノ	百分ノ十二
銀行貯蓄預金及金融組合預金ノ利子	百分ノ三
其ノ他	百分ノ十二・五
乙　利益若ハ利息ノ配当又ハ剰余金ノ分配	

納税義務者ガ所得税法施行地ニ住所又ハ一年以上居所ヲ有スル者ナル場合　百分ノ十八

納税義務者ガ所得税法施行地、朝鮮、台湾、樺太及南洋群島以外ノ地域ニ住所又ハ一年以上居所ヲ有スル者ナル場合　百分ノ二十四

其ノ他　百分ノ二十

丙　所得金額ヲ左ノ各級ニ区分シ逓次ニ各税率ヲ適用ス

二万円以下ノ金額　百分ノ十
二万円ヲ超ユル金額　百分ノ二十
十万円ヲ超ユル金額　百分ノ三十
五十万円ヲ超ユル金額　百分ノ四十

元本五千円ヲ超エザル銀行預金ノ利子ニ付テハ前項ニ規定スル税率百分ノ十二・五トアルハ之ヲ百分ノ四トス

前項ノ元本ハ大使ノ定ムル所ニ依リ之ヲ計算ス

第二十七条ノ二　第二種ノ所得中公債及社債ノ利子ニ対スル所得税ハ其ノ支払ヲ受ケタル時ニ於ケル税率ニ依リ之ヲ賦課ス

第二十八条第一項中「利益ノ配当」ノ下ニ「又ハ剰余金ノ分配」ヲ加ヘ「前条」ヲ「第二十七条第一項」ニ改メ税率ヲ左ノ如ク改ム

千円以下ノ金額　百分ノ五
千円ヲ超ユル金額　百分ノ一・五
千二百円ヲ超ユル金額　百分ノ二・五
千五百円ヲ超ユル金額　百分ノ三
二千円ヲ超ユル金額　百分ノ五
三千円ヲ超ユル金額　百分ノ七
五千円ヲ超ユル金額　百分ノ九
七千円ヲ超ユル金額　百分ノ十二
一万円ヲ超ユル金額　百分ノ十五
一万五千円ヲ超ユル金額　百分ノ十八
二万円ヲ超ユル金額　百分ノ二十一
三万円ヲ超ユル金額　百分ノ二十四
四万円ヲ超ユル金額　百分ノ二十七
五万円ヲ超ユル金額　百分ノ三十
七万円ヲ超ユル金額　百分ノ三十三
十万円ヲ超ユル金額　百分ノ三十六
十五万円ヲ超ユル金額　百分ノ三十九
二十万円ヲ超ユル金額　百分ノ四十二
三十万円ヲ超ユル金額　百分ノ四十五
五十万円ヲ超ユル金額　百分ノ四十八
七十万円ヲ超ユル金額　百分ノ五十一
百万円ヲ超ユル金額　百分ノ五十五
二百万円ヲ超ユル金額　百分ノ六十
三百万円ヲ超ユル金額　百分ノ六十五

第二十八条ノ二中「勤労所得」ノ下ニ「又ハ丙種ノ事業所得」ヲ加フ

第二十八条ノ三　第三種所得中所得税法ニ依リ分類所得税ヲ課セラレ又ハ台湾ニ於ケル法令ニ依リ配当税ヲ課セラレタル利益若ハ利息ノ配当又ハ剰余金ノ分配アルトキハ大使ノ定ムル所ニ依リ其ノ第三種ノ所得ニ対スル所得税額ヨリ当該配当又ハ剰余金ノ分配ニ対スル分類所得税又ハ配当税額ヲ控除ス

第三十条第一項中「三月十五日」ヲ「一月三十一日」ニ改メ同項ニ左ノ但書ヲ加フ

但シ其ノ年一月一日ヨリ其ノ年分所得金額ノ決定前ニ関東州ニ住所又ハ一年以上居所ヲ有スルニ至リタル者ハ大使ノ定ムル所ニ依リ住所又ハ一年以上居所ヲ有スルニ至リタル日ヨリ一月以内ニ申告スベシ

第五十条第三項但書ヲ左ノ如ク改ム

但シ年額ガ大使ノ定ムル金額ニ満タザルトキハ第一期ニ於テ一時ニ之ヲ徴収ス

同条ニ左ノ一項ヲ加フ

納税義務者納税管理人ノ申告ヲ為サズシテ関東州ニ住所及居所ヲ有セザルニ至ルトキハ前項ノ規定ニ拘ラズ直ニ其ノ所得税ヲ徴収スルコトヲ得

第五十条ノ二　前条一月一日ヨリ其ノ年分所得金額ノ決定前ニ関東州ニ住所又ハ一年以上居所ヲ有スルニ至リタル者其ノ年中ニ関東州ニ住所及居所ヲ有セザルニ至ルトキハ大使ノ定ムル所ニ依リ第三種ノ所得ニ対スル所得税ヲ軽減又ハ免除ス

第五十一条中「前条」ヲ「第五十条」ニ改ム

附　則

本令ハ昭和十九年四月一日ヨリ之ヲ施行ス

第一種ノ所得中普通所得ニ対スル所得税ニ付テハ昭和十九年一月一日以後ニ終了スル事業年度分ヨリ、清算所得ニ対スル所得税ニ付テハ同日以後ニ於ケル解散又ハ合併ニ因ル分ヨリ、第三種ノ所得ニ対スル所得税ニ付テハ昭和十九年分ヨリ本令ヲ適用ス但シ改正後ノ関東州所得税令第三十条第一項（但書ヲ除ク）ノ規定ハ昭和二十年分ヨリ之ヲ適用ス

昭和十九年一月一日ヲ含ム直前事業年度前ノ各事業年度分ノ法人資本税ハ第四条第二項ノ改正規定ニ拘ラズ法人ノ各事業年度ノ所得ノ計算上之ヲ損金ニ算入ス

法人ヨリ受クル利益若ハ利息ノ配当又ハ剰余金ノ分配タル所得ハ昭和十九年分ニ限リ昭和十八年三月一日ヨリ同年十二月三十一日迄ノ収入金額（無記名株式ノ配当ニ付テハ支払ヲ受ケタル金額）ヨリ元本ヲ得ルニ要シタル負債ノ利子ヲ控除シタル金額ニ依ル

第十二条ノ二、第十三条第一項第一号ノ二、第四号若ハ第六項又ハ第二十四条ノ改正規定ニ依リ新ニ納税義務ヲ有スルニ至リタル者又ハ課税所得ノ増加シタル者ハ大使ノ定ムル所ニ依リ昭和十九年四月十五日迄ニ其ノ所得金額ヲ政府ニ申告スベシ

第十二条ノ二、第十三条第一項第一号ノ二、第四号若ハ第六項又ハ第二十四条ノ改正規定ニ依リ新ニ納税義務ヲ有スルニ至リタル者関東州所得税令第十五条又ハ第十六条ノ規定ニ依ル控除ヲ受ケントスルトキハ前項ノ申告ト同時ニ大使ノ定ムル所ニ依リ其ノ申告書ヲ提出スベシ

○関東州所得税令外十一勅令中改正等ノ件（抄）

昭和二十年三月二十八日勅令第百四十九号

第一条　関東州所得税令中左ノ通改正ス

第七条第一項及第二項中「及積立金額ノ合計金額」ヲ削ル

第八条及第九条　削除

第十二条ノ二　株式ノ消却ニ因リ支払ヲ受クル金額又ハ退社、脱退若ハ出資ノ減少ニ因リ持分ノ払戻トシテ受クル金額ガ其ノ株式ノ払込済金額又ハ出資金額ヲ超過スル場合ニ於ケル其ノ超過金額ハ之ヲ法人ヨリ受クル利益ノ配当又ハ剰余金ノ分配ト看做シ本令ヲ適用ス

第十三条第一項第二号中「控除シタル金額」ノ下ニ「ヨリ其ノ十分ノ五ヲ控除シタル金額」ヲ加フ

第十五条第四項中「第十二条ノ二ニ規定スル利益ノ配当又ハ剰余金ノ分配タル所得並ニ」、「及第二号」及「順次」ヲ削リ「第十三条第一項第二号及第一号ノ二」ヲ「同号」ニ改ム

第二十条第六号中「所得税ヲ課スル所得」ノ下ニ「(朝鮮又ハ台湾ニ於ケル法令ニ依リ第二種丁又ハ戊ノ所得トシテ所得税ヲ課スル所得ヲ除ク)」ヲ加フ

第二十一条第一項中「開業ノ年及其ノ翌年ヨリ三年間」ヲ「事業ヲ開始シタル年及其ノ翌年ヨリ三年間(法人ニ付テハ事業ヲ開始シタル事業年度及其ノ翌事業年度開始ノ日ヨリ三年以内ニ終了スル事業年度ニ於テ)」ニ改ム

第二十五条第一項甲中「百分ノ二十」ヲ「百分ノ二十二」ニ、「百分ノ三十」ヲ「百分ノ三十二」ニ改メ同項乙ヲ左ノ如ク改ム

乙　清算所得

清算所得金額ヲ左ノ如ク区分シ各税率ヲ適用ス

積立金又ハ本令其ノ他ノ法令ニ依リ所得税ヲ課セラレザル所得ヨリ成ル金額	百分ノ十
其ノ他ノ金額	百分ノ三十二

第二十五条ノ二　本令ニ於テ積立金トハ積立金其ノ他名義ノ何タルヲ問ハズ法人ノ普通所得中其ノ留保シタル金額ヲ謂フ

第一種所得税、法人資本税及臨時利得税トシテ納付スベキ金額ハ前項ノ留保シタル金額ニハ之ヲ算入セズ

第二十八条第一項ヲ左ノ如ク改ム

第三種ノ所得ニ対スル所得税ハ所得金額ヲ左ノ各級ニ区分シ逓次ニ各税率ヲ適用シテ之ヲ賦課ス但シ第十三条第一項第一号ノ二ノ所得ハ其ノ他ノ所得ト之ヲ区分シ支払者ヲ異ニスル金額毎ニ第二十七条第一項丙ノ税率ヲ適用シテ算出シタル金額ヲ以テ其ノ税額トス

千円以下ノ金額	百分ノ一
千円ヲ超ユル金額	百分ノ一・五
千二百円ヲ超ユル金額	百分ノ二・五
千五百円ヲ超ユル金額	百分ノ四
二千円ヲ超ユル金額	百分ノ六
三千円ヲ超ユル金額	百分ノ八
五千円ヲ超ユル金額	百分ノ十
七千円ヲ超ユル金額	百分ノ十三
一万円ヲ超ユル金額	百分ノ十六
一万五千円ヲ超ユル金額	百分ノ十九
二万円ヲ超ユル金額	百分ノ二十二
三万円ヲ超ユル金額	百分ノ二十五
四万円ヲ超ユル金額	百分ノ二十八

五万円ヲ超ユル金額　百分ノ三十二
七万円ヲ超ユル金額　百分ノ三十六
十万円ヲ超ユル金額　百分ノ四十
十五万円ヲ超ユル金額　百分ノ四十四
二十万円ヲ超ユル金額　百分ノ四十八
三十万円ヲ超ユル金額　百分ノ五十二
五十万円ヲ超ユル金額　百分ノ五十六
七十万円ヲ超ユル金額　百分ノ六十一
百万円ヲ超ユル金額　百分ノ六十六
二百万円ヲ超ユル金額　百分ノ七十一

第二十八条ノ二中「勤労所得又ハ丙種ノ事業所得」ヲ「丙種ノ事業所得、勤労所得又ハ清算取引所得」ニ改メ「控除ス」ノ下ニ「第三種ノ所得中朝鮮又ハ台湾ニ於ケル法令ニ依リ第二種丁又ハ戊ノ所得トシテ所得税ヲ課セラレタル所得アル場合ニ於テ当該第二種丁又ハ戊ノ所得ニ対スル所得税額ニ付亦同ジ」ヲ加フ

第三十条ニ左ノ一項ヲ加フ

　政府ハ特別ノ事情アリト認ムルトキハ前項ノ申請ナキ場合ト雖モ第十五条又ハ第十六条ノ規定ニ依ル控除ヲ為スコトヲ得

第五十条第三項ヲ左ノ如ク改ム

　第三種ノ所得ニ付テハ所得税ノ年額ヲ二分シ左ノ二期ニ於テ之ヲ徴収ス但シ年額ガ大使ノ定ムル金額ニ満タザルトキハ第一期ニ於テ一時ニ之ヲ徴収ス

　第一期　其ノ年九月一日ヨリ三十日限リ

　第二期　翌年一月一日ヨリ三十一日限リ

附　則

第十四条　本令ハ昭和二十年四月一日ヨリ之ヲ施行ス

第十五条　第三種ノ所得ニ対スル所得税及営業ニ因ル個人ノ利得ニ対スル臨時利得税ニ付テハ昭和二十年分ヨリ本令ヲ適用ス

法人ノ普通所得ニ対スル所得税及臨時所得税ニ付テハ昭和二十年一月一日以後ニ終了スル事業年度分ヨリ、清算所得ニ対スル所得税ニ付テハ同年四月一日以後ニ於ケル解散又ハ合併ニ因ル分ヨリ本令ヲ適用ス但シ第四項ノ規定ノ適用ヲ妨ゲズ

関東州臨時租税措置令第一条ノ十五ノ改正規定ハ昭和二十年一月一日以後ノ譲渡ニ因ル利得ニ対スル臨時利得税ヨリ之ヲ適用ス

関東州臨時租税措置令第二条乃至第六条ノ改正規定ハ法人ノ昭和二十年四月一日以後ニ終了スル事業年度分ノ所得税、法人資本税及臨時利得税ヨリ之ヲ適用ス

特別ノ法人ノ各事業年度ノ剰余金ニ対スル特別法人税ニ付テハ昭和二十年一月一日以後ニ終了スル事業年度分ヨリ、清算剰余金ニ対スル特別法人税ニ付テハ同年四月一日以後ニ於ケル解散又ハ合併ニ因ル分ヨリ本令ヲ適用ス

第十六条　従前ノ関東州所得税令第十二条ノ二ノ規定ハ本令施行前ニ於ケル解散又ハ合併ニ因ル同条ニ規定スル利益ノ配当及剰余金ノ分配ニ対スル所得税ニ付テハ本令施行後ト雖モ仍其ノ効力ヲ有ス

◎関東州臨時利得税令

（昭和十年五月十一日勅令第百三十号）

朕関東州臨時利得税令ヲ裁可シ茲ニ之ヲ公布セシム（総理大臣副署）

関東州臨時利得税令

第一条 関東州ニ本店又ハ主タル事務所ヲ有スル法人ハ本令ニ依リ臨時利得税ヲ納ムル義務アルモノトス

第二条 前条ノ規定ニ該当セザル法人関東州ニ資産又ハ営業ヲ有スルトキハ其ノ利得ニ付テノミ臨時利得税ヲ納ムル義務アルモノトス但シ臨時利得税法施行地、朝鮮、台湾又ハ樺太ニ本店又ハ主タル事務所ヲ有スル法人ニ付テハ此ノ限ニ在ラズ

第三条 臨時利得税ハ法人ノ利益ニ付之ヲ賦課ス

第四条 法人ノ現事業年度ノ利益ガ既往事業年度ノ平均利益ヲ超過スル場合ニ於テ其ノ超過額ヲ以テ法人ノ利得金額トス

前項利得金計算ノ場合ニ於テ左記各号ニ該当スルトキハ各其ノ定ムル所ニ依リ既往事業年度ノ平均利益ヲ計算ス

一 何レノ既往事業年度ニ於テモ利益ナキトキ又ハ既往事業年度ノ平均利益ガ既往事業年度ノ平均資本金額ニ対シ年百分ノ七未満ナルトキハ既往事業年度ノ平均資本金額ニ対シ年百分ノ七ノ割合ヲ以テ算出シタル金額ヲ以テ既往事業年度ノ平均利益トス

二 法人ノ第一次ノ事業年度ガ昭和七年一月一日以後ニ於テ終了シタルトキハ現事業年度ノ資本金額ニ対シ年百分ノ七ノ割合ヲ以テ算出シタル金額ヲ以テ既往事業年度ノ平均利益トス

三 現事業年度ノ資本金額ガ既往事業年度ノ平均資本金額ニ対シ増減アルトキハ既往事業年度ノ平均資本金額ニ対スル平均利益ノ割合ヲ現事業年度ノ資本金額ニ乗ジテ算出シタル金額ヲ以テ既往事業年度ノ平均利益トス此ノ場合ニ於テ第一号ノ規定ノ適用ニ付テハ現事業年度ノ資本金額ヲ既往事業年度ノ平均資本金額ト看做ス

四 現事業年度ノ期間ガ既往事業年度ノ期間ト異ルトキハ現事業年度ノ月数ニ応ジ月割ヲ以テ既往事業年度ノ利益ヲ計算ス

本令ニ於テ現事業年度ト称スルハ昭和十年一月一日以後ニ於テ終了スル各事業年度ヲ謂ヒ既往事業年度ト称スルハ昭和六年十二月三十一日以前三年内ニ終了シタル各事業年度ヲ謂フ

利得金額年千円未満ナルトキハ臨時利得税ヲ課セズ

第五条 法人ノ利益ハ各事業年度ノ総益金ヨリ総損金ヲ控除シタル金額ニ依ル但シ保険会社ニ在リテハ各事業年度ノ利益金又ハ剰余金ニ依ル

第二条ノ規定ニ依リ納税義務アル法人ノ利益ハ関東州ニ於ケル資産又ハ営業ニ付前項ノ規定ニ準ジ之ヲ計算ス

法人ガ事業年度中ニ解散シ又ハ合併ニ因リテ消滅シタル場合ニ於テハ其ノ事業年度ノ始ヨリ解散又ハ合併ニ至ル迄ノ期間ヲ以テ一事業年度ト看做ス

第六条 法人ノ各事業年度ノ資本金額ハ月末ニ於ケル払込株式金額、出資金額又ハ基金及積立金額ノ月割平均ヲ以テ之ヲ計算ス

前項ニ於テ積立金額ト称スルハ積立金其ノ他名義ノ何タルヲ

問ハズ法人ノ利益中其ノ留保シタル金額ヲ謂フ
第二条ノ規定ニ依リ納税義務アル法人ノ各事業年度ノ資本金額ハ満洲国駐箚特命全権大使ノ定ムル所ニ依リ之ヲ計算ス
昭和七年一月一日以後本令施行ニ至ル迄ノ期間ニ於テ払込株金額又ハ出資金額ヲ減少シタル法人ノ現事業年度ノ資本金額ハ大使ノ定ムル所ニ依リ其ノ減少ナカリシモノト看做シテ之ヲ計算ス

第七条　法人合併ヲ為シタル場合ニ於テ合併後存続スル法人又ハ合併ニ因リテ設立シタル法人ノ既往事業年度ノ平均資本金額及平均利益ハ大使ノ定ムル所ニ依リ之ヲ計算ス

第八条　合併後存続スル法人又ハ合併ニ因リテ設立シタル法人ハ合併ニ因リテ消滅シタル法人ノ利得ニ付臨時利得税ヲ納ムル義務アルモノトス

第九条　臨時利得税法施行地、朝鮮、台湾又ハ樺太ニ本店又ハ主タル事務所ヲ有スル法人ガ臨時利得税法施行地、朝鮮、台湾、樺太又ハ関東州ニ本店又ハ主タル事務所ヲ有スル法人ト合併ヲ為シタル場合ニ於テ合併後存続スル法人又ハ合併ニ因リテ設立シタル法人ガ関東州ニ本店又ハ主タル事務所ヲ有スルトキハ前条ノ規定ヲ準用ス

第十条　関東州所得税令第十三条ノ規定ニ依リ所得税ヲ課セザル法人ニハ臨時利得税ヲ課セズ

第十一条　臨時利得税ノ税率ハ利得金額百分ノ十トス
前項ノ規定ニ依リ算出シタ税額ガ利得金額中年千円ヲ控除シタル金額ヲ超過スルトキハ其ノ超過額ニ相当スル臨時利得税ヲ免除ス

第十二条　納税義務アル法人ハ大使ノ定ムル所ニ依リ利得金額ヲ政府ニ申告スベシ

第十三条　利得金額ハ前条ノ申告ニ依リ、申告ナキトキ又ハ申告ヲ不相当ト認ムルトキハ政府ノ調査ニ依リ政府ニ於テ之ヲ決定ス

第十四条　臨時利得税ハ法人ノ事業年度毎ニ之ヲ徴収ス

第十五条　関東州所得税令第二十一条及第二十二条ノ規定ハ臨時利得税ニ付之ヲ準用ス

第十六条　関東州所得税令第十五条ノ二ノ規定ニ依リ所得税ヲ免除セラルル所得ニ付テハ本令ヲ適用セズ

第十七条　本令ニ於テハ法人ニ非ザル社団モ亦之ヲ法人ト看做ス
前項ノ社団其ノ財産ヲ以テ臨時利得税ヲ完納スルコト能ハザルトキハ其ノ税金ニ付社員連帯シテ納税ノ義務アルモノトス

第十八条　大使ハ本令ニ定ムルモノヲ除クノ外臨時利得税ニ関シ必要ナル規定ヲ設クルコトヲ得

第十九条　市、会其ノ他公共団体ハ臨時利得税ノ附加税ヲ課スルコトヲ得ズ

附　則

本令ハ公布ノ日ヨリ之ヲ施行ス
本令ハ昭和十年一月一日ヲ含ム事業年度分ヨリ之ヲ適用ス
本令ニ依ル臨時利得税ノ賦課ハ昭和十二年十二月三十一日ヲ含ム事業年度分限リトス

○関東州臨時利得税令中改正

昭和十二年六月二十九日勅令第二百九十号

附則第三項中「昭和十二年十二月三十一日」ヲ「昭和十三年十二月三十一日」ニ改ム

○関東州臨時利得税令中改正

昭和十三年四月一日勅令第二百十二号

第三条ニ左ノ一項ヲ加フ

前項ノ利得ハ之ヲ甲種利得及乙種利得ノ二種トス

第四条 法人ノ現事業年度ノ利益ガ昭和六年十二月三十一日以前三年内ニ終了シタル事業年度ノ全部（甲既往事業年度ト称ス以下同ジ）ノ平均利益ヲ超過スル場合ニ於テ其ノ超過額ヲ法人ノ甲種利得トシ昭和十一年十二月三十一日以前三年内ニ終了シタル事業年度ノ全部(乙既往事業年度ト称ス以下同ジ)ノ平均利益ヲ超過スル場合ニ於テ其ノ超過額ヲ法人ノ乙種利得トス

第四条ノ二 前条ノ規定ニ依リ利得ヲ計算スルニ当リ左ノ各号ノ一ニ該当スル場合ニ於テハ各其ノ定ムル所ニ依リ平均利益ヲ計算ス

一 甲既往事業年度又ハ乙既往事業年度ノ平均利益ノ平均資本金額ニ対スル割合ガ甲既往事業年度ニ在リテハ年百分ノ七未満、乙既往事業年度ニ在リテハ年百分ノ十未満ナルトキハ甲既往事業年度ニ在リテハ平均資本金額ニ対シ年百分ノ七、乙既往事業年度ニ在リテハ平均資本金額ニ対シ年百分ノ十ノ割合ヲ以テ算出シタル金額ヲ以テ各其ノ既往事業年度ノ平均利益トス

二 法人ノ第一項事業年度ガ昭和七年一月一日以後ニ於テ終了シタル場合ニ於テハ其ノ法人ニ付テハ現事業年度ノ資本金額ニ対シ年百分ノ七ノ割合ヲ以テ算出シタル金額ヲ以テ甲既往事業年度ノ平均利益トシ第一次事業年度ガ昭和十二年一月一日以後ニ於テ終了シタル場合ニ於テハ其ノ法人ニ付テハ現事業年度ノ資本金額ニ対シ年百分ノ七ノ割合ヲ以テ算出シタル金額ヲ以テ甲既往事業年度ノ平均利益トシ年百分ノ十ノ割合ヲ以テ算出シタル金額ヲ以テ乙既往事業年度ノ平均利益トス

三 現事業年度ノ資本金額ガ甲既往事業年度又ハ乙既往事業年度ノ平均資本金額ニ対シ増減アルトキハ比較セラレタル既往事業年度ノ平均利益ノ平均資本金額ニ対スル割合ヲ現事業年度ノ資本金額ニ乗ジテ算出シタル金額ヲ以テ其ノ既往事業年度ノ平均利益トス此ノ場合ニ於テ第一号ノ規定ヲ適用スルニ当リテハ現事業年度ノ資本金額ヲ以テ其ノ既往事業年度ノ平均資本金額ト看做ス

四 現事業年度ノ期間ガ甲既往事業年度ニ属スル各事業年度又ハ乙既往事業年度ニ属スル各事業年度ノ期間ト異スルトキハ既往ノ各事業年度ノ利益ハ現事業年度ノ月数ノ既往各事業年度ノ月数ニ対スル割合ニ依リ之ヲ換算ス

第四条ノ三 法人ノ甲種利得ニシテ臨時利得税ヲ課セラルル乙種利得ニ属スルモノアルトキハ其ノ部分ハ之ヲ甲種利得ヨリ

控除ス

第四条ノ四　法人ノ甲種利得又ハ乙種利得ノ金額年千円未満ナルトキハ甲種利得又ハ乙種利得ニ対スル臨時利得税ヲ課セズ但シ前条ノ規定ニ依ル控除ヲ為シタル為甲種利得ノ金額ガ年千円未満ト為ル場合ハ此ノ限ニ在ラズ

第七条中「既往事業年度」ヲ「甲既往事業年度又ハ乙既往事業年度」ニ改ム

第十条中「第十三条」ヲ「第十七条」ニ改ム

第十一条　臨時利得税ハ左ノ税率ニ依リ之ヲ賦課ス

甲種利得　利得金額ノ百分ノ十一・五

乙種利得　利得金額ノ百分ノ二十

現事業年度ノ資本金額十萬円以下ナル法人ニ限リ前項ニ規定スル乙種利得ニ対スル税率百分ノ二十ハ之ヲ百分ノ十六トス

法人ノ甲種利得又ハ乙種利得ニ付前二項ノ規定ニ依リ算出シタル税額ガ其ノ利得金額中年千円ヲ控除シタル金額ヲ超過スルトキハ其ノ超過額ニ相当スル甲種利得又ハ乙種利得ニ対スル臨時利得税ヲ免除ス

第十五条中「第二十一条及第二十二条」ヲ「第四十三条乃至第四十五条、第五十五条及第五十六条」ニ改ム

第十六条中「第十五条ノ二」ヲ「第二十三条」ニ改ム

附則第三項中「昭和十三年十二月三十一日ヲ含ム」ヲ「支那事変終了ノ年ノ翌年十二月三十一日迄ニ終了スル」ニ改ム

附　則

本令ハ公布ノ日ヨリ之ヲ施行ス

本令ハ昭和十三年一月一日以後ニ終了スル事業年度分ヨリ之ヲ適用ス

関東州北支事件特別税令第八条ノ規定ヲ適用スル場合ニ於テハ甲種利得ニ対スル税率ヲ百分ノ十トシテ算出シタル金額ヲ以テ同条ニ規定スル臨時利得税額トス

昭和十三年八月二十六日迄ニ終了スル各事業年度分ノ臨時利得特別税額ハ第十一条ノ改正規定ニ依リ算出シタル当該事業年度分ノ臨時利得税額ヨリ之ヲ控除ス

○関東州臨時利得税令中改正

昭和十四年三月三十一日勅令第百三十九号

第四条ノ二第三号ヲ左ノ如ク改ム

三　現事業年度ノ資本金額ガ甲既往事業年度又ハ乙既往事業年度ノ平均資本金額ニ比較シ増減アルトキハ比較セラレタル既往事業年度ノ平均利益ノ平均資本金額ニ対スル割合ヲ現事業年度ノ資本金額ニ乗ジテ算出シタル金額ヲ以テ其ノ既往事業年度ノ平均利益トス但シ法人ノ現事業年度ノ資本金額ガ甲既往事業年度又ハ乙既往事業年度ノ平均資本金額ニ比較シ増加シタル場合ニ於テ現事業年度ノ資本金額ガ昭和十一年十二月三十一日ニ於ケル資本金額ヲ超過スルトキハ其ノ法人ニ付テハ現事業年度ノ資本金額中甲既往事業年度ノ平均資本金額又ハ昭和十一年十二月三十一日ニ於ケル資本金額ノ何レカ多額ナル一方ノ金額ヲ超過スル部分ニ対シ年百分ノ七ノ割合ヲ乗ジテ算出シタル金額ト其ノ他ノ部分ニ対シ甲既往事業年度ノ平均利益ノ平均資本金額ニ対ス

ル割合ヲ乗ジテ算出シタル金額トノ合計額ヲ以テ甲既往事業年度ノ平均利益トシ現事業年度ノ資本金額中乙既往事業年度ノ平均資本金額又ハ昭和十一年十二月三十一日ニ於ケル資本金額ノ何レカ多額ナル一方ノ金額ヲ超過スル部分ニ対シ年百分ノ十ノ割合ヲ乗ジテ算出シタル金額ト其ノ他ノ部分ニ対シ乙既往事業年度ノ平均利益ノ平均資本金額ニ対スル割合ヲ乗ジテ算出シタル金額トノ合計額ヲ以テ乙既往事業年度ノ平均利益トス

前項ノ場合ニ於テ第一号ノ規定ヲ適用スルニ当リテハ現事業年度ノ資本金額ヲ以テ甲既往事業年度又ハ乙既往事業年度ノ平均資本金額ト看做ス

第六条第一項ヲ左ノ如ク改メ同条第三項中「各事業年度ノ」ヲ削ル

法人ノ各事業年度ノ資本金額ハ各月末ニ於ケル払込株式金額、出資金額又ハ基金及積立金額ノ月割平均ヲ以テ之ヲ計算シ昭和十一年十二月三十一日ニ於ケル資本金額ハ同日ニ於ケル払込株式金額、出資金額又ハ基金及積立金額ニ依リ之ヲ計算ス

第七条中「平均利益」ノ下ニ「竝ニ昭和十一年十二月三十一日ニ於ケル資本金額」ヲ加フ

第十一条中「百分ノ十一・五」ヲ「百分ノ三・五」ニ、「百分ノ二十」ヲ「百分ノ二十七」ニ、「百分ノ十六」ヲ「百分ノ十九・五」ニ改ム

附　則

本令ハ昭和十四年四月一日ヨリ之ヲ施行ス

本令ハ昭和十四年一月一日以後ニ終了スル事業年度分ヨリ之ヲ適用ス

関東州臨時利得税令中改正

昭和十五年三月三十一日勅令第百七十三号

第三条第二項ヲ削ル

第四条　法人ノ現事業年度ノ利益ガ現事業年度ノ資本金額ニ対シ年百分ノ十ノ割合ヲ乗ジテ算出シタル金額ヲ超過スル場合ニ於テ其ノ超過額ヲ以テ法人ノ利得トス

第四条ノ二乃至第四条ノ四ヲ削ル

第五条　法人ノ現事業年度ノ利益ハ現事業年度ノ総益金ヨリ総損金ヲ控除シタル金額ニ依ル但シ相互保険会社及会員組織ノ取引所ニ在リテハ現事業年度ノ剰余金ニ依ル

法人ガ現事業年度ニ於テ納付シタル又ハ納付スベキ第一種所得税及臨時利得税並ニ当該事業年度ニ於テ納付シタル第二種所得税ニシテ関東州所得税令第二十五条ノ規定ニ依リ其ノ額ヲ第一種ノ所得ニ対スル所得税額ヨリ控除スベキモノハ前項ノ利益ノ計算上之ヲ損金ニ算入セズ

法人ノ現事業年度開始ノ日前三年内ニ開始シタル事業年度ニ於テ生ジタル損金ニシテ満洲国駐箚特命全権大使ノ定ムルモノハ現事業年度ノ利益ノ計算上之ヲ損金ニ算入ス

前二項ノ規定ハ相互保険会社又ハ会員組織ノ取引所ノ剰余金ノ計算ニ付之ヲ準用ス

第二条ノ規定ニ依リ納税義務アル法人ノ利益ハ関東州ニ於ケ

ル資産又ハ営業ニ付前四項ノ規定ニ準ジ之ヲ計算ス

第五条ノ二　法人ガ事業年度中ニ解散シ又ハ合併ニ因リテ消滅シタル場合ニ於テハ其ノ事業年度ノ始ヨリ解散又ハ合併ニ至ル迄ノ期間ヲ以テ一事業年度ト看做ス

第六条第一項ヲ左ノ如ク改ム

法人ノ現事業年度ノ資本金額ハ各月末ニ於ケル払込株式金額、出資金額、基金又ハ醵金及積立金額ノ月割平均ヲ以テ之ヲ計算ス

同条第三項中「満洲国駐劄特命全権大使」ヲ「大使」ニ改メ同条第二項及第四項ヲ削ル

第七条　本令ニ於テ積立金額トハ積立金其ノ他名義ノ何タルヲ問ハズ法人ノ各事業年度ノ利益中其ノ留保シタル金額ヲ謂フ

第一種所得税及臨時利得税トシテ納付スベキ金額ハ前項ノ留保シタル金額ニハ之ヲ算入セズ

第十一条　臨時利得税ハ法人ノ利得ヲ左ノ部分ニ区分シ各部分ニ付左ノ税率ヲ適用シテ之ヲ賦課ス

一　利益金額中現事業年度ノ資本金額ニ年百分ノ十ノ割合ヲ乗ジテ算出シタル金額ヲ超エ現事業年度ノ資本金額ニ既往事業年度ノ平均利益率ヲ乗ジテ算出シタル金額以下ノ金額ヨリ成ル部分ノ利得　利得金額ノ百分ノ十六

二　利益金額中現事業年度ノ資本金額ニ既往事業年度ノ平均利益率ヲ乗ジテ算出シタル金額ヲ超エ現事業年度ノ資本金額ニ年百分ノ三十ノ割合ヲ乗ジテ算出シタル金額以下ノ金額ヨリ成ル部分ノ利得　利得金額ノ百分ノ三十

三　利益金額中現事業年度ノ資本金額ニ対シ年百分ノ三十ノ割合ヲ乗ジテ算出シタル金額ヲ超ユル金額ヨリ成ル部分ノ利得　利得金額ノ百分ノ四十五

現事業年度ノ資本金額十万円以下ナル法人ニ限リ前項ニ規定スル税率百分ノ十六ハ之ヲ百分ノ六トシ同百分ノ三十ハ之ヲ百分ノ二十トシ同百分ノ四十五ハ之ヲ百分ノ三十五トス

第十一条ノ二　前条ノ規定ニ依リ現事業年度ノ資本金額ニ乗ズベキ既往事業年度ノ平均利益率ハ昭和十一年十二月三十一日以前三年内ニ終了シタル事業年度ノ全部ノ平均利益ノ平均資本金額ニ対スル割合トス但シ其ノ割合ガ年百分ノ十未満ナルトキ又ハ法人ノ第一次事業年度ガ昭和十二年一月一日以後ニ終了シタルトキハ其ノ割合ヲ年百分ノ十トシ其ノ割合ガ年百分ノ二十ヲ超ユルトキハ之ヲ年百分ノ二十トス

第五条（第三項ヲ除ク）乃至第六条及第七条第一項ノ規定ハ前項ノ平均利益及平均資本金額算出ノ基礎タル昭和十一年十二月三十一日以前三年内ニ終了シタル各事業年度ノ利益及資本金額ノ計算ニ付之ヲ準用ス

第十一条ノ三　前条第一項ノ規定ニ依ル既往事業年度ノ平均利益率ガ年百分ノ十ノ割合ヲ超ユル場合ニ於テ現事業年度ノ資本金額中ニ増加資本金額アルトキハ同項ノ規定ニ拘ラズ現事業年度ノ資本金額中増加資本金額ニ年百分ノ十ノ割合ヲ乗ジテ算出シタル金額ト増加資本金額以外ノ部分ニ同項ノ規定ニ依ル既往事業年度ノ平均利益率ニ相当スル割合ヲ乗ジテ算出

シタル金額ト之合計額ノ現事業年度ノ資本金額ニ対スル割合ヲ以テ既往事業年度ノ平均利益率トス

前項ノ増加資本金額トハ現事業年度ノ資本金額ガ昭和十一年十二月三十一日ニ於ケル資本金額又ハ同日以前三年内ニ終了シタル事業年度ノ全部ノ平均資本金額ノ何レカ多額ナル一方ノ金額ヲ超過スル場合ニ於ケル其ノ超過額ヲ謂フ

昭和十一年十二月三十一日ニ於ケル資本金額ハ同日ニ於ケル払込株式金額、出資金額、基金又ハ醵金及積立金額ニ依リ之ヲ計算ス

第六条第二項ノ規定ハ前項ノ計算ニ付之ヲ準用ス

第十一条ノ四　法人合併ヲ為シタル場合ニ於テ合併後存続スル法人又ハ合併ニ因リテ設立シタル法人ノ昭和十一年十二月三十一日以前三年内ニ終了シタル事業年度ノ全部ノ平均利益及平均資本金額並ニ昭和十一年十二月三十一日ニ於ケル資本金額ハ大使ノ定ムル所ニ依リ之ヲ計算ス

第十五条中「及第五十六条」ヲ「乃至第五十七条」ニ改ム

附　則

本令ハ昭和十五年四月一日ヨリ之ヲ施行ス

法人ノ本令施行前ニ終了シタル各事業年度ノ利得ニ対スル臨時利得税ニ付テハ仍従前ノ例ニ依ル

昭和十五年四月一日ヲ含ム事業年度ノ直前事業年度前ノ各事業年度分ノ第一種所得税及臨時利得税ハ関東州臨時利得税令第五条第二項ノ改正規定ニ拘ラズ法人ノ現事業年度ノ利益ノ計算上之ヲ損金ニ算入ス

法人ニ非ザル社団ノ利得ニ対スル臨時利得税ニ付テハ当分ノ内関東州臨時利得税令第十一条ニ規定スル税率ヲ以テ算出シタル税額ノ百分ノ十ニ相当スル税額ヲ軽減ス

◎改正関東州臨時利得税令

昭和十六年三月二十九日勅令第二百九十七号

朕関東州臨時利得税令改正ノ件ヲ裁可シ茲ニ之ヲ公布セシム

（総理大臣副署）

関東州臨時利得税令

第一条　関東州ニ住所ヲ有シ又ハ一年以上居所ヲ有スル者ハ本令ニ依リ臨時利得税ヲ納ムル義務アルモノトス

第二条　前条ノ規定ニ該当セザル者関東州ニ資産又ハ営業ヲ有スルトキハ其ノ利得ニ付テノミ臨時利得税ヲ納ムル義務アルモノトス

第三条　臨時利得税ハ左ノ利得ニ付之ヲ賦課ス

一　法人ノ利得

二　満洲国駐箚特命全権大使ノ定ムル営業ニ因ル個人ノ利得（営業利得ト称ス以下同ジ）

三　船舶（製造中ノ船舶ヲ含ム）又ハ鉱業若ハ砂鉱業ニ関スル権利若ハ設備ノ譲渡ニ因ル個人ノ利得（譲渡利得ト称ス以下同ジ）

第四条　法人ノ現事業年度ノ利益ガ現事業年度ノ資本金額ニ対シ年百分ノ十ノ割合ヲ乗ジテ算出シタル金額ヲ超過スル場合ニ於テ其ノ超過額ヲ以テ法人ノ利得トス

第五条　法人ノ現事業年度ノ利益ハ現事業年度ノ総益金ヨリ総

損金ヲ控除シタル金額ニ依ル但シ相互保険会社及会員組織ノ取引所ニ在リテハ現事業年度ノ剰余金ニ依ル

法人ノ現事業年度ニ於テ納付シタル又ハ納付スベキ第一種所得税及臨時利得税並ニ当該事業年度ニ於テ納付シタル第二種所得税ニシテ関東州所得税令第二十五条ノ規定ニ依リ其ノ額ヲ第一種ノ所得ニ対スル所得税額ヨリ控除スベキモノハ前項ノ利益ノ計算上之ヲ損金ニ算入セズ

法人ノ現事業年度開始ノ日ヨリ前三年以内ニ開始シタル事業年度ニ於テ生ジタル損金ニシテ大使ノ定ムルモノハ現事業年度ノ利益ノ計算上之ヲ損金ニ算入ス

前二項ノ規定ハ相互保険会社又ハ会員組織ノ取引所ノ剰余金ノ計算ニ付之ヲ準用ス

関東州ニ本店又ハ主タル事務所ヲ有セザル法人ノ利益ハ関東州ニ於ケル資産又ハ営業ニ付前四項ノ規定ニ準ジ之ヲ計算ス

第六条　法人ガ事業年度中ニ解散シ又ハ合併ニ因リテ消滅シタル場合ニ於テハ其ノ事業年度ノ始ヨリ解散又ハ合併ニ至ル迄ノ期間ヲ以テ一事業年度ト看做ス

第七条　法人ノ現事業年度ノ資本金額ハ各月末ニ於ケル払込株式金額、出資金額、基金又ハ醵金及積立金額ノ月割平均ヲ以テ之ヲ計算ス

関東州ニ本店又ハ主タル事務所ヲ有セザル法人ノ資本金額ハ大使ノ定ムル所ニ依リ之ヲ計算ス

第八条　本令ニ於テ積立金額トハ積立金其ノ他名義ノ何タルヲ問ハズ法人ノ各事業年度ノ利益中其ノ留保シタル金額ヲ謂フ

第一種所得税及臨時利得税トシテ納付スベキ金額ハ前項ノ留保シタル金額ニハ之ヲ算入セズ

第九条　合併後存続スル法人又ハ合併ニ因リテ設立シタル法人ハ合併ニ因リテ消滅シタル法人ノ利得ニ付臨時利得税ヲ納ムル義務アルモノトス

第十条　個人ノ利益ガ昭和十三年以前二年ノ平均利益ヲ超過スル場合ニ於テ其ノ超過額ヲ営業利得トス

第十一条　前条ノ規定ニ依リ営業利得ヲ計算スル場合ニ於テ昭和十三年以前二年ノ平均利益ガ七千円又ハ現年ノ利益ノ三分ノ一ニ相当スル金額ノ何レカ多額ナル一方ノ金額ニ達セザルトキハ其ノ多額ナル一方ノ金額ヲ以テ平均利益トス

第十二条　個人ノ利益ハ前年中ノ総収入金額ヨリ必要ノ経費（収入ヲ得ルニ必要ナル負債ノ利子ヲ含ム以下同ジ）ヲ控除シタル金額ニ依ル

所得税及臨時利得税ハ前項ノ必要ノ経費ニ之ヲ算入セズ

相続シタル営業ニ付テハ相続人ガ引続キ之ヲ為シタルモノト看做シテ其ノ利益ヲ計算ス

営業ヲ譲渡シ又ハ廃止シタル後相続ノ開始アリタル場合ニ於テハ被相続人ノ営業利得ハ相続人ノ営業利得ト看做ス

第十三条　営業ヲ継続シ又ハ営業継続ト認ムベキ事実アル個人ニ付テハ大使ノ定ムル所ニ依リ前営業者ノ平均利益ヲ其ノ平均利益ト看做ス

個人ノ営業ノ期間ガ一年未満ナル場合ニ於ケル平均利益ノ計算ニ付テハ大使之ヲ定ム

第十四条　個人ノ利益ガ一万円未満ナルトキハ営業利得ニ対スル臨時利得税ヲ課セズ

第十五条　譲渡利得ハ船舶又ハ鉱業若ハ砂鉱業ニ関スル権利若ハ設備ノ譲渡ニ因ル収入金額ヨリ所得価額、設備費、改良費及譲渡ニ関スル必要ノ経費ヲ控除シタル金額ニ依ル

船舶又ハ鉱業若ハ砂鉱業ニ関スル権利若ハ設備ニシテ昭和十二年六月三十日以前ニ取得シタルモノニ付テハ同日ニ於ケル価額ヲ以テ前項ノ取得価額トシ同日後ニ為シタル設備又ハ改良ニ要シタル費用ノミヲ以テ前項ノ設備費又ハ改良費トス

前二項ノ計算ニ関シテハ相続、贈与又ハ遺贈ニ因リ取得シタルモノハ相続人、受贈者又ハ受遺者ガ引続キ之ヲ有シタルモノト看做シ譲渡後相続ノ開始アリタル場合ニ於テハ被相続人ノ為シタル譲渡ハ之ヲ相続人ノ為シタル譲渡ト看做ス

前三項ニ定ムルモノノ外譲渡利得ノ計算ニ関シ必要ナル事項ハ大使之ヲ定ム

第十六条　譲渡利得ニ付テハ其ノ利得ノ金額ヨリ二千円ヲ控除ス

第十七条　営利ヲ目的トセザル法人ニシテ関東州所得税令其ノ他命令ニ依リ所得税ヲ課セラレザルモノニハ臨時利得税ヲ課セズ

第十八条　個人ノ自己ノ収穫シタル農産物、林産物、畜産物若ハ水産物ノ販売又ハ之ヲ原料トスル製造ノ利益ニ付テハ本令ヲ適用セズ但シ特ニ営業場ヲ設ケテ為ス販売又ハ製造ノ利益ハ此ノ限ニ在ラズ

第十九条　船舶ノ譲渡ニ因ル利益ニシテ第十条ノ個人ノ利益ニ属スルモノ及昭和十六年一月一日以後ニ於テ設定セラレタル鉱業又ハ砂鉱業ニ関スル権利ニシテ大使ノ定ムルモノノ譲渡ニ付テハ本令中譲渡利得ニ関スル規定ヲ適用セズ

第二十条　法人ノ臨時利得税ハ法人ノ利得ヲ左ノ部分ニ区分シ各部分ニ付左ノ税率ヲ適用シテ之ヲ賦課ス

一　利益金額中現事業年度ノ資本金額ニ年百分ノ十ノ割合ヲ乗ジテ算出シタル金額ヲ超エ現事業年度ノ資本金額ニ既往事業年度ノ平均利益率ヲ乗ジテ算出シタル金額以下ノ金額ヨリ成ル部分ノ利得　利得金額ノ百分ノ十六

二　利益金額中現事業年度ノ資本金額ニ既往事業年度ノ平均利益率ヲ乗ジテ算出シタル金額ヲ超エ現事業年度ノ資本金額ニ年百分ノ三十ノ割合ヲ乗ジテ算出シタル金額以下ノ金額ヨリ成ル部分ノ利得　利得金額ノ百分ノ三十

三　利益金額中現事業年度ノ資本金額ニ対シ年百分ノ三十ノ割合ヲ乗ジテ算出シタル金額ヲ超ユル金額ヨリ成ル部分ノ利得　利得金額ノ百分ノ四十五

現事業年度ノ資本金額十万円以下ナル法人ニ限リ前項ニ規定スル税率百分ノ十六ハ之ヲ百分ノ六トシ同百分ノ三十ハ之ヲ百分ノ二十トシ同百分ノ四十五ハ之ヲ百分ノ三十五トス

第二十一条　前条ノ規定ニ依リ現事業年度ノ資本金額ニ乗ズベキ既往事業年度ノ平均利益率ハ昭和十一年十二月三十一日以前三年以内ニ終了シタル事業年度ノ全部ノ平均利益ノ平均資本金額ニ対スル割合トス但シ其ノ割合ガ年百分ノ十未満ナルトキ又ハ法人ノ第一次事業年度ガ昭和十二年一月一日以後ニ終了シタルトキハ其ノ割合ヲ年百分ノ十トシ其ノ割合ガ年百分ノ二十ヲ超ユルトキハ之ヲ年百分ノ二十トス

第五条（第三項ヲ除ク）乃至第七条及第八条第一項ノ規定ハ

前項ノ平均利益及平均資本金額算出ノ基礎タル昭和十一年十二月三十一日以前三年以内ニ終了シタル各事業年度ノ利益及資本金額ノ計算ニ付之ヲ準用ス

第二十二条　前条第一項ノ規定ニ依ル既往事業年度ノ平均利益率ガ年百分ノ十ノ割合ヲ超ユル場合ニ於テ現事業年度ノ資本金額中ニ増加資本金額アルトキハ同項ノ規定ニ拘ラズ現事業年度ノ資本金額中増加資本金額ニ年百分ノ十ノ割合ヲ乗ジテ算出シタル金額ト増加資本金額以外ノ部分ニ同項ノ規定ニ依ル既往事業年度ノ平均利益率ニ相当スル割合ヲ乗ジテ算出シタル金額トノ合計額ノ現事業年度ノ資本金額ニ対スル割合ヲ以テ既往事業年度ノ平均利益率トス

前項ノ増加資本金額トハ現事業年度ノ資本金額ガ昭和十一年十二月三十一日ニ於ケル資本金額又ハ同日以前三年以内ニ終了シタル事業年度ノ全部ノ平均資本金額ノ何レカ多額ナル一方ノ金額ヲ超過スル場合ニ於ケル其ノ超過額ヲ謂フ

昭和十一年十二月三十一日ニ於ケル資本金額ハ同日ニ於ケル払込株式金額、出資金額、基金又ハ醵金及積立金額ニ依リ之ヲ計算ス

第七条第二項ノ規定ハ前項ノ計算ニ付之ヲ準用ス

第二十三条　法人合併ヲ為シタル場合ニ於テ合併後存続スル法人又ハ合併ニ因リテ設立シタル法人ノ昭和十一年十二月三十一日以前三年以内ニ終了シタル事業年度ノ全部ノ平均利益及平均資本金額並ニ昭和十一年十二月三十一日ニ於ケル資本金額ハ大使ノ定ムル所ニ依リ之ヲ計算ス

第二十四条　個人ノ臨時利得税ハ左ノ税率ニ依リ之ヲ賦課ス

営業利得　利得金額ノ百分ノ二十

譲渡利得　利得金額ノ百分ノ十六

第二十五条　納税義務アル法人ハ大使ノ定ムル所ニ依リ利得金額ヲ政府ニ申告スベシ

第二十六条　営業利得ニ付納税義務アル個人ハ大使ノ定ムル所ニ依リ毎年三月十五日迄ニ利得金額ヲ政府ニ申告スベシ

譲渡利得ニ付納税義務アル個人ハ大使ノ定ムル所ニ依リ利得金額ヲ政府ニ申告スベシ

第二十七条　法人ノ利得金額ハ第二十五条ノ申告ニ依リ、申告ナキトキ又ハ申告ヲ不相当ト認ムルトキハ政府ノ調査ニ依リ政府ニ於テ之ヲ決定シ営業利得ノ金額ハ関東州所得税令ノ所得調査委員会ニ諮問シ政府ニ於テ之ヲ決定ス

所得調査委員会閉会後営業利得ノ金額ノ決定ニ付脱漏アルコトヲ発見シタルトキハ其ノ決定ヲ為スベカリシ年ノ翌年以後ニ於ケル所得調査委員会ニ諮問シ政府ニ於テ其ノ利得金額ヲ決定スルコトヲ得

所得調査委員会閉会後営業利得ニ付納税義務アルコトヲ申出デ又ハ利得金額ノ増加アルコトヲ申出デタルトキハ前二項ノ規定ニ拘ラズ政府ニ於テ其ノ利得金額ヲ決定ス

譲渡利得金額ハ前条第二項ノ申告ニ依リ、申告ナキトキ又ハ申告ヲ不相当ト認ムルトキハ政府ノ調査ニ依リ政府ニ於テ之ヲ決定ス

第二十八条　関東州所得税令第三十八条ノ規定ハ営業利得金額ノ決定ニ付之ヲ準用ス

第二十九条　第二十七条又ハ前条ノ規定ニ依リ利得金額ヲ決定

シタルトキハ政府ハ之ヲ納税義務者ニ通知スベシ

第三十条　納税義務者前条ノ規定ニ依リ政府ノ通知シタル利得金額ニ対シテ異議アルトキハ通知ヲ受ケタル日ヨリ二十日以内ニ不服ノ事由ヲ具シ政府ニ審査ノ請求ヲ為スコトヲ得

前項ノ請求アリタル場合ト雖モ政府ハ税金ノ徴収ヲ猶予セズ

第三十一条　前条第一項ノ請求アリタルトキハ関東州所得税令ノ所得審査委員会ニ諮問シ政府ニ於テ之ヲ決定ス

関東州所得税令第四十五条第二項ノ規定ハ前項ノ場合ニ之ヲ準用ス

第三十二条　法人ノ利得ニ付テハ事業年度毎ニ臨時利得税ヲ徴収ス

営業利得ニ付テハ臨時利得税ノ年額ヲ三分シ左ノ三期ニ於テ之ヲ徴収ス但シ納税義務者納税管理人ノ申告ヲ為サズシテ関東州外ニ住所又ハ居所ヲ移ストキハ直ニ其ノ臨時利得税ヲ徴収スルコトヲ得

第一期　其ノ年九月一日ヨリ三十日限

第二期　其ノ年十一月一日ヨリ三十日限

第三期　翌年二月一日ヨリ末日限

譲渡利得ニ付テハ船舶又ハ鉱業若ハ砂鉱業ニ関スル権利若ハ設備ノ譲渡ノ際臨時利得税ヲ徴収ス

第三十三条　税務署長若ハ民政署長又ハ其ノ代理官ハ調査上必要アルトキハ納税義務者又ハ納税義務アリト認ムル者ニ質問シ又ハ其ノ営業ニ関スル帳簿書類其ノ他ノ物権ヲ検査スルコトヲ得

第三十四条　詐偽其ノ他不正ノ行為ニ依リ臨時利得税ヲ逋脱シタ者ハ其ノ逋脱シタル税金ノ三倍ニ相当スル罰金又ハ科料ニ処ス但シ自首シタル者又ハ税務署長若ハ民政署長ニ申出デタル者ハ罪ヲ問ハズ

前項ノ場合ニ於テ営業利得ニ付臨時利得税ヲ逋脱シタル者ノ利得金額ハ第二十七条第二項ノ規定ニ拘ラズ政府ニ於テ之ヲ決定シ直ニ其ノ税金ヲ徴収ス

第三十五条　第三十三条ノ規定ニ依ル帳簿書類其ノ他ノ物件ノ検査ヲ拒ミ、妨ゲ若ハ忌避シ又ハ虚偽ノ記載ヲ為シタル帳簿書類ヲ呈示シタル者ハ五百円以下ノ罰金又ハ科料ニ処ス

第三十六条　臨時利得税ノ調査又ハ審査ノ事務ニ従事シ又ハ従事シタル者其ノ調査又ハ審査ニ関シ知得タル秘密ヲ正当ノ事由ナクシテ漏洩シタルトキハ五百円以下ノ罰金ニ処ス

第三十七条　大正十一年勅令第二百号第一条ノ規定ハ第三十五条又ハ前条ノ罪ヲ犯シタル者ニ付テハ之ヲ適用セズ

第三十八条　関東州所得税令第三十一条第四項、第四十二条、第四十三条第二項、第四十八条、第五十三条及第五十五条乃至第五十七条ノ規定ハ臨時利得税ニ付之ヲ準用ス

第三十九条　臨時利得税法施行地、朝鮮、台湾又ハ樺太ニ本店又ハ主タル事務所ヲ有スル法人ノ利得ニ付テハ臨時利得税ヲ課セズ

第九条ノ規定ハ臨時利得税法施行地、朝鮮、台湾又ハ樺太ニ本店又ハ主タル事務所ヲ有スル法人ガ臨時利得税法施行地、朝鮮、台湾、樺太又ハ関東州ニ本店又ハ主タル事務所ヲ有スル法人ト合併ヲ為シタル場合ニ於テ合併後存続スル法人又ハ合併ニ因リテ設立シタル法人ガ関東州ニ本店又ハ主タル事務

所ヲ有スル場合ニ付之ヲ準用ス
臨時利得税法施行地、朝鮮、台湾又ハ樺太ニ住所ヲ有シ又ハ一年以上居所ヲ有スル個人ノ利得ニ付テハ大使ノ定ムル所ニ依リ臨時利得税ヲ課セズ

第四十条　関東州所得税令第二十三条ノ規定ニ依リ所得税ヲ免除セラルル所得ニ付テハ本令ヲ適用セズ

第四十一条　本令ニ於テハ法人ニ非ザル社団モ亦之ヲ法人ト看做ス
前項ノ社団其ノ財産ヲ以テ臨時利得税ヲ完納スルコト能ハザルトキハ其ノ税金ニ付社員連帯シテ納税ノ義務アルモノトス

第四十二条　市、会其ノ他ノ公共団体ハ利得税ノ附加税ヲ課スルコトヲ得ズ

附　則

本令ハ昭和十六年四月一日ヨリ之ヲ施行ス
法人ニ非ザル社団ノ利得ニ対スル臨時利得税ニ付テハ昭和十六年四月一日以後ニ終了スル事業年度分ヨリ本令ヲ適用ス
営業利得ニ対スル臨時利得税ニ付テハ昭和十六年分ヨリ本令ヲ適用ス
譲渡利得ニ対スル臨時利得税ニ付テハ昭和十六年一月一日以後ノ譲渡ニ因ル利得ニ対シ本令ヲ適用ス
本例ニ依ル臨時利得税ノ賦課ハ法人ニ付テハ支那事変終了ノ年ノ翌年十二月三十一日迄ニ終了スル事業年度分限リ営業利得ニ付テハ支那事変終了ノ年ノ翌年分限リ譲渡利得ニ付テハ支那事変終了ノ年ノ翌年十二月三十一日迄ノ譲渡ニ因ル利得ニ対スル分限リトス
第二十六条ノ改正規定中三月十五日トアルハ昭和十六年分ニ限リ四月二十五日トス
昭和十五年一月一日ヨリ昭和十六年一月一日ニ至ル期間引続キ為シタルニ非ザル営業ニ因ル個人ノ利得ニ付テハ政府ハ大使ノ定ムル所ニ依リ昭和十六年分ニ限リ臨時利得税ヲ免除スルコトヲ得

○関東州臨時利得税令中改正

昭和十七年三月二十八日勅令第二百五十三号

第二十条　法人ノ臨時利得税ハ法人ノ利得ヲ左ノ部分ニ区分シ各部分ニ付左ノ税率ヲ適用シテ之ヲ賦課ス
一　利益金額中現事業年度ノ資本金額ニ年百分ノ十ノ割合ヲ乗ジテ算出シタル金額ヲ超エ現事業年度ノ資本金額ニ既往事業年度ノ平均利益率ヲ乗ジテ算出シタル金額以下ノ金額ヨリ成ル部分ノ利得　利得金額ノ百分ノ二十一
二　利益金額中現事業年度ノ資本金額ニ既往事業年度ノ平均利益率ヲ乗ジテ算出シタル金額ヲ超エ現事業年度ノ資本金額ニ年百分ノ二十ノ割合ヲ乗ジテ算出シタル金額以下ノ金額ヨリ成ル部分ノ利得　利得金額ノ百分ノ三十五
三　利益金額中現事業年度ノ資本金額ニ年百分ノ二十ノ割合ヲ乗ジテ算出シタル金額ヲ超エ現事業年度ノ資本金額ニ年百分ノ三十ノ割合ヲ乗ジテ算出シタル金額以下ノ金額ヨリ成ル部分ノ利得　利得金額ノ百分ノ四十五
四　利益金額中現事業年度ノ資本金額ニ年百分ノ三十ノ割合

ヲ乗ジテ算出シタル金額ヲ超ユル金額ヨリ成ル部分ノ利得
　利得金額百分ノ五十五

法人ノ第一次事業年度ガ昭和十二年一月一日以後ニ終了シタル場合ニ於テ当該法人ノ現事業年度ノ積立金額ガ現事業年度ノ払込株式金額、出資金額、基金又ハ醵金ニ百分ノ三十ノ割合ヲ乗ジテ算出シタル金額ニ満タザルトキハ前項第二号ノ利得中現事業年度ノ払込株式金額、出資金額、基金又ハ醵金ニ百分ノ三十ノ割合ヲ乗ジテ算出シタル金額ヨリ現事業年度ノ積立金額ヲ控除シタル残額ニ年百分ノ十ノ割合ヲ乗ジテ算出シタル金額ニ相当スル金額ヨリ成ル部分ノ全額ニ限リ前項ニ規定スル税率百分ノ三十五ハ之ヲ百分ノ三十トス但シ合併ニ因リテ設立シタル法人又ハ合併後存続スル法人ニ在リテハ当該合併ニ因リテ消滅シタル法人中第一次事業年度ガ昭和十一年十二月三十一日以前ニ終了シタルモノアル法人ニ付テハ此ノ限ニ在ラズ

前項ノ規定ハ関東州ニ本店又ハ主タル事務所ヲ有セザル法人ニ付テハ之ヲ適用セズ

現事業年度ノ資本金額十万円以下ナル法人ニ限リ第一項ニ規定スル税率百分ノ二十一ハ之ヲ百分ノ十一トシ同百分ノ三十五ハ之ヲ百分ノ二十五トシ同百分ノ四十五ハ之ヲ百分ノ三十五トシ同百分ノ五十五ハ之ヲ百分ノ四十五トシ第二項ニ規定スル税率百分ノ三十ハ之ヲ百分ノ二十トス

第二項ニ規定スル法人ノ現事業年度ノ払込株式金額、出資金額、基金、醵金又ハ積立金額ハ各月末ニ於ケル払込株式金額、出資金額、基金、醵金又ハ積立金額ノ月割平均ヲ以テ之ヲ計算ス

第二十一条第一項但書中「年百分ノ二十」ヲ「年百分ノ十五」ニ改ム

第二十四条中「百分ノ二十」ヲ「百分ノ二十五」ニ、「百分ノ十六」ヲ「百分ノ二十」ニ改ム

第三十四条第二項中「第二十七条第二項ノ規定ニ拘ラズ」ヲ「所得調査委員会ニ諮問セズ」ニ改ム

附則第五項中「支那事変」ヲ「大東亜戦争」ニ改ム

附　則

本令ハ昭和十七年四月一日ヨリ之ヲ施行ス

法人ノ利得ニ対スル臨時利得税ニ付テハ昭和十七年一月一日以後ニ終了スル事業年度分ヨリ、営業利得ニ対スル臨時利得税ニ付テハ昭和十七年分ヨリ、譲渡利得ニ対スル臨時利得税ニ付テハ同日以後ノ譲渡ニ因ル利得ニ対スル分ヨリ本令ヲ適用ス

○関東州臨時利得税令中改正

昭和十八年三月三十一日勅令第三百三十四号

第四条中「現事業年度ノ利益ガ現事業年度」ヲ「利益ガ各事業年度」ニ、「割合ヲ乗ジテ」ヲ「割合ヲ以テ」ニ改ム

第五条第一項中「現事業年度ノ利益ハ現事業年度」ヲ「利益ハ各事業年度」ニ、「現事業年度ノ剰余金」ヲ「各事業年度ノ剰余金」ニ、同条第二項中「現事業年度」ヲ「各事業年度」ニ、同条第三項中「現事業年度開始」ヲ「各事業年度開始」ニ、「現事業年度ノ利益」ヲ「第一項ノ利益」ニ改ム

第七条第一項中「現事業年度」ヲ「各事業年度」ニ改ム

第十四条中「一万円未満」ヲ「一万円以下」ニ改ム

第二十条　法人ノ臨時利得税ハ法人ノ利得ヲ左ノ各級ニ区分シ逓次ニ各税率ヲ適用シテ之ヲ賦課ス

一　利益金額中資本金額ニ対シ年百分ノ十ノ割合ヲ以テ算出シタル金額ヲ超ユル金額　利得金額ノ百分ノ三十五

二　同百分ノ二十ノ割合ヲ以テ算出シタル金額ヲ超ユル金額　利得金額ノ百分ノ四十五

三　同百分ノ三十ノ割合ヲ以テ算出シタル金額ヲ超ユル金額　利得金額ノ百分ノ五十五

資本金額十万円以下ナル法人ニ限リ前項ニ規定スル税率百分ノ三十五ハ之ヲ百分ノ二十五トシ同百分ノ四十五ハ之ヲ百分ノ三十五トシ同百分ノ五十五ハ之ヲ百分ノ四十五トス

第二十一条乃至第二十三条　削除

第二十四条ニ左ノ一項ヲ加フ

前項ノ規定ニ依リ算出シタル営業利益ニ対スル臨時利得税額ガ第十二条ノ利益金額ヨリ一万円ヲ控除シタル金額ヲ超過スルトキハ其ノ超過額ニ相当スル臨時利得税ヲ免除ス

附　則

本令ハ昭和十八年四月一日ヨリ之ヲ施行ス

法人ノ利得ニ対スル臨時利得税ニ付テハ昭和十八年一月一日以後ニ終了スル事業年度分ヨリ、営業利得ニ対スル臨時利得税ニ付テハ昭和十八年分ヨリ本令ヲ適用ス

○関東州臨時利得税令中改正

昭和十九年三月三十一日勅令第百八十六号

第三条第三号中「船舶（製造中ノ船舶ヲ含ム）」ヲ「不動産（土地ヲ除ク）、不動産上ノ権利、船舶（製造中ノ船舶ヲ含ム以下同ジ）」ニ改メ「設備ノ譲渡」ノ下ニ「（不動産上ノ権利ノ譲渡ニハ永小作権又ハ地上権ノ設定其ノ他他人ヲシテ不動産又ハ不動産上ノ権利ヲ使用セシムル一切ノ場合ヲ含ム以下同ジ）」ヲ加フ

第五条第二項及第八条第二項中「第一種所得税」ノ下ニ「法人資本税」ヲ加フ

第七条第一項ヲ左ノ如ク改ム

法人ノ各事業年度ノ資本金額ハ各月末ニ於ケル払込株式金額、出資金額、基金又ハ醵金ヨリ各月末ニ於ケル繰越欠損金額ヲ控除シタル金額ノ月割平均額及各事業年度開始ノ時ニ於ケル積立金額ノ合計ニ依リ之ヲ計算ス

同項ノ次ニ左ノ一項ヲ加フ

法人ガ合併ヲ為シタル場合ニ於ケル資本金額ノ計算ニ関シテハ前項ノ規定ニ拘ラズ大使ハ別段ノ定ヲ為スコトヲ得

第十五条第一項及第二項中「船舶」ノ上ニ「不動産（土地ヲ除ク）、不動産上ノ権利、」ヲ、同条第二項中「同日ニ於ケル価額」ノ下ニ「ニ其ノ百分ノ五ニ相当スル金額ヲ加算シタル金額」ヲ加フ

第二十条中「百分ノ三十五」ヲ「百分ノ四十」ニ、「百分ノ四十五」ヲ「百分ノ五十」ニ、「百分ノ五十五」ヲ「百分ノ六十」

ニ、「百分ノ二十五」ヲ「百分ノ三十」ニ改ム

第二十四条第一項ヲ左ノ如ク改ム

個人ノ臨時利得税ハ左ノ税率ニ依リ之ヲ賦課ス

一　営業利益　　利得金額ノ百分ノ三十

二　譲渡利得

利得ヲ左ノ各級ニ区分シ逓次ニ各税率ヲ適用ス

十万円以下ノ金額　　利得金額ノ百分ノ二十五

十万円ヲ超ユル金額　　利得金額ノ百分ノ三十

第二十六条第一項中「三月十五日」ヲ「一月三十一日」ニ改ム

第三十二条第三項中「船舶」ノ上ニ「不動産（土地ヲ除ク）、不動産上ノ権利、」ヲ加フ

附　則

本令ハ昭和十九年四月一日ヨリ之ヲ施行ス

法人ノ利得ニ対スル臨時利得税ニ付テハ昭和十九年一月一日以後ニ終了スル事業年度分ヨリ、営業利得ニ対スル臨時利得税ニ付テハ昭和十九年分ヨリ、譲渡利得ニ対スル臨時利得税ニ付テハ同日以後ノ譲渡ニ因ル利得ニ対スル分ヨリ本令ヲ適用ス但シ改正後ノ関東州臨時利得税令第二十六条第一項ノ規定ハ昭和二十年分ヨリ之ヲ適用ス

昭和十九年一月一日ヲ含ム直前事業年度前ノ各事業年度分ノ法人資本税ハ第五条第二項ノ改正規定ニ拘ラズ法人ノ各事業年度ノ利益ノ計算上之ヲ損金ニ算入ス

第三条第三号ノ改正規定ニ依リ昭和十九年一月一日以後同年三月三十一日迄ノ譲渡ニ因ル利得ニ付納税義務ヲ有スルニ至リタル者ハ大使ノ定ムル所ニ依リ昭和十九年四月二十日迄ニ其ノ利得金額ヲ政府ニ申告スベシ

〇関東州所得税令外十一勅令中改正等ノ件（抄）

昭和二十年三月二十八日勅令第百四十九号

第三条　関東州臨時利得税令中左ノ通改正ス

第三十二条第二項ヲ左ノ如ク改ム

営業利得ニ付テハ臨時利得税ノ年額ヲ二分シ左ノ二期ニ於テ之ヲ徴収ス但シ納税義務者納税管理人ノ申告ヲ為サズシテ関東州外ニ住所又ハ居所ヲ移ストキハ直ニ其ノ臨時利得税ヲ徴収スルコトヲ得

第一期　其ノ年九月一日ヨリ三十日限

第二期　翌年一月一日ヨリ三十一日限リ

附　則

第十四条　本令ハ昭和二十年四月一日ヨリ之ヲ施行ス

◎関東州法人資本税令

昭和十三年四月一日勅令第二百十一号

朕関東州法人資本税令ヲ裁可シ茲ニ之ヲ公布セシム（総理大臣副署）

関東州法人資本税令

第一条　関東州ニ本店又ハ主タル事務所ヲ有スル法人ハ本令ニ依リ法人資本税ヲ納ムル義務アルモノトス

第二条　前条ノ規定ニ該当セザル法人関東州ニ資本ヲ有スルト

キハ其ノ資本ニ付テノミ法人資本税ヲ納ムル義務アルモノトス

第三条　法人資本税ハ法人ノ資本ニ付テ之ヲ賦課ス

第四条　第一条ノ規定ニ該当スル法人ノ資本ハ各事業年度ノ各月末ニ於ケル払込株式金額、出資金額又ハ基金及積立金額ヨリ各月末ニ於ケル繰越欠損金額ヲ控除シタル金額ノ月割平均額ニ当該事業年度ノ月数ヲ乗ジタルモノヲ十二分シテ計算シタル金額ニ依ル

第二条ノ規定ニ該当スル法人ノ関東州ニ於ケル資本ハ前項ノ規定ニ準ジ満洲国駐箚特命全権大使ノ定ムル所ニ依リ計算シタル金額ニ依ル

法人ガ事業年度中ニ解散シ又ハ合併ニ因リテ消滅シタル場合ニ於テハ其ノ事業年度ノ始ヨリ解散又ハ合併ニ至ル迄ノ期間ヲ以テ一事業年度ト看做ス

第五条　本令ニ於テ積立金額トハ積立金其ノ他名義ノ何タルヲ問ハズ関東州所得税令第四条第一項ノ規定ニ依ル法人ノ普通所得中其ノ留保シタル金額ヲ謂フ

第六条　合併後存続スル法人又ハ合併ニ因リテ設立シタル法人ハ合併ニ因リテ消滅シタル法人ノ資本ニ付法人資本税ヲ納ムル義務アルモノトス

第七条　前条ノ規定ハ法人資本税法施行地、朝鮮、台湾又ハ樺太ニ本店又ハ主タル事務所ヲ有スル法人ガ法人資本税法施行地、朝鮮、台湾、樺太又ハ関東州ニ本店又ハ主タル事務所ヲ有スル法人ト合併ヲ為シタル場合ニ於テ合併後存続スル法人又ハ合併ニ因リテ設立シタル法人ガ関東州ニ本店又ハ主タル事務所ヲ有スル場合ニ付之ヲ準用ス

第八条　営利ノ目的トセザル法人ニシテ関東州所得税令其ノ他ノ法令ニ依リ所得税ヲ課セラレザルモノニハ法人資本税ヲ課セズ

第九条　法人資本税法施行地、朝鮮、台湾又ハ樺太ニ本店又ハ主タル事務所ヲ有スル法人ノ関東州ニ於ケル資本ニ付テハ法人資本税ヲ課セズ

第十条　法人資本税ノ税率ハ万分ノ五トス

前項ノ規定ニ依リ算出シタル税額ガ年十円ニ満タザルトキハ年十円トス

所得金額ナキ法人ノ法人資本税ハ之ヲ免除ス前二項ノ規定ニ依リ算出シタル税額ガ其ノ事業年度ノ所得金額ヲ超過スルトキハ其ノ超過額ニ相当スル法人資本税ニ付亦同ジ

関東州所得税令第四条ノ規定ハ前項ノ所得金額ノ計算ニ付之ヲ準用ス

第十一条　納税義務者ハ大使ノ定ムル所ニ依リ資本額ヲ政府ニ申告スベシ

第十二条　資本額ハ前条ノ申告ニ依リ、申告ナキトキ又ハ申告ヲ不相当ト認ムルトキハ政府ノ調査ニ依リ政府ニ於テ之ヲ決定ス

第十三条　税務官吏ハ調査上必要アルトキハ納税義務者又ハ納税義務アリト認ムル者ニ質問ヲ為シ又ハ其ノ帳簿物件ヲ検査スルコトヲ得

第十四条　第十二条ノ規定ニ依リ資本額ヲ決定シタルトキハ政府ハ之ヲ納税義務者ニ通知スベシ

第十五条　納税義務者前条ノ規定ニ依リ政府ノ通知シタル資本額ニ対シ異議アルトキハ通知ヲ受ケタル日ヨリ二十日内ニ不服ノ事由ヲ具シ政府ニ審査ノ請求ヲ為スコトヲ得
前項ノ請求アリタル場合ト雖モ政府ハ税金ノ徴収ヲ猶豫セズ
第十六条　前条第一項ノ請求アリタルトキハ関東州所得税令ノ所得審査委員会ニ諮問シ政府ニ於テ之ヲ決定ス
関東州所得税令第四十五条第二項ノ規定ハ前項ノ場合ニ付之ヲ準用ス
第十七条　法人資本税ハ法人ノ事業年度毎ニ之ヲ徴収ス
第十八条　同族会社ノ行為又ハ計算ニシテ法人資本税逋脱ノ目的アリト認メラルルモノアル場合ニ於テハ其ノ行為又ハ計算ニ拘ラズ政府ハ其ノ認ムル所ニ依リ資本額ヲ計算スルコトヲ得
前項ニ於テ同族会社トハ関東州所得税令ニ規定スル同族会社ヲ謂フ
第十九条　関東州所得税令第四十三条第二項、第五十五条及第五十六条ノ規定ハ法人資本税ニ付之ヲ準用ス
第二十条　本令ニ於テハ法人ニ非ザル社団モ亦之ヲ法人ト看做ス
前項ノ社団其ノ財産ヲ以テ法人資本税ヲ完納スルコト能ハザルトキハ其ノ税金ニ付社員連帯シテ納税ノ義務アルモノトス
第二十一条　市、会其ノ他ノ公共団体ハ法人資本税ノ附加税ヲ課スルコトヲ得ズ
第二十二条　大使ハ本令ニ定ムルモノヲ除クノ外法人資本税ニ関シ必要ナル規定ヲ設クルコトヲ得

附　則

本令ハ昭和十三年四月一日以後終了スル事業年度分ヨリ之ヲ適用ス

○関東州法人資本税令中改正

昭和十五年三月三十一日勅令第百七十四号

第四条第一項中「又ハ基金及積立金額」ヲ「、基金又ハ醵金及積立金額」ニ改ム
第五条ニ左ノ一項ヲ加フ
第一種所得税及臨時利得税トシテ納付スベキ金額ハ前項ノ留保シタル金額ニハ之ヲ算入セズ
第七条　法人税法施行地、朝鮮、台湾、樺太ニ本店又ハ主タル事務所ヲ有スル法人ガ法人税法施行地、朝鮮、台湾、樺太又ハ関東州ニ本店又ハ主タル事務所ヲ有スル法人ト合併ヲ為シタル場合ニ於テ合併後存続スル法人又ハ合併ニ因リテ設立シタル法人ガ関東州ニ本店又ハ主タル事務所ヲ有スルトキハ合併後存続スル法人又ハ合併ニ因リテ設立シタル法人ハ合併ニ因リテ消滅シタル法人ノ最後ノ事業年度分ノ資本ニ付法人資本税ヲ納ムル義務アルモノトス
前項ノ場合ニ於テ合併ニ因リテ消滅シタル法人中法人税法施行地、朝鮮、台湾又ハ樺太ニ本店又ハ主タル事務所ヲ有シタル法人ノ資本ニ付テハ第十条ノ規定ニ拘ラズ各当該地ニ於ケル法令ニ依リ算出シタル資本ニ対スル法人税額又ハ法人資本税額ニ相当スル金額ヲ以テ法人資本税ノ税額トス

第九条中「法人資本税法施行地」ヲ「法人税法施行地」ニ改ム
第十条第一項中「万分ノ五」ヲ「万分ノ六」ニ改ム

附　則

本令ハ昭和十五年四月一日以後終了スル事業年度分ヨリ之ヲ適用ス

○関東州法人資本税令中改正

昭和十九年三月三十一日勅令第百八十七号

第四条第一項中「及積立金額」ヲ削リ「月割平均額」ノ下ニ「及各事業年度開始ノ時ニ於ケル積立金額ノ合計金額」ヲ加ヘ同条第二項ノ次ニ左ノ一項ヲ加フ

法人ガ合併ヲ為シタル場合ニ於ケル資本ノ計算ニ関シテハ前二項ノ規定ニ拘ラズ大使ハ別段ノ定ヲ為スコトヲ得

第五条第二項中「第一種所得税」ノ下ニ「、法人資本税」ヲ加フ

第十条第一項中「万分ノ六」ヲ「千分ノ二」ニ改ム

第二十一条ヲ第二十五条トス

第二十一条　詐偽其ノ他不正ノ行為ニ依リ法人資本税ヲ逋脱シタル者ハ其ノ逋脱シタル税金ノ三倍ニ相当スル罰金又ハ科料ニ処ス但シ自首シ又ハ税務署長若ハ民政署長ニ申出デタル者ハ其ノ罪ヲ問ハズ

第二十二条　第十三条ノ規定ニ依ル税務官吏ノ質問ニ対シ答弁ヲ為サズ若ハ虚偽ノ陳述ヲ為シタル者、帳簿物件ノ検査ヲ拒ミ、妨ゲ若ハ忌避シタル者又ハ虚偽ノ記載ヲ為シタル帳簿ヲ呈示シタル者ハ千円以下ノ罰金又ハ科料ニ処ス

第二十三条　法人ノ資本ノ調査又ハ審査ノ事務ニ従事シ又ハ従事シタル者其ノ調査又ハ審査ニ関シ知得タル秘密ヲ正当ノ事由ナクシテ漏洩シタルトキハ千円以下ノ罰金ニ処ス

第二十四条　大正十一年勅令第二百号第一条ノ規定ハ前二条ノ罪ヲ犯シタル者ニ付テハ之ヲ適用セズ

附　則

本令ハ昭和十九年四月一日ヨリ之ヲ施行ス
本令ハ昭和十九年一月一日以後終了スル事業年度分ヨリ之ヲ適用ス

◎関東州特別法人税令

昭和十六年三月二十九日勅令第二百九十六号

朕関東州特別法人税令ヲ裁可シ茲ニ之ヲ公布セシム（総理大臣副署）

関東州特別法人税令

第一条　関東州ニ主タル事務所ヲ有スル特別ノ法人ハ本令ニ依リ特別法人税ヲ納ムル義務アルモノトス

第二条　本令ニ於テ特別ノ法人トハ左ニ掲グル法人ヲ謂フ

一　実業組合及実業組合連合会
二　金融組合及金融組合連合会

第三条　特別法人税ハ特別ノ法人ノ剰余金ニ付之ヲ賦課ス

第四条　特別ノ法人ノ剰余金ハ各事業年度ノ総益金ヨリ総損金ヲ控除シタル金額ニ依ル

特別ノ法人ガ取扱ヒタル物ノ数量、価額其ノ他事業ノ分量ニ

対シテ配当スベキ金額ハ前項ノ剰余金ノ計算上之ヲ損金ニ算入ス

特別ノ法人ガ各事業年度ニ於テ納付シタル又ハ納付スベキ特別法人税ハ第一項ノ剰余金ノ計算上之ヲ損金ニ算入セズ

特別ノ法人ノ各事業年度開始前三年以内ニ開始シタル事業年度ニ於テ生ジタル損金ニシテ満洲国駐箚全権大使ノ定ムルモノハ第一項ノ剰余金ノ計算上之ヲ損金ニ算入ス

前三項ノ規定スルモノノ外第一項ノ剰余金ノ計算ニ関シテハ大使之ヲ定ム

第五条　前条ノ規定ニ依リ特別ノ法人ノ各事業年度ノ剰余金ヲ計算スル場合ニ於テ特別ノ法人ガ国債ヲ所有スルトキハ国債ノ利子額中其ノ国債ヲ所有シタル期間分ノ利子額ノ百分ノ七十ニ相当スル金額ヲ大使ノ定ムル所ニ依リ其ノ剰余金ヨリ控除ス

第六条　特別ノ法人ノ前条ノ規定ニ依ル控除前ノ剰余金額ガ其ノ払込済出資金額ニ対シ年百分ノ三ノ割合ヲ以テ算出シタル金額ヲ超エザルトキハ特別法人税ヲ課セズ

前項ノ払込済出資金額ハ大使ノ定ムル所ニ依リ之ヲ計算ス

第七条　特別ノ法人ガ事業年度中ニ解散シ又ハ合併ニ因リテ消滅シタル場合ニ於テハ其ノ事業年度ノ始ヨリ解散又ハ合併ニ至ル迄ノ期間ヲ以テ一事業年度ト看做ス

第八条　合併後存続スル特別ノ法人又ハ合併ニ因リテ設立シタル特別ノ法人ハ合併ニ因リテ消滅シタル特別ノ法人ノ剰余金ニ付特別法人税ヲ納ムル義務アルモノトス

分割ニ因リテ設立シタル特別ノ法人ハ分割ニ因リテ消滅シタル特別ノ法人ノ剰余金又ハ分割後存続スル特別ノ法人ノ分割前ノ剰余金ニ付分割ニ因リテ設立シタル他ノ特別ノ法人又ハ分割後存続スル特別ノ法人ト連帯シテ特別法人税ヲ納ムル義務アルモノトス

前二項ノ規定ハ合併若ハ分割後存続スル法人又ハ合併若ハ分割ニ因リテ設立シタル法人ガ特別ノ法人ニ非ザル場合ニ付之ヲ準用ス

第九条　特別法人税ノ税率ハ百分ノ三トス

第十条　納税義務アル特別ノ法人ハ大使ノ定ムル所ニ依リ財産目録、貸借対照表、損益計算書並ニ第四条及第六条第二項ノ規定ニ依リ計算シタル剰余金額及払込済出資金額ノ明細書ヲ添付シ其ノ剰余金ヲ政府ニ申告スベシ

前項ノ規定ハ特別ノ法人ニ特別法人税ヲ課スベキ剰余金ナキ場合ニ付之ヲ準用ス

第十一条　特別ノ法人ノ剰余金額ハ前条ノ申告ニ依リ申告ナキトキ又ハ申告ヲ不相当ト認ムルトキハ政府ノ調査ニ依リ政府ニ於テ之ヲ決定ス

第十二条　税務署長若ハ民政署長又ハ其ノ代理官ハ調査上必要アルトキハ特別ノ法人ニ質問ヲ為シ又ハ其ノ帳簿書類其ノ他ノ物件ヲ検査スルコトヲ得

第十三条　第十一条ノ規定ニ依リ特別ノ法人ノ剰余金額ヲ決定シタルトキハ政府ハ之ヲ特別ノ法人ニ通知スベシ

第十四条　特別ノ法人前条ノ規定ニ依リ政府ノ通知シタル剰余金額ニ対シ異議アルトキハ通知ヲ受ケタル日ヨリ二十日以内ニ不服ノ事由ヲ具シ政府ニ審査ノ請求ヲ為スコトヲ得

前項ノ請求アリタル場合ト雖モ政府ハ税金ノ徴収ヲ猶予セズ

第十五条　前条第一項ノ請求アリタルトキハ関東州所得税令ノ所得審査委員会ニ諮問シ政府ニ於テ之ヲ決定ス

関東州所得税令第四十五条第二項ノ規定ハ前項ノ場合ニ付之ヲ準用ス

第十六条　特別法人税ハ事業年度毎ニ之ヲ徴収ス

第十七条　特別ノ法人解散シタル場合ニ於テ特別法人税ヲ納付セズシテ残余財産ヲ分配シタルトキハ其ノ税金ニ付清算人連帯シテ納税ノ義務アルモノトス

第十八条　詐偽其ノ他不正ノ行為ニ依リ特別法人税ヲ逋脱シタル者ハ其ノ逋脱シタル税金ノ三倍ニ相当スル罰金又ハ科料ニ処シ直ニ其ノ税金ヲ徴収ス但シ自首シ又ハ税務署長若ハ民政署長ニ申出デタル者ハ其ノ罪ヲ問ハズ

第十九条　第十二条ノ規定ニ依ル帳簿書類其ノ他ノ物件ノ検査ヲ拒ミ、妨ゲ若ハ忌避シ又ハ虚偽ノ記載ヲ為シタル帳簿書類ヲ呈示シタル者ハ五百円以下ノ罰金又ハ科料ニ処ス

第二十条　特別ノ法人ノ剰余金ノ調査又ハ審査ノ事務ニ従事シ又ハ従事シタル者其ノ調査又ハ審査ニ関シ知得タル秘密ヲ正当ノ事由ナクシテ漏洩シタルトキハ五百円以下ノ罰金ニ処ス

第二十一条　大正十一年勅令第二百号第一条ノ規定ハ前二条ノ罪ヲ犯シタル者ニ付テハ之ヲ適用セズ

第二十二条　市、会其ノ他ノ公共団体ハ特別法人税ノ附加税ヲ課スルコトヲ得ズ

附　則

本令ハ昭和十六年四月一日ヨリ之ヲ施行ス

本令ハ昭和十六年四月一日以後終了スル事業年度分ヨリ之ヲ適用ス

本令ニ依ル特別法人税ノ賦課ハ支那事変終了ノ年ノ翌年十二月三十一日迄ニ終了スル事業年度分限リトス

○関東州特別法人税令中改正

昭和十七年三月二十八日勅令第二百五十四号

第九条中「百分ノ三」ヲ「百分ノ七・五」ニ改ム

附則第三項中「支那事変」ヲ「大東亜戦争」ニ改ム

附　則

本令ハ昭和十七年一月一日以後終了スル事業年度分ヨリ之ヲ適用ス

○関東州特別法人税令中改正

昭和十九年三月三十一日勅令第百八十八号

第三条　特別法人税ハ特別ノ法人ノ左ノ剰余金ニ付之ヲ賦課ス

一　各事業年度ノ剰余金

二　清算剰余金

第四条第一項中「特別ノ法人ノ」ノ下ニ「各事業年度ノ」ヲ加フ

第五条　特別ノ法人解散シタル場合ニ於テ其ノ残余財産ノ価額ガ解散当時ノ払込済出資金額及積立金額ノ合計金額ヲ超過スルトキハ其ノ超過金額ヲ以テ特別ノ法人ノ清算剰余金トス

特別ノ法人合併ヲ為シタル場合ニ於テ合併ニ因リテ消滅シタル特別ノ法人ノ出資者ガ合併後存続スル特別ノ法人又ハ合併ニ因リテ設立シタル特別ノ法人ヨリ合併ニ因リテ取得スル払込済出資金額及金銭ノ総額ガ合併ニ因リテ消滅シタル特別ノ法人ノ合併当時ノ払込済出資金額及積立金額ノ合計金額ヲ超過スルトキハ其ノ超過金額ハ之ヲ合併ニ因リテ消滅シタル特別ノ法人ノ清算剰余金ト看做ス

前二項ニ於テ積立金額トハ積立金其ノ他名義ノ何タルヲ問ハズ特別ノ法人ノ各事業年度ノ剰余金中其ノ留保シタル金額ヲ謂フ

特別法人税トシテ納付スベキ金額ハ前項ノ留保シタル金額ニハ之ヲ算入セズ

前条第二項ノ規定ハ清算剰余金ノ計算ニ付之ヲ準用ス

第六条第一項中「前条ノ規定ニ依ル控除前」ヲ「各事業年度」ニ改ム

第九条中「百分ノ七・五」ヲ「百分ノ十五」ニ改ム

第十条第一項中「損益計算書」ノ下ニ「又ハ清算若ハ合併ニ関スル計算書」ヲ加ヘ「及第六条第二項」ヲ「、第五条、第六条第二項及第七条」ニ改ム

第十六条ニ左ノ但書ヲ加フ

但シ清算剰余金ニ対スル特別法人税ハ清算又ハ合併ノ際之ヲ徴収ス

第十七条中「解散シタル場合ニ於テ」ノ下ニ「各事業年度ノ剰余金ニ対スル特別法人税又ハ清算剰余金ニ対スル」ヲ加フ

附　則

本令ハ昭和十九年四月一日ヨリ之ヲ施行ス

各事業年度ノ剰余金ニ対スル特別法人税ニ付テハ昭和十九年四月一日以後終了スル事業年度分ヨリ本令ヲ適用ス

昭和二十年三月三十一日迄ニ終了スル各事業年度ノ剰余金ヲ計算スル場合ニ於テ特別ノ法人ガ国債ヲ所有スルトキハ国債ノ利子額中其ノ国債ヲ所有シタル期間ノ利子額ノ百分ノ三十ニ相当スル金額ヲ大使ノ定ムル所ニ依リ其ノ剰余金ヨリ控除ス同日迄ニ解散又ハ合併ヲ為シタル特別ノ法人ノ清算剰余金ノ計算ニ付亦同ジ

○関東州所得税令外十一勅令中改正等ノ件（抄）

昭和二十年三月二十八日勅令第百四十九号

第二条　関東州特別法人税令中左ノ通改正ス

第五条第一項及第二項中「及積立金額ノ合計金額」並ニ同条第三項及第四項ヲ削ル

第九条　特別法人税ハ左ノ税率ニ依リ之ヲ賦課ス

一　各事業年度ノ剰余金　百分ノ十六・五

二　清算剰余金

清算剰余金額ヲ左ノ如ク区分シ各税率ヲ適用ス

積立金ヨリ成ル金額　百分ノ十

其ノ他ノ金額　百分ノ二十六・五

所得税ヲ課セラレザル法人ノミヲ以テ組織スル特別ノ法人ノ清算剰余金ニ対スル特別法人税ハ前項ノ規定ニ拘ラズ清

算剰余金中積立金ヨリ成ル金額以外ノ金額ノ百分ノ十六・五ニ相当スル金額ヲ以テ其ノ税額トス

第九条ノ二　本令ニ於テ積立金トハ積立金其ノ他名義ノ何タルヲ問ハズ特別ノ法人ノ各事業年度ノ剰余金中其ノ留保シタル金額ヲ謂フ

特別法人税トシテ納付スベキ金額ハ前項ノ留保シタル金額ニハ之ヲ算入セズ

附　則

第十四条　本令ハ昭和二十年四月一日ヨリ之ヲ施行ス

○関東州実業組合令改正ノ件

（昭和二十年五月十七日勅令第三百一号）

第九十条　関東州特別法人税令中左ノ通改正ス

第二条第一号中「及実業組合連合会」ヲ「(所属ノ組合員ヲシテ出資ヲ為サシメザルモノヲ除ク)」ニ改ム

◎関東州外貨債特別税令

（昭和十二年十二月八日勅令第七百十号）

朕関東州外貨債特別税令ヲ裁可シ茲ニ之ヲ公布セシム（総理大臣署名）

関東州外貨債特別税令

第一条　関東州ニ住所ヲ有シ又ハ一年以上居所ヲ有スル者ニシテ外貨債ヲ所有スル者ニハ本令ニ依リ外貨債特別税ヲ課ス

本令ニ於テ外貨債ト称スルハ外国通貨ヲ以テ表示スル国債及地方債並ニ日本法人ノ発行シタル社債ヲ謂フ

第二条　外貨債特別税ハ外貨債利子ニ付之ヲ賦課ス

第三条　外貨債利子ハ一月一日ヨリ六月三十日迄及七月一日ヨリ十二月三十一日迄ノ各期間中ニ於テ収入シタル外貨債ノ利子金額ニ依ル被相続人ノ収入シタル外貨債ノ利子金額ハ之ヲ相続人ノ収入シタル外貨債ノ利子金額ト看做ス

外貨債ニ付元本ノ所有者ニ非ザル者ガ利子ノ支払ヲ受クルトキハ元本ノ所有者ガ支払ヲ受クルモノト看做ス但シ利子ノ生ズル期間中ニ元本ノ所有者ニ異動アリタルトキハ最後ノ所有者ヲ以テ利子ノ支払ヲ受クル者ト看做ス

第四条　左ニ掲ゲル利子ニハ外貨債特別税ヲ課セズ

一　関東州所得税令其ノ他ノ法令ニ依リ第二種所得税ヲ課セラレザル者ノ所有ニ属スル外貨債ノ利子

二　証券ガ本邦（関東州及南洋群島ヲ含ム）内ニ在ラザル外貨債ノ利子

三　利率年五分以下ノ外貨国債ノ利子

四　利率年五分五厘以下ノ外貨国債以外ノ外貨債ノ利子

五　起債者ガ外貨債利子ニ対スル租税ヲ負担スベキ旨ノ約款アル外貨債ノ利子但シ其ノ約款ガ昭和十二年七月一日前定メラレタルモノニ限ル

第五条　外貨債特別税ハ外貨債利子金額中外貨国債ニ在リテハ利率年五分、外貨国債以外ノ外貨債ニ在リテハ利率年五分五厘ニ相当スル金額ヲ超ユル金額ニ十分ノ七ヲ乗ジタル金額ヲ以テ其ノ税額トス

第六条　外貨債特別税ニ付納税義務アル者ハ外貨債利子金額ヲ

政府ニ申告スベシ

第七条　外貨債利子金額ハ前条ノ申告ニ依リ、申告ナキトキ又ハ申告ヲ不相当ト認ムルトキハ政府ノ調査ニ依リ政府ニ於テ之ヲ決定ス

第八条　前条ノ規定ニ依リ外貨債利子金額ヲ決定シタルトキハ政府ハ之ヲ納税義務者ニ通知スベシ

第九条　外貨債特別税ハ左ノ納期ニ於テ之ヲ徴収ス

一月一日ヨリ六月三十日迄ニ収入シタル利子ニ対スル分

其ノ年七月三十一日限

七月一日ヨリ十二月三十一日迄ニ収入シタル利子ニ対スル分

翌年一月三十一日限

納税義務者納税管理人ノ申告ヲ為サズシテ関東州外ニ住所若ハ居所ヲ移ストキ又ハ法人解散シ清算結了セントスルトキハ前項ノ納期ニ拘ラズ直ニ其ノ外貨債特別税ヲ徴収スルコトヲ得

第十条　税務官吏ハ調査上必要アルトキハ外貨債ノ利子ノ支払ヲ受ケ若ハ支払ヲ為スト認ムル者又ハ外貨債ノ利札ノ賣却若ハ買入ヲ為スト認ムル者ニ質問ヲ為シ又ハ其ノ帳簿物件ヲ検査スルコトヲ得

第十一条　関東州所得税令第十条、第十一条、第五十五条第一項及第五十六条ノ規定ハ外貨債特別税ニ付之ヲ準用ス

第十二条　外貨債特別税法施行地、朝鮮、台湾若ハ樺太ニ住所ヲ有スル者又ハ関東州ニ住所若ハ一年以上居所ヲ有セズシテ外貨債特別税法施行地、朝鮮、台湾若ハ樺太ニ一年以上居所ヲ有スル者ノ外貨債利子ニハ左ニ掲ゲル場合ヲ除クノ外外貨債特別税ヲ課セズ

一　関東州ニ住所ヲ有スル者外貨債利子金額決定後外貨債特別税法施行地、朝鮮、台湾又ハ樺太ニ住所ヲ移転シタルトキ

二　外貨債特別税法施行地、朝鮮、台湾又ハ樺太ニ住所ヲ有スル者外貨債特別税法施行地、朝鮮、台湾又ハ樺太ニ於ケル法令ニ依ル外貨債利子金額決定前関東州ニ住所ヲ移転シタルトキ

三　関東州外貨債特別税法施行地、朝鮮、台湾若ハ樺太ニ住所又ハ一年以上居所ヲ有スル者ノ住所又ハ居所ニ付前二号ニ準ズベキ事由ノ生ジタルトキ

第十三条　市、会其ノ他ノ公共団体ハ外貨債特別税ノ付加税ヲ課スルコトヲ得ズ

第十四条　外貨債特別税ヲ課セラレタル外貨債ノ利子ニ付所得税（第一種所得税ヲ除ク）ヲ課スル場合ニ於テハ其ノ利子金額ヨリ外貨債特別税相当額ヲ控除シタル残額ヲ以テ其ノ利子金額ト看做ス

第十五条　満洲国駐箚特命全権大使ハ本令ニ定ムルモノノ外外貨債特別税ニ関シ必要ナル規定ヲ設クルコトヲ得

附　則

本令ハ支払期ガ昭和十二年七月一日以後ニ在ル外貨債ノ利子ニ付之ヲ適用ス

○関東州所得税令中改正ノ件附則（抄）

昭和十三年四月一日勅令第二百十号

関東州外貨債特別税令第十一条ニ左ノ但書ヲ加フ

但シ南洋群島ニ本店又ハ主タル事務所ヲ有スル法人ニ付テハ此ノ限ニ在ラズ

○関東州外貨債特別税令中改正

昭和十五年三月三十一日勅令第百七十五号

第四条第三号中「利率年五分」ヲ「利率年四分」ニ、同条第四号中「利率年五分五厘」ヲ「利率年四分五厘」ニ改メ同条第二号ヲ削リ第三号ヲ第二号トシ以下順次繰上ゲ

第五条中「利率年五分」ヲ「利率年四分」ニ、「利率年五分五厘」ヲ「利率年四分五厘」ニ改ム

附　則

本令ハ支払期ガ昭和十五年一月一日以後ニ在ル外貨債ノ利子ニ付之ヲ適用ス

法令二租税（北支事件特別税、支那事変（大東亜戦争）特別税）臨時租税措置

◎関東州北支事件特別税令

昭和十二年八月二十七日勅令第四百五十八号

朕関東州北支事件特別税令ヲ裁可シ茲ニ之ヲ公布セシム（総理大臣副署）

関東州北支事件特別税令

第一条 北支事件特別税ハ之ヲ左ノ五種トス

一 所得特別税

二 臨時利得特別税

三 利益配当特別税

四 公債及社債利子特別税

五 物品特別税

第二条 所得特別税ハ所得税ヲ納ムル者ニ之ヲ課ス

第三条 第一種所得税ヲ納ムル者ノ所得特別税ハ法人ノ本令施行後一年内ニ終了スル各事業年度ノ所得（清算所得ヲ除ク）ニ付之ヲ賦課シ其ノ所得ニ対スル第一種所得税額ノ百分ノ十ニ相当スル金額ヲ以テ其ノ税額トス

第四条 第二種所得税ヲ納ムル者ノ所得特別税ハ本令施行後一年内ニ支払ヲ受クル第二種所得（国債ノ利子ヲ除ク）ニ付之ヲ賦課シ其ノ所得ニ対スル第二種所得税額ノ百分ノ五ニ相当スル金額ヲ以テ其ノ税額トス

第五条 第三種所得税ヲ納ムル者ノ所得特別税ハ昭和十二年分第三種所得ニ付之ヲ賦課シ其ノ所得ニ対スル第三種所得税額ノ百分ノ七・五ニ相当スル金額ヲ以テ其ノ税額トス

第六条 第一種所得税ヲ納ムル者ノ所得特別税ハ事業年度毎ニ之ヲ徴収ス

第二種所得税ヲ納ムル者ノ所得特別税ハ第二種所得金額支払ノ際支払者ニ於テ徴収シ翌月十日迄ニ之ヲ政府ニ納ムベシ

第三種所得税ヲ納ムル者ノ所得特別税ハ其ノ税額ヲ二分シ左ノ二期ニ於テ之ヲ徴収ス

第一期 昭和十二年十二月一日ヨリ二十八日限

第二期 昭和十三年二月一日ヨリ末日限

第七条 臨時利得特別税ハ臨時所得税ヲ納ムル者ニ之ヲ課ス

第八条 臨時利得特別税ハ法人ノ本令施行後一年内ニ終了スル各事業年度ノ利得ニ付之ヲ賦課シ其ノ利得ニ対スル臨時利得税額ノ百分ノ十五ニ相当スル金額ヲ以テ其ノ税額トス

第九条 臨時利得特別税ハ事業年度毎ニ之ヲ徴収ス

第十条 利益配当特別税ハ関東州ニ本店ヲ有スル法人ヨリ利益ノ配当ヲ受クル者ニ之ヲ課ス

関東州所得税令其ノ他ノ法令ニ依リ第二種所得税ヲ課セラレザル者ニハ利益配当特別税ヲ課セズ

第十一条 利益配当特別税ハ本令施行後一年内ニ前条ノ法人ヨリ支払ヲ受クル利益ノ配当ニ付之ヲ賦課シ配当金中配当率年七分ノ割合ヲ以テ算出シタル金額ヲ越ユル金額ノ百分ノ十ニ相当スル金額ヲ以テ其ノ税額トス

第十二条 利益配当特別税ハ配当金支払ノ際支払者ニ於テ徴収シ翌月十日迄ニ之ヲ政府ニ納ムベシ

第十三条 公債及社債利子特別税ハ関東州ニ於テ公債又ハ社債ノ利子ノ支払ヲ受クル者ニ之ヲ課ス

関東州所得税令其ノ他ノ法令ニ依リ第二種所得税ヲ課セラレザル者ニハ公債及社債利子特別税ヲ課セズ

第十四条　公債及社債利子特別税ハ本令施行後一年内ニ支払ヲ受クル公債又ハ社債ノ利子ニ付之ヲ賦課シ利子金額中国債ニ在リテハ利率年四分、国債以外ノ公債及社債ニ在リテハ利率年四分五厘ノ割合ヲ以テ算出シタル金額ヲ超ユル金額ノ百分ノ十ニ相当スル金額ヲ以テ其ノ税額トス

第十五条　公債及社債利子特別税ハ利子金額支払ノ際支払者ニ於テ徴収シ翌月十日迄ニ之ヲ政府ニ納ムベシ

第十六条　第六条第二項、第十二条又ハ前条ノ規定ニ依リ徴収スベキ税金ヲ徴収セザルトキ又ハ其ノ徴収シタル税金ヲ納付セザルトキハ国税徴収ノ例ニ依リ之ヲ支払者ヨリ徴収ス

第十七条　関東州所得税令第十条及第十一条ノ規定ハ第一種所得税ヲ納ムル者ノ所得特別税及臨時利得特別税ニ付之ヲ準用ス

関東州所得税令第五十五条及第五十六条ノ規定ハ第三種所得税ヲ納ムル者ノ所得特別税ニ付之ヲ準用ス

第十八条　利益配当特別税ヲ課セラルル利益ノ配当又ハ公債及社債利子特別税ヲ課セラルル公債又ハ社債ノ利子ニ付所得税（第一種所得税ヲ除ク）ヲ課スル場合ニ於テハ其ノ利益配当金額又ハ利子金額ヨリ利益配当特別税又ハ公債及社債利子特別税相当額ヲ控除シタル残額ヲ以テ其ノ配当金額又ハ利子金額ト看做ス

第十九条　関東州所得税令第五十八条ノ規定ハ所得特別税、臨時利得特別税及利益配当特別税ニ関シ之ヲ準用ス

第二十条　物品特別税ハ左ニ掲グル物品ニシテ満洲国駐箚特命全権大使ノ定ムルモノニ之ヲ課ス

第一種

一　貴石若ハ半貴石又ハ之ヲ用ヒタル製品
二　眞珠又ハ眞珠ヲ用ヒタル製品
三　貴金属製品又ハ貴金属ヲ用ヒタル製品
四　鼈甲製品
五　珊瑚製品

第二種

一　寫眞機、寫眞引伸機、映寫機、同部分品及附属品
二　寫眞用乾板、フィルム及感光紙
三　蓄音機及同部分品
四　蓄音機用レコード
五　楽器及同部分品

第二十一条　物品特別税ノ税率ハ価格百分ノ二十トス

前項ノ価格ハ第一種物品ニ付テハ小賣業者ノ販賣価格、第二種ノ物品ニ付テハ製造場ヨリ移出スルトキノ価格トス但シ保税地域又ハ郵便局ヨリ引取ラルル物品ニシテ引取人ヨリ税金ヲ徴収スルモノニ付テハ引取ノ際ニ於ケル価格トス

保税地域トハ政府ニ於テ課税物件ヲ蔵置シ得ベキ場所トシテ指定シ又ハ特許シタル場所ヲ謂フ

第二十二条　物品特別税ハ第一種ノ物品ニ付テハ小賣業者ヨリ、第二種ノ物品ニ付テハ製造者ヨリ之ヲ徴収ス但シ保税地域又ハ郵便局ヨリ引取ラルル物品ニ付テハ大使ノ定ムル場合ヲ除クノ外引取人ヨリ之ヲ徴収ス

第二十三条　前条但書ノ規定ニ依リ引取人ヨリ税金ヲ徴収スベキ場合ニ於テハ大使ノ定ムル所ニ依リ物品特別税ヲ納付セズ

シテ当該物品ヲ保税地域ヨリ他ノ保税地域ニ運送スルコトヲ得

前項ノ場合ニ於テ当該物品ガ政府ノ指定シタル期間内ニ運送先ニ到着セザルトキハ保税地域ヨリ搬出シタルトキ引取リタルモノト看做シ運送申告者ヨリ物品特別税ヲ徴収ス但シ災害ニ因リ滅失シ又ハ当該官吏ノ承認ヲ得テ廃棄シタル物品ニ付テハ此ノ限ニ在ラズ

第二十四条　第一種ノ物品ノ小売業者ハ毎月其ノ販売シタル物品ニ付、第二種ノ物品ノ製造者ハ毎月其ノ製造場ヨリ移出シタル物品ニ付其ノ品名毎ニ数量及価格ヲ記載シタル申告書ヲ翌月十日迄ニ政府ニ提出スベシ

第一種又ハ第二種ノ物品ヲ保税地域ヨリ引取ル者ハ大使ノ定ムル場合ヲ除クノ外引取ノ際其ノ物品ニ付前項ニ準ズル申告書ヲ政府ニ提出スベシ

申告書ノ提出ナキトキ又ハ政府ニ於テ申告ヲ不相当ト認メタルトキハ政府ハ其ノ課税標準額ヲ決定ス

第二十五条　物品特別税ハ毎月分ヲ翌月末日迄ニ納付スベシ但シ第二十二条但書ノ場合ニ於テハ引取ノ際之ヲ納付スベシ

第二十六条　左ニ掲グル物品ニ付テハ大使ノ定ムル所ニ依リ物品特別税ヲ免除ス

一　関東州以外ニ輸出スルモノ

二　第一種又ハ第二種ノ物品ノ製造ノ用ニ供スルモノ

三　其ノ他大使ノ定ムル用途ニ供スルモノ

第二十七条　第一種ノ物品ノ小売業ヲ営マントスル者又ハ第二種ノ物品ヲ製造セントスル者ハ大使ノ定ムル所ニ依リ政府ニ申告スベシ其ノ小売業又ハ製造ヲ廃止セントスルトキ亦同ジ

第二十八条　第一種又ハ第二種ノ物品ノ製造者又ハ販売者ハ大使ノ定ムル所ニ依リ其ノ製造、貯蔵又ハ販売ニ関スル事実ヲ帳簿ニ記載スベシ

第一種ノ物品ノ小売業者又ハ第二種ノ物品ノ製造者ハ大使ノ定ムル所ニ依リ其ノ製造又ハ販売ニ関シ必要ナル事項ヲ政府ニ申告スベシ

第二十九条　税務官吏ハ第一種又ハ第二種ノ物品ノ製造者又ハ販売者ニ対シ質問ヲ為シ又ハ左ニ掲グル物件ニ付検査ヲ為シ若ハ監督上必要ノ処分ヲ為スコトヲ得

一　第一種又ハ第二種ノ物品ニシテ製造者又ハ販売者ノ所持スルモノ

二　第一種又ハ第二種ノ物品ノ製造、貯蔵又ハ販売ニ関スル一切ノ帳簿書類

三　第一種又ハ第二種ノ物品ノ製造、貯蔵又ハ販売上必要ナル建築物、機械、器具、材料其ノ他ノ物件

第三十条　市、会其ノ他ノ公共団体ハ北支事件特別税ニ付附加税ヲ課スルコトヲ得ズ

第三十一条　大使ハ本令ニ定ムルモノノ外北支事件特別税ニ関シ必要ナル規定ヲ設クルコトヲ得

附　則

本令ハ公布ノ日ヨリ之ヲ施行ス

物品特別税ニ関スル規定ハ昭和十三年三月二十一日以前ニ於テ物品特別税ヲ課セラルベキ販売、製造物ヨリノ移出又ハ保税地域若ハ郵便局ヨリノ引取ヲ為シタル第一種又ハ第二種ノ物品ニ

付之ヲ適用ス
本令施行前ヨリ引続キ第一種ノ物品ノ小賣業ヲ営ム者又ハ第二種ノ物品ノ製造ヲ為ス者本令施行後一月内ニ其ノ旨ヲ政府ニ申告スルトキハ本令施行ノ日ニ於テ本令ニ依リ申告シタルモノト看做ス

○関東州北支事件特別税令中改正

昭和十三年二月二日勅令第七十号

第十四条中「公債又ハ社債」ノ下ニ「(関東州外貨債特別税令第一条第二項ニ規定スル外貨債ヲ除ク)」ヲ加フ

附　則

本令ハ公布ノ日ヨリ之ヲ施行ス
本令ハ支払期ガ関東州北支事件特別税令施行ノ日以後ニ在ル外貨債ノ利子ニ付之ヲ適用ス

○関東州所得税令中改正ノ件附則第五項

昭和十三年四月一日勅令第二百十号

関東州北支事件特別税令第三条及第四条中「其ノ所得ニ対スル」ヲ「其ノ所得ニ対シ関東州所得税令ニ依リ算出シタル」ニ改メ
同令第十七条第一項ニ左ノ但書ヲ加フ
但シ南洋群島ニ本店又ハ主タル事務所ヲ有スル法人ニ付テハ此ノ限ニ在ラズ

○関東州所得税令外十一勅令中改正等ノ件(抄)

昭和二十年三月二十八日勅令第百四十九号

第十三条　関東州北支事件特別税令ハ之ヲ廃止ス

附　則

第十四条　本令ハ昭和二十年四月一日ヨリ之ヲ施行ス

◎関東州支那事変(大東亜戦争)特別税令

昭和十三年四月一日勅令第二百十三号

朕関東州支那事変特別税令ヲ裁可シ茲ニ之ヲ公布セシム(総理大臣副署)

関東州支那事変特別税令

第一条　当分ノ内本令ニ依リ所得税ヲ増徴シ利益配当税、公債及社債利子税、通行税、入場税、特別入場税及物品税ヲ課ス

第二条　所得税中法人ノ普通所得ニ対スル所得税ニ付テハ関東州所得税令第二十五条ニ規定スル税率百分ノ六ヲ百分ノ七・三五、百分ノ九ヲ百分ノ十一トシタル場合ノ差増額ニ相当スル税額ヲ増徴ス
所得税中法人ノ超過所得ニ対スル所得税ニ付テハ関東州所得税令第二十五条ニ規定スル税率ヲ以テ算出シタル税額ノ百分ノ十ニ相当スル税額ヲ増徴ス
所得税中法人ノ清算所得ニ対スル所得税ニ付テハ関東州所得

税令第二十五条ニ規定スル税率百分ノ三ヲ百分ノ三・七、百分ノ九ヲ百分ノ十一トシタル場合ノ差増額ニ相当スル税額ヲ増徴ス

第一項及第二項ノ規定ニ依ル普通所得及超過所得ニ対スル所得税ノ増徴税額ハ普通所得ノ百分ノ四十ニ相当スル金額ヨリ普通所得及超過所得ニ対スル所得税額（関東州所得税令第二十六条ノ規定ニ依リ普通所得ニ対スル所得税ニ加算スル税額ヲ含マズ）ト臨時利得税額トノ合計金額ヲ控除シタル残額ヲ超ユルコトヲ得ズ

第三条　所得税中同族会社ノ普通所得ニ対スル所得税ニ加算スル税額ニ付テハ関東州所得税令第二十六条ノ規定ニ依リ算出シタル税額ノ百分ノ十三・五ニ相当スル税額ヲ増徴ス

同族会社ノ普通所得ニ対スル所得税ニ加算スル税額ハ普通所得ノ百分ノ五十ニ相当スル金額ヨリ普通所得及超過所得ニ対スル所得税額（関東州所得税令第二十六条ノ規定ニ依リ普通所得ニ対スル所得税ニ加算スル税額ヲ含マズ）、臨時利得税額及前条ノ規定ニ依ル増徴税額ノ合計金額ヲ控除シタル残額ヲ超ユルコトヲ得ズ残額ヲ超エザル場合ニ於テ前項ノ規定ニ依ル増徴ニ因リ之ヲ超ユルニ至ルトキハ其ノ増徴税額ニ付亦同ジ

第四条　所得税中第二種甲及乙ノ所得ニ対スル所得税ニ対テハ、関東州所得税令第二十七条ノ規定ニ拘ラズ左ノ税率ニ依リ之ヲ賦課ス

甲	
国債ノ利子	
利率年四分以下ノモノ	百分ノ一・五
利率年四分ヲ超ユルモノ	百分ノ一・八七
国債以外ノ公債及社債ノ利子	
利率年四分五厘以下ノモノ	百分ノ三・二
利率年四分五厘ヲ超ユルモノ	百分ノ三・七五
其ノ他	百分ノ三・二
乙	百分ノ六・二五

第五条　所得税中第三種ノ所得ニ対スル所得税ニ対テハ所得税額百分ノ十三・五ニ相当スル税額ヲ増徴ス

第六条　関東州所得税令第二十四条ノ規定ニ拘ラズ第三種ノ所得千二百円以上ナルトキハ所得税ヲ課ス

前項ノ所得ハ関東州所得税令第十四条、第十五条及第十六条ノ規定ニ依ル控除ヲ為シタル残額ニ依リ、戸主及其ノ同居家族ノ所得又ハ戸主ト別居スル二人以上ノ同居家族ノ所得ハ其ノ合算総額ニ依ル

前条ノ規定ハ第一項ノ規定ニ依リ課セラルル所得税ニ付テハ之ヲ適用セズ

第七条　第三種ノ所得ニ付所得金額決定後翌年所得金額決定前ニ於テ営業ヲ法人ニ継続セシメタル者ノ当該営業ノ実際所得ガ決定所得額ヲ超過スルトキハ其ノ超過額ハ之ヲ所得金額ノ決定ニ付脱漏アリタルモノト看做シ翌年ニ於ケル所得調査委員会ニ諮問シ政府ニ於テ其ノ所得金額ヲ決定スルコトヲ得

前項ノ場合ニ於テ当該営業ノ実際ノ所得額ハ其ノ年ニ於ケル収入金額ヨリ必要ノ経費ヲ控除シタル金額ニ依ル

第八条　利益配当税ハ関東州ニ本店ヲ有スル法人ヨリ利益ノ配

当ヲ受クル者ニ之ヲ課ス

関東州所得税令其ノ他ノ法令ニ依リ第二種所得税ヲ課セラレザル者ニハ利益配当税ヲ課セズ

第九条 利益配当税ハ前条ノ法人ヨリ支払ヲ受クル利益ノ配当ニ付之ヲ賦課シ配当金中配当率年七分ノ割合ヲ以テ算出シタル金額ヲ超ユル金額ノ百分ノ十ニ相当スル金額ヲ以テ其ノ税額トス

第十条 利益配当税ハ配当金支払ノ際支払者ニ於テ徴収シ翌月十日迄ニ之ヲ政府ニ納ムベシ

第十一条 関東州所得税令第五十八条ノ規定ハ利益配当税ニ付之ヲ準用ス

第十二条 公債及社債利子税ハ関東州ニ於テ公債又ハ社債ノ利子ノ支払ヲ受クル者ニ之ヲ課ス

関東州所得税令其ノ他ノ法令ニ依リ第二種所得税ヲ課セラレザル者ニハ公債及社債利子税ヲ課セズ

第十三条 公債及社債利子税ハ関東州ニ於テ支払ヲ受クル公債又ハ社債（関東州外貨債特別税令第一条第二項ニ規定スル外貨債ヲ除ク）ノ利子ニ付之ヲ賦課シ利子金額中国債ニ在リテハ利率年四分、国債以外ノ公債及社債ニ在リテハ利率年四分五厘ノ割合ヲ以テ算出シタル金額ヲ超ユル金額ノ百分ノ十ニ相当スル金額ヲ以テ其ノ税額トス

第十四条 公債及社債利子税ハ利子金額支払ノ際支払者ニ於テ徴収シ翌月十日迄ニ之ヲ政府ニ納ムベシ

第十五条 利益配当税ヲ課セラルル利益ノ配当又ハ公債及社債利子税ヲ課セラルル公債若ハ社債ノ利子ニ付所得税（第一種所得税ヲ除ク）ヲ課スル場合ニ於テハ其ノ利益配当金額又ハ利子金額ヨリ利益配当税又ハ公債及社債利子税相当額ヲ控除シタル残額ヲ以テ其ノ配当金額又ハ利子金額ト看做ス

第十六条 通行税ハ汽車、電車、乗合自動車及汽船ノ乗客ニ左ノ区別ニ依リ之ヲ課ス

五十粁未満		
	一等	六銭
	二等	三銭
五十粁以上		
	一等	十銭
	二等	五銭
	三等	二銭
百粁以上		
	一等	三十銭
	二等	十五銭
	三等	五銭
百五十粁以上		
	一等	六十銭
	二等	三十銭
	三等	十銭
三百粁以上		
	一等	一円二十銭
	二等	六十銭
	三等	二十銭
五百粁以上		

一等　一円八十銭
二等　九十銭
三等　三十銭
八百粁以上
　一等　二円四十銭
　二等　一円二十銭
　三等　四十銭
回数乗車船ノ契約ヲ為シタル場合ニ於テハ通行税ハ左ノ区別
ニ依リ之ヲ課ス
　回数二十回以下ナルトキ　前項税額ノ五倍
　回数五十回以下ナルトキ　前項税額ノ十倍
　回数五十回ヲ超ユルトキ　前項税額ノ二十倍
定期乗車船ノ契約ヲ為シタル場合ニ於テハ通行税ハ左ノ区別
ニ依リ之ヲ課ス
　契約期間一月内ナルトキ　第一項税額ノ五倍
　契約期間三月内ナルトキ　第一項税額ノ十倍
　契約期間六月内ナルトキ　第一項税額ノ二十倍
　契約期間六月ヲ超ユルトキ　第一項税額ノ三十倍
団体乗車船ノ契約ヲ為シタル場合ニ於テハ通行税ハ左ノ区別
ニ依リ之ヲ課ス
　人員百人以下ナルトキ　第一項税額ノ五倍
　人員二百人以下ナルトキ　第一項税額ノ十倍
　人員二百人ヲ超ユルトキ　第一項税額ノ二十倍
貸切乗車船ノ契約ヲ為シタル場合ニ於テハ通行税ハ左ノ区別
ニ依リ之ヲ課ス
　一等及二等　貸切運賃ノ百分ノ十
　三等　貸切運賃ノ百分ノ五
前項ノ規定ニ依ル税額ハ第一項税額ニ乗客定員数ヲ乗ジタル金額ヲ超ユルコトヲ得ズ
第一項乃至第三項ニ規定スル通行税ハ十二才未満ノ乗客ニ付テハ其ノ半額トス

第十七条　左ノ場合ニ於テハ通行税ヲ課セズ

一　三等乗客ニシテ其ノ乗車船区間五十粁未満ナルトキ
二　陸海軍ノ団体トシテノ乗車船ニシテ満洲国駐箚特命全権大使ノ定ムルモノナルトキ
三　大使ノ指定スル外国航路ニ就航スル汽船ノ三等乗客ナルトキ

第十八条　左ノ各号ノ一ニ該当スルトキハ第十六条第一項及前条第一号ノ乗車船区間ノ粁程ノ計算ハ大使之ヲ定ム

一　関東州外ニ亘ル乗車ノ契約ヲ為シタルトキ
二　往復乗車船又ハ廻遊乗車船ノ契約ヲ為シタルトキ
三　運賃ガ均一制又ハ区間制ニ依リ定メラレタルトキ

第十九条　汽車、電車、乗合自動車又ハ汽船ニシテ其ノ等級ヲ一等、二等及三等ニ分ケザルモノニ付テハ第十六条第一項、第五項及第十七条第一号、第三号ノ等級ハ大使之ヲ定ム乗客定員数ノ定メナキ車船ニ付貸切乗車船ノ契約ヲ為シタル場合ニ於ケル第十六条第六項ノ乗客定員数ニ付亦同ジ

第二十条　通行税ハ汽車、電車、乗合自動車又ハ汽船ニ依ル運輸業ヲ営ム者（以下運輸業者ト称ス）運賃領収ノ際之ヲ徴収シ翌月十日迄ニ政府ニ納ムベシ

第二十一条　汽車、電車、乗合自動車又ハ汽船ニ依ル運輸業ヲ営マントスル者及運輸業者ニ代リテ乗車船券ヲ販賣セントスル者ハ大使ノ定ムル所ニ依リ其ノ旨ヲ予メ政府ニ申告スベシ之ヲ廃止セントスルトキ亦同ジ

第二十二条　運輸業者又ハ運輸業者ニ代リテ乗車船券ヲ販賣スル者ハ大使ノ定ムル所ニ依リ其ノ業務ニ関スル事項ヲ帳簿ニ記載スベシ

運輸業者又ハ運輸業者ニ代リテ乗車船券ヲ販賣スル者ハ大使ノ定ムル所ニ依リ其ノ業務ニ関シ必要ナル事項ヲ政府ニ申告スベシ

第二十三条　入場税ハ左ニ掲グル第一種ノ場所ニ入場スル者又ハ第二種ノ場所ノ設備ヲ利用スル者ニ之ヲ課ス

第一種

一　演劇、活動寫眞、演芸又ハ観物（相撲、野球、拳闘其ノ他ノ競技ニシテ公衆ノ観覧ニ供スルコトヲ目的トスルモノヲ含ム）ヲ催ス場所

二　競馬場

三　前二号ニ掲グルモノヲ除クノ外一定ノ催物又ハ設備ヲ為シ公衆ノ観覧又ハ遊戯ニ供スル場所ニシテ大使ノ定ムルモノ

第二種

一　舞踊場、麻雀場、撞球場

二　ゴルフ場

第二十四条　入場税ハ入場料ノ百分ノ五トス

本令ニ於テ入場料トハ名義ノ何タルヲ問ハズ第一種ノ場所ニ入場シ又ハ第二種ノ場所ノ設備ヲ利用スル為ニ支払フベキ金額ヲ謂フ

前項ノ入場料ノ算定ニ関シテハ大使之ヲ定ム

第二十五条　第一種ノ場所ノ入場料ガ一人一回三十九銭ニ満タザル場合ニ入場税ヲ課セズ

前項ノ規定ハ回数、定期又ハ貸切ニテ入場ノ契約ヲ為シタル場合ニハ之ヲ適用セズ

第二十六条　第一種ノ催物（第一種ノ場所ニ於ケル演劇、活動寫眞、演芸、観物、競馬其ノ他ノ催物ヲ謂フ以下同ジ）若ハ設備ノ主催者若ハ経営者又ハ第二種ノ場所ノ経営者ガ大使ノ定ムル所ニ依リ其ノ入場料又ハ収益ノ総額ヲ慈善事業其ノ他大使ノ定ムル目的ニ充ツル場合ニ於テハ入場税ヲ免除ス

第二十七条　入場税ハ第一種ノ催物若ハ設備ノ主催者若ハ経営者又ハ第二種ノ場所ノ経営者入場料領収ノ際之ヲ徴収シ翌月十日迄ニ政府ニ納ムベシ但シ常時開設ニ非ザルモノニ付テハ大使ノ定ムル場合ヲ除クノ外終了後直ニ政府ニ納ムベシ

第二十八条　第一種ノ催物若ハ設備ヲ開催若ハ経営シ又ハ第二種ノ場所ヲ経営セントスル者ハ大使ノ定ムル所ニ依リ其ノ旨ヲ予メ政府ニ申告スベシ之ヲ廃止セントスルトキ亦同ジ

第二十九条　第一種ノ催物若ハ設備ノ主催者若ハ経営者又ハ第二種ノ場所ノ経営者ハ大使ノ定ムル所ニ依リ其ノ業務ニ関スル事項ヲ帳簿ニ記載スベシ

第一種ノ催物若ハ設備ノ主催者若ハ経営者又ハ第二種ノ場所ノ経営者ハ大使ノ定ムル所ニ依リ其ノ業務ニ関シ必要ナル事項ヲ政府ニ申告スベシ

第三十条　特別入場税ハ運動競技ニシテ学生生徒又ハ該競技ヲ為スコトヲ業トセザル者ノ行フモノニ付観覧ノ為競技場ニ入場スル者ヨリ料金ヲ徴スル場合ニ於テ其ノ入場者ニ之ヲ課ス

第三十一条　特別入場税ハ特別入場料ノ百分ノ五トス

本令ニ於テ特別入場料トハ名義ノ何タルカヲ問ハズ前条ノ競技場ニ入場スル為ニ支払フベキ金額ヲ謂フ

第二十四条第三項ノ規定ハ特別入場税ニ付之ヲ準用ス

第三十二条　特別入場税ガ一人一回三十九銭ニ満タザル場合ニハ特別入場税ヲ課セズ

第二十五条第二項ノ規定ハ前項ノ場合ニ付之ヲ準用ス

第三十三条　特別入場税ハ運動競技ノ主催者特別入場料領収ノ際之ヲ徴収シ競技終了後直ニ政府ニ納ムベシ但シ大使ノ定ムル場合ニ於テハ翌月十日迄ニ之ヲ政府ニ納ムベシ

第三十四条　第二十六条、第二十八条及第二十九条ノ規定ハ特別入場税ニ付之ヲ準用ス

第三十五条　物品税ハ左ニ掲グル物品ニシテ大使ノ定ムルモノニ之ヲ課ス

第一種

甲類

一　貴石若ハ半貴石又ハ之ヲ用ヒタル製品

二　眞珠又ハ眞珠ヲ用ヒタル製品

三　貴金属製品又ハ金若ハ白金ヲ用ヒタル製品

四　鼈甲製品

五　珊瑚製品

乙類

六　時計

七　万年筆、金ペン及シャープペンシル

八　身辺用細貨類

九　化粧用具

十　喫煙用具

十一　帽子、杖、鞭及傘

十二　皮革製又ハ金属製ノ鞄及トランク

十三　靴及履物

十四　書画及骨董

十五　室内装飾用品

十六　照明器具

十七　囲碁及将棋用具

十八　家具

十九　漆器、陶磁器及硝子製器具ニシテ別号ニ掲ゲザルモノ

二十　貴金属ヲ鍍シ又ハ張リタル製品ニシテ別号ニ掲ゲザルモノ

二十一　毛皮又ハ毛皮製品

二十二　羽毛製品又ハ羽毛ヲ用ヒタル製品

二十三　皮革製品ニシテ別号ニ掲ゲザルモノ

二十四　メリヤス、レース、フェルト及同製品

第二種

甲類

一　寫眞機、寫眞引伸機、映寫機、同部分品及附属品

二　寫眞用ノ乾板、フイルム及感光紙

三　蓄音器及同部分品
四　蓄音器用レコード
五　楽器、同部分品及附属品
六　雙眼鏡及隻眼鏡
七　銃及同部分品
八　薬莢及弾丸
九　ゴルフ用具、同部分品及附属品
十　娯楽用モーターボート、スカール及ヨット
十一　撞球用具
十二　ネオン管及同変圧器
十三　喫煙用ライター
乙類
十四　ラヂオ聴取機及同部分品
十五　受信用眞空管及拡声器
十六　扇風機及同部分品
十七　暖房用ノ電気、瓦斯又ハ礦油ストーブ
十八　冷蔵器及同部分品
十九　金庫及鋼鉄製家具
二十　乗用自動車
二十一　化粧品
第三種
一　燐寸
二　酒類但シ関東州酒税令第二十七条ノ規定ニ依リ自家用酒類トシテ課税セラルルモノヲ除ク
同一物品ニシテ第一種及第二種ニ該当スルモノハ之ヲ第二種トシ甲類及乙類ニ該当スルモノハ之ヲ甲類トス

第三十六条　物品税ノ税率ハ左ノ如シ

第一種
甲類　物品ノ価格百分ノ十五
乙類　物品ノ価格百分ノ十
第二種
甲類　物品ノ価格百分ノ十五
乙類　物品ノ価格百分ノ十
第三種
一　燐寸　千本ニ付　四銭
二　酒類
イ　醸造酒
支那酒タル清酒、黄酒、濁酒　一石ニ付　一円
麦酒　一石ニ付　二円
葡萄酒、シャンパン其ノ他ノ果実酒　一石ニ付　三円五十銭
前記以外ノ醸造酒　一石ニ付　二円五十銭
ロ　蒸溜酒
酒精　一石ニ付　五円
酒精以外ノ蒸溜酒　一石ニ付　二円五十銭
ハ　再製酒
酒精分二十度以下ノ白酒、味淋　一石ニ付　二円

五十銭

前記以外ノ再製酒　一石ニ付　三円

第三十七条　前条ノ価格ハ第一種ノ物品ニ付テハ小賣業者ノ販賣価格、第二種ノ物品ニ付テハ製造物ヨリ移出スルトキノ価格トス但シ保税地域ヨリ引取ラルル第一種又ハ第二種ノ物品ニシテ引取人ヨリ税金ヲ徴スルモノニ付テハ引取ノ際ニ於ケル価格トス

前項ノ価格及燐寸ノ本数ノ計算ニ関シ必要ナル事項ハ大使之ヲ定ム

保税地域トハ政府ニ於テ課税物件ヲ蔵置シ得ベキ場所トシテ指定シ又ハ特許シタル場所ヲ謂フ

第三十八条　物品税ハ第一種ノ物品ニ付テハ販賣セラレタル物品ノ価格ニ応ジ小賣業者ヨリ、第二種及第三種ノ物品ニ付テハ製造物ヨリ移出セラレタル物品ノ価格又ハ数量ニ応ジ製造者ヨリ之ヲ徴収ス但シ保税地域ヨリ引取ラルル物品ニ付テハ大使ノ定ムル場合ヲ除クノ外引取ラレタル物品ノ価格又ハ数量ニ応ジ引取人ヨリ之ヲ徴収ス

第三十九条　物品税ハ第一種第十四号ニ掲グル物品ニ付テハ其ノ物品ガ入札其ノ他競争ノ方法ニ依リ賣買セラルル場合ニシテ大使ノ定ムル場合ニ限リ之ヲ課ス

前項ノ場合ニ於テハ札元又ハ之ニ準ズベキ者ガ小賣業者トシテ当該物品ヲ販賣スルモノト看做ス

第四十条　製造場以外ノ場所ニ於テ販賣ノ為化粧品ヲ容器ニ充填シ又ハ改装スルトキハ之ヲ化粧品ノ製造ト看做ス

第四十一条　酒類ヲ製造場内又ハ保税地域内ニ於テ飲用シタルトキハ之ヲ製造場ヨリ移出シ又ハ保税地域ヨリ引取リタルモノト看做ス

第四十二条　第一種ノ物品ノ小賣業者ハ毎月其ノ販賣シタル物品ニ付其ノ品名毎ニ数量及価格ヲ記載シタル申告書ヲ、第二種ノ物品ノ製造者ハ毎月其ノ製造場ヨリ移出シタル物品ニ付其ノ品名毎ニ数量及価格ヲ記載シタル申告書ヲ、第三種ノ物品ノ製造者ハ毎月其ノ製造場ヨリ移出シタル物品ニ付其ノ品名毎ニ数量ヲ記載シタル申告書ヲ翌月十日迄ニ政府ニ提出スベシ

第一種、第二種又ハ第三種ノ物品ヲ保税地域ヨリ引取ル者ハ大使ノ定ムル場合ヲ除クノ外引取ノ際其ノ物品ニ付前項ニ準ズル申告書ヲ政府ニ提出スベシ

申告書ノ提出ナキトキ又ハ政府ニ於テ申告ヲ不相当ト認メタルトキハ政府ハ其ノ課税標準額ヲ決定ス

第四十三条　小賣業者ガ其ノ販賣シタル第一種ノ物品ノ返還ヲ受ケタル場合ニ於テハ大使ノ定ムル所ニ依リ返還ヲ受ケタル月分以降ノ課税標準額ヨリ其ノ物品ノ価格ヲ控除ス製造場ヨリ移出シタル第二種ノ物品ヲ同一製造場内ニ戻入シタル場合亦同ジ

製造場ヨリ移出シタル第三種ノ物品ヲ同一製造場内ニ戻入シ又ハ酒類ヲ製造場外ヨリ移入シタル場合ニ於テハ大使ノ定ムル所ニ依リ其ノ物品ヲ製造場ヨリ移出スルモ更ニ物品税ノ徴収ヲ為サズ

第四十四条　物品税ハ毎月分ヲ翌月末日迄ニ納付スベシ但シ第

三十八条但書ノ場合ニ於テハ引取ノ際之ヲ納付スベシ
大使ノ定ムル所ニ依リ第二種又ハ第三種ノ物品ニ付物品税額ニ相当スル担保ヲ提供シタルトキハ一月内物品税ノ徴収ヲ猶予スルコトヲ得

第四十五条 大使ノ定ムル所ニ依リ政府ノ承認ヲ受ケ他ノ製造場又ハ蔵置場ニ移入スル目的ヲ以テ製造場ヨリ移出シ又ハ保税地域ヨリ引取ル第二種ノ物品又ハ燐寸ニ付テハ第三十八条ノ規定ヲ適用セズ

前項ノ場合ニ於テハ移出先又ハ引取先ヲ以テ製造場ト看做シ移出先又ハ引取先ノ営業者ヲ以テ製造者ト看做ス

第一項ノ物品ニシテ政府ノ指定シタル期間内ニ移出先又ハ引取先ニ移入セラレタルコトノ証明ナキモノニ付テハ製造者又ハ引取人ヨリ直ニ其ノ物品税ヲ徴収ス但シ災害其ノ他已ムコトヲ得ザル事由ニ因リ滅失シタルモノニ付政府ノ承認ヲ受ケタルトキハ物品税ヲ免除ス

第四十六条 大使ノ定ムル所ニ依リ政府ノ承認ヲ受ケ製造場ヨリ移出シ又ハ保税地域ヨリ引取ル物品ニシテ左ノ各号ノ一ニ該当スルモノニ付テハ物品税ヲ免除ス

一 第二種ノ物品ノ製造ノ用ニ供スル第二種ノ物品

二 酒類製造用又ハ工業用ニ供スル酒類

前条第三項ノ規定ハ前項ノ物品ニシテ政府ノ指定シタル期間内ニ移出先若ハ引取先ニ移入セラレタルコトノ証明ナキモノ又ハ其ノ用途ヲ変更セラレタルモノニ付之ヲ準用ス

第四十七条 左ニ掲グル物品に付テハ大使ノ定ムル所ニ依リ物品税ヲ免除ス

一 輸出スルモノ

二 其ノ他大使ノ定ムル用途ニ供スルモノ

第四十五条第三項ノ規定ハ前項ノ物品ニシテ政府ノ指定シタル期間内ニ輸出シ又ハ其ノ用途ニ供セラレタルコトノ証明ナキモノニ付之ヲ準用ス

第四十八条 第一種ノ物品ノ小売業ヲ営マントスル者又ハ第二種ノ物品若ハ燐寸ヲ製造セントスル者ハ大使ノ定ムル所ニ依リ政府ニ申告スベシ其ノ小売業又ハ製造ヲ廃止セントスルトキ亦同ジ

第四十九条 第一種、第二種又ハ第三種ノ物品ノ製造者又ハ販売者ハ大使ノ定ムル所ニ依リ其ノ製造、貯蔵又ハ販売ニ関スル事実ヲ帳簿ニ記載スベシ

第一種ノ物品ノ小売業者又ハ第二種若ハ第三種ノ物品ノ製造者ハ大使ノ定ムル所ニ依リ其ノ製造又ハ販売ニ関シ必要ナル事項ヲ政府ニ申告スベシ

第五十条 第十条、第十四条、第二十条、第二十七条又ハ第三十三条ノ規定ニ依リ徴収スベキ税金ヲ徴収セザルトキ又ハ其ノ徴収シタル税金ヲ納付セザルトキハ国税徴収ノ例ニ依リ之ヲ各其ノ徴収義務者ヨリ徴収ス

第五十一条 税務官吏ハ通行税ニ付運輸業者又ハ運輸業者ニ代リテ乗車船券ヲ販売スル者ニ対シ質問ヲ為シ又ハ其ノ業務ニ関スル帳簿書類ヲ検査スルコトヲ得

税務官吏ハ入場税ニ付第一種ノ催物若ハ設備ノ主催者若ハ経営者又ハ第二種ノ場所ノ経営者ニ対シ質問ヲ為シ又ハ其ノ業務ニ関スル帳簿書類其ノ他ノ物件ヲ検査スルコトヲ得

前項ノ規定ハ特別入場税ニ付之ヲ準用ス

税務官吏ハ物品税ニ付第一種、第二種又ハ第三種ノ物品ノ製造者又ハ販賣者ニ對シ質問ヲ為シ又ハ左ニ掲グル物件ニ付検査ヲ為シ若シ監督上必要ノ処分ヲ為スコトヲ得

一　第一種、第二種又ハ第三種ノ物品ニシテ製造者又ハ販賣者ノ所持スルモノ

二　第一種、第二種又ハ第三種ノ物品ノ製造、貯蔵又ハ販賣ニ関スル一切ノ帳簿書類

三　第一種、第二種又ハ第三種ノ物品ノ製造、貯蔵又ハ販賣上必要ナル建築物、機械、器具、材料其ノ他ノ物件

第五十二条　市、会其ノ他ノ公共団体ハ本令ニ依リ増徴スル税額又ハ本令ニ依リ課スル利益配当税、公債及社債利子税、通行税、入場税、特別入場税及物品税ニ付附加税ヲ課スルコトヲ得ズ

市、会其ノ他ノ公共団体ハ第一種ノ場所ノ入場者又ハ第二種ノ場所ノ設備利用者ニ対シ入場税ノ課税標準タル入場料ヲ標準トシテ地方税ヲ課スルコトヲ得ズ

前項ノ規定ハ特別入場税ニ付之ヲ準用ス

第五十三条　大使ハ本令ニ定ムルモノヲ除クノ外支那事変特別税ニ関シ必要ナル規定ヲ設クルコトヲ得

附　則

第五十四条　本令ハ公布ノ日ヨリ之ヲ施行ス

第五十五条　所得税中第一種ノ所得税ニ付テハ普通所得及超過所得ニ対スル所得税ハ昭和十三年四月一日以後ニ終了スル事業年度分、清算所得ニ対スル所得税ハ昭和十三年四月一日以後ニ於ケル解散又ハ合併ニ因ル分ヨリ、第三種ノ所得税ニ付テハ昭和十三年分ヨリ本令ヲ適用ス但シ第七条ノ規定ハ昭和十二年分所得税ヨリ之ヲ適用ス

第六条ノ規定ニ依リ第三種ノ所得ニ付新ニ納税義務ヲ有スルニ至リタル者ハ昭和十三年四月三十日迄ニ其ノ所得金額ヲ申告スベシ

前項ノ場合ニ於テハ所得金額ノ申告ト同時ニ関東州所得税令第十五条又ハ第十六条ノ規定ニ依ル控除ヲ申請スルコトヲ得

法人ノ昭和十三年四月一日以後ニ終了スル各事業年度分ノ所得ニ対スル所得税及昭和十三年四月一日以後ニ於ケル解散又ハ合併ニ因ル清算所得ニ対スル所得税ニ付テハ北支事件特別税中ノ第二種所得税ヲ納ムル者ノ所得特別税ハ之ヲ第二種ノ所得ニ対スル所得税ト看做シ関東州所得税令第二十五条第二項乃至第四項ノ規定ヲ適用ス

第五十六条　法人ノ昭和十三年八月二十六日以前ニ終了スル各事業年度分ノ普通所得及超過所得ニ対スル所得特別税額ハ当該所得ニ付第二条及第三条ノ規定ニ依リ算出シタル増徴税額ヨリ之ヲ控除ス

支払期ノ昭和十三年八月二十六日以前ニ在ル第二種甲及乙ノ所得ニ対スル所得特別税額ハ当該所得ニ付第四条ノ規定ニ依リ算出シタル税額ヨリ之ヲ控除ス

第五十七条　昭和十三年八月二十六日以前ニ受クル利益ノ配当及支払期ノ昭和十三年八月二十六日以前ニ在ル公債又ハ社債ノ利子ニ対シテハ利益配当税又ハ公債及社債利子税ニ関スル規定ヲ適用セズ

第五十八条　本令施行前ヨリ引続キ汽車、電車、乗合自動車又ハ汽船ニ依ル運輸業ヲ営ム者又ハ運輸業者ニ代リテ乗車船券ヲ販賣スル者本令施行後一月内ニ其ノ旨ヲ政府ニ申告スルトキハ本令施行ノ日ニ於テ本令ニ依リ申告シタルモノト看做ス

本令施行前ヨリ引続キ第二十三条ニ規定スル第一種ノ催物若ハ設備ヲ開催若ハ経営スル者、同第二種ノ場所ヲ経営スル者又ハ運動競技ヲ開催スル者本令施行後一月内ニ其ノ旨ヲ政府ニ申告スルトキハ本令施行ノ日ニ於テ本令ニ依リ申告シタルモノト看做ス

第五十九条　本令施行前ヨリ引続キ第三十五条ニ掲グル第一種ノ物品ノ小賣業ヲ営ム者又ハ同第二種ノ物品若ハ燐寸ノ製造ヲ為ス者本令施行後一月内ニ其ノ旨ヲ政府ニ申告スルトキハ本令施行ノ日ニ於テ本令ニ依リ申告シタルモノト看做ス

北支事件特別税令第二十条ニ掲グル第一種ノ物品ノ小賣業ヲ営ム者又ハ同第二種ノ物品ノ製造ヲ為ス者ニシテ同令ニ依リ其ノ旨ヲ申告シタルモノハ第四十八条前段ノ申告ヲ要セズ

第六十条　第三十五条ニ掲グル第二種ノ物品ノ製造者又ハ販賣者ガ本令施行ノ際製造場又ハ保税地域以外ノ場所ニ於テ同条各号ニ掲グル品名毎ニ価格三千円ヲ超ユル第二種ノ物品（第一号乃至第五号ニ掲グル物品ヲ除ク）ヲ所持スル場合ニ於テハ其ノ所ヲ以テ製造場、其ノ所持者ヲ以テ製造者ト看做シ之ニ物品税ヲ課ス此ノ場合ニ於テハ本令施行ノ日ニ於テ其ノ物品ヲ製造場ヨリ移出シタルモノト看做シ其ノ価格三千円ヲ超ユル部分ニ付大使ノ定ムル所ニ依リ其ノ物品税ヲ徴収ス

前項ノ規定ハ同第三種ノ物品ノ製造者又ハ販賣者ガ本令施行ノ際製造場又ハ保税地域以外ノ場所ニ於テ千万本ヲ超ユル数量ノ燐寸又ハ三十石ヲ超ユル数量ノ酒類ヲ所持スル場合ニ付之ヲ準用ス

前二項ノ製造者又ハ販賣者ハ第二種ノ物品ニ付テハ其ノ品名毎ニ数量価格及貯蔵ノ場所、第三種ノ物品ニ付テハ其ノ品名毎ニ数量及貯蔵ノ場所ヲ本令施行後一月内ニ政府ニ申告スベシ

第六十一条　本令ハ支那事変終了後其ノ翌年十二月三十一日迄ニ之ヲ廃止スルモノトス

○関東州支那事変特別税令中改正

昭和十四年三月三十一日勅令第百三十八号

第一条中「公債及社債利子税」ヲ「公債及社債利子税、建築税」ニ、「及物品税」ヲ「物品税及遊興飲食税」ニ改ム

第二条第四項ヲ左ノ如ク改ム

第一項及第二項ノ規定ニ依ル普通所得及超過所得ニ対スル所得税ノ増徴税額ハ左ノ金額ヨリ普通所得及超過所得ニ対スル所得税額（関東州所得税令第二十六条ノ規定ニ依リ普通所得ニ対スル所得税ニ加算スル税額ヲ含マズ）ト臨時利得税額トノ合計金額ヲ控除シタル残額ヲ超ユルコトヲ得ズ

普通所得ノ百分ノ四十四ニ相当スル金額ヨリ普通所得中留保シタル金額ノ百分ノ十二ニ相当スル金額ヲ控除シタル残額

第九条　利益配当税ハ前条ノ法人ヨリ支払ヲ受クル利益ノ配当

ニ付之ヲ賦課シ配当金中配当率年七分ノ割合ヲ以テ算出シタル金額ヲ超ユル金額ヲ左ノ各級ニ区分シ逓次ニ各税率ヲ適用シテ算出シタル金額ヲ以テ其ノ税額トス

配当金中配当率年七分ノ割合ヲ以テ算出シタル金額ヲ超ユル金額　百分ノ十

同年一割ノ割合ヲ以テ算出シタル金額ヲ超ユル金額　百分ノ十五

第十三条中「百分ノ十」ヲ「百分ノ十五」ニ改ム

第十五条ノ二　建築税ハ左ニ掲グル家屋ヲ建築（増築及改造ヲ含ム以下同ジ）シタル者ニ之ヲ課ス

一　移住ノ用ニ供スル家屋

二　料理店業、席貸業其ノ他之ニ類スル営業ノ用ニ供スル家屋ニシテ満洲國駐箚特命全権大使ノ定ムルモノ

三　演劇、活動寫眞、演芸又ハ観物（相撲、野球、拳闘其ノ他ノ競技ニシテ公衆ノ観覧ニ供スルコトヲ目的トスルモノヲ含ム）ノ開催ノ用ニ供スル家屋

第十五条ノ三　建築税ハ家屋（附属工作物ヲ含ム以下同ジ）一構毎ニ其ノ建築価額ヲ標準トシテ之ヲ賦課ス

前項ノ建築価額ノ算定ニ関シテハ大使之ヲ定ム

一構ノ家屋ノ一部ガ前条ノ家屋ニ該当スル場合ニ於テハ其ノ部分ヲ以テ一構ノ家屋ト看做ス

第十五条ノ四　第十五条ノ二ニ掲グル家屋ヲ新築シタル者新築竣成後一年内ニ其ノ家屋ト一構ト為ルベキ建築ヲ為シタル場合ニ於テハ前後ノ建築ヲ通ジテ一建築ト看做シ本令ヲ適用ス

前項ノ規定ニ依リ建築税ヲ課スベキ場合ニ於テ既ニ建築税ヲ課シタル部分アルトキハ其ノ建築税ニ相当スル金額ヲ建築税額ヨリ控除ス

第十五条ノ五　建築税ハ建築価額ヨリ七千五百円ヲ控除シタル金額ノ百分ノ十二相当スル金額ヲ以テ其ノ税額トス

第十五条ノ六　左ニ掲グル家屋ヲ建築シタル場合ニ於テハ建築税ヲ課セズ

一　建築価額一万五千円未満ノ家屋

二　国又ハ大使ノ指定スル公共団体ニ於テ公用又ハ公共ノ用ニ供スル為建築シタル家屋

三　其ノ他大使ノ定ムル家屋

第十五条ノ七　左ニ掲グル家屋ヲ建築シタル場合ニ於テハ大使ノ定ムル所ニ依リ建築税ヲ免除ス

一　災害ニ因リ滅失又ハ損壊シタル家屋ニ代ヘテ建築シタル家屋

二　法令ニ依リ収用又ハ使用セラレタル家屋ニ代ヘテ建築シタル家屋及法令ニ依ル敷地ノ収用又ハ使用ニ因リ取毀シタル家屋ニ代ヘテ建築シタル家屋

三　其ノ他大使ノ定ムル家屋

第十五条ノ八　建築税ニ付納税義務アル者ハ大使ノ定ムル所ニ依リ建築価額ヲ政府ニ申告スベシ

第十五条ノ九　建築価額ハ前条ノ申告ニ依リ、申告ナキトキ又ハ申告ヲ不相当ト認ムルトキハ政府ノ調査ニ依リ政府ニ於テ之ヲ決定ス

建築価額ヲ決定シタルトキハ政府ハ之ヲ納税義務者ニ通知スベシ
第十五条ノ十　建築税ハ建築竣成ノ際之ヲ徴収ス
第十五条ノ十一　建築税ハ家屋ノ所在地ヲ以テ納税地トス
納税義務者納税地ニ現住セザルトキハ建築価額ノ申告、納税其ノ他建築税ニ関スル事項ヲ処理セシムル為納税管理人ヲ定メ政府ニ申告スベシ
第十五条ノ十二　本令ノ適用ニ付テハ被相続人ノ為シタル家屋ノ建築ハ相続人ノ為シタルモノト看做ス合併ニ因リテ消滅シタル法人ノ為シタル家屋ノ建築ハ合併後存続スル法人又ハ合併ニ因リテ設立シタル法人ノ為シタルモノト看做ス
第十七条中「満洲国駐箚特命全権大使」ヲ「大使」ニ改ム
第三十五条第一項ヲ左ノ如ク改ム
物品税ハ左ニ掲グル物品ニシテ大使ノ定ムルモノニ之ヲ課ス
第一種
甲類
一　貴石若ハ半貴石又ハ之ヲ用ヒタル製品
二　真珠又ハ真珠ヲ用ヒタル製品
三　貴金属製品又ハ金若ハ白金ヲ用ヒタル製品
四　鼈甲製品
五　珊瑚製品
六　毛皮又ハ毛皮製品
七　羽毛製品又ハ羽毛ヲ用ヒタル製品
乙類
八　時計
九　文房具
十　身辺用細貨類
十一　化粧用具
十二　喫煙用具
十三　帽子、杖、鞭及傘
十四　鞄及トランク
十五　靴及履物
十六　書画及骨董
十七　室内装飾用品
十八　玩具
十九　運動具
二十　照明器具
二十一　電気器具及瓦斯器具
二十二　囲碁及将棋用具
二十三　家具
二十四　漆器、陶磁器及硝子製器具ニシテ別号ニ掲ゲザルモノ
二十五　貴金属ヲ鍍シ又ハ張リタル製品ニシテ別号ニ掲ゲザルモノ
二十六　皮革製品ニシテ別号ニ掲ゲザルモノ
二十七　織物、メリヤス、レース、フェルト及同製品並ニ組物
二十八　果物
第二種
甲類

一　寫眞機、寫眞引伸機、映寫機、同部分品及付属品
二　寫眞用ノ乾板、フイルム及感光紙
三　蓄音器及同部分品
四　蓄音器用レコード
五　楽器、同部分品及附属品
六　雙眼鏡及隻眼鏡
七　銃及同部分品
八　薬莢及弾丸
九　ゴルフ用具、同部分品及附属品
十　娯楽用ノモーターボート、スカール及ヨット
十一　撞球用具
十二　ネオン管及同変圧器
十三　喫煙用ライター
十四　乗用自動車
十五　化粧品

乙類

十六　ラヂオ聴取機及同部分品
十七　受信用眞空管、拡声用増幅器及拡声器
十八　扇風器及同部分品
十九　暖房用ノ電気、瓦斯又ハ礦油ストーブ
二十　冷蔵器及同部分品
二十一　金庫及鋼鉄製家具
二十二　シャンプー及洗粉
二十三　紅茶・珈琲及其ノ代用物並ニココア
二十四　嗜好飲料但シ酒類及清涼飲料ヲ除ク

第三種
一　燐寸
二　酒類但シ関東州酒税令第二十七条ノ規定ニ依リ自家用酒類トシテ課税セラルルモノヲ除ク

第三十六条中「一円」ヲ「二円」ニ、「二円」ヲ「四円」ニ、「三円五十銭」ヲ「七円」ニ、「二円五十銭」ヲ「五円」ニ、「五円」ヲ「十円」ニ改ム

第三十九条第一項中「第一種第十四号」ヲ「第一種第十六号」ニ改ム

第四十条中「化粧品」ヲ「化粧品、シャンプー、洗粉又ハ嗜好飲料」ニ改ム

第四十一条中「酒類」ヲ「嗜好飲料又ハ酒類」ニ改ム

第四十三条第一項中「課税標準額ヨリ其ノ物品ノ価格ヲ控除ス」ヲ「税額ヨリ其ノ物品ニ課セラレタル物品税ニ相当スル金額ヲ控除ス」ニ改メ同条第二項ニ左ノ但書ヲ加フ

但シ第四十五条第一項ニ規定スル政府ノ承認ヲ受ケテ移出先又ハ取引先ニ移入セラレタル酒類ニ付テハ此ノ限ニ在ラズ

第四十五条第一項中「第二種ノ物品又ハ燐寸」ヲ「第二種又ハ第三種ノ物品」ニ改ム

第四十九条ノ二　遊興飲食税ハ料理店、貸席、旅館其ノ他大使ノ定ムル類似ノ場所ニ於ケル遊興及飲食ニ之ヲ課ス

第四十九条ノ三　遊興飲食税ノ税率ハ遊興飲食ノ料金ノ百分ノ十トス但シ芸妓ノ花代ニ付テハ料金ノ百分ノ十四、大使ノ定ムル者ノ花代其ノ他之ニ類スルモノニ付テハ料金ノ百分ノ六トス

前項ノ遊興飲食ノ料金（以下料金ト称ス）ハ前条ニ規定スル場所ノ経営者ガ遊興又ハ飲食ヲ為シタル者ヨリ其ノ遊興又ハ飲食ニ付領収スベキ金額ヲ謂フ

料金ノ算定ニ関シテハ大使之ヲ定ム

第四十九条ノ四　料金ガ一人一回五円ニ満タザル場合ニハ遊興飲食税ヲ課セズ但シ芸妓ノ花代其ノ他大使ノ定ムルモノニ付テハ此ノ限リ在ラズ

前項ノ一人一回ノ料金ノ計算ニ関シ必要ナル事項ハ大使之ヲ定ム

第四十九条ノ五　遊興飲食税ハ第四十九条ノ二ニ規定スル場所ノ経営者ヨリ之ヲ徴収ス

第四十九条ノ六　第四十九条ノ二ニ規定スル場所ノ経営者ハ大使ノ定ムル所ニ依リ毎月分ノ料金ヲ記載シタル申告書ヲ翌月十日迄ニ政府ニ提出スベシ但シ経営者ヲ廃止シタル場合ニ於テハ直ニ之ヲ提出スベシ

申告書ノ提出ナキトキ又ハ政府ニ於テ申告ヲ不相当ト認メタルトキハ政府ハ其ノ課税標準額ヲ決定ス

第四十九条ノ七　遊興飲食税ハ毎月分ヲ翌月末日迄ニ納付スベシ但シ経営ヲ廃止シタル場合ニ於テハ直ニ之ヲ納付スベシ

第四十九条ノ八　第四十九条ノ二ニ規定スル場所ノ経営者ハ大使ノ定ムル所ニ依リ毎月分ノ料金中其ノ月ニ於テ領収セザルモノニ対スル税金ヲ其ノ料金ヲ領収シタル月ノ翌月末日迄ニ納付スルコトヲ得但シ其ノ経営ヲ廃止シタル場合ニ於テ末ダ納付セザル税金アルトキハ直ニ之ヲ納付スベシ

前項ノ規定ニ依リ末ダ税金ヲ納付セザル料金ニシテ領収スルコト能ハザルニ至リタルモノニ付テハ大使ノ定ムル所ニ依リ遊興飲食税ヲ免除ス

第四十九条ノ九　第四十九条ノ二ニ規定スル場所ヲ経営セントスル者ハ大使ノ定ムル所ニ依リ其ノ旨ヲ予メ政府ニ申告スベシ之ヲ廃止セントスルトキ亦同ジ

第四十九条ノ十　第四十九条ノ二ニ規定スル場所ノ経営者及経営者ト経営上取引関係アル者ハ大使ノ定ムル所ニ依リ其ノ業務ニ関スル事項ヲ帳簿ニ記載スベシ

前項ニ規定スル者ハ大使ノ定ムル所ニ依リ其ノ業務ニ関シ必要ナル事項ヲ政府ニ申告スベシ

第五十一条ニ第一項トシテ左ノ一項ヲ加フ

税務官吏ハ建築税ニ付家屋ヲ建築シタル者、建築工事請負人、建築工事管理者若ハ建築材料供給者ニ対シ質問ヲ為シ又ハ家屋、建築ニ関スル帳簿書類其ノ他ノ物件ヲ検査スルコトヲ得

同条ニ左ノ一項ヲ加フ

税務官吏ハ遊興飲食税ニ付第四十九条ノ十第一項ニ規定スル者ニ対シ質問ヲ為シ又ハ其ノ業務ニ関スル帳簿書類ヲ検査スルコトヲ得

第五十二条第一項中「公債及社債利子税、」ノ下ニ「建築税、」ヲ加ヘ「及物品税」ヲ「、物品税及遊興飲食税」ニ改メ同条ニ左ノ一項ヲ加フ

遊興飲食税ノ課税標準タル料金ニ対シテハ関東州地方費令ニ依リ地方税ヲ除クノ外地方税ヲ課スルコトヲ得ズ

第五十二条ノ二　政府ハ当分ノ内第四十九条ノ二ニ規定スル場所ノ経営者ノ組織スル団体ニ対シ遊興飲食税ニ付徴税上必要

ナル設備ヲ為シ又ハ徴収事務ノ補助ヲ為スベキコトヲ命ズルコトヲ得

前項ノ場合ニ於テハ前項ノ団体ニ対シ大使ノ定ムル所ニ依リ交付金ヲ交付スルコトヲ得

第五十二条ノ三　自己又ハ其ノ家族ノ用ニノミ供スル第二種ノ物品ヲ製造スル者ニハ当該物品ニ付本令中物品税ニ関スル規定ヲ適用セズ

附　則

第一条　本令ハ昭和十四年四月一日ヨリ之ヲ施行ス

第二条　第二条第四項ノ改正規定ハ法人ノ昭和十四年四月一日以後ニ終了スル事業年度分ノ第一種所得税ヨリ之ヲ適用ス

第三条　建築税ニ関スル規定ハ昭和十四年四月一日以後ニ竣成スル家屋ノ建築ニ付之ヲ適用ス但シ第十五条ノ四ノ規定ハ新築ガ昭和十四年三月三十一日以前ニ竣成シタル場合ニハ之ヲ適用セズ

第四条　本令施行前ヨリ引続キ第三十五条ノ改正規定ニ依リ物品税ヲ課スルコトト為リタル第一種ノ物品ノ小賣業ヲ営ム者又ハ同第二種ノ物品ノ製造ヲ為ス者本令施行後一月以内ニ其ノ旨ヲ政府ニ申告スルトキハ本令施行ノ日ニ於テ第四十八条ノ規定依リ申告シタルモノト看做ス

本令施行前ヨリ引続キ第四十九条ノ二ニ規定スル場所ヲ経営スル者本令施行後一月以内ニ其ノ旨ヲ政府ニ申告スルトキハ本令施行ノ日ニ於テ第四十九条ノ九ノ規定ニ依リ申告シタルモノト看做ス

第五条　改正第三十五条ニ掲グル第二種又ハ酒類ノ製造者又ハ販賣者ガ本令施行ノ際製造場又ハ保税地域以外ノ場所ニ於テ左ノ各号ノ一ニ該当スル物品ヲ所持スル場合ニ於テハ其ノ場所ヲ以テ製造場、其ノ所持者ヲ以テ製造者ト看做シ之ニ物品税ヲ課ス此ノ場合ニ於テハ本令施行ノ日ニ於テ其ノ物品ヲ製造場ヨリ移出シタルモノト看做シ第一号ノ物品ニ付テハ改正第三十五条各号ニ掲グル品名毎ニ価格三千円、酒類ニ付テハ三十石ヲ超ユル部分ニ付大使ノ定ムル所ニ依リ其ノ物品税ヲ徴収ス但シ従前ノ規定ニ依リ物品税ヲ課セラレタル物品ニ付テハ其ノ課セラレタル税額ニ相当スル金額ヲ控除シタル金額ヲ以テ其ノ税額トス

一　改正第三十五条ニ掲グル第二種第十四号、第十五号、第十七号（拡声用増幅器ニ限ル）、第二十三号又ハ第二十四号ノ物品ニシテ同条各号ニ掲グル品名毎ニ価格三千円ヲ超ユルモノ

二　酒類ニシテ合計石数三十石ヲ超ユルモノ

本令施行ノ際製造場内ニ現存スル酒類ニシテ戻入又ハ移入シタルモノニ付テハ第四十三条第二項ノ改正規定ニ拘ラズ物品税ヲ徴収ス

第一項但書ノ規定ハ前項ノ場合ニ付之ヲ準用ス

第一項ノ製造者又ハ販賣者ハ第二種ノ物品ニ付テハ其ノ品名毎ニ数量、価格及貯蔵ノ場所、酒類ニ付テハ其ノ品名毎ニ数量及貯蔵ノ場所ヲ本令施行後一月以内ニ政府ニ申告スベシ

○関東州支那事変特別税令中改正

昭和十五年三月三十一日勅令第百七十六号

第二条第一項中「百分ノ七・三五」ヲ「百分ノ八・五」ニ、「百分ノ十一」ヲ「百分ノ十二・八」ニ改ム

同条第三項中「百分ノ十一」ヲ「百分ノ十二・八」ニ改メ、「百分ノ三ヲ百分ノ三・七、」ヲ削ル

同条第二項及第四項ヲ削ル

第三条第一項中「百分ノ十三・五」ヲ「百分ノ三十一」ニ改メ

同条第二項ヲ削ル

第五条　所得税中第三種ノ所得ニ対スル所得税ニ付テハ関東州所得税令第十三条第一項第一号ノ二ノ所得ニ対スルモノヲ除クノ外同令第二十八条第一項ノ規定ニ拘ラズ所得金額ヲ左ノ各級ニ区分シ逓次ニ各税率ヲ適用シテ之ヲ賦課ス但シ同令第十三条第一項第二号ノ所得及第十二条ノ二ニ規定スル利益ノ配当タル所得ハ各他ノ所得ト之ヲ区分シ其ノ所得ヲ五分シタル金額ニ対シ此ノ税率ヲ適用シテ算出シタル金額ヲ五倍シタルモノヲ以テ各其ノ税額トス

千二百円以下ノ金額	百分ノ〇・六
千二百円ヲ超ユル金額	百分ノ〇・七
千五百円ヲ超ユル金額	百分ノ一・八
二千円ヲ超ユル金額	百分ノ二・五
三千円ヲ超ユル金額	百分ノ四
五千円ヲ超ユル金額	百分ノ五
七千円ヲ超ユル金額	百分ノ六・五
一万円ヲ超ユル金額	百分ノ八
一万五千円ヲ超ユル金額	百分ノ十
二万円ヲ超ユル金額	百分ノ十二
三万円ヲ超ユル金額	百分ノ十四
四万円ヲ超ユル金額	百分ノ十五
五万円ヲ超ユル金額	百分ノ十八
七万円ヲ超ユル金額	百分ノ二十一
十万円ヲ超ユル金額	百分ノ二十四
二十万円ヲ超ユル金額	百分ノ二十七
五十万円ヲ超ユル金額	百分ノ三十
百万円ヲ超ユル金額	百分ノ四十
二百万円ヲ超ユル金額	百分ノ四十五
三百万円ヲ超ユル金額	百分ノ五十
四百万円ヲ超ユル金額	百分ノ五十五

第六条第一項中「千二百円」ヲ「千円」ニ改メ同条第三項ヲ削ル

第七条　削除

第十六条第一項ヲ左ノ如ク改ム

通行税ハ汽車、電車、乗合自動車及汽船ノ乗客ニ左ノ区別ニ依リ之ヲ課ス

乗車船区間四十粁以下ナルトキ

一等	十銭
二等	五銭

乗車船区間八十粁以下ナルトキ

一等	二十銭

二等　十銭
三等　二銭
乗車船区間百二十粁以下ナルトキ
一等　三十銭
二等　十五銭
三等　五銭
乗車船区間百六十粁以下ナルトキ
一等　六十銭
二等　三十銭
三等　十銭
乗車船区間三百粁以下ナルトキ
一等　一円二十銭
二等　六十銭
三等　二十銭
乗車船区間五百粁以下ナルトキ
一等　一円八十銭
二等　九十銭
三等　三十銭
乗車船区間八百粁以下ナルトキ
一等　二円四十銭
二等　一円二十銭
三等　四十銭
乗車船区間八百粁ヲ超ユルトキ
一等　三円
二等　一円五十銭
三等　五十銭

同条第四項中「人員百人以下ナルトキ第一項税額ノ五倍」ヲ「人員五十人以下ナルトキ　第一項税額ノ五倍　人員百人以下ナルトキ　第一項税額ノ十倍」ニ、「十倍」ヲ「二十倍」ニ、「二十倍」ヲ「三十倍」ニ改メ同条ニ左ノ一項ヲ加フ

前項ノ税額ニ十銭ニ満タザル端数アル場合ニ於テハ其ノ端数ガ五銭以上ナルトキハ之ヲ五銭トシ五銭ニ満タザルトキハ之ヲ切捨ツ但シ其ノ全額五銭ニ満タザルトキハ此ノ限ニ在ラズ

第十七条中「五十粁未満」ヲ「四十粁以下」ニ改ム

第二十条中「翌月十日」ヲ「翌月末日」ニ改ム

第二十四条第一項ヲ左ノ如ク改ム

入場税ノ税率左ノ如シ
第一種ノ場所
入場料ガ一人一回一円五十銭未満ナルトキ
入場料ノ百分ノ五
入場料ガ一人一回一円五十銭以上四円未満ナルトキ
入場料ノ百分ノ十
入場料ガ一人一回四円以上ナルトキ
入場料ノ百分ノ十五
回数、定期又ハ貸切ニテ入場ノ契約ヲ為シタルトキ
入場料ノ百分ノ十
第二種ノ場所　入場料ノ百分ノ十

第二十五条第一項中「三十九銭」ヲ「三十四銭」ニ改ム

第三十一条第一項中「特別入場税」ヲ「特別入場税ノ税率」ニ改ム

第三十二条第一項中「三十九銭」ヲ「三十四銭」ニ改ム

第三十五条第一項第一種乙類ニ左ノ二号ヲ加フ

二十九　盆栽、盆石及鉢植類

三十　愛玩用動物及同用品

同条同項第二種乙類第二十三号中「紅茶」ヲ「茶」ニ改ム

第三十六条第三種第二号ノ醸造酒ノ項中「二円」ヲ「四円」ニ、「四円」ヲ「八円」ニ、「七円」ヲ「十四円」ニ、「五円」ヲ「十二円」ニ、同号ロ蒸溜酒ノ項中「十円」ヲ「二十円」ニ、「五円」ヲ「十円」ニ、同号ハ再製酒ノ項中「五円」ヲ「十円」ニ、「七円」ヲ「十四円」ニ改ム

第四十六条第二項中「又ハ」ヲ「又ハ移出先若ハ引取先ニ移入前」ニ改メ同上ニ左ノ一項ヲ加フ

第一項ノ物品ヲ移出先又ハ引取先ニ移入後其ノ用途ヲ変更シタル場合ニ於テハ其ノ場所ヲ以テ製造場ト看做シ移出先又ハ引取先ノ営業者ヲ以テ製造者ト看做ス

第四十九条ノ三第一項中「百分ノ十」ヲ「百分ノ十五」ニ、「百分ノ十四」ヲ「百分ノ二十一」ニ、「百分ノ六」ヲ「百分ノ九」ニ改ム

第四十九条ノ四第一項ヲ左ノ如ク改ム

料金ガ一人一回五円ニ満タザル場合ニハ遊興飲食税ヲ課セズ但シ左ニ掲グル料金ニ付テハ此ノ限ニ在ラズ

一　芸妓ノ花代及芸妓ノ花代ヲ伴フ料金

二　大使ノ定ムル者ノ花代其ノ他之ニ類スルモノ

附　則

第一条　本令ハ昭和十五年四月一日ヨリ之ヲ施行ス但シ第三種ノ所得ニ付テハ昭和十五年分所得税ヨリ之ヲ適用ス

第二条　法人ノ本令施行前ニ終了シタル各事業年度ノ所得及本令施行前ニ於ケル解散又ハ合併ニ因ル清算所得ニ対スル所得税ニ付テハ仍従前ノ例ニ依ル

第三条　第六条ノ改正規定ニ依リ第三種ノ所得ニ付新ニ納税義務ヲ有スルニ至リタル者ハ昭和十五年四月三十日迄ニ其ノ所得金額ヲ申告スベシ

前項ノ場合ニ於テハ所得金額ノ申告ト同時ニ関東州所得税令第十五条又ハ第十六条ノ規定ニ依ル控除ヲ申請スルコトヲ得

第四条　本令施行前ヨリ引続キ第三十五条ノ改正規定ニ依リ物品税ヲ課スルコトト為リタル第一種ノ物品ノ小賣業ヲ営ム者又ハ第二種ノ物品ノ製造ヲ為ス者本令施行後一月以内ニ其ノ旨ヲ政府ニ申告スルトキハ本令施行ノ日ニ於テ第四十八条ノ規定ニ依リ申告シタルモノト看做ス

第五条　改正第三十五条ニ掲グル第二種ノ物品又ハ酒類ノ製造者又ハ販賣者ガ本令施行ノ際製造場又ハ保税地域以外ノ場所ニ於テ左ノ各号ノ一ニ該当スル物品ヲ所持スル場合ニ於テハ其ノ場所ヲ以テ製造場、其ノ所持者ヲ以テ製造者ト看做シ之ニ物品税ヲ課ス此ノ場合ニ於テハ本令施行ノ日ニ於テ其ノ物品ヲ製造場ヨリ移出シタルモノト看做シ第一号ノ物品ニ付テハ価格三千円、酒類ニ付テハ三十石ヲ超ユル部分ニ付大使ノ定ムル所ニ依リ其ノ物品税ヲ徴収ス但シ従前ノ規定ニ依リ物品税ヲ課セラレタル酒類ニ付テハ其ノ課セラレタル税額ニ相当スル金額ヲ控除シタル金額ヲ以テ其ノ税額トス

一　紅茶以外ノ茶

二　酒類

本令施行ノ際製造場内ニ現存スル酒類ニシテ戻入又ハ移入シタルモノニ付テハ第四十三条第二項ノ規定ニ拘ラズ物品税ヲ徴収ス
第一項但書ノ規定ハ前項ノ場合ニ付之ヲ準用ス
第一項ノ製造者又ハ販賣者ハ第二種ノ物品ニ付テハ其ノ品名毎ニ数量、価格及貯蔵ノ場所、酒類ニ付テハ其ノ品名毎ニ数量及貯蔵ノ場所ヲ本令施行後一月以内ニ政府ニ申告スベシ

○関東州支那事変特別税令中改正

昭和十六年五月二十四日勅令第六百二号

第三十五条第一項中第三種ノ項ヲ左ノ如ク改ム

　第三種

　　酒類但シ関東州酒税令第二十七条ノ規定ニ依リ自家用酒類トシテ課税セラルルモノヲ除ク

第三十六条中「第三種　一　燐寸　千本ニ付　四銭　二　酒類」ヲ「第三種　酒類」ニ改ム
第三十七条第二項中「及燐寸ノ本数」ヲ削ル
第三十九条第一項中「第十六号」ノ下ニ「及第二十九号」ヲ加フ
第四十三条第二項中「酒類」ヲ「第三種ノ物品」ニ改ム
第四十八条中「若ハ燐寸」ヲ削ル

　附　則

本令ハ昭和十六年七月一日ヨリ之ヲ施行ス
本令施行前ニ於テ徴収スベカリシ燐寸ニ対スル物品税ニ関シテハ仍従前ノ例ニ依ル

○関東州支那事変特別税令中改正

昭和十六年十一月二十九日勅令第千三十四号

第十五条ノ二ニ左ノ三号ヲ加フ
四　旅館ノ用ニ供スル家屋
五　麻雀場、撞球場其ノ他大使ノ定ムル遊戯場ノ用ニ供スル家屋
六　倶楽部、会館其ノ他名称ノ何タルヲ問ハズ会員其ノ他大使ノ定ムル者ノ親睦ヲ図リ又ハ其ノ慰安若ハ娯楽ノ用ニ供スル家屋

第十五条ノ五中「百分ノ十」ヲ「百分ノ二十」ニ改ム

第十六条　通行税ハ汽車、電車、乗合自動車及汽船ノ乗客ニ之ヲ課ス

第十六条ノ二　汽車ノ乗客ニハ左ノ区別ニ依リ通行税ヲ課ス

一　普通乗車ノ契約ヲ為シタル場合

　乗車区間三十粁以下ナルトキ

　　一等　十銭
　　二等　五銭

　乗車区間五十粁以下ナルトキ

　　一等　二十銭
　　二等　十銭
　　三等　三銭

　乗車区間百粁以下ナルトキ

一等　五十銭
二等　十五銭
三等　五銭
乗車区間百五十粁以下ナルトキ
一等　六十銭
二等　三十銭
三等　十銭
乗車区間二百五十粁以下ナルトキ
一等　九十銭
二等　四十五銭
三等　十五銭
乗車区間三百五十粁以下ナルトキ
一等　一円五十銭
二等　七十五銭
三等　二十五銭
乗車区間五百粁以下ナルトキ
一等　二円十銭
二等　一円五銭
三等　三十五銭
乗車区間八百粁以下ナルトキ
一等　三円
二等　一円五十銭
三等　五十銭
乗車区間千三百粁以下ナルトキ
一等　三円九十銭
二等　一円九十五銭
三等　六十五銭
乗車区間千八百粁以下ナルトキ
一等　四円八十銭
二等　二円四十銭
三等　八十銭
乗車区間千八百粁ヲ超ユルトキ
一等　六円
二等　三円
三等　一円

二　回数乗車ノ契約ヲ為シタル場合
回数二十回以下ナルトキ　前号税額ノ五倍
回数五十回以下ナルトキ　前号税額ノ十倍
回数五十回ヲ超ユルトキ　前号税額ノ二十倍

三　定期乗車ノ契約ヲ為シタル場合
契約期間一月内ナルトキ　第一号税額ノ五倍
契約期間三月内ナルトキ　第一号税額ノ十倍
契約期間六月内ナルトキ　第一号税額ノ二十倍
契約期間六月ヲ超ユルトキ　第一号税額ノ三十倍

四　団体乗車ノ契約ヲ為シタル場合
人員五十人以下ナルトキ　第一号税額ノ五倍
人員百人以下ナルトキ　第一号税額ノ十倍
人員二百人以下ナルトキ　第一号税額ノ二十倍
人員二百人ヲ超ユルトキ　第一号税額ノ三十倍

五　貸切乗車ノ契約ヲ為シタル場合

一等　貸切運賃ノ百分ノ十
二等　貸切運賃ノ百分ノ六
三等　貸切運賃ノ百分ノ三

前号第五号ノ規定ニ依ル税額ハ同項第一号ノ税額ニ乗客定員数ヲ乗ジタル金額ヲ超ユルコトヲ得ズ

第一項第一号乃至第三号ニ規定スル通行税ハ十二才未満ノ乗客ニ付テハ其ノ半額トス

前項ノ税額ニ十銭ニ満タザル端数アル場合ニ於テハ其ノ端数ガ五銭以上ナルトキハ之ヲ五銭トシ五銭ニ満タザルトキハ之ヲ切捨ツ但シ其ノ全額五銭ニ満タザルトキハ此ノ限ニ在ラズ

第十六条ノ三　急行車又ハ寝台車ニ乗車ノ契約ヲ為シタル場合ニ於テハ前条ノ規定ニ依ルノ外急行料金又ハ寝台料金ノ百分ノ十ノ税率ニ依リ通行税ヲ課ス

前条第四項ノ規定ハ前項ノ規定ニ依リ算出シタル税額ニ付之ヲ準用ス

第十六条ノ四　電車、乗合自動車及汽船、乗客ニハ左ノ区別ニ依リ通行税ヲ課ス

一　普通乗車船ノ契約ヲ為シタル場合

乗車船区間四十粁以下ナルトキ
一等　三十銭
二等　十五銭

乗車船区間八十粁以下ナルトキ
一等　五十銭
二等　二十五銭
三等　五銭

乗車船区間百二十粁以下ナルトキ
一等　一円五十銭
二等　七十五銭
三等　十五銭

乗車船区間百六十粁以下ナルトキ
一等　三円
二等　一円五十銭
三等　三十銭

乗車船区間三百粁以下ナルトキ
一等　五円
二等　二円五十銭
三等　五十銭

乗車船区間五百粁以下ナルトキ
一等　七円
二等　三円五十銭
三等　七十銭

乗車船区間五百粁ヲ超ユルトキ
一等　十円
二等　五円
三等　一円

二　回数乗車船ノ契約ヲ為シタル場合
回数二十回以下ナルトキ　前号税額ノ五倍
回数五十回以下ナルトキ　前号税額ノ十倍
回数五十回ヲ超ユルトキ　前号税額ノ二十倍

三　定期乗車船ノ契約ヲ為シタル場合

契約期間一月内ナルトキ　第一号税額ノ五倍
契約期間三月内ナルトキ　第一号税額ノ十倍
契約期間六月内ナルトキ　第一号税額ノ二十倍
契約期間六月ヲ超ユルトキ　第一号税額ノ三十倍

四　団体乗車船ノ契約ヲ為シタル場合
人員五十人以下ナルトキ　第一号税額ノ五倍
人員百人以下ナルトキ　第一号税額ノ十倍
人員二百人以下ナルトキ　第一号税額ノ二十倍
人員二百人ヲ超ユルトキ　第一号税額ノ三十倍

五　貸切乗車船ノ契約ヲ為シタル場合
一等　貸切運賃ノ百分ノ二十
二等　貸切運賃ノ百分ノ十五
三等　貸切運賃ノ百分ノ十

前項第五号ノ規定ニ依ル税額ハ同項第一号ノ税額ニ乗客定員数ヲ乗ジタル金額ヲ超ユルコトヲ得ズ

第一項第一号乃至第三号ニ規定スル通行税ハ十二才未満ノ乗客ニ付テハ其ノ半額トス

第十六条ノ二第四項ノ規定ハ前項ノ規定ニ依リ算出シタル税額ニ付之ヲ準用ス

第十六条ノ五　寝台船ニ乗船ノ契約ヲ為シタル場合ニ於テハ前条ノ規定ニ依ルノ外左ノ税率ニ依リ通行税ヲ課ス
一等　寝台料金ノ百分ノ三十
二等　寝台料金ノ百分ノ二十
三等　寝台料金ノ百分ノ十

第十六条ノ二第四項ノ規定ハ前条ノ規定ニ依リ算出シタル税額ニ付之ヲ準用ス

第十六条ノ六　汽車ト電車、乗合自動車又ハ汽船トヲ通ジ乗車船ノ契約ヲ為シタル場合ニ於テ第十六条ノ二ノ規定ニ依リ課スベキ通行税額ト第十六条ノ四ノ規定ニ依リ課スベキ通行税額トノ合算額ガ一等ニ在リテハ十円、二等ニ在リテハ五円、三等ニ在リテハ一円ヲ超ユルトキハ一等十円、二等五円、三等一円ヲ以テ各其ノ税額トス

第十七条　乗車区間三十粁以下ノ汽車ノ三等乗客及乗車船区間四千粁以下ノ電車、乗合自動車又ハ汽船ノ三等乗客ニハ通行税ヲ課セズ但シ第十六条ノ三又ハ第十六条ノ五ノ規定ニ依ル通行税ハ此ノ限ニ在ラズ

第十七条ノ二　陸海軍ノ団体トシテノ乗車船ニシテ大使ノ定ムルモノニハ通行税ヲ課セズ

第十八条中「第十六条第一項及前条第一号」ヲ「第十六条ノ二第一項第一号、第十六条ノ四第一項第一号及第十七条」ニ改メ同条中第一号ヲ削リ第二号ヲ第一号トシ第三号ヲ第二号トス

第十九条中「第十六条第一項、第五項及第十七条第一号、第三号」ヲ「第十六条ノ二第一項第一号第五号、第十六条ノ四第一項第一号第五号及第十七条」ニ、「第十六条第六項」ヲ「第十六条ノ二第二項及第十六条ノ四第二項」ニ改ム

第二十条中「運賃」ノ下ニ「、急行料金又ハ寝台料金」ヲ加フ

第二十四条第一項ヲ左ノ如ク改ム

入場税ノ税率左ノ如シ
第一種ノ場所
入場料ガ一人一回七十五銭未満ナルトキ

入場料ノ百分ノ一
入場料ガ一人一回一円五十銭未満ナルトキ
入場料ノ百分ノ二十
入場料ガ一人一回三円未満ナルトキ
入場料ノ百分ノ三十
入場料ガ一人一回四円五十銭未満ナルトキ
入場料ノ百分ノ四十
入場料ガ一人一回四円五十銭以上ナルトキ
入場料ノ百分ノ五十
回数、定期又ハ貸切ニテ入場ノ契約ヲ為シタルトキ
入場料ノ百分ノ二十

第二種ノ場所

麻雀場、撞球場
入場料ノ百分ノ二十
舞踊場、ゴルフ場
入場料ノ百分ノ三十

第二十五条第一項中「三十四銭」ヲ「二十八銭」ニ改ム
第三十一条第一項中「百分ノ五」ヲ「百分ノ十」ニ改ム
第三十二条第一項中「三十四銭」ヲ「二十八銭」ニ改ム
第三十五条第一項第一種第十四号中「トランク」ノ下ニ「類並ニ行李」ヲ、同種第十八号中「玩具」ノ下ニ「、遊戯具、揺籃及乳母車類」ヲ加ヘ同種第十五号ヲ左ノ如ク改ム
　十五　釣用具類
同種左ノ如ク加フ
　三十一　庭木並ニ庭園用ノ石材及石工品
　三十二　簾、釣灯籠及提燈類
　三十三　鉄瓶並ニ茶道及香道用具
　三十四　扇子及団扇
　三十五　花輪及花束類
丙類
　三十六　靴及履物
　三十七　事務用器具
同項第二種第十七号中「受信用眞空管、」ノ下ニ「マイクロホン、」ヲ加ヘ同種第二十三号中「茶」ヲ「紅茶、烏龍茶、包種茶、支那茶」ニ改ム
同種ニ左ノ如ク加フ
　二十五　煙火類
　二十六　薫物及線香類
　二十七　大理石及之ヲ原料トスル擬石並ニ陶磁器製タイル
丙類
　二十八　電球類
　二十九　携行用ノ電灯、同ケース及電池
　三十　魔法瓶、水筒類及同部分品
　三十一　計算機
　三十二　タイプライター、同部分品及附属品
　三十三　輪転謄写機及同附属品
　三十四　金銭登録機
　三十五　タイムスタンプ及同附属品
　三十六　ミシン及ミシン用針

三十七　板硝子
三十八　紙及セロファン
三十九　歯磨
四十　緑茶
四十一　調味料

同条第二項ヲ左ノ如ク改ム

同一物品ニシテ第一種及第二種ニ該当スルモノハ之ヲ第二種トシ甲類及乙類若ハ甲類及丙類又ハ甲類、乙類及丙類ニ該当スルモノハ之ヲ甲類トシ乙類及丙類ニ該当スルモノハ之ヲ乙類トス

第三十六条　物品税ノ税率左ノ如シ

第一種
甲類　物品ノ価格百分ノ四十
乙類　物品ノ価格百分ノ二十
　第三十九条ノ規定ニ依ル場合ニ在リテハ百分ノ三十
丙類　物品ノ価格百分ノ十
第二種
甲類　物品ノ価格百分ノ四十
乙類　物品ノ価格百分ノ二十
丙類　物品ノ価格百分ノ十
第三種
酒類
イ　醸造酒
支那酒タル清酒、黄酒、濁酒　一石ニ付　十五円

麦酒　一石ニ付　二十五円
葡萄種、シャンパン其ノ他ノ果実酒
　一石ニ付　三十五円
前記以外ノ醸造酒　一石ニ付　三十二円
ロ　蒸溜酒
酒精　一石ニ付　四十五円
前記以外ノ蒸溜酒　一石ニ付　二十五円
ハ　再製酒
酒精分二十度以下ノ白酒、味淋
　一石ニ付　三十円
前記以外ノ再製酒　一石ニ付　三十五円

第三十九条　第一種第十六号ニ掲グル物品ハ入札其ノ他競争ノ方法ニ依リ売買セラルル場合（強制競売又ハ之ニ準ズベキ場合ヲ除ク）ハ其ノ札元又ハ之ニ準ズベキ者ガ小売業者トシテ当該物品ヲ販売スルモノト看做ス

第四十条中「又ハ嗜好飲料」ヲ「、嗜好飲料、薫物類、線香類、歯磨又ハ調味料」ニ改ム

第四十九条中「及飲食」ヲ「、飲食及宿泊」ニ改メ同条ニ左ノ一項ヲ加フ

前項ノ場所以外ノ場所ニ於テ飲食スル場合ニ於テ其ノ飲食物ガ料理店又ハ旅館ヨリ供給ヲ受クルモノナルトキハ其ノ飲食ハ之ヲ料理店又ハ旅館ニ於ケル飲食ト看做ス

第四十九条ノ三　遊興飲食税ノ税率左ノ如シ

一　芸妓ノ花代　料金ノ百分ノ四十二

二　芸妓ノ花代ニ類スル料金ニシテ大使ノ定ムルモノ（以下其ノ他ノ花代ト称ス）　料金ノ百分ノ十八

三　前各号以外ノ遊興飲食ノ料金　料金ノ百分ノ二十

四　旅館ニ於ケル宿泊ノ料金　料金ノ百分ノ十五

前項ノ遊興飲食又ハ宿泊ノ料金ハ前条ニ規定スル場所ノ経営者ガ遊興、飲食又ハ宿泊ヲ為シタル者ヨリ其ノ遊興、飲食又ハ宿泊ニ付領収スベキ金額ヲ謂フ

遊興飲食又ハ宿泊ノ料金ノ算定ニ関シテハ大使之ヲ定ム

第四十九ノ四　遊興飲食ノ料金ガ一人一回三円ニ満タザル場合及旅館ニ於ケル宿泊ノ料金ガ一人一泊七円ニ満タザル場合ニハ遊興飲食税ヲ課セズ但シ左ニ掲グル遊興飲食ノ料金ニ付テハ此ノ限ニ在ラズ

一　芸妓ノ花代

二　其ノ他ノ花代

三　芸妓ノ花代又ハ其ノ他ノ花代ヲ伴フ遊興飲食ノ料金

前項ノ一人一回ノ遊興飲食費ノ料金及一人一泊ノ宿泊ノ料金ノ計算ニ関シ必要ナル事項ハ大使之ヲ定ム

第四十九条ノ六第一項及第四十九条ノ八第一項中「毎月分ノ料金」ヲ「毎月分ノ遊興飲食又ハ宿泊ノ料金」ニ改ム

附　則

第一条　本令ハ昭和十六年十二月一日ヨリ之ヲ施行ス但シ第十六条乃至第二十条ノ改正規定施行ノ期日ハ大使之ヲ定ム
（昭和十七年関東局令第三号で昭和十七年二月一日から施行）

第二条　改正後ノ関東州支那事変特別税令第十五条ノ二第四号乃至第六号及第十五条ノ五ノ規定ハ本令施行後竣成スル家屋ノ建築ニ付之ヲ適用ス

本令施行前新築竣成シタル関東州支那事変特別税令第十五条ノ二第一号乃至第三号ニ掲グル家屋ニシテ建築価額一万五千円未満ノモノニ関シ同令第十五条ノ四第一項ノ規定ニ依リ建築税ヲ課スル場合ニ於テハ前ノ建築価額ヨリ七千五百円ヲ控除シタル金額ノ百分ノ十ニ相当スル金額ヲ其ノ建築税額ヨリ控除ス

本令施行前竣成シタル関東州支那事変特別税令第十五条ノ二第一号乃至第三号ニ掲グル家屋ニシテ建築価額一万五千円以上ノモノニ関シ同令第十五条ノ四ノ規定ニ依リ建築税ヲ課スル場合ニ於テハ従前ノ規定ニ依リ課セラレタル建築税ノ二倍ニ相当スル金額ヲ其ノ建築税額ヨリ控除ス

関東州支那事変特別税令第十五条ノ四ノ規定ハ改正後ノ同令第十五条ノ二第四号乃至第六号ニ掲グル家屋ノ新築ガ本令施行前竣成シタル場合ニハ之ヲ適用セズ

第三条　本令施行前ヨリ引続キ第三十五条ノ改正規定ニ依リ物品税ヲ課スルコトト為リタル第一種ノ物品ノ小賣業ヲ営ム者又ハ同第二種ノ物品ノ製造ヲ為ス者本令施行後一月以内ニ其ノ旨ヲ政府ニ申告スルトキハ本令施行ノ日ニ於テ関東州支那事変特別税令第四十八条ノ規定ニ依リ申告シタルモノト看做ス

第四条　改正後ノ関東州支那事変特別税令第三十五条ニ掲グル第二種又ハ第三種ノ物品ノ製造者又ハ販賣者ガ本令施行ノ際製造場又ハ保税地域以外ノ場所ニ於テ左ノ各号ノ一ニ該当スル物品ヲ所持スル場合ニ於テハ其ノ場所ヲ以テ製造場、其ノ

所持者ヲ以テ製造者ト看做シ之ニ物品税ヲ課ス此ノ場合ニ於テハ本令施行ノ日ニ於テ其ノ物品ヲ製造場ヨリ移出シタルモノト看做シ大使ノ定ムル所ニ依リ其ノ物品税ヲ徴収ス但シ従前ノ規定ニ依リ物品税ヲ課セラレタル物品ニ付テハ其ノ課セラレタル税額ニ相当スル金額ヲ控除シタル金額ヲ以テ其ノ税額トス

一　改正後ノ関東州支那事変特別税令第三十五条ニ掲グル第二種ノ物品ニシテ同条各号ニ掲グル品名毎ニ価格二千円以上ノモノ

二　第三種ノ物品ニシテ各種類ヲ通ジ合計十五石以上ノモノ

本令施行ノ際製造場ニ現存スル第三種ノ物品ニシテ戻入又ハ移入シタルモノニ付テハ関東州支那事変特別税令第四十三条第二項ノ規定ニ拘ラズ之ヲ移出シタルトキ物品税ヲ徴収ス此ノ場合ニ於テハ前項但書ノ規定ヲ準用ス

第一項ノ製造者又ハ販賣者ハ同項第一号ノ物品ニ付テ其ノ品名毎ニ数量、価格及貯蔵ノ場所、第二号ノ物品ニ付テハ其ノ品名毎ニ数量及貯蔵ノ場所ヲ本令施行後一月以内ニ政府ニ申告スベシ

○関東州支那事変特別税令中改正

昭和十七年三月二十八日勅令第二百五十五号

題名ヲ左ノ如ク改ム

　関東州大東亜戦争特別税令

第二条第一項中「百分ノ八・五」ヲ「百分ノ十五」ニ、「百分ノ十二・八」ヲ「百分ノ二十二」ニ、同条第二項中「百分ノ十二・八」ヲ「百分ノ十五」ニ改ム

第四条　所得税中第二種ノ所得ニ対スル所得税ニ付テハ関東州所得税令第二十七条ノ規定ニ拘ラズ左ノ税率ニ依リ之ヲ賦課ス

甲

　国債ノ利子

　　利率年四分以下ノモノ　百分ノ三・六

　　利率年四分ヲ超ユルモノ　百分ノ四・五

　国債以外ノ公債及社債ノ利子

　　利率年四分五厘以下ノモノ　百分ノ六

　　利率年四分五厘ヲ超ユルモノ　百分ノ七

　其ノ他　百分ノ七・五

乙　百分ノ十

丙

　所得金額ヲ左ノ各級ニ区分シ逓次ニ各税率ヲ適用ス

　　二万円以下ノ金額　百分ノ五

　　二万円ヲ超ユル金額　百分ノ八

　　十万円ヲ超ユル金額　百分ノ十六

　　五十万円ヲ超ユル金額　百分ノ二十五

第五条中税率ヲ左ノ如ク改ム

　千二百円以下ノ金額　百分ノ一

　千二百円ヲ超ユル金額　百分ノ一・五

　千五百円ヲ超ユル金額　百分ノ二

　二千円ヲ超ユル金額　百分ノ三

三千円ヲ超ユル金額	百分ノ五
五千円ヲ超ユル金額	百分ノ八
七千円ヲ超ユル金額	百分ノ十
一万円ヲ超ユル金額	百分ノ十二
一万五千円ヲ超ユル金額	百分ノ十四
二万円ヲ超ユル金額	百分ノ十六
三万円ヲ超ユル金額	百分ノ十八
四万円ヲ超ユル金額	百分ノ二十一
五万円ヲ超ユル金額	百分ノ二十四
七万円ヲ超ユル金額	百分ノ二十七
十万円ヲ超ユル金額	百分ノ三十
十五万円ヲ超ユル金額	百分ノ三十三
二十万円ヲ超ユル金額	百分ノ三十六
三十万円ヲ超ユル金額	百分ノ三十九
五十万円ヲ超ユル金額	百分ノ四十二
七十万円ヲ超ユル金額	百分ノ四十五
百万円ヲ超ユル金額	百分ノ五十
二百万円ヲ超ユル金額	百分ノ五十五
三百万円ヲ超ユル金額	百分ノ六十
四百万円ヲ超ユル金額	百分ノ六十五

第十一条中「第五十八条」ヲ「第五十七条及第五十八条」ニ改ム

第十四条ノ二　関東州所得税令第五十七条ノ規定ハ公債及社債利子税ニ付之ヲ準用ス

第十五条ニ左ノ一項ヲ加フ

前項ノ規定ハ朝鮮、台湾若ハ樺太ニ於ケル法令ニ依ル利益配当税又ハ公債及社債利子税、配当利子特別税法ニ依ル配当利子特別税ハ南洋諸島ニ於ケル法令ニ依ル超過配当税ヲ課セラルル利益ノ配当又ハ公債若ハ社債ノ利子ニ付之ヲ準用ス

第十六条ノ六中「乗車船」ヲ「普通乗車船」ニ改メ同条ニ左ノ一項ヲ加フ

前項ニ規定スル税額ハ十二才未満ノ乗客ニ付テハ各其ノ半額トス

第十六条ノ七　汽車ト電車、乗合自動車又ハ汽船トヲ通ジ同数、定期又ハ団体ノ乗車船ノ契約ヲ為シタル場合ニ於テハ其ノ通行税額ハ前条ノ規定ニ依ル税額ニ対シ第十六条ノ二第一項第二号乃至第四号又ハ第十六条ノ四第一項第二号乃至第四号ニ規定スル倍数ヲ乗ジテ算出シタル金額トス

前項ノ規定ハ第十六条ノ二第二項及第十六条ノ四第二項ノ場合ニ付之ヲ準用ス

第五十一条ニ第一項トシテ左ノ如ク加フ

税務官吏ハ利益配当税又ハ公債及社債利子税ニ付利益ノ配当又ハ公債若ハ社債ノ利子ノ支払ヲ為スト認ムル者ニ対シ質問ヲ為シ又ハ其ノ業務ニ関スル帳簿書類ヲ検査スルコトヲ得

第五十一条ノ二　詐欺其ノ他不正ノ行為ニ依リ利益配当税、公債及社債利子税又ハ建築税ヲ逋脱シタル者ハ其ノ逋脱シタル税金ノ三倍ニ相当スル罰金又ハ科料ニ処シ直ニ其ノ税金ヲ徴収ス但シ自首シ又ハ税務署長若ハ民政署長ニ申出デタル者ハ其ノ罪ヲ問ハズ

第五十一条ノ三　詐欺其ノ他不正ノ行為ニ依リ物品税又ハ遊興

飲食税ヲ逋脱シ又ハ逋脱セントシタル者ハ其ノ逋脱シ又ハ逋脱セントシタル税金ノ五倍ニ相当スル罰金ニ処シ直ニ其ノ税金ヲ徴収ス但シ罰金額二十円ニ満タザルトキハ之ヲ二十円トス

第五十一条ノ四 左ノ各号ノ一ニ該当スル者ハ三百円以下ノ罰金又ハ科料ニ処ス

一 政府ニ申告セズシテ第一種ノ催物若ハ設備ヲ開催若ハ経営シ又ハ第二種ノ場所ヲ経営シタル者

二 第四十二条又ハ第四十九条ノ六ノ規定ニ依ル申告ヲ怠リ又ハ詐リタル者

三 政府ニ申告セズシテ第一種ノ物品ノ小賣業ヲ営ミ又ハ第二種ノ物品ヲ製造シタル者

四 政府ニ申告セズシテ第四十九条ノ二ニ規定スル場所ヲ経営シタル者

前項第三号又ハ第四号ニ規定スル者ニ付テハ直ニ其ノ小賣シタル第一種ノ物品又ハ製造シタル第二種ノ物品ニ対スル物品税又ハ其ノ遊興飲食税ヲ徴収ス

前項ノ規定ハ製造免許ヲ受ケズシテ酒類ヲ製造シタル場合ニ付之ヲ準用ス

第五十一条ノ五 左ノ各号ノ一ニ該当スル者ハ百円以下ノ罰金又ハ科料ニ処ス

一 第二十二条第一項、第二十九条第一項、第四十九条第一項又ハ第四十九条ノ十第一項ノ規定ニ依ル帳簿ノ記載ヲ怠リ若ハ詐リ又ハ帳簿ヲ隠匿シタル者

二 第二十二条第二項、第二十九条第二項、第四十九条第二項又ハ第四十九条ノ十第二項ノ規定ニ依ル申告ヲ怠リ又ハ詐リタル者

三 第五十一条第一項乃至第四項、第六項及第七項ノ規定ニ依ル税務官吏ノ質問ニ対シ答弁ヲ為サズ若ハ虚偽ノ陳述ヲ為シ又ハ其ノ職務ノ執行ヲ拒ミ、妨ゲ若ハ忌避シタル者

第五十一条ノ六 大正十一年勅令第二百号第一条ノ規定ハ前二条ノ罪ヲ犯シタル者ニ付テハ之ヲ適用セズ

第五十一条ノ七 大正十一年勅令第二百号第二条ノ規定ハ第一種ノ物品ノ製造者、第二種又ハ第三種ノ物品ノ販賣者及第四十九条ノ二ニ規定スル場所ノ経営者ト経営上取引関係アル者ニ付之ヲ準用ス

第五十三条 削除

第六十一条中「支那事変」ヲ「大東亜戦争」ニ改ム

附 則

第一条 本令ハ昭和十七年四月一日ヨリ之ヲ施行ス

第二条 所得税中第一種ノ所得税ニ付テハ普通所得ニ対スル所得税ハ昭和十七年一月一日以降ニ終了スル事業年度分ヨリ、清算所得ニ対スル所得税ハ同日以後ニ於ケル解散又ハ合併ニ因ル分ヨリ、第三種ノ所得税ニ付テハ昭和十七年分ヨリ本令ヲ適用ス

○関東州大東亜戦争特別税令中改正

昭和十八年三月三十一日勅令第三百三十五号

第一条中「所得税ヲ増徴シ」ヲ削ル

第二条乃至第六条　削除

第二十三条中「第一種ノ場所ニ入場スル者又ハ第二種ノ場所ノ設備ヲ利用スル者」ヲ「第一種ノ場所ヘノ入場又ハ第二種ノ場所ノ設備ノ利用」ニ、同条第一種第一号中「活動写真」ヲ「映画」ニ改ム

第二十四条　入場税ノ税率左ノ如シ

第一種ノ場所

入場料ガ一人一回七十五銭未満ナルトキ　入場料ノ百分ノ十

入場料ガ一人一回一円五十銭未満ナルトキ　入場料ノ百分ノ二十五

入場料ガ一人一回三円未満ナルトキ　入場料ノ百分ノ四十

入場料ガ一人一回四円五十銭未満ナルトキ　入場料ノ百分ノ五十五

入場料ガ一人一回四円五十銭以上ナルトキ　入場料ノ百分ノ七十

回数、定期又ハ貸切ニテ入場ノ契約ヲ為シタルトキ

入場料ガ一人一回一円五十銭未満ナルトキ　入場料ノ百分ノ四十

入場料ガ一人一回一円五十銭以上ナルトキ　入場料ノ百分ノ五十

第二種ノ場所

撞球場　入場料ノ百分ノ三十

麻雀場　入場料ノ百分ノ四十

舞踏場、ゴルフ場　入場料ノ百分ノ六十

本令ニ於テ入場料トハ名義ノ何タルヲ問ハズ第一種ノ催物（第一種ノ場所ニ於ケル演劇、映画、演芸、観物、競馬其ノ他ノ催物ヲ謂フ以下同ジ）若ハ設備ノ主催者若ハ経営者又ハ第二種ノ場所ノ経営者ガ第一種ノ場所ニ入場シ又ハ第二種ノ場所ノ設備ヲ利用スル者ヨリ其ノ入場又ハ設備ノ利用ニ付取得スベキ金額ヲ謂フ

入場料ノ算定ニ関シテハ大使之ヲ定ム

第二十六条中「（第一種ノ場所ニ於ケル演劇、活動写真、演芸、観物、競馬其ノ他ノ催物ヲ謂フ以下同ジ）」ヲ削ル

第二十七条　入場税ハ第一種ノ催物若ハ設備ノ主催者若ハ経営者又ハ第二種ノ場所ノ経営者ヨリ之ヲ徴収ス

第二十七条ノ二　第一種ノ催物若ハ設備ノ主催者若ハ経営者又ハ第二種ノ場所ノ経営者ハ毎月分ノ入場料金ヲ催物又ハ設備ノ種類毎ニ税率ノ区別ニ従ヒ区分シテ記載シタル申告書ヲ翌月十日迄ニ政府ニ提出スベシ但シ第一種ノ催物若ハ設備ノ開催若ハ経営又ハ第二種ノ場所ノ経営ヲ廃止シタル場合ニ於テハ直ニ之ヲ提出スベシ

申告書ノ提出ナキトキ又ハ政府ニ於テ申告ヲ不相当ト認メタルトキハ政府ハ其ノ課税標準額ヲ決定ス

第二十七条ノ三　入場税ハ毎月分ヲ翌月末日迄ニ納付スベシ但シ前条第一項但書ノ場合ニ於テハ直ニ之ヲ納付スベシ

第三十条中「入場者」ヲ「入場」ニ改ム

第三十一条第一項ニ左ノ但書ヲ加フ

但シ回数、定期又ハ貸切ニテ入場ノ契約ヲ為シタルトキハ特

別入場料ノ百分ノ二十トス
同条第二項及第三項ヲ左ノ如ク改ム
本令ニ於テ特別入場料トハ名義ノ何タルヲ問ハズ前条ニ規定スル運動競技ノ主催者ガ該競技場ニ入場スル者ヨリ其ノ入場ニ付所得スベキ金額ヲ謂フ
特別入場料ノ算定ニ関シテハ大使之ヲ定ム
第三十三条　特別入場税ハ第三十条ニ規定スル運動競技ノ主催者ヨリ之ヲ徴収ス
第三十三条ノ二　第三十条ニ規定スル運動競技ノ主催者ハ該競技終了後直ニ其ノ特別入場料金ヲ税率ノ区別ニ従ヒ区分シテ記載シタル申告書ヲ政府ニ提出スベシ但シ大使ノ定ムル場合ニ於テハ翌月十日迄ニ之ヲ提出スベシ
第二十七条ノ二第二項ノ規定ハ前項ノ場合ニ付之ヲ準用ス
第三十三条ノ三　特別入場税ハ運動競技ノ終了後二十日以内ニ納付スベシ但シ前条第一項但書ノ場合ニ於テハ翌月末日迄ニ之ヲ納付スベシ
第三十五条第一項第一種第五号中「珊瑚製品」ノ下ニ「、琥珀製品、象牙製品及七宝製品」ヲ、同種第七号中「羽毛製品」ノ上ニ「羽毛、」ヲ加ヘ同種第十六号中「書畫」ヲ「書畫」ニ、同種第三十三号中「及香道用具」ヲ「、香道及華道用具」ニ改ム
同種第三十五号中「花輪」ノ上ニ「花、」ヲ加ヘ同種第三十七号ヲ第三十八号トシ第三十六号ヲ第三十七号トシ同種乙類ニ第三十六号トシテ左ノ如ク加フ
三十六　菓子

同種ニ左ノ一号ヲ加フ
三十九　箱、樽其ノ他類似ノ容器（通常小売ニ用ヒザル容器ヲ除ク）ニ入レタル食料品
同項第二種第一号中「附属品」ノ下ニ「並ニ現像焼付用器具」ヲ加ヘ同種第六号中「及隻眼鏡」ヲ「、隻眼鏡及同ケース」ニ改ム
同種第二十七号中「大理石」ノ下ニ「、大理石ニ類スル装飾用石材」ヲ加ヘ同種第三十三号中「輪転謄写機」ヲ「謄写器」ニ改ム
同種第三十五号中「タイムスタンプ」ノ下ニ「、タイムレコーダー」ヲ、同種第三十六号中「ミシン及」ノ下ニ「同部分品並ニ」ヲ加ヘ同種第三十七号中「板硝子」ヲ「幻灯機、実物投影機及同ケース」ニ、同種第三十八号中「紙及セロファン」ヲ「バター、チーズ、クリーム、及其ノ代用品」ニ、同種第四十一号中「調味料」ヲ「グルタミン酸ソーダヲ主成分トスル調味料」ニ改ム
同種ニ左ノ如ク加フ
四十二　安全剃刀
丁類
四十三　板硝子
四十四　紙及セロファン
四十五　靴塗料類
四十六　調味料
四十七　酒類粕
四十八　罐、壜、壺其ノ他類似ノ容器（通常小売ニ用ヒ

ザル容器ヲ除ク）　ニ入レタル食料品

四十九　滋養強壮剤及口中剤

同項第三種ノ部ヲ削ル

同条第二項ヲ左ノ如ク改ム

同一物品ニシテ第一種及第二種ニ該当スルモノハ之ヲ第二種トシ甲類ニ該当スル物品ニシテ乙類、丙類又ハ丁類ノ何レカニ該当スルモノハ之ヲ甲類トシ乙類ニ該当スル物品ニシテ丙類又ハ丁類ノ何レカニ該当スルモノハ之ヲ乙類トシ同一物品ニシテ丙類及丁類ニ該当スルモノハ之ヲ丙類トス

第三十六条　物品税ノ税率左ノ如シ

第一種

甲類　物品ノ価格百分ノ六十

乙類　物品ノ価格百分ノ三十

第三十九条ノ規定ニ依ル場合ニ在リテハ百分ノ四十

丙類　物品ノ価格百分ノ十

第二種

甲類　物品ノ価格百分ノ六十

乙類　物品ノ価格百分ノ三十

丙類　物品ノ価格百分ノ二十

丁類　物品ノ価格百分ノ十

第三十八条中「又ハ第三種」及「又ハ数量」ヲ削ル

第四十条中「又ハ調味料」ヲ「、調味料、靴塗料類、滋養強壮剤又ハ口中剤」ニ改ム

第四十一条　第二種ノ物品ガ左ノ各号ノ一ニ該当スル場合ニ於テハ之ヲ製造場ヨリ移出シ又ハ保税地域ヨリ引取リタルモノト看做ス

一　製造場内又ハ保税地域内ニ於テ飲用又ハ食用ニ供セラレタルトキ

二　製造場内又ハ保税地域内ニ於テ第二種ノ物品以外ノ物品ノ原料トシテ使用セラレタルトキ

第四十二条第一項中「、第三種ノ物品、製造者ハ毎月其ノ製造場ヨリ移出シタル物品ニ付其ノ品名毎ニ数量ヲ記載シタル申告書ヲ」ヲ削リ同条第二項中「、第二種又ハ第三種」ヲ「又ハ第二種」ニ改ム

第四十三条第二項ヲ削ル

第四十四条第二項及第四十五条第一項中「又ハ第三種」ヲ削ル

第四十六条第一項ヲ左ノ如ク改ム

大使ノ定ムル所ニ依リ政府ノ承認ヲ受ケ製造場ヨリ移出シ又ハ保税地域ヨリ引取ル第二種ノ物品ニシテ同種ノ物品ノ製造ノ用ニ供スルモノニ付テハ物品税ヲ免除ス

第四十九条第一項中「、第二種又ハ第三種」ヲ「又ハ第二種」ニ改メ同条第二項中「若ハ第三種」ヲ削ル

第四十九条ノ二ニ左ノ一項ヲ加フ

第一項ノ場所以外ノ場所ニ於テ遊興飲食スル場合ニ於テ芸妓若ハ芸妓ニ類スル者又ハ飲食物ガ第一項ノ場所以外ノ場所ニシテ大使ノ定ムルモノヨリ派出又ハ供給ヲ受クルモノナルトキハ其ノ場所ハ之ヲ料理店ト看做シ其ノ遊興飲食ハ之ヲ料理店ニ於ケル遊興飲食ト看做ス

第四十九条ノ三第一項ヲ左ノ如ク改ム

遊興飲食税ノ税率左ノ如シ

一　芸妓ノ花代　料金ノ百分ノ八十四

二　芸妓ノ花代ニ類スル料金ニシテ大使ノ定ムルモノ（以下其ノ他ノ花代ト称ス）　料金ノ百分ノ三十六

三　芸妓ノ花代又ハ其ノ他ノ花代ヲ伴フ遊興飲食ノ料金但シ芸妓ノ花代及其ノ他ノ花代ヲ除ク　料金ノ百分ノ四十

四　大使ノ定ムル料理店ニ於ケル遊興飲食ノ料金但シ芸妓ノ花代及其ノ他ノ花代ヲ除ク　料金ノ百分ノ四十

五　前各号以外ノ遊興飲食ノ料金　料金ノ百分ノ二十

六　旅館ニ於ケル宿泊ノ料金　料金ノ百分ノ二十

同条第二項中「前条」ヲ「前条第一項」ニ改ム

第四十九条ノ四第一項中「七円」ヲ「五円」ニ改ム

第四十九条ノ五、第四十九条ノ六第一項及第四十九条ノ八乃至第四十九条ノ十中「第四十九条ノ二」ヲ「第四十九条ノ二第一項」ニ改ム

第四十九条ノ十一　政府ハ大使ノ定ムル所ニ依リ第四十九条ノ二第一項ニ規定スル場所ノ経営者ニ対シ料金領収書ノ発行其ノ他取締上必要ナル事項ヲ命ズルコトヲ得

第五十条中「、第二十条、第二十七条又ハ第三十三条」ヲ「又ハ第二十条」ニ改ム

第五十一条第六項中「、第二種又ハ第三種」ヲ「又ハ第二種」ニ改ム

第五十一条ノ三中「物品税」ノ上ニ「入場税、」ヲ加フ

第五十一条ノ四第一項第二号中「第四十二条」ヲ「第二十七条ノ二、第四十二条」ニ、同項第四号中「第四十九条ノ二」ヲ「第四十九条ノ二第一項」ニ改メ同項ニ左ノ一号ヲ加フ

五　第四十九条ノ十一ノ規定ニ依ル政府ノ命令ニ違反シタル者

同条第二項中「前項」ノ下ニ「第一号、」ヲ「直ニ」ノ下ニ「其ノ入場税、」ヲ加ヘ同条第三項ヲ削ル

第五十一条ノ七中「又ハ第三種」ヲ削リ「第四十九条ノ二」ヲ「第四十九条ノ二第一項」ニ改ム

第五十二条第一項中「本例ニ依リ増徴スル税額又ハ」ヲ削リ同条第二項ヲ左ノ如ク改ム

市、会其ノ他ノ公共団体ハ入場税ノ課税標準タル入場料ニ対シ地方税ヲ課スルコトヲ得ズ

第五十二条ノ二　政府ハ入場税、物品税及遊興飲食税ニ付左ニ掲グル団体ニ対シ徴税上必要ナル施設ヲ為シ又ハ徴収事務ノ補助ヲ為スベキコトヲ命ズルコトヲ得

一　第一種ノ催物若ハ設備ノ主催者若ハ経営者又ハ第二種ノ場所ノ経営者ノ組織スル団体

二　第一種ノ物品ノ小売業者又ハ第二種ノ物品ノ製造者ノ組織スル団体

三　第四十九条ノ二第一項ニ規定スル場所ノ経営者ノ組織スル団体前項ノ場合ニ於テハ同項ノ団体ニ対シ大使ノ定ムル所ニ依リ交付金ヲ交付スルコトヲ得

附　則

第一条　本令ハ昭和十八年四月一日ヨリ之ヲ施行ス

第二条　法人ノ本令施行前ニ終了シタル各事業年度分ノ所得税、法人ノ本令施行前ニ於ケル解散又ハ合併ニ因ル清算所得

ニ対スル所得税並ニ本令施行前ニ賦課シ若ハ賦課スベカリシ又ハ徴収シ若ハ徴収スベカリシ第二種又ハ第三種ノ所得ニ対スル所得税、入場税、特別入場税及第三種ノ物品ニ対スル物品税ニ関シテハ仍従前ノ例ニ依ル

第三条 本令施行前ヨリ引続キ関東州大東亜戦争特別税令第三十五条ノ改正規定ニ依リ物品税ヲ課スルコトト為リタル第一種ノ物品ノ小売業ヲ営ム者又ハ同第二種ノ物品ノ製造ヲ為ス者本令施行後一月以内ニ其ノ旨ヲ政府ニ申告スルトキハ本令施行ノ日ニ於テ同令第四十八条ノ規定ニ依リ申告シタルモノト看做ス

第四条 改正後ノ関東州大東亜戦争特別税令第三十五条第一項ニ掲グル第二種ノ物品ノ製造者又ハ販売者ガ本令施行ノ際製造場又ハ保税地域以外ノ場所ニ於テ同項各号ニ掲グル品名毎ニ価格二千円以上ノ物品ヲ所持スル場合ニ於テハ其ノ場所ヲ以テ製造場、其ノ所持者ヲ以テ製造者ト看做シ之ニ物品税ヲ課ス此ノ場合ニ於テハ本令施行ノ日ニ於テ其ノ物品ヲ製造場ヨリ移出シタルモノト看做シ大使ノ定ムル所ニ依リ其ノ物品税ヲ徴収ス但シ従前ノ規定ニ依リ物品税ヲ課セラレタル物品ニ対テハ其ノ課セラレタル税額ニ相当スル金額ヲ控除シタル金額ヲ以テ其ノ税額トス

前項ノ物品中大使ノ定ムルモノニ付テハ同項ノ規定ニ拘ラズ大使ノ定ムル所ニ依リ当該物品ノ貯蔵ノ場所ヨリ移出シタルトキ其ノ物品税ヲ徴収スルコトヲ得

第一項ノ製造者又ハ販売者ハ同項ノ物品ニ付其ノ品名毎ニ数量、価格及貯蔵ノ場所ヲ本令施行後一月以内ニ政府ニ申告スベシ

第五条 本令施行前ヨリ引続キ関東州大東亜戦争特別税令第四十九条ノ二ノ改正規定ニ依リ料理店ト看做サルル場所ヲ経営スル者本令施行後一月以内ニ其ノ旨ヲ政府ニ申告スルトキハ本令施行ノ日ニ於テ同令第四十九条ノ九ノ規定ニ依リ申告シタルモノト看做ス

○関東州大東亜戦争特別税令中改正

昭和十九年三月三十一日勅令第百八十九号

第九条　利益配当税ハ前条ノ法人ヨリ支払ヲ受クル利益ノ配当ニ付之ヲ賦課シ配当金中配当率年一割ノ割合ヲ以テ算出シタル金額ヲ超ユル金額ノ百分ノ二十五ニ相当スル金額ヲ以テ其ノ税額トス

前項ノ利益ノ配当ハ其ノ支払ヲ受クベキ金額ニ依ル

第十三条中「百分ノ十五」ヲ「百分ノ二十五」ニ改メ同条ニ左ノ一項ヲ加フ

前項ノ公債又ハ社債ノ利子ハ其ノ支払ヲ受ケタル金額ニ依ル

第十三条ノ二　公債及社債利子税ハ其ノ支払ヲ受ケタル時ニ於ケル税率ニ依リ之ヲ賦課ス

第十五条ノ二中「活動寫眞」ヲ「映画」ニ改ム

第十六条ノ二　通行税ハ左ノ区別ニ依リ之ヲ課ス

一等　乗車船区間ノ粁程一粁又ハ其ノ端数ニ付　八厘

二等　乗車船区間ノ粁程一粁又ハ其ノ端数ニ付　四厘

三等　乗車船区間ノ粁程一粁又ハ其ノ端数ニ付　二厘

回数乗車船、定期乗車船、団体乗車船其ノ他通常ノ運賃ニ比シ低額ナル運賃ニ依ル乗車船ノ契約ヲ為シタル場合ニ於テハ通行税ハ当該乗車船ノ運賃ノ通常ノ運賃ニ対スル割合ヲ前項及第五項ノ規定ニ依ル税額ニ乗ジタル金額ニ依リ之ヲ課ス

定期乗車船ノ契約ヲ為シタル場合ニ於ケル前項ノ通常ノ運賃ノ計算ハ大使之ヲ定ム

貸切乗車船ノ契約ヲ為シタル場合ニ於テハ通行税ニ第一項ノ規定ニ依ル税額ニ乗客定員数ヲ乗ジタル金額ニ依リ之ヲ課ス

第一項ニ規定スル通行税ハ十二歳未満ノ乗客ニ付テハ其ノ半額トス

第十六条ノ三第一項中「寝台車ニ乗車」ヲ「寝台車船ニ乗車船」ニ、「百分ノ十」ヲ「百分ノ二十」ニ改メ同条第二項ヲ左ノ如ク改ム

前項ノ規定ニ依ル税額ニ依ル税額ニ十銭ニ満タザル端数アル場合ニ於テハ其ノ端数ガ五銭以上ナルトキハ之ヲ五銭トシ五銭ニ満タザルトキハ之ヲ切捨ツ但シ其ノ金額五銭ニ満タザルトキハ此ノ限ニ在ラズ

第十六条ノ四乃至第十六条ノ七ヲ削ル

第十七条　乗車船区間三十粁以下ノ三等乗客及定期乗車船ノ契約ニ依ル三等乗客ニハ通行税ヲ課セズ但シ前条ノ規定ニ依ル通行税ハ此ノ限ニ在ラズ

第十八条　左ノ各号ノ一ニ該当スルトキハ第十六条ノ二第一項及第十七条ノ乗車船区間ノ粁程ノ計算ハ大使之ヲ定ム

一　定期乗車船ノ契約ヲ為シタルトキ

二　往復乗車船又ハ廻遊乗車船ノ契約ヲ為シタルトキ

三　運賃ガ均一ニ定メラレタルトキ

四　連絡運輸ノ契約ヲ為シタルトキ

五　同一契約ニ依リ汽車、電車、乗合自動車又ハ汽船ノ中二以上ニ乗車船シタルトキ

第十九条中「第一号第五号、第十六条ノ四第一項第一号第五号」ヲ削リ「第十六条ノ二第二項及第十六条ノ四第二項」ヲ「第十六条ノ二第四項」ニ改ム

第二十条ニ左ノ但書ヲ加フ
　但シ連絡運輸ノ場合ニ於ケル通行税ノ納付ニ付テハ大使ノ定ムル所ニ依ル
第二十三条中「舞踏場、」ヲ削ル
第二十四条第一項中「麻雀場　入場料ノ百分ノ四十　舞踏場、ゴルフ場　入場料ノ百分ノ六十」ヲ「麻雀場　入場料ノ百分ノ五十　ゴルフ場　入場料ノ百分ノ九十」ニ改ム
第三十五条第一項ヲ左ノ如ク改ム
　物品税ハ左ニ掲グル物品ニシテ大使ノ定ムルモノニ之ヲ課ス
　第一種
　　甲類
　　一　貴石若ハ半貴石又ハ之ヲ用ヒタル製品
　　二　真珠又ハ真珠ヲ用ヒタル製品
　　三　貴金属製品又ハ金若ハ白金ヲ用ヒタル製品
　　四　鼈甲製品
　　五　珊瑚製品、琥珀製品、象牙製品及七宝製品
　　六　毛皮又ハ毛皮製品但シ第八号ニ掲グルモノヲ除ク
　　七　羽毛、羽毛製品又ハ羽毛ヲ用ヒタル製品
　　乙類
　　八　犬毛皮、兎毛皮及同製品
　　九　書画及骨董
　　十　室内装飾品
　　十一　囲碁及将棋用具
　　十二　貴金属ヲ鍍シ又ハ張リタル製品ニシテ別号ニ掲ゲザルモノ
　　十三　皮革製品ニシテ別号ニ掲ゲザルモノ
　　十四　盆栽、盆石及鉢植類
　　十五　愛玩用動物及同用品
　　十六　庭木並ニ庭園用ノ石材及石工品
　　十七　簾、釣灯籠及提灯類
　　十八　鉄瓶並ニ茶道、香道及華道用具
　　十九　花、花輪及花束類
　　二十　釣用具類
　　丙類
　　二十一　銘竹木
　　二十二　帽子、杖、鞭及傘
　　二十三　家具
　　二十四　織物、メリヤス、レース、フェルト及同製品並ニ組物
　　二十五　印章及印判類
　　二十六　果物
　　丁類
　　二十七　靴及履物
　　二十八　箱、樽其ノ他類似ノ容器（通常小賣ニ用ヒザル容器ヲ除ク）ニ入レタル食料品
　第二種
　　甲類
　　一　寫眞機、寫眞引伸機、映寫機、同部分品及付属品並ニ現像焼付用器具
　　二　寫眞用ノ乾板、フィルム及感光紙
　　三　蓄音器及同部分品

四　蓄音器用レコード
五　楽器、同部分品及附属品
六　雙眼鏡、隻眼鏡及同ケース
七　銃及同部分品
八　薬莢及弾丸
九　ゴルフ用具、同部分品及附属品
十　娯楽用モーターボート、スカール及ヨット
十一　撞球用具
十二　ネオン管及同変圧器
十三　喫煙用ライター及電気マッチ
十四　乗用自動車
十五　化粧品

乙類

十六　扇風機及同部分品
十七　暖房用ノ電気、瓦斯又ハ礦油ストーブ
十八　冷蔵器及同部分品
十九　金属及鋼鉄製家具
二十　時計及同部分品
二十一　照明器具
二十二　電気器具及瓦斯器具
二十三　大理石、大理石ニ類スル装飾用石材及之ヲ原料トスル擬石並ニ陶磁器製タイル
二十四　文房具
二十五　身辺用細貨類及化粧用具
二十六　喫煙用具
二十七　扇子及団扇
二十八　靴及トランク類並ニ行李
二十九　飾物、玩具、遊戯具、揺籃及乳母車類
三十　運動具
三十一　漆器、陶磁器及硝子製器具ニシテ第一種又ハ第二種ノ各号ニ掲ゲザルモノ
三十二　煙火類
三十三　薫物及線香類
三十四　シャンプー及洗粉
三十五　紅茶、烏龍茶、包種茶、支那茶、珈琲、ココア及其ノ他代用物、玉露並ニ碾茶
三十六　嗜好飲料但シ酒類及清涼飲料ヲ除ク
三十七　菓子
三十八　グルタミン酸ソーダヲ主成分トスル調味料

丙類

三十九　ラヂオ聴取機及同部分品
四十　受信用真空管、マイクロホン、拡声用増幅器及拡声器
四十一　電球類及電気配線用品
四十二　携行用ノ電灯、同ケース及電池
四十三　魔法瓶、水筒類及同部分品
四十四　計算機
四十五　タイプライター、同部分品及附属品
四十六　謄写器及同附属品
四十七　金銭登録機

四十八　タイムスタンプ、タイムレコーダ及同附属品
四十九　ミシン及同部分品並ニミシン用針
五十　幻灯機、実物投影機及同ケース
五十一　安全剃刀
五十二　カレンダー、絵葉書並ニ観賞用ノ寫眞及印刷物類
五十三　歯磨
五十四　バター、チーズ、クリーム及其ノ代用物並ニジャム
五十五　緑茶
五十六　酒類粕
五十七　食品加工料
五十八　ハム、ベーコン、ソーセージ其ノ他燻製ノ肉類及魚類
五十九　寒天

丁類
六十　事務用器具及事務用品
六十一　電話機、電話交換器、同部分品及附属品
六十二　板硝子
六十三　敷物類
六十四　紙及セロファン
六十五　靴塗料類
六十六　折箱、割箸、祝箸及爪揚枝類
六十七　滋養強壮剤及口中剤
六十八　防虫剤、殺虫剤及防臭剤
六十九　調味料
七十　罐、罎、壺其ノ他類似ノ容器（通常小賣ニ用ヒザル容器ヲ除ク）ニ入レタル食料品
七十一　海苔
七十二　飴、葡萄糖及麦芽糖
七十三　蜂蜜
七十四　食用油脂

第三十六条　物品税ノ税率左ノ如シ

第一種
甲類　物品ノ価格百分ノ八十
乙類　物品ノ価格百分ノ四十
第三十九条ノ規定ニ依ル場合ニ在リテハ百分ノ五十
丙類　物品ノ価格百分ノ二十
丁類　物品ノ価格百分ノ十

第二種
甲類　物品ノ価格百分ノ八十
乙類　物品ノ価格百分ノ四十
丙類　物品ノ価格百分ノ三十
丁類　物品ノ価格百分ノ二十

第三十九条中「第十六号」ヲ「第九号」ニ改ム

第四十条　製造場以外ノ場所ニ於テ販賣ノ為化粧品其ノ他大使ノ定ムル物品ヲ容器ニ充填シ又ハ改装スルトキハ之ヲ当該物品ノ製造ト看做ス

第四十一条第二項左ノ如ク改ム

二　製造場内ニ於テ第二種ノ物品以外ノ物品又ハ大使ノ定ムル第二種ノ物品ノ原料トシテ使用セラレタルトキ

第四十六条第一項ニ左ノ但書ヲ加フ

但シ大使ノ定ムルモノニ付テハ此ノ限ニ在ラズ

第四十九条ノ三第一項ヲ左ノ如ク改ム

遊興飲食税ノ税率左ノ如シ

一　芸妓ノ花代　料金ノ百分ノ百二十六

二　芸妓ノ花代ニ類スル料金ニシテ大使ノ定ムルモノ（以下其ノ他ノ花代ト称ス）　料金ノ百分ノ四十八

三　芸妓ノ花代又ハ其ノ他ノ花代ヲ伴フ遊興飲食ノ料金但シ芸妓ノ花代及其ノ他ノ花代ヲ除ク　料金ノ百分ノ五十

四　大使ノ定ムル料理店ニ於ケル遊興飲食ノ料金但シ芸妓ノ花代及其ノ他ノ花代ヲ除ク　料金ノ百分ノ六十

五　前各号以外ノ遊興飲食ノ料金　料金ノ百分ノ三十

六　旅館ニ於ケル宿泊ノ料金

イ　一人一泊十円ニ満タザルモノ　料金ノ百分ノ二十

ロ　一人一泊十円以上ノモノ　料金ノ百分ノ三十

第四十九条ノ四第一項中「三円」ヲ「二円」ニ改ム

第五十一条ノ三中「処シ直ニ其ノ税金ヲ徴収ス」ヲ「処ス」ニ改メ但書ヲ削リ同条ニ左ノ三項ヲ加フ

前項ノ罪ヲ犯シタル者ハ情状ニ因リ二年以下ノ懲役若ハ其ノ逋脱シ若ハ逋脱セントシタル税金ノ五倍ヲ超エ十倍以下ニ相当スル罰金ニ処シ又ハ懲役及罰金ヲ併科スルコトヲ得

前二項ノ場合ニ於テ罰金額ガ二十円ニ満タザルトキハ之ヲ二十円トス

第一項及第二項ノ場合ニ於テハ直ニ其ノ税金ヲ徴収ス

第五十一条ノ四第一項中「三百円」ヲ「千円」ニ改ム

第五十一条ノ五中「百円」ヲ「五百円」ニ改ム

第五十二条ノ二第一項中「左ニ掲グル団体」ノ下ニ「（其ノ組織スル団体ヲ含ム）」ヲ加フ

第五十二条ノ三ヲ第五十三条トス

第五十二条ノ三　前条第一項ノ規定ニ依リ徴税上必要ナル施設ヲ為シ又ハ徴収事務ノ補助ヲ為スベキコトヲ命ゼラレタル団体（徴収補助団体ト称ス以下同ジ）ノ代表者ハ当該事業ニ関スル帳簿ヲ備ヘ大使ノ定ムル事項ヲ之ニ記載スベシ

第五十二条ノ四　税務官吏ハ徴収補助団体ノ代表者ニ対シ当該事業ニ関シ質問ヲ為シ若ハ報告ヲ為サシメ又ハ帳簿書類其ノ他ノ物件ヲ検査スルコトヲ得

政府ハ必要アリト認ムルトキハ徴収補助団体ノ代表者ニ対シ当該事業ノ執行ニ関シ監督上必要ナル命令ヲ為スコトヲ得

第五十二条ノ五　徴収補助団体ノ団体員ヨリ徴収スベキ入場税、物品税及遊興飲食税ニ付テハ大使ノ定ムル所ニ依リ当該団体ノ代表者ニ対シ団体員ノ納付スベキ入場税額、物品税額

又ハ遊興飲食税額ノ合計額、納期日及納付場所ヲ指定シ之ヲ告知スルコトヲ得

前項ノ告知アリタルトキハ徴収補助団体ノ代表者ハ直ニ各団体員ニ対シ大使ノ定ムル事項ヲ通知スベシ

第一項ノ規定ニ依リ代表者ニ対シ告知ヲ為シタルトキハ各団体員ニ対シ明治四十年勅令第五十六号ニ於テ準用スル国税徴収法第六条ノ規定ニ依リ告知ヲ為シタルモノト看做ス

第五十二条ノ六　左ノ場合ニ於テハ徴収補助団体ノ代表者ヲ五百円以下ノ過料ニ処ス

一　第五十二条ノ四第二項ノ規定ニ依ル命令ニ違反シタルトキ

二　前条第二項ノ規定ニ依ル通知ヲ為サザルトキ

第五十二条ノ七　左ノ場合ニ於テハ徴収補助団体ノ代表者ヲ三百円以下ノ過料ニ処ス

一　第五十二条ノ三ノ規定ニ依ル帳簿ノ記載ヲ怠リ若ハ詐リ又ハ帳簿ヲ隠匿シタルトキ

二　第五十二条ノ四第一項ノ規定ニ依ル税務官吏ノ質問ニ対シ答弁ヲ為サズ若ハ虚偽ノ陳述ヲ為シ又ハ其ノ職務ノ執行ヲ拒ミ妨ゲ若ハ忌避シタルトキ

三　第五十二条ノ四第一項ノ規定ニ違反シ報告ヲ為サズ又ハ虚偽ノ報告ヲ為シタルトキ

附　則

第一条　本令ハ昭和十九年四月一日ヨリ之ヲ施行ス

第二条　改正前ノ関東州大東亜戦争特別税令第三十五条第一項第一種各号ニ掲グル物品ニシテ改正後ノ同項第二種各号ニ掲グルモノニ対シ従前ノ規定ニ依リ賦課シ又ハ賦課スベカリシ物品税ニ関シテハ仍従前ノ例ニ依ル

第三条　本令施行前ヨリ引続キ関東州大東亜戦争特別税令第三十五条ノ改正規定ニ依リ物品税ヲ課スルコトト為リタル第一種ノ物品ノ小賣業ヲ営ム者又ハ同第二種ノ物品ノ製造ヲ為ス者本令施行後一月以内ニ其ノ旨ヲ政府ニ申告スルトキハ本令施行ノ日ニ於テ同令第四十八条ノ規定ニ依リ申告シタルモノト看做ス

第四条　改正後ノ関東州大東亜戦争特別税令第三十五条第一項ニ掲グル第二種ノ物品ノ製造者若ハ販賣者又ハ大使ノ定ムル者ガ本令施行ノ際製造物又ハ保税地域以外ノ場所ニ於テ同項各号ニ掲グル品名毎ニ価格五百円以上ノ物品ヲ所持スル場合ニ於テハ其ノ場所ヲ以テ製造場、其ノ所持者ヲ以テ製造者ト看做シ之ニ物品税ヲ課ス此ノ場合ニ於テハ本令施行ノ日ニ於テ其ノ物品ヲ製造場ヨリ移出シタルモノト看做シ大使ノ定ムル所ニ依リ其ノ物品税ヲ徴収ス但シ従前ノ規定ニ依リ物品税ヲ課セラレタル物品ニ付テハ其ノ課セラレタル税額ニ相当スル金額ヲ控除シタル金額ヲ以テ其ノ税額トス

前項ノ物品中改正後ノ関東州大東亜戦争特別税令第四十六条第一項又ハ同令第四十七条第一項ノ規定ニ該当スルモノニ付テハ前項ノ規定ニ拘ラズ大使ノ定ムル所ニ依リ其ノ物品税ヲ徴収セザルコトヲ得

第一項ノ物品中大使ノ定ムルモノニ付テハ同項ノ規定ニ拘ラズ大使ノ定ムル所ニ依リ当該物品ヲ其ノ貯蔵ノ場所ヨリ移出シタルトキ其ノ物品税ヲ徴収スルコトヲ得

第一項ノ製造者若ハ販賣者又ハ大使ノ定ムル者ハ同項ノ物品ニ付其ノ品名毎ニ数量、価格及貯蔵ノ場所ヲ本令施行後一月以内ニ政府ニ申告スベシ

第五条　前条第一項ノ場合ニ於テハ改正前ノ関東州大東亜戦争特別税令第三十五条第一項第一種各号ニ掲グル物品ノ販賣者ニシテ前条第一項ノ販賣者ニ該当スルモノハ改正後ノ同令第五十二条ノ二乃至第五十二条ノ七ノ規定ノ適用ニ付テハ之ヲ同令第五十二条ノ二ニ規定スル第一種ノ物品ノ小賣業者ト看做ス

○関東州大東亜戦争特別税令中改正

昭和十九年八月九日
勅令第四百九十八号

第一条中「、物品税」ヲ削ル

第三十五条乃至第四十九条　削除

第五十一条第六項ヲ削ル

第五十一条ノ三第一項中「、物品税」ヲ削ル

第五十一条ノ四第一項中「、第四十二条」及第三号ヲ削リ第四号ヲ第三号トシ第五号ヲ第四号トス

同条第二項中「、第三号又ハ第四号」ヲ「又ハ第三号」ニ改メ「、其ノ小売シタル第一種ノ物品又ハ製造シタル第二種ノ物品ニ対スル物品税」ヲ削ル

第五十一条ノ五中「、第四十九条第一項」及「、第四十九条第二項」ヲ削リ「、第六項及第七項」ヲ「及第六項」ニ改ム

第五十一条ノ七中「第一種ノ物品ノ製造者、第二種ノ物品ノ販売者及」ヲ削ル

第五十二条第一項中「、物品税」ヲ削ル

第五十二条ノ二第三項中「、物品税」及第二号ヲ削リ第三号ヲ第二号トス

第五十二条ノ五第二項中「、物品税」及「、物品税額」ヲ削ル

第五十三条　削除

附　則

本令施行ノ期日ハ満洲国駐箚特命全権大使之ヲ定ム

本令施行前従前ノ規定ニ依リ賦課スベカリシ物品税ニ関シテハ仍従前ノ例ニ依ル

昭和十八年勅令第三百四十号中左ノ通改正ス

第一条中「、関東州大東亜戦争特別税令第三十五条第一項ニ掲グル物品」及「、関東州大東亜戦争特別税令」ヲ削ル

○関東州大東亜戦争特別税令中改正

昭和十九年十二月二十九日勅令第六百七十六号

第十六条ノ二第一項中「八厘」ヲ「一銭五厘」ニ、「四厘」ヲ「一銭」ニ、「二厘」ヲ「七厘」ニ改ム

第十六条ノ三　急行車又ハ寝台車船ニ乗車船ノ契約ヲ為シタル場合ニ於テハ前条ノ規定ニ依ルノ外左ノ区別ニ依リ通行税ヲ課ス

一　急行車ニ乗車ノ契約ヲ為シタル場合

一等　二円

二等　一円五十銭

三等　　一円

二　寝台車船ニ乗車船ノ契約ヲ為シタル場合

寝台料金ノ百分ノ二十

前条第五項ノ規定ハ前項第一号ニ規定スル通行税ニ付之ヲ準用ス

第十七条中「三十粁以下ノ三等乗客及」ヲ「三十粁以下ノ電車、乗合自動車及汽船ノ三等乗客並ニ」ニ改ム

附　則

本令ハ昭和二十年一月一日ヨリ之ヲ施行ス

○関東州所得税令外十一勅令中改正等ノ件（抄）

昭和二十年三月二十八日勅令第百四十九号

第六条　関東州大東亜戦争特別税令中左ノ通改正ス

第二十四条第一項中第一種ノ場所ノ部ヲ左ノ如ク改ム

第一種ノ場所

入場料ガ一人一回一円五十銭未満ナルトキ　入場料ノ百分ノ三十

入場料ガ一人一回三円未満ナルトキ　入場料ノ百分ノ六十

入場料ガ一人一回四円五十銭未満ナルトキ　入場料ノ百分ノ八十

入場料ガ一人一回四円五十銭以上ナルトキ　入場料ノ百分ノ百

回数、定期又ハ貸切ニテ入場ノ契約ヲ為シタルトキ

入場料ガ一人一回一円五十銭未満ナルトキ　入場料ノ百分ノ六十

入場料ガ一人一回一円五十銭以上ナルトキ　入場料ノ百分ノ八十

第四十九条ノ三第一項第二号中「百ノ四十八」ヲ「百ノ六十」ニ、同項第三号中「百分ノ五十」ヲ「百分ノ六十」ニ改ム

同項第五号中「前各号」ノ下ニ「及第七号」ヲ加ヘ同項第六号中「旅館ニ於ケル宿泊ノ料金」ヲ「洋式又ハ支那式ノ旅館ニ於ケル宿泊ノ料金」ニ改メ同項ニ左ノ一号ヲ加フ

七　洋式又ハ支那式ノ旅館以外ノ旅館ニ於ケル宿泊（飲食ヲ含ム以下本号ニ於テ同ジ）ノ料金

イ　大使ノ定ムル一人一泊ノ料金（以下普通宿泊料ト称ス）ガ十二円ニ満タザル宿泊　料金ノ百ノ二十

ロ　普通宿泊料ガ十二円以上ノ宿泊　料金ノ百ノ三十

一人一泊ノ料金中普通宿泊料ヲ超ユル金額ニ付テハ百分ノ十ヲ加算シタル税率ニ依ル

同条第二項中「前項」ヲ「第一項」ニ、「宿泊ノ料金」ヲ「宿泊（洋式又ハ支那式ノ旅館以外ノ旅館ニ於ケル宿泊ニ付テハ飲食ヲ含ム以下同ジ）ノ料金」ニ改メ同条第一項ノ次ニ左ノ一項ヲ加フ

前項ノ洋式又ハ支那式ノ旅館ハ大使之ヲ定ム

第四十九条ノ四第一項中「及旅館ニ於ケル宿泊ノ料金ガ一人一泊五円ニ満タザル場合」ヲ「、洋式ノ旅館ニ於ケル宿泊ノ

料金ガ一人一泊五円ニ満タザル場合、支那式ノ旅館ニ於ケル宿泊ノ料金ガ一人一泊一円ニ満タザル場合及洋式又ハ支那式ノ旅館以外ノ旅館ニ於ケル普通宿泊料が七円ニ満タザル場合」ニ改メ同項但書中「遊興飲食」ノ下ニ「又ハ宿泊」ヲ加ヘ同項ニ左ノ一号ヲ加フ

四　洋式又ハ支那式ノ旅館以外ノ旅館ニ於ケル普通宿泊料ガ七円ニ満タザルモ一人一泊ニ付領収スベキ宿泊ノ料金ガ七円以下ト為リタル場合ノ宿泊ノ料金

附　則

第十四条　本令ハ昭和二十年四月一日ヨリ之ヲ施行ス

◎関東州臨時地租（租税）措置令

昭和十三年四月二十七日勅令第二百八十八号

朕関東州臨時地租措置令ヲ裁可シ茲ニ之ヲ公布セシム（総理大臣副署）

関東州臨時地租措置令

第一条　当分ノ内本令ニ依リ田畑地租ヲ軽減ス

第二条　個人ノ田畑自作ノ所得ガ平常所得ニ対シ五割以上減少シタルトキハ其ノ納付スル田畑地租ヲ軽減ス

第三条　田畑地租ノ軽減額ハ田畑自作ノ所得ガ平常所得ニ対シ減少シタル割合ニ従ヒ左ノ割合ノ金額トス

減少割合ガ五割以上七割未満ナルトキ　田畑地租額ノ三割

同七割以上ナルトキ　田畑地租額ノ五割

前項ノ軽減額ハ自作ノ田畑ニ対スル其ノ年分ノ地租額ニ付之ヲ計算ス

第四条　平常所得ハ昭和十一年以前三年ノ田畑自作ノ平均所得ニ依ル但シ昭和十二年一月一日ヨリ新ニ田畑自作ヲ開始シタル者ニ付テハ昭和十二ノ所得ニ依ル

前項ニ規定スルモノヲ除ク外平常所得ノ算定ニ関シ必要ナル事項ハ満洲国駐箚特命全権大使之ヲ定ム

第五条　田畑地租ノ軽減ヲ受ケントスル者ハ大使ノ定ムル所ニ依リ其ノ旨ヲ政府ニ申請スベシ

第六条　田畑地租ノ軽減ヲ申請シタル者ノ田畑自作ノ所得ハ政府ノ調査ニ依リ其ノ年第三種ノ所得金額ヲ決定スル時期ニ於テ政府之ヲ確定ス

第七条　関東州所得税令第十三条第一項第六号ノ規定及同条第三項中相続シタル資産ノ所得計算ニ関スル規定ハ本令ニ依ル田畑自作ノ所得ノ計算ニ付之ヲ準用ス

第八条　田畑自作ノ所得ニ付当初確定額ニ比シ減損アル場合ニ於テハ政府ハ申請ニ依リ第二条乃至第四条ノ規定ニ準ジ田畑地租ヲ軽減シ又ハ軽減税額ヲ変更スルコトヲ得

前項ノ規定ハ田畑自作ノ所得ガ所得確定後相続又ハ贈与ニ因リ減損ジタル場合ニハ之ヲ適用セズ

第一項ノ申請ハ翌年一月三十一日迄ニ之ヲ為スコトヲ要ス

第九条　前条第一項ノ申請アリタルトキハ政府ハ其ノ処分ノ確定スルニ至ル迄地租ノ徴収ヲ猶予スルコトヲ得

附　則

本令ハ昭和十三年分田畑地租ヨリ之ヲ適用ス

本令ハ支那事変終了後其ノ年ノ翌年十二月三十一日迄ニ之ヲ廃

止スルモノトス

○関東州臨時地租措置令中改正

昭和十四年三月三十一日勅令第百四十号

「関東州臨時地租措置令」ヲ「関東州臨時租税措置令」ニ改ム

第一条中「田畑地租」ヲ「所得税、田畑地租及臨時利得税」ニ改ム

第一条ノ二　法人ノ各事業年度ノ普通所得中留保シタル金額ガ其ノ事業年度ニ於ケル普通所得ノ十分ノ四ニ相当スル金額ヲ超過スル場合ニ於テ其ノ超過部分ノ全部又ハ一部ニ相当スル金額ヲ満洲国駐箚特命全権大使ノ定ムル方法ニ依リ運用スルトキハ大使ノ定ムル所ニ依リ其ノ運用金額ニ百分ノ一・四七ヲ乗ジテ算出シタル金額ニ相当スル所得税ヲ軽減ス

第一条ノ三　関東州所得税令第二十一条ノ規定ニ依リ指定シタル物産ノ製造業ニ付其ノ設備ヲ増設シタル者ニハ大使ノ定ムル所ニ依リ設備増設ノ年及其ノ翌年ヨリ三年間其ノ増設シタル設備ニ依ル物産ノ製造業務ヨリ生ズル所得ニ付所得税ヲ免除ス

大使ノ指定スル製造方法ニ依ル物産ノ製造ヲ開始シタル者又ハ其ノ設備ヲ増設シタル者ニハ大使ノ定ムル所ニ依リ製造開始又ハ設備増設ノ年及其ノ翌年ヨリ三年間其ノ製造方法ニ依ル物産ノ製造業務又ハ其ノ増設シタル設備ニ依ル物産ノ製造業務ヨリ生ズル所得ニ付所得税ヲ免除ス

第一条ノ四　左ニ掲グル事項ニ付テハ関東州所得税令ニ依ル所

得及関東州臨時利得税令ニ依ル利益ノ計算ニ関シ大使ハ命令ヲ以テ特例ヲ設クルコトヲ得

一　大使ノ指定スル国庫補助金ノ収入

二　大使ノ指定スル事業ニ関シ研究ヲ為スニ要シタル支出

三　大使ノ指定スル事業ノ用ニ供スル建物（工場用以外ノ建物ヲ除ク）、機械其ノ他ノ設備及船舶ノ価額ノ償却

第四条第二項中「満洲国駐箚特命全権大使」ヲ「大使」ニ改ム

附　則

本令ハ昭和十四年四月一日ヨリ之ヲ施行ス

第一種所得税及臨時利得税ニ付テハ昭和十四年四月一日以後ニ終了スル事業年度分ヨリ、第三種所得税ニ付テハ昭和十四年分ヨリ本令ヲ適用ス

○関東州臨時租税措置令中改正

昭和十五年三月三十一日勅令第百七十七号

第一条中「軽減」ノ下ニ「又ハ免除」ヲ加フ

第一条ノ二中「十分ノ四」ヲ「十三分ノ三」ニ、「百分ノ一・四七」ヲ「百分ノ一・七」ニ改メ同条ニ左ノ一項ヲ加フ

前項ノ各事業年度ノ普通所得及普通所得中留保シタル金額ハ其ノ事業年度ノ第一種所得税額（前項ノ規定ニ依リ軽減スル税額ヲ控除セザルモノニ依ル）及関東州所得税令第六条ノ規定ニ依リ控除スベキ臨時利得税額ヲ其ノ事業年度ノ普通所得及其ノ普通所得中留保シタル金額ノ双方ヨリ控除シタル残額

ニ依ル

第一条ノ三第一項中「物産ノ製造業」ヲ「物産ノ製造、採掘又ハ採取ノ事業」ニ、「物産ノ製造業務」ヲ「物産ノ製造、採掘又ハ採取ノ業務」ニ改ム

第一条ノ五　事業ノ経営ヲ主タル目的トスル同族会社ニシテ大使ノ定ムルモノニ対シ関東州所得税令第二十六条ノ規定ヲ適用スル場合ニ於テハ同条第一項第一号ニ規定スル割合十分ノ三ハ之ヲ十分ノ六トシ同項第二号ニ規定スル割合十分ノ一ハ之ヲ十分ノ四トス

第八条　削除

第九条　削除

附　則

本令ハ昭和十五年四月一日ヨリ之ヲ施行ス

第一種所得税ニ付テハ昭和十五年四月一日以後ニ終了スル事業年度分ヨリ、第三種所得税ニ付テハ昭和十五年分ヨリ本令ヲ適用ス

昭和十四年分以前ノ田畑地租ニ付テハ仍従前ノ例ニ依ル

○関東州臨時租税措置令中改正

昭和十七年三月二十八日勅令第二百五十六号

第一条中「所得税、」ノ下ニ「法人資本税、」ヲ加ヘ「又ハ免除ス」ヲ「若ハ免除シ又ハ其ノ課税標準ノ計算ニ関スル特例ヲ設ク」ニ改ム

第一条ノ二第一項中「十分ノ三」ヲ「十分ノ一」ニ、「百分ノ一・七」ヲ「百分ノ四・五」ニ改ム

第一条ノ四ニ左ノ一号ヲ加フ

四　大使ノ指定スル価格平衡資金ノ繰入金

第一条ノ六　大使ノ定ムル預金又ハ公債若ハ社債ノ利子ニシテ個人ノ受クルモノニ付テハ大使ノ定ムル所ニ依リ利子金額ノ百分ノ一乃至百分ノ五ニ相当スル第二種ノ所得ニ対スル所得税ヲ軽減ス

第一条ノ七　元本ノ償還及利息ノ支払ニ付政府ノ保証アル社債ノ利子ニ付テハ関東州大東亜戦争特別税令第四条ニ規定スル税率百分ノ六ヲ百分ノ五、百分ノ七ヲ百分ノ六トシタル場合ノ差減額ニ相当スル第二種ノ所得ニ対スル所得税ヲ軽減ス

第一条ノ八　甲法人ガ関東州国家総動員令其ノ他ノ法令ニ依リ当該法令ニ基キテ設立セラレタル乙法人ト為リ又ハ之ニ吸収セラレタルトキハ関東州所得税令、関東州法人資本税令及関東州臨時利得税令ノ適用ニ関シテハ甲法人ハ合併ニ因リテ消滅シタル法人ト看做シ乙法人ハ合併ニ因リテ設立シタル法人ト看做ス

第一条ノ九　法人ノ為シタル寄附金(大使ノ定ムルモノヲ除ク)中大使ノ定ムル所ニ依リ計算シタル金額ヲ超過スル部分ノ金額ニ付テハ関東州所得税令ニ依ル所得及関東州臨時利得税令ニ依ル利益ノ計算上之ヲ損金ニ算入セズ

政府ニ於テ必要アリト認ムルトキハ大使ノ定ムル所ニ依リ前項ノ超過金額ニ対シテ過セラルベキ所得ニ対スル所得税ヲ免除スルコトヲ得

第一条ノ十　法令、法令ニ基ク命令又ハ行政官庁ノ指導若ハ斡

旋ニ依リ昭和十七年一月一日以後昭和十八年三月三十一日迄ニ事業ノ統制ノ必要上合併又ハ解散シタル払込資本金額百万円以下ノ法人ニシテ大使ノ定ムルモノノ清算所得ニ付テハ大使ノ定ムル所ニ依リ関東州大東亜戦争特別税令第二条第二項ニ規定スル税率百分ノ十五ヲ百分ノ九トシタル場合ノ差減額ニ相当スル所得税ヲ軽減ス

法令、法令ニ基ク命令又ハ行政官庁ノ指導若ハ斡旋ニ依リ昭和十七年一月一日以後昭和十八年三月三十一日迄ニ事業ノ統制ノ必要上合併又ハ解散シタル払込資本金額百万円ヲ超ユル法人ニシテ大使ノ定ムルモノノ清算所得ニ付テハ大使ノ定ムル所ニ依リ関東州大東亜戦争特別税令第二条第二項ニ規定スル税率百分ノ十五ヲ百分ノ十二トシタル場合ノ差減額ニ相当スル所得税ヲ軽減ス

第一条ノ十一　大使ノ定ムル法人ガ法令、法令ニ基ク命令又ハ行政官庁ノ指導若ハ斡旋ニ依リ昭和十七年一月一日以後昭和十八年三月三十一日迄ニ其ノ事業ニ属スル設備又ハ権利其ノ他ノ事業ノ統制必要上設立セラルル法人ニ出資又ハ譲渡ヲ為シタルトキハ其ノ出資又ハ譲渡ニ対シ与ヘラレタル有価証券ノ価額ニ関シ出資又ハ為シタル事業年度ニ於ケル関東州所得税令ニ依ル所得及関東州臨時利得税令ニ依ル利益ノ計算ニ付大使ハ命令ヲ以テ特例ヲ設クルコトヲ得

第一条ノ十二　大使ノ定ムル法人ガ法令、法令ニ基ク命令又ハ行政官庁ノ指導若ハ斡旋ニ依リ昭和十七年四月一日以後昭和十八年三月三十一日迄ニ事業ノ統制ノ必要上合併又ハ解散シタル場合ニ於テ其ノ株主又ハ社員ノ受クル関東州所得税令第十二条ノ二ニ規定スル利益ノ配当ニ付テハ大使ノ定ムル所ニ依リ同令第十三条第一項第四号ニ規定スル控除割合十分ノ二ヲ十分ノ四トス

大使ノ定ムル法人ガ法令、法令ニ基ク命令又ハ行政官庁ノ指導若ハ斡旋ニ依リ昭和十七年四月一日以後昭和十八年三月三十一日迄ニ事業ノ統制ノ必要上合併又ハ解散シタル場合ニ於テ其ノ株主又ハ社員ノ受クル関東州所得税令第十二条ノ二ニ規定スル利益ノ配当ニシテ第二種所得税ヲ課セラルルモノニ付テハ大使ノ定ムル所ニ依リ関東州大東亜戦争特別税令第四条ニ規定スル税率百分ノ十ヲ百分ノ七・七トシタル場合ノ差減額ニ相当スル税額ヲ軽減ス

第一条ノ十三　法令、法令ニ基ク命令又ハ行政官庁ノ指導若ハ斡旋ニ依リ昭和十六年一月一日以後昭和十七年十二月三十一日迄ニ事業ノ統制ノ必要上営業ノ全部又ハ大部分ヲ廃止シタル個人ノ当該営業ヨリ生ズル所得ニ付テハ大使ノ定ムル所ニ依リ昭和十七年分又ハ昭和十八年分ノ第三種ノ所得ニ対スル所得税ニ限リ左ノ区分ニ依リ之ヲ軽減又ハ免除ス

所得金額五千円以下ナルトキ　当該所得税額ノ全部
同一万円以下ナルトキ　当該所得税額ノ十分ノ五
同一万円ヲ超ユルトキ　当該所得税額ノ十分ノ二

第一条ノ十四　法令、法令ニ基ク命令又ハ行政官庁ノ指導若ハ斡旋ニ依リ昭和十六年一月一日以後昭和十七年十二月三十一日迄ニ其ノ事業ノ統制ノ必要上合併若ハ解散シタル法人又ハ営業ノ全部若ハ大部分ヲ廃止シタル個人ノ使用人ニシテ退職シタル者ノ当該法人又ハ個人ヨリ受クル俸給、給料、賞与又ハ

此等ノ性質ヲ有スル給与ニ付テハ大使ノ定ムル所ニ依リ昭和十七年分又ハ昭和十八年分ノ第三種ノ所得ニ対スル所得税ニ限リ左ノ区分ニ依リ之ヲ軽減又ハ免除ス

所得金額五千円以下ナルトキ　当該所得税額ノ全部
同一万円以下ナルトキ　当該所得税額ノ十分ノ五
同一万円ヲ超ユルトキ　当該所得税額ノ十分ノ二

第七条中「第三項」ヲ「第五項」ニ改ム

附則第二項中「支那事変」ヲ「大東亜戦争」ニ改ム

附　則

本令ハ昭和十七年四月一日ヨリ之ヲ施行ス

法人ノ各事業年度ノ所得ニ対スル所得税、法人ノ各事業年度ノ資本ニ対スル法人資本税及法人ノ各事業年度ノ利得ニ対スル臨時利得税ニ付テハ昭和十七年一月一日以後ニ終了スル事業年度分ヨリ、法人ノ清算所得ニ対スル所得税ニ付テハ同日以後ニ於ケル解散又ハ合併ニ因ル分ヨリ本令ヲ適用ス

昭和十七年一月一日前ニ支出シタル寄付金及同日以後ニ支出スル寄付金ニシテ同日前ノ約束ニ係ルモノニ付テハ第一条ノ九第一項ノ規定ニ拘ラズ大使ノ定ムル所ニ依リ関東州所得税令ニ依ル所得及関東州臨時利得税令ニ依ル利益ノ計算上其ノ全部又ハ一部ヲ損金ニ算入スルコトヲ得

○関東州臨時租税措置令中改正

（昭和十八年三月三十一日勅令第三百三十七号）

第一条ノ四ニ左ノ一号ヲ加フ

五　法人ガ額面以上ノ価額ヲ以テ株式ヲ発行シタル場合ニ於ケル其ノ額面ヲ超ユル金額

第一条ノ七中「関東州大東亜戦争特別税令第四条」ヲ「関東州所得税令第二十七条」ニ改ム

第一条ノ十中「昭和十八年」ヲ「昭和十九年」ニ、「関東州大東亜戦争特別税令第二条第二項」ヲ「関東州所得税令第二十五条第一項」ニ改ム

第一条ノ十一中「昭和十八年」ヲ「昭和十九年」ニ、「事業ノ統制ノ必要上設立セラルル法人」ヲ「事業ノ統制ノ必要上大使ノ定ムル者」ニ改ム

第一条ノ十二中「昭和十八年」ヲ「昭和十九年」ニ、「関東州大東亜戦争特別税令第四条」ヲ「同令第二十七条」ニ改ム

第一条ノ十三及第一条ノ十四中「昭和十七年十二月三十一日」ヲ「昭和十八年十二月三十一日」ニ、「昭和十七年分又ハ昭和十八年分」ヲ「昭和十七年乃至昭和十九年分」ニ改ム

第一条ノ十五　法令、法令ニ基ク命令又ハ行政官庁ノ指導若ハ斡旋ニ依リ昭和十八年一月一日以後同年十二月三十一日迄ニ事業ノ統制ノ必要上船舶（製造中ノ船舶ヲ含ム）又ハ鉱業若ハ砂鉱業ニ関スル権利若ハ設備ヲ譲渡シタル個人ニハ大使ノ定ムル所ニ依リ当該譲渡ニ因リ生ズル利得金額ヨリ其ノ十分ノ二ニ相当スル金額ヲ控除シタル金額ニ依リ臨時利得税ヲ賦課ス

第一条ノ十六　法令、法令ニ基ク命令又ハ行政官庁ノ指導若ハ斡旋ニ依リ昭和十六年一月一日以後昭和十八年十二月三十一日迄ニ事業ノ統制ノ必要上営業ノ全部又ハ一部ヲ廃止シタル

個人ノ当該営業ノ廃止ニ因リ受クル補償金其ノ他之ニ準ズベキモノニ付テハ大使ノ定ムル所ニ依リ其ノ総額ガ三万円以下ナルトキハ其ノ十分ノ五、三万円ヲ超ユルトキハ其ノ十分ノ二ニ相当スル金額ヲ控除シタル金額ニ依リ所得税ヲ賦課ス
前項ノ場合ニ於テ補償金其ノ他之ニ準ズベキモノノ総額ガ一万円以下ナルトキハ大使ノ定ムル所ニ依リ当該所得ニ対スル所得税ヲ免除ス

第一条ノ十七　法令ニ基ク命令又ハ行政官庁ノ指導若ハ斡旋ニ依リ木材又ハ薪炭ノ増産ノ必要上大使ノ定ムル所ニ依リ立木ノ伐採又ハ譲渡ヲ為シタル個人ニハ大使ノ定ムル所ニ依リ関東州所得税令第十三条第一項第二号ノ所得ヨリ当該立木ノ伐採又ハ譲渡ニ因リ生ズル所得ノ十分ノ二ニ相当スル金額ヲ控除シタル金額ニ依リ所得税ヲ賦課ス

第一条ノ十八　個人ノ其ノ年中ノ営業ノ所得又ハ利益額ガ其ノ年分及前二年分ノ営業ノ所得ノ決定金額又ハ利得ノ決定金額計算ノ基礎タル利益金額ノ平均額ニ対シ五割以上減少シタルトキハ大使ノ定ムル所ニ依リ其ノ年分ノ当該営業所得ニ対スル所得税及営業利得ニ対スル臨時利得税ヲ左ノ区分ニ依リ軽減ス

減少割合ガ七割以下ナルトキ　　税額ノ十分ノ二
同七割ヲ超ユルトキ　　税額ノ十分ノ四

前項ノ規定ハ個人ノ其ノ年中ノ営業ノ所得金額ガ三万円以上ノ者又ハ其ノ年中ノ営業ノ所得金額ガ其ノ年分ノ営業ノ所得ノ決定金額以上ノ者ニ付テハ之ヲ適用セズ
前二項ノ営業ノ所得ノ決定金額ハ関東州所得税令第十三条第三項ノ規定ニ依ル臨時利得税額ノ控除前ノ金額ニ依ル

第一条ノ十九　前条ノ規定ニ依リ所得税及臨時利得税ノ軽減ヲ受ケントスル者ハ大使ノ定ムル所ニ依リ其ノ旨ヲ政府ニ申請スベシ前項ノ申請アリタルトキハ政府ハ軽減処分ノ確定スルニ至ル迄税金ノ徴収ヲ猶予スルコトヲ得

第一条ノ二十　法令、法令ニ基ク命令又ハ行政官庁ノ指導若ハ斡旋ニ依リ昭和十八年一月一日以後ニ於テ其ノ事業ニ関スル設備又ハ権利其ノ他ヲ事業ノ統制ノ必要上大使ノ定ムル者ニ譲渡シタル法人ニシテ行政官庁ノ指導又ハ斡旋ニ依リ解散ヲ為サザルモノニ付テハ大使ノ定ムル所ニ依リ譲渡ノ日以後ニ於テ納付スベキ所得税及臨時利得税ヲ軽減スルコトヲ得

第一条ノ二十一　同一人ニ付第一条ノ十三及第一条ノ十八ノ規定ニ該当スル事由アルトキハ当該各規定中軽減又ハ免除額ノ多額ト為ルベキ一ノ規定ヲ適用ス

附　則

本令昭和十八年四月一日ヨリ之ヲ施行ス
第一条ノ四ノ改正規定ハ法人ノ昭和十八年一月一日以後ニ終了スル事業年度分ノ所得税及臨時利得税ヨリ之ヲ適用ス
第一条ノ十五ノ改正規定ハ昭和十八年一月一日以後ノ譲渡ニ因ル利得ニ対スル臨時利得税ヨリ之ヲ適用ス
第一条ノ十六、第一条ノ十八、第一条ノ十九及第一条ノ二十一ノ改正規定ハ個人ノ昭和十八年分所得税及臨時利得税ヨリ之ヲ適用ス
第一条ノ十七ノ改正規定ハ個人ノ昭和十九年分所得税ヨリ之ヲ適用ス

○関東州臨時租税措置令中改正

昭和十九年三月三十一日勅令第百九十四号

第一条中「法人資本税、」ノ下ニ「特別法人税、」ヲ加フ

第一条ノ二　法人ノ各事業年度ノ普通所得中満洲国駐箚特命全権大使ノ定ムル方法ニ依リ運用スル金額アルトキハ其ノ運用金額ノ百分ノ三十ニ相当スル金額ヲ大使ノ定ムル所ニ依リ当該事業年度ノ所得ヨリ控除シテ所得税ヲ賦課ス

第一条ノ四ニ左ノ二号ヲ加フ

六　法人ノ大使ノ定ムル場合ニ於ケル資産ノ評価換ニ因ル益金

七　大使ノ定ムル特別価格報奨金ノ収入

第一条ノ六中「百分ノ一乃至」ヲ削ル

第一条ノ七中「百分ノ六ヲ百分ノ五、百分ノ七ヲ百分ノ六」ヲ百分ノ十一ヲ百分ノ十、百分ノ十二ヲ百分ノ十一」ニ改ム

第一条ノ八中「甲法人」ノ下ニ「又ハ甲特別ノ法人」ヲ、「関東州法人資本税令」ノ下ニ「、関東州特別法人税令」ヲ、「消滅シタル法人」ノ下ニ「又ハ特別ノ法人」ヲ、「設立シタル法人」ノ下ニ「又ハ特別ノ法人」ヲ加ヘ「乙法人ト為リ」ヲ「乙法人若ハ乙特別ノ法人ト為リ」ニ、「乙法人ハ」ヲ「乙法人又ハ乙特別ノ法人ハ」ニ改ム

第一条ノ十　法令、法令ニ基ク命令又ハ行政官庁ノ指導若ハ斡旋ニ依リ企業整備ノ必要其ノ他大使ノ定ムル事由ニ因リ合併又ハ解散シタル法人ノ清算所得ニ付テハ大使ノ定ムル所ニ依リ関東州所得税令第二十五条第一項ノ規定ニ拘ラズ左ノ税率ニ依リ所得税ヲ賦課ス

一　払込資本金額百万円以下ノ法人

昭和十七年一月一日以後昭和十八年十二月三十一日迄ニ合併又ハ解散シタルトキ　所得金額ノ百分ノ九

昭和十九年一月一日以後昭和二十年三月三十一日迄ニ合併又ハ解散シタルトキ　所得金額ノ百分ノ十二

二　払込資本金額百万円ヲ超ユル法人

昭和十七年一月一日以後昭和十八年十二月三十一日迄ニ合併又ハ解散シタルトキ　所得金額ノ百分ノ十二

昭和十九年一月一日以後昭和二十年三月三十一日迄ニ合併又ハ解散シタルトキ　所得金額ノ百分ノ十六

第一条ノ十一中「大使ノ定ムル法人」ヲ「法人」ニ、「昭和十九年」ヲ「昭和二十年」ニ、「事業ノ統制ノ必要上大使ノ定ムル者ニ」ヲ「企業整備ノ必要其ノ他大使ノ定ムル事由ニ因リ」ニ改ム

第一条ノ十二中「大使ノ定ムル法人」ヲ「法人」ニ、「昭和十九年」ヲ「昭和二十年」ニ、「事業ノ統制ノ必要上ヲ」ヲ「企業整備ノ必要其ノ他大使ノ定ムル事由ニ因リ」ニ、「ニ規定スル控除割合十分ノ二ヲ十分ノ四トス」ヲ「ノ規定ニ依リ算出シタル金額ヨリ其ノ十分ノ二ヲ控除シタル金額ニ依リ所得税ヲ課

ス」ニ、「百分ノ十ヲ百分ノ七・七」ヲ「百分ノ二十四ヲ百分ノ十九、百分ノ十八ヲ百分ノ十三」ニ改ム

第一条ノ十三及第一条ノ十四中「昭和十八年十二月三十一日」ヲ「昭和二十年三月三十一日」ニ、「事業ノ統制ノ必要上」ヲ「企業整備ノ必要其ノ他大使ノ定ムル事由ニ因リ」ニ、「昭和十九年分」ヲ「昭和二十年分」ニ改ム

第一条ノ十五中「同年」ヲ「昭和十九年」ニ、「事業ノ統制ノ必要上」ヲ「企業整備ノ必要其ノ他大使ノ定ムル事由ニ因リ不動産（土地ヲ除ク）、不動産上ノ権利、」ニ改メ「設備ヲ譲渡」ノ下ニ「不動産上ノ権利ノ譲渡ニハ永小作権又ハ地上権ノ設定其ノ他他人ヲシテ不動産又ハ不動産上ノ権利ヲ使用セシムル一切ノ場合ヲ含ム」ヲ加フ

第一条ノ十六第一項中「昭和十八年」ヲ「昭和十九年」ニ、「事業ノ統制ノ必要上」ヲ「企業整備ノ必要其ノ他大使ノ定ムル事由ニ因リ」ニ改ム

第一条ノ十七中「大使ノ定ムル所ニ依リ立木」ヲ「立木」ニ、「十分ノ二ヲ」ヲ「十分ノ三」ニ改メ同条ニ左ノ一項ヲ加フ

前項ノ当該立木ノ伐採又ハ譲渡ニ因リ生ズル所得ノ計算ニ関シテハ大使之ヲ定ム

第一条ノ二十中「事業ノ統制ノ必要上大使ノ定ムル者ニ」ヲ「企業整備ノ必要其ノ他大使ノ定ムル事由ニ因リ」ニ改メ、「所得税」ノ下ニ「、法人資本税」ヲ加フ

第一条ノ二十二　法令、法令ニ基ク命令又ハ行政官庁ノ指導若ハ斡旋ニ依リ昭和十九年一月一日以後ニ於テ其ノ事業ノ全部又ハ一部ヲ廃止又ハ休止シタル法人ニシテ大使ノ定ムルモノニ付テハ大使ノ定ムル所ニ依リ廃止又ハ休止ノ日以後ニ於テ納付スベキ所得税、法人資本税及臨時利得税ヲ軽減スルコトヲ得

第一条ノ二十三　特別ノ法人ガ法令、法令ニ基ク命令又ハ行政官庁ノ指導若ハ斡旋ニ依リ昭和十九年四月一日以後昭和二十年三月三十一日迄ニ合併又ハ解散シタル場合ニ於テ其ノ出資者ノ受クル関東州所得税令第十二条ノ二ニ規定スル剰余金ノ分配ニ付テハ大使ノ定ムル所ニ依リ同令第十三条第一項第四号ノ規定ニ依リ算出シタル金額ヨリ其ノ十分ノ二ヲ控除シタル金額ニ依リ所得税ヲ課ス

特別ノ法人ガ法令、法令ニ基ク命令又ハ行政官庁ノ指導若ハ斡旋ニ依リ昭和十九年四月一日以後昭和二十年三月三十一日迄ニ合併又ハ解散シタル場合ニ於テ其ノ出資者ノ受クル関東州所得税令第十二条ノ二ニ規定スル剰余金ノ分配ニシテ第二種所得税ヲ課セラルルモノニ付テハ大使ノ定ムル所ニ依リ同令第二十七条ニ規定スル税率百分ノ二十四ヲ百分ノ十九、百分ノ十八ヲ百分ノ十三トシタル場合ノ差減額ニ相当スル税額ヲ軽減ス

第一条ノ二十四　法人合併ヲ為シタル場合ニ於テ合併ニ因リテ消滅シタル法人ノ株式（出資金額ヲ含ム以下本条ニ於テ同ジ）ヲ合併後存続スル法人又ハ合併ニ因リテ消滅シタル他ノ法人ガ合併前ニ於テ取得シタルトキハ大使ノ定ムル所ニ依リ当該株式ノ取得ニ要シタル金銭ヲ以テ合併ニ因リテ消滅シタル法人ノ株主（社員ヲ含ム）ガ合併後存続スル法人又ハ合併ニ因リテ設立シタル法人ヨリ合併ニ因リテ取得スル金銭ト看做シ

関東州所得税令ノ規定ヲ適用ス

第一条ノ二十五　法令、法令ニ基ク命令又ハ行政官庁ノ指導若ハ斡旋ニ依リ昭和十九年四月一日以後昭和二十年三月三十一日迄ニ合併又ハ解散シタル特別ノ法人ノ清算剰余金ニ付テハ大使ノ定ムル所ニ依リ関東州特別法人税令第九条ノ規定ニ拘ラズ百分ノ七・五ノ税率ニ依リ特別法人税ヲ賦課ス

附　則

本令昭和十九年四月一日ヨリ之ヲ施行ス

第一条ノ二ノ改正規定ハ法人ノ昭和十九年一月一日以後ニ終了スル事業年度分ノ所得税ヨリ之ヲ適用ス

第一条ノ四ノ改正規定ハ法人ニ在リテハ昭和十八年十月一日以後ニ終了スル事業年度分ノ、個人ニ在リテハ昭和十九年分ノ所得税及臨時利得税ヨリ之ヲ適用ス

第一条ノ十ノ改正規定ハ法人ノ昭和十九年一月一日以後ニ於ケル解散又ハ合併ニ因ル清算所得ニ対スル所得税ヨリ之ヲ適用ス

第一条ノ十二第一項及第一条ノ十七ノ改正規定ハ個人ノ昭和十九年分ノ所得税ヨリ之ヲ適用ス

第一条ノ十五ノ改正規定ハ昭和十九年一月一日以後ノ譲渡ニ因ル利得ニ対スル臨時利得税ヨリ之ヲ適用ス

○関東州所得税令外十一勅令中改正等ノ件

昭和二十年三月二十八日勅令第百四十九号

第九条　関東州臨時租税措置令中左ノ通改正ス

第一条中「、田畑地租」ヲ削リ「課税標準ノ計算」ノ下ニ「若ハ其ノ徴収」ヲ加フ

第一条ノ三第一項中「三年間」ノ下ニ「(法人ニ付テハ設備ヲ増設シタル事業年度及其ノ翌事業年度開始ノ日ヨリ三年以内ニ終了スル事業年度ニ於テ)」ヲ、同条第二項中「三年間」ノ下ニ「(法人ニ付テハ製造ヲ開始シ又ハ設備ヲ増設シタル事業年度及其ノ翌事業年度開始ノ日ヨリ三年以内ニ終了スル事業年度ニ於テ)」ヲ加フ

第一条ノ四ニ左ノ一号ヲ加フ

八　其ノ他大使ノ定ムルモノ

第一条ノ十　法令、法令ニ基ク命令又ハ行政官庁ノ指導若ハ斡旋ニ依リ企業整備ノ必要其ノ他大使ノ定ムル事由ニ因リ昭和二十一年三月三十一日迄ニ合併又ハ解散シタル法人ノ清算所得ニ付テハ大使ノ定ムル所ニ依リ関東州所得税令第三十五条第一項ニ規定スル税率百分ノ十ヲ百分ノ五、百分ノ三十二ヲ払込資本金額百万円以下ノ法人ニ付テハ百分ノ十七、払込資本金額百万円ヲ超ユル法人ニ付テハ百分ノ二十一トシタル場合ノ差減額ニ相当スル所得税ヲ軽減ス

第一条ノ十一中「昭和二十年」ヲ「昭和二十一年」ニ改ム

第一条ノ十二　法令、法令ニ基ク命令又ハ行政官庁ノ指導若ハ斡旋ニ依リ法人ノ積立金ヲ以テ為シタル利益ノ配当ガ株式ノ払込又ハ出資ニ充テラレタル場合ニ於テハ当該利益ノ配当ニ付大使ノ定ムル事由依リ其ノ十分ノ五ヲ控除シタル金額ニ依リ所得税ヲ賦課ス

第一条ノ十三中「昭和二十年」ヲ「昭和二十一年」ニ改メ同

条ニ左ノ一項ヲ加フ

前項ノ規定ハ法令、法令ニ基ク命令又ハ行政官庁ノ指導若ハ斡旋ニ依リ昭和十九年一月一日以後昭和二十一年三月三十一日迄ニ企業整備ノ必要其ノ他大使ノ定ムル事由ニ因リ営業以外ノ事業ノ全部又ハ大部分ヲ廃止シタル個人ノ当該事業ヨリ生ズル所得ニ付之ヲ準用ス

第一条ノ十四中「昭和二十年」ヲ「昭和二十一年」ニ、「営業」ヲ「事業」ニ改メ「軽減又ハ免除ス」ノ下ニ「徴用ニ因リ退職シタル者ノ退職前ニ支払ヲ受ケタル俸給、給与、賞与又ハ此等ノ性質ヲ有スル給与ニ付昭和二十年分以降ノ第三種ノ所得ニ対スル所得税亦同ジ」ヲ加フ

第一条ノ十五中「昭和十九年」ヲ「昭和二十年」ニ、「十分ノ二」ヲ「十分ノ三」ニ改メ「不動産上ノ権利ヲ使用セシムル一切ノ場合ヲ含ム」ノ下ニ「以下同ジ」ヲ加ヘ同条ニ左ノ一項ヲ加フ

前項ノ場合ニ於テ不動産（土地ヲ除ク）又ハ不動産上ノ権利ノ譲渡ガ関東州防空令ニ於テ依ルコトヲ定メタル防空法第五条ノ十ノ規定ニ基ク命令ニ依ルモノナルトキハ当該譲渡ニ因リ生ズル利益ニ付テハ大使ノ定ムル所ニ依リ臨時利得税ヲ免除ス

第一条ノ十六第一項中「昭和十九年」ヲ「昭和二十年」ニ改ム

第一条ノ十七第一項中「十分ノ三」ヲ「十分ノ五」ニ改ム

第一条ノ十八第一項中「及前三年分」及「ノ平均額」ヲ削リ「十分ノ二」ヲ「十分ノ三」ニ、「十分ノ四」ヲ「十分ノ六」ニ、同条第二項中「三万円以上ノ者又ハ其ノ年中ノ営業ノ所得金額ガ其ノ年分ノ営業ノ所得ノ決定金額」ヲ「五万円」ニ、同条第三項中「前二項」ヲ「第一項」ニ改メ同条ニ左ノ一項ヲ加フ

第一項及第二項ノ規定ハ個人ノ其ノ年中ノ営業以外ノ事業ノ所得ニ該当スル所得ノ金額ガ其ノ年分ノ営業以外ノ事業ノ決定金額ニ対シ五割以上減少シタル場合ニ付之ヲ準用ス

第一条ノ二十三　法人ノ納付シタル罰金又ハ科料（通告処分ニ依リ納付シタル罰金又ハ科料ニ相当スル金額ヲ含ム）ハ関東州所得税令ニ依ル所得及関東州臨時利得税令ニ依ル利益ノ計算上之ヲ損金ニ算入セズ

第一条ノ二十五中「昭和二十年」ヲ「昭和二十一年」ニ、「第九条ノ規定ニ拘ラズ百分ノ七・五ノ税率ニ依リ特別法人税ヲ賦課ス」ヲ「第九条第一項ニ規定スル税率百分ノ十ヲ百分ノ五、百分ノ二十六・五ヲ百分ノ十二・五、同条第二項ニ規定スル税率百分ノ十六・五ヲ百分ノ七・五トシタル場合ノ差減額ニ相当スル特別法人税ヲ軽減ス」ニ改ム

第二条　大使ノ定ムル法人ガ其ノ普通所得ニ対スル所得税、法人資本税又ハ臨時利得税ニ付為スベキ関東州所得税令第二十九条、関東州法人資本税令第十一条又ハ関東州臨時利得税令第二十五条ノ申告ノ期限ハ之ヲ毎事業年度決算確定後六十日以内トス

第三条　前条ニ規定スル法人ハ大使ノ定ムル所ニ依リ其ノ普通所得ニ対スル所得税、法人資本税及臨時利得税ヲ前条ノ規定ニ依ル申告ト同時ニ政府ニ納付スベシ

第四条　第二条ニ規定スル法人前条ノ規定ニ依リ所得税、法人資本税若ハ臨時利得税ヲ納付セザル場合又ハ納付シタル税額ガ納付スベキ税額ニ対シ不足スル場合ニ於テハ納付スベキ税額又ハ不足スル税額ニ大使ノ定ムル所ニ依リ計算シタル金額ヲ大使ノ定ムル所ニ依リ加算シテ之ヲ徴収ス

第五条　関東州所得税令第六条ノ規定ハ前条ノ規定ニ依リ臨時利得税ノ額ニ加算シタル金額ニ付テハ之ヲ適用セズ

第六条　関東州納税施設令第七条乃至第九条ノ規定ハ第二条ニ規定スル法人ニ付テハ之ヲ適用セズ

第七条乃至第九条ヲ削ル

附　則

第十四条　本令ハ昭和二十年四月一日ヨリ之ヲ施行ス

○関東州企業整備資金措置令附則（抄）

昭和二十年五月十九日勅令第三百十八号

関東州臨時租税措置令中左ノ通改正ス

第一条ノ十一中「有価証券」ノ下ニ「其ノ他大使ノ定ムルモノ」ヲ加フ

第一条ノ二十　関東州企業整備資金措置令ニ於テ依ルコトヲ定メタル企業整備資金措置法ニ規定スル政府特殊借入金ノ利子ニ付テハ関東州所得税令ニ依ル所得ノ計算ニ関シ大使ハ命令ヲ以テ特例ヲ設クルコトヲ得

法令三租税

（酒税、清涼飲料税、取引所税、骨牌税、煙草税、塩税、揮発油税、セメント税、麦粉税、広告税、馬券税、特別行為税）

◎関東州酒税令

大正十一年四月十五日勅令第百九十八号

朕関東州酒税令ヲ裁可シ茲ニ之ヲ公布セシム（総理大臣副署）

関東州酒税令

第一条 本令ニ於テ酒類ト称スルハ酒精及酒精ヲ含有スル飲料ヲ謂フ

本令ニ於テ支那酒ト称スルハ支那在来ノ方法ニ依リ製成シタル清酒、黄酒、濁酒及焼酒ヲ謂フ

第二条 酒類ヲ分チテ左ノ三類トス

一 醸造酒 清酒、濁酒、黄酒、麦酒ト称スル類ニシテ醪其ノ他ノ醗酵液ヨリ製成シタルモノ

二 蒸溜酒 焼酎、焼酒、酒精ト称スル類ニシテ醪其ノ他ノ醗酵液、酒類、酒粕其ノ他ノ物ヨリ蒸溜シテ製成シタルモノ

三 再製酒 白酒、味淋ト称スル類ニシテ醸造酒又ハ蒸溜酒ノ一種ト他ノ酒類其ノ他ノ物トヲ混和シテ製成シタルモノ

再製酒ノ一種ト他ノ酒類其ノ他ノ物トヲ混和シテ製成シタル飲料ハ之ヲ再製酒ト看做ス

第三条 酒類ニハ左ノ割合ニ依リ酒税ヲ課ス

一 醸造酒

支那酒タル清酒、黄酒、濁酒　一石ニ付　一円

麦酒　一石ニ付　四円

葡萄酒　一石ニ付　十二円

前記以外ノ醸造酒　一石ニ付　十円

二 蒸溜酒

原容量百分中純酒精ノ容量二十以下ノモノ

一石ニ付　一円五十銭

原容量百分中純酒精ノ容量二十ヲ超エ三十五以下ノモノ

一石ニ付　三円

原容量百分中純酒精ノ容量三十五ヲ越ユルモノ

一石ニ付

原容量百分中純酒精ノ容量二十ヲ超エ三十五以下ノモノニ課スル金額ニ原容量百分中純酒精ノ容量三十五ヲ超ユル一箇毎ニ三十銭ヲ加ヘタル金額

三 再製酒

一石ニ付

原容量百分中純酒精ノ容量一箇毎ニ三十銭但シ一石ニ付十二円ニ満タサルトキハ十二円トス

前項ニ於テ純酒精ト称スルハ摂氏検温器十五度ノ時ニ於テ〇・七九四七ノ比重ヲ有スル酒精ヲ謂フ

第四条 酒造年度ハ其ノ年九月一日ヨリ翌年八月三十一日迄トス

第五条 酒類ヲ製造セムトスル者ハ製造場一箇所毎ニ当該官庁ノ免許ヲ受クヘシ

酒類製造者製造ヲ廃止セムトスルトキハ免許ノ取消ヲ求ムヘシ

酒類製造営業ハ関東長官ノ定ムル所ニ依リ相続人ニ於テ之ヲ承継スルコトヲ得

第六条 一製造場ニ於テ一酒造年度間支那酒ニ非サル清酒ハ百石以上、麦酒ハ五百石以上、支那酒ニ非サル濁酒ハ五十石以上、其ノ他ノ酒類ハ一種ニ付十石以上ヲ製造スル者ニ非サレハ酒類製造ノ免許ヲ与ヘス

二種以上ノ酒類ヲ製造スル場合ニ於テ制限石数ノ多キモノヲ制限石数以上製造スルトキ又ハ制限石数ノ同一ナルモノニ付其ノ一種ヲ制限石数以上製造スルトキハ他ノ酒類ニ付テハ前項ノ制限ヲ適用セス

試験ノ為製造スル酒類ニ付テハ相当ノ期間ヲ定メ第一項ノ規定ニ拘ラス製造ノ免許ヲ与フルコトヲ得

第七条 酒類製造者ニハ造石数ニ応シ酒税ヲ課ス

酒類製造者前条ノ制限石数以上ノ製造ヲ為ササリシトキハ変災其ノ他已ムヲ得サル事故ニ因ルコトヲ証明スルニ非サレハ制限石数ニ相当スル酒税ヲ課ス其ノ製造ヲ為ササリシ石数ニ付テハ酒造年度末日ニ査定シタルモノト看做ス

前項ノ場合ニ於テ製造ヲ為ササリシ石数ニ対スル酒税ハ一石ニ付蒸溜酒ハ一円五十銭、再製酒ハ十二円ノ割合ニ依ル

第八条 酒税ハ左ノ納期ニ依リ之ヲ徴収ス

支那酒ニ非サル清酒、濁酒ノ酒税

第一期　七月一日ヨリ同三十一日限

前年九月一日ヨリ其ノ年四月三十日迄ニ査定シタル石数ニ係ル税額ノ三分ノ一

第二期　十一月一日ヨリ同三十日限

同上及其ノ年五月一日ヨリ八月三十一日迄ニ査定シタル石数ニ係ル税額ノ二分ノ一

第三期　翌年二月一日ヨリ同末日限

前納額ノ残数

其ノ他ノ酒税

第一期　四月一日ヨリ同三十日限

前年九月一日ヨリ其ノ年二月末日迄ニ査定シタル石数ニ係ル税額

第二期　十月一日ヨリ同三十一日限

其ノ年三月一日ヨリ八月三十一日迄ニ査定シタル石数ニ係ル税額

第九条 酒類製造ノ免許消滅シタルトキ又ハ酒類製造者納税担保物ノ免除ヲ得スシテ担保物ノ提供ヲ為ササルトキハ前条ノ納期ニ拘ラス酒税ノ全部又ハ一部ヲ徴収スルコトヲ得

前項ノ規定ニ依リ又ハ国税徴収法第四条ノ一ノ規定ニ準シ酒税ヲ徴収スル場合ニ於テハ納税ノ担保トシテ酒類ヲ差押フルコトヲ得

第十条 同一製造場内ニ於テ酒類ヲ製造スル為原料トシテ製造スル酒類ニハ製成ノトキ検定ヲ変ケタル場合ニ限リ酒税ヲ課セス

第十一条 酒類ノ造石数ハ製成ノトキ実測シテ之ヲ査定ス但シ支那酒ニ非サル清酒ニ限リ査定石数百分ノ七以内ノ滓引減量及貯蔵減量ヲ控除スルコトヲ得

酒類ノ造石数ヲ実測シテ査定スルコト能ハサル場合ニ於テハ関東長官ノ定ムル所ニ依リ之ヲ査定ス

第十二条　粕漉シタル清酒ハ粕漉ニ依リ増加シタル分ノミニ付造石数ヲ査定ス

第十三条　第十条ノ検定ヲ受ケタル酒類左ノ各号ノ一ニ該当スル場合ニ於テハ検定石数ヲ以テ査定石数ト看做シ酒税ヲ課ス

一　他人ニ譲渡スルトキ
二　質入スルトキ
三　公賣セラルルトキ
四　酒類製造用外ニ消費スルトキ
五　製造場外ニ搬出スルトキ

第十四条　酒類製造者ノ製造ニ係ル酒母、醪其ノ他ノ醗酵液前条各号ニ掲クル場合ノ一ニ該当スルトキハ支那酒タル醸造酒ノ酒母又ハ醪ハ支那酒タル濁酒、麦酒ノ醗酵液ハ麦酒、其ノ他ノ醗酵液ハ支那酒ニ非サル濁酒ヲ製成シタルモノト看做シ其ノ石数ヲ査定シ酒税ヲ課ス

第十五条　酒類ヲ保税地域又ハ郵便局ヨリ引取ルトキハ其ノ石数ニ応シ引取人ヨリ酒税ヲ徴収ス

保税地域ト称スルハ保税倉庫其ノ他当該官庁カ課税物件ヲ蔵置シ得ヘキ場所トシテ指定シ又ハ特許シタル場所ヲ謂フ

第十六条　前条第一項ノ場合ニ於テ引取人酒税額ニ相当スル担保物ヲ提供シタルトキハ三月以内酒税ノ徴収ヲ猶予スルコトヲ得

酒税納付前又ハ担保物提供前ニ於テハ酒類ヲ消費シ又ハ保税地域若ハ郵便局ヨリ之ヲ引取ルコトヲ得ス

第一項ノ担保物ニ関スル規定ハ関東長官之ヲ定ム

第十七条　酒類ハ関東長官ノ定ムル所ニ依リ酒税ヲ納付セスシテ保税地域ヨリ他ノ保税地域ニ運送スルコトヲ得

前項ノ場合ニ於テ当該酒類相当ノ期間内ニ運送先ニ到着セサルトキハ保税地域ヨリ搬出シタルトキ引取リタルモノト看做シ運送申告者ヨリ酒税ヲ徴収ス但シ災害ニ因リ滅失シ又ハ当該官吏ノ承認ヲ得テ廃棄シタル酒類ニ付テハ此ノ限ニ在ラス

第十八条　左ノ酒類ハ酒税ヲ免除スルコトヲ得但シ製造場外ニ搬出シ又ハ保税地域若ハ郵便局ヨリ引取リタルモノハ此ノ限ニ在ラス

一　災害ニ罹リタル酒類ニシテ廃業ニ属シタルモノ
二　腐敗シタル酒類ニシテ当該官吏ノ承認ヲ得飲用スヘカラサル処置ヲ施シタルモノ
三　腐敗シタル酒類又ハ災害ニ罹リ飲用スヘカラサルニ至リタル酒類ニシテ蒸溜酒ノ製造ニ供スルモノ
四　容器ノ損傷又ハ塞栓ノ自然ノ脱去ニ因リ亡失シタル酒類

第十九条　酒精ヲ酒類製造用若ハ工業用ニ供シ又ハ酒類ヲ関東州外ニ輸出スルトキハ関東長官ノ定ムル所ニ依リ酒税ヲ免除シ又ハ酒税ニ相当スル金額ヲ交付スルコトヲ得

第二十条　酒類製造者ハ予メ納税ノ保証トシテ一酒造年度ニ於ケル見込造石数ノ酒税額ノ二分ノ一以上ニ相当スル担保物ヲ提供スヘシ但シ許可ヲ受ケ造石数ノ査定毎ニ其ノ酒税額ノ二分ノ一以上ニ相当スル担保物ヲ提供スルコトヲ得

前項ノ担保物ニ関スル規定ハ関東長官之ヲ定ム

第二十一条　左ノ場合ニ於テハ前条ニ規定スル担保物ノ提供ヲ

免除スルコトヲ得

一　相当ノ納税保証人ヲ立テタルトキ

二　納税ノ保証トシテ酒税額ニ相当スル酒類ヲ保存スルトキ

三　酒税ヲ前納シタルトキ

四　一酒造年度ニ於ケル見込造石数ノ酒税額五十円ニ満タサルトキ

第二十二条　納税保証人ハ酒類製造者カ酒税ヲ完納スルコト能ハサル場合ニ於テ納税者トシテ其ノ義務ヲ負担ス

第二十三条　酒類製造者納税ノ保証トシテ保存スル酒類ハ之ヲ他人ニ譲渡シ、質入シ、消費シ又ハ製造場外ニ搬出スルコトヲ得ス

第二十四条　酒類製造者又ハ引取人酒税ヲ納付セサルニ因リ滞納処分ヲ執行スルトキハ先ツ担保物又ハ納税ノ保証トシテ保存スル酒類ヲ公賣シテ税金ヲ徴収スヘシ但シ担保物又ハ納税ノ保証トシテ保存スル酒類ノ価格カ徴収スヘキ税金及滞納処分費ニ対シ不足アリト認ムルトキハ同時ニ他ノ財産ニ付滞納処分ノ執行ヲ為スコトヲ妨ケス

第二十五条　自家用ノ為支那酒タル清酒、黄酒又ハ濁酒ヲ製造セムトスル者ハ一酒造年度二石以下ノ製造石数ヲ定メ当該官庁ノ免許ヲ受クヘシ

二種以上ノ支那酒ヲ製造スル場合ニ於テハ前項ノ製造石数ハ各種ヲ通シテ之ヲ計算ス

第二十六条　自家用酒類製造ノ免許ヲ受ケタル者其ノ製造ヲ廃止セムトスルトキハ免許ノ取消ヲ求ムヘシ

第五条第三項ノ規定ハ自家用酒類ノ製造ニ之ヲ準用ス

第二十七条　自家用酒類製造者ニハ免許ニ係ル製造石数ニ依リ各種ニ付毎酒造年度左ノ酒税ヲ課ス

製造石数一石以下ノモノ　八十銭

製造石数一石ヲ超ユルモノ　一円六十銭

第二十八条　前条ノ酒税ノ納期ハ十月一日ヨリ同三十一日限トス但シ免許消滅シタルトキ又ハ納期後免許ヲ与ヘタルトキハ直ニ税金ヲ徴収ス

第二十九条　酒類製造者ハ造石数査定前ニ於テ酒類ヲ他人ニ譲渡シ、質入シ、酒類製造用外ニ消費シ又ハ製造場外ニ搬出スルコトヲ得ス但シ関東長官ハ支那酒ニ付別段ノ規定ヲ設クルコトヲ得

自家用酒類製造者ハ其ノ製造ニ係ル酒類、酒母又ハ醪ヲ他人ニ譲渡スコトヲ得ス

第三十条　酒類製造者及酒類販賣者ハ帳簿ヲ調整シ酒類ノ製造出入ニ関スル事項ヲ記載スヘシ

前項ノ規定ハ自家用酒類製造ノ免許ヲ受ケタル者ニハ之ヲ適用セス

第三十一条　当該官吏ハ酒類製造者若ハ酒類販賣者ノ所持ニ係ル酒類、酒母醪其ノ他ノ醗酵液、酒粕、渣滓及酒類ノ製造出入ニ関スル帳簿書類並酒類ノ製造若ハ販賣上必要ナル建築物、器具、機械、材料其ノ他ノ物件ヲ検査シ又ハ監督上必要ナル処分ヲ為スコトヲ得

第三十二条　当該官吏ハ運搬中ニ在ル酒類ヲ検査シ其ノ出所及到著先ヲ尋問スルコトヲ得

前項ノ場合ニ於テ監督上必要ト認ムルトキハ当該官吏ハ其ノ

運搬ヲ停止シ又ハ貨物若ハ船車ニ封印シ其ノ他相当ノ措置ヲ為スコトヲ得

第三十三条　当該官吏ハ必要ト認ムルトキハ酒類製造者又ハ酒類販売者ノ所持ニ係ル酒類、酒母醪其ノ他ノ醗酵液ノ見本ヲ徴スルコトヲ得

第三十四条　酒類製造者ニ非サル者酒母若ハ醪ヲ製造シ又ハ販売ノ為麹若ハ麯子ヲ製造セムトスルトキハ製造場一箇所毎ニ免許ヲ受クヘシ

前項ノ免許ヲ受ケタル者ノ製造シタル酒母又ハ醪ハ之ヲ他人ニ譲渡シ、質入シ、飲料トシテ消費シ又ハ当該官吏ノ承認ヲ得スシテ製造場外ニ搬出スルコトヲ得ス

第五条第二項第三項、第三十条第ニ項及第三十一条ノ規定ハ第一項ノ免許ヲ受ケタル者ニ之ヲ準用ス

第三十五条　左ニ掲クル場合ニ於テハ第八条ノ納期ニ拘ラス直ニ酒税ヲ徴収ス

一　免許ヲ受ケスシテ酒類ヲ製造シタルトキ

二　詐欺其ノ他不正ノ行為ニ因リ酒税ヲ逋脱シ又ハ逋税セムトシタルトキ

三　第十六条第二項ノ規定ニ違反シタルトキ

四　酒類製造用又ハ工業用ニ供スル為酒税ヲ課セス又ハ免除セラレタル酒類ヲ其ノ以外ノ用ニ供シタルトキ

五　輸出スル為酒税ヲ免除セラレタル酒類ヲ関東州内ニ於テ消費シ又ハ関東州内ニ於テ消費スル目的ヲ以テ他人ニ譲渡シタルトキ

第三十六条　自家用酒類製造ノ免許ヲ受ケタル者製造石数ノ制限ヲ超過シ酒類ヲ製造シタルトキハ超過石数ニ対シ第三条第一項ノ割合ニ依リ酒税ヲ課ス

前項ノ酒税ハ直ニ之ヲ徴収ス

第三十七条　免許ヲ受ケスシテ酒母若ハ醪ヲ製造シタル場合ニ於テハ支那酒タル醸造酒ノ酒母醪ニ在リテハ支那酒タル濁酒、其ノ他ノ酒母醪ニ在リテハ支那酒ニ在ラサル濁酒ト看做シ直ニ酒税ヲ徴収ス

第三十八条　第三十四条第二項ノ規定ニ違反シ酒母又ハ醪ヲ処分シタルトキハ前条ノ規定ニ準シ酒税ヲ徴収ス

第三十九条　酒類製造者、自家用酒類製造者又ハ第三十四条第一項ノ免許ヲ受ケタル者本令又ハ本令ニ基キテ発スル命令ニ違反シタルトキハ其ノ免許ヲ取消スコトヲ得

前項ノ規定ニ依リ免許ヲ取消シタル場合ニ於テ必要ト認ムルトキハ一定ノ期間内製成其ノ他必要ナル行為ヲ継続セシムルコトヲ得此ノ場合ニ於テハ本令ヲ適用ス

第四十条　酒類製造ノ免許ヲ取消サレタル者及其ノ相続人ニ対シテハ酒税完納前ニ在リテハ本令ヲ適用ス酒類製造者ノ相続人ニシテ酒類製造営業ヲ承継セサル者ニ対シ亦同シ

第四十一条　本令ニ定ムルモノヲ除クノ外酒税ニ関シ必要ナル規定ハ関東長官之ヲ定ム

附　則

第四十二条　本令ハ大正十一年四月二十日ヨリ之ヲ施行ス

第四十三条　本令施行ノ際現ニ酒類、酒母、醪、麹又ハ麯子ヲ製造スル者ハ本令施行後三十日内ニ当該官庁ニ免許ヲ申請スヘシ其ノ申請ニ対シ許否ノ処分ヲ受クル迄ハ本令ニ依リ免許

ヲ受ケタルモノト看做ス

第四十四条　本令施行ノ際現ニ酒類ヲ所有シ又ハ所持スル者ハ本令施行後二十日内ニ其ノ酒類ノ種類、石数及所在ヲ申告スヘシ但シ支那酒、麦酒又ハ清酒ニ在リテハ通シテ五斗以下、其ノ他ノ酒類ニ在リテハ通シテ一斗以下ナルトキハ此ノ限ニ在ラス

第四十五条　前条ノ規定ニ依リ申告スヘキ酒類ハ関東長官ノ定ムル所ニ依リ第三条第一項ノ割合ニ依リ酒税ヲ課ス

第四十六条　本令施行ノ際現ニ酒類ヲ製造スル者ニシテ第四十三条ノ規定ニ依リ酒類製造ノ免許ヲ受ケタル者ニ付テハ本令施行ノ日ヲ含ム酒造年度及其ノ後ノ三酒造年度間第六条第一項ノ規定ヲ適用セス

○関東州酒税令中改正

大正十五年四月十五日
勅令第六十四号

第一条ニ左ノ一項ヲ加フ

本令ニ於テ酒類ト称スルハ原容量百分中純酒精ノ容量九十以上ノモノヲ謂フ

第三条第一項ヲ左ノ如ク改ム

酒類ニハ左ノ割合ニ依リ酒税ヲ課ス

一　醸造酒

支那酒タル清酒、黄酒、濁酒　一石ニ付　三円

麦酒　一石ニ付　六円

葡萄酒　一石ニ付　十六円

前記以外ノ醸造酒　一石ニ付　十二円

二　酒精以外ノ蒸溜酒

原容量百分中純酒精ノ容量三十五以下ノモノ

一石ニ付　五円

原容量百分中純酒精ノ容量三十五ヲ超ユルモノ

一石ニ付

原容量百分中純酒精ノ容量三十五以下ノモノニ課スル金額ニ原容量百分中純酒精ノ容量三十五ヲ超ユル一箇毎ニ四十銭ヲ加ヘタル金額

三　酒精

一石ニ付

原容量百分中純酒精ノ容量一箇毎ニ四十銭

四　再製酒

白酒、味淋

一石ニ付　十二円

前記以外ノ再製酒

一石ニ付

原容量百分中純酒精ノ容量一箇毎ニ四十銭

但シ一石ニ付十六円ニ満タサルトキハ十六円トス

第七条第三項中「蒸溜酒ハ一円五十銭、再製酒ハ十二円」ヲ「酒精以外ノ蒸溜酒ハ五円、酒精ハ三十六円、白酒味淋以外ノ再製酒ハ十六円」ニ改ム

第十四条ニ左ノ但書ヲ加フ

但シ当該官吏ノ承認ヲ受ケ他ノ酒類製造者ノ酒類製造用ニ供スル為之ニ譲渡ストキハ此ノ限ニ在ラス

第十四条ニ左ノ一項ヲ加フ

前項但書ノ規定ニ依リ譲受ケタル酒母、醪其ノ他ノ醗酵液ヲ酒類製造用外ニ供シタルトキハ前項ノ規定ニ準シ酒税ヲ課ス

第十九条中「酒類ヲ」削リ「酒精」ヲ「酒類」ニ改ム

第二十七条中「八十銭」ヲ「三円」ニ、「一円六十銭」ヲ「六円」ニ改ム

附　則

本令施行ノ期日ハ関東長官之ヲ定ム

○関東庁官制等ノ改正ニ際シ憲兵令其ノ他勅令中改正等ノ件（抄）

昭和九年十二月二十六日勅令第三百九十五号

第五十九条　関東州酒税令中左ノ通改正ス

第五条第三項中「関東長官」ヲ「満洲国駐箚特命全権大使」ニ改ム

第十一条第二項、第十六条第三項、第十七条第一項、第十九条、第二十条第二項、第二十九条第一項但書及第四十一条中「関東長官」ヲ「大使」ニ改ム

附　則

本令ハ公布ノ日ヨリ之ヲ施行ス

○関東州酒税令中改正

昭和十二年三月二十六日勅令第三十四号

第一条第三項中「原容量百分中純酒精ノ容量九十以上」ヲ「酒精分九十度以上」ニ改メ同条ニ左ノ一項ヲ加フ

本令ニ於テ酒精分ト称スルハ摂氏十五度ノ時ニ於テ原容量百分中ニ含有スル〇・七九四七ノ比重ヲ有スル酒精ノ容量ヲ謂フ

第三条　酒類ニハ左ノ税率ニ依リ酒税ヲ課ス

一　醸造酒

支那酒タル清酒、黄酒、濁酒	一石ニ付	七円
麦酒	一石ニ付	十五円
葡萄酒、シャンパン其ノ他ノ果実酒	一石ニ付	二十五円
前記以外ノ醸造酒		
酒精分二十度以下ノモノ	一石ニ付	二十円
酒精分二十度ヲ超ユルモノ	一石ニ付	二十円ニ酒精分二十度ヲ超ユル一度毎ニ一円ヲ加ヘタル金額

二　蒸溜酒

酒精	一石ニ付	酒精分一度毎ニ五十銭
酒精分三十五度以下ノ焼酎、支那酒タル焼酒		

一石ェ付　十円

酒精分三十五度ヲ超ェ五十度以下ノ焼酎、支那酒タル焼酒　一石ニ付　十円ニ酒精分三十五度ヲ超ユル一度毎ニ四十銭ヲ加ヘタル金額

酒精分五十度ヲ超ユル焼酎、支那酒タル焼酒　一石ニ付　十六円ニ酒精分五十度ヲ超ユル一度毎ニ五十銭ヲ加ヘタル金額

前記以外ノ蒸溜酒　一石ニ付　酒精分一度毎ニ五十銭　但シ一石ニ付二十五円ニ満タサルトキハ二十五円トス

三　再製酒

酒精分二十度以下ノ白酒、味淋　一石ニ付　二十円

前記以外ノ再製酒　一石ニ付　酒精分一度

毎ニ五十銭　但シ一石ニ付二十五円ニ満タサルトキハ二十五円トス

第七条第三項ヲ左ノ如ク改ム

前項ノ場合ニ於テ製造ヲ為ササリシ石数ニ対スル酒税ハ一石ニ付醸造酒ニシテ支那酒タル清酒黄酒濁酒、麦酒及果実酒以外ノモノハ二十円、酒精ハ四十五円、焼酎及支那酒タル焼酒ハ十円、蒸溜酒ニシテ酒精、焼酎及支那酒タル焼酒以外ノモノハ二十五円、白酒及味淋ハ二十円、再製酒ニシテ白酒及味淋以外ノモノハ二十五円ノ税率ニ依ル

第二十七条中「三円」ヲ「七円」ニ、「六円」ヲ「十四円」ニ改ム

第三十四条第三項ヲ左ノ如ク改ム

麹又ハ麯子ノ請賣ヲ為サントスル者ハ営業場一箇所毎ニ当該官庁ニ申告スヘシ

第五条第二項第三項、第三十条第一項及第三十一条ノ規定ハ第一項ノ免許ヲ受ケタル者ニ、第三十条第一項及第三十一条ノ規定ハ麹又ハ麯子ノ請賣ヲ為ス者ニ之ヲ準用ス

第三十六条第一項中「第三条第一項ノ割合」ヲ「第三条ニ規定スル税率」ニ改ム

第三十九条第一項末尾ニ「三年以上引続キ酒類、酒母、醪、麹又ハ麯子ノ製造ヲ休止シタルトキ亦同シ」ヲ加フ

附　則

本令ハ昭和十二年四月一日ヨリ之ヲ施行ス

第二十七条ノ改正規定ハ昭和十二酒造年度分ヨリ之ヲ適用ス

本令施行ノ際現ニ麹又ハ麹子ノ請賣ヲ為ス者ハ本令施行後三十日内ニ第三十四条第三項ノ改正規定ニ依ル申告ヲ為スベシ

左ニ掲グル酒類ニ付テハ仍従前ノ例ニ依ル

一　本令施行前酒税ヲ課スベカリシモノ

二　本令施行前酒税ノ徴収ヲ猶予シタルモノ

三　本令施行前保税地域ヨリ引取リタルモノニシテ第十七条第二項ノ規定ニ依リ酒税ヲ徴収スベキモノ

◎改正関東州酒税令

朕関東州酒税令改正ノ件ヲ裁可シ茲ニ之ヲ公布セシム

（総理、大東亜大臣副署）

昭和十八年三月三十一日勅令第三百三十六号

関東州酒税令

第一条　酒類ニハ本令ニ依リ酒税ヲ課ス

第二条　本令ニ於テ酒類トハ酒精及酒精分一度以上ノ飲料ヲ謂フ

本令ニ於テ酒精トハ酒精分九十度以上ノモノヲ謂フ

本令ニ於テ酒精分トハ攝氏十五度ノ時ニ於テ原容量百分中ニ含有スル〇・七九四七ノ比重ヲ有スル酒精ノ容量ヲ謂フ

第三条　酒類ヲ分ケテ清酒、合成清酒、黄酒、白酒、味淋、酒精、焼酎（焼酒ヲ含ム以下同ジ）、麦酒、果実酒及雑酒トス

第四条　本令ニ於テ清酒トハ左ニ掲グルモノヲ謂フ

一　米、米麹及水ヲ原料トシテ醱酵セシメ之ヲ濾過シタルモノ

二　米、水及満洲国駐箚特命全権大使ノ定ムル物品ニシテ其ノ重量ガ米（麹米ヲ含ム）ノ重量ヲ超エザルモノヲ原料トシテ醱酵セシメ之ヲ濾過シタルモノ

清酒ヲ清酒粕ニテ粕漉シタルモノハ之ヲ清酒ト看做ス

第五条　本令ニ於テ合成清酒トハ酒精、焼酎又ハ清酒ト他ノ物品トヲ混和シテ製造シタル酒類ニシテ其ノ香味、色沢其ノ他ノ性状ガ清酒ニ類似スルモノヲ謂フ

第六条　本令ニ於テ黄酒トハ支那在来ノ方法ニ依リ黍及大使ノ定ムル物品ヲ原料トシテ醱酵セシメ之ヲ濾過シタルモノヲ謂フ

第七条　本令ニ於テ白酒トハ左ニ掲グルモノヲ謂フ

一　米又ハ米麹ト清酒、味淋、焼酎又ハ酒精トヲ混和シテ碾砕シタルモノ

二　前号ニ掲グル原料ノ外水ヲ混和シテ碾砕シタルモノ

第八条　本令ニ於テ味淋トハ左ニ掲グルモノヲ謂フ

一　米及米麹ト焼酎又ハ酒精トヲ混和シテ濾過シタルモノ

二　前号ニ掲グル原料ノ外味淋、味淋粕又ハ水ヲ混和シテ濾過シタルモノ

味淋ヲ味淋粕ニテ粕漉シタルモノハ之ヲ味淋ト看做ス

第九条　本令ニ於テ焼酎トハ左ニ掲グルモノヲ謂フ

一　清酒粕、合成清酒粕、味淋粕、清酒、合成清酒、白酒又ハ味淋ヲ蒸留シタルモノ

二　大使ノ定ムル物品及水ヲ原料トシテ醱酵セシメタルモノヲ蒸留シタルモノ

焼酎ヲ蒸留シタルモノハ之ヲ焼酎ト看做ス大使ノ定ムル所ニ依リ政府ノ承認ヲ受ケ酒類製造ノ原料タル酒精ヲ水ニテ稀釈シタルモノ亦同ジ

第十条　本令ニ於テ麦酒トハ左ニ掲グルモノヲ謂フ

一　麦芽、ホップ及水ヲ原料トシテ醱酵セシメタルモノ

二　麦芽、水及大使ノ定ムル物品ニシテ其ノ重量ガ麦芽ノ重量ノ十分ノ五ヲ超エザルモノヲ原料トシテ醱酵セシメタルモノ

第十一条　本令ニ於テ果実酒トハ左ニ掲グルモノヲ謂フ

一　果実ヲ原料トシテ醱酵セシメタルモノ

二　果実ニ大使ノ定ムル所ニ依リ糖類ヲ加ヘテ醱酵セシメタルモノ

三　果実又ハ果実ニ大使ノ定ムル所ニ依リ糖類ヲ加ヘタルモノニ水又ハ大使ノ定ムル除酸剤ヲ加ヘテ醱酵セシメタルモノ

第十二条　本令ニ於テ雑酒トハ清酒、合成清酒、黄酒、白酒、味淋、酒精、焼酎、麦酒及果実酒以外ノ酒類ヲ謂フ

第十三条　酒類ヲ製造セントスルモノハ製造スベキ酒類ノ各酒類ニ付製造場一箇所毎ニ政府ノ免許ヲ受クベシ

第十四条　毎酒造年度ニ於テ清酒及合成清酒ハ各三百石、麦酒ハ五千石、其ノ他ノ酒類ハ各十石以上ヲ製造スル者ニ非ザレバ製造ノ免許ヲ与ヘズ

二種以上ノ酒類ヲ製造スル場合ニ於テ制限石数ノ多キモノヲ制限石数以上製造スルトキ又ハ制限石数ノ同一ナルモノニ付其ノ一種ヲ制限石数以上製造スルトキハ他ノ酒類ニ付テハ前項ノ制限ヲ適用セズ

毎酒造年度ニ於テ清酒及合成清酒ヲ合計シテ三百石以上製造スル者ニハ第一項ノ規定ニ拘ラズ製造ノ免許ヲ与フルコトヲ得

試験ノ為ニ製造スル酒類ニ付テハ大使ノ定ムル所ニ依リ第一項ノ規定ニ拘ラズ製造ノ免許ヲ与フルコトヲ得

酒造年度トハ其ノ年九月一日ヨリ翌年八月三十一日迄ノ期間ヲ謂フ

第十五条　第十三条ノ規定ニ依ル免許ノ申請アリタル場合ニ於テ左ノ各号ノ一ニ該当スルトキハ政府ハ其ノ免許ヲ与ヘザルコトヲ得

一　取締上不適当ト認ムル場所ニ製造場ヲ設ケントスルトキ

二　本令ニ違反シ処罰又ハ処分ヲ受ケタル者ガ免許ヲ申請シタルトキ

三　第五十九条第一項第四号ノ規定ニ依リ免許ヲ取消サレタル者ガ免許ヲ申請シタルトキ

四　資力不充分ト認メラルル者ガ免許ヲ申請シタルトキ

五　前各号ノ外取締上不適当ト認ムル者ガ免許ヲ申請シタルトキ

第十六条　政府ハ酒類製造ノ免許ヲ与フルニ当リ酒税保全上必要アリト認ムルトキハ免許ノ期限、製造事業ノ範囲又ハ製造ヲ為スニ当リ遵守スベキ条件ヲ指定スルコトヲ得

第十七条　酒類製造ノ免許ヲ受ケタル者其ノ製造場ヲ移転セン

トスルトキハ政府ノ許可ヲ受クベシ

第十八条　酒類製造ノ免許ヲ受ケタル者其ノ製造ヲ廃止セントスルトキハ免許ノ取消ヲ申請スベシ

第十九条　酒類製造業ヲ相続シタル者ハ其ノ製造ノ免許ヲ受ケタルモノト看做ス

第二十条　酒税ハ之ヲ酒類造石税及酒類庫出税ノ二種トス

第二十一条　酒類ニ課スベキ酒税及其ノ税率左ノ如シ

一　清酒　造石税　一石ニ付　二十円
酒精分二十度ヲ超ユルトキハ酒精分二十度ヲ超ユル一度毎ニ七円ヲ加フ
庫出税　一石ニ付　百十円

二　合成清酒　造石税　一石ニ付　二十五円
酒精分二十度ヲ超ユルトキハ酒精分二十度ヲ超ユル一度毎ニ七円ヲ加フ
庫出税　一石ニ付　百十円

三　黄酒　造石税　一石ニ付　九十五円

四　白酒及味淋　造石税　一石ニ付　二十円
酒精分二十八度ヲ超ユルトキハ酒精分二十八度ヲ超ユル一度毎ニ五円ヲ加フ
庫出税　一石ニ付　百二十円

五　酒精　庫出税　一石ニ付
酒精分一度毎ニ二円五十銭

六　焼酎　造石税　一石ニ付　九十円
酒精分五十度ヲ超ユルトキハ酒精分五十度ヲ超ユル一度毎ニ二円ヲ加フ

七　麦酒　庫出税　一石ニ付　百円

八　果実酒　庫出税　一石ニ付　百円

九　雑酒　造石税　一石ニ付　二十五円
酒精分二十度ヲ超ユルトキハ酒精分二十度ヲ超ユル一度毎ニ八円ヲ加フ
庫出税　一石ニ付　百三十円

輸入ニ係ル酒類ニシテ左ニ掲グルモノニ付テハ前項ノ規定ニ拘ラズ各左ノ税率ニ依リ酒類庫出税ヲ課ス

一　清酒　一石ニ付　百三十円
酒精分二十度ヲ超ユルトキハ酒精分二十度ヲ超ユル一度毎ニ七円ヲ加フ

二　合成清酒　一石ニ付　百三十五円
酒精分二十度ヲ超ユルトキハ酒精分二十度ヲ超ユル一度毎ニ七円ヲ加フ

三　黄酒　一石ニ付　九十五円

四　白酒及味淋　一石ニ付　百四十円
酒精分二十八度ヲ超ユルトキハ酒精分二十八度ヲ超ユル一

度毎ニ五円ヲ加フ

五　焼酎　一石ニ付　九十円

酒精分五十度ヲ超ユルトキハ

酒精分五十度ヲ超ユル一度毎ニ二円ヲ加フ

六　雑酒　一石ニ付　百五十五円

酒精分二十度ヲ超ユルトキハ

酒精分二十度ヲ超ユル一度毎ニ八円ヲ加フ

第二十二条　酒類造石税ハ酒類ノ製造石数ニ応ジ其ノ製造者ヨリ之ヲ徴収ス但シ大使ノ定ムル所ニ依リ清酒ニ付テハ製造石数ノ百分ノ七以内ノ滓引減量又ハ貯蔵減量ヲ製造石数ヨリ控除スルコトヲ得

第四条第二項又ハ第八条第二項ノ酒類ニ付テハ粕漉ニ依リ増加シタル分ノミヲ以テ前項ノ製造石数ト看做ス但シ粕漉前ノ酒類ノ石数ヲ確知スルコト能ハザルトキハ此ノ限ニ在ラズ

第二十三条　酒類（酒精、麦酒及果実酒ヲ除ク）ノ製造石数及酒精分ハ大使ノ定ムル所ニ依リ製成ノ時之ヲ査定ス

犯則其ノ他ノ事由ニ因リ前項ノ規定ニ依リ難キ場合ニ於テハ現在ノ酒類又ハ証憑物件ニ就キ其ノ製造石数又ハ酒精分ヲ査定ス

酒精、麦酒及果実酒ニ付テハ大使ノ定ムル所ニ依リ製成ノ時其ノ製造石数及酒精分ヲ検定ス

第二十四条　酒類造石税ハ左ノ納期ニ於テ之ヲ徴収ス

一　清酒

第一期　七月一日ヨリ同月三十一日限

前年九月一日ヨリ其ノ年四月三十日迄ニ査定シタル製造石数ニ対スル税額ノ三分ノ一

第二期　十一月一日ヨリ同月三十日限

同上及其ノ年五月一日ヨリ八月三十一日迄ニ査定シタル製造石数ニ対スル税額ノ二分ノ一

第三期　翌年二月一日ヨリ　同月末日限

前納額ノ残額

二　其ノ他ノ酒類

毎月中査定シタル製造石数ニ対スル税額ヲ翌月末日限

第二十五条　第五十九条第一項ノ規定ニ依リ酒類製造ノ免許ヲ取消シタル場合ニ於テハ未納ニ属スル酒類造石税ノ全部又ハ一部ヲ直ニ徴収スルコトヲ得第三十七条ノ規定ニ依リ担保ノ提供ヲ命ゼラレタル場合ニ於テ其ノ提供ヲ為サザルトキ亦同ジ

第二十六条　酒類ガ左ノ各号ノ一ニ該当スル場合ニ於テハ大使ノ定ムル所ニ依リ其ノ酒類造石税ヲ免除スルコトヲ得但シ製造場外ニ移出シタルモノニ付テハ此ノ限ニ在ラズ

一　亡失シタルトキ

二　腐敗其ノ他ノ事由ニ因リ飲用ニ供シ難キ場合ニ於テ政府ノ承認ヲ受ケ酒類トシテ飲用スルコト能ハザル処置ヲ施シ又ハ酒類製造ノ原料ニ供シタルトキ

第三十一条第一項ノ規定ノ適用ヲ受ケテ製造場ヨリ移出シタル酒類ガ移出先ニ到着前又ハ移出先ニ於テ災害其ノ他已ムコトヲ得ザル事由ニ因リ亡失シタル場合ニ於テハ大使ノ定ムル

所ニ依リ其ノ酒類造石税ヲ免除シ又ハ其ノ酒類造石税額ニ相当スル金額ヲ交付スルコトヲ得

第二十七条　酒類庫出税ハ製造場ヨリ移出シタル酒類ノ石数ニ応ジ製造者ヨリ之ヲ徴収ス但シ保税地域ヨリ引取ル酒類ニ付テハ引取リタル石数ニ応ジ引取人ヨリ之ヲ徴収ス

保税地域トハ政府ニ於テ課税物件ヲ蔵置シ得ベキ場所トシテ指定シ又ハ特許シタル場所ヲ謂フ

第二十八条　酒類ガ左ノ各号ノ一ニ該当スル場合ニ於テハ酒類ヲ製造場ヨリ移出シ又ハ保税地域ヨリ引取リタルモノト看做ス

一　製造場又ハ保税地域ニ於テ飲用セラレタルトキ

二　酒類製造ノ免許又ハ保税地域ノ特許ヲ取消サレタル場合ニ於テ製造場又ハ保税地域ニ現存スルトキ但シ大使ノ定ムル場合ヲ除ク

三　製造場又ハ保税地域ニ現存スルモノ公売若ハ競売セラレタルトキ又ハ破産手続ニ於テ換価セラレタルトキ

第二十九条　酒類（黄酒及焼酎ヲ除ク）ノ製造者ハ毎月製造場ヨリ移出シタル酒類ノ種類毎ニ石数（大使ノ定ムル酒類ニ付テハ石数及酒精分）ヲ記載シタル申告書ヲ翌月十日迄ニ政府ニ提出スベシ但シ左ノ各号ノ一ニ該当スル場合ニ於テハ直ニ其ノ移出シ又ハ移出シタルモノト看做サレタル酒類ニ付申告書ヲ提出スベシ

一　酒類製造ノ免許ヲ取消サレタルトキ但シ大使ノ定ムル場合ヲ除ク

二　酒類ガ公売若ハ競売セラレタルトキ又ハ破産手続ニ於テ換価セラレタルトキ

酒類ヲ保税地域ヨリ引取ル者ハ引取ノ際前項ニ準ズル申告書ヲ政府ニ提出スベシ

申告書ノ提出ナキトキ又ハ政府ニ於テ申告ヲ不相当ト認ムルトキハ政府ハ移出又ハ引取ノ石数（大使ノ定ムル酒類ニ付テハ石数及酒精分）ヲ決定ス

第三十条　酒類庫出税ハ毎月分ヲ翌月末日迄ニ納付スベシ但シ第二十七条第一項但書ノ場合ニ於テハ引取ノ際之ヲ納付スベシ

前条第一項但書ノ場合ニ於テハ前項ノ規定ニ拘ラズ直ニ其ノ酒類庫出税ヲ徴収ス

第一項但書ノ場合ニ於テハ大使ノ定ムル所ニ依リ酒類庫出税ニ付其ノ税額ニ相当スル担保ヲ提供シタルトキハ三月以内其ノ税金ノ徴収ヲ猶予スルコトヲ得

第三十一条　第二十七条第一項ノ規定ハ大使ノ定ムル所ニ依リ政府ノ承認ヲ受ケ他ノ製造場又ハ蔵置場ニ移入スル目的ヲ以テ製造場ヨリ移出シ又ハ保税地域ヨリ引取ル酒類ニ付テハ之ヲ適用セズ

前項ノ場合ニ於テハ移出先又ハ引取先ヲ以テ製造場ト看做シ移出先又ハ引取先ノ営業者ヲ以テ製造者ト看做ス

第一項ノ酒類ニシテ政府ノ指定シタル期間内ニ移出先又ハ引取先ニ移入セラレタルコトノ証明ナキモノニ付テハ製造者又ハ引取人ヨリ直ニ其ノ酒類庫出税ヲ徴収ス但シ災害其ノ他已ムコトヲ得ザル事由ニ因リ亡失シタルモノニ付テハ大使ノ定ムル所ニ依リ其ノ酒類庫出税ヲ免除スルコトヲ得

政府ハ第一項ノ酒類ニ付必要アリト認ムルトキハ大使ノ定ムル所ニ依リ其ノ酒類庫出税額ニ相当スル担保ノ提供ヲ命ズルコトヲ得

第三十二条　製造場ヨリ移出シタル酒類ヲ同一製造場ニ戻入シ又ハ酒類ヲ製造場外ヨリ移入シタル場合ニ於テハ大使ノ定ムル所ニ依リ其ノ酒類ヲ製造場ヨリ移出スルモ更ニ酒類庫出税ノ徴収ヲ為サズ但シ前条第一項ニ規定スル政府ノ承認ヲ受ケテ移出先又ハ引取先ニ移入シタル酒類ニ付テハ此ノ限ニ在ラズ

第三十三条　大使ノ定ムル所ニ依リ政府ノ承認ヲ受ケ同一製造場ニ於テ酒類製造ノ原料ニ供スル為製造シタル酒類ニハ酒類造石税ヲ課セズ此ノ場合ニ於テハ大使ノ定ムル所ニ依リ製成ノ時其ノ製造石数及酒精分ヲ検定ス

前項ノ原料用酒類ハ大使ノ定ムル所ニ依リ政府ノ承認ヲ受ケタル場合ニ限リ其ノ用途ヲ変更スルコトヲ得

第三十四条　前条第一項ノ原料用酒類ガ左ノ各号ノ一ニ該当スル場合ニ於テハ検定ノ内容ヲ以テ査定ノ内容ト看做シ直ニ其ノ酒類造石税ヲ徴収ス

一　前条第二項ノ規定ニ依リ其ノ用途ヲ変更シタルトキ

二　酒類製造ノ免許ヲ取消サレタル場合ニ於テ製造場ニ現存スルトキ

三　公害若ハ競売セラレタルトキ又ハ破産手続ニ於テ換価セラレタルトキ

第三十五条　政府ノ承認ヲ受ケ酒類ヲ工業用ニ供シ又ハ関東州外ニ輸出シタルトキハ大使ノ定ムル所ニ依リ其ノ酒類造石税ヲ免除シ又ハ其ノ税額ニ相当スル金額ヲ交付スルコトヲ得

第三十六条　政府ノ承認ヲ受ケ酒類ヲ工業用ニ供シ又ハ関東州外ニ輸出スル目的ヲ以テ製造場ヨリ移出シ又ハ保税地域ヨリ引取ルトキハ大使ノ定ムル所ニ依リ其ノ酒類庫出税ヲ免除スルコトヲ得

第三十一条第三項ノ規定ハ前項ノ酒類ニシテ政府ノ指定シタル期間内ニ工業用ニ供シ又ハ関東州外ニ輸出セラレタルコトノ証明ナキモノニ付之ヲ準用ス

第一項ノ承認ヲ受ケタル酒類ハ之ヲ関東州ニ於テ消費シ又ハ消費スル目的ヲ以テ譲渡スルコトヲ得ズ但シ大使ノ定ムル所ニ依リ政府ノ承認ヲ受ケタルトキハ此ノ限ニ在ラズ

前項ノ承認ヲ受ケタル酒類ニ付テハ直ニ其ノ酒類庫出税ヲ徴収ス

第三十一条第四項ノ規定ハ第一項ノ酒類庫出税ニ付之ヲ準用ス

第三十七条　政府ハ酒類製造者ニ対シ大使ノ定ムル所ニ依リ酒類造石税ニ付担保ノ提供ヲ命ズルコトヲ得但シ酒類製造者政府ノ承認ヲ受ケ納税ノ担保トシテ酒類造石税額ニ相当スル価格ノ酒類ヲ保存スルトキハ此ノ限ニ在ラズ

第三十八条　本令ニ依リ担保ヲ提供シ又ハ納税ノ担保トシテ酒類ヲ保存シタル場合ニ於テ納税義務者期限内ニ税金ヲ納付セザルトキハ其ノ担保物タル金銭ヲ直ニ税金ニ充テ、金銭以外ノ担保物若ハ納税ノ担保トシテ保存スル酒類ヲ公売ニ付シテ税金及公売ノ費用ニ充テ又ハ保証人ヲシテ税金ヲ納付セシム

第三十九条　前条ノ場合ニ於テ担保物又ハ納税ノ担保トシテ保

存スル酒類ノ価格ガ徴収スベキ税金及公売ノ費用ニ充テ仍不足アリト認ムルトキハ納税義務者ノ他ノ財産ニ就キ滞納処分ヲ行ウ

納税義務者ニ対シ滞納処分ヲ執行シタル場合ニ於テ其ノ財産ノ価額ガ徴収スベキ税金、督促手数料、延滞金及滞納処分費ニ充テ仍不足アリト認ムルトキハ保証人ニ対シ滞納処分ヲ行フ

前項ノ保証人ハ明治四十年勅令第五十六号ニ於テ準用スル国税徴収法（以下国税徴収法ト称ス）第三十二条第一項ノ規定ノ適用ニ付テハ之ヲ滞納者ト看做ス

第四十条　第二十五条又ハ国税徴収法第四条ノ一ノ規定ニ依リ酒税ヲ徴収スル場合ニ於テハ其ノ担保トシテ酒類ヲ差押フルコトヲ得

第四十一条　酒類製造者ハ第三十七条但書ノ規定ニ依リ納税ノ担保トシテ保存スル酒類ヲ処分シ又ハ製造場ヨリ移出スルコトヲ得ズ

第四十二条　酒類製造者ハ製造石数ノ査定又ハ検定前ニ於テ其ノ酒類ヲ処分シ又ハ製造場ヨリ移出スルコトヲ得ズ但シ大使ノ定ムル酒類ニ付テハ此ノ限ニ在ラズ

第四十三条　酒類ニ種類ノ異ル酒類又ハ水以外ノ物品ヲ混和シタルトキハ新ニ酒類ヲ製造シタルモノト看做ス但シ左ニ掲グル場合ハ此ノ限ニ在ラズ

一　大使ノ定ムル所ニ依リ政府ノ承認ヲ受ケ清酒ト合成酒トヲ混和スルトキ

二　焼酒ニ酒精ヲ混和スルトキ

三　大使ノ定ムル所ニ依リ政府ノ承認ヲ受ケ酒類保存ノ為酒類ニ焼酎若ハ酒精又ハ水以外ノ物品ヲ混和スルトキ

第四十四条　酒母、醪又ハ麹（麹子ヲ含ム以下同ジ）ヲ製造セントスル者ハ製造場一個所毎ニ政府ノ免許ヲ受クベシ但シ酒類製造ノ免許ヲ受ケ酒類ノ製造場ニ於テ製造スル者及自己又ハ其ノ家族ノ用ニノミ供スル麹ヲ製造スル者ハ此ノ限ニ在ラズ

麹ノ販売ヲ為サントスル者ハ営業場一個所毎ニ政府ニ申告スベシ

第四十五条　酒母又ハ醪ハ大使ノ定ムル所ニ依リ政府ノ承認ヲ受ケタル場合ヲ除クノ外之ヲ処分シ又ハ製造場ヨリ移出スルコトヲ得ズ但シ大使ノ定ムル所ニ依リ酒類製造者ガ酒類製造ノ用ニ供スル場合又ハ酒母ヲ政府ノ交付シタル酒母譲受許可書ヲ有スル者ニ譲渡スル場合ハ此ノ限ニ在ラズ

前項ノ規定ニ依リ政府ノ承認ヲ受ケタル場合ニ於テハ其ノ醪ハ之ヲ雑酒ト看做シ製造者ヨリ直ニ其ノ酒類造石税及酒類庫出税ヲ徴収ス但シ政府ノ承認ヲ受ケ之ニ酒類トシテ飲用スルコト能ハザル処置ヲ施シタル場合ハ此ノ限ニ在ラズ

第四十六条　政府ハ酒税保全上必要アリト認ムルトキハ大使ノ定ムル所ニ依リ酒類、酒母、醪若ハ麹ノ製造者又ハ酒類ノ販売業者ニ対シ製造、貯蔵、譲渡、譲受、移動又ハ設備ニ関シ必要ナル命令ヲ為スコトヲ得

第四十七条　酒類、酒母、醪若ハ麹ノ製造者又ハ酒類若ハ麹ノ販売業者ハ大使ノ定ムル所ニ依リ製造、貯蔵又ハ販売ニ関スル事実ヲ帳簿ニ記載スベシ

第四十八条　酒類、酒母、醪若ハ麹ノ製造者又ハ酒類ノ販売者ハ大使ノ定ムル所ニ依リ製造、貯蔵又ハ販売ニ関スル事項ヲ政府ニ申告スヘシ

第四十九条　酒類、酒母、醪又ハ麹ノ製造者ハ大使ノ定ムル所ニ依リ製造、貯蔵又ハ販売ニ使用スル機械、器具及容器ノ検定ヲ受クヘシ

第五十条　酒類、酒母、醪又ハ麹ノ製造者ハ大使ノ定ムル所ニ依リ製造、貯蔵又ハ販売ニ関スル事項ニ付政府ノ検査又ハ承認ヲ受クヘシ

第五十一条　税務官吏ハ酒類、酒母、醪若ハ麹ノ製造者又ハ酒類若ハ麹ノ販売業者ニ対シテ質問ヲ為シ又ハ左ニ掲グル物件ニ付検査ヲ為シ若ハ取締上必要ナル処分ヲ為スコトヲ得

一　製造者ノ所持スル酒類、酒母、醪若ハ麹又ハ販売業者ノ所持スル酒類若ハ麹

二　酒類、酒母、醪又は麹ノ製造、貯蔵又ハ販売ニ関スル一切ノ帳簿書類

三　酒類、酒母、醪又ハ麹ノ製造、貯蔵又ハ販売上必要ナル建築物、機械、器具、容器、原料其ノ他ノ物件

税務官吏ハ運搬中ノ酒類、酒母、醪又ハ麹ヲ検査シ又ハ其ノ出所若ハ到達先ヲ質問スルコトヲ得

第五十二条　政府ハ大使ノ定ムル所ニ依リ酒類製造者ノ組織スル団体ニ対シ徴税上必要ナル施設ヲ為シ若ハ徴収事務ノ補助ヲ為シ又ハ酒税保全上必要ナル措置ヲ為スヘキコトヲ命ズルコトヲ得

前項ノ場合ニ於テハ前項ノ団体ニ対シ大使ノ定ムル所ニ依リ交付金ヲ交付スルコトヲ得

第五十三条　免許ヲ受ケズシテ酒類ヲ製造シタル者ハ五千円以下ノ罰金ニ処シ其ノ製造ニ係ル酒類並ニ其ノ機械、器具及容器ハ之ヲ没収ス

前項ノ酒類ニ付テハ直ニ其ノ酒類造石税及酒類庫出税ヲ徴収ス

第五十四条　左ノ各号ノ一ニ該当スル者ハ酒類造石税ノ五倍ニ相当スル罰金ニ処ス但シ罰金額ガ二十円ニ満タザルトキハ之ヲ二十円トス

一　詐偽其ノ他不正ノ行為ニ依リ酒類造石税ヲ逋脱シ又ハ逋脱セントシタル者

二　詐偽其ノ他不正ノ行為ニ依リ酒類造石税ノ免除ヲ得又ハ得ントシタル者

三　詐偽其ノ他不正ノ行為ニ依リ酒類造石税ニ相当スル金額ノ交付ヲ受ケ又ハ受ケントシタル者

前項第一号及第二号ノ場合ニ於テハ直ニ其ノ酒類造石税ヲ徴収ス

第五十五条　左ノ各号ノ一ニ該当スル者ハ酒類庫出税ノ五倍ニ相当スル罰金ニ処ス但シ罰金額ガ二十円ニ満タザルトキハ之ヲ二十円トス

一　詐偽其ノ他不正ノ行為ニ依リ酒類庫出税ヲ逋脱シ又ハ逋脱セントシタル者

二　詐偽其ノ他不正ノ行為ニ依リ酒類庫出税ノ免除ヲ得又ハ得ントシタル者

前項ノ場合ニ於テハ直ニ其ノ酒類庫出税ヲ徴収ス

第五十六条　第五十四条ノ罰金ト前条ノ罰金トハ之ヲ併科ス

第五十七条　左ノ各号ノ一ニ該当スル者ハ五百円以下ノ罰金ニ処ス

一　第十六条（第六十一条ニ於テ準用スル場合ヲ含ム）規定ニ依ル命令ニ違反シタル者

二　第二十九条第一項又ハ第二項ニ規定スル申告ヲ怠リ又ハ詐リタル者

三　第三十一条第一項ノ規定ニ依リ承認ヲ受ケテ移出シ又ハ引取リタル酒類ヲ指定ノ場所ニ移入セザル者

四　第三十三条第二項ノ承認ヲ受ケズシテ同条第一項ノ原料用酒類ヲ他ノ用途ニ供シ又ハ之ヲ製造場ヨリ移出シタル者

五　第三十六条第三項ノ承認ヲ受ケズシテ同条第一項ノ承認ヲ受ケタル酒類ヲ関東州ニ於テ消費シ又ハ消費スル目的ヲ以テ譲渡シタル者

六　第四十一条又ハ第四十二条ノ規定ニ違反シ酒類ヲ処分シ又ハ製造場ヨリ移出シタル者

七　第四十四条第一項ノ規定ニ違反シ免許ヲ受ケズシテ酒母、醪又ハ麹ヲ製造シタル者

八　第四十五条第一項ノ規定ニ違反シ酒母又ハ醪ヲ処分シ又ハ製造場ヨリ移出シタル者

九　第四十六条ノ規定ニ依ル政府ノ命令ニ違反シタル者

前項第三号及第五号ノ酒類ニ付テハ直ニ其ノ酒類庫出税ヲ徴収ス此ノ場合ニ於テハ第三十一条第三項（第三十六条第二項ニ於テ準用スル場合ヲ含ム）ノ規定ハ之ヲ適用セズ

第一項第四号及第六号ノ酒類ニ付テハ直ニ其ノ酒類造石税及酒類庫出税ヲ徴収ス

第一項第七号ニ該当スル場合ニ於テハ製造ニ係ル酒母、醪又ハ麹並ニ其ノ機械、器具及容器ハ之ヲ没収ス

第一項第七号及第八号ノ酒母及醪ハ之ヲ雑酒ト看做シ製造者ヨリ直ニ其ノ酒類造石税及酒類庫出税ヲ徴収ス

第五十八条　左ノ各号ノ一ニ該当スル者ハ百円以下ノ罰金又ハ科料ニ処ス

一　第四十四条第二項又ハ第四十八条ノ規定ニ依ル申告ヲ怠リ又ハ詐リタル者

二　第四十七条ノ規定ニ依ル帳簿ノ記載ヲ怠リ若ハ詐リ又ハ帳簿ヲ隠匿シタル者

三　第四十九条ノ規定ニ違反シ検定ヲ受ケザル機械、器具又ハ容器ヲ使用シタル者

四　第五十条ノ規定ニ依ル検査又ハ承認ヲ受ケザル者

五　第五十一条ノ規定ニ依ル税務官吏ノ質問ニ対シ答弁ヲ為サズ若ハ虚偽ノ陳述ヲ為シ又ハ其ノ職務ノ執行ヲ拒ミ、妨ゲ若ハ忌避シタル者

第五十九条　酒類製造者左ノ各号ノ一ニ該当スルトキハ政府ハ酒類製造ノ免許ヲ取消スコトヲ得

一　本令ニ違反シ処罰又ハ処分セラレタルトキ

二　三年以上引続キ酒類ノ製造ヲ為サザルトキ

三　三酒造年度以上引続キ其ノ製造石数ガ第十四条第一項又ハ第三項ノ制限石数ニ達セザリシトキ

四　第三十七条ノ規定ニ依リ担保ノ提供ヲ命ゼラレタル場合ニ於テ其ノ提供ヲ為サザルトキ

前項ノ規定ニ依リ免許ヲ取消シタル場合ニ於テハ大使ノ定ムル所ニ依リ製成其ノ他必要ナル行為ヲ断続セシムルコトヲ得此ノ場合ニ於テハ仍本令ヲ適用ス

第六十条　酒類製造者ニハ其ノ製造ノ免許ヲ取消サレタル場合ニ於テハ酒税ヲ完納スルニ至ル迄ノ間仍本令ヲ適用ス

第六十一条　第十五条乃至第十九条並ニ第五十九条第一項第一号第二号及第二項ノ規定ハ酒母、醪又ハ麹ノ製造者ニ付之ヲ準用ス

第六十二条　大正十一年勅令第二百号第一条ノ規定ハ第五十七条第一項及第五十八条ノ罪ヲ犯シタル者ニハ之ヲ適用セズ

第六十三条　大正十一年勅令第二百号第二条ノ規定ハ酒母、醪若ハ麹ノ製造者又ハ酒類若ハ麹ノ販売業者ニ付之ヲ準用ス

附　則

第六十四条　本令ハ昭和十八年四月一日ヨリ之ヲ施行ス

第六十五条　改正前ノ関東州酒税令（以下旧税令ト称ス）ニ依リ酒類、酒母、醪又ハ麹ノ製造ノ免許ヲ受ケタル者ハ大使ノ定ムル所ニ依リ本令施行ノ日ニ於テ本令ニ依リ酒類、酒母、醪又ハ麹ノ製造ノ免許ヲ受ケタルモノト看做ス

第六十六条　旧税令第二十五条第一項ノ規定ニ依リ当該官庁ノ免許ヲ受ケ自家用ノ為酒類ヲ製造スル者ハ昭和二十年八月三十一日迄其ノ製造ヲ為スコトヲ得

前項ノ自家用ノ酒類ニ付テハ仍従前ノ例ニ依ル

第六十七号　第五十九条第一項第三号ノ規定ハ昭和十八年九月一日ヨリ開始スル酒造年度以後ノ酒造年度ニ付之ヲ適用ス

第六十五条ノ規定ニ依ル清酒製造者ニ対スル第五十九条第一項第三号ノ規定ノ適用ニ付テハ其ノ制限石数ハ当分ノ内仍従前ノ例ニ依ル

第六十八条　旧税令ニ依リ賦課シ又ハ賦課スベカリシ酒税ニ関シテハ仍従前ノ例ニ依ル

第二十六条及第三十五条ノ規定ハ前項ノ規定ニ拘ラズ本令施行前ニ査定ヲ受ケタル酒類ニ付之ヲ適用ス此ノ場合ニ於テハ旧税令ニ依ル酒税ハ之ヲ本令ノ酒類造石税ト看做ス

第六十九条　本令施行前ニ査定ヲ受ケタル酒精、麦酒及果実酒ノ酒類庫出税ノ税率ハ第二十一条第一項ノ規定ニ拘ラズ左ノ税率トス

一　酒精　一石ニ付　酒精分一度毎ニ二円

二　麦酒　一石ニ付　八十五円

三　果実酒　一石ニ付　七十五円

第七十条　本令施行前ニ査定ヲ受ケタル黄酒及焼酎ニシテ本令施行ノ際製造場内ニ現存スルモノハ本令施行ノ日ニ於テ庫出シタルモノト看做シ大使ノ定ムル所ニ依リ左ノ税率ニ依リ酒類庫出税ヲ課ス

一　黄酒　一石ニ付　八十八円

二　焼酎　一石ニ付　七十四円

第七十一条　酒類ノ製造者又ハ販売業者ガ本令施行ノ際製造場又ハ保税地域以外ノ場所ニ於テ各種類ヲ通ジ合計五石以上ノ酒類ヲ所持スル場合ニ於テハ其ノ場所ヲ以テ製造場、其ノ所持者ヲ以テ製造者ト看做シ本令施行ノ日ニ於テ其ノ酒類ヲ製造場ヨリ移出シタルモノト看做シ其ノ所持スル酒類ニ対シ酒類庫出税ヲ課ス此ノ場合ニ於テハ酒精ニ付テハ一石ニ付百四

十三円、麦酒ニ付テハ一石ニ付六十円、果実酒ニ付テハ一石ニ付四十円、黄酒ニ付テハ一石ニ付七十三円、焼酎ニ付テハ一石ニ付四十九円ノ各割合ニ依リ算出シタル金額、其ノ他ノ酒類ニ付テハ第二十一条第一項ニ規定スル酒類庫出税ノ税率ニ依リ算出シタル金額ト従前ノ関東州大東亜戦争特別税令（以下大東亜戦争特別税令ト称ス）第三十六条ニ規定スル酒類ノ物品税ノ税率ニ依リ算出シタル金額トノ差額ヲ以テ其ノ税額トシ大使ノ定ムル所ニ依リ之ヲ徴収ス

前項ノ製造者又ハ販売業者ハ其ノ所持スル酒類ノ種類毎ニ数量及貯蔵ノ場所ヲ本令施行後一月内ニ政府ニ申告スベシ

第七十二条　本令施行ノ際製造場ニ現存スル酒類ニシテ戻入又ハ移入シタルモノニ付テハ第三十二条ノ規定ニ拘ラズ酒類庫出税ヲ徴収ス此ノ場合ニ於テハ前条第一項後段ノ規定ヲ準用ス

第七十三条　大東亜戦争特別税令第四十五条第一項ノ規定ノ適用ヲ受ケテ移出シ又ハ引取リタル酒類ハ之ヲ第三十一条第一項ノ規定ノ適用ヲ受ケテ移出シ又ハ引取リタル酒類ト看做シ大東亜戦争特別税令第四十六条第一項第二号又ハ第四十七条第一項第一号ノ規定ニ依リ物品税ヲ免除セラレタル酒類ハ之ヲ第三十六条第一項ノ規定ニ依リ酒類庫出税ヲ免除セラレタル酒類ト看做ス

第七十四条　旧税令第二十条ノ規定ニ依リ提供シタル担保物及旧税令第二十一条ノ規定ニ依リ為シタル納税保証ハ大使ノ定ムル所ニ依リ之ヲ本令ニ依ル納税ノ担保ト看做ス但シ旧税令ニ依ル納税保証タルノ効力ヲ妨ゲズ

第七十五条　本令施行前旧税令及大東亜戦争特別税令中酒類ノ物品税ニ関スル規定ニ基キ為シタル申告、申請、検定、検査、承認、特許、命令又ハ監督上ノ処分ニシテ本令中之ニ相当スル規定アルモノハ之ヲ本令ニ依リ為シタル申告、申請、検定、検査、承認、特許、命令又ハ取締上ノ処分ト看做ス

○関東州酒税令中改正

昭和十九年三月三十一日勅令第百九十号

第十四条ノ二　酒類販賣業（販賣ノ仲介業ヲ含ム以下同ジ）ヲ為サントスル者ハ政府ノ免許ヲ受クベシ但シ酒類製造者ガ其ノ製造場ニ於テ為ス販賣業及大使ノ定ムル販賣業ニ付テハ此ノ限ニ在ラズ

前項ノ免許ハ販賣場ヲ有スル者ニ在リテハ販賣場一箇所毎ニ之ヲ受クベシ

第十五条中「第十三条」ノ下ニ「及前条」ヲ、「製造場」ノ下ニ「又ハ販賣場」ヲ加フ

第十六条中「酒類製造」ノ下ニ「又ハ酒類販賣業」ヲ加ヘ「製造事業」ヲ「製造若ハ販賣業ノ事業」ニ、「製造ヲ為ス」ヲ「製造若ハ販賣ヲ為ス」ニ改ム

第十七条中「酒類製造」ノ下ニ「又ハ酒類販賣業」ヲ、「製造場」ノ下ニ「又ハ販賣場」ヲ加フ

第十八条ニ左ノ一項ヲ加フ

酒類販賣業ノ免許ヲ受ケタル者其ノ販賣業ヲ廃止シタルトキハ其ノ旨ヲ政府ニ申告スベシ

第十九条中「酒類製造業」ノ下ニ「又ハ酒類販賣業」ヲ、「製造」ノ下ニ「又ハ販賣業」ヲ加フ

第二十条 削除

第二十一条 酒税ノ税率左ノ如シ

一 清酒

第一級 一石ニ付 二百五十円
酒精分二十度ヲ超ユルトキハ酒精分二十度ヲ超ユル一度毎ニ十三円ヲ加フ

第二級 一石ニ付 百七十円
酒精分二十度ヲ超ユルトキハ酒精分二十度ヲ超ユル一度毎ニ九円ヲ加フ

第三級 一石ニ付 百五十円
酒精分二十度ヲ超ユルトキハ酒精分二十度ヲ超ユル一度毎ニ八円ヲ加フ

二 合成清酒

第一級 一石ニ付 百七十円
酒精分二十度ヲ超ユルトキハ酒精分二十度ヲ超ユル一度毎ニ九円ヲ加フ

第二級 一石ニ付 百五十円
酒精分二十度ヲ超ユルトキハ酒精分二十度ヲ超ユル一度毎ニ八円ヲ加フ

三 黄酒 一石ニ付 百五十円

四 白酒及味淋 一石ニ付 二百円
酒精分二十八度ヲ超ユルトキハ酒精分二十八度ヲ超ユル一度毎ニ八円ヲ加フ

五 酒精 一石ニ付 酒精分一度毎ニ三円二十銭

六 焼酎 一石ニ付 百三十円
酒精分五十度ヲ超ユルトキハ酒精分五十度ヲ超ユル一度毎ニ三円ヲ加フ

七 麦酒 一石ニ付 百四十円

八 果実酒 一石ニ付 百五十円

九 雑酒 一石ニ付 二百二十円
酒精分二十度ヲ超ユルトキハ酒精分二十度ヲ超ユル一度毎ニ十一円ヲ加フ

清酒及合成清酒ノ級別ハ大使之ヲ定ム

第二十二条乃至第二十六条 削除

第二十七条第一項中「酒類庫出税」ヲ「酒税」ニ改ム

第二十九条第一項中「(黄色及焼酎ヲ除く)」ヲ削リ「種類毎」ヲ「種類及級別毎」ニ改ム

第三十条中「酒類庫出税」ヲ「酒税」ニ改ム

第三十条ノ二 左ノ各号ノ一ニ該当スル場合ニ於テハ製造場ニ

現存スル酒類ハ大使ノ定ムル所ニ依リ之ヲ製造場ヨリ移出シタルモノト看做シ酒税ヲ徴収ス

一　第三十七条ノ規定ニ依リ担保ノ提供又ハ酒類ノ保存ヲ命ゼラレタル場合ニ於テ其ノ提供又ハ保存ヲ為サザルトキ

二　政府ノ承認ヲ受ケ酒類製造ノ原料ニ供スル為製造シタル酒類ヲ大使ノ定ムル所ニ依リ当該原料ニ供シタルトキ

第三十一条第三項及第四項中「酒類庫出税」ヲ「酒税」ニ改ム

第三十二条中「酒類庫出税」ヲ「酒税」ニ改メ同条ニ左ノ一項ヲ加フ

前項本文ノ規定ニ依リ戻入又ハ移入シタル酒類ニ付級別ヲ低下シテ移出シタル場合ニ於テハ大使ノ定ムル所ニ依リ移出シタル月分以降ノ酒税額ヨリ前級ニ付定メラレタル税率ニ依リ算出シタル酒税額ト後級ニ付定メラレタル税率ニ依リ算出シタル酒税額トノ差額ニ相当スル金額ヲ控除ス

第三十三条乃至第三十五条　削除

第三十六条第一項、第四項及第五項中「酒類庫出税」ヲ「酒税」ニ改ム

第三十七条　政府ハ酒類製造者ニ対シ大使ノ定ムル所ニ依リ酒税ニ付担保ヲ提供スベキコト又ハ納税ノ担保トシテ酒類ヲ保存スベキコトヲ命ズルコトヲ得

第四十条中「第二十五条」ヲ「第三十条第二項、第三十条ノ二第一号」ニ改ム

第四十一条中「但書」ヲ削ル

第四十一条ノ二　酒類ヲ製造シタルトキハ大使ノ定ムル所ニ依リ其ノ石数及酒精分ヲ検定ス

第四十二条中「製造石数ノ査定又ハ」ヲ「前条ノ規定ニ依ル」ニ改メ但書ヲ削ル

第四十三条中「酒類ニ種類ノ異ル酒類」ノ上ニ「第四十一条ノ二ノ規定ニ依ル検定後ニ於テ」ヲ加フ

第四十五条第二項中「酒類造石税及酒類庫出税」ヲ「酒税」ニ改ム

第四十六条中「又ハ設備」ヲ、「設備又ハ価格」ニ改ム

第四十八条中「酒類ノ販賣業者」ヲ「酒類販賣業者」ニ改ム

第四十九条及第五十条中「醪又ハ麹ノ製造者」ヲ「醪若ハ麹ノ製造者又ハ酒類販賣業者」ニ改ム

第五十三条第一項中「五千円以下ノ罰金ニ処シ其ノ製造ニ係ル酒類並ニ其ノ機械、器具及容器ハ之ヲ没収ス」ヲ「一万円以下ノ罰金ニ処ス」ニ、同条第二項中「前項」ヲ「第一項」ニ、「酒類造石税及酒類庫出税」ヲ「酒税」ニ改メ同条第一項ノ次ニ左ノ二項ヲ加フ

前項ノ罪ヲ犯シタル者ハ情状ニ因リ二年以下ノ懲役若ハ其ノ製造ニ係ル酒類ニ対スル酒税ノ十倍ニ相当スル金額ガ一万円ヲ超ユルトキハ一万円ヲ超エ其ノ酒税ノ十倍以下ニ相当スル罰金ニ処シ又ハ懲役及罰金ヲ併科スルコトヲ得

前二項ノ場合ニ於テハ其ノ製造ニ係ル酒類並ニ其ノ機械、器具及容器ハ之ヲ没収ス

第五十四条　左ノ各号ノ一ニ該当スル者ハ酒税ノ五倍ニ相当スル罰金ニ処ス

一　詐偽其ノ他不正ノ行為ニ依リ酒税ノ免除ヲ得又ハ得ントシタル者

二　前条第一項及前号ノ外詐偽其ノ他不正ノ行為ニ依リ酒税ヲ逋脱シ又ハ逋脱セントシタル者
前項ノ場合ニ於テハ直ニ其ノ酒税ヲ徴収ス
第五十五条　前条ノ罪ヲ犯シタル者ハ情状ニ因リ二年以下ノ懲役若ハ酒税ノ五倍ヲ超エ十倍以下ニ相当スル罰金ニ処シ又ハ懲役及罰金ヲ併科スルコトヲ得
前条第一項及前項ノ場合ニ於テ罰金額ガ二十円ニ満タザルトキハ之ヲ二十円トス
前条第二項ノ規定ハ第一項ノ場合ニ付之ヲ準用ス
第五十六条　第四十六条ノ規定ニ依ル命令又ハ同条ノ命令ニ基ク処分ニ違反シタル者ハ二年以下ノ懲役又ハ三万円以下ノ罰金ニ処ス
前項ノ罪ヲ犯シタル者ニハ情状ニ因リ懲役及罰金ヲ併科スルコトヲ得
第一項ノ罪ヲ犯シタル者ニ対シテハ関東州間接国税犯則者処分令ハ之ヲ適用セズ
第五十七条第一項中「五百円」ヲ「千円」ニ改メ第四号及第九号ヲ削リ第一号ヲ第二号トシ以下第三号迄順次一号宛繰下ゲ同項ニ第一号トシテ左ノ一号ヲ加フ
一　第十四条ノ二ノ規定ニ違反シ免許ヲ受ケズシテ酒類販賣業ヲ為シタル者
同条第二項中「第三号」ヲ「第四号」ニ、「酒類庫出税」ヲ「酒税」ニ改ム
同条第三項中「第四条及」ヲ削リ「酒類造石税及酒類庫出税」ヲ「酒税ニ」改ム
同条第五項中「酒類造石税及酒類庫出税」ヲ「酒税」ニ改ム
第五十八条中「百円」ヲ「五百円」ニ改ム
第五十九条第一項第四号中「担保ノ提供」ノ下ニ「又ハ酒類ノ保存」ヲ、「其ノ提供」ノ下ニ「又ハ保存」ヲ加フ
第六十一条ノ二　酒類販賣業者左ノ各号ノ一ニ該当スルトキハ政府ハ酒類販賣業ノ免許ヲ取消スコトヲ得
一　本令ニ違反シ処罰又ハ処分セラレタルトキ
二　二年以上引続キ酒類ノ販賣ヲ為サザルトキ
第五十九条第二項ノ規定ハ前項ノ規定ニ依リ免許ヲ取消サレタル者ニ付之ヲ準用ス
第六十二条中「第一条ノ規定ハ」ノ下ニ「第五十六条第一項、」ヲ加フ

附　則

本令ハ昭和十九年四月一日ヨリ之ヲ施行ス
本令施行前ヨリ引続キ酒類販賣業ヲ為ス者本令施行後一月以内ニ其ノ旨ヲ政府ニ申告スルトキハ本令施行ノ日ニ於テ本令ニ依リ酒類販賣業ノ免許ヲ受ケタルモノト看做ス
昭和十八年九月一日以後ニ査定セラレタル清酒ニシテ本令施行ノ際製造場ニ現存スルモノニ付テハ酒類造石税ハ之ヲ免除ス
前項ニ規定スル酒類造石税ヲ除クノ外従前ノ規定ニ依リ賦課シ又ハ賦課スベカリシ酒類造石税及酒類庫出税ニ関シテハ仍従前ノ例ニ依ル
昭和十八年八月三十一日以前ニ査定ヲ受ケタル清酒又ハ本令施行前ニ査定ヲ受ケタル合成清酒、黄酒、白酒、味淋、焼酎及雑酒ニシテ本令施行ノ際製造場ニ現存スルモノニ課スベキ酒税ニ

付テハ従前ノ規定ニ依ル酒類造石税ニ相当スル金額ニシテ大使ノ定ムルモノヲ控除ス

酒類ノ製造者又ハ販賣業者ガ本令施行ノ際製造場又ハ保税地域以外ノ場所ニ於テ各種類ヲ通ジ合計一石以上ノ酒類ヲ所持スル場合ニ於テハ其ノ場所ヲ以テ製造場、其ノ所持者ヲ以テ製造者ト看做シ其ノ所持スル酒類ニ対シ酒税ヲ課ス此ノ場合ニ於テハ本令施行ノ日ニ於テ其ノ酒類ヲ製造場ヨリ移出シタルモノト看做シ改正後ノ関東州酒税令第二十一条ノ規定ニ依リ算出シタル税額ト従前ノ規定ニ依ル酒類造石税ニ相当スル金額ニシテ大使ノ定ムルモノ及従前ノ規定ニ依リ算出シタル酒類庫出税額ノ合計額トノ差額ヲ以テ其ノ税額トシ大使ノ定ムル所ニ依リ之ヲ徴収ス

前項ノ製造者又ハ販賣業者ハ其ノ所持スル酒類ノ種類及級別毎ニ数量、価格及貯蔵ノ場所ヲ本令施行後一月以内ニ政府ニ申告スベシ

本令施行ノ際製造場ニ現存スル酒類ニシテ戻入又ハ移入シタルモノニ付テハ第三十二条第一項ノ規定ニ拘ラズ之ヲ移出シタルトキ酒税ヲ徴収ス此ノ場合ニ於テハ第六項ニ規定スル税額ヲ以テ其ノ税額トス

大正十一年勅令第二百号中左ノ通改正ス

第一条中「罰金又ハ科料ニ該ル」ヲ削リ同条ニ左ノ一項ヲ加フ

前項ノ規定ハ懲役ノ刑ニ処スル場合ニ於テハ之ヲ適用セズ

○関東州所得税令外十一勅令中改正等ノ件（抄）

昭和二十年三月二十八日勅令第百四十九号

第五条 関東州酒税令中左ノ通改正ス

第二十一条第一項ヲ左ノ如ク改ム

酒税ノ率左ノ如シ

一 清酒

第一級 一石ニ付 四百五十円

第二級 一石ニ付 三百四十五円

第三級 一石ニ付 二百四十円

二 合成清酒

第一級 一石ニ付 二百十円

第二級 一石ニ付 百九十五円

三 黄酒 一石ニ付 四百円

四 白酒及味淋 一石ニ付 四百二十円

五 酒精 一石ニ付 酒精分一度毎ニ三円二十銭

六 焼酎 一石ニ付 三百二十五円

七 麦酒 一石ニ付 二百五十二円

八 果実酒 一石ニ付 二百三十円

九 雑酒 一石ニ付 四百四十円

酒精分二十度ヲ超ユルトキハ酒精分二十度ヲ超ユル一度毎ニ二十二円ヲ加フ

附　則

第十四条　本令ハ昭和二十年四月一日ヨリ之ヲ施行ス

第十七条　酒類ノ製造者又ハ販売業者ガ本令施行ノ際製造場又ハ保税地域以外ノ場所ニ於テ各種類ヲ通ジ合計五斗以上ノ酒類ヲ所持スル場合ニ於テハ其ノ場所ヲ以テ製造場、其ノ所持者ヲ以テ製造者ト看做シ其ノ所持スル酒類ニ対シ酒税ヲ課ス

此ノ場合ニ於テハ本令施行ノ日ニ於テ其ノ酒類ヲ製造場ヨリ移出シタルモノト看做シ改正後ノ関東州酒税令第二十一条ノ規定ニ依リ算出シタル税額ト従前ノ規定ニ依リ算出シタル税額トノ差額ヲ以テ其ノ税額トシ大使ノ定ムル所ニ依リ之ヲ徴収ス

前項ノ製造者又ハ販売業者ハ其ノ所持スル酒類ノ種類及級別毎ニ数量、価格及貯蔵ノ場所ヲ本令施行後一月以内ニ政府ニ申告スベシ

本令施行ノ際製造場ニ現存スル酒類ニシテ戻入又ハ移入シタルモノニ付テハ関東州酒税令第三十二条第一項ノ規定ニ拘ラズ之ヲ移出シタルトキ酒税ヲ徴収ス此ノ場合ニ於テハ第一項後段ニ規定スル税額ヲ以テ其ノ税額トス

◎関東州清涼飲料税令

昭和十七年三月二十八日勅令第二百五十七号

朕関東州清涼飲料税令ヲ裁可シ茲ニ之ヲ公布セシム（総理大臣副署）

関東州清涼飲料税令

第一条　清涼飲料ニハ本令ニ依リ清涼飲料税ヲ課ス

第二条　本令ニ於テ清涼飲料ト称スルハ炭酸瓦斯ヲ含有スル飲料ヲ謂フ但シ全重量ノ万分ノ五以下ノ炭酸瓦斯ヲ含有スルモノ及全容量ノ百分ノ一以上ノ純酒精ヲ含有スルモノハ此ノ限ニ在ラズ

前項ニ於テ純酒精ト称スルハ摂氏十五度ノ時ニ於テ〇・七九四七ノ比重ヲ有スル酒精ヲ謂フ

第三条　清涼飲料税ノ税率左ノ如シ

第一種　玉ラムネ壜詰ノモノ
一石ニ付　六円

第二種　其ノ他ノ壜詰ノモノ
一石ニ付　十五円

第三種　壜詰以外ノモノ
炭酸瓦斯使用料一瓩ニ付　六円

第四条　清涼飲料ヲ製造セントスル者ハ製造場一箇所毎ニ政府ノ免許ヲ受クベシ其ノ製造ヲ廃止セントスルトキハ免許ノ取消ヲ求ムベシ

清涼飲料ノ製造ノ免許ハ満洲国駐箚特命全権大使ノ定ムル所ニ依リ相続人ニ於テ之ヲ承継スルコトヲ得

第五条　清涼飲料税ハ第一種及第二種ノ清涼飲料ニ付テハ製造場ヨリ移出セラレタル石数ニ応ジ、第三種ノ清涼飲料ニ付テハ製造場ヨリ移出セラレタル清涼飲料ニ使用セラレタル炭酸瓦斯ノ量ニ応ジ清涼飲料製造者ヨリ之ヲ徴収ス但シ保税地域ヨリ引取ラルル清涼飲料ニ付テハ引取ラレタル石数又ハ使用セラレタル炭酸瓦斯ノ量ニ応ジ引取人ヨリ之ヲ徴収ス

保税地域トハ政府ニ於テ課税物件ヲ蔵置シ得ベキ場所トシテ

指定シ又ハ特許シタル場所ヲ謂フ

第六条　清涼飲料ハ左ノ各号ノ一ニ該当スル場合ニ於テハ之ヲ製造場ヨリ移出シ又ハ保税地域ヨリ引取リタルモノト看做ス

一　製造場内又ハ保税地域内ニ於テ飲用セラレタルトキ

二　製造場内又ハ保税地域内ニ現存スルモノ公売セラレタルトキ

三　製造免許又ハ保税地域特許ノ取消ノ場合ニ於テ製造場内又ハ保税地域内ニ現存スルトキ

第七条　清涼飲料製造者ハ毎月其ノ製造場ヨリ移出シタル清涼飲料ニ付第三条ノ区分毎ニ其ノ石数又ハ炭酸瓦斯使用量ヲ記載シタル申告書ヲ翌月十日迄ニ政府ニ提出スベシ但シ前条第二号又ハ第三号ノ場合ニ於テハ直ニ之ヲ提出スベシ

清涼飲料ヲ保税地域ヨリ引取ル者ハ引取ノ際其ノ清涼飲料ニ付前項ニ準ズル申告書ヲ政府ニ提出スベシ

申告書ノ提出ナキトキ又ハ政府ニ於テ申告ヲ不相当ト認メタルトキハ政府ハ其ノ課税標準額ヲ決定ス

第八条　清涼飲料税ハ毎月分ヲ翌月末日迄ニ納付スベシ但シ第五条第一項但書ノ場合ニ於テハ引取ノ際之ヲ納付スベシ

第六条第二号又ハ第三号ノ場合ニ於テハ前項ノ規定ニ拘ラズ直ニ其ノ清涼飲料税ヲ納付スベシ

第九条　第五条第一項但書ノ場合ニ於テ引取人大使ノ定ムル所ニ依リ清涼飲料税額ニ相当スル担保ヲ提供シタルトキハ三月以内清涼飲料税ノ徴収ヲ猶予スルコトヲ得

前項ノ規定ニ依リ担保ヲ提供シタル者期間内ニ税金ヲ納付セザルトキハ担保ヲ以テ之ニ充ツ但シ金銭以外ノ担保ハ之ヲ公売ニ付シ其ノ費用及税金ニ充テ不足アルトキハ之ヲ追徴シ残金アルトキハ之ヲ還付ス

第十条　清涼飲料ハ大使ノ定ムル所ニ依リ清涼飲料税ヲ納付セズシテ保税地域ヨリ他ノ保税地域ニ運送スルコトヲ得

前項ノ場合ニ於テ当該清涼飲料ガ政府ノ指定シタル期間内ニ運送先ニ到着セザルトキハ保税地域ヨリ搬出シタルトキ引取リタルモノト看做シ運送申告者ヨリ清涼飲料税ヲ徴収ス但シ災害其ノ他已ムコトヲ得ザル事由ニ因リ亡失シタルモノニ付政府ノ承認ヲ受ケタルトキハ此ノ限ニ在ラズ

第十一条　清涼飲料ハ清涼飲料税納付前之ヲ消費シ又ハ政府ノ承認ヲ受ケズシテ之ヲ製造場ヨリ移出シ又ハ保税地域ヨリ引取ルコトヲ得ズ但シ第九条第一項ノ場合ニ於テハ此ノ限ニ在ラズ

第十二条　関東州外ニ輸出スル清涼飲料ニ付テハ大使ノ定ムル所ニ依リ清涼飲料税ヲ免除ス

前項ノ清涼飲料ニシテ政府ノ指定シタル期間内ニ輸出セラレタルコトノ証明ナキモノニ付テハ製造者又ハ引取人ヨリ直ニ其ノ清涼飲料税ヲ徴収ス但シ災害其ノ他已ムコトヲ得ザル事由ニ因リ亡失シタルモノニ付政府ノ承認ヲ受ケタルトキハ此ノ限ニ在ラズ

第十三条　前条第一項ノ清涼飲料ハ之ヲ関東州内ニ於テ消費シ又ハ消費スル目的ヲ以テ譲渡スルコトヲ得ズ但シ已ムコトヲ得ザル事由ニ因リ政府ノ承認ヲ受ケタルトキハ此ノ限ニ在ラズ

前項但書ノ承認ヲ受ケタル清涼飲料ニ付テハ直ニ其ノ清涼飲

料税ヲ徴収ス

第十四条　政府ハ清涼飲料税ニ付必要アリト認ムルトキハ大使ノ定ムル所ニ依リ納税ノ保証トシテ清涼飲料製造者ニ対シ担保ヲ提供セシムルコトヲ得

第九条第二項ノ規定ハ前項ノ場合ニ付之ヲ準用ス

第十五条　清涼飲料ノ製造者又ハ販売者ハ帳簿ヲ備ヘ大使ノ定ムル所ニ依リ其ノ製造出入ニ関スル事項ヲ記載スヘシ

清涼飲料ノ製造者ハ大使ノ定ムル所ニ依リ其ノ製造ニ関シ必要ナル事項ヲ政府ニ申告スヘシ

第十六条　税務官吏ハ清涼飲料ノ製造者若ハ販売者ニ対シ質問ヲ為シ、其ノ所持スル清涼飲料、其ノ製造出入ニ関スル一切ノ帳簿書類及清涼飲料ノ製造若ハ販売上必要ナル建築物、機械、器具、原料其ノ他ノ物件ヲ検査シ又ハ監督上必要ナル処分ヲ為スコトヲ得

第十七条　税務官吏ハ運搬中ニ在ル清涼飲料ヲ検査シ其ノ出所及到着先ヲ質問スルコトヲ得

前項ノ場合ニ於テ監督上必要アリト認ムルトキハ税務官吏ハ其ノ運搬ヲ停止シ、貨物又ハ船車ニ封印シ其ノ他相当ノ措置ヲ為スコトヲ得

第十八条　製造免許ヲ受ケズシテ清涼飲料ヲ製造シタル者ハ千円以下ノ罰金ニ処シ其ノ所持ニ係ル清涼飲料並ニ其ノ容器、器具及機械ハ之ヲ没収ス

第十九条　詐偽其ノ他不正ノ行為ニ依リ清涼飲料税ヲ逋脱シ又ハ逋脱セントシタル者ハ其ノ逋脱シ又ハ逋脱セントシタル税金ノ五倍ニ相当スル罰金ニ処シ直ニ其ノ税金ヲ徴収ス但シ罰金額ガ二十円ニ満タザルトキハ之ヲ二十円トス

第二十条　第七条第一項又ハ第二項ノ規定ニ依ル申告ヲ怠リ又ハ詐リタル者ハ三百円以下ノ罰金ニ処ス

第二十一条　左ノ各号ノ一ニ該当スル者ハ百円以下ノ罰金又ハ科料ニ処ス

一　第十一条又ハ第十三条第一項ノ規定ニ違反シタル者

二　第十五条第一項ノ規定ニ依ル帳簿ヲ備ヘズ若ハ隠匿シ又ハ帳簿ノ記載ヲ怠リ若ハ詐リタル者

三　第十五条第二項ノ規定ニ依ル申告ヲ怠リ又ハ詐リタル者

四　第十六条又ハ第十七条ノ規定ニ依ル税務官吏ノ質問ニ対シ答弁ヲ為サズ若ハ虚偽ノ陳述ヲ為シ又ハ其ノ職務ノ執行ヲ拒ミ、妨ゲ若ハ忌避シタル者

前項第一号ノ場合ニ於テハ直ニ其ノ清涼飲料税ヲ徴収ス

第二十二条　第十四条第一項ノ規定ニ依ル担保ヲ提供セザル者、第十九条若ハ第二十条ノ規定ニ依リテ処罰セラレタル者又ハ三年以上引続キ清涼飲料ヲ製造セザル者ニ対シテハ政府ハ清涼飲料製造ノ免許ヲ取消スコトヲ得

第二十三条　大正十一年勅令第二百号第一条ノ規定ハ第二十条又ハ第二十一条ノ罪ヲ犯シタル者ニ付テハ之ヲ適用セズ

第二十四条　大正十一年勅令第二百号第二条ノ規定ハ清涼飲料ノ販売者ニ付之ヲ準用ス

第二十五条　第十五条乃至第十七条、第二十一条第一項第二号乃至第四号及前二条ノ規定ハ販売ノ目的ヲ以テ炭酸瓦斯ヲ製造スル者又ハ炭酸瓦斯ヲ販売スル者ニ付之ヲ準用ス

第二十六条　自己又ハ其ノ家族ノ用ニ供スル清涼飲料ノミヲ製

造スル者ニハ本令ヲ適用セズ

附　則

本令ハ昭和十七年四月一日ヨリ之ヲ施行ス

本令施行前ヨリ引続キ清涼飲料ヲ製造スル者本令施行後一月以内ニ其ノ旨ヲ政府ニ申告スルトキハ本令施行ノ日ニ於テ本令ニ依リ清涼飲料製造ノ免許ヲ受ケタルモノト看做ス

清涼飲料ノ製造者又ハ販売者ガ本令施行ノ際製造場又ハ保税地域以外ノ場所ニ於テ五石ヲ超ユル数量ノ第二種ノ清涼飲料ヲ所持スル場合ニ於テハ其ノ場所ヲ以テ製造場、其ノ所持者ヲ以テ製造者ト看做シ之ニ清涼飲料税ヲ課ス此ノ場合ニ於テハ本令施行ノ日ニ於テ之ヲ製造場ヨリ移出シタルモノト看做シ五石ヲ超ユル数量ニ付一石ニ付十五円ノ税率ニ依リ算出シタル金額ヲ其ノ税額トシ大使ノ定ムル所ニ依リ之ヲ徴収ス

前項ノ清涼飲料ノ所持者ハ其ノ所持スル清涼飲料ノ数量及貯蔵ノ場所ヲ本令施行後一月以内ニ政府ニ申告スベシ

○関東州清涼飲料税令中改正

昭和十九年三月三十一日勅令第百九十一号

第三条　清涼飲料税ノ税率左ノ如シ

第一種　玉ラムネ壜詰ノモノ	一石ニ付	十二円
第二種　其ノ他ノ壜詰ノモノ	一石ニ付	三十五円
第三種　壜詰以外ノモノ		
炭酸瓦斯使用量一瓩ニ付		十一円

第十八条中「千円」ヲ「三千円」ニ改ム

第十九条中「処シ直ニ其ノ税金ヲ徴収ス」ヲ「処ス」ニ改メ但書ヲ削リ同条ニ左ノ三項ヲ加フ

前項ノ罪ヲ犯シタル者ハ情状ニ因リ二年以下ノ懲役若ハ其ノ逋脱シ若ハ逋脱セントシタル税金ノ五倍ヲ超エ十倍以下ニ相当スル罰金ニ処シ又ハ懲役及罰金ヲ併科スルコトヲ得

前二項ノ場合ニ於テ罰金額ガ二十円ニ満タザルトキハ之ヲ二十円トス

第一項及第二項ノ場合ニ於テ、直ニ其ノ税金ヲ徴収ス

第二十条中「三百円」ヲ「千円」ニ改ム

第二十一条中「百円」ヲ「五百円」ニ改ム

附　則

本令ハ昭和十九年四月一日ヨリ之ヲ施行ス

本令施行ノ際製造場又ハ保税地域以外ノ場所ニ於テ同一人ガ一石以上ノ第一種又ハ第二種ノ清涼飲料ヲ所持スル場合ニ於テハ其ノ場所ヲ以テ製造所、其ノ所持者ヲ以テ製造者ト看做シ之ニ清涼飲料税ヲ課ス此ノ場合ニ於テハ本令施行ノ日ニ於テ其ノ清涼飲料ヲ製造場ヨリ移出シタルモノト看做シ第一種ノ清涼飲料ニ付テハ一石ニ付六円、第二種ノ清涼飲料ニ付テハ一石ニ付二十円ノ割合ニ依リ算出シタル金額ヲ以テ其ノ税額トシ大使ノ定ムル所ニ依リ之ヲ徴収ス

前項ノ清涼飲料ノ所持者ハ其ノ所持スル清涼飲料ノ数量及貯蔵ノ場所ヲ本令施行後一月以内ニ政府ニ申告スベシ

○関東州所得税令外十一勅令中改正等ノ件（抄）

昭和二十年三月二十八日勅令第百四十九号

第七条　関東州清涼飲料税令中左ノ通改正ス

第三条中「十二円」ヲ「二十四円」ニ、「三十五円」ヲ「七十円」ニ、「十一円」ヲ「二十二円」ニ改ム

附　則

第十四条　本令ハ昭和二十年四月一日ヨリ之ヲ施行ス

第十八条　清涼飲料ノ製造者又ハ販売者ガ本令施行ノ際製造場又ハ保税地域以外ノ場所ニ於テ一石以上ノ第一種又ハ第二種ノ清涼飲料ヲ所持スル場合ニ於テハ其ノ場所ヲ以テ製造場、其ノ所持者ヲ以テ製造者ト看做シ其ノ所持スル清涼飲料ニ対シ清涼飲料税ヲ課ス此ノ場合ニ於テハ本令施行ノ日ニ於テ其ノ清涼飲料ヲ製造場ヨリ移出シタルモノト看做シ改正後ノ関東州清涼飲料税令第三条ノ規定ニ依リ算出シタル税額ト従前ノ規定ニ依リ算出シタル税額トノ差額ヲ以テ其ノ税額トシ大使ノ定ムル所ニ依リ之ヲ徴収ス

前項ノ清涼飲料ノ所持者ハ其ノ所持スル清涼飲料ノ数量及貯蔵ノ場所ヲ本令施行後一月以内ニ申告スベシ

◎関東州取引所税規則

大正九年三月十九日関東庁令第八号

改正　昭和一二年第一一一号

第一条　取引所営業税ノ税率ハ賣買手数料収入金額百分ノ十五トス

第二条　株式会社組織ノ取引所ハ毎月ノ賣買手数料収入金額ヲ翌月十日迄ニ官ニ申告スヘシ但シ廃業シタルトキハ直ニ之ヲ申告スヘシ

前項ノ申告ヲ為サス又ハ官ニ於テ申告ヲ不相当ト認ムルトキハ官ハ其ノ課税標準額ヲ決定ス

第三条　取引所営業税ハ毎月分ヲ翌月末日迄ニ納付スヘシ但シ廃業シタルトキハ直ニ之ヲ納付スヘシ

第四条　取引税ノ税率左ノ如シ

第一種	地方債証券社債券	定期取引ノ賣買各約定金高	万分ノ一・五
第二種	有価証券	同	万分ノ三
第三種	商品	同	万分ノ二

第五条　国債証券ノ定期取引ニハ取引税ヲ課セス

第六条　取引人ハ毎月分ノ定期取引ノ賣買各約定金高ヲ種別毎ニ記載シタル申告書ヲ取引所ヲ経テ翌月十日迄ニ官ニ提出スヘシ

取引所ハ前項ノ申告書ヲ調査シ其ノ当否ニ付意見ヲ付シ前項ノ期間内ニ之ヲ官ニ提出スヘシ

前項ノ規定ニ依リ取引所ヲシテ申告書ノ調査ヲ為サシムル為取引人ハ第一項ノ期日前相当ノ期間内ニ申告書ヲ取引所ニ送

付スヘシ
申告書ノ提出ナキトキ又ハ官ニ於テ申告高ヲ不相当ト認ムルトキハ官ハ其ノ課税標準額ヲ決定ス
第七条　取引人ハ毎月分ノ取引税金ヲ取引所ヲ経テ翌月末迄ニ官ニ納付スヘシ
第八条　取引税ノ納税告知書ハ取引所ヲ経テ之ヲ取引人ニ送達ス此ノ場合ニ於テハ株式会社組織ノ取引所ニ在リテハ取引所ニ交付シタル時ヲ以テ其ノ取引人ニ送達シタルモノト看做ス
取引所ハ其ノ取引人ノ納付スヘキ税金ヲ取纏メ前条ノ期間内ニ之ヲ官ニ納付スヘシ
株式会社組織ノ取引所前項ノ規定ニ依リ取纏メタル税金ヲ送付セサルトキハ租税其ノ他ノ公課徴収ノ例ニ依リ取引所ヨリ之ヲ徴収ス
第九条　取引人カ廃業其ノ他ノ事由ニ因リ其ノ資格ヲ失ヒタルトキハ課税標準額ノ申告及取引税ノ納付ハ前三条ノ期限ニ拘ラス直ニ之ヲ為スヘシ
前項ノ規定ハ取引所廃業シ又ハ官ニ於テ取引所ヲ閉鎖シタル場合ニ於ケル取引税ニ付之ヲ準用ス
第十条　株式会社組織ノ取引所ハ賣買手数料及賣買取引ニ関スル事項ヲ帳簿ニ記載スヘシ
取引人ハ賣買取引ニ関スル事項ヲ帳簿ニ記載スヘシ
第十一条　株式会社組織ノ取引所又ハ取引人第二条、第六条又ハ第九条ノ申告ヲ怠リ又ハ詐リタルトキハ二百円以下ノ罰金又ハ科料ニ処ス因リテ脱税シタルトキハ直ニ其ノ税金ヲ追徴ス
第十二条　関東州取引所規則第二十九条第九号ニ該当スル者アリタルトキハ取引税ニ関シテハ取引所ニ於テ定期取引ヲ為シテ脱税シタルモノト看做シ二百円以下ノ罰金ニ処シ直ニ其ノ税金ヲ追徴ス
前項ノ場合ニ於テハ委託者ニ対シ約定金高トシテ計算シタル金額ヲ以テ賣買各約定金高トス
第一項ノ税金ニ関シテハ第六条乃至第八条ノ規定ヲ適用セス
第十三条　取引人ノ為シタル第六条又ハ第九条ノ申告不当ナル場合ニ於テ株式会社組織ノ取引所之ヲ正当ナル申告トシテ官ニ提出シタルトキハ百円以下ノ罰金又ハ十円以上ノ科料ニ処ス因リテ脱税スルニ至ラシメタルトキハ二百円以下ノ罰金ニ処ス
第十四条　株式会社組織ノ取引所又ハ取引人左ノ各号ノ一ニ該当スルトキハ百円以下ノ罰金又ハ十円以上ノ科料ニ処ス
一　株式会社組織ノ取引所第六条又ハ第九条ノ場合ニ於テ申告書ニ意見ヲ付セス又ハ申告書ノ提出ヲ怠リタルトキ
二　賣買手数料又ハ賣買取引ニ関スル帳簿ヲ調製セス其ノ記載ヲ怠リ若ハ詐リタルトキ又ハ帳簿書類ヲ隠匿シタルトキ
三　当該官吏、吏員ノ質問ニ対シ答弁ヲ為サス若ハ虚偽ノ陳述ヲ為シ又ハ其ノ職務ノ執行ヲ拒ミ之ヲ妨ケ若ハ忌避シタルトキ
第十五条　取引人ノ代理人、戸主、家族、同居者、雇人其ノ他ノ従業者ニシテ其ノ業務ニ関シ本令ヲ犯シタルトキハ其ノ取引人ヲ処罰ス
第十六条　本令ニ規定セル官ノ職務ハ税務署長又ハ民政署長之

ヲ行フ

附　則

本令ハ公布ノ日ヨリ之ヲ施行ス

◎関東州骨牌税令

昭和十七年三月二十八日勅令第二百五十八号

朕関東州骨牌税令ヲ裁可シ茲ニ之ヲ公布セシム（総理大臣副署）

関東州骨牌税令

第一条　骨牌ニハ本令ニ依リ骨牌税ヲ課ス

第二条　骨牌税ノ税率左ノ如シ

一　麻雀　一組ニ付　五　円

二　花牌　一組ニ付　二十銭

三　其ノ他ノ骨牌　一組ニ付　七十銭

第三条　骨牌ノ製造又ハ販売ヲ為サントスル者ハ製造場又ハ販売場一箇所毎ニ政府ノ免許ヲ受クベシ

骨牌ノ製造又ハ販売ノ免許ヲ受ケタル者其ノ製造又ハ販売ヲ廃止セントスルトキハ免許ノ取消ヲ申請スベシ

骨牌ノ製造業又ハ販売業ヲ相続シタル者ハ其ノ製造又ハ販売ノ免許ヲ受ケタルモノト看做ス

第四条　骨牌税ハ骨牌ヲ製造場ヨリ移出シ又ハ保税地域ヨリ引取ル場合ニ製造者又ハ引取人ヨリ之ヲ徴収ス

保税地域トハ政府ニ於テ課税物件ヲ蔵置シ得ベキ場所トシテ指定シタル場所ヲ謂フ

第五条　骨牌ハ左ノ各号ノ一ニ該当スル場合ニ於テハ之ヲ製造場ヨリ移出シ又ハ保税地域ヨリ引取リタルモノト看做ス

一　製造場内又ハ保税地域内ニ於テ其ノ用ニ供セラレタルトキ

二　製造場内又ハ保税地域内ニ現存スルモノ公売セラレタルトキ

三　製造免許取消ノ場合ニ於テ製造場内ニ現存スルトキ

第六条　骨牌税ヲ納付シタル者ハ其ノ骨牌一組毎ニ包裹ヲ施シ納税済証印ノ押捺ヲ受ケ又ハ納税済証ノ貼附ヲ受クベシ

第七条　骨牌ハ骨牌税納付前之ヲ其ノ用ニ供シ又ハ政府ノ承認ヲ受ケズシテ之ヲ製造場ヨリ移出シ又ハ保税地域ヨリ引取ルコトヲ得ズ

第八条　左ニ掲グル骨牌ニ付テハ満洲国駐箚特命全権大使ノ定ムル所ニ依リ骨牌税ヲ免除ス

一　輸出スルモノ

二　見本ニ供スルモノ

前項第一号ノ骨牌ニシテ政府ノ指定シタル期間内ニ輸出セラレタルコトノ証明ナキモノニ付テハ製造者又ハ引取人ヨリ直ニ其ノ骨牌税ヲ徴収ス但シ災害其ノ他已ムコトヲ得ザル事由ニ因リ滅失シタルモノニ付政府ノ承認ヲ受ケタルトキハ此ノ限ニ在ラズ

第九条　前条第一項第一号ノ骨牌ハ之ヲ関東州内ニ於テ其ノ用ニ供シ又ハ供スル目的ヲ以テ譲渡スルコトヲ得ズ但シ已ムコトヲ得ザル事由ニ因リ政府ノ承認ヲ受ケタルトキハ此ノ限ニ在ラズ

前項但書ノ承認ヲ受ケタル骨牌ニ付テハ直ニ其ノ骨牌税ヲ徴

収ス

第十条 政府ハ骨牌税ニ付必要アリト認ムルトキハ大使ノ定ムル所ニ依リ納税ノ保証トシテ骨牌製造者ニ対シ担保ヲ提供セシムルコトヲ得

前項ノ規定ニ依リ担保ヲ提供シタル者期間内ニ税金ヲ納付セザルトキハ担保ヲ以テ之ニ充ツ但シ金銭以外ノ担保ハ之ヲ公売ニ付シ其ノ費用及税金ニ充テ不足アルトキハ之ヲ追徴シ残金アルトキハ之ヲ還付ス

第十一条 骨牌ノ製造者又ハ販売者ハ帳簿ヲ備ヘ大使ノ定ムル所ニ依リ其ノ製造出入ニ関スル事項ヲ記載スベシ

第十二条 骨牌ノ販売者ハ納税済証印ノ押捺又ハ納税済証ノ貼附ヲ受ケザル骨牌ヲ所持スルコトヲ得ズ

第十三条 税務官吏ハ骨牌ノ製造者若ハ販売者ニ対シ質問ヲ為シ、其ノ所持スル骨牌、其ノ製造出入ニ関スル一切ノ帳簿書類其ノ他ノ物件ヲ検査シ又ハ監督上必要ナル処分ヲ為スコトヲ得

第十四条 税務官吏ハ運搬中ニ在ル骨牌ヲ検査シ其ノ出所及到着先ヲ質問スルコトヲ得

第十五条 免許ヲ受ケズシテ骨牌ヲ製造シタル者ハ千円以下ノ罰金ニ処シ免許ヲ受ケズシテ骨牌ヲ販売シタル者ハ三百円以下ノ罰金ニ処シ其ノ所持ニ係ル骨牌ハ之ヲ没収ス

第十六条 詐偽其ノ他不正ノ行為ニ依リ骨牌税ヲ逋脱シ又ハ逋脱セントシタル者ハ其ノ逋脱シ又ハ逋脱セントシタル税金ノ五倍ニ相当スル罰金ニ処シ直ニ其ノ税金ヲ徴収ス但シ罰金額ガ二十円ニ満タザルトキハ之ヲ二十円トス

第十七条 左ノ各号ノ一ニ該当スル者ハ百円以下ノ罰金又ハ科料ニ処ス

一 第七条又ハ第九条第一項ノ規定ニ違反シタル者
二 第十一条ノ規定ニ依ル帳簿ヲ備ヘズ若ハ隠匿シ又ハ帳簿ノ記載ヲ怠リ若ハ詐リタル者
三 第十二条ノ規定ニ違反シタル者
四 第十三条又ハ第十四条ノ規定ニ依ル税務官吏ノ質問ニ対シ答弁ヲ為サズ若ハ虚偽ノ陳述ヲ為シ又ハ其ノ職務ノ執行ヲ拒ミ、妨ゲ若ハ忌避シタル者

前項第一号ノ場合ニ於テハ直ニ其ノ骨牌税ヲ徴収ス

第一項第三号ノ場合ニ於テハ其ノ所持ニ係ル骨牌ハ之ヲ没収ス

第十八条 骨牌ノ製造者又ハ販売者本令又ハ本令ニ基キテ発スル命令ニ違反シタルトキハ免許ヲ取消スコトヲ得

第十九条 大正十一年勅令第二百号第一条ノ規定ハ第十七条ノ罪ヲ犯シタル者ニ付テハ之ヲ適用セズ

第二十条 大正十一年勅令第二百号第二条ノ規定ハ骨牌ノ販売者ニ付之ヲ準用ス

第二十一条 本令ハ伊呂波加留多、歌加留多及大使ノ認許ヲ得タル骨牌ニ付テハ之ヲ適用セズ

附　則

本令ハ昭和十七年四月一日ヨリ之ヲ施行ス

本令施行前ヨリ引続キ骨牌ノ製造又ハ販売ヲ為ス者本令施行ノ日ヨリ二十日以内ニ其ノ旨ヲ政府ニ申告スルトキハ本令施行ノ日ニ於テ本令ニ依リ骨牌ノ製造又ハ販売ノ免許ヲ受ケタルモノ

ト看做ス

前項ノ規定ニ依リ免許ヲ受ケタルモノト看做サレザル者ノ所持ニ係ル骨牌ハ之ヲ廃毀スベシ

前項ニ違反シタル者ハ千円以下ノ罰金ニ処シ其ノ骨牌ハ之ヲ没収ス

骨牌ノ製造者又ハ販売者ガ本令施行ノ際製造場又ハ保税地域以外ノ場所ニ於テ骨牌ヲ所持スル場合ニ於テハ其ノ場所ヲ以テ製造場、其ノ所持者ヲ以テ製造者ト看做シ之ニ骨牌税ヲ課ス此ノ場合ニ於テハ本令施行ノ日ニ於テ之ヲ製造場ヨリ移出シタルモノト看做シ第二条ノ税率ニ依リ算出シタル金額ヲ其ノ税額トシ大使ノ定ムル所ニ依リ之ヲ徴収ス

前項ノ骨牌ニ付テハ納税済証印ノ押捺ヲ受ケ又ハ納税済証〆貼附ヲ受クベシ

第五項ノ骨牌ノ所持者ハ其ノ所持スル骨牌ノ種類毎ニ数量、価格及貯蔵場所ヲ本令施行後二十日以内ニ政府ニ申告スベシ

○関東州骨牌税令中改正

昭和十九年三月三十一日勅令第百九十二号

第二条中「五円」ヲ「十円」ニ、「二十銭」ヲ「五十銭」ニ、「七十銭」ヲ「一円五十銭」ニ改ム

第十五条中「千円」ヲ「三千円」ニ、「三百円」ヲ「千円」ニ改ム

第十六条中「処シ直ニ其ノ税金ヲ徴収ス」ヲ「処ス」ニ改メ但書ヲ削リ同条ニ左ノ三項ヲ加フ

前項ノ罪ヲ犯シタル者ハ情状ニ因リ二年以下ノ懲役若ハ其ノ逋脱シ若ハ逋脱セントシタル税金ノ五倍ヲ超エ十倍以下ニ相当スル罰金ニ処シ又ハ懲役及罰金ヲ併科スルコトヲ得

前二項ノ場合ニ於テ罰金額ガ二十円ニ満タザルトキハ之ヲ二十円トス

第一項及第二項ノ場合ニ於テハ直ニ其ノ税金ヲ徴収ス

第十七条中「百円」ヲ「五百円」ニ改ム

附　則

本令ハ昭和十九年四月一日ヨリ之ヲ施行ス

骨牌ノ製造者又ハ販賣者ガ本令施行ノ際製造場又ハ保税地域以外ノ場所ニ於テ骨牌ヲ所持スル場合ニ於テハ其ノ場所ヲ以テ製造場、其ノ所持者ヲ以テ製造者ト看做シ之ニ骨牌税ヲ課ス此ノ場合ニ於テハ本令施行ノ日ニ於テ其ノ骨牌ヲ製造場ヨリ移出シタルモノト看做シ大使ノ定ムル所ニ依リ其ノ骨牌税ヲ徴収ス但シ従前ノ規定ニ依リ骨牌税ヲ課セラレタル骨牌ニ付テハ其ノ課セラレタル税額ニ相当スル金額ヲ控除シタル金額ヲ以テ其ノ税額トス

前項ノ骨牌ニ付テハ新ニ納税済証印ノ押捺ヲ受ケ又ハ納税済証ノ貼附ヲ受クベシ

第二項ノ骨牌ノ所持者ハ其ノ骨牌ノ種類毎ニ数量及貯蔵ノ場所ヲ本令施行後一月以内ニ政府ニ申告スベシ

◎関東州煙草税令

大正十一年四月十五日勅令第百九十九号

朕関東州煙草税令ヲ裁可シ茲ニ之ヲ公布セシム（総理大臣副署）

関東州煙草税令

第一条　煙草ヲ耕作セムトスル者ハ当該官庁ノ免許ヲ受クヘシ

煙草ヲ製造セムトスル者ハ製造場一箇所毎ニ当該官庁ノ免許ヲ受クヘシ

煙草ヲ販賣セムトスル者ハ店舗其ノ他ノ営業場一箇所毎ニ卸賣及小賣ニ付各別ニ当該官庁ノ免許ヲ受クヘシ

第二条　前条ノ免許ヲ受ケタル者耕作、製造又ハ販賣ヲ廃止セムトスルトキハ免許ノ取消ヲ求ムヘシ

煙草ノ耕作、製造又ハ販賣ハ関東長官ノ定ムル所ニ依リ相続人ニ於テ之ヲ承継スルコトヲ得

第三条　煙草ニハ左ノ割合ニ依リ煙草税ヲ課ス

一　製造煙草
　口附紙巻煙草及刻煙草　小賣定価　百分ノ二十五
　其ノ他ノ製造煙草　小賣定価　百分ノ三十
二　葉煙草　小賣定価　百分ノ二十五

葉屑、刻屑其ノ他ノ屑煙草ハ之ヲ葉煙草ト看做ス

第四条　煙草税ハ保税地域又ハ郵便局ヨリ煙草ヲ引取ルトキ引取人ヨリ之ヲ徴収ス

保税地域ト称スルハ葉煙草貯蔵場、煙草製造場、保税倉庫其ノ他当該官庁カ課税物件ヲ蔵置シ得ヘキ場所トシテ指定シ又ハ特許シタル場所ヲ謂フ

第五条　煙草税額ニ相当スル担保物ヲ提供シタルトキハ三月以内煙草税ノ徴収ヲ猶予スルコトヲ得

前項ノ規定ニ依リ担保物ヲ提供シタル者期間内ニ税金ヲ納付セサルトキハ担保物ヲ以テ之ニ充ツ但シ金銭以外ノ担保物ハ之ヲ公賣ニ付シ其ノ費用及税金ニ充テ不足アルトキハ之ヲ追徴シ残金アルトキハ之ヲ還付ス

第一項ノ担保物ニ関スル規定ハ関東長官之ヲ定ム

第六条　葉煙草ノ煙草税ニ付相当ノ納税保証人ヲ立テタルトキハ三月以内煙草税ノ徴収ヲ猶予スルコトヲ得

納税保証人ハ納税義務者カ煙草税ヲ完納スルコト能ハサル場合ニ於テ納税者トシテ其ノ義務ヲ負担ス

第七条　煙草ハ関東長官ノ定ムル所ニ依リ煙草税ヲ納付セスシテ保税地域ヨリ他ノ保税地域ニ運送スルコトヲ得

前項ノ場合ニ於テ当該煙草相当ノ期間内ニ運送先ニ到着セサルトキハ保税地域ヨリ搬出シタルトキ引取リタルモノト看做シ運送申告者ヨリ煙草税ヲ徴収ス但シ災害ニ因リ滅失シ又ハ当該官吏ノ承認ヲ得テ廃棄シタル煙草ニ付テハ此ノ限ニ在ラス

第八条　第五条第一項又ハ第六条第一項ノ規定ニ該当スル場合ヲ除クノ外煙草税納付前ニ於テハ煙草ヲ消費シ又ハ保税地域若ハ郵便局ヨリ之ヲ引取ルコトヲ得ス

第九条　製造煙草ノ原料ニ使用スル葉煙草及関東州外ニ輸出スル煙草ハ関東長官ノ定ムル所ニ依リ煙草税ヲ免除スルコトヲ得

第十条　煙草製造者ハ製造煙草ノ容器又ハ包裹ニ其ノ氏名又ハ名称ヲ、引取人ハ製造煙草ノ容器又ハ包裹ニ小賣定価ヲ刷記スヘシ但シ第九条ノ規定ニ依リ煙草税ヲ免除セラレタルモノニ付テハ此ノ限ニ在ラス

第十一条　製造煙草ヲ販賣セムトスル者ハ容器又ハ包裹ニ封緘紙ヲ貼付スヘシ

第十二条　第十条ノ小賣定価ヲ不当ト認ムルトキハ当該官庁ハ其ノ煙草ノ品位ニ相当スル小賣定価ヲ指定スルコトヲ得

第十三条　製造煙草ハ容器又ハ包裹ニ刷記シタル小賣定価ヲ超過スル価格ヲ以テ之ヲ販賣スルコトヲ得ス

第十四条　煙草製造者ハ製造場内ニ於テ煙草ヲ販賣スルコトヲ得ス但シ許可ヲ受ケ販賣ノ場所ヲ区劃シタル場合ハ此ノ限ニ在ラス

第十五条　自家用ノ為煙草ヲ耕作セムトスル者ハ当該官庁ノ免許ヲ受クヘシ

自家用煙草耕作者ハ毎年自家用煙草税五十銭ヲ納ムヘシ其ノ耕作ニ係ル自家用煙草ニハ第三条ノ煙草税ヲ課セス

第十六条　自家用煙草耕作者其ノ耕作ヲ廃止セムトスルトキハ免許ノ取消ヲ求ムヘシ

第二条第二項ノ規定ハ自家用煙草ノ耕作ニ之ヲ準用ス

第十七条　自家用煙草耕作者ハ其ノ耕作ニ係ル煙草ヲ他人ニ譲渡スコトヲ得ス

第十八条　自家用煙草耕作者煙草ヲ耕作セサルトキハ当該官庁ハ申請ニ因リ其ノ年分自家用煙草税ヲ免除スルコトヲ得

第十九条　自家用煙草税ノ納期ハ毎年十一月一日ヨリ同三十日限トス但シ免許消滅シタルトキ又ハ納期後免許ヲ与ヘタルトキハ直ニ税金ヲ徴収ス

第二十条　煙草製造者及煙草販賣者ハ帳簿ヲ調整シ煙草ノ製造出入ニ関スル事項ヲ記載スヘシ

第二十一条　当該官吏ハ煙草ノ製造場、店舗其ノ他必要ト認ムル場所ニ立入リ原料、材料、製品、器具、機械、建築物、帳簿書類其ノ他ノ物件ヲ検査スルコトヲ得

当該官吏ハ取締上必要ト認ムルトキハ前項ノ物件ニ証印ヲ押捺シ、封印シ其ノ他相当ノ措置ヲ為シ又ハ為サシムコトヲ得

第二十二条　当該官吏ハ運搬中ニ在ル煙草ヲ検査シ其ノ出所及到著先ヲ尋問スルコトヲ得

前項ノ場合ニ於テ監督上必要ト認ムルトキハ当該官吏ハ其ノ運搬ヲ停止シ又ハ貨物若ハ船車ニ封印シ其ノ他相当ノ措置ヲ為スコトヲ得

第二十三条　第一条又ハ第十五条第一項ノ規定ニ依リ煙草ノ耕作、製造又ハ販賣ノ免許ヲ受ケタル者本令又ハ本令ニ基キテ発スル命令ニ違反シタルトキハ其ノ免許ヲ取消スコトヲ得

第二十四条　左ニ掲クル場合ニ於テハ直ニ煙草税ヲ徴収ス

一　免許ヲ受ケスシテ煙草ヲ耕作、製造又ハ販賣シタルトキ

二　詐偽其ノ他不正ノ行為ニ因リ煙草税又ハ自家用煙草税ヲ逋脱シ又ハ逋脱セムトシタルトキ

三　第八条ノ規定ニ違反シタルトキ

四　輸出スル為煙草税ヲ免除セラレタル煙草ヲ関東州内ニ於テ消費シ又ハ関東州内ニ於テ消費スル目的ヲ以テ他人ニ譲渡シタルトキ

五　製造煙草ノ原料ニ使用スル為煙草税ヲ免除セラレタル葉煙草ヲ其ノ以外ノ用ニ供シタルトキ

第二十五条　本令ニ定ムルモノヲ除クノ外煙草税ニ関シ必要ナル規定ハ関東長官之ヲ定ム

附　則

第二十六条　本令ハ大正十一年四月二十日ヨリ之ヲ施行ス

第二十七条　本令施行ノ際現ニ煙草ヲ耕作、製造又ハ販賣スル者ニシテ引続キ煙草ヲ耕作、製造又ハ販賣セムトスル者ハ本令施行後三十日内ニ当該官庁ニ免許ヲ申請スヘシ其ノ申請ニ対シ許否ノ処分ヲ受クル迄ハ本令ニ依リ免許ヲ受ケタルモノト看做ス

第二十八条　本令施行ノ際現ニ煙草ヲ所有又ハ所持スル者ハ本令施行後二十日内ニ其ノ煙草ノ種類、数量及所在ヲ申告シ仍製造煙草ニ付テハ其ノ品目及小賣定価ヲ申告シ且容器又ハ包裹ニ小賣定価ヲ記載スヘシ但シ本令施行ノ際所有ハ所持スル煙草カ葉煙草ニ在リテハ十斤以下、製造煙草ニ在リテハ見積小賣価額十円以下ナルトキハ此ノ限ニ在ラス

第二十九条　前条ノ規定ニ依リ申告スヘキ煙草ニ付テハ関東長官ノ定ムル所ニ依リ第三条第一項ノ割合ニ依リ煙草税ヲ課ス

○関東庁官制等ノ改正ニ際シ憲兵令其ノ他ノ勅令中改正等ノ件（抄）

昭和九年十二月二十六日勅令第三百九十五号

第六十一条　関東州煙草税令中左ノ通改正ス

第二条第二項中「関東長官」ヲ「満洲国駐箚特命全権大使」ニ改ム

第五条第三項、第七条第一項、第九条及第二十五条中「関東長官」ヲ「大使」ニ改ム

附　則

本令ハ公布ノ日ヨリ之ヲ施行ス

○関東州煙草税令中改正

昭和十二年三月二十六日勅令第三十五号

第三条　煙草ニハ左ノ税率ニ依リ煙草税ヲ課ス

一　製造煙草

口附紙巻煙草及刻煙草　小賣定価　百分ノ二十五

葉巻煙草　小賣定価　百分ノ三十五

其ノ他ノ製造煙草　小賣定価　百分ノ三十

二　葉煙草　小賣価格　百分ノ二十五

前項ノ規定ニ依リ税額ヲ算出スル場合ニ於テ紙巻煙草一本ニ付税額カ一厘ニ満タサルモノアルトキハ之ヲ一厘トシ紙巻煙草十本未満ヲ包有スル容器又ハ包裹一箇ニ付税額カ一銭ニ満タサルモノアルトキハ之ヲ一銭トス

葉屑、刻屑其ノ他ノ屑煙草ハ之ヲ葉煙草ト看做ス
第十五条第二項中「五十銭」ヲ「一円」ニ改ム
第二十三条末尾ニ「三年以上引続キ自家用煙草ノ耕作又ハ煙草ノ製造若ハ販賣ヲ休止シタルトキ亦同シ」ヲ加フ

附　則

本令ハ昭和十二年四月一日ヨリ之ヲ施行ス
第十五条ノ改正規定ハ昭和十二年分自家用煙草税ヨリ之ヲ適用ス
左ニ掲グル煙草ニ付テハ仍従前ノ例ニ依ル
一　本令施行前煙草税ヲ課スベカリシモノ
二　本令施行前煙草税ノ徴収ヲ猶予シタルモノ
三　本令施行前保税地域ヨリ引取リタルモノニシテ第七条第二項ノ規定ニ依リ煙草税ヲ徴収スベキモノ

○関東州煙草税令中改正

昭和十六年三月二十九日勅令第二百九十八号

第三条第一項中「百分ノ二十五」ヲ「百分ノ三十七」ニ、「百分ノ三十五」ヲ「百分ノ五十五」ニ、「百分ノ三十」ヲ「百分ノ四十五」ニ改ム
第十五条第二項中「一円」ヲ「二円」ニ改ム

附　則

本令ハ昭和十六年四月一日ヨリ之ヲ施行ス
第十五条ノ改正規定ハ昭和十六年分自家用煙草税ヨリ之ヲ適用ス

○関東州煙草税令中改正

昭和十八年三月三十一日勅令第三百三十八号

第三条　煙草ニハ左ノ税率ニ依リ煙草税ヲ課ス
一　製造煙草　小賣定価ノ百分ノ六十
二　葉煙草　小賣価格ノ百分ノ四十
葉屑、刻屑其ノ他ノ屑煙草ハ之ヲ葉煙草ト看做ス
第四条第一項中「又ハ郵便局」ヲ、同条第二項中「、保税倉庫」ヲ削ル
第八条中「若ハ郵便局」ヲ削ル
第九条ノ二　前条ノ規定ニ依リ煙草税ヲ免除セラレタル葉煙草又ハ煙草ハ之ヲ製造煙草ノ原料以外ノ用ニ供シ又ハ関東州内ニ於テ消費シ若ハ消費スル目的ヲ以テ他人ニ譲渡スルコトヲ得ス但シ已ムコトヲ得サル事由ニ依リ当該官吏ノ承認ヲ得タルトキハ此ノ限ニ在ラス
前項但書ノ承認ヲ得タルトキハ直ニ其ノ煙草税ヲ納付スヘシ
第十五条乃至第十九条　削除
第二十三条　免許ヲ受ケスシテ煙草ヲ耕作又ハ製造シタル者ハ千円以下ノ罰金ニ処シ免許ヲ受ケスシテ煙草ヲ販賣シタル者ハ三百円以下ノ罰金ニ処シ其ノ所持ニ係ル煙草ハ之ヲ没収ス
免許ヲ受ケスシテ耕作又ハ製造シタル煙草ニ付テハ直ニ其ノ煙草税ヲ徴収ス
第二十四条　詐偽其ノ他不正ノ行為ニ依リ煙草税ヲ逋脱シ又ハ

逋脱セムトシタル者ハ其ノ逋脱シ又ハ逋脱セムトシタル税金ノ五倍ニ相当スル罰金ニ処シ直ニ其ノ税金ヲ徴収ス但シ罰金額カ二十円ニ満タサルトキハ之ヲ二十円トス

第二十五条　左ノ各号ノ一ニ該当スル者ハ三百円以下ノ罰金又ハ科料ニ処ス

一　第八条又ハ第九条ノ二第一項ノ規定ニ違反シタル者

二　第十条、第十一条、第十三条若ハ第十四条ノ規定ニ違反シ又ハ第十二条ノ規定ニ依ル小賣定価ノ指定ニ違反シタル者

前項第一号ノ場合ニ於テハ直ニ其ノ煙草税ヲ徴収ス

第二十五条ノ二　左ノ各号ノ一ニ該当スル者ハ百円以下ノ罰金又ハ科料ニ処ス

一　第二十条ノ規定ニ依ル帳簿ヲ調整セズ又ハ帳簿ノ記載ヲ怠リ若ハ詐リタル者

二　第二十一条又ハ第二十二条ノ規定ニ依ル当該官吏ノ尋問ニ対シ答弁ヲ為サズ若ハ虚偽ノ陳述ヲ為シ又ハ其ノ職務ノ執行ヲ拒ミ、妨ケ若ハ忌避シタル者

第二十五条ノ三　第二十四条若ハ第二十五条第一項ノ規定ニ依リ処罰セラレタル者又ハ一年以上引続キ煙草ノ耕作、製造若ハ販賣ヲ休止シタル者ニ対シテハ当該官庁ハ煙草ノ耕作、製造又ハ販賣ノ免許ヲ取消スコトヲ得

前項ノ取消アリタル場合ニ於テ必要ナル規定ハ大使之ヲ定ム

第二十五条ノ四　大正十一年勅令第二百号第一条ノ規定ハ第二十五条第一項及第二十五条ノ二ノ罪ヲ犯シタル者ニハ之ヲ適用セズ

第二十五条ノ五　大正十一年勅令第二百号第二条ノ規定ハ煙草ノ耕作者、製造者又ハ販賣者ニ付之ヲ準用ス

附　則

本令ハ昭和十八年四月一日ヨリ之ヲ施行ス

従前ノ規定ニ依リ当該官庁ノ免許ヲ受ケ自家用ノ煙草ヲ耕作スル者ハ昭和二十年十二月三十一日迄ハ其ノ耕作ヲ為スコトヲ得

前項ノ自家用ノ煙草ニ付テハ仍従前ノ例ニ依ル

○関東州煙草税令中改正

昭和十九年三月三十一日勅令第百九十三号

第三条第一項中「百分ノ六十」ヲ「百分ノ七十二」ニ、「百分ノ四十」ヲ「百分ノ五十五」ニ改ム

第十五条　当該官庁ハ煙草税保全上必要アリト認ムルトキハ大使ノ定ムル所ニ依リ煙草製造者又ハ煙草販賣者ニ対シ製造、貯蔵、譲渡、譲受、移動、設備又ハ価格ニ関シ必要ナル命令ヲ為スコトヲ得

第二十三条第一項中「千円」ヲ「三千円」ニ、「三百円」ヲ「千円」ニ改ム

第二十四条中「処シ直ニ其ノ税金ヲ徴収ス」ヲ「処ス」ニ改メ但書ヲ削リ同条ニ左ノ三項ヲ加フ

前項ノ罪ヲ犯シタル者ハ情状ニ因リ二年以下ノ懲役若ハ其ノ逋脱シ若ハ逋脱セムトシタル税金ノ五倍ヲ超エ十倍以下ニ相当スル罰金ニ処シ又ハ懲役及罰金ヲ併科スルコトヲ得

前二項ノ場合ニ於テ罰金額カ二十円ニ満タサルトキハ之ヲ二

十円トス

第一項及第二項ノ場合ニ於テハ直ニ其ノ税金ヲ徴収ス

第二十四条ノ二　第十五条ノ規定ニ依ル命令又ハ同条ノ命令ニ基ク処分ニ違反シタル者ハ二年以下ノ懲役又ハ三万円以下ノ罰金ニ処ス

前項ノ罪ヲ犯シタル者ニハ情状ニ因リ懲役及罰金ヲ併科スルコトヲ得

関東州間接国税犯則者処分令ハ第一項ノ罪ヲ犯シタル者ニ対シテハ之ヲ適用セズ

第二十五条中「三百円」ヲ「千円」ニ改ム

第二十五条ノ二中「百円」ヲ「五百円」ニ改ム

第二十五条ノ四中「第一条ノ規定ハ」ノ下ニ「第二十四条ノ二第一項」ヲ加フ

附　則

本令ハ昭和十九年四月一日ヨリ之ヲ施行ス

○関東州煙草税令中改正

昭和十九年十二月二十九日勅令第六百七十七号

第三条　煙草ニハ左ノ税率ニ依リ煙草税ヲ課ス

一　製造煙草（刻煙草ヲ除ク）

一級　五万本ニ付　二千五百五十円

二級　五万本ニ付　二千二百六十円

三級　五万本ニ付　千八百三十円

四級　五万本ニ付　千四百十四円

五級　五万本ニ付　九百九十八円

六級　五万本ニ付　八百四円

二　刻煙草

一級　一瓩ニ付　二十円

二級　一瓩ニ付　十五円

三　葉煙草　小売価格ノ百分ノ五十五

葉屑、刻屑其ノ他ノ屑煙草ハ之ヲ葉煙草ト看做ス

第一項第一号及第二号ノ等級ハ煙草ヲ保税地域ヨリ引取ル際ノ価格ヲ基準トシ当該官庁之ヲ決定ス

第四条第二項ヲ削ル

第十条中「小売定価」ノ上ニ「等級及」ヲ加フ

第二十五条ノ六　本令ニ於テ保税地域トハ葉煙草貯蔵場、煙草製造場其ノ他当該官庁カ課税物件ヲ蔵置シ得ヘキ場所トシテ指定シ又ハ特許シタル場所ヲ謂フ

附　則

本令ハ昭和二十年一月一日ヨリ之ヲ施行ス

◎塩税規則

明治三十八年五月八日遼東守備軍令達第二十一号

改正　昭和一二年第一九号、一四年第七七号

第一条　塩ヲ製造セムトスル者ハ製造場一箇所毎ニ〔軍政署〕ノ許可ヲ受クヘシ

第二条　塩ノ製造者ハ其ノ月分ノ見込製造高ヲ毎月其ノ初日ニ一箇月間ノ製塩高ヲ翌月三日迄ニ所轄〔軍政署〕又ハ其ノ〔支

署〕ニ申告スヘシ

第三条　塩ノ製造者製造場ヨリ塩ヲ移出セムトスルトキハ其ノ移出高ヲ所轄〔軍政署〕又ハ其ノ〔支署〕ニ申告シ移出高ニ相当スル税金ヲ納付シテ塩票ノ交付ヲ受クヘシ

第四条　移出税金ハ左ノ区分ニ依ル

一　関東州ニ於テ消費スル目的ヲ以テ製造場ヨリ移出スル塩ハ百瓩ニ付八十銭トス但シ当該官庁ノ承認ヲ受ケ別ニ指定スル化学工業ノ用ニ供スル塩ハ百瓩ニ付五銭トス

二　当該官庁ノ承認ヲ受ケ関東州外ニ輸出スル目的ヲ以テ製造場ヨリ移出スル塩ハ百瓩ニ付十六銭トス但シ化学工業又ハ漁業ノ用ニ供スル塩ニシテ別ニ指定スルモノハ百瓩ニ付五銭トス

第四条ノ二　塩ニ代ヘテ化学工業ノ用ニ供スル鹹水ハ之ヲ以テ製造スル物品ノ製成高ニ依リ鹹水ヲ塩ニ換算シテ物品製成ノ際鹹水製造者ヨリ税金ヲ徴収ス

前項ノ鹹水ニ付テハ塩ニ関スル本令ノ規定ヲ準用ス

第四条ノ三　当該官庁ノ承認ヲ受ケ塩製造ノ原料ニ供スル目的ヲ以テ製造場ヨリ移出スル塩ニ付テハ税金ヲ免除スルコトヲ得

第四条ノ四　塩ノ製造者ハ当該官庁ノ承認ヲ受ケ税金ヲ納付セスシテ塩ヲ貯塩場ニ運送スルコトヲ得

前項ノ場合ニ於テハ第三条ノ適用ニ付貯塩場ヲ以テ製造者ト看做ス

第五条　税金納付前ニ於テハ塩ヲ製造場外ニ移出スルコトヲ得ス

第六条　製造場ヨリ塩ヲ引取ラムトスルトキハ其ノ引取高及引取先製造者ノ住所氏名ヲ所轄〔軍政署〕又ハ其ノ〔支署〕ニ申告スヘシ

第七条　塩ノ製造者ハ帳簿ヲ備ヘ塩ノ製造高及移出高ヲ明細ニ記載スヘシ

第八条　塩ノ製造者ハ塩ニ土破其ノ他塩ヲ汚損スル物ヲ混和スルコトヲ得ス

第九条　関東州外ヨリ輸入スル塩（日本産塩及通貨物タル塩ヲ除ク）ニハ百瓩ニ付一円六十銭ノ税金ヲ課ス但シ当該官庁ノ承認ヲ受ケ別ニ指定スル化学工業ノ用ニ供スル目的ヲ以テ関東州外ヨリ輸入スル満洲国産塩ニハ百瓩ニ付五銭ノ税金ヲ課ス

第十条　前条ノ輸入者ハ輸入者申告ヲ所轄〔軍政署〕又ハ其ノ〔支署〕ニ為スト同時ニ税金ヲ納付スヘシ

第十一条　塩ノ輸入者ハ税金納付前ニ之ヲ引取ルコトヲ得ス

第十二条　収税官吏ハ随時製造場又ハ輸入場ニ臨検スヘシ

第十三条　収税官吏ハ随時製造者又ハ輸入者ノ帳簿書類ヲ検査スヘシ

第十四条　許可ヲ受ケスシテ塩ヲ製造シタル者ハ其ノ犯則ニ係ル総テノ物体ヲ没収シ税金十倍ニ相当スル罰金ニ処シ直ニ其ノ税金ヲ徴収ス

第十五条　塩ノ製造者故意ニ第二条ノ申告ヲ詐リ或ハ怠リタルトキハ五円以上五十円以下ノ罰金ニ処ス

第十六条　塩ノ製造者税金ヲ逋脱シ又ハ逋脱セムトシタルトキハ税金五倍ニ相当スル罰金ニ処シ許可シ取消スヘシ

第十七条　第六条ニ違反シテ塩ヲ引取リタル者ハ五円以上三百

円以下ノ罰金ニ処シ引取リタル塩ヲ没収ス

第十八条　第十条ニ違反シタル者ハ十円以上千円以下ノ罰金ニ処シ輸入ノ塩ヲ没収ス

附　則

第十九条　本規則ハ発布ノ日ヨリ之ヲ施行ス

第二十条　本規則施行前ヨリ塩ヲ製造シ本規則施行後引続キ之ヲ製造セムトスル者ハ本規則発布後十日以内ニ製造ノ許可ヲ受クヘシ

○昭和十二年関東局令第十九号附則

本令ハ昭和十二年四月一日ヨリ之ヲ施行ス

本令施行前税金ヲ課スヘカリシ塩ニ付テハ仍従前ノ例ニ依ル

◎関東州揮発油税令

昭和十二年六月二十九日勅令第二百九十一号

朕関東州揮発油税令ヲ裁可シ茲ニ之ヲ公布セシム（総理大臣副署）

関東州揮発油税令

第一条　揮発油ニハ本令ニ依リ揮発油税ヲ課ス但シ石炭、亜炭、油母頁岩又ハ天然瓦斯ヲ原料トシテ製造シタル揮発油ニ付テハ此ノ限ニ在ラズ

本令ニ於テ揮発油トハ摂氏十五度ニ於ケル比重〇・八〇一七ヲ超エザル礦油ヲ謂フ

第二条　揮発油ヲ製造セントスル者ハ製造場一箇所毎ニ政府ノ免許ヲ受クベシ其ノ製造ヲ廃止セントスルトキハ免許ノ取消ヲ求ムベシ

第三条　揮発油税ノ税率ハ揮発油一キロリットルニ付十三円二十銭トス

第四条　揮発油税ハ保税地域ヨリ揮発油ヲ引取ルトキ其ノ引取人ヨリ之ヲ徴収ス

保税地域トハ揮発油製造場、保税倉庫其ノ他政府ニ於テ課税物件ヲ蔵置シ得ベキ場所トシテ指定シ又ハ特許シタル場所ヲ謂フ

第五条　揮発油税額ニ相当スル担保ヲ提供シタルトキハ三月内揮発油税ノ徴収ヲ猶予スルコトヲ得

前項ノ規定ニ依リ担保ヲ提供シタル者期間内ニ税金ヲ納付セザルトキハ担保ヲ以テ之ニ充ツ但シ金銭以外ノ担保ハ之ヲ公賣ニ付シ其ノ費用及税金ニ充テ不足アルトキハ之ヲ追徴シ残金アルトキハ之ヲ還付ス

第一項ノ担保ニ関スル規定ハ満洲国駐箚特命全権大使之ヲ定ム

第六条　揮発油ハ大使ノ定ムル所ニ依リ揮発油税ヲ納付セズシテ保税地域ヨリ他ノ保税地域ニ運送スルコトヲ得

前項ノ場合ニ於テ当該揮発油ガ政府ノ指定シタル期間内ニ運送先ニ到著セザルトキハ保税地域ヨリ搬出シタルトキ引取リタルモノト看做シ運送申告者ヨリ揮発油税ヲ徴収ス但シ災害ニ因リ滅失シ又ハ当該官吏ノ承認ヲ得テ廃棄シタル揮発油ニ付テハ此ノ限ニ在ラズ

第七条　揮発油ハ第五条第一項ノ場合ヲ除クノ外揮発油税納付前ニ於テハ之ヲ消費シ又ハ政府ノ承認ヲ受ケズシテ之ヲ保税地域ヨリ引取ルコトヲ得ズ

第八条　第五条第一項ノ場合ヲ除クノ外揮発油税納付前ニ於テ揮発油ニ鑛油以外ノ者ヲ混和シタルトキハ第一条第二項ノ規定ニ拘ラズ其ノ混和ニ因リ製成シタル物ヲ以テ揮発油ト看做ス

前項ノ場合ニ於テ政府ノ指定スル物ヲ混和シタルトキハ大使ノ定ムル所ニ依リ其ノ混和ニ因リ増量シタル分ニ対スル揮発油税ヲ免除ス

第九条　揮発油税ヲ納付シ又ハ其ノ徴収ノ猶豫シ受ケタル揮発油ニハ揮発油以外ノ鑛油ヲ混和スルコトヲ得ズ但シ混和ニ依リ摂氏十五度ニ於ケル比重〇・八〇一七ヲ超ユル鑛油ヲ製成スルハ此ノ限ニ在ラズ

第十条　関東州外ニ輸出スル揮発油ニ付テハ大使ノ定ムル所ニ依リ揮発油税ヲ免除ス

第十一条　揮発油ヲ販賣セントスル者ハ販賣場一個所毎ニ政府ニ申告スベシ但シ揮発油製造者ガ其ノ製造場ニ於テ為ス販賣ニ付テハ此ノ限ニ在ラズ

揮発油販賣者其ノ販賣ヲ廃止シタルトキハ其ノ旨ヲ政府ニ申告スベシ

第十二条　揮発油ノ製造者又ハ販賣者ハ帳簿ヲ備ヘ大使ノ定ムル所ニ依リ其ノ製造出入ニ関スル事項ヲ記載スベシ

第十三条　揮発油製造者左ノ各号ノ一ニ該当スルトキハ政府ハ揮発油製造ノ免許ヲ取消スコトヲ得

一　本令又ハ本令ニ基ク命令若ハ処分ニ違反シタルトキ

二　三年以上引続キ揮発油ノ製造ヲ休止シタルトキ

第十四条　税務官吏ハ揮発油ノ製造場、販賣場其ノ他必要ト認ムル場所ニ臨ミ揮発油、其ノ原料品、其ノ製造出入ニ関スル一切ノ帳簿書類、其ノ製造又ハ販賣上必要ナル建築物、機械、器具、容器其ノ他ノ物件ヲ検査スルコトヲ得

前項ノ場合ニ於テ監督上必要ト認ムルトキハ税務官吏ハ前項ノ物件ニ証印ヲ押捺シ、封印シ其ノ他相当ノ措置ヲ為シ又ハ為サシムルコトヲ得

第十五条　税務官吏ハ運搬中ニ在ル揮発油ヲ検査シ其ノ出所及到著先ヲ尋問スルコトヲ得

前項ノ場合ニ於テ監督上必要ト認ムルトキハ税務官吏ハ其ノ運搬ヲ停止シ、貨物又ハ船車ニ封印シ其ノ他相当ノ措置ヲ為スコトヲ得

第十六条　左ニ掲グル場合ニ於テハ直ニ揮発油税ヲ徴収ス

一　免許ヲ受ケズシテ第一条第一項但書以外ノ揮発油ヲ製造シタルトキ

二　詐偽其ノ他不正ノ行為ヲ以テ揮発油税ヲ逋脱シ又ハ逋脱セントシタルトキ

三　第七条ノ規定ニ違反シタルトキ

四　第九条ノ規定ニ違反シタルトキ

五　輸出スル為揮発油税ヲ免除セラレタル揮発油ヲ関東州内ニ於テ消費シ又ハ関東州内ニ於テ消費スル目的ヲ以テ他人ニ譲渡シタルトキ

前項第四号ニ該当スル場合ニ於テハ其ノ揮発油税額ハ混和ニ因リ製成セラレタル物ノ数量ニ依リ之ヲ計算ス

第十七条　第十二条、第十四条及第十五条第一項ノ規定ハ揮発油以外ノ鑛油ニ付之ヲ準用ス

第十八条　大使ハ本令ニ定ムルモノヲ除クノ外揮発油税ニ関シ必要ナル規定ヲ設クルコトヲ得

附　則

本令ハ昭和十二年七月一日ヨリ之ヲ施行ス

本令施行ノ際現ニ揮発油ヲ製造スル者ニシテ本令施行後引続キ之ヲ製造セントスルモノハ昭和十二年七月三十一日迄ニ政府ニ免許ヲ申請スベシ其ノ申請ニ対シ許否ノ処分ヲ受クル迄ハ本令ニ依リ免許ヲ受ケタルモノト看做ス

本令施行ノ際現ニ揮発油ヲ販賣スル者ニシテ本令施行後引続キ之ヲ販賣セントスルモノハ昭和十二年七月三十一日迄ニ政府ニ申告スベシ

○関東州揮発油税令中改正

昭和十五年三月三十一日勅令第百七十八号

第三条中「十三円二十銭」ヲ「三十四円三十五銭」ニ改ム

附　則

本令ハ昭和十五年四月一日ヨリ之ヲ施行ス

本令施行ノ際揮発油ノ製造者又ハ販賣者ガ保税地域以外ノ場所ニ於テ三キロリットル以上ノ揮発油ヲ所持スル場合ニ於テハ其ノ者ニ於テ本令施行ノ日ニ之ヲ保税地域ヨリ引取リタルモノト看做シ昭和十五年五月三十一日限其ノ揮発油税ヲ徴収ス此ノ場合ニ於テハ第三条ノ改正税率ニ依リ算出シタル税額ト従前ノ税率ニ依リ算出シタル税額トノ差額ヲ以テ其ノ税額トス

関東州揮発油税令第八条第二項ノ規定ニ依リ政府ノ指定シタル物ヲ混和シテ製成シタル揮発油ニ在リテハ其ノ混和シタル礦油以外ノ物ノ数量ヲ控除シタルモノヲ以テ前項ノ揮発油ノ第二項ノ揮発油ノ所持者ハ其ノ所持スル揮発油ノ数量及貯蔵ノ場所ヲ本令施行後一月以内ニ政府ニ申告スベシ

左ニ掲グル揮発油ニ付テハ仍従前ノ例ニ依ル

一　本令施行前揮発油税ヲ課スベカリシモノ

二　本令施行前保税地域ヨリ引取リタルモノニシテ関東州揮発油税令第六条第二項ノ規定ニ依リ揮発油税ヲ徴収スベキモノ

◎関東州セメント税令

昭和十二年六月二十九日勅令第二百九十二号

朕関東州セメント税令ヲ裁可シ茲ニ之ヲ公布セシム（総理大臣副署）

関東州セメント税令

第一条　セメントニハ本令ニ依リセメント税ヲ課ス

第二条　セメントヲ製造セントスル者ハ製造場一箇所毎ニ政府ノ免許ヲ受クベシ其ノ製造ヲ廃止セントスルトキハ免許ノ取消ヲ求ムベシ

第三条　セメント税ノ税率ハセメント百キログラムニ付二十銭トス

第四条　セメント税ハ保税地域ヨリセメントヲ引取ルトキ其ノ引取人ヨリ之ヲ徴収ス

保税地域トハセメント製造場、保税倉庫其ノ他政府ニ於テ課税物件ヲ蔵置シ得ベキ場所トシテ指定シ又ハ特許シタル場所ヲ謂フ

第五条　セメント税額ニ相当スル担保ヲ提供シタルトキハ三月内セメント税ノ徴収ヲ猶予スルコトヲ得

前項ノ規定ニ依リ担保ヲ提供シタル者期間内ニ税金ヲ納付セザルトキハ担保ヲ以テ之ニ充ツ但シ金銭以外ノ担保ハ之ヲ公売ニ付シ其ノ費用及税金ニ充テ不足アルトキハ之ヲ追徴シ残金アルトキハ之ヲ還付ス

第一項ノ担保ニ関スル規定ハ満洲国駐剳特命全権大使之ヲ定ム

第六条　セメントハ大使ノ定ムル所ニ依リセメント税ヲ納付セズシテ保税地域ヨリ他ノ保税地域ニ運送スルコトヲ得

前項ノ場合ニ於テ当該セメントガ政府ノ指定シタル期間内ニ運送先ニ到着セザルトキハ保税地域ヨリ搬出シタルトキ引取リタルモノト看做シ運送申告者ヨリセメント税ヲ徴収ス但シ災害ニ因リ滅失シ又ハ当該官吏ノ承認ヲ得テ廃業シタルセメントニ付テハ此ノ限ニ在ラズ

第七条　セメントハ第五条第一項ノ場合ヲ除クノ外セメント税納付前ニ於テハ政府ノ承認ヲ受クルニ非ザレバ之ヲ保税地域ヨリ引取ルコトヲ得ズ

第八条　セメントハ左ノ各号ノ一ニ該当スル場合ニ於テハ保税地域ヨリ引取ラレタルモノト看做ス

一　保税地域内ニ於テ消費セラレタルトキ

二　保税地域内ニ現存スルモノ公売セラレタルトキ

三　製造免許取消ノ場合ニ於テ保税地域内ニ現存スルトキ

第九条　関東州外ニ輸出スルセメントニ付テハ大使ノ定ムル所ニ依リセメント税ヲ免除ス

第十条　セメント製造者又ハ販売者ハ帳簿ヲ備ヘ大使ノ定ムル所ニ依リ其ノ製造出入ニ関スル事項ヲ記載スベシ

第十一条　セメント製造者左ノ各号ノ一ニ該当スルトキハ政府ハセメント製造ノ免許ヲ取消スコトヲ得

一　本令又ハ本令ニ基ク命令若ハ処分ニ違反シタルトキ

二　三年以上引続キセメントノ製造ヲ休止シタルトキ

第十二条　税務官吏ハセメントノ製造場、販売場其ノ他必要ト認ムル場所ニ臨ミセメント、其ノ原料品、其ノ製造出入ニ関スル一切ノ帳簿書類、其ノ製造又ハ販売上必要ナル建築物、機械、器具、容器其ノ他ノ物件ヲ検査スルコトヲ得

前項ノ場合ニ於テ監督上必要ト認ムルトキハ税務官吏ハ前項ノ物件ニ証印ヲ押捺シ、封印シ其ノ他相当ノ措置ヲ為シ又ハ為サシムルコトヲ得

第十三条　税務官吏ハ運搬中ニ在ルセメントヲ検査シ其ノ出所及到着先ヲ尋問スルコトヲ得

前項ノ場合ニ於テ監督上必要ト認ムルトキハ税務官吏ハ其ノ運搬ヲ停止シ貨物又ハ船車ニ封印シ其ノ他相当ノ措置ヲ為スコトヲ得

第十四条　左ニ掲グル場合ニ於テハ直ニセメント税ヲ徴収ス

一　免許ヲ受ケズシテセメントヲ製造シタルトキ

二　詐偽其ノ他不正ノ行為ヲ以テセメント税ヲ逋脱シ又ハ逋脱セントシタルトキ

三　第七条ノ規定ニ違反シタルトキ

四　輸出スル為セメント税ヲ免除セラレタルセメントヲ関東州内ニ於テ消費シ又ハ関東州内ニ於テ消費スル目的ヲ以テ

他人ニ譲渡シタルトキ

第十五条 大使ハ本令ニ定ムルモノヲ除クノ外セメント税ニ関シ必要ナル規定ヲ設クルコトヲ得

附 則

本令ハ昭和十二年七月一日ヨリ之ヲ施行ス

本令施行ノ際現ニセメントヲ製造スル者ニシテ本令施行後引続キ之ヲ製造セントスルモノハ昭和十二年七月三十一日迄ニ政府ニ免許ヲ申請スベシ其ノ申請ニ対シ許否ノ処分ヲ受クル迄ハ本令ニ依リ免許ヲ受ケタルモノト看做ス

◎関東州麦粉税令

朕関東州麦粉税令ヲ裁可シ茲ニ之ヲ公布セシム（総理大臣副署）

昭和十二年六月二十九日勅令第二百九十三号

関東州麦粉税令

第一条 麦粉ニハ本令ニ依リ麦粉税ヲ課ス

第二条 麦粉ヲ製造セントスル者ハ製造場一箇所毎ニ政府ノ免許ヲ受クベシ其ノ製造ヲ廃止セントスルトキハ免許ノ取消ヲ求ムベシ

第三条 麦粉税ノ税率ハ麦粉一包装ニ付十銭トス一包装ニシテ二十四キログラムヲ超ユルモノアルトキハ二十四キログラム又ハ其ノ端数毎ニ十銭トス

第四条 麦粉税ハ保税地域ヨリ麦粉ヲ引取ルトキ其ノ引取人ヨリ之ヲ徴収ス

保税地域トハ麦粉製造場、保税倉庫其ノ他政府ニ於テ課税物件ヲ蔵置シ得ベキ場所トシテ指定シ又ハ特許シタル場所ヲ謂フ

第五条 麦粉税額ニ相当スル担保ヲ提供シタルトキハ三月内麦粉税ノ徴収ヲ猶予スルコトヲ得

前項ノ規定ニ依リ担保ヲ提供シタル者期間内ニ税金ヲ納付セザルトキハ担保ヲ以テ之ニ充ツ但シ金銭以外ノ担保ハ之ヲ公売ニ付シ其ノ費用及税金ニ充テ不足アルトキハ之ヲ追徴シ残金アルトキハ之ヲ還付ス

第一項ノ担保ニ関スル規定ハ満洲国駐箚特命全権大使之ヲ定ム

第六条 麦粉ハ大使ノ定ムル所ニ依リ麦粉税ヲ納付セズシテ保税地域ヨリ他ノ保税地域ニ運送スルコトヲ得

前項ノ場合ニ於テ当該麦粉ガ政府ノ指定シタル期間内ニ運送先ニ到着セザルトキハ保税地域ヨリ搬出シタルトキ引取リタルモノト看做シ運送申告者ヨリ麦粉税ヲ徴収ス但シ災害ニ因リ滅失シ又ハ当該官吏ノ承認ヲ得テ廃棄シタル麦粉ニ付テハ此ノ限ニ在ラズ

第七条 麦粉ハ第五条第一項ノ場合ヲ除クノ外麦粉税納付前ニ於テハ政府ノ承認ヲ受クルニ非ザレハ之ヲ保税地域ヨリ引取ルコトヲ得ズ

第八条 麦粉ハ左ノ各号ノ一ニ該当スル場合ニ於テハ保税地域ヨリ引取ラレタルモノト看做ス

一 保税地域内ニ於テ消費セラレタルトキ

二 保税地域内ニ現存スルモノ公売セラレタルトキ

三 製造免許取消ノ場合ニ於テ保税地域内ニ現存スルトキ

第九条　関東州外ニ輸出スル麦粉ニ付テハ大使ノ定ムル所ニ依リ麦粉税ヲ免除ス

第十条　麦粉ノ製造者又ハ販売者ハ帳簿ヲ備ヘ大使ノ定ムル所ニ依リ其ノ製造出入ニ関スル事項ヲ記載スベシ

第十一条　麦粉製造者左ノ各号ノ一ニ該当スルトキハ政府ハ麦粉製造ノ免許ヲ取消スコトヲ得

一　本令又ハ本令ニ基ク命令若ハ処分ニ違反シタルトキ

二　三年以上引続キ麦粉ノ製造ヲ休止シタルトキ

第十二条　税務官吏ハ麦粉ノ製造場、販売場其ノ他必要ト認ムル場所ニ臨ミ麦粉、其ノ原料品、其ノ製造出入ニ関スル一切ノ帳簿書類、其ノ製造又ハ販売上必要ナル建築物、機械、器具、容器其ノ他ノ物件ヲ検査スルコトヲ得

前項ノ場合ニ於テ監督上必要ト認ムルトキハ税務官吏ハ前項ノ物件ニ証印ヲ押捺シ、封印シ其ノ他相当ノ措置ヲ為シ又ハ為サシムルコトヲ得

第十三条　税務官吏ハ運搬中ニ在ル麦粉ヲ検査シ其ノ出所及到着先ヲ尋問スルコトヲ得

前項ノ場合ニ於テ監督上必要ト認ムルトキハ税務官吏ハ其ノ運搬ヲ停止シ、貨物又ハ船車ニ封印シ其ノ他相当ノ措置ヲ為スコトヲ得

第十四条　左ニ掲グル場合ニ於テハ直ニ麦粉税ヲ徴収ス

一　免許ヲ受ケズシテ麦粉ヲ製造シタルトキ

二　詐偽其ノ他不正ノ行為ヲ以テ麦粉税ヲ逋脱シ又ハ逋脱セントシタルトキ

三　第七条ノ規定ニ違反シタルトキ

四　輸出スル為麦粉税ヲ免除セラレタル麦粉ヲ関東州内ニ於テ消費シ又ハ関東州内ニ於テ消費スル目的ヲ以テ他人ニ譲渡シタルトキ

第十五条　自己又ハ其ノ同居家族ノ用ニノミ供スル為自ラ製造スル麦粉ニハ本令ヲ適用セズ

第十六条　大使ハ本令ニ定ムルモノヲ除クノ外麦粉税ニ関シ必要ナル規定ヲ設クルコトヲ得

附　則

本令ハ昭和十二年七月一日ヨリ之ヲ施行ス

本令施行ノ際現ニ麦粉ヲ製造スル者ニシテ本令施行後引続キ之ヲ製造セントスルモノハ昭和十二年七月三十一日迄ニ政府ニ免許ヲ申請スベシ其ノ申請ニ対シ許否ノ処分ヲ受クル迄ハ本令ニ依リ免許ヲ受ケタルモノト看做ス

○関東州所得税令外十一勅令中改正等ノ件

昭和二十年三月二十八日勅令第百四十九号

第八条　関東州麦粉税令中左ノ通改正ス

第三条中「十銭」ヲ「五十銭」ニ改ム

第十二条　税務官吏ハ麦粉ノ製造者若ハ販売者ニ対シ質問ヲ為シ、其ノ所持スル麦粉、其ノ製造出入ニ関スル一切ノ帳簿書類及麦粉ノ製造若ハ販売上必要ナル建築物、機械、器具、原料其ノ他ノ物件ヲ検査シ又ハ監督上必要ナル処分ヲ為スコトヲ得

第十三条中「尋問」ヲ「質問」ニ改ム
第十四条　製造免許ヲ受ケズシテ麦粉ヲ製造シタル者ハ三千円以下ノ罰金ニ処シ其ノ所持ニ係ル麦粉並ニ其ノ容器、器具及機械ハ之ヲ没収ス
第十五条ヲ第十九条トス
第十五条　詐偽其ノ他不正ノ行為ニ依リ麦粉税ヲ逋脱シ又ハ逋脱セントシタル者ハ其ノ逋脱シ又ハ逋脱セントシタル税金ノ五倍ニ相当スル罰金ニ処ス
前項ノ罪ヲ犯シタル者ハ情状ニ依リ二年以下ノ懲役若ハ其ノ逋脱シ若ハ逋脱セントシタル税金ノ五倍ヲ超エ十倍以下ニ相当スル罰金ニ処シ又ハ懲役及罰金ノ併科スルコトヲ得
前二項ノ場合ニ於テ罰金額ガ二十円ニ満タザルトキハ之ヲ二十円トス
第一項及第二項ノ場合ニ於テハ直ニ其ノ税金ヲ徴収ス
第十六条　左ノ各号ノ一ニ該当スル者ハ五百円以下ノ罰金又ハ科料ニ処ス
一　第七条ノ規定ニ違反シタル者
二　第十条ノ規定ニ依ル帳簿ヲ備ヘズ若ハ陰匿シ又ハ帳簿ノ記載ヲ怠リ若ハ詐リタル者
三　第十二条又ハ第十三条ノ規定ニ依ル税務官吏ノ質問ニ対シ答弁ヲ為サズ若ハ虚偽ノ陳述ヲ為シ又ハ其ノ職務ノ執行ヲ拒ミ、妨ゲ若ハ忌避シタル者
前項第一号ノ場合ニ於テハ直ニ其ノ麦粉税ヲ徴収ス
第十七条　大正十一年勅令第二百号第一条ノ規定ハ前条ノ罪ヲ犯シタル者ニ付テハ之ヲ適用セズ
第十八条　大正十一年勅令第二百号第二条ノ規定ハ麦粉ノ製造者及販売者ニ付之ヲ準用ス

附　則

第十四条　本令ハ昭和二十年四月一日ヨリ之ヲ施行ス
第十九条　麦粉ノ製造者又ハ販売者ガ本令施行ノ際保税地域以外ノ場所ニ於テ百二十キログラム以上ノ麦粉ヲ所持スル場合ニ於テハ其ノ場所ヲ以テ保税地域、其ノ所持者ヲ以テ引取人ト看做シ其ノ所持スル麦粉ニ対シ麦粉税ヲ課ス此ノ場合ニ於テハ本令施行ノ日ニ於テ其ノ麦粉ヲ保税地域ヨリ引取リタルモノト看做シ改正後ノ関東州麦粉税令第三条ノ規定ニ依リ算出シタル税額ト従前ノ規定ニ依リ算出シタル税額トノ差額ヲ以テ其ノ税額トシ大使ノ定ムル所ニ依リ之ヲ徴収ス
前項ノ麦粉ノ所持者ハ其ノ所持スル麦粉ノ数量及貯蔵ノ場所ヲ本令施行後一月以内ニ政府ニ申告スベシ
第二十条　昭和二十年三月三十一日以前ニ輸出シタルセメント及麦粉ニ付テハ仍従前ノ例ニ依ル

◎関東州広告税令

朕関東州広告税令ヲ裁可シ茲ニ之ヲ公布セシム（総理大臣副署）

昭和十七年三月二十八日勅令第二百五十九号

関東州広告税令

第一条　左ニ掲グル広告ニハ本令ニ依リ広告税ヲ課ス
第一種
一　新聞紙、雑誌、書籍其ノ他ノ出版物ニ依ル広告但シ第

二号、第三号又ハ第二種第一号乃至第三号ニ該当スルモノヲ除ク

二　汽車、電車、自動車、汽船其ノ他ノ交通運輸期間又ハ交通運輸業ノ設備ニ依ル広告但シ第二種第三号ニ該当スルモノヲ除ク

三　映画、入場券、乗車船券、気球其ノ他満洲国駐箚特命全権大使ノ定ムルモノニ依ル広告

第二種

一　立看板、掛看板、幟、旗又ハ此等ニ類スルモノニ依ル広告但シ第一種第二号ニ該当スルモノヲ除ク

二　ポスターニ依ル広告但シ第一種第二号ニ該当スルモノヲ除ク

三　チラシ其ノ他大使ノ定ムルモノニ依ル広告

四　建植看板、野立看板、額面広告又ハ此等ニ類スルモノ其ノ他大使ノ定ムルモノニ依ル広告但シ第一種第二号ニ該当スルモノヲ除ク

第二条　広告税ノ税率左ノ如シ

第一種ノ広告　広告ノ料金ノ百分ノ十

第二種ノ広告

第一号ノ広告　一個ニ付　二十銭

広告ノ面積一坪ヲ超ユルトキハ一個ニ付五十銭

第二号ノ広告　一個ニ付　十銭

第三号ノ広告

チラシ　千個又ハ其ノ端数ニ付　二十銭

其ノ他　千個又ハ其ノ端数ニ付　五十銭

第四号ノ広告　広告ノ面積一坪又ハ其ノ端数ニ付毎年　二円

年ノ中途ニ於テ第二種第四号ノ広告ヲ開始シタル場合ニ於テハ其ノ年分ノ広告税ハ月割ヲ以テ之ヲ計算ス

第三条　前条ノ広告ノ料金トハ広告料、印刷料、掲示料、使用料、手数料其ノ他名義ノ何タルヲ問ハズ広告ヲ為ス者ガ広告ノ対価トシテ取得スベキ金額ヲ謂フ

自己ノ為ニ広告ヲ為ス場合又ハ他人ノ為無料若ハ特ニ低額ノ料金ヲ以テ広告ヲ為ス場合ニ於ケル広告ノ料金ハ其ノ広告ノ対価トシテ通常取得シ得ベキ金額ニ依ル

第四条　左ニ掲グル広告ニハ広告税ヲ課セズ

一　国又ハ大使ノ指定スル公共団体ガ広告主タルモノ

二　神社ガ広告主タルモノ

三　法令ニ依ルモノ

四　公ノ選挙ニ関スルモノ

五　其ノ他大使ノ定ムルモノ

第五条　第一種ノ広告ニ対スル広告税ハ広告ヲ為ス者ヨリ、第二種第三号ノ広告ニ対スル広告税ハ同号ニ掲グルモノヲ作製スル者ヨリ、第二種第四号ノ広告ニ対スル広告税ハ広告主ヨリ之ヲ徴収ス但シ保税地域ヨリ引取ラルル第二種第三号ノ広告ニ付テハ引取ラレタル数量ニ応ジ引取人ヨリ広告税ヲ徴収ス

第六条　第一種ノ広告ヲ為ス者ハ毎月其ノ為シタル広告ニ付其ノ種類毎ニ広告ノ料金ヲ記載シタル申告書ヲ、第二種第三号

ニ掲グルモノヲ作製スル者ハ毎月其ノ作製シタルモノニ付其ノ種類毎ニ数量ヲ記載シタル申告書ヲ翌月十日迄ニ政府ニ提出スベシ

第二種第三号ノ広告ヲ保税地域ヨリ引取ル者ハ引取ノ際其ノ広告ニ付前項ニ準ズル申告書ヲ政府ニ提出スベシ

第二種第四号ノ広告ヲ為サントスル広告主ハ其ノ広告ニ付一個毎ニ広告ノ面積ヲ記載シタル申告書ヲ予メ政府ニ提出スベシ

第二種第四号ノ広告ヲ翌年ニ亘リ継続セントスル広告主ハ其ノ広告ニ付一個毎ニ広告ノ面積ヲ記載シタル申告書ヲ其ノ年十二月末日迄ニ政府ニ提出スベシ

申告書ノ提出ナキトキ又ハ政府ニ於テ申告ヲ不相当ト認メタルトキハ政府ハ其ノ課税標準額ヲ決定ス

第七条　第一種及第二種第三号ノ広告ニ対スル広告税ハ毎月分ノ翌月末日迄ニ納付スベシ但シ第五条但書ノ場合ニ於テハ引取ノ際之ヲ納付スベシ

第二種第四号ノ広告ニ対スル広告税ハ広告主ガ前条第三項ノ規定ニ依リ申告ヲ為ス際其ノ年分ヲ、同条第四項ノ規定ニ依リ申告ヲ為ス際翌年分ヲ納付スベシ

第八条　第二種第一号又ハ第二号ノ広告ニ対スル広告税ハ広告主広告ニ印紙ヲ貼用シテ之ヲ納ムベシ但シ広告税額ニ相当スル現金ヲ政府ニ納付シテ納税済証印ノ押捺ヲ受ケ印紙貼用ニ代フルコトヲ得

第九条　関東州外ニ輸出スル第二種第三号ノ広告ニ付テハ大使ノ定ムル所ニ依リ広告税ヲ免除ス

前項ノ広告ニシテ政府ノ指定シタル期間内ニ輸出セラレタルコトノ証明ナキモノニ付テハ広告ヲ作製スル者又ハ引取人ヨリ直ニ其ノ広告税ヲ徴収ス但シ災害其ノ他已ムコトヲ得ザル事由ニ因リ滅失シタルモノニ付政府ノ承認ヲ受ケタルトキハ此ノ限ニ在ラズ

第十条　第一種若ハ第二種ノ広告ヲ為ス業ヲ営マントスル者、第一種若ハ第二種ノ広告ニ付取次ヲ為ス業ヲ営マントスル者又ハ第二種第三号ニ掲グルモノノ作製ヲ為ス業ヲ営マントスル者ハ大使ノ定ムル所ニ依リ営業所毎ニ政府ニ申告スベシ其ノ営業ヲ廃止セントスルトキ亦同ジ

第十一条　第一種若ハ第二種ノ広告ヲ為ス業ヲ営ム者、第一種若ハ第二種ノ広告ニ付取次ヲ為ス業ヲ営ム者又ハ第二種第三号ニ掲グルモノノ作製ヲ為ス業ヲ営ム者ハ大使ノ定ムル所ニ依リ其ノ営業ニ関スル事項ヲ帳簿ニ記載シ又ハ必要ナル事項ヲ政府ニ申告スベシ

第二種第四号ノ広告ノ広告主ハ大使ノ定ムル所ニ依リ其ノ広告ニ付必要ナル事項ヲ政府ニ申告スベシ

第十二条　税務官吏ハ第一種若ハ第二種ノ広告ヲ為ス業ヲ営ム者、第一種若ハ第二種ノ広告ニ付取次ヲ為ス業ヲ営ム者、第二種第三号ニ掲グルモノノ作製ヲ為ス業ヲ営ム者又ハ第二種第四号ノ広告ノ広告主ニ対シ広告ニ関シ質問ヲ為シ又ハ帳簿書類其ノ他ノ物件ヲ検査スルコトヲ得

税務官吏ハ広告ノ検査ヲ為スコトヲ得

第十三条　広告主第八条ノ規定ニ依リ広告ニ印紙ヲ貼用スルトキハ広告面ト印紙ノ彩紋トニカケテ自己ノ印章又ハ署名ヲ以

テ判明ニ之ヲ消スベシ

第十四条　詐偽其ノ他不正ノ行為ニ依リ広告税（第二種第一号又ハ第二号ノ広告ニ対スル広告税ヲ除ク）ヲ逋脱シ又ハ逋脱セントシタル者ハ其ノ逋脱シ又ハ逋脱セントシタル税金ノ五倍ニ相当スル罰金ニ処シ直ニ其ノ税金ヲ徴収ス但シ税金額ガ二十円ニ満タザルトキハ之ヲ二十円トス

第十五条　第二種第一号又ハ第二号ノ広告ニ相当印紙ヲ貼用セズ又ハ第八条但書ノ規定ニ依リ納税済証印ノ押捺ヲ受ケザル者ハ広告一個毎ニ脱税高二十倍ノ科料ニ処ス但シ科料額ガ五円ニ満タザルトキハ之ヲ五円トス

第十六条　左ノ各号ノ一ニ該当スル者ハ三百円以下ノ罰金又ハ科料ニ処ス

一　第六条第一項乃至第四項ノ規定ニ依ル申告ヲ怠リ又ハ詐リタル者

二　政府ニ申告セズシテ第一種ノ広告ヲ為ス業ヲ営ミ又ハ第二種第三号ニ掲グルモノノ作製ヲ為ス業ヲ営ミタル者

三　政府ニ申告セズシテ第二種ノ広告ヲ為ス業ヲ営ミ又ハ第一種若ハ第二種ノ広告ニ付取次ヲ為ス業ヲ営ミタル者

前項第二号ニ規定スル者ニ付テハ直ニ其ノ広告税ヲ徴収ス

第十七条　左ノ各号ノ一ニ該当スル者ハ百円以下ノ罰金又ハ科料ニ処ス

一　第十一条第一項ノ規定ニ依ル帳簿ノ記載ヲ怠リ若ハ詐リ又ハ帳簿ヲ隠匿シタル者

二　第十一条ノ規定ニ依ル申告ヲ怠リ又ハ詐リタル者

三　第十二条ノ規定ニ依ル税務官吏ノ質問ニ対シ答弁ヲ為サズ若ハ虚偽ノ陳述ヲ為シ又ハ其ノ職務ノ執行ヲ拒ミ、妨ゲ若ハ忌避シタル者

第十八条　第十三条ノ規定ニ違反シ広告ニ貼用シタル印紙ヲ消サザル者ハ広告一個毎ニ四円ノ科料ニ処ス

第十九条　第十五条又ハ前条ノ罪ヲ犯シタル者ニハ関東州裁判事務取扱令ニ於テ依ルコトヲ定メタル刑法第三十八条第一項ノ規定ヲ適用セズ

第二十条　大正十一年勅令第二百号第一条ノ規定ハ第十六条又ハ第十七条ノ罪ヲ犯シタル者ニ付テハ之ヲ適用セズ

第二十一条　大正十一年勅令第二百号第二条ノ規定ハ第二種ノ広告ヲ為ス業ヲ営ム者又ハ第一種若ハ第二種ノ広告ニ付取次ヲ為ス業ヲ営ム者ニ付之ヲ準用ス

第二十二条　本令ニ於テ保税地域トハ政府ニ於テ課税物件ヲ蔵置シ得ベキ場所トシテ指定シタル場所ヲ謂フ

附　則

本令ハ昭和十七年四月一日ヨリ之ヲ施行ス

本令施行前ヨリ引続キ第一種若ハ第二種ノ広告ヲ為ス業ヲ営ム者、第一種若ハ第二種ノ広告ニ付取次ヲ為ス業ヲ営ム者又ハ第二種第三号ニ掲グルモノノ作製ヲ為ス業ヲ営ム者本令施行後一月以内ニ其ノ旨ヲ政府ニ申告スルトキハ本令施行ノ日ニ於テ本令ニ依リ申告シタルモノト看做ス

本令施行前ヨリ引続為ス第二種第一号又ハ第二号ノ広告ニ付テハ本令施行ノ日ヨリ十日以内ニ広告ニ相当印紙ヲ貼用スベシ

本令施行前ヨリ引続キ為ス第二種第四号ノ広告ノ広告主ハ大使ノ定ムル所ニ依リ本令施行後二月以内ニ其ノ旨ヲ政府ニ申告シ

昭和十七年分ノ広告税ヲ納付スベシ

前項ノ場合ニ於テ第二種第四号ノ広告ニ対スル広告税ハ第二条ニ規定スル税額ノ四分ノ三トス

○関東州広告税令中改正

昭和十九年三月三十一日勅令第百九十五号

第二条第一項ヲ左ノ如ク改ム

広告税ノ税率左ノ如シ

第一種ノ広告　広告ノ料金ノ百分ノ二十

第二種ノ広告

第一号ノ広告　一個ニ付　三十銭

広告ノ面積一坪ヲ超ユルトキハ一個ニ付七十五銭

第二号ノ広告　一個ニ付　十五銭

第三号ノ広告

チラシ　千個又ハ其ノ端数ニ付　三十銭

其ノ他　千個又ハ其ノ端数ニ付　七十五銭

第四号ノ広告　広告ノ面積一坪又ハ其ノ端数ニ付毎年　三円

第十四条中「処シ直ニ其ノ税金ヲ徴収ス」ヲ「処ス」ニ改メ但書ヲ削リ同条ニ左ノ三項ヲ加フ

前項ノ罪ヲ犯シタル者ハ情状ニ因リ二年以下ノ懲役若ハ其ノ逋脱シ若ハ逋脱セントシタル税金ノ五倍ヲ超エ十倍以下ヲ相当スル罰金ニ処シ又ハ懲役及罰金ヲ併科スルコトヲ得

前二項ノ場合ニ於テ罰金額ガ二十円ニ満タザルトキハ之ヲ二十円トス

第一項及第二項ノ場合ニ於テハ直ニ其ノ税金ヲ徴収ス

第十六条第一項中「三百円」ヲ「千円」ニ改ム

第十七条中「百円」ヲ「五百円」ニ改ム

附　則

本令ハ昭和十九年四月一日ヨリ之ヲ施行ス

本令施行前ヨリ引続キ為ス第二種第一号又ハ第二号ノ広告ニハ広告主ニ於テ改正後ノ関東州広告税令第二条ノ規定ニ依ル税額ト従前ノ規定ニ依ル税額トノ差額ニ相当スル印紙ヲ本令施行ノ日ヨリ十日以内ニ増貼スベシ

本令施行前ヨリ引続キ為ス第二種第四号ノ広告ノ広告主ハ大使ノ定ムル所ニ依リ本令施行後一月以内ニ其ノ旨ヲ政府ニ申告シ改正後ノ関東州広告税令第二条ノ規定ニ依ル一年分ノ税額ト従前ノ規定ニ依ル一年分ノ税額トノ差額ノ四分ノ三ニ相当スル広告税ヲ納付スベシ

◎関東州馬券税令

昭和十七年三月二十八日勅令第二百六十号

朕関東州馬券税令ヲ裁可シ茲ニ之ヲ公布セシム（総理大臣副署）

関東州馬券税令

第一条　関東州競馬令（以下競馬令ト称ス）ニ依ル競馬ヲ開催スル者ニハ本令ニ依リ馬券税ヲ課ス

第二条　馬券税ハ競馬令ニ依ル勝馬投票券ノ発行ニ依リ得タル金額及其ノ勝馬投票券ノ購買者ニ払戻スベキ金額ヨリ満洲国駐剳特命全権大使ノ定ムル金額ヲ控除シタル金額ニ付之ヲ課ス

第三条　馬券税ノ税率左ノ如シ

一　勝馬投票券ノ発行ニ依リ得タル金額ノ百分ノ五

二　勝馬投票券ノ購買者ニ払戻スベキ金額ヨリ大使ノ定ムル金額ヲ控除シタル金額ノ百分ノ二十

第四条　競馬令ニ依ル競馬ヲ開催スル者ハ競馬終了後直ニ第二条ノ金額ヲ記載シタル申告書ヲ政府ニ提出スベシ

申告書ノ提出ナキトキ又ハ政府ニ於テ申告ヲ不相当ト認メタルトキハ政府ハ其ノ課税標準額ヲ決定ス

第五条　馬券税ハ競馬終了後二十日以内ニ納付スベシ

第六条　競馬令ニ依ル競馬ヲ開催スル者ハ大使ノ定ムル所ニ依リ其ノ業務ニ関スル事項ヲ帳簿ニ記載シ又ハ必要ナル事項ヲ政府ニ申告スベシ

第七条　税務官吏ハ競馬令ニ依ル競馬ヲ開催スル者ニ対シ業務ニ関シ質問ヲ為シ又ハ帳簿書類ヲ検査スルコトヲ得

第八条　詐偽其ノ他不正ノ行為ニ依リ馬券税ヲ逋脱シ又ハ逋脱セントシタル者ハ其ノ逋脱シ又ハ逋脱セントシタル税金ノ五倍ニ相当スル罰金ニ処シ直ニ其ノ税金ヲ徴収ス但シ罰金額ガ二十円ニ満タザルトキハ之ヲ二十円トス

第九条　第四条第一項ノ規定ニ依ル申告ヲ怠リ又ハ詐リタル者ハ三百円以下ノ罰金又ハ科料ニ処ス

第十条　左ノ各号ノ一ニ該当スル者ハ百円以下ノ罰金又ハ科料ニ処ス

一　第六条ノ規定ニ依ル帳簿ノ記載ヲ怠リ若ハ詐リ又ハ帳簿ヲ隠匿シタル者

二　第六条ノ規定ニ依ル申告ヲ怠リ又ハ詐リタル者

三　第七条ノ規定ニ依ル税務官吏ノ質問ニ対シ答弁ヲ為サズ若ハ虚偽ノ陳述ヲ為シ又ハ其ノ職権ノ執行ヲ拒ミ、妨ゲ若ハ忌避シタル者

第十一条　大正十一年勅令第二百号第一条ノ規定ハ前二条ノ罪ヲ犯シタル者ニ付テハ之ヲ適用セズ

附　則

本令ハ昭和十七年四月一日ヨリ之ヲ施行ス

◎関東州特別行為税令

昭和十八年三月三十一日勅令第三百三十九号

朕関東州特別行為税令ヲ裁可シ茲ニ之ヲ公布セシム（総理、大東亜大臣副署）

関東州特別行為税令

第一条　左ニ掲グル行為ニハ本令ニ依リ特別行為税ヲ課ス

一　写真ノ撮影、現像、焼付及複写

二　調髪及整容

三　織物及被服類ノ染色（描絵ヲ含ム）及刺繍

四　被服類其ノ他満洲国駐剳特命全権大使ノ定ムルモノノ仕立（編上ヲ含ム）

五　書画ノ表装
六　印刷及製本
第二条　特別行為税ノ税率ハ料金ノ百分ノ二十トス
第三条　前条ノ料金トハ名義ノ何タルヲ問ハズ第一条ニ掲グル行為ヲ為ス業ヲ営ム者ガ其ノ行為ノ対価トシテ取得スベキ金額ヲ謂フ
第七条ニ規定スル場合ニ於ケル料金ハ第一条第六号ニ掲グル行為ノ対価トシテ通常取得シ得ベキ金額ニ依ル
第一項ノ料金ノ計算ニ関シ必要ナル事項ハ大使之ヲ定ム
第四条　左ニ掲グル行為ニハ特別行為税ヲ課セズ
一　写真ノ撮影ニシテ写真一組ノ料金ガ二円ニ満タザルモノ
二　第一条第二号ニ掲グル行為ニシテ一回ノ料金ガ一円五十銭ニ満タザルモノ
三　第一条第三号ニ掲グル行為ニシテ一件ノ料金ガ八円（染替ニ付テハ十五円）ニ満タザルモノ
四　第一条第四号ニ掲グル行為ニシテ其ノ料金ガ大使ノ定ムル金額ニ満タザルモノ
第五条　左ニ掲グル行為ニハ特別行為税ヲ課セズ
一　国又ハ大使ノ指定スル公共団体ノ為ニ為スモノ
二　織物、被服類其ノ他大使ノ定ムルモノノ製造又ハ販売ヲ為ス業ヲ営ム者ノ当該商品ニ付為ス第一条第三号又ハ第四号ニ掲グル行為
三　書画ノ販売ヲ為ス業ヲ営ム者ノ当該商品ニ付為ス第一条第五号ニ掲グル行為
四　教科用図書及新聞紙ニシテ大使ノ定ムルモノニ付為ス第一条第六号ニ掲グル行為
五　其ノ他大使ノ定ムルモノ
第六条　特別行為税ハ第一条ニ掲グル行為ヲ為ス業ヲ営ム者ヨリ之ヲ徴収ス
第七条　出版業者其ノ他印刷又ハ製本シタル物品ノ製造又ハ販売ヲ為ス業ヲ営ム者ガ自ラ印刷又ハ製本ヲ為ス場合ニ於テハ之ヲ当該行為ヲ為ス業ヲ営ム者ト看做ス
第八条　第一条ニ掲グル行為ニ付取次ヲ為ス業ヲ営ム者ノ取次ニ依リテ為サレタル行為ハ之ヲ当該取次ヲ為ス業ヲ営ム者ガ同条ニ掲グル行為ヲ為ス業ヲ営ム者トシテ自ラ為シタルモノト看做ス
第九条　第一条ニ掲グル行為ヲ為ス業ヲ営ム者ハ毎月其ノ為シタル同条ニ掲グル行為ニ付其ノ種類毎ニ料金ヲ記載シタル申告書ヲ翌月十日迄ニ政府ニ提出スベシ但シ其ノ業ヲ廃止シタル場合ニ於テハ直ニ之ヲ提出スベシ
前項ノ申告書ノ提出ナキトキ又ハ政府ニ於テ申告ヲ不相当ト認メタルトキハ政府ハ其ノ課税標準額ヲ決定ス
第十条　特別行為税ハ毎月分ヲ翌月末日迄ニ納付スベシ但シ前条第一項但書ノ場合ニ於テハ直ニ之ヲ納付スベシ
第十一条　第一条ニ掲グル行為ヲ為ス業ヲ営マントスル者ハ大使ノ定ムル所ニ依リ政府ニ申告スベシ之ヲ廃止セントスルトキ亦同ジ
第十二条　第一条ニ掲グル行為ヲ為ス業ヲ営ム者ハ大使ノ定ムル所ニ依リ其ノ業務ニ関スル事項ヲ帳簿ニ記載シ又ハ必要ナル事項ヲ政府ニ申告スベシ

第十三条　税務官吏ハ第一条ニ掲グル行為ヲ為ス業ヲ営ム者ニ対シ其ノ業務ニ関シ質問ヲ為シ又ハ帳簿書類其ノ他ノ物件ヲ検査スルコトヲ得

第十四条　詐偽其ノ他不正ノ行為ニ依リ特別行為税ヲ逋脱シ又ハ逋脱セントスル者ハ其ノ逋脱シ又ハ逋脱セントシタル税金ノ五倍ニ相当スル罰金ニ処シ直ニ其ノ税金ヲ徴収ス但シ罰金額ガ二十円ニ満タザルトキハ之ヲ二十円トス

第十五条　左ノ各号ノ一ニ該当スル者ハ三百円以下ノ罰金又ハ科料ニ処ス

一　第九条第一項ノ規定ニ依ル申告ヲ怠リ又ハ詐リタル者

二　政府ニ申告セズシテ第一条ニ掲グル行為ヲ為ス業ヲ営ミタル者

前項第二号ニ規定スル者ニ付テハ直ニ其ノ特別行為税ヲ徴収ス

第十六条　左ノ各号ノ一ニ該当スル者ハ百円以下ノ罰金又ハ科料ニ処ス

一　第十二条ノ規定ニ依ル帳簿ノ記載若ハ申告ヲ怠リ若ハ詐リ又ハ帳簿ヲ隠匿シタル者

二　第十三条ノ規定ニ依ル税務官吏ノ質問ニ対シ答弁ヲ為サズ若ハ虚偽ノ陳述ヲ為シ又ハ其ノ職務ノ執行ヲ拒ミ、妨ゲ若ハ忌避シタル者

第十七条　大正十一年勅令第二百号第一条ノ規定ハ前二条ノ罪ヲ犯シタル者ニハ之ヲ適用セズ

第十八条　政府ハ第一条ニ掲グル行為ヲ為ス業ヲ営ム者ノ組織スル団体ニ対シ徴税上必要ナル施設ヲ為シ又ハ徴収事務ノ補助ヲ為スベキコトヲ命ズルコトヲ得

前項ノ場合ニ於テハ前項ノ団体ニ対シ大使ノ定ムル所ニ依リ交付金ヲ交付スルコトヲ得

附　則

本令ハ昭和十八年四月一日ヨリ之ヲ施行ス

本令施行前ヨリ引続キ第一条ニ掲グル行為ヲ為ス業ヲ営ム者本令施行後一月以内ニ其ノ旨ヲ政府ニ申告スルトキハ本令施行ノ日ニ於テ本令ニ依リ申告シタルモノト看做ス

○関東州特別行為税令中改正

昭和十九年三月三十一日勅令第百九十六号

第一条ニ左ノ二号ヲ加フ

七　寫真機、蓄音器、楽器其ノ他大使ノ定ムルモノノ修繕

八　金融機関ノ保護預リ（有価証券其ノ他大使ノ定ムルモノノ被封預リヲ除ク）及之ニ類スルモノ

第二条中「百分ノ二十」ヲ「百分ノ三十」ニ改メ同条ニ左ノ但書ヲ加フ

但シ前条第六号ニ掲グル行為ニ付テハ料金ノ百分ノ二十トス

第十四条中「処シ直ニ其ノ税金ヲ徴収ス」ヲ「処ス」ニ改メ但書ヲ削リ同条ニ左ノ三項ヲ加フ

前項ノ罪ヲ犯シタル者ハ情状ニ因リ二年以下ノ懲役若ハ其ノ逋脱シ若ハ逋脱セントシタル税金ノ五倍ヲ超エ十倍以下ニ相当スル罰金ニ処シ又ハ懲役及罰金ヲ併科スルコトヲ得

前二項ノ場合ニ於テ罰金額ガ二十円ニ満タザルトキハ之ヲ二

十円トス

第一項及第二項ノ場合ニ於テハ直ニ其ノ税金ヲ徴収ス

第十五条第一項中「三百円」ヲ「千円」ニ改ム

第十六条中「百円」ヲ「五百円」ニ改ム

第十八条第一項中「団体」ノ下ニ「（其ノ組織スル団体ヲ含ム）」ヲ加フ

第十九条　前条第一項ノ規定ニ依リ徴税上必要ナル施設ヲ為シ又ハ徴収事務ノ補助ヲ為スベキコトヲ命ゼラレタル団体（徴収補助団体ト称ス以下同ジ）ノ代表者ハ当該事業ニ関スル帳簿ヲ備ヘ大使ノ定ムル事項ヲ之ニ記載スベシ

第二十条　税務官吏ハ徴収補助団体ノ代表者ニ対シ当該事業ニ関シ質問ヲ為シ若ハ報告ヲ為サシメ又ハ帳簿書類其ノ他ノ物件ヲ検査スルコトヲ得

政府ハ必要アリト認ムルトキハ徴収補助団体代表者ニ対シ当該事業ノ執行ニ関シ監督上必要ナル命令ヲ為スコトヲ得

第二十一条　徴収補助団体ノ団体員ヨリ徴収スベキ特別行為税ニ付テハ大使ノ定ムル所ニ依リ当該団体ノ代表者ニ対シ団体員ノ納付スベキ特別行為税ノ合計額、納期日及納付場所ヲ指定シ之ヲ告知スルコトヲ得

前項ノ告知アリタルトキハ徴収補助団体ノ代表者ハ直ニ各団体員ニ対シ大使ノ定ムル事項ヲ通知スベシ

第一項ノ規定ニ依リ代表者ニ対シ告知ヲ為シタルトキハ各団体員ニ対シ明治四十年勅令第五十六号ニ於テ準用スル国税徴収法第六条ノ規定ニ依リ告知ヲ為シタルモノト看做ス

第二十二条　左ノ場合ニ於テハ徴収補助団体ノ代表者ヲ五百円以下ノ過料ニ処ス

一　第二十条第二項ノ規定ニ依ル命令ニ違反シタルトキ

二　前条第二項ノ規定ニ依ル通知ヲ為サザルトキ

第二十三条　左ノ場合ニ於テハ徴収補助団体ノ代表者ヲ三百円以下ノ過料ニ処ス

一　第十九条ノ規定ニ依ル帳簿ノ記載ヲ怠リ若ハ詐リ又ハ帳簿ヲ隠匿シタルトキ

二　第二十条第一項ノ規定ニ依ル税務官吏ノ質問ニ対シ答弁ヲ為サズ若ハ虚偽ノ陳述ヲ為シ又ハ其ノ職務ノ執行ヲ拒ミ、妨ゲ若ハ忌避シタルトキ

三　第二十条第一項ノ規定ニ違反シ報告ヲ為サズ又ハ虚偽ノ報告ヲ為シタルトキ

附　則

本令ハ昭和十九年四月一日ヨリ之ヲ施行ス

本令施行前ヨリ引続キ改正後ノ関東州特別行為税令第一条第七号又ハ第八号ニ掲グル行為ヲ為ス業ヲ営ム者本令施行後一月以内ニ其ノ旨ヲ政府ニ申告スルトキハ本令施行ノ日ニ於テ同令第十一条ノ規定ニ依リ申告シタルモノト看做ス

法令四満鉄附属地各税

国税犯則処分

関東州地方費各税

専売、公債

金融、貿易

◎南満洲鉄道附属地営業税令

昭和十一年六月十二日勅令第百八号

朕南満洲鉄道附属地営業税令ヲ裁可シ茲ニ之ヲ公布セシム

（総理大臣副署）

南満洲鉄道附属地営業税令

第一条　南満洲鉄道附属地ニ営業場ヲ有シ左ニ掲グル営業ヲ為ス者ニハ本令ニ依リ営業税ヲ課ス

一　物品販賣業（動植物其ノ他普通ニ物品ト称セザルモノノ販賣業ヲ含ム）

二　製造業（物品ノ加工業又ハ修理業ヲ含ム）

三　金銭貸付業

四　物品貸付業（動植物其ノ他普通ニ物品ト称セザルモノノ貸付業ヲ含ム）

五　電気供給業

六　瓦斯供給業

七　運送業

八　運送取扱業

九　倉庫業

十　印刷業

十一　出版業

十二　興行場業

十三　料理飲食店業

十四　旅館業

十五　湯屋業

十六　理髪業

十七　娯楽場業

十八　寫眞業

十九　席貸業

二十　芸妓置屋業

二十一　請負業

二十二　両替業

二十三　問屋業

二十四　代理業

二十五　仲立業

二十六　周旋業

第二条　法人及法人営業税ヲ課スベキ法人ニ非ザル社団ノ営業ニハ本令ヲ適用セズ

第三条　左ニ掲グル営業ニ付テハ営業税ヲ課セズ

一　政府ノ発行スル印紙、切手類ノ賣捌

二　新聞紙ノ出版

三　自己ノ採掘シ又ハ採取シタル鉱物ノ精錬又ハ販賣

四　南満洲鉄道附属地外ニ在ル営業場ニ於テ為ス営業

第四条　左ニ掲グル営業ニシテ其ノ課税標準額ガ左ノ金額ニ満タザルモノニ付テハ営業税ヲ免除ス

一　物品販賣業　一年ノ賣上金額　八百円

二　製造業　一年ノ収入金額　八百円

三　金銭貸付業、物品貸付業　一年ノ収入金額　二百円

四　運送業、印刷業、出版業　一年ノ収入金額　六百円

五　興行場業、料理飲食店業、旅館業、湯屋業、理髪業、娯

楽場兼、寫眞業、席貸業、芸妓置屋業　一年ノ収入金額　五百円

六　請負業　一年ノ請負金額　五百円

七　運送取扱業　一年ノ収入金額　三百円

八　両替業、問屋業、代理業、仲立業、周旋業　一年ノ報償金額　二百円

第五条　営業税ハ左ノ課税標準及税率ニ依リ毎年之ヲ賦課ス

営業ノ種類	課税標準	税率	
物品販売業	売上金額	塩	千分ノ〇・五
		卸売 甲	千分ノ〇・七五
		卸売 乙	千分ノ一・二五
		小売 甲	千分ノ一・二五
		小売 乙	千分ノ一・五
製造業	収入金額	甲	千分ノ一
		乙	千分ノ一・五
金銭貸付業	収入金額		千分ノ一〇
物品貸付業	収入金額		千分ノ七・五
電気供給業	収入金額		千分ノ三
瓦斯供給業			
運送業			
運送取扱業	収入金額		千分ノ六・二五
倉庫業			
印刷業	収入金額		千分ノ二・五
出版業			
興行場業	収入金額		千分ノ三・七六
料理飲食店業			
旅館業			
湯屋業			
理髪業			
娯楽場業	収入金額		千分ノ五
写真業			
席貸業			
芸妓置屋業			
請負業	請負金額	土木、建築	千分ノ一・二五
		其ノ他	千分ノ三
両替業	報償金額		千分ノ七・五
問屋業			
代理業			
仲立業			
周旋業			

物品販賣業中穀菽類、石油、麦粉、白綿糸、白綿布、木材、麻袋、豆油又ハ豆粕ノ卸賣ニ対シテハ甲ノ税率ヲ、其ノ他ノ物品ノ卸賣ニ対シテハ乙ノ税率ヲ適用シ穀菽類、石油又ハ麦

粉ノ小賣ニ対シテハ甲ノ税率ヲ、其ノ他ノ物品ノ小賣ニ対シテハ乙ノ税率ヲ適用ス
製造業中豆油、豆粕、麦粉、綿布又ハ柞蚕糸ニ対シテハ甲ノ税率ヲ、其ノ他ノ物品ニ対シテハ乙ノ税率ヲ適用ス
第六条　納税義務アル営業者ハ満洲国駐箚特命全権大使ノ定ムル所ニ依リ課税標準ヲ政府ニ申告スベシ
前項ノ規定ハ第四条ノ規定ニ依リ営業税ノ免除ヲ受クル営業者ニ之ヲ準用ス
第七条　納税義務アル営業者営業ヲ廃止シタルトキハ其ノ際政府ニ申告スベシ
第八条　営業税ハ営業ノ種類及営業場毎ニ之ヲ課ス
第九条　課税標準ハ前年中ニ於ケル賣上金、収入金、請負金又ハ報償金ノ総額ニ依ル但シ左ノ各号ノ一ニ該当スル営業ニ付テハ各其ノ定ムル所ニ依リ之ヲ計算ス
一　前年一月二日以降十二月三十一日迄ノ間ニ於テ開始シタル営業ニ付テハ其ノ年中ニ於ケル賣上金、収入金、請負金、又ハ報償金ノ予算金額ニ依ル
二　其ノ年開始シタル営業ニ付テハ開業ノ月ヨリ其ノ年十二月迄ニ於ケル賣上金、収入金、請負金又ハ報償金ノ予算金額ニ依ル
第十条　営業税ハ年額ヲ四分シ左ノ四期ニ於テ之ヲ徴収ス但シ廃業ノ場合ニ於テ未納ノ税金アルトキハ其ノ際之ヲ徴収ス
第一期　其ノ年六月一日ヨリ三十日限
第二期　其ノ年八月一日ヨリ三十一日限
第三期　其ノ年十月一日ヨリ三十一日限
第四期　其ノ年十二月一日ヨリ二十八日限
第十一条　政府ハ納税義務者ガ納期ニ於テ税金ヲ完納スルコト能ハザルモノト認ムルトキハ納税義務者ヲシテ納税保証人ヲ立テシムルコトヲ得
納税保証人ニ関スル規定ハ大使之ヲ定ム
第十二条　新ニ開始シタル営業ニ付テハ開業ノ月ヨリ営業税ヲ課ス但シ製造業ニ付テハ開業ノ年ヨリ起算シ五年目ノ一月ヨリ営業税ヲ課ス
前項但書ノ規定ノ適用ニ付テハ製造業ヲ承継シタル営業者ハ之ヲ前営業者（法人及法人営業税ヲ課スベキ法人ニ非ザル社団ヲ含ム）ノ開業ノ時ヨリ引続キ当該製造業ヲ営ミタル者ト看做ス
第十三条　営業ヲ廃止シタル場合ニ於ケル営業税ハ其ノ廃止ノ月迄月割ヲ以テ之ヲ徴収ス
第十四条　営業ノ承継アリタルトキ又ハ営業ノ承継ト認ムベキ事実アリタルトキハ納期ニ於テ現ニ営業ヲ為ス者ヨリ営業税ヲ徴収ス
前項ノ場合ニ於テ前営業者ノ其ノ年分営業税ニシテ未納ノモノアルトキハ承継人ハ前営業者ト連帯シテ之ヲ納付スル義務アルモノトス
第十五条　前条ノ場合ニ於テ其ノ年分営業税ニ付前営業者ガ本令ニ依リ為シタル手続ハ之ヲ承継人ノ為シタル手続ト看做シ前営業者ガ受ケタル課税標準ノ決定ハ之ヲ承継人ノ受ケタル課税標準ノ決定ト看做ス
第十六条　相続人ハ其ノ相続開始前ノ営業ニ付被相続人ニ対シ

課セラルベキ営業税ヲ納付スル義務アルモノトス
前項ノ規定ハ相続人アルコト分明ナラザル場合ニ於ケル相続財産ニ付之ヲ準用ス
前項ノ場合ニ於テ本令ニ依リ相続人ノ為スベキ手続及相続人ニ対シ為スベキ政府ノ手続ニ付テハ相続財産ノ管理人ハ之ヲ相続人ト看做ス

第十七条 課税標準ハ第六条ノ申告ニ依リ、申告ナキトキ又ハ申告ヲ不相当ト認ムルトキハ政府ノ調査ニ依リ政府ニ於テ之ヲ決定ス

第十八条 前条ノ規定ニ依リ政府ニ於テ課税標準ヲ決定シタルトキハ之ヲ納税義務者ニ通知スベシ

第十九条 納税義務者前条ノ規定ニ依リ政府ノ通知シタル課税標準ニ対シ異議アルトキハ通知ヲ受ケタル日ヨリ二十日内ニ其ノ事由ヲ具シ政府ニ審査ノ請求ヲ為スコトヲ得
前項ノ請求アリタル場合ト雖モ政府ハ税金ノ徴収ヲ猶予セズ

第二十条 前条第一項ノ請求アリタルトキハ政府ニ於テ之ヲ審査シ課税標準ヲ決定ス

第二十一条 其ノ年分ノ賣上金、収入金、請負金又ハ報償金ノ実践金額ガ政府ノ決定シタル金額ノ二分ノ一ニ達セザルトキハ政府ハ納税義務者ノ請求ニ依リ其ノ課税標準ヲ更訂ス

第二十二条 其ノ年ニ於ケル営業ノ利益ガ其ノ年分営業税額ノ二十割ニ達セザルトキハ政府ハ納税義務者ノ請求ニ依リ其ノ営業税額ヨリ当該利益ノ二分ノ一ニ相当スル金額ヲ控除シテ得タル金額ニ相当スル営業税ヲ免除ス
前項ノ利益ノ計算ニ関スル規定ハ大使之ヲ定ム

第二十三条 前二条ノ規定ニ依リ課税標準ノ更訂又ハ営業税ノ免除ヲ受ケントスル者ハ大使ノ定ムル所ニ依リ翌年一月三十一日迄ニ政府ニ之ヲ請求スベシ
前項ノ請求アリタルトキハ政府ハ其ノ処分ノ確定スルニ至ル迄税金ノ徴収ヲ猶予スルコトヲ得

第二十四条 第十九条第一項及第二十条ノ規定ハ第二十一条ノ更訂ニ関スル処分又ハ第二十二条ノ免除ニ関スル処分ニ対シ異議アル場合ニ之ヲ準用ス

第二十五条 南満洲鉄道附属地ニ住所ヲ有セザル外国人ニハ外国ノ船籍ヲ有スル船舶ニ依ル営業ニ付営業税ヲ免除ス但シ其ノ船籍国ガ日本船舶ニ依ル営業ニ付同様ノ免税ヲ為サザル場合ニ於テハ此ノ限ニ在ラズ

第二十六条 第一条ノ営業ヲ為ス者ハ仕入、賣上、受入、貸付、廻送其ノ他営業ニ関スル収支ヲ明ニスル為帳簿ヲ備ヘ営業上一切ノ事実ヲ記載スベシ但シ第三条ニ掲グル営業ニ付テハ此ノ限ニ在ラズ

第二十七条 税務官吏ハ調査上必要アルトキハ営業者ニ質問シ又ハ営業ニ関スル帳簿物件ヲ検査スルコトヲ得

第二十八条 政府ハ必要ト認ムルトキハ営業ニ関スル事情ニ精通スル者又ハ同業組合其ノ他ノ営業者ノ団体ニ対シ営業税ニ関スル事項ヲ諮問スルコトヲ得
前項ノ諮問ヲ受ケタル者ハ大使ノ定ムル所ニ依リ答申スベシ

第二十九条 大使ハ本令ニ定ムルモノヲ除クノ外営業税ニ関シ必要ナル規定ヲ設クルコトヲ得

附則

第三十条 本令ハ昭和十一年七月一日ヨリ之ヲ施行ス

第三十一条 昭和十一年分営業税ノ課税標準ハ第九条ノ規定ニ拘ラズ左ノ区分ニ従ヒ計算シタル金額ニ依ル

一 昭和十年一月一日ヨリ引続キ為シタル営業ニ付テハ同年一月ヨリ十二月迄ノ期間ニ於ケル其ノ賣上金、収入金、請負金又ハ報償金ヲ二分シテ得タル金額

二 昭和十年一月二日ヨリ昭和十一年六月三十日迄ノ間ニ於テ開始シタル営業ニ付テハ昭和十一年七月ヨリ十二月迄ノ期間ニ於ケル其ノ賣上金、収入金、請負金又ハ報償金ノ予算金額

三 昭和十一年七月一日以後ニ開始シタル営業ニ付テハ開業ノ月ヨリ同年十二月迄ノ期間ニ於ケル其ノ賣上金、収入金、請負金又ハ報償金ノ予算金額

第三十二条 昭和十一年分営業税ニ限リ第十条ノ規定ニ拘ラズ其ノ税額ヲ二分シ左ノ二期ニ於テ之ヲ徴収ス

第一期 昭和十一年十二月一日ヨリ二十八日限

第二期 昭和十二年二月一日ヨリ二十八日限

第三十三条 昭和八年以後ニ開業シタル製造業ニ付テハ其ノ開業ノ年ヨリ第十二条第一項但書ノ規定ヲ適用ス

○昭和十二年勅令第六百八十五号（抄）

昭和十二年十二月一日
勅令第六百八十五号

第七十六条 左ノ勅令ハ之ヲ廃止ス

南満洲鉄道附属地営業税令

◎南満洲鉄道附属地法人営業税令

昭和十一年六月十二日勅令第百九号

朕南満洲鉄道附属地法人営業税令ヲ裁可シ茲ニ之ヲ公布セシム

（総理大臣副署）

南満洲鉄道附属地法人営業税令

第一条 南満洲鉄道附属地ニ本店、支店其ノ他ノ営業場ヲ有スル営利法人ニハ本令ニ依リ法人営業税ヲ課ス

第二条 本令ニ於テハ構成員相互ノ利益ノ為ニ事業ヲ営ムコトヲ目的トスル法人又ハ法人ニ非ザル社団ハ之ヲ営利法人ト看做ス

前項ノ法人ニ非ザル社団其ノ財産ヲ以テ法人営業税ヲ完納スルコト能ハザルトキハ其ノ税金ニ付構成員連帯シテ納税ノ義務アルモノトス

第三条 南満洲鉄道附属地営業税令第三条ニ掲グル営業ニ付テハ法人営業税ヲ課セズ

第四条 法人営業税ハ法人ノ営業ノ純益ニ付其ノ百分ノ二ノ税率ニ依リ之ヲ賦課ス

第五条 法人ノ営業ノ純益ハ毎事業年度中ニ於ケル総益金ヨリ総損金ヲ控除シタル金額ニ依ル

前項ノ総益金及総損金ノ計算ニ関スル規定並ニ南満洲鉄道附属地ニ本店又ハ主タル事務所ヲ有セザル法人ノ純益ノ計算ニ関スル規定ハ満洲国駐箚特命全権大使之ヲ定ム

第六条 法人ガ事業年度中ニ解散シ又ハ合併ニ因リテ消滅シタ

ル場合ニ於テハ其ノ事業年度ノ始ヨリ解散又ハ合併ニ至ル迄ノ期間ヲ以テ一事業年度ト看做ス

前項ノ規定ハ南満洲鉄道附属地ニ本店又ハ主タル事務所ヲ有セザル法人ガ事業年度中ニ南満洲鉄道附属地ニ在ル営業場ニ於ケル営業ヲ廃止シタル場合ニ之ヲ準用ス

第七条　納税義務アル法人ハ大使ノ定ムル所ニ依リ、純益金額ヲ政府ニ申告スベシ

第八条　法人ノ純益金額ハ前条ノ申告ニ依リ、申告ナキトキ又ハ申告ヲ不相当ト認ムルトキハ政府ノ調査ニ依リ政府ニ於テ之ヲ決定ス

第九条　前条ノ規定ニ依リ政府ニ於テ純益金額ヲ決定シタルトキハ之ヲ納税義務アル法人ニ通知スベシ

第十条　納税義務アル法人前条ノ規定ニ依リ政府ノ通知シタル純益金額ニ対シ異議アルトキハ通知ヲ受ケタル日ヨリ二十日内ニ其ノ事由ヲ具シ政府ニ審査ノ請求ヲ為スコトヲ得

前項ノ請求アリタル場合ト雖モ政府ハ税金ノ徴収ヲ猶予セズ

第十一時　前条第一項ノ請求アリタルトキハ政府ニ於テ之ヲ審査シ純益金額ヲ決定ス

第十二条　法人営業税ハ法人ノ事業年度毎ニ之ヲ徴収ス

第十三条　合併後存続スル法人又ハ合併ニ因リテ設立シタル法人ハ合併ニ因リテ消滅シタル法人ノ純益ニ付法人営業税ヲ納ムル義務アルモノトス

第十四条　外国法人ニハ外国ノ船籍ヲ有スル船舶ノ純益ニ付法人営業税ヲ免除ス但シ其ノ船籍国ガ日本船舶ノ純益ニ付同様ノ免税ヲ為サザル場合ニ於テハ此ノ限ニ在ラズ

第十五条　税務官吏調査上必要アルトキハ納税義務アル法人又ハ納税義務アリト認ムル法人ニ質問シ又ハ営業ニ関スル帳簿物件ヲ検査スルコトヲ得

第十六条　大使ハ本令ニ定ムルモノヲ除クノ外法人営業税ニ関シ必要ナル規定ヲ設クルコトヲ得

附　則

本令ハ昭和十一年七月一日ヨリ之ヲ施行ス

法人ノ昭和十一年七月一日以後ニ終了スル事業年度ノ期間ガ同年六月三十日以前ニ跨ルモノニ付テハ当該事業年度ノ純益金額ヨリ日割計算ノ方法ニ依リ算出シタル同年六月三十日以前ニ属スル期間ノ純益ヲ控除ス

南満洲鉄道株式会社ノ営業ニ付テハ本令ニ依ル法人営業税ヲ課セズ

○南満洲鉄道附属地法人営業税令中改正

昭和十一年十二月二十三日
勅令第四百五十一号

第四条中「百分ノ二」ヲ「百分ノ四」ニ改ム

附　則

本令ハ昭和十二年一月一日ヨリ之ヲ施行ス

本令ハ法人ノ昭和十二年一月一日以後ニ終了スル事業年度ノ期間ガ昭和十一年十二月三十一日以前ニ跨ルモノニ付テハ日割計算ノ方法ニ依リ算出シタル昭和十二年一月一日以後ニ属スル期間ノ純益ニ之ヲ適用ス

○昭和十二年勅令第六百八十五号（抄）

昭和十二年十二月一日
勅令第六百八十五号

第七十六条　左ノ勅令ハ之ヲ廃止ス
南満洲鉄道附属地法人営業税令

◎南満洲鉄道附属地酒税令

朕南満洲鉄道附属地酒税令ヲ裁可シ茲ニ之ヲ公布セシム（総理大臣副署）

昭和十一年六月二十二日勅令第百十七号

南満洲鉄道附属地酒税令

第一条　酒類ニハ本令ニ依リ酒税ヲ課ス
本令ニ於テ酒類トハアルコールヲ含有スル飲料ヲ謂フ

第二条　酒税ハ酒類ヲ製造スル者ヨリ之ヲ徴収ス

第三条　酒類ヲ製造セントスル者ハ其ノ種類ヲ定メ製造場一箇所毎ニ政府ノ免許ヲ受クベシ其ノ製造ヲ廃止セントスルトキハ免許ノ取消ヲ求ムベシ
種類ヲ異ニスル酒類ヲ混和シ又ハ酒類ニ酒類以外ノ物品ヲ混和スルハ之ヲ酒類ノ製造ト看做ス但シ酒類ニ水ノミヲ混和スルハ此ノ限ニ在ラズ

第四条　酒税ノ税率ハ左ノ区分ニ依ル

一　酒精　百リットルニ付　十四円
二　焼酒
　甲　酒精分五十以上ノモノ　百リットルニ付　八円五十銭
　乙　酒精分五十未満ノモノ　百リットルニ付　六円五十銭
三　黄酒　百リットルニ付　八円五十銭
四　紹興酒　百リットルニ付　十一円
五　麦酒　百リットルニ付　九円五十銭
六　清酒　百リットルニ付　十二円
七　朝鮮薬酒　百リットルニ付　九円五十銭
八　濁酒　百リットルニ付　八円五十銭
九　前各号以外ノ酒類
　甲　酒精分十五以上ノモノ　百リットルニ付　酒精分一毎ニ　九十銭
　乙　酒精分十五未満ノモノ　百リットルニ付　十二円

本令ニ於テ酒精トハ酒精分七十以上ノ蒸留酒ヲ謂ヒ焼酒トハ酒精分七十未満ノ蒸留酒ヲ謂フ
本令ニ於テ黄酒、紹興酒、麦酒、清酒、朝鮮薬酒及濁酒トハ各在来ノ方法ニ依リ製成シタル醸造酒ヲ謂フ

酒精ト焼酒トノ混和ニ依リテ得タル酒類ニシテ酒精分七十以上ノモノハ之ヲ酒精ト看做シ酒精分七十未満ノモノハ之ヲ焼酒ト看做ス

本令ニ於テ酒精分トハアルコール含有容量ノ百分率ヲ謂フ

第五条 酒税ハ酒類ノ製成リットル数ニ応ジ之ヲ課ス

酒類ノ製成リットル数ハ製成ノ時ニ於ケル実量ニ依リ之ヲ査定ス但シ実量ニ依リ査定スルコト困難ナル場合ニ於テハ満洲国駐箚特命全権大使ノ定ムル所ニ依リ製成リットル数ヲ査定ス

犯則其ノ他ノ事故ニ依リ前項ノ規定ニ依リ難キ場合ニ於テハ現在ノ酒類又ハ証憑物件ニ就キ製成リットル数ヲ査定ス

第六条 酒税ハ毎月中ニ於テ製成シタル酒類ニ対スル分ヲ翌月末日限徴収ス但シ清酒及紹興酒ニ付テハ毎月中ニ於テ製成シタル酒類ニ対スル税額ヲ十二分シ其ノ翌月ヨリ十二月間ニ各月末日限徴収ス

第七条 第三条第一項又ハ第十五条ノ規定ニ依リ酒類製造ノ免許ヲ取消シタルトキハ前条ノ規定ニ拘ラズ酒税ノ全部又ハ一部ヲ徴収スルコトヲ得

前項ノ規定ニ依リ又ハ国税徴収法第四条ノ一ノ規定ニ準ジ酒税ヲ徴収スル場合ニ於テハ納税ノ担保トシテ酒類ヲ差押フルコトヲ得

第八条 同一製造場内ニ於テ酒類ヲ製造スル為原料トシテ製造スル酒類ニハ酒税ヲ課セズ

前項ノ原料用酒類ハ製成ノ時其ノリットル数ノ検定ヲ受クルコトヲ要ス

第九条 前条ノ検定ヲ受ケタル酒類左ノ各号ノ一ニ該当スル場合ニ於テハ其ノ検定リットル数ヲ以テ査定リットル数ト看做シ酒税ヲ課ス

一 他人ニ譲渡スルトキ

二 質入スルトキ

三 公売セラルルトキ

四 酒類製造用外ニ消費スルトキ

五 製造場外ニ搬出スルトキ

第十条 酒税ヲ課セラレタル酒精ヲ原料トシテ製造スル酒類ニ対スル酒税ハ之ニ課セラルベキ酒税額中其ノ原料トシテ使用シタル酒精ニ対スル酒税額ヲ控除シテ之ヲ徴収ス

第十一条 左ニ掲グル酒類ニ付テハ酒税ヲ免除シ又ハ酒税ニ相当スル金額ヲ交付スルコトヲ得但シ製造場外ニ搬出シタルモノニ付テハ此ノ限ニ在ラズ

一 不可抗力ニ因リ亡失シタルモノ

二 腐敗其ノ他ノ事由ニ因リ飲用スルコト能ハザルニ至リタルモノ

三 酒精ニシテ飲用以外ノ用途ニ供スルモノ

第十二条 輸出スル酒類ニ付テハ大使ノ定ムル所ニ依リ酒税ヲ免除シ又ハ酒税ニ相当スル金額ヲ交付スルコトヲ得

第十三条 政府ハ徴税保全上必要アリト認ムルトキハ酒類製造者ニ対シ担保ノ提供ヲ命ジ又ハ其ノ製造リットル数ヲ制限スルコトヲ得

前項ノ担保ニ関スル規定ハ大使之ヲ定ム

第十四条 酒類製造者ハ大使ノ定ムル場合ヲ除クノ外製成リッ

トル数査定前ニ於テ酒類ヲ他人ニ譲渡シ、質入シ、酒類製造用外ニ消費シ又ハ製造場外ニ搬出スルコトヲ得ズ

第十五条 酒類製造者左ノ各号ノ一ニ該当スルトキハ政府ハ其ノ酒類製造ノ免許ヲ取消スコトヲ得

一 酒税ヲ滞納シタルトキ

二 本令又ハ本令ニ基ク命令若ハ処分ニ違反シタルトキ

三 一年以上引続キ酒類ノ製造ヲ休止シタルトキ

前項ノ規定ニ依リ酒類製造ノ免許ヲ取消シタル場合ニ於テ半製品現存スルトキハ製造者ノ申請ニ依リ一定ノ期間内其ノ製成其ノ他必要ナル行為ヲ継続セシムルコトヲ得此ノ場合ニ於テハ仍本令ヲ適用ス

第十六条 第三条第一項又ハ前条ノ規定ニ依リ酒類製造ノ免許ヲ取消サレタル者及其ノ相続人ニハ酒税ヲ完納スルニ至ル迄ノ間仍本令ヲ適用ス

第十七条 酒類ヲ販賣セントスル者ハ販賣場一箇所毎ニ政府ニ申告スベシ但シ酒類製造者ガ其ノ製造場ニ於テ為ス販賣ニ付テハ此ノ限ニ在ラズ

酒類販賣者其ノ販賣ヲ廃止シタルトキハ其ノ旨ヲ政府ニ申告スベシ

第十八条 酒類ノ製造者又ハ販賣者ハ帳簿ヲ備ヘ大使ノ定ムル所ニ依リ其ノ製造出入ニ関スル事項ヲ記載スベシ

第十九条 税務官吏ハ酒類ノ製造場又ハ販賣場ニ臨ミ酒類、其ノ原料品若ハ半製品、其ノ製造出入ニ関スル一切ノ帳簿書類、其ノ製造若ハ販賣上必要ナル建築物、容器、器具、機械其ノ他ノ物件ヲ検査シ又ハ監督上必要ナル処分ヲ為スコトヲ得

第二十条 税務官吏ハ運搬中ニ在ル酒類ヲ検査シ監督上必要ト認ムルトキハ其ノ運搬ヲ停止シ其ノ他必要ナル処分ヲ為スコトヲ得

第二十一条 輸入スル酒類ニハ第四条ノ割合ニ依リ酒税ヲ課ス但シ左ノ各号ノ一ニ該当スルモノニ付テハ各其ノ定ムル所ニ依ル

一 満洲国輸入税ヲ課セラレタル酒類ニハ酒税ヲ課セズ

二 満洲国転口税ヲ課セラレタル酒類ニハ第四条ノ割合ニ依リ算出シタル酒税額ト転口税額トノ差額ニ相当スル酒税ヲ課ス

三 飲用以外ノ用途ニ供スル酒精ニ付テハ大使ノ定ムル所ニ依リ酒税ヲ免除ス

前項ノ酒税ハ大使ノ定ムル所ニ依リ酒類ノ輸入リットル数ニ応ジ輸入ノ際其ノ輸入者ヨリ之ヲ徴収ス但シ清酒及紹興酒ニ限リ其ノ酒税ニ相当スル担保ヲ提供シタルトキハ三月以内其ノ徴収ヲ猶予スルコトヲ得

前項ノ規定ニ依リ酒税ノ徴収ヲ猶予セラレタル酒類ヲ其ノ猶予期間内ニ輸出スルトキハ大使ノ定ムル所ニ依リ酒税ヲ免除スルコトヲ得

第二項ノ担保ニ関スル規定ハ大使之ヲ定ム

第二十二条 左ニ掲グル場合ニ於テハ直ニ酒税ヲ徴収ス

一 免許ヲ受ケズシテ酒類ヲ製造シタルトキ

二 詐偽其ノ他不正ノ行為ヲ以テ酒税ヲ逋脱シ又ハ逋脱セントシタルトキ

三 第十三条ノ規定ニ依リ担保ノ提供ヲ命ゼラレ又ハ製造

リットル数ヲ制限セラレタル場合ニ於テ担保ヲ提供セザルトキ又ハ制限リットル数ヲ超過シテ酒類ヲ製造シタルトキ

第二十三条　詐偽其ノ他不正ノ行為ヲ以テ酒税ノ免除又ハ酒税ニ相当スル金額ノ交付ヲ受ケタルトキハ免除シタル酒税ハ直ニ之ヲ徴収シ交付シタル金額ハ之ヲ追徴ス

前項ノ規定ニ依ル交付金額ノ追徴ニ付テハ国税徴収ノ例ニ依ル

第二十四条　本令ニ於テ輸出又ハ輸入トハ南満洲鉄道附属地ト其ノ他ノ地域トノ間ニ於ケル搬出又ハ搬入ヲ謂フ

第二十五条　大使ハ本令ニ定ムルモノヲ除クノ外酒税ニ関シ必要ナル規定ヲ設クルコトヲ得

附　則

第二十六条　本令ハ昭和十一年七月一日ヨリ之ヲ施行ス

第二十七条　本令施行ノ際現ニ酒類ヲ製造スル者ニシテ本令施行後引続キ之ヲ製造セントスルモノハ昭和十一年七月三十一日迄ニ政府ニ免許ヲ申請スベシ其ノ申請ニ対シ許否ノ処分ヲ受クル迄ハ本令ニ依リ免許ヲ受ケタルモノト看做ス

第二十八条　本令施行ノ際現ニ酒類ヲ販賣スル者ニシテ本令施行後引続キ之ヲ販賣セントスルモノハ昭和十一年八月三十一日迄ニ政府ニ申告スベシ

第二十九条　輸入スル酒類ニシテ本令施行前ノ製成ニ係ルモノニハ第二十一条ノ規定ニ依ル酒税ヲ課セズ

第三十条　本令施行ノ際現ニ酒類ヲ製造スル者ニシテ酒類ヲ所有シ又ハ所持スルモノハ本令施行後二十日内ニ其ノ酒類ノ種類、リットル数及所在ヲ政府ニ申告スベシ

○昭和十二年勅令第六百八十五号（抄）

昭和十二年十二月一日
勅令第六百八十五号

第七十六条　左ノ勅令ハ之ヲ廃止ス

南満洲鉄道附属地酒税令

◎南満洲鉄道附属地煙草税令

昭和十一年六月二十二日勅令第百十八号

朕南満洲鉄道附属地煙草税令ヲ裁可シ茲ニ之ヲ公布セシム

（総理大臣副署）

南満洲鉄道附属地煙草税令

第一条　煙草ニハ本令ニ依リ煙草税ヲ課ス

第二条　煙草ヲ耕作セントスル者ハ政府ノ免許ヲ受クベシ

煙草ヲ製造セントスル者ハ製造場一箇所毎ニ政府ノ免許ヲ受クベシ

前二項ノ規定ニ依リ煙草ノ耕作又ハ製造ノ免許ヲ受ケタル者其ノ耕作又ハ製造ヲ廃止セントスルトキハ免許ノ取消ヲ求ムベシ

第三条　煙草税ノ税率ハ左ノ区分ニ依ル

種類		税率
一級	五万本ノ価格千二百円ヲ超ユルモノ	五万本ニ付六百円

製造煙草	紙巻煙草	二級	同八百円ヲ超エ千二百円以下ノモノ	同四百円
		三級	同五百円ヲ超エ八百円以下ノモノ	同二百六十円
		四級	同三百円ヲ超エ五百円以下ノモノ	同百六十円
		五級	同二百円ヲ超エ三百円以下ノモノ	同百円
		六級	同百円ヲ超エ二百円以下ノモノ	同六十円
		七級	同百円以下ノモノ	同三十九円
	葉巻煙草	一級	千本ノ価格八十円ヲ超ユルモノ	千本ニ付六十四円
		二級	同四十円ヲ超エ八十円以下ノモノ	同三十二円
		三級	同二十円ヲ超エ四十円以下ノモノ	同十六円
		四級	同十円ヲ超エ二十円以下ノモノ	同八円
		五級	同五円ヲ超エ十円以下ノモノ	同四円
		六級	同五円以下ノモノ	同二円
	其ノ他			価格百分ノ四十
葉煙草				価格百分ノ十五

葉屑、刻屑其ノ他ノ屑煙草ハ之ヲ葉煙草ト看做ス

第一項ノ煙草ノ価格ハ満洲国駐箚特命全権大使ノ定ムル所ニ依リ課税地ニ於ケル煙草ノ時価ヲ基準トシテ政府ニ於テ之ヲ定ム

第四条 煙草税ハ製造場ヨリ煙草ヲ搬出スルトキ其ノ製造者ヨリ之ヲ徴収ス

煙草ハ煙草税納付前ニ於テハ之ヲ消費シ又ハ政府ノ承認ヲ受ケズシテ製造場外ニ搬出スルコトヲ得ズ

第五条 煙草ハ左ノ各号ノ一ニ該当スル場合ニ於テハ製造場外ニ搬出セラレタルモノト看做ス

一 製造場内ニ現存スルモノ公賣セラレタルトキ

二 製造免許取消ノ場合ニ於テ製造場内ニ現存スルトキ

第六条 製造煙草ノ原料ニ使用スル葉煙草ニ付テハ大使ノ定ムル所ニ依リ煙草税ヲ免除シ又ハ煙草税ニ相当スル金額ヲ交付スルコトヲ得

第七条 煙草税ヲ納付シタル煙草ガ腐敗其ノ他ノ事由ニ因リ喫用ニ適セザルニ至リタルトキハ大使ノ定ムル所ニ依リ其ノ煙草税ニ相当スル金額ヲ交付スルコトヲ得

第八条 輸出スル煙草ニ付テハ大使ノ定ムル所ニ依リ煙草税ヲ免除スルコトヲ得

第九条 政府ハ徴税保全上必要アリト認ムルトキハ煙草製造者ニ対シ担保ノ提供ヲ命ズルコトヲ得

前項ノ担保ニ関スル規定ハ大使之ヲ定ム

第十条 煙草税ヲ納付シタルトキハ大使ノ定ムル所ニ依リ製造煙草ノ容器又ハ包裹ニ納税済証ノ貼附ヲ受クベシ

第十一条 煙草販賣者ハ容器又ハ包裹ニ納税済証ノ貼附ナキ製造煙草ヲ譲受ケ又ハ譲渡スコトヲ得ズ但シ第八条及第十七条第一号ニ掲グル煙草ニ付テハ此ノ限ニ在ラズ

第十二条 煙草ノ耕作者又ハ製造者左ノ各号ノ一ニ該当スルト

キハ政府ハ其ノ耕作又ハ製造ノ免許ヲ取消スコトヲ得

一　本令又ハ本令ニ基ク命令若ハ処分ニ違反シタルトキ

二　一年以上引続キ煙草ノ耕作又ハ製造ヲ休止シタルトキ

第十三条　煙草ヲ販賣セントスル者ハ販賣場一箇所毎ニ政府ニ申告スベシ但シ煙草製造者ガ其ノ製造場ニ於テ為ス販賣ニ付テハ此ノ限ニ在ラズ

煙草販賣者其ノ販賣ヲ廃止シタルトキハ其ノ旨ヲ政府ニ申告スベシ

第十四条　煙草ノ製造者又ハ販賣者ハ帳簿ヲ備ヘ大使ノ定ムル所ニ依リ其ノ製造出入ニ関スル事項ヲ記載スベシ

第十五条　税務官吏ハ煙草ノ製造場又ハ販賣場ニ臨ミ製品、其ノ原料品、其ノ製造出入ニ関スル一切ノ帳簿書類、其ノ製造若ハ販賣上必要ナル建築物、容器、器具、機械、其ノ他ノ物件ヲ検査シ又ハ監督上必要ナル処分ヲ為スコトヲ得

第十六条　税務官吏ハ運搬中ニ在ル煙草ヲ検査シ監督上必要ト認ムルトキハ其ノ運搬ヲ停止シ其ノ他必要ナル処分ヲ為スコトヲ得

第十七条　輸入スル煙草ニ付テハ輸入ノ際其ノ輸入者ニ煙草税ヲ課ス但シ左ノ各号ノ一ニ該当スルモノニ付テハ各其ノ定ムル所ニ依ル

一　満洲国輸入税ヲ課セラレタルモノニハ煙草税ヲ課セズ

二　満洲国転口税ヲ課セラレタルモノニハ第三条ノ割合ニ依リ算出シタル煙草税額ト転口税額トノ差額ニ相当スル煙草税ヲ課ス

第十八条　左ニ掲グル場合ニ於テハ直ニ煙草税ヲ徴収ス

一　免許ヲ受ケズシテ煙草ヲ製造シタルトキ

二　詐偽其ノ他不正ノ行為ヲ以テ煙草税ヲ逋脱シ又ハ逋脱セントシタルトキ

三　製造煙草ノ原料ニ使用スル為煙草税ヲ免除セラレタル葉煙草ヲ其ノ以外ノ用ニ供シタルトキ

第十九条　詐偽其ノ他不正ノ行為ヲ以テ煙草税ノ免除又ハ煙草税ニ相当スル金額ノ交付ヲ受ケタルトキハ免除シタル煙草税ハ之ヲ徴収シ交付シタル金額ハ之ヲ追徴ス

前項ノ規定ニ依ル交付金額ノ追徴ニ付テハ国税徴収ノ例ニ依ル

第二十条　本令ニ於テ輸出又ハ輸入トハ南満洲鉄道附属地ト其ノ他ノ地域トノ間ニ於ケル搬出又ハ搬入ヲ謂フ

第二十一条　大使ハ本令ニ定ムルモノヲ除クノ外煙草税ニ関シ必要ナル規定ヲ設クルコトヲ得

附　則

本令ハ昭和十一年七月一日ヨリ之ヲ施行ス

本令施行ノ際現ニ煙草ヲ耕作シ又ハ製造スル者ニシテ本令施行後引続キ之ヲ耕作シ又ハ製造セントスルモノハ昭和十一年七月三十一日迄ニ政府ニ免許ヲ申請スベシ其ノ申請ニ対シ許否ノ処分ヲ受クル迄ハ本令ニ依リ免許ヲ受ケタルモノト看做ス

本令施行ノ際現ニ煙草ヲ販賣スル者ニシテ本令施行後引続キ之ヲ販賣セントスルモノハ昭和十一年八月三十一日迄ニ政府ニ申告スベシ

第十一条ノ規定ハ本令施行前製造場外ニ搬出シ又ハ輸入シタル煙草ニ付テハ之ヲ適用セズ

○昭和十二年勅令第六百八十五号（抄）

昭和十二年十二月一日
勅令第六百八十五号

第七十六条　左ノ勅令ハ之ヲ廃止ス

南満洲鉄道附属地煙草税令

◎南満洲鉄道附属地セメント税令

昭和十一年六月二十二日勅令第百十九号

朕南満洲鉄道附属地セメント税令ヲ裁可シ茲ニ之ヲ公布セシム

（総理大臣副署）

南満洲鉄道附属地セメント税令

第一条　セメントニハ本令ニ依リセメント税ヲ課ス

第二条　セメントヲ製造セントスル者ハ製造場一箇所毎ニ政府ノ免許ヲ受クベシ其ノ製造ヲ廃止セントスルトキハ免許ノ取消ヲ求ムベシ

第三条　セメント税ノ税率ハセメント百瓩ニ付三十六銭トス

第四条　セメント税ハ製造場ヨリセメントヲ搬出スルトキ其ノ製造者ヨリ之ヲ徴収ス

セメントハセメント税納付前ニ於テハ政府ノ承認ヲ受クルニ非ザレバ之ヲ製造場外ニ搬出スルコトヲ得ズ

第五条　セメントハ左ノ各号ノ一ニ該当スル場合ニ於テハ製造場外ニ搬出セラレタルモノト看做ス

一　製造場内ニ於テ消費セラレタルトキ

二　製造場内ニ現存スルモノ公賣セラレタルトキ

三　製造免許取消ノ場合ニ於テ製造場内ニ現存スルトキ

第六条　輸出スルセメントニ付テハ満洲国駐箚特命全権大使ノ定ムル所ニ依リセメント税ヲ免除スルコトヲ得

第七条　政府ハ徴税保全上必要アリト認ムルトキハセメント製造者ニ対シ担保ノ提供ヲ命ズルコトヲ得

前項ノ担保ニ関スル規定ハ大使之ヲ定ム

第八条　セメント税ヲ納付シタルトキハ大使ノ定ムル所ニ依リセメントノ包装ニ納税済証ノ貼附ヲ受クベシ但シ第五条第一号ノ場合ニ於テハ此ノ限ニ在ラズ

第九条　セメント販賣者ハ包装ニ納税済証ノ貼附ナキセメントヲ譲受ケ又ハ譲渡スコトヲ得ズ但シ第六条及第十四条第一号ニ掲グルセメントニ付テハ此ノ限ニ在ラズ

第十条　セメント製造者左ノ各号ノ一ニ該当スルトキハ政府ハ其ノセメント製造ノ免許ヲ取消スコトヲ得

一　本令又ハ本令ニ基ク命令若ハ処分ニ違反シタルトキ

二　一年以上引続キセメントノ製造ヲ休止シタルトキ

第十一条　セメントノ製造者又ハ販賣者ハ帳簿ヲ備ヘ大使ノ定ムル所ニ依リ基ノ製造出入ニ関スル事項ヲ記載スベシ

第十二条　税務官吏ハセメントノ製造場又ハ販賣場ニ臨ミセメント、其ノ原料品、其ノ製造出入ニ関スル一切ノ帳簿書類、其ノ製造若ハ販賣上必要ナル建築物、容器、器具、機械其ノ他ノ物件ヲ検査シ又ハ監督上必要ナル処分ヲ為スコトヲ得

第十三条　税務官吏ハ運搬中ニ在ルセメントヲ検査シ監督上必要ト認ムルトキハ其ノ運搬ヲ停止シ其ノ他必要ナル処分ヲ為

スコトヲ得

第十四条 輸入スルセメントニ付テハ大使ノ定ムル所ニ依リ輸入ノ際其ノ輸入者ニセメント税ヲ課ス但シ左ノ各号ノ一ニ該当スルモノニ付テハ各其ノ定ムル所ニ依ル

一 満洲国輸入税ヲ課セラレタルモノニハセメント税ヲ課セズ

二 満洲国転口税ヲ課セラレタルモノニハ第三条ノ割合ニ依リ算出シタルセメント税額ト転口税額トノ差額ニ相当スルセメント税ヲ課ス

第十五条 左ニ掲グル場合ニ於テハ直ニセメント税ヲ徴収ス

一 免許ヲ受ケズシテセメントヲ製造シタルトキ

二 詐偽其ノ他不正ノ行為ヲ以テセメント税ヲ逋脱シ又ハ逋脱セントシタルトキ

第十六条 本令ニ於テ輸出又ハ輸入トハ南満洲鉄道附属地ト其ノ他ノ地域トノ間ニ於ケル搬出又ハ搬入ヲ謂フ

第十七条 大使ハ本令ニ定ムルモノヲ除クノ外セメント税ニ関シ必要ナル規定ヲ設クルコトヲ得

附 則

本令ハ昭和十一年七月一日ヨリ之ヲ施行ス

本令施行ノ際現ニセメントヲ製造スル者ニシテ本令施行後引続キ之ヲ製造セントスルモノハ昭和十一年七月三十一日迄ニ政府ニ免許ヲ申請スベシ其ノ申請ニ対シ許否ノ処分ヲ受クル迄ハ本令ニ依リ免許ヲ受ケタルモノト看做ス

第九条ノ規定ハ本令施行前製造場外ニ搬出シ又ハ輸入シタルセメントニ付テハ之ヲ適用セズ

○昭和十二年勅令第六百八十五号（抄）

昭和十二年十二月一日
勅令第六百八十五号

第七十六条 左ノ勅令ハ之ヲ廃止ス

南満洲鉄道附属地セメント税令

◎南満洲鉄道附属地麦粉税令

昭和十一年六月二十二日勅令第百二十号

朕南満洲鉄道附属地麦粉税令ヲ裁可シ茲ニ之ヲ公布セシム

（総理大臣副署）

南満洲鉄道附属地麦粉税令

第一条 麦粉ニハ本令ニ依リ麦粉税ヲ課ス

第二条 麦粉ヲ製造セントスル者ハ製造場一箇所毎ニ政府ノ免許ヲ受クベシ其ノ製造ヲ廃止セントスルトキハ免許ノ取消ヲ求ムベシ

第三条 麦粉税ノ税率ハ麦粉一包装ニ付十銭トス一包装ニシテ二十四瓩ヲ超ユルモノアルトキハ二十四瓩又ハ其ノ端数毎ニ十銭トス

第四条 麦粉税ハ製造場ヨリ麦粉ヲ搬出スルトキ其ノ製造者ヨリ之ヲ徴収ス

麦粉ハ麦粉税納付前ニ於テハ政府ノ承認ヲ受クルニ非ザレバ之ヲ製造場外ニ搬出スルコトヲ得ズ

第五条 麦粉ハ左ノ各号ノ一ニ該当スル場合ニ於テハ製造場外

ニ搬出セラレタルモノト看做ス

一　製造場内ニ於テ消費セラレタルトキ

二　製造場内ニ現存スルモノ公賣セラレタルトキ

三　製造免許取消ノ場合ニ於テ製造場内ニ現存スルトキ

第六条　輸出スル麦粉ニ付テハ満洲国駐箚特命全権大使ノ定ムル所ニ依リ麦粉税ヲ免除スルコトヲ得

第七条　政府ハ徴税保全上必要アリト認ムルトキハ麦粉製造者ニ対シ担保ノ提供ヲ命ズルコトヲ得

前項ノ担保ニ関スル規定ハ大使之ヲ定ム

第八条　麦粉税ヲ納付シタルトキハ大使ノ定ムル所ニ依リ麦粉ノ包装ニ納税済証ノ貼附ヲ受クベシ但シ第五条第一号ノ場合ニ於テハ此ノ限ニ在ラズ

第九条　麦粉販賣者ハ包装ニ納税済証ノ貼附ナキ麦粉ヲ讓受ケ又ハ讓渡スコトヲ得ズ但シ第六条及第十四条但書ニ掲ゲル麦粉ニ付テハ此ノ限ニ在ラズ

第十条　麦粉製造者左ノ各号ノ一ニ該当スルトキハ政府ハ其ノ麦粉製造ノ免許ヲ取消スコトヲ得

一　本令又ハ本令ニ基ク命令若ハ処分ニ違反シタルトキ

二　一年以上引続キ麦粉ノ製造ヲ休止シタルトキ

第十一条　麦粉ノ製造者又ハ販賣者ハ帳簿ヲ備ヘ大使ノ定ムル所ニ依リ其ノ製造出入ニ関スル事項ヲ記載スベシ

第十二条　税務官吏ハ麦粉ノ製造場又ハ販売場ニ臨ミ麦粉、其ノ原料品、其ノ製造出入ニ関スル一切ノ帳簿書類、其ノ製造若ハ販賣上必要ナル建築物、容器、器具、機械其ノ他ノ物件ヲ検査シ又ハ監督上必要ナル処分ヲ為スコトヲ得

第十三条　税務官吏ハ運搬中ニ在ル麦粉ヲ検査シ監督上必要ト認ムルトキハ其ノ運搬ヲ停止シ其ノ他必要ナル処分ヲ為スコトヲ得

第十四条　輸入スル麦粉ニ付テハ大使ノ定ムル所ニ依リ輸入ノ際其ノ輸入者ニ麦粉税ヲ課ス但シ満洲国輸入税ヲ課セラレタルモノニ付テハ此ノ限リ在ラズ

第十五条　左ニ掲グル場合ニ於テハ並ニ麦粉税ヲ徴収ス

一　免許ヲ受ケズシテ麦粉ヲ製造シタルトキ

二　詐偽其ノ他不正ノ行為ヲ以テ麦粉税ヲ逋脱シ又ハ逋脱セントシタルトキ

第十六条　本令ニ於テ輸出又ハ輸入トハ南満洲鉄道附属地ト其ノ他ノ地域トノ間ニ於ケル搬出又ハ搬入ヲ謂フ

第十七条　自己又ハ其ノ同居家族ノ用ニ供スル麦粉ノミヲ製造スル者ニハ本令ヲ適用セズ

第十八条　大使ハ本令ニ定ムルモノヲ除クノ外麦粉税ニ関シ必要ナル規定ヲ設クルコトヲ得

附　則

本令ハ昭和十一年七月一日ヨリ之ヲ施行ス

本令施行ノ際現ニ麦粉ヲ製造スル者ニシテ本令施行後引続キ之ヲ製造セントスルモノハ昭和十一年七月三十一日迄ニ政府ニ免許ヲ申請スベシ其ノ申請ニ対シ許否ノ処分ヲ受クル迄ハ本令ニ依リ免許ヲ受ケタルモノト看做ス

第九条ノ規定ハ本令施行前製造場外ニ搬出シ又ハ輸入シタル麦粉ニ付テハ之ヲ適用セズ

○昭和十二年勅令第六百八十五号（抄）

昭和十二年十二月一日
勅令第六百八十五号

第七十六条　左ノ勅令ハ之ヲ廃止ス
南満洲鉄道附属地麦粉税令

◎南満洲鉄道附属地印紙税令

昭和十二年三月二十九日勅令第三十八号

朕南満洲鉄道附属地印紙税令ヲ裁可シ茲ニ之ヲ公布セシム

（総理大臣副署）

南満洲鉄道附属地印紙税令

第一条　財産権ノ得喪又ハ変更ヲ証明スベキ証書及帳簿並ニ財産権ニ関スル追認又ハ承認ヲ証明スベキ証書ヲ作成スル者ハ本令ニ依リ印紙税ヲ納ムベシ

第二条　左ニ掲グル証書又ハ帳簿ヲ作成スル者ハ其ノ作成ノ時証書ハ一通毎ニ、帳簿ハ一冊毎ニ左ノ区分ニ従ヒ印紙税ヲ納ムベシ

一　消費貸借契約ノ成立ニ関スル証書
二　当座貸越契約ノ成立ニ関スル証書
三　請負契約ノ成立ニ関スル証書
四　不動産又ハ船舶ノ所有権移転証書
五　鉱業権、租鉱権、特許権、意匠権又ハ商標専用権ノ移転証書
六　贈与契約ノ成立ニ関スル証書
七　遺贈証書
八　遺産分割証書

記載金高百円以下ノモノ	三銭
同五百円以下ノモノ	十銭
同千円以下ノモノ	二十銭
同一万円以下ノモノ	五十銭
同一万円ヲ超ユルモノ	一円
記載金高ナキモノ	三銭

九　会社ノ定款
十　組合契約ノ成立ニ関スル証書
二円
十一　賃貸借契約ノ成立ニ関スル証書
十二　運送契約ノ成立ニ関スル証書
十三　物品又ハ有価証券ノ売買契約ノ成立ニ関スル証書
十四　雇傭契約ノ成立ニ関スル証書
十五　寄託契約ノ成立ニ関スル証書
十六　無尽契約ノ成立ニ関スル証書
十七　債務保証書
十八　委任状
十九　質権、典権又ハ抵当権ノ設定証券
二十　株券
二十一　社債券
二十二　株式申込証

二十三　社債申込証
二十四　構成員相互ノ利益ノ為ニ事業ヲ営ムヿヲ目的トスル法人又ハ法人ニ非ザル社団ノ発スル出資証券
二十五　保険証券
二十六　貨物引換証
二十七　倉庫証券
二十八　船荷証券
二十九　約束手形
三十　為替手形
三十一　銀行ノ発スル預金証書
三十二　権利ノ変更ニ関スル証書
三十三　追認又ハ承認ニ関スル証書
三銭
三十四　発貨票
三十五　金銭又ハ物品ノ領収書
　記載金高十円未満ノモノ　一銭
　同十円以上ノモノ　二銭
　記載金高ナキモノ　一銭
三十六　商品券　五銭
三十七　前各号以外ノ証書　三銭
三十八　通帳　十銭
三十九　判取帳　一円
証書ニ金高記載ナキモ証書面ニ標記シアル価額ノ単位其ノ他ノ記載事項ニ依リ其ノ金高ヲ算出スルコトヲ得ルモノハ其ノ総金額ヲ以テ記載金高ト看做ス

第三条　左ニ掲グル証書及帳簿ニ関シテハ印紙税ヲ納ムルコトヲ要セズ
一　官庁又ハ公署ノ作成スル証書又ハ帳簿
二　公務員ノ職務上作成スル証書又ハ帳簿
三　国庫金其ノ他ノ公金ノ取扱ニ関シ其ノ取扱機関ノ作成スル証書
四　祭祀、宗教、慈善、学術、技芸其ノ他公益ノ為ニスル寄付ニ関シ作成スル証書
五　祭祀、宗教、慈善、学術、技芸其ノ他公益ヲ目的トスル法人ノ寄付行為又ハ定款
六　小切手
七　手形若ハ証券ノ裏書又ハ之ニ併記シタル領収書
八　手形ノ引受及保証
九　手形又ハ証券ノ拒絶証書
十　手形又ハ証券ノ複本又ハ謄本
十一　株券又ハ社債券ニ記載シタル譲渡ノ証明書
十二　主タル債務ノ証書ニ併記シタル担保契約書
十三　金融組合又ハ金融組合連合会ノ作成スル証書又ハ帳簿
十四　運送契約ニ基キ運送業者ノ作成スル貨物送状
十五　質札
十六　質通帳
十七　勤務通帳
十八　乗車券、乗船券又ハ各種入場券
十九　前条第一号乃至第八号、第十一号乃至第十三号、第二十九号乃至第三十三号又ハ第三十七号ノ証書ニシテ其ノ記

載金高十円未満ノモノ
二十　前条第三十四号乃至第三十六号ノ証書ニシテ其ノ記載金高一円未満ノモノ又ハ営業ニ関セザルモノ
構成員相互ノ利益ノ為ニ事業ヲ営ムコトヲ目的トスル法人又ハ法人ニ非ザル社団ノ営ム事業ハ前項ノ規定ノ適用ニ付テハ之ヲ営業ト看做ス
第四条　印紙税ハ証書又ハ帳簿ニ印紙ヲ貼用シテ之ヲ納ムルモノトス但シ満洲国駐箚特命全権大使ノ定ムル所ニ依リ印紙税額ニ相当スル現金ヲ政府ニ納付シテ証書又ハ帳簿ニ税印ノ押捺ヲ受ケ印紙ノ貼用ニ代フルコトヲ得
第五条　外国貨幣ヲ以テ金高ヲ記載スル証書ニ付テハ大使ノ定ムル所ニ依リ内国貨幣ニ換算シタル金高ヲ以テ其ノ記載金高トス
第六条　証書又ハ帳簿ノ作成者印紙ノ貼用スルトキハ証書又ハ帳簿ノ紙面ト印紙ノ彩紋トニカケテ捺印其ノ他ノ方法ヲ以テ判明ニ之ヲ消スベシ
第七条　税務官吏ハ印紙ヲ貼用スベキ証書若ハ帳簿ヲ検査シ又ハ其ノ所持者ニ尋問スルコトヲ得
第八条　大使ハ本令ニ定ムルモノヲ除クノ外印紙税ニ関シ必要ナル規定ヲ設クルコトヲ得

附　則

本令ハ昭和十二年四月一日ヨリ之ヲ施行ス
本令施行前作成シタル帳簿ヲ引続キ使用スルトキハ本令施行ノ際新ナル帳簿ヲ作成シタルモノト看做ス
南満洲鉄道株式会社ノ作成スル証書及帳簿ニ関シテハ印紙税ヲ納ムルコトヲ要セズ

○昭和十二年勅令第六百八十五号（抄）

昭和十二年十二月一日
勅令第六百八十五号

第七十六条　左ノ勅令ハ之ヲ廃止ス
南満洲鉄道附属地印紙税令

◎関東州又ハ南洋群島ニ於ケル租税ニ関シ事犯アリタルトキノ処罰ニ関スル件

大正十一年四月十五日勅令第二百号

改正　大正一二年第二一七号　昭和九年第三九五号

朕関東州ニ於ケル租税ニ関シ事犯アリタルトキノ処罰ニ関スル件ヲ裁可シ茲ニ之ヲ公布セシム（総理大臣副署）
第一条　関東州又ハ南洋群島ニ於ケル租税ニ関スル法令ニ規定スル罰金又ハ科料ニ該ル罪ヲ犯シタル者ニ付テハ刑法第三十八条第三項但書、第三十九条第二項、第四十条、第四十一条、第四十八条第二項、第六十三条及第六十六条ノ例ヲ用キス
第二条　関東州又ハ南洋群島ニ於ケル間接国税ヲ納ムヘキ者ノ代理人、戸主、家族、同居者、雇人其ノ他ノ従業員其ノ業務ニ関シ関東州又ハ南洋群島ニ於ケル間接国税ニ関スル法令ニ違反シタルトキハ其ノ間接国税ヲ納ムヘキ者ヲ処罰ス

前項ノ場合ニ於テ納税者カ未成年者又ハ禁治産者ナルトキハ其ノ法定代理人ヲ処罰ス但シ業務ニ関シ成年者ト同一ノ能力ヲ有スル未成年者ニ付テハ此ノ限ニ在ラス

第三条　法人ノ代表者又ハ其ノ雇人其ノ他ノ従業者法人ノ業務ニ関シ関東州又ハ南洋群島ニ於ケル租税ニ関スル法令ニ違反シタル場合ニ於テハ明治三十三年法律第五十二号ニ依ル但シ関東州ニ在リテハ同法中検事トアルハ検察官トス

第四条　第二条ノ間接国税ハ関東州ニ在リテハ満洲国駐箚特命全権大使、南洋群島ニ在リテハ南洋庁長官ノ定ムル所ニ依ル

附　則

本令ハ大正十一年四月二十日ヨリ之ヲ施行ス

◎関東州間接国税犯則者処分令

大正十一年四月十五日勅令第二百一号

朕関東州間接国税犯則者処分令ヲ裁可シ茲ニ之ヲ公布セシム
（総理大臣副署）

関東州間接国税犯則者処分令

第一条　関東州ニ於ケル間接国税犯則者ノ処分ニ関シテハ間接国税犯則者処分法ニ依ル

第二条　間接国税犯則者処分法中税務監督局トアルハ関東庁、税務署トアルハ民政署又ハ民政支署、税務署長トアルハ民政署長又ハ民政支署長、裁判所トアルハ法院、勅令トアルハ関東庁令トス

附　則

本令ハ大正十一年四月二十日ヨリ之ヲ施行ス

○関東庁官制等ノ改正ニ際シ憲兵令其ノ他ノ勅令中改正等ノ件（抄）

昭和九年十二月二十六日勅令第三百九十五号

第六十四条　関東州間接国税犯則者処分令中左ノ通改正ス

第二条　間接国税犯則者処分法中「税務監督局トアルハ関東州庁、税務署トアルハ民政署、税務署長トアルハ民政署長、裁判所トアルハ法院、勅令トアルハ関東局令トス

附　則

本令ハ公布ノ日ヨリ之ヲ施行ス

◎関東州及南満洲鉄道附属地間接国税犯則者処分令

昭和十一年六月二十二日勅令第百二十一号

朕関東州間接国税犯則者処分令改正ノ件ヲ裁可シ茲ニ之ヲ公布セシム（総理大臣副署）

関東州及南満洲鉄道附属地間接国税犯則者処分令

第一条　関東州及南満洲鉄道附属地ニ於ケル間接国税犯則者ノ処分ニ関シテハ間接国税犯則者処分法ニ依ル

第二条　間接国税犯則者処分法中勅令トアルハ関東局令トシ関東州ニ在リテハ同法中税務監督局トアルハ関東州庁、税務署

トアルハ民政署、税務署長トアルハ民政署長、裁判所トアルハ法院トシ南満洲鉄道附属地ニ在リテハ同法中税務監督局トアルハ関東局、裁判所トアルハ領事館トス

附　則

本令ハ昭和十一年七月一日ヨリ之ヲ施行ス

○昭和十二年勅令第六百八十五号（抄）

昭和十二年十二月一日
勅令第六百八十五号

第三十八条　関東州及南満洲鉄道附属地間接国税犯則者処分令」ヲ「関東州間接国税犯則者処分令」ニ改ム

第一条中「及南満洲鉄道附属地」ヲ削ル

第二条　間接国税犯則者処分法中勅令トアルハ関東局令、税務監督局トアルハ関東州庁、税務署トアルハ税務署又ハ民政署、税務署長トアルハ税務署長又ハ民政署長、裁判所トアルハ関東法院トス

附　則

本令ハ公布ノ日ヨリ之ヲ施行ス

○関東州間接国税犯則者処分令中改正

昭和十九年四月一日
勅令第二百二十一号

第二条中「税務監督局」ヲ「財務局」ニ改ム

附　則

本令ハ公布ノ日ヨリ之ヲ施行ス

◎関東州営業税規則（抄）

昭和五年三月三日
関東庁令第十七号

改正　昭和九年第九八号、一〇年第二号、一二年第七〇号、第一一一号、一三年第六〇号、一四年第三一号、一五年第九五号、一六年第一四号、一七年第四一号、一八年第五〇号

第一条　関東州ニ営業場ヲ定メテ営業ヲ為ス者ハ其ノ営業ニ付本令ニ依リ営業税ヲ納ムル義務アルモノトス

第二条　営業税ハ左ノ種類、課税標準及税率ニ依リ之ヲ課ス

種類	課税標準	税率	
物品販売業	売上金額	卸売　甲	千分ノ〇・五
		卸売　乙	千分ノ〇・八
		小売　甲	千分ノ一・七
		小売　乙	千分ノ二・四
銀行業	資本金額		千分ノ〇・九
	預金額		千分ノ〇・四
	社債及借入金額		千分ノ〇・一
保険業	資本金額		千分ノ一
	保険料額		千分ノ一
無尽業	資本金額		千分ノ〇・六
	無尽掛金額		千分ノ〇・六

業種	課税標準	税率
金銭貸付業	収入金額	千分ノ二六
物品貸付業（動植物其ノ他普通ニ物品ト称セザルモノノ貸付業ヲ含ム）	収入金額	千分ノ二〇
製造業	収入金額	甲　千分ノ〇・八 乙　千分ノ二・五
瓦斯供給業 電気供給業	収入金額	千分ノ三
運送業	収入金額	千分ノ三・七
運送取扱業	報償金額	千分ノ一三・七
鉄道業（電気軌道業ヲ含ム）	収入金額	千分ノ九
倉庫業	収入金額	千分ノ六・八
請負業	請負金額	千分ノ二・三
印刷業 出版業	収入金額	千分ノ二・八
写真業	収入金額	千分ノ七・六
席貸業 料理店業 貸座敷業	収入金額	千分ノ八
旅人宿業（下宿業ヲ含ム）	収入金額	千分ノ五・五
飲食店業	収入金額	千分ノ六

業種	課税標準	税率
周旋業 問屋業 代理業 両替業 仲立業 信託業 代書業	報償金額	千分ノ一四・五
洗濯業 湯屋業	収入金額	千分ノ四・二
理髪美容業（髪結業ヲ含ム）	収入金額	千分ノ八
遊技場業	収入金額	千分ノ八・五
興行場業（寄席業ヲ含ム）	収入金額	千分ノ三
芸妓置屋業	収入金額	千分ノ七

物品販賣業中穀菽類、豆油、石油、肥料、塩、煙草、薪炭、白綿糸、白綿布、麦粉、燐寸、石炭、セメント及揮発油ノ販賣ニ対シテハ甲ノ税率ヲ、其ノ他ノ物品ノ販賣ニ対シテハ乙ノ税率ヲ適用ス

製造業中植物性粕、植物性油、人造肥料、硬化油、綿糸布、無水酒精、籾摺、精米及燐寸ニ対シテハ甲ノ税率ヲ、其ノ他ニ対シテハ乙ノ税率ヲ適用ス

第三条　左ニ掲グル営業ハ物品販賣業ト看做ス

一　一定ノ製造場ヲ設ケズ原料ヲ供給シ工賃ヲ支払ヒ物品ヲ製造セシメテ販賣スルモノ
二　一定ノ製造場ヲ設ケズ物品ヲ製造シテ販賣スルモノ
三　動植物其ノ他普通ニ物品ト称セザルモノヲ販賣スルモノ
四　家畜、家禽ヲ飼養シ若ハ魚介類ヲ養殖シテ之ヲ販賣シ又ハ其ノ産物ヲ販賣スルモノ

製造業トシテ課税セラレタル営業者ガ別ニ営業場ヲ設ケ其ノ製造品ノ販賣ヲ為スモ物品販賣業トセズ

第四条　左ニ掲グル営業ハ製造業ト看做ス但シ他人ヨリ原料ノ供給ヲ受ケ之ニ加工又ハ修理ヲ為シ専ラ賃銭ヲ得ルヲ目的トスル営業ハ請負業トス
一　物品製造ノ一部ヲ助成スルモノ
二　器具、機械其ノ他物品ノ修理ヲ為スモノ
三　籾摺又ハ穀物ノ精白、搗砕ヲ為スモノ
四　染物、裁縫、鍍金、塗師、経師屋等物品ノ加工ヲ為スモノ

第五条　請負ニ依リテ為ス営業ニシテ第二条ニ掲グル製造業其ノ他ノ種類ニ該当スルモノハ其ノ種類ニ依リ課税シ請負業トセズ

第六条　左ニ掲グル営業ニ付テハ営業税ヲ課セズ
一　取引所ノ業務
二　政府ノ発行スル印紙、切手類ノ賣捌
三　度量衡ノ製作、修覆、販賣
四　金融組合、金融組合連合会、実業組合、実業組合連合会及漁業組合ノ業務
五　新聞紙ノ発行販賣及取次
六　自己ノ収穫シタル農産物、林産物、畜産物若ハ水産物ノ販賣又ハ之ヲ原料トスル製造但シ特ニ営業場ヲ設ケテ為ス販賣又ハ製造ヲ除ク
七　専ラ行商又ハ露店ニテ為スモノ
八　主トシテ自己ノ労力ニ依リテ為ス運送

第六条ノ二　左ニ掲グル営業ニシテ其ノ課税標準額ガ左ノ金額ニ満タザルトキハ営業税ヲ課セズ
一　物品販賣業　一年ノ賣上金額千円
二　金銭貸付業、物品貸付業　一年ノ収入金額二百円
三　製造業　一年ノ収入金額八百円
四　運送業　一年ノ収入金額五百円
五　運送取扱業　一年ノ報償金額三百円
六　請負業　一年ノ請負金額八百円
七　印刷業、出版業　一年ノ収入金額七百円
八　席貸業、料理店業、貸座敷業、洗濯業、湯屋業　一年ノ収入金額四百円
九　倉庫業、寫眞業、芸妓置屋業、旅人宿業、飲食店業、理髪美容業、遊技場業　一年ノ収入金額三百円
十　周旋業、問屋業、代理業、両替業、仲立業、信託業、代書業、　一年ノ報償金額二百円
十一　興行場業　一年ノ収入金額二千円

第七条　課税標準ハ左ノ区分ニ従ヒ之ヲ計算ス
一　賣上金額、保険料額、無尽掛金額、収入金額、報償金額

及請負金額ハ前年中ノ総額ニ依ル但シ前年一月一日ヨリ引続キ為シタルニ非ザル営業ニ付テハ其ノ年ノ豫算ニ依ル

二　資本金額ハ前年中ノ各月末ニ於ケル払込株式金額、出資金額、各種ノ積立金額其ノ他名義ノ何タルヲ問ハズ積立金ノ性質ヲ有スル金額ノ月割平均額ニ依ル但シ保険会社ニ於ケル保険責任準備金及保険支払備金並ニ無尽会社ニ預ケル無尽給付資金ハ之ヲ算入セズ

預金額並ニ社債及借入金額ハ前年中ノ各月末ニ於ケル月割平均額ニ依ル

第八条　資本金額計算ノ場合ニ於テ繰越欠損金アルトキハ其ノ欠損事実ノ確実ナル証明アルモノニ限リ前条第二号ノ資本金額ヨリ之ヲ控除ス

前項ノ規定ニ依リ控除スベキ繰越欠損金額ハ前年中各月末ニ於ケル金額ノ月割平均額ニ依ル

第十一条　営業税ハ営業場毎ニ其ノ営業場ノ所在地ヲ管轄スル税務署長又ハ民政署長ニ於テ之ヲ徴収ス

銀行業、保険業、無尽業、瓦斯供給業、電気供給業又ハ鉄道業ヲ営ム者ニシテ営業場ガ二箇以上アル場合ニ於テハ各営業場ノ課税標準ヲ合算シテ主タル営業場ニ於テ之ヲ課ス但シ主タル営業場ガ関東州ニ在ラザルトキハ営業場毎ニ之ヲ課ス

第十二条　同一ノ営業場ニ於テ数種ノ営業ヲ為ストキハ第二条ノ種類ニ依リ各別ニ其ノ課税標準ヲ計算ス但シ課税標準ヲ同ジクシ且税率等シキトキハ主タル種類ノ課税標準ニ合算ス

第十三条　新ニ開始シタル営業ニ付テハ開業ノ翌年ヨリ営業税ヲ課ス

左ニ掲グル営業ニシテ固定資本金額十萬円未満ノモノニ付テハ開業ノ翌年ヨリ一年間、十萬円以上ノモノニ付テハ開業ノ翌年ヨリ二年間営業税ヲ免除ス

銀行業、保険業、製造業、瓦斯供給業、電気供給業、鉄道業、印刷業、出版業、運送業、倉庫業、旅人宿業

前項ノ固定資本金額ハ他ヨリ借入レタルト否トヲ問ハズ営業開始ノ際ニ於テ直接営業ノ用ニ供スル土地、家屋、建造物、船舶、機械等ノ時価ノ見積価格ニ依ル

第十五条　同一ノ場所ニ於テハ六月以内ニ前ノ営業者ト同一ノ営業ヲ開始シタル者ニハ其ノ月ヨリ営業税ヲ課ス

第十六条　営業ノ承継アリタルトキ又ハ営業ノ承継ト認ムベキ事実アリタルトキハ営業税ハ納期ニ於テ現ニ営業ヲ為ス者ヨリ之ヲ徴収ス

第十七条　営業者廃業シタルトキハ其ノ廃業ノ日迄月割ヲ以テ営業税ヲ徴収ス

第十九条　納税義務アル営業者ハ毎年一月三十一日迄ニ営業場ノ所在地、営業種類及課税標準ヲ詳記シ所轄税務署長又ハ民政署長ニ申告スベシ

第十三条第二項ノ規定ニ依リ営業税ノ免除ヲ受ケムトスル営業者ハ前項ノ申告ト同時ニ其ノ旨申請スベシ

第二十五条　営業税ハ年額ヲ二分シ左ノ二期ニ於テ之ヲ徴収ス但シ廃業ノ場合ニ於テハ未納ノ税金ハ直ニ之ヲ徴収ス

第一期　其ノ年六月一日ヨリ同月三十日限

第二期　其ノ年十一月一日ヨリ同月三十日限

第二十五条ノ二　法人解散シタル場合ニ於テ営業税ヲ納付セズ

シテ残余財産ヲ分配シタルトキハ其ノ税金ニ付清算人連帯シテ納税ノ義務アルモノトス

第二十六条　課税標準ハ第十九条ノ申告ニ依リ、申告ナキトキ又ハ申告ヲ不相当ト認ムルトキハ税務署長又ハ民政署長ノ調査ニ依リ税務署長又ハ民政署長ニ於テ之ヲ決定ス

第二十七条　税務署長又ハ民政署長課税標準ノ決定ヲ為サントスルトキハ営業税調査委員会ニ諮問スベシ

第二十八条　各税務署又ハ民政署所轄内ニ営業税調査委員会ヲ置ク

第二十九条　営業税調査委員会ハ会長及調査委員ヲ以テ之ヲ組織ス

会長ハ税務署長又ハ民政署長ヲ以テ之ニ充ツ

調査委員ハ当該税務署又ハ民政署ノ管内ニ居住スル営業納税義務者中ヨリ関東州庁長官之ヲ嘱託ス其ノ定員左ノ如シ

大連東税務署所轄内　五人
大連西税務署所轄内　五人
大連港税務署所轄内　五人
旅順税務署所轄内　三人
民政署所轄内　各三人

第三十四条　左ニ掲グル場合ニ於テハ第二十七条ノ規定ニ拘ラズ税務署長又ハ民政署長ニ於テ課税標準ヲ決定ス

一　営業税調査委員会閉会後課税標準ノ決定ニ付脱漏アルコトヲ発見シタルトキ

二　営業税調査委員会閉会後営業者納税義務アルコトヲ申出デ又ハ課税標準ノ増加アルコトヲ申出デタルトキ

三　営業税調査委員会招集ニ応ゼズ又ハ五月二十日迄ニ諮問事項ヲ議了セズ若ハ意見ヲ答申セザルトキ

四　納税義務者営業ヲ廃止シタル後納税管理人ノ申告ヲ為サズシテ関東州ニ住所又ハ居所ヲ有セザルニ至リタルトキ

第四十一条　税務署長又ハ民政署長ニ於テ課税標準ヲ決定シタルトキハ之ヲ納税義務者ニ通知スベシ

関東州ニ住所及居所ヲ有セザル納税義務者納税管理人ノ申告ヲ為サザルトキハ前項ノ通知ハ公告ヲ以テ之ヲ為スコトヲ得

此ノ場合ニ於テハ公告ノ初日ヨリ七日ヲ経過シタルトキハ其ノ通知アリタルモノト看做ス

第四十二条　納税義務者通知ヲ受ケタル課税標準ノ決定ニ対シ異議アルトキハ通知ヲ受ケタル日ヨリ二十日内ニ不服ノ事由ヲ具シ証憑書類ヲ添ヘ所轄税務署長又ハ民政署長ヲ経由シ関東州庁長官ニ審査ノ請求ヲ為スコトヲ得

第四十三条　前条ノ請求アリタルトキハ関東州庁長官ハ営業税審査委員会ニ之ヲ諮問シテ其ノ課税標準ヲ決定ス

第四十四条　営業税審査委員会ハ関東州庁ニ之ヲ置ク

第四十九条　第四十三条ノ規定ニ依リ関東州庁長官ニ於テ課税標準ヲ決定シタルトキハ之ヲ納税義務者ニ通知ス

第五十条　其ノ年ノ実蹟ニ依リ計算シタル課税標準額ガ課税標準決定額ニ対シ二分ノ一以上減損シタルトキハ納税義務者ハ税務署長又ハ民政署長ニ課税標準ノ更訂ヲ請求スルコトヲ得

但シ翌年一月三十一日ヲ過ギタルトキハ此ノ限ニ在ラズ

前項ノ請求アリタルトキハ税務署長又ハ民政署長ハ課税標準ヲ査覈シ二分ノ一以上ノ減損アリタルトキハ之ヲ更訂ス

第五十一条　其ノ年ニ於ケル営業ノ利益ガ其ノ年分営業税額ニ達セザルトキハ税務署長又ハ民政署長ハ納税義務者ノ請求ニ依リ其ノ不足額ニ相当スル営業税ヲ免除ス

前項ノ規定ハ数種ノ営業ヲ為シ又ハ数箇ノ営業場ヲ有シ各別ニ営業税ヲ課セラルル者ニ付テハ各営業又ハ各営業場毎ニ之ヲ適用ス

第六十三条　税務官吏ハ調査上必要アルトキハ納税義務者又ハ納税義務アリト認ムル者ニ質問ヲ為シ又ハ其ノ帳簿書類其ノ他ノ物件ヲ検査スルコトヲ得

第六十三条ノ二　税務官吏ハ調査上必要アルトキハ納税義務者若ハ納税義務アリト認ムル者ニ金銭若ハ物品ヲ支払フノ義務ヲ有スト認ムル者ニ対シ又ハ納税義務者若ハ納税義務アリト認ムル者ヨリ金銭若ハ物品ノ支払ヲ受クルノ権利ヲ有スト認ムル者ニ対シ其ノ金額、数量、価格、支払期日等ニ付質問スルコトヲ得

第六十五条　関東州ニ住所ヲ有セザル外国人又ハ外国法人ニハ外国ノ船籍ヲ有スル船舶ニ依ル運送営業ニ付営業税ヲ免除ス但シ其ノ船籍国ガ日本船舶ニ依ル運送営業又ハ其ノ営業ノ純益ニ付同様ノ免除ヲ為サザル場合ニ於テハ此ノ限ニ在ラズ

第六十六条　第六十三条及第六十三条ノ二ノ規定ニ依ル税務官吏ノ質問ニ対シ答弁ヲ為サズ若ハ虚偽ノ陳述ヲ為シタル者、帳簿物件ノ検査ヲ拒ミ、妨ゲ若ハ忌避シタル者又ハ虚偽ノ記載ヲ為シタル帳簿ヲ提示シタル者ハ百円以下ノ罰金ニ処ス

第六十七条　詐偽其ノ他不正ノ行為ニ因リ営業税ヲ逋脱シタル者ハ二百円以下ノ罰金又ハ科料ニ処シ逋脱シタル税金ハ直ニ之ヲ徴収ス但シ自首シタル者又ハ税務署長又ハ民政署長ニ申出デタル者ハ其ノ罪ヲ問ワズ

第六十八条　営業税ノ調査又ハ審査ノ事務ニ従事スル者其ノ調査又ハ審査ニ関シ知得シタル秘密ヲ正当ノ事由ナクシテ漏洩シタルトキハ二百円以下ノ罰金ニ処ス

第六十九条　税務官吏第六十三条又ハ第六十三条ノ二ノ規定ニ依リ職務ヲ執行スルトキハ別記様式ノ検査票ヲ携帯スベシ

附　則

本令ハ昭和五年分営業税ヨリ之ヲ適用ス（中略）

関東州地方税規則中営業税ニ関スル規定及雑種税中遊技場、理髪業及女髪結ニ関スル規定ハ之ヲ廃止ス

（別記様式省略）

◎関東州雑種税規則

昭和十七年三月二十八日関東局令第四十三号

改正　昭和一八年第五一号

第一条　本令ニ依リ雑種税トシテ不動産取得税及遊興税ヲ課ス

第二条　不動産取得税ハ不動産及船舶ノ所有権又ハ官有宅地ニ関スル権利（以下不動産ト称ス）ヲ取得シタル者ニ対シ之ヲ課ス但シ船舶ニ在リテハ関東州船籍令ニ依リ船籍港ヲ定メタルモノニ限ル

第三条　建物ヲ新築、増築又ハ改築シタルトキハ其ノ工事ノ竣成シタル時ニ於テ不動産ヲ取得シタルモノトス

第四条　不動産取得税ノ税率ハ不動産ノ価格ノ千分ノ十トス

前項ノ不動産ノ価格ハ取得当時ニ於ケル時価ニ依ル
建物ヲ増築シタル場合ニ在リテハ其ノ増加部分ノ価格、改築シタル場合ニ在リテハ其ノ建物ノ価格ヨリ改築前ノ建物ノ価格ヲ控除シタル価格ニ依ル

第五条 左ノ各号ノ一ニ該当スルモノニ付テハ不動産取得税ヲ課セズ
一 相続ニ因ル不動産ノ取得
二 法人ノ合併又ハ共有権ノ分割ニ因ル不動産ノ取得
三 国又ハ公共団体及之ニ準ズベキ団体ノ不動産ノ取得
四 関東州裁判事務取扱令ニ於テ依ルコトヲ定メタル保険業法ノ規定ニ依リ会社ガ其ノ保険契約ノ全部ノ移転契約ニ因リ不動産ヲ移ス場合ニ於ケル不動産ノ取得
五 信託ニ因リ委託者ガ信託財産ヲ受託者ニ移ス場合ニ於ケル不動産ノ取得
六 信託ノ終了又ハ解除ニ因リ受託者ヨリ信託財産ヲ委託者又ハ其ノ相続人ニ移ス場合ニ於ケル不動産ノ取得
七 信託ノ受託者更迭ノ場合ニ於ケル新受託者ノ不動産ノ取得

第六条 左ノ各号ノ一ニ該当スルモノニ付テハ不動産取得税ヲ免除ス
一 関東州公有水面埋立地令ニ依ル埋立地ノ取得
二 関東州裁判事務取扱令ニ於テ依ルコトヲ定メタル商法第六百八十四条第一項ニ規定スル船舶以外ノ船舶ノ取得
三 建造ニ因ル船舶ノ取得
四 祭祀、宗教、慈善、学術、技芸其ノ他公益ヲ目的トスル事業ヲ為ス者ノ専ラ其ノ事業ノ用ニ供スル不動産ノ取得但シ有料ニテ使用セシムルモノニ付テハ此ノ限ニ在ラズ
五 災害又ハ公用徴収其ノ他公益上ノ必要ニ因リ不動産ヲ喪失シタル場合ニ於テ補充ノ為ニスル不動産ノ取得但シ其ノ原因ノ発生後二年以上ヲ経過シタルトキ又ハ新ニ取得シタル不動産ノ価格ガ喪失前ノ不動産ノ価格ヲ超過スルトキハ其ノ超過ニ付テハ此ノ限ニ在ラズ
六 価格二百円未満ノ不動産ノ取得

第七条 不動産取得税ハ不動産取得ノ際不動産ノ所在地（船舶ニ在リテハ其ノ船籍港）ヲ管轄スル税務署長又ハ民政署長ニ於テ之ヲ徴収ス

第八条 不動産取得税ヲ課セラルベキ不動産ヲ取得シタル者ハ左ノ事項ヲ詳記シ納税義務発生ノ日ヨリ二十日以内ニ所轄税務署長又ハ民政署長ニ申告スベシ
一 土地及官有宅地ニ関スル権利ニ在リテハ種類、所在地及坪数、建物ニ在リテハ種類、所在地、坪数、構造及用途、船舶ニ在リテハ種類、名称、船籍港、構造、用途及総屯数又ハ積石数
二 取得ノ原因及取得ノ年月日
三 不動産ノ価格
四 住所及氏名又ハ名称

第九条 第六条ノ規定ニ依リ不動産取得税ノ免除ヲ受ケントスル者ハ取得ノ日ヨリ二十日以内ニ前条各号ノ事項及免除ノ事由ヲ詳記シ所轄税務署長又ハ民政署長ニ申請スベシ

第十条 遊興税ハ料理店、貸席、貸座敷、カフェー、バー其ノ

他之ニ類似スル場所ニ於ケル遊興ニ之ヲ課ス

前項ノ場所以外ノ場所ニ於テ遊興スル場合ニ於テ芸妓又ハ芸妓ニ類スル者ガ芸妓置屋又ハ之ニ類スル場所ヨリ派出ヲ受クルモノナルトキハ其ノ場所ハ之ヲ料理店ト看做シ其ノ遊興ハ之ヲ料理店ニ於ケル遊興ト看做ス

カフェー、バートハ名称ノ何タルヲ問ハズ洋風ノ設備ヲ為シ婦女ガ客席ニ侍シテ接待スル場所ヲ謂フ

第十一条　遊興税ノ税率左ノ如シ

一　芸妓ノ花代　料金ノ百分ノ三十六

二　俳優、酌婦及娼妓ノ花代其ノ他之ニ類スルモノ　料金ノ百分ノ二十四

三　カフェー、バー其ノ他之ニ類似スル場所ニ於ケル遊興ノ料金　料金ノ百分ノ四十

前項ノ料金ハ第十条ニ規定スル場所ノ経営者ガ遊興ヲ為シタル者ヨリ其ノ遊興ニ付領収スベキ金額ヲ謂フ

第十二条　前条第一項第三号ノ料金ニシテ関東州大東亜戦争特別税令ニ依リ遊興飲食税ヲ課セラルルモノニハ遊興税ヲ課セズ

第十三条　遊興税ハ第十条ニ規定スル場所ヲ管轄スル税務署長又ハ民政署長ニ於テ其ノ場所ノ経営者ヨリ之ヲ徴収ス

第十四条　第十条ニ規定スル場所ノ経営者ハ毎月分ノ料金ヲ記載シタル申告書ヲ翌月十日迄ニ所轄税務署長又ハ民政署長ニ提出スベシ但シ経営ヲ廃止シタル場合ニ於テハ直ニ之ヲ提出スベシ

第十五条　遊興税ハ毎月分ヲ翌月末日迄ニ納付スベシ但シ経営ヲ廃止シタル場合ニ於テハ直ニ之ヲ納付スベシ

第十六条　第十条ニ規定スル場所ノ経営者ハ毎月分ノ料金中其ノ月ニ於テ領収セザルモノニ対スル税金ヲ其ノ料金ヲ領収シタル月ノ翌月末日迄ニ納付スルコトヲ得但シ其ノ経営ヲ廃止シタル場合ニ於テ未ダ納付セザル税金アルトキハ直ニ之ヲ納付スベシ

前項ノ規定ニ依リ未ダ税金ヲ納付セザル料金ニシテ領収スルコト能ハザルニ至リタルモノニ付テハ遊興税ヲ免除ス

第十七条　第十条ニ規定スル場所ヲ経営セントスル者ハ其ノ旨ヲ予メ所轄税務署長又ハ民政署長ニ申告スベシ之ヲ廃止セントスルトキ亦同ジ

第十八条　第十条ニ規定スル場所ノ経営者及経営者ト経営上取引関係アル者ハ其ノ業務ニ関スル事項ヲ帳簿ニ記載スベシ

第十九条　不動産取得税ノ課税標準額ハ第八条ノ申告ニ依リ、申告ナキトキ又ハ申告ヲ不相当ト認ムルトキハ税務署長又ハ民政署長ニ於テ之ヲ決定スベシ

前項ノ規定ハ第十四条ニ規定スル申告ヲ為サザルトキ又ハ申告ヲ不相当ト認ムル場合ニ付之ヲ準用ス

第二十条　前条ノ規定ニ依リ税務署長又ハ民政署長ニ於テ不動産取得税ノ課税標準額ヲ決定シタルトキハ之ヲ納税義務者ニ通知スベシ

第二十一条　不動産取得税ノ納税義務者前条ノ規定ニ依リ税務署長又ハ民政署長ノ通知シタル課税標準額ニ対シ異議アルトキハ通知シ受ケタル日ヨリ二十日以内ニ不服ノ事由ヲ具シ証

憑書類ヲ添ヘ決定ヲ為シタル税務署長又ハ民政署長ヲ経由シ関東州庁長官ニ審査ノ請求ヲ為スコトヲ得

第二十二条　前条ノ請求アリタルトキハ関東州庁長官ハ関東州営業税規則ニ依ル営業税審査委員会ニ諮問シテ其ノ課税標準額ヲ決定シ之ヲ納税義務者ニ通知スヘシ

第二十三条　前条ノ規定ニ依リ関東州庁長官ノ通知シタル課税標準額ニ対シ異議アルトキハ通知ヲ受ケタル日ヨリ二十日以内ニ不服ノ事由ヲ具シ証憑書類ヲ添ヘ関東州庁長官ヲ経由シ満洲国駐箚特命全権大使ニ再審査ノ請求ヲ為スコトヲ得

第二十四条　前条ノ請求アリタルトキハ大使其ノ課税標準額ヲ決定シ之ヲ納税義務者ニ通知ス

第二十五条　第二十一条又ハ第二十三条ノ規定ニ依リ請求アリタル場合ト雖モ税金ノ徴収ヲ猶豫セズ

第二十六条　税務官吏ハ不動産取得税ニ付納税義務者又ハ納税義務アリト認ムル者若ハ之ト取引関係アル者ニ対シ質問ヲ為シ又ハ其ノ帳簿書類其ノ他ノ物件ヲ検査スルコトヲ得

税務官吏ハ遊興税ニ付第十八条ニ規定スル者ニ対シ質問ヲ為シ又ハ其ノ業務ニ関スル帳簿書類ヲ検査スルコトヲ得

第二十七条　不動産取得税ノ納税義務者所轄税務署又ハ民政署管内ニ現住セザルトキハ課税標準額ノ申告其ノ他納税ニ関スル一切ノ事項ヲ処理セシムル為納税管理人ヲ定メ其ノ氏名又ハ名称及住所又ハ居所ヲ所轄税務署長又ハ民政署長ニ申告スベシ其ノ納税管理人ヲ変更シタルトキ亦同ジ

第二十八条　詐偽其ノ他不正ノ行為ニ依リ不動産取得税ヲ逋脱シタル者ハ二百円以下ノ罰金又ハ科料ニ処シ直ニ其ノ税金ヲ徴収ス但シ自首シ又ハ税務署長若ハ民政署長ニ申出デタル者ハ其ノ罪ヲ問ハズ

第二十九条　詐偽其ノ他不正ノ行為ニ依リ遊興税ヲ逋脱シ又ハ逋脱セントシタル者ハ其ノ逋脱シ又ハ逋脱セントシタル税金ノ五倍ニ相当スル罰金又ハ科料ニ処シ直ニ其ノ税金ヲ徴収ス

前項ノ場合ニ於テ罰金額二百円ヲ超ユルトキハ二百円トシ科料額五円ヲ下ルトキハ五円トス

第三十条　左ノ各号ノ一ニ該当スル者ハ百円以下ノ罰金又ハ科料ニ処ス

一　第八条又ハ第十四条ノ規定ニ依ル申告ヲ怠リ又ハ詐リタル者

二　税務署長又ハ民政署長ニ申告セズシテ第十条ニ規定スル場所ヲ経営シタル者

三　第十八条ノ規定ニ依ル帳簿ノ記載ヲ怠リ若ハ詐リ又ハ帳簿ヲ隠匿シタル者

四　第二十六条ノ規定ニ依ル税務官吏ノ質問ニ対シ答弁ヲ為サズ若ハ虚偽ノ陳述ヲ為シ又ハ其ノ職務ノ執行ヲ拒ミ、妨ゲ若ハ忌避シタル者

前項第二号ニ規定スル者ニ付テハ直ニ其ノ遊興税ヲ徴収ス

第三十一条　不動産取得税ノ審査ノ事務ニ従事シ又ハ従事シタル者其ノ審査ニ関シ知得タル秘密ヲ正當ノ事由ナクシテ漏洩シタルトキハ二百円以下ノ罰金ニ処ス

第三十二条　第十条ニ規定スル場所ノ経営者又ハ経営者ト経営上取引関係アル者ノ代理人、戸主、家族、同居者、雇人其ノ他ノ従業者其ノ業務ニ関シ本令中遊興税ニ関スル規定ニ違反

シタルトキハ其ノ経営者又ハ経営者ト経営上取引関係アル者ヲ処罰ス

前項ノ場合ニ於テ経営者又ハ経営者ト経営上取引関係アル者ガ未成年者又ハ禁治産者ナルトキハ其ノ法定代理人ヲ処罰ス

但シ業務ニ関シ成年者ト同一ノ能力ヲ有スル未成年者ニ付テハ此ノ限ニ在ラズ

第三十三条　税務官吏第二十六条ノ規定ニ依ル職務ヲ執行スルトキハ関東州営業税規則第六十九条ノ規定ニ依ル検査章ヲ携帯スベシ

第三十四条　遊興税ニ付テハ本令ニ定ムルモノヲ除クノ外関東州大東亜戦争特別税令施行規則第九十三条ノ六乃至第九十九条及第百三条ノ規定ヲ準用ス

附　則

本令ハ昭和十七年四月一日ヨリ之ヲ施行ス但シ本令施行前ニ為シタル行為ニ関スル罰則ノ適用ニ付テハ仍従前ノ例ニ依ル

本令施行前ニ於テ賦課シ又ハ賦課スベカリシ雑種税ニ関シテハ仍従前ノ例ニ依ル

改正前ノ関東州雑種税規則第三条ノ二ニ規定スル場所ノ経営者ニシテ改正前ノ同令第二十四条ノ三ノ規定ニ依リ其ノ旨ヲ申告シタルモノハ本令施行ノ日ニ於テ第十六条ノ規定ニ依リ申告シタモノト看做ス

改正前ノ関東州雑種税規則第四十五条ノ規定ニ於テ準用スルコトヲ定メタル関東州支那事変特別税令施行規則第百三条ノ規定ニ依リ為シタル命令ハ之ヲ第三十四条ノ規定ニ依リ為シタル命令ト看做ス

◎土地増価税規則（抄）

大正八年五月二十二日関東庁令第十三号

改正　大正九年第二六号
昭和一〇年第四号、一二年第一一号、一四年第三一号、一五年第五〇号

第一条　本令ハ旅順市（趙家溝、孫家溝、黄金台ヲ除ク）、大連市内ニ於ケル民有地ニ付之ヲ適用ス

第二条　土地増価税ハ左ニ掲クル場合ニ土地ノ自然増価額ニ対シテ之ヲ賦課シ第一号ノ場合ハ前所有者、第二号ノ場合ハ現所有者ヨリ之ヲ徴収ス

一　土地所有権ノ有償移転アリタルトキ

二　十五年間土地所有権ノ有償移転ナキトキ

土地所有者ノ住宅用ニ供スル期間ハ前項第二号ノ期間ニ之ヲ算入セス

第三条　土地増価税ハ価額五百円未満ノ土地ニ付テハ之ヲ賦課セス但シ使用ノ方法ニ依リ関連セル隣接地ニシテ其ノ価額ヲ合シ五百円以上ナルトキハ此ノ限ニ在ラス

第四条　土地ノ自然増価額ハ第二条第一項第一号ノ場合ニ在リテハ所有権移転ノ対価額、同第二号ノ場合ニ在リテハ土地ノ価額ヨリ左ニ掲クル金額ヲ控除シテ之ヲ定ム

一　土地ノ原価額

二　土地ノ永続的改良ノ為ニ投シタル費用

三　一箇年以上自ラ使用セス又ハ地代ヲ得テ他人ニ使用セシメサリシ土地ニ関シテハ其ノ期間ノ原価額ニ対スル一箇年

百分ノ五ノ利息、地代ヲ得テ之ヲ他人ニ使用セシムルモ其
ノ地代前掲ノ利息額ニ達セサルトキハ其ノ不足額

前項ノ所有権移転ノ対価額ヨリハ其ノ移転ノ為要シタル費用ヲ控除ス但シ其ノ控除額ハ対価額ノ百分ノ四ヲ超ユルコトヲ得ス

第五条　第一回ノ土地増価税賦課ニ関シテハ前条第一項第一号ニ掲クル土地ノ原価額ハ本令施行ノ日ニ於ケル価額トス但シ本令施行後ニ有償取得シタル土地ニ付テハ其ノ対価額トス

前項本文ノ価額ハ第十一条及第十三条ノ規定ニ準シ之ヲ定ム

第一項但書ノ対価額ニハ其ノ取得ノ為ニ要シタル費用ヲ加算ス但シ其ノ加算額ハ対価額ノ百分ノ四ヲ超ユルコトヲ得ス

第六条　前条第三項ノ規定ハ第二回以後ノ土地増価税賦課ニ関シテモ之ヲ準用ス

第七条　本令施行ノ際ニ於ケル土地所有者ハ左ニ掲クル事項ヲ具シ本令施行ノ日ヨリ三十日以内ニ其ノ土地ノ所在地ヲ管轄スル民政署長ニ届出ツヘシ

一　土地ノ所在地、地目、坪数、見積価額

二　自己ノ住宅用ニ供スルトキハ其ノ旨

三　自ラ使用セス又ハ地代ヲ得テ他人ニ使用セシメタルトキハ其ノ旨

四　地代ヲ得テ他人ニ使用セシムルトキハ其ノ地代額及期間

本令施行後ニ土地ヲ取得シタル者ハ前項ニ掲クル事項ヲ具シ十日以内ニ其ノ土地ノ所在地所轄税務署長（以下税務署長ト称ス）ニ届出ツヘシ

第八条　土地所有者ハ前条第一項第二号乃至同第四号ニ掲クル事項ニ変更アリタルトキハ其ノ要領、所有権ノ相続其ノ他無償移転アリタルトキハ其ノ旨、土地ノ永続的改良ノ為ニ費用ヲ投シタルトキハ其ノ施設ノ概要及費用額ヲ十日以内ニ税務署長ニ届出ツヘシ

第九条　第二条第一項第一号ニ該当スルトキハ前所有者ハ引渡前ニ、同第二号ニ該当スルトキハ所有者ハ其ノ年ノ四月末日迄ニ左ニ掲クル事項ヲ具シ税務署長ニ届出ツヘシ但シ第三条ノ規定ニ依リ課税ノ免除ヲ受ケルトキハ只其ノ事由ノミヲ具スヘシ

一　第二条第一項第一号ノ場合ハ所有権移転対価額、同第二号ノ場合ハ土地ノ見積価額

二　所有権移転ノ為ニ費用ヲ要シタルトキハ其ノ費用額

第十条　土地所有権移転ノ届出アリタル場合ニ於テ当庁ハ其ノ届出対価額ヲ以テ其ノ土地ヲ取得スルコトアルヘシ

第十一条　土地ノ自然増価額ハ第二条第一項第一号ニ該当スルモノニ付テハ民政署長ノ調査ニ依リ第二号ニ該当スルモノニ付テハ地価調査委員会ニ諮問シ税務署長之ヲ決定ス

地価調査委員会ノ決議ハ委員二分ノ一以上出席シ其ノ過半数ノ賛成アルトキ之ヲ可決ス

第十二条　地価調査委員会ハ旅順市ニ在リテハ六名、大連市ニ在リテハ八名ノ委員ヲ以テ之ヲ組織ス

委員ハ旅順市ニ在リテハ関東局高等官中ヨリ三名、住民中ヨリ三名、大連市ニ在リテハ関東局高等官中ヨリ四名、住民中ヨリ四名関東州庁長官之ヲ選任ス

第十三条　九月末日迄ニ地価調査委員会成立セサルトキ又ハ諮

問事項ヲ議了セサルトキハ税務署長ハ直ニ土地ノ自然増価額ヲ決定ス

第十三条ノ二　第十一条又ハ前条ノ規定ニ依リ土地ノ自然増価額ヲ決定シタルトキハ之ヲ納税義務者ニ通知ス

第十四条　土地増価税ハ左ニ掲クル税率ニ依リ之ヲ賦課ス

一　自然増価額カ原価額ノ百分ノ五十未満ナルトキハ第二条第一項第一号ノ場合ハ百分ノ十五、同第二号ノ場合ハ百分ノ十

二　自然増価額カ原価額ノ百分ノ五十以上百分ノ百未満ナルトキハ第二条第一項第一号ノ場合ハ百分ノ二十、同第二号ノ場合ハ百分ノ十五

三　自然増価額カ原価額ノ百分ノ百以上百分ノ百五十未満ナルトキハ第二条第一項第一号ノ場合ハ百分ノ二十五、同第二号ノ場合ハ百分ノ二十

四　自然増価額カ原価額ノ百分ノ百五十以上ナルトキハ第二条第一項第一号ノ場合ハ百分ノ三十、同第二号ノ場合ハ百分ノ二十五

第十五条　土地増価税ハ第二条第一項第一号ノ場合ハ税務署長ノ指定スル期日、同第二号ノ場合ハ翌年一月末日迄ニ之ヲ納付スヘシ

第十七条　第二条第一項第一号ニ依リ土地増価税ヲ納メタル後所有権移転ノ原因タリシ行為ニ瑕疵アリタル為其ノ所有権前所有者ニ復帰シタルトキハ既納税金ノ払戻ヲ請求スルコトヲ得但シ前所有者悪意ナルトキハ此ノ限ニ在ラス

第十八条　土地所有者税務署管内ニ居住セサルトキハ管理人ヲ定メ届出ツヘシ之ヲ変更シタルトキ亦同シ

管理人ヲ定メタルトキハ第七条乃至第九条ノ規定ハ之ヲ管理人ニ適用ス

第十九条　第七条乃至第九条第十七条又ハ第十八条第一項ノ規定ニ違反シ又ハ虚偽ノ届出ヲ為シタル者又ハ第十八条ノ三ノ質問又ハ調査ヲ拒ミタル者ハ二百円以下ノ罰金又ハ科料ニ処ス

第二十条　本令ノ罰則ハ土地所有者カ未成年者又ハ禁治産者ナルトキハ法定代理人ニ会社其ノ他ノ法人ニ在リテハ其ノ代表者ニ之ヲ適用ス但シ未成年者カ成年者ト同一ノ能力ヲ有スルトキハ此ノ限ニ在ラス

附　則

本令ハ大正八年六月一日ヨリ之ヲ施行ス

官有地ヲ買受ケ代金ノ分納ヲ許サレタル者ハ第二条第一項第二号ノ適用ニ付テハ第一回ノ分納金ヲ納付シタル時ヨリ之ヲ所有者ト看做ス

◎支那事変ノ為従軍シタル軍人ニ対スル関東州地方費令第二条ノ営業税ノ減免、徴収猶予等ニ関スル件

昭和十二年十月二日
関東局令第九十三号

第一条　召集ニ応シ就職シ支那事変ノ為従軍シタル軍人（以下応召従軍人ト称ス）ノ納付スル昭和十二年分営業税ニ付テハ営業税額七十

五円以下ノ者ニ限リ召集ニ因リ課税標準額ノ四分ノ一以上ヲ減少シタルトキハ其ノ課税標準ヲ更訂ス

前項ノ規定ハ同居ノ戸主又ハ家族中ニ応召従軍軍人アル者ノ納付スル昭和十二年分営業税ニ付之ヲ準用ス

前二項ノ規定ハ召集ニ応ジ就職シタル軍人ガ課税標準決定後ニ於テ支那事変ノ為従軍シタル場合ノ昭和十三年以降ノ分ノ営業税ニ付之ヲ準用ス

第二条　前条ノ規定ニ依ル課税標準ノ更訂ヲ受ケントスル者ハ翌年一月三十一日迄ニ其ノ申請書ヲ所轄民政署長ニ提出スベシ

民政署長ハ前項ノ申請ナキ場合ト雖モ前条ノ規定ニ依ル課税標準ノ更訂ヲ為スコトヲ得

第三条　応召従軍軍人ノ昭和十三年以降ノ分ノ営業税ニ付テハ豫算ニ依リ其ノ課税標準ヲ算定スルコトヲ得

前項ノ規定ハ同居ノ戸主又ハ家族中ニ応召従軍軍人アル者ノ昭和十三年以降ノ分ノ営業税ニ付之ヲ準用ス

第四条　民政署長必要アリト認ムルトキハ応召従軍軍人ノ納付スベキ営業税ニ付六月以内ノ徴収猶予ヲ為スコトヲ得

前項ノ規定ハ同居ノ戸主又ハ家族中ニ応召従軍軍人アル者ノ納付スベキ営業税ニ付之ヲ準用ス

第五条　第一条ノ規定ハ数種ノ営業ヲ為シ又ハ数箇ノ営業場ヲ有シ各別ニ営業税ヲ課セラルル者ニ付テハ各営業又ハ各営業場毎ニ之ヲ適用ス

附　則

本令ハ公布ノ日ヨリ之ヲ施行ス

◎関東州臨時営業税措置規則

昭和十三年六月二十日
関東局令第五十九号

第一条　当分ノ内本令ニ依リ営業税ヲ軽減ス

第二条　営業税ノ課税標準額ガ平常課税標準額ニ対シ五割以上減少シタルトキハ其ノ納付スル営業税ヲ軽減ス

物品販賣業、製造業及請負業ニ付テハ前項ノ規定ニ拘ラズ平常課税標準額ニ所定ノ税率ヲ乗ジ算出シタル税額ニ対シ其ノ年課税標準額ニ所定ノ税率ヲ乗ジ算出シタル税額ガ五割以上減少シタル場合ニ限リ其ノ納付スル営業税ヲ軽減ス

第三条　営業税ノ軽減額ハ左ノ割合ノ金額トス

減少割合ガ五割以上七割未満ナルトキ　営業税額ノ三割

同七割以上ナルトキ　営業税額ノ五割

第四条　平常課税標準額ハ関東州営業税規則（以下営業税規則ト称ス）ニ依リ計算シタル昭和十一年以前三年ノ平均課税標準額ニ依ル但シ昭和十二年一月一日ヨリ新ニ営業ヲ開始シタル者ニ付テハ昭和十二年ノ課税標準額ニ依ル

第五条　営業ノ期間ガ一年未満ナル場合ニ於テハ営業税ノ軽減ヲ受クベキ年ノ営業ノ期間ノ月数ニ応ジ月割ヲ以テ昭和十一年以前三年又ハ昭和十二年ノ課税標準額ヲ算出シテ平常課税標準額ヲ計算ス

第六条　営業税ノ軽減ヲ受ケントスル者ハ営業税規則ニ依ル課

税標準額ノ申告ト同時ニ其ノ旨ヲ所轄税務署長又ハ民政署長ニ申請スベシ

前項ノ申請書ニハ平常課税標準額ノ計算書ヲ添付スベシ

第七条　前条ノ申請アリタル場合ニ於テ税務署長又ハ民政署長第二条ノ規定ニ該当セズト認メタルトキハ之ヲ却下スベシ

第八条　税務署長又ハ民政署長営業税ノ軽減ノ決定ヲ為シタルトキハ之ヲ納税義務者ニ通知スベシ

前項ノ通知ハ営業税規則ニ依ル課税標準額ノ決定通知書ニ付記シテ之ヲ為スコトヲ妨ゲズ

第九条　左ノ各号ノ場合ニ於テハ営業税ヲ軽減セズ

一　営業税額ガ百円以上ナルトキ

二　法人ノ資本金額ガ二十萬円以上ナルトキ

関東州所得税令第六条乃至第八条ノ規定ハ本令ニ依ル法人ノ資本金額ノ計算ニ付之ヲ準用ス

第十条　営業税ノ課税標準額ニ付当初確定額ニ比シ減損アル場合ニ於テハ税務署長又ハ民政署長ハ申請ニ依リ第二条乃至第四条ノ規定ニ準ジ営業税ヲ軽減シ又ハ其ノ軽減税額ヲ変更スルコトヲ得

前項ノ規定ハ営業税ノ課税標準額ガ課税標準額決定後営業継続ニ因リ減損シタル場合ニハ之ヲ適用セズ

第一項ノ申請ハ翌年一月三十一日迄ニ之ヲ為スコトヲ要ス

第十一条　前条ノ場合ニ於テ営業税ノ課税標準額ガ当初決定額ニ比シ二分ノ一以上ノ減損トナルトキハ其ノ実際課税標準額ニ基キ計算シタル営業税額ニ付前条ノ規定ニ依ル軽減又ハ変更ヲ為ス

第十二条　第十条第一項ノ申請アリタルトキハ税務署長又ハ民政署長ハ其ノ処分ノ確定スルニ至ル迄税金ノ徴収ヲ猶予スルコトヲ得

第十三条　第六条乃至第八条ノ規定ハ第十条ノ場合ニ付之ヲ準用ス

附　則

本令ハ公布ノ日ヨリ之ヲ施行ス

本令ハ昭和十三年分営業税ヨリ之ヲ適用ス

昭和十三年分営業税ニ対スル第六条ノ申請ハ昭和十三年七月十日迄ニ之ヲ為スベシ

税務署長又ハ民政署長ハ前項ノ申請ヲ為シタル者ノ昭和十三年分営業税ノ軽減税額ヲ昭和十三年八月十日迄ニ決定シ之ヲ納税義務者ニ通知スベシ

第三条ノ規定ニ依リ軽減スベキ税金ハ昭和十三年第二期以後ノ納期分ノ納額ヨリ之ヲ軽減ス

本令ハ支那事変終了後其ノ年ノ翌年十二月三十一日迄ニ之ヲ廃止スルモノトス

◎営業税及雑種税ハ市及会ニ於テ徴収スルノ件

昭和十四年四月二十六日関東局令第四十三号

営業税及雑種税屠畜税、不動産取得税、土地増価税及遊興税ヲ除クハ市及会ニ於テ之ヲ徴収スベシ

附　則

本令ハ昭和十四年五月一日ヨリ之ヲ施行ス

本令ハ本令施行前ニ納期ノ開始シタルモノニハ之ヲ適用セズ

◎関東州ニ於ケル日満地方税徴収事務共助ニ関スル件

昭和十八年五月二十九日勅令第四百六十一号

朕関東州ニ於ケル日満地方税徴収事務共助ニ関スル件ヲ裁可シ茲ニ之ヲ公布セシム（総理、大東亜大臣副署）

関東州ニ於ケル日満地方税徴収事務共助ニ関シテハ日満地方税徴収事務共助法第四条及第六条ノ規定ヲ除クノ外同法ニ依ル

日満地方税徴収事務共助法第二条中当該吏員トアルハ当該官吏又ハ吏員、市町村税トアルハ市税又ハ会税トシ第五条中吏員トアルハ官吏又ハ吏員トス

附　則

本令ハ昭和十八年六月一日ヨリ之ヲ施行ス

◎関東州燐寸専売令

昭和十六年五月二十四日勅令第六百一号

朕関東州燐寸専売令ヲ裁可シ茲ニ之ヲ公布セシム（総理大臣副署）

関東州燐寸専売令

第一条　政府ハ燐寸ノ専売権ヲ有ス

第二条　燐寸ハ政府又ハ政府ノ命ヲ受ケタル者ニ非ザレバ之ヲ輸入スルコトヲ得ズ

第三条　燐寸ハ政府ノ許可ヲ受ケタル者ニ非ザレバ之ヲ製造スルコトヲ得ズ

本令ニ規定スルモノノ外燐寸ノ製造者及製造ニ関スル規定ハ満洲国駐箚特命全権大使之ヲ定ム

第四条　燐寸製造者燐寸ヲ製造シタルトキハ大使ノ定ムル期日迄ニ之ヲ政府ニ納付スベシ

政府ハ燐寸製造者ヲシテ前項ノ規定ニ依リ納付スベキ燐寸ヲ其ノ種類及数量ヲ定メテ政府ノ指定シタル者ニ引渡スベキコトヲ命ズルコトヲ得此ノ場合ニ於テ引渡シタル燐寸ハ製造者之ヲ政府ニ納付シタルモノト看做ス

第五条　燐寸製造者燐寸ヲ納付シタルトキハ政府ハ之ニ対シ賠償金ヲ交付ス

燐寸ノ賠償価格ハ大使之ヲ定ム

第六条　燐寸製造者ノ納付セントスル燐寸ニシテ其ノ品質甚シク粗悪ナルモノニ付テハ政府ハ期日ヲ定メ更ニ相当ノ処理ヲ為シタル上納付スベキコトヲ命ズルコトヲ得

第七条　政府ハ製造スル燐寸ノ種類、数量、規格又ハ包装ヲ指定スルコトヲ得

第八条　政府其ノ売渡ス燐寸ノ価格ヲ定メ之ヲ公示ス

大使ノ定ムル用途ニ供スル場合ニ於テハ政府ハ前項ノ価格ニ拘ラズ特ニ定ムル価格ヲ以テ燐寸ヲ売渡スコトヲ得

第九条　燐寸ハ政府又ハ政府ノ指定スル売捌人ニ非ザレバ之ヲ販売スルコトヲ得ズ

本令ニ規定スルモノノ外燐寸売捌人及燐寸ノ販売ニ関スル規定ハ大使之ヲ定ム

第十条　燐寸売捌人ハ政府ノ定ムル価格ヲ以テスルニ非ザレバ燐寸ヲ販売スルコトヲ得ズ

第十一条　政府ハ燐寸ノ販売数量ヲ制限シ又ハ販売方法ヲ指定スルコトヲ得

第十二条　燐寸ハ政府ノ許可ヲ受ケタル者ニ非ザレバ之ヲ輸出スルコトヲ得ズ

第十三条　燐寸ハ政府ノ売渡シタルモノニ非ザレバ之ヲ所有シ、所持シ、譲渡シ、質入シ又ハ消費スルコトヲ得ズ但シ大使ニ於テ別段ノ定ヲ為シタル場合ニ此ノ限ニ在ラズ

第十四条　第八条第二項ノ価格ヲ以テ買受ケタル燐寸ハ大使ノ定ムル場合ヲ除クノ外之ヲ譲渡シ、質入シ又ハ其ノ用途ヲ変更スルコトヲ得ズ

第十五条　燐寸製造専用器具機械ハ政府ノ許可ヲ受ケタル者ニ非ザレバ之ヲ輸入シ、製作シ、販売シ又ハ輸出スルコトヲ得ズ

第十六条　当該官吏ハ燐寸製造者、燐寸売捌人若ハ第八条第二項ノ規定ニ依リ燐寸ヲ政府ヨリ買受ケタル者ニ対シテ質問ヲ為シ又ハ左ニ掲グル物件ニ付検査ヲ為シ若ハ監督上必要ノ処分ヲ為スコトヲ得

一　燐寸製造者、燐寸売捌人又ハ第八条第二項ノ規定ニ依リ燐寸ヲ政府ヨリ買受ケタル者ノ所持スル燐寸

二　燐寸ノ製造、納付又ハ販売ニ関スル一切ノ帳簿書類

三　燐寸ノ製造又ハ販売上必要ナル建築物、機械、器具、原料其ノ他ノ物件

第十七条　燐寸製造者又ハ燐寸売捌人本令又ハ本令ニ基キテ発スル命令ニ違反シタルトキハ政府ハ製造ノ許可若ハ販売ノ指定ヲ取消シ又ハ製造若ハ販売ノ停止ヲ命ズルコトヲ得

第十八条　燐寸製造者製造ノ許可ヲ取消サレタル場合及燐寸売捌人販売ノ指定ヲ取消サレタル場合ニ於テ必要ナル規定ハ大使之ヲ定ム

第十九条　左ノ各号ノ一ニ該当スル者ハ千円以下ノ罰金ニ処ス

一　第二条ノ規定ニ違反シテ燐寸ヲ輸入シタル者

二　第三条ノ規定ニ違反シテ燐寸ヲ製造シタル者

三　第九条ノ規定ニ違反シテ燐寸ヲ販売シタル者

四　第十二条ノ規定ニ違反シテ燐寸ヲ輸出シタル者

五　第十三条ノ規定ニ違反シテ燐寸ヲ所有シ、所持シ、譲渡シ、質入シ又ハ消費シタル者

第二十条　左ノ各号ノ一ニ該当スル者ハ五百円以下ノ罰金ニ処ス

一　第四条ノ規定ニ依リ燐寸ヲ政府ニ納付セザル者

二　第六条ノ規定ニ依ル命令ニ違反シタル者

三　第七条ノ規定ニ依ル政府ノ指定ニ違反シタル者

四　第十条ノ規定ニ違反シテ燐寸ヲ販売シタル者

五　第十一条ノ規定ニ依ル販売数量ノ制限又ハ販売方法ノ指定ニ違反シタル者

六　第十四条ノ規定ニ違反シテ燐寸ヲ譲渡シ、質入シ又ハ其ノ用途ヲ変更シタル者

七　第十五条ノ規定ニ違反シテ燐寸製造専用器具機械ヲ輸入シ、製作シ、販売シ又ハ輸出シタル者

八　第十七条ノ規定ニ依ル製造又ハ販売ノ停止命令ニ違反シ

タル者
第二十一条　第十九条又ハ前条第一号、第六号若ハ第七号ノ罪ヲ犯シタル者アルトキハ其ノ犯罪ニ係ル物件ハ之ヲ没収ス既ニ情ヲ知ラザル者ニ譲渡シ若ハ消費シ又ハ其ノ他ノ事由ニ因リ没収スルコト能ハザルニ至リタルトキハ其ノ価額ニ相当スル金額ヲ追徴ス

第二十二条　当該官吏ノ質問ニ対シ答弁ヲ為サズ、虚偽ノ陳述ヲ為シ又ハ其ノ職務ノ執行ヲ拒ミ、妨ゲ若ハ忌避シタル者ハ百円以下ノ罰金又ハ科料ニ処ス

第二十三条　本令又ハ本令ニ基キテ発スル命令ニ違反シタル者ニ付テハ関東州裁判事務取扱令ニ於テ依ルコトヲ定メタル刑法第三十八条第三項但書、第三十九条第二項、第四十条、第四十一条、第四十八条第二項、第六十三条及第六十六条ノ規定ヲ適用セズ但シ前条ノ罪ヲ犯シタル者ニ付テハ此ノ限ニ在ラズ

第二十四条　燐寸製造者、燐寸売捌人、燐寸ヲ政府ヨリ買受ケタル者、燐寸輸入者、燐寸輸出者又ハ燐寸製造専用器具機械ノ輸入者、制作者、販売者若ハ輸出者ハ其ノ代理人、戸主、家族、同居者、雇人其ノ他ノ従業者ガ其ノ業務ニ関シ本令又ハ本令ニ基キテ発スル命令ニ違反シタルトキハ自己ノ指揮ニ出デザルノ故ヲ以テ処罰ヲ免ルルコトヲ得ズ

第二十五条　関東州間接国税犯則者処分令及大正十一年勅令第二百号第三条ノ規定ハ本令又ハ本令ニ基キテ発スル命令ニ依ル犯罪ニ付之ヲ準用ス
前項ノ規定ノ適用ニ関シ必要ナル事項ハ大使之ヲ定ム

第二十六条　本令ハ満洲国政府ニ売渡ス燐寸ニ付テハ之ヲ適用セズ

附　則

本令ハ昭和十六年七月一日ヨリ之ヲ施行ス
本令施行ノ際現ニ販売ノ目的ヲ以テ燐寸ヲ所有シ又ハ所持スル者ハ大使ノ定ムル期日迄ニ其ノ種類及数量ヲ政府ニ申告スベシ
申告ヲ怠リ又ハ不正ノ申告ヲ為シタルトキハ百円以下ノ罰金ニ処ス
第十三条ノ規定ハ本令施行ノ際現ニ所有又ハ所持セラルル燐寸ニ付テハ之ヲ適用セズ

(四)　公債

◎関東州ニ於ケル国債ニ関スル件

大正元年十月二十一日勅令第三十七号

朕関東州ニ於ケル国債ニ関スル件ヲ裁可シ茲ニ之ヲ公布セシム
（総理、大蔵大臣副署）
関東州ニ於ケル国債ニ関スル事項ハ左ノ法律ニ依ル
一　明治三十九年法律第三十四号
二　明治四十二年法律第八号
三　明治四十二年法律第九号

附　則

本令ハ公布ノ日ヨリ之ヲ施行ス

◎関東州及南洋群島ニ於ケル国債ノ価額計算ニ関スル件

（昭和七年七月一日勅令第百四号）

朕関東州及南洋群島ニ於ケル国債ノ価額計算ニ関スル件ヲ裁可シ茲ニ之ヲ公布セシム（総理、拓務大臣副署）

関東州及南洋群島ニ於ケル国債ノ価額計算ニ関シテハ昭和七年法律第十六号ニ依ル

附　則

本令ハ公布ノ日ヨリ之ヲ施行ス

（参照）昭和七年七月一日法律第十六号は「国債ノ価額計算ニ関スル法律」である。

◎本邦内ニ於テ募集シタル外国債ノ関東州ニ於ケル待遇ニ関スル件

（昭和十三年六月一日勅令第三百九十一号）

朕本邦内ニ於テ募集シタル外国債ノ関東州ニ於ケル待遇ニ関スル件ヲ裁可シ茲ニ之ヲ公布セシム（総理大臣副署）

本邦内ニ於テ募集シタル外国債ノ関東州ニ於ケル待遇ニ関シテハ昭和十三年法律第八十七号ニ依ル

附　則

本令ハ公布ノ日ヨリ之ヲ施行ス

◎関東州事業公債法

（大正十一年三月二十八日法律第十五号）

朕帝国議会ノ協賛ヲ経タル関東州事業公債法ヲ裁可シ茲ニ之ヲ公布セシム（総理、大蔵大臣副署）

関東州事業公債法

第一条　関東州ニ於ケル事業費支弁ノ為政府ハ三百十万円ヲ限リ公債ヲ発行シ又ハ之カ繰替支弁ノ為借入ヲ為スコトヲ得

第二条　前条ノ規定ニ依ル公債ノ発行価格差減額ヲ補填スル為必要アル場合ニ於テハ前条ノ制限以外ニ公債ヲ発行シ又ハ借入ヲ為スコトヲ得

附　則

本法ハ大正十一年四月一日ヨリ之ヲ施行ス

○関東州事業公債法中改正

（昭和二年三月二十九日法律第十三号）

関東州事業公債法中左ノ通改正ス

第一条中「三百十万円」ヲ「七百八十万円」ニ改ム

附　則

本法ハ昭和二年四月一日ヨリ之ヲ施行ス

◎帝国ノ満洲国ニ於ケル治外法権ノ撤廃及南満洲鉄道附属地行政権ノ調整乃至移譲ニ伴ヒ退官退職シタル者等ニ交付スル公債発行ニ関スル法律

昭和十二年四月一日法律第三十六号

朕帝国議会ノ協賛ヲ経タル帝国ノ満洲国ニ於ケル治外法権ノ撤廃及南満洲鉄道附属地行政権ノ調整乃至移譲ニ伴ヒ退官退職シタル者等ニ交付スル公債発行ニ関スル法律ヲ裁可シ茲ニ之ヲ公布セシム（総理、大蔵大臣副署）

帝国ノ満洲国ニ於ケル治外法権ノ撤廃及南満洲鉄道附属地行政権ノ調整乃至移譲ニ伴ヒ退官又ハ退職シタル者、休職ヲ命ゼラレタル者、解職又ハ解傭セラレタル者等ニ特別ノ賜金又ハ手当トシテ交付スル為政府ハ額面四百万円ヲ限リ公債ヲ発行スルコトヲ得

附　則

本法ハ公布ノ日ヨリ之ヲ施行ス

◎関東州及南洋群島ニ於ケル昭和十五年法律第六十九号第一条ノ規定ニ依リ発行スル公債ニ関スル件

昭和十六年六月十一日勅令第六百九十三号

朕関東州及南洋群島ニ於ケル昭和十五年法律第六十九号第一条ノ規定ニ依リ発行スル公債ニ関スル件ヲ裁可シ茲ニ之ヲ公布セシム（総理、拓務、大蔵大臣副署）

関東州及南洋群島ニ於テハ昭和十五年法律第六十九号第一条ノ規定ニ依リ発行スル公債ニ関シテハ同法第二条及第三条ノ規定ニ依ル

附　則

本令ハ公布ノ日ヨリ之ヲ施行ス

（参照）昭和十五年三月三十日法律第六十九号は「大東亜戦争ニ関スル一時賜金トシテ交付スル為公債発行ニ関スル法律」である。

二　金融　貿易

◎関東州ニ於ケル小洋銭通用禁止ニ関スル件

昭和十年十二月二十一日勅令第三百十三号

朕関東州ニ於ケル小洋銭通用禁止ニ関スル件ヲ裁可シ茲ニ之ヲ公布セシム（総理大臣副署）

第一条　関東州ニ於ケル小洋銭ノ通用ハ昭和十一年四月一日以

後之ヲ禁止ス

第二条　政府ハ前条ノ期日以後ニ於テ所持者ノ請求アリタルトキハ満洲国駐箚特命全権大使ノ定ムル所ニ依リ小洋銭ノ買入ヲ為スベシ

第三条　昭和十一年三月三十一日以前ニ成立シタル小洋銭ヲ以テ表示スル債務ハ朝鮮銀行券又ハ貨幣法ニ依ル貨幣ヲ以テ弁済スルコトヲ得但シ同年四月一日以後ニ於テハ前記ノ通貨ヲ以テ之ヲ弁済スベシ

第四条　大使ハ本令ニ定ムルモノノ外小洋銭ノ通用禁止ニ関シ必要ナル事項ヲ定ムルコトヲ得

附　則

本令ハ公布ノ日ヨリ之ヲ施行ス

◎関東州及南満洲鉄道附属地ニ於ケル銀行ニ関スル件

大正十一年四月十七日勅令第二百七号

朕関東州及南満洲鉄道附属地ニ於ケル銀行ニ関スル件ヲ裁可シ茲ニ之ヲ公布セシム（総理大臣副署）

関東州及南満洲鉄道附属地ニ於ケル銀行ニ関シテハ銀行条例ニ依ル但シ同条例中大蔵大臣及地方長官トアルハ関東長官トス

附　則

本令ハ大正十一年七月一日ヨリ之ヲ施行ス

従前ノ規定ニ依リテ許可ヲ受ケ本令施行ノ際現ニ銀行業ヲ営ムモノハ本令ニ依リ認可ヲ受ケタルモノト看做ス

従前ノ規定ニ依リテ為シタル命令其ノ他ノ行為ハ本令中之ニ相当スル規定アル場合ニ於テハ本令ニ依リテ之ヲ為シタルモノト看做ス

○関東庁官制等ノ改正ニ際シ憲兵令其ノ他ノ勅令中改正等ノ件（抄）

昭和九年十二月二十六日勅令第三百九十五号

第八十二条　大正十一年勅令第二百七号中左ノ通改正ス「関東長官」ヲ「満洲国駐箚特命全権大使」ニ改ム

附　則

本令ハ公布ノ日ヨリ之ヲ施行ス

○大正十一年勅令第二百七号中改正

昭和十一年十二月二十八日勅令第四百七十二号

「銀行ニ関シテハ」ノ下ニ「本令ニ定ムルモノヲ除クノ外」ヲ加フ

同令ニ左ノ一項ヲ加フ

銀行ノ営業時間ニ付テハ大使之ヲ定ム

附　則

本令ハ昭和十二年一月一日ヨリ之ヲ施行ス

○関東州及南満洲鉄道附属地銀行令附則

昭和十二年六月二十九日勅令第二百九十四号

大正十一年勅令第二百七号ハ之ヲ廃止ス

◎関東州及南満洲鉄道附属地銀行令

昭和十二年六月二十九日勅令第二百九十四号

朕関東州及南満洲鉄道附属地銀行令ヲ裁可シ茲ニ之ヲ公布セシム（総理大臣副署）

関東州及南満洲鉄道附属地銀行令

第一条 関東州及南満洲鉄道附属地ニ於ケル銀行ニ関シテハ銀行法ニ依ル但シ同法中勅令トアルハ関東局令、主務大臣又ハ地方長官トアルハ満洲国駐箚特命全権大使、裁判所トアルハ関東州在リテハ関東法院、南満洲鉄道附属地ニ在リテハ領事官トス

第二条 本令施行ノ際現ニ其ノ商号中ニ銀行ナル文字ヲ用ヒズシテ本令ニ於テ依ルコトヲ定メタル銀行法第一条ノ業務ヲ営ム者ニ付テハ前条ノ規定ニ拘ラズ大使ノ定ムル所ニ依ル

附　則

本令ハ昭和十二年七月一日ヨリ之ヲ施行ス
大正十一年勅令第二百七号ハ之ヲ廃止ス

○昭和十二年勅令第六百八十五号（抄）

昭和十二年十二月一日勅令第六百八十五号

第四十五条 関東州及南満洲鉄道附属地銀行令中左ノ通改正ス
「関東州及南満洲鉄道附属地銀行令」ヲ「関東州銀行令」ニ改ム

第一条 関東州ニ於ケル銀行ニ関シテハ銀行法ニ依ル但シ同法中勅令トアルハ関東局令、主務大臣トアルハ満洲国駐箚特命全権大使、地方長官トアルハ関東州庁長官、裁判所トアルハ関東法院トス

第三条 大使ハ本令ニ依ル其ノ職権ノ一部ヲ命令ヲ以テ関東州庁長官ニ委任スルコトヲ得

附　則

本令ハ公布ノ日ヨリ之ヲ公布ス

◎関東州及南満洲鉄道附属地ニ於ケル貯蓄銀行ニ関スル件

大正十一年四月十七日勅令第二百八号

朕関東州及南満洲鉄道附属地ニ於ケル貯蓄銀行ニ関スル件ヲ裁可シ茲ニ之ヲ公布セシム（総理大臣副署）

関東州及南満洲鉄道附属地ニ於ケル貯蓄銀行ニ関シテハ貯蓄銀行法ニ依ル但シ同法中主務大臣トアルハ関東長官トス

附　則

本令ハ大正十一年七月一日ヨリ之ヲ施行ス

○関東庁官制等ノ改正ニ際シ憲兵令其ノ他ノ勅令中改正等ノ件（抄）

昭和九年十二月二十六日勅令第三百九十五号

第八十三条　大正十一年勅令第二百八号中左ノ通改正ス

「関東長官」ヲ「満洲国駐箚特命全権大使」ニ改ム

附　則

本令ハ公布ノ日ヨリ之ヲ施行ス

○昭和十二年勅令第六百八十五号（抄）

昭和十二年十二月一日勅令第六百八十五号

第四十六条　大正十一年勅令第二百八号中左ノ通改正ス

「及南満洲鉄道附属地」ヲ削リ左ノ一項ヲ加フ

大使ハ本令ニ依ル其ノ職権ノ一部ヲ命令ヲ以テ関東州庁長官ニ委任スルコトヲ得

附　則

本令ハ公布ノ日ヨリ之ヲ施行ス

◎関東州無尽業令

大正十五年七月二十二日勅令第二百六十五号

朕関東州無尽業令ヲ裁可シ茲ニ之ヲ公布セシム（総理大臣副署）

関東州無尽業令

第一条　関東州及南満洲鉄道附属地ニ於ケル無尽業ニ関シテハ本令ニ別段ノ規定アルモノヲ除クノ外無尽業法ニ依ル但シ同法第二十九条ノ規定ハ此ノ限ニ在ラス

無尽業法中主務大臣トアルハ関東長官、道府県トアルハ関東州及南満洲鉄道附属地トス

第二条　無尽業ハ会社ニ非サレハ之ヲ営ムコトヲ得ス

第三条　無尽業者ハ関東長官ノ認許ヲ受ケ他ノ事業ヲ兼営スルコトヲ得

第四条　無尽業者ハ其ノ営業上ノ資金ノ運用ニ付無尽業法第九条ノ規定ニ依ルノ外確実ナル担保アル貸付ヲ為スコトヲ得

附　則

本令施行ノ期日ハ関東長官之ヲ定ム

本令施行ノ際現ニ無尽業ヲ営ム者ハ本令施行前ニ為シタル無尽契約ニ関シ其ノ契約ノ完了スル迄仍其ノ業務ヲ継続スルコトヲ得

前項ノ場合ニ於テハ無尽業法第十五条、第十六条、第十八条、第二十二条乃至第二十四条及第二十八条ノ規定ヲ準用ス

○関東州無尽業令中改正

昭和六年六月二十九日勅令第百六十一号

第一条中「第二十九条」ヲ「第四十二条」ニ改ム

第二条　削除

第四条中「第九条」ヲ「第十条」ニ改ム

附　則

本令ハ昭和六年七月一日ヨリ之ヲ施行ス

○関東庁官制等ノ改正ニ際シ憲兵令其ノ他ノ勅令中改正等ノ件（抄）

（昭和九年十二月二十六日勅令第三百九十五号）

第八十五条　関東州無尽業令中左ノ通改正ス

第一条第二項中「関東長官」ヲ「満洲国駐劄特命全権大使」ニ改ム

第三条中「関東長官」ヲ「大使」ニ改ム

附　則

本令ハ公布ノ日ヨリ之ヲ施行ス

○昭和十二年勅令第六百八十五号（抄）

（昭和十二年十二月一日勅令第六百八十五号）

第四十八条　関東州無尽業令中左ノ通改正ス

第一条第一項中「及南満洲鉄道附属地」及但書ヲ削リ同条第二項ヲ左ノ如ク改ム

無尽業法中勅令トアルハ関東局令、主務大臣トアルハ満洲国駐劄特命全権大使、道府縣トアルハ関東州、地方長官トアルハ関東州庁長官トス

附　則

本令ハ公布ノ日ヨリ之ヲ施行ス

◎関東州及南満洲鉄道附属地金融組合令

（昭和三年五月二十六日勅令第八十九号）

朕関東州及南満洲鉄道附属地金融組合令ヲ裁可シ茲ニ之ヲ公布セシム（総理大臣副署）

関東州及南満洲鉄道附属地金融組合令

第一章　総則

第一条　金融組合ハ組合員ノ金融ヲ緩和シ其ノ経済ノ発達ヲ企図スル社団法人トス

第二条　金融組合ノ組合員ハ組合ノ区域内ニ於テ住所ヲ有スル者ニ限ル但シ特別ノ事由アル場合ハ此ノ限ニ在ラズ

第三条　金融組合ノ住所ハ主タル事務所ノ所在地ニ在ルモノトス

第四条　金融組合ノ名称中ニハ金融組合ナル文字ヲ用フルコトヲ要ス

金融組合ニ非ズシテ其ノ名称中ニ金融組合タルコトヲ示スベキ文字ヲ用フルコトヲ得ズ

第五条　金融組合ハ左ノ業務ヲ営ムモノトス

一　組合員ニ対シ其ノ経済ノ発達ニ必要ナル資金ヲ貸付スルコト

二　組合員ノ為ニ預リ金ヲ為スコト

市又ハ関東長官ノ指定スル市街地ガ組合ノ区域ニ属スル金融組合ハ組合員ニ対シ其ノ経済ノ発達ニ必要ナル資金ノ為手形ノ割引ヲ為スコトヲ得

第六条　金融組合ハ関東長官ノ認可ヲ受ケ組合員ニ非ザル者ヨリ預リ金ヲ為スコトヲ得

第七条　金融組合ハ関東長官ノ認可ヲ受ケ銀行又ハ関東長官ノ指定シタル金融業務ヲ営ム法人ノ業務ヲ代理シ又ハ其ノ業務ノ媒介ヲ為スコトヲ得

第八条　業務上ノ余裕金ハ一時関東長官ノ指定シタル有価証券ヲ買入レ、金融組合連合会若ハ関東長官ノ指定シタル銀行ニ預入レ又ハ郵便貯金ト為スノ外之ヲ使用スルコトヲ得ズ

第九条　金融組合ハ業務ノ為必要ナル物件ヲ取得シ又ハ債務弁済ノ為物件ヲ引受クル場合ヲ除クノ外動産又ハ不動産ヲ所有スルコトヲ得ズ

第十条　関東長官ハ必要ト認ムルトキハ金融組合ノ業務ヲ制限スルコトヲ得

第十一条　金融組合ニハ本令ニ別段ノ規定アルモノヲ除クノ外商法及商法施行法中商人ニ関スル規定ヲ準用ス

第十二条　金融組合ニハ所得税ヲ課セズ

第十三条　本令ニ定ムルモノノ外金融組合ニ関シ必要ナル事項ハ関東長官之ヲ定ム

第二章　設立

第十四条　金融組合ヲ設立セントスルトキハ定款ヲ作リ関東長官ノ許可ヲ受クベシ

第十五条　定款ニハ別ニ規定スルモノノ外左ノ事項ヲ記載シ設立者之ニ署名捺印スベシ

一　目的

二　名称

三　区域

四　事務所

五　出資一口ノ金額及其ノ払込ノ方法

六　第一回払込ノ金額

七　準備金積立ノ方法

八　組合員タル資格ニ関スル規定

九　組合員ノ加入及脱退ニ関スル規定

十　存立時期又ハ解散ノ事由ヲ定メタルトキハ其ノ時期又ハ事由

十一　業務ノ執行ニ関スル規定

第十六条　金融組合ハ組合員ノ数ヲ限定スルコトヲ得ズ

第十七条　出資一口ノ金額ハ十円以上五十円以下トシ均一ニ之ヲ定ムベシ但シ特別ノ事由アル金融組合ニ在リテハ関東州及南満洲鉄道附属地ニ流通スル銀貨幣ヲ以テ出資ノ額ヲ定ムルコトヲ得此ノ場合ニ於テハ出資一口ノ金額ハ十元以上五十元以下トシテ均一ニ之ヲ定ムベシ

第十八条　金融組合ガ其ノ設立ノ許可ヲ受ケタルトキハ遅滞ナク各組合員ヲシテ第一回ノ払込ヲ為サシムベシ

第十九条　前条ノ払込アリタルトキハ二週間内ニ各事務所ノ所在地ニ於テ左ノ事項ヲ登記スベシ

一　第十五条第一号乃至第五号及第十五号ニ掲ゲタル事項

二　出資ノ総口数及払込ミタル出資ノ総額

三　設立許可ノ年月日

四　組合長、理事及監事ノ氏名及住所

金融組合ノ設立ハ其ノ主タル事務所ノ所在地ニ於テ登記ヲ為

スニ非ザレバ之ヲ以テ他人ニ対抗スルコトヲ得ズ

第二十条 前条ノ登記事項ニ変更ヲ生ジタルトキハ二週間内ニ其ノ登記ヲ為スベシ但シ前条第一項第二号ノ事項ニ付テハ毎事業年度末日ノ現在ニ依リ年度終了後一月内ニ登記ヲ為スコトヲ得

前項ノ登記前ニ在リテハ其ノ変更ヲ以テ他人ニ対抗スルコトヲ得ズ

主タル事務所以外ノ事務所ノ所在地ニ於テ登記スベキ事項ヲ登記セザリシトキハ前項ノ規定ハ其ノ事務所ニ於テ為シタル行為ニ付テノミ之ヲ適用ス

第二十一条 行政区画又ハ土地ノ名称ノ変更アリタルトキハ登記簿ノ記載ハ変更セラレタルモノト看做ス但シ其ノ記載ヲ更生スルコトヲ妨ゲズ

行政区画又ハ土地ノ名称ノ変更アリタルトキハ金融組合ハ遅滞ナク之ヲ登記所ニ通知スベシ

第二十二条 民法第四十五条第三項、第四十七条及第四十八条ノ規定ハ金融組合ニ之ヲ準用ス但シ期間ニ付一週間トアルハ二週間トス

第三章 組合員ノ権利義務

第二十三条 組合員ハ出資一口以上ヲ有スベシ

第二十四条 組合員ノ責任ハ其ノ出資額ヲ限度トス

第二十五条 組合員ハ払込ムベキ出資ニ付相殺ヲ以テ組合ニ対抗スルコトヲ得ズ

第二十六条 組合員ハ組合ノ承諾アルニ非ザレバ其ノ持分ヲ譲渡スルコトヲ得ズ

組合員ニ非ザル者ニシテ持分ヲ譲受ケントスルトキハ第六十五条第一項ノ例ニ依ルベシ

組合員ノ持分ハ質権ノ目的ト為スコトヲ得ズ

第二十七条 組合員ハ持分ヲ共有スルコトヲ得ズ

第二十八条 持分ノ譲受人ハ其ノ持分ニ付譲渡人ノ権利義務ヲ承継ス

第二十九条 組合員ハ総組合員五分ノ一以上ノ同意ヲ得総会ノ目的及其ノ招集ノ理由ヲ記載シタル書面ヲ提出シ総会ノ招集ヲ組合長ニ請求スルコトヲ得

前項ノ請求アリタルトキハ組合長ハ二週間内ニ総会ヲ招集スベシ

第三十条 総会ノ招集手続又ハ其ノ決議ノ方法ガ法令又ハ定款ニ違反シタルトキハ組合員ハ決議ノ日ヨリ一月内ニ其ノ決議ノ取消ヲ関東長官ニ請求スルコトヲ得

第四章 管理

第三十一条 金融組合ニ組合長一人、理事一人、監事二人以上及評議員七人以上ヲ置ク

組合長、理事、監事及評議員ハ総会ニ於テ組合員中ヨリ之ヲ選任ス但シ関東長官ノ指定ズル組合ノ理事ハ関東長官之ヲ任免ス

組合長及理事ノ選任ハ関東長官ノ認可ヲ受クルニ非ザレバ其ノ効力ヲ生ゼズ

組合設立当時ノ組合長、理事及監事ハ定款ヲ以テ之ヲ定ムベシ但シ第二項但書ノ理事ハ此ノ限ニ在ラズ

第三十二条 監事ハ組合長、理事其ノ他組合ノ職員ト相兼ヌル

コトヲ得ズ

第三十三条　組合長及総会ニ於テ選任スル理事ノ任期ハ三年トシ監事及評議員ノ任期ハ二年トス但シ任期中ノ最終ノ決算期ニ関スル定時総会ノ終結ニ至ル迄其ノ任期ヲ伸長スルコトヲ得

第三十四条　組合長、理事及監事ノ選任ハ総組合員ノ半数以上出席シ其ノ議決権ノ過半数ヲ以テ之ヲ決ス

第三十五条　組合長ハ理事ト共同シテ金融組合ヲ代表ス但シ組合ノ常務ニ付テハ定款ヲ以テ別段ノ定ヲ為スコトヲ得

組合長又ハ理事ニ対シテ為シタル意志表示ハ組合ニ対シテ其ノ効力ヲ生ズ

組合長ハ総会及評議員会ノ議長ト為ル

組合長事故アルトキハ理事之ヲ代理シ欠員ノ場合ハ其ノ職務ヲ行フ

第三十六条　組合長又ハ理事ノ代理権ニ加ヘタル制限ハ之ヲ以テ善意ノ第三者ニ対抗スルコトヲ得ズ

第三十七条　組合長及理事ハ定款ノ定ムル所ニ依リ金融組合ノ業務ヲ執行ス

第三十八条　金融組合ガ組合長又ハ理事ト契約ヲ為ス場合ニ於テハ監事組合ヲ代表ス組合ト組合長又ハ理事トノ間ノ訴訟ニ付亦同ジ

第三十九条　組合長及理事ハ定款又ハ総会ノ決議ニ依リテ禁止セラレザルトキニ限リ或種類又ハ特定ノ事項ニ付他人ヲシテ代理セシムルコトヲ得

第四十条　監事ハ金融組合ノ財産及業務執行ノ状況ヲ監査ス

監事ハ組合ノ財産ノ状況又ハ業務ノ執行ニ付不整ノ嫌アルコトヲ発見シタルトキハ之ヲ関東長官ニ具申スベシ

第四十一条　評議員ハ評議員会ヲ組織ス

評議員会ハ組合長之ヲ招集ス

評議員会ハ本令又ハ定款ニ定メタル事項ヲ決議ス其ノ決議ノ方法ハ定款ノ定ムル所ニ依ル

評議員ハ金融組合ノ業務ニ関シ組合長ニ対シ意見ヲ述ブルコトヲ得

第四十二条　定時総会ハ毎年一回定款ニ定メタル時期ニ於テ組合長之ヲ招集ス

第四十三条　臨時総会ハ必要アルトキ組合長之ヲ招集ス

第四十四条　組合長及理事欠ケタルトキハ総会ノ招集ハ監事之ヲ行フ

組合長及理事ガ第二十九条ノ規定ニ依ル請求アリタル日ヨリ二週間内ニ正当ノ事由ナクシテ総会招集ノ手続ヲ為サザルトキハ監事ハ其ノ総会ヲ招集スベシ

第四十五条　総会ノ招集ハ少クトモ十日前ニ其ノ会議ノ目的タル事項ヲ示シテ各組合員ニ通知ヲ発スルコトヲ要ス

第四十六条　総会ニ於テハ予メ通知ヲ為シタル事項ニ付テノミ決議ヲ為スモノトス

第四十七条　総会ノ決議ハ本令又ハ定款ニ別段ノ定アル場合ヲ除クノ外出席シタル組合員ノ議決権ノ過半数ヲ以テ之ヲ為ス

第四十八条　組合員ノ議決権ハ平等トス

第四十九条　組合員ハ代理人ヲ以テ議決権ヲ行フコトヲ得此ノ場合ニ於テハ之ヲ出席ト看做ス

代理人ハ組合員又ハ同居ノ家族ナルコトヲ要ス
代理人ハ代理権ヲ証スル書面ヲ組合ニ差出スベシ

第五十条　金融組合ハ関東長官ノ定ムル所ニ依リ定款ヲ以テ総会ニ代ハルベキ総代会ヲ設クルコトヲ得
総会ニ関スル規定ハ前項ノ総代会ニ之ヲ準用ス但シ総代会ニ於テハ解散及合併ノ決議ヲ為スコトヲ得ズ

第五十一条　金融組合ト或組合員、総代又ハ評議員トノ関係ニ付決議ヲ為ス場合ニ於テハ其ノ組合員、総代又ハ評議員ハ議決権ヲ有セズ

第五十二条　組合長ハ定時総会ノ会日ヨリ一週間前ニ財産目録、貸借対照表、事業報告書及剰余金処分案ヲ監事ニ提出シ且之ヲ主タル事務所ニ備フベシ
組合員及組合ノ債権者ハ前項ニ掲ゲタル書類ノ閲覧ヲ求ムルコトヲ得

第五十三条　組合長及理事ハ前条第一項ニ掲ゲタル書類及監事ノ意見書ヲ定時総会ニ提出シテ其ノ承認ヲ求ムベシ
組合長及理事ハ前項ノ承認ヲ得タルトキハ二週間内ニ其ノ書類ヲ関東長官提出シ且貸借対照表ヲ公告スベシ

第五十四条　定款ハ総会ノ決議ヲ経関東長官ノ認可ヲ受クルニ非ザレバ之ヲ変更スルコトヲ得ズ
第三十四条ノ規定ハ前項ノ決議ニ之ヲ準用ス

第五十五条　金融組合ハ定款及総会ノ決議録ヲ各事務所ニ備ヘ置キ且組合員名簿ヲ主タル事務所ニ備ヘ置クベシ
組合員及組合ノ債権者ハ前項ニ掲ゲタル書類ノ閲覧ヲ求ムルコトヲ得

第五十六条　組合員名簿ニハ左ノ事項ヲ記載スベシ
一　組合員ノ氏名及住所
二　各組合員ノ出資口数
三　出資各口ニ付払込ミタル金額及其ノ払込ノ年月日
四　出資各口ノ取得ノ年月日

第五十七条　金融組合ガ其ノ組合員ニ対シテ為ス通知又ハ催告ハ組合員名簿ニ記載シタル組合員ノ住所又ハ其ノ者ガ組合ニ通知シタル住所ニ宛ツルヲ以テ足ル
前項ノ通知又ハ催告ハ通常其ノ到達スベカリシ時ニ到達シタルモノト看做ス

第五十八条　金融組合ガ出資一口ノ金額ノ減少ノ決議ヲ為シタルトキハ其ノ決議ノ日ヨリ二週間内ニ財産目録及貸借対照表ヲ作ルベシ
組合ハ前項ノ期間内ニ其ノ債権者ニ対シ異議アルトキハ一定ノ期間内ニ之ヲ述ブベキ旨ヲ定款ノ定ムル方法ニ従ヒテ公告シ且知レタル債権者ニ各別ニ之ヲ催告スベシ但シ其ノ期間ハ二月ヲ下ルコトヲ得ズ

第五十九条　債権者ガ前条第二項ノ期間内ニ出資ノ減少ニ対シ異議ヲ述ベザリシトキハ之ヲ承認シタルモノト看做ス
債権者ガ異議ヲ述ベタルトキハ組合ハ之ニ弁済ヲ為シ又ハ相当ノ担保ヲ供スルニ非ザレバ出資ヲ減少スルコトヲ得ズ

第六十条　金融組合ノ事業年度ハ一年トス

第六十一条　金融組合ハ損失ヲ填補シタル後ニ非ザレバ剰余金ノ処分ヲ為スコトヲ得ズ

第六十二条　金融組合ハ欠損補填準備金トシテ其ノ出資総額ニ

達スル迄毎事業年度ノ剰余金ノ四分ノ一以上ヲ積立ツベシ
剰余金ハ払込出資額ニ応ジ年七分以下ノ割合ヲ以テ配当ヲ為スコトヲ得但シ組合員ガ其ノ出資ノ払込ヲ終ル迄ハ之ニ配当スベキ剰余金ハ其ノ払込ニ充ツルコトヲ要ス

第六十三条 金融組合ハ組合員ノ持分ヲ取得スルコトヲ得ズ

第六十四条 金融組合ハ組合長、理事其ノ他ノ代理人ガ其ノ職務ヲ行フニ付他人ニ加ヘタル損害ヲ賠償スルノ責ニ任ズ

第五章 加入及脱退

第六十五条 組合員ノ加入ハ評議員会ノ決議ヲ経ルコトヲ要ス
新ニ組合員ト為リタル者ハ定款ノ定ムル所ニ依リ直ニ第一回ノ出資払込ヲ為スベシ

第六十六条 組合員ハ事業年度ノ終ニ於テ脱退ヲ為スコトヲ得
但シ三月前ニ其ノ予告ヲ為スコトヲ要ス

第六十七条 組合員ハ左ノ事由ニ因リ脱退ス
一 組合員タル資格ノ喪失
二 死亡
三 破産
四 禁治産
五 除名

第六十八条 除名ノ事由ハ定款ヲ以テ之ヲ定ムベシ
除名ハ評議員会ノ決議ニ依ル但シ除名シタル組合員ニ其ノ旨ヲ通知スルニ非ザレバ之ヲ以テ其ノ組合員ニ対抗スルコトヲ得ズ
第三十四条ノ規定ハ前項ノ決議ニ之ヲ準用ス

第六十九条 脱退シタル組合員ハ定款ノ定ムル所ニ依リ其ノ持分ノ払戻ヲ請求スルコトヲ得
持分ノ払戻ハ脱退原因ノ如何ニ拘ラズ其ノ払込出資額ヲ超ユルコトヲ得ズ
持分ノ払戻ハ脱退ノ時ヨリ三月内ニ之ヲ為スベシ
持分払戻ノ請求権ノ前項ノ期間経過ノ後二年間之ヲ行ハザルニ因リテ消滅ス

第七十条 持分ノ計算ヲ為スニ当リ組合ノ財産ガ其ノ債務ヲ完済スルニ足ラザルトキハ脱退シタル組合員ハ出資額ヲ限度ドシ其ノ負担ニ帰スベキ金額ヲ払込ムベシ

第七十一条 脱退シタル組合員ガ組合ニ対スル債務ヲ完済スル迄ハ組合ハ其ノ持分ノ払戻ヲ停止スルコトヲ得

第六章 監督

第七十二条 金融組合ハ関東長官之ヲ監督ス

第七十三条 関東長官ハ何時ニテモ金融組合ヲシテ其ノ業務及財産ノ状況ヲ報告セシメ又ハ之ヲ検査スルコトヲ得

第七十四条 関東長官ハ金融組合ノ業務又ハ財産ノ状況ニ依リ組合ニ対シ財産ノ供託ヲ命ジ其ノ他必要ナル命令ヲ発スルコトヲ得

第七十五条 組合長及理事ノ欠ケタル為損害ヲ生ズル虞アルトキハ関東長官ハ仮ニ理事ヲ選任スルコトヲ得

第七十六条 金融組合ノ行為ガ定款若ハ法令ニ違反シ其ノ他公益ヲ害スル点アルトキ又ハ金融組合ノ事業ガ継続困難ナリト認メラルルトキハ関東長官ハ総会ノ決議ヲ取消シ、組合長、理事若ハ監事ノ改選ヲ命ジ又ハ組合ノ事業ヲ停止スルコトヲ得

前項ノ場合ニ於テ関東長官ハ組合ノ解散ヲ命ズルコトヲ得

第七章　解散

第七十七条　金融組合ハ左ノ事由ニ因リ解散ス

一　定款ニ定メタル存立時期ノ満了又ハ事由ノ発生

二　総会ノ決議

三　合併

四　組合員ノ欠亡

五　破産

六　前条第二項ノ命令

第三十四条ノ規定ハ解散及合併ノ決議ニ之ヲ準用ス

第七十八条　総会ノ決議ニ因ル解散又ハ合併ハ関東長官ノ認可ヲ受クルニ非ザレバ其ノ効力ヲ生ゼズ

第七十九条　金融組合ガ第七十七条第一項第一号、第二号又ハ第四号ノ事由ニ因リ解散シタルトキハ二週間内ニ各事務所ノ所在地ニ於テ其ノ登記ヲ為スベシ

第八十条　第五十八条及第五十九条ノ規定ハ金融組合ノ合併ノ場合ニ之ヲ準用ス

第二十条第二項及第三項ノ規定ハ解散ノ登記ニ之ヲ準用ス

第八十一条　金融組合ガ合併ヲ為シタルトキハ二週間内ニ各事務所ノ所在地ニ於テ合併後存続スル組合ニ在リテハ変更ノ登記ヲ為シ、合併ニ因リテ消滅シタル組合ニ在リテハ解散ノ登記ヲ為シ、合併ニ因リテ設立シタル組合ニ在リテハ第十九条第一項ノ登記ヲ為スベシ

第八十二条　合併後存続スル組合又ハ合併ニ因リテ設立シタル組合ハ合併ニ因リテ消滅シタル組合ノ権利義務ヲ承継ス

第八十三条　金融組合ガ其ノ財産ヲ以テ債務ヲ完済スルコト能ハザルニ至リタルトキハ法院又ハ領事官ハ組合長及理事若ハ債権者ノ申立ニ因リ又ハ職権ヲ以テ破産ノ宣告ヲ為ス

金融組合ガ其ノ財産ヲ以テ債務ヲ完済スルコト能ハザルニ至リタルトキハ組合長及理事ハ直ニ破産宣告ノ申立ヲ為スコトヲ要ス

第八十四条　解散シタル金融組合ガ債務ヲ完済シ仍残余ノ財産アルトキハ定款ノ定ムル所ニ依リ之ヲ処分スルモノトス

第八章　清算

第八十五条　金融組合ノ清算ハ関東長官ノ監督ニ属ス

関東長官ハ清算事務及財産ノ状況ヲ検査シ財産ノ供託ヲ命ジ其ノ他必要ナル命令ヲ発スルコトヲ得

第八十六条　清算人ハ関東長官之ヲ任免ス

第八十七条　清算人ハ其ノ職務ノ範囲内ニ於テ組合長及理事ト同一ノ権利義務ヲ有ス

第八十八条　清算人ノ就職後二週間内ニ各事務所ノ所在地ニ於テ其ノ氏名及住所ノ登記ヲ為スベシ

前項ノ登記事項ニ変更アリタルトキハ清算人ハ二週間内ニ各事務所ノ所在地ニ於テ其ノ登記ヲ為スベシ

第二十条第二項及第三項ノ規定ハ清算人ニ関スル登記ニ之ヲ準用ス

第八十九条　清算人ハ就職後遅滞ナク組合財産ノ状況ヲ調査シ財産目録及貸借対照表ヲ作リ総会ヲ招集シ之ニ提出シテ其ノ承認ヲ求ムベシ

第九十条　清算人ハ組合ノ債務ヲ完済シ又ハ完済ニ必要ナル金

額ヲ供託スルニ非ザレバ残余財産ヲ処分スルコトヲ得ズ
第九十一条　清算事務ガ終リタルトキハ清算人ハ遅滞ナク決算報告書ヲ作リ総会ヲ招集シ之ニ提出シテ其ノ承認ヲ求ムベシ
第九十二条　清算ガ結了シタルトキハ清算人ハ遅滞ナク各事務所ノ所在地ニ於テ其ノ登記ヲ為スベシ
清算人ハ清算ノ顛末ヲ関東長官ニ報告スベシ
第九十三条　民法第七十三条及第七十八条乃至第八十一条ノ規定ハ金融組合ノ清算ニ之ヲ準用ス

第九章　登記

第九十四条　金融組合ノ登記ニ付テハ其ノ事務所所在地ヲ管轄スル民政署若ハ民政支署又ハ領事館ヲ以テ管轄登記所トス
第九十五条　登記所ニ金融組合登記簿ヲ備フ
第九十六条　第十九条第一項ノ登記ノ申請書ニハ定款ヲ添付スベシ
第九十七条　各事務所ノ移転其ノ他登記事項変更ノ登記ノ申請書ニハ其ノ移転其ノ他変更ヲ証スル書面ヲ添付スベシ
第九十八条　出資一口ノ金額減少ノ登記ノ申請書ニハ其ノ事実ヲ証スル書面ノ外第五十八条第二項ノ規定ニ依リ催告ヲ為シタルコト若ハ異議ヲ述ベタル債権者アルトキハ之ニ対シ弁済ヲ為シ又ハ担保ヲ供シタルコトヲ証スル書面ヲ添付スベシ
第九十九条　組合解散ノ登記ノ申請書ニハ解散ノ事由ヲ記載シ且総会ノ決議又ハ合併ニ因リテ解散シタルトキハ総会ノ決議録ヲ添附スベシ
前条ノ規定ハ合併ニ因ル解散ノ登記ノ申請ニ之ヲ準用ス
第百条　金融組合ガ関東長官ノ命令ニ因リテ解散シタルトキハ登記所ハ其ノ嘱託ニ因リテ登記ヲ為スベシ
第百一条　金融組合ニ関シ登記シタル事項ハ登記所遅滞ナク之ヲ公告スベシ
第百二条　非訟事件手続法第百四十一条乃至第百四十三条、第百四十七条乃至第百四十九条、第百五十条ノ二乃至第百五十一条ノ六、第百五十四条乃至第百五十七条及第百七十五条乃至第百七十八条ノ規定ハ金融組合ノ登記ニ之ヲ準用ス但シ司法大臣トアルハ関東州ニ在リテハ関東長官、南満洲鉄道附属地ニ在リテハ外務大臣トシ地方裁判所長トアルハ関東州ニ在リテハ高等法院長、南満洲鉄道附属地ニ在リテハ領事官トス

第十章　金融組合連合会

第百三条　金融組合ハ左ノ目的ヲ以テ金融組合連合会ヲ設立スルコトヲ得
一　所属組合ニ必要ナル資金ヲ貸付スルコト
二　所属組合ヨリ預リ金ヲ為スコト
三　所属組合ニ対シ業務上ノ指導ヲ為スコト
四　所属組合相互ノ連絡及業務上ノ便宜ヲ図ルコト
第百四条　金融組合連合会ハ社団法人トス
第百五条　出資一口ノ金額ハ五百円トス
第百六条　金融組合連合会ニ理事長一人、理事一人及監事二人ヲ置ク
理事長及理事ハ関東長官之ヲ任免ス
監事ハ所属ノ金融組合ノ役員中ヨリ総会ニ於テ之ヲ選任ス
監事ノ任期ハ二年トス但シ任期中ノ最終ノ決算期ニ関スル定時総会ノ終結ニ至ル迄其ノ任期ヲ伸長スルコトヲ得

第百七条　理事長ハ金融組合連合会ヲ代表シ其ノ業務ヲ執行ス
理事長ハ総会ノ議長ト為ル
理事ハ理事長ヲ補佐シ理事長事故アルトキハ其ノ職務ヲ代理ス

第百八条　金融組合ガ金融組合連合会ニ加入シ又ハ脱退セントスルトキハ金融組合連合会総会ノ決議ヲ経ルコトヲ要ス

第百九条　金融組合連合会ハ所属ノ金融組合ノ業務及財産ノ実況ヲ調査スルコトヲ得

第百十条　登記所ニ金融組合連合会登記簿ヲ備フ

第百十一条　第三条、第四条、第八条乃至第十六条、第十八条乃至第三十条、第三十二条、第三十四条、第三十八条乃至第四十条、第四十二条乃至第四十九条、第五十一条乃至第五十七条、第六十条乃至第六十四条、第六十五条第二項、第六十六条、第六十七条、第六十九条乃至第七十四条、第七十六条乃至第七十九条、第八十三条乃至第九十四条、第九十六条、第九十七条、第九十九条第一項及第百条乃至第百二条ノ規定ハ金融組合連合会ニ之ヲ準用ス但シ第三十八条、第三十九条、第四十四条、第五十三条、第六十四条、第八十三条及第八十七条中組合長及理事トアルハ理事長トス

附則

本令施行ノ期日ハ関東長官之ヲ定ム（昭和三年九月二十二日、関東庁令第四十四号で同年十月一日から施行）

○関東庁官制等ノ改正ニ際シ憲兵令其ノ他ノ勅令中改正等ノ件（抄）

昭和九年十二月二十六日勅令第三百九十五号

第八十四条　関東州及南満洲鉄道附属地金融組合令中左ノ通改正ス
第五条第二項中「関東長官」ヲ「満洲国駐箚特命全権大使」ニ改ム
第六条乃至第八条、第十条、第十三条、第十四条、第三十条、第三十一条第二項第三項、第四十条第二項、第五十条第一項、第五十三条第二項、第五十四条第一項、第七十二条乃至第七十六条、第七十八条、第八十五条、第八十六条及第九十二条第二項中「関東長官」ヲ「大使」ニ改ム
第九十四条中「若ハ民政支署」ヲ削ル
第百条、第百二条及第百六条第二項中「関東長官」ヲ「大使」ニ改ム

附則

本令ハ公布ノ日ヨリ之ヲ施行ス

○関東州及南満洲鉄道附属地金融組合令中改正

昭和十年十二月二十一日勅令第三百十四号

第十七条但書ヲ削ル

附則

本令ハ昭和十一年四月一日ヨリ之ヲ施行ス

○関東州及南満洲鉄道附属地金融組合令中改正

昭和十二年八月二十七日勅令第四百五十九号

第十五条ノ二　大使ハ金融組合ノ設立ヲ許可スル為必要アリト認ムルトキハ既設金融組合ノ区域又ハ事務所所在地ノ変更ヲ命ズルコトヲ得

第六十二条ノ二　金融組合ハ其ノ区域ノ一部ガ他ノ金融組合ノ区域ニ属スルニ至リタル場合ニ於テ大使ノ認可ヲ受ケ前条第一項ノ準備金ノ一部ニ相当スル財産ヲ他ノ金融組合ニ譲与スルコトヲ得

附　則

本令ハ公布ノ日ヨリ之ヲ施行ス

○昭和十二年勅令第六百八十五号（抄）

昭和十二年十二月一日勅令第六百八十五号

第四十七条　関東州及南満洲鉄道附属地金融組合令中左ノ通改正ス

「関東州及南満洲鉄道附属地金融組合令」ヲ「関東州金融組合令」ニ改ム

第二条但書ヲ削ル

第十三条ノ二　大使ハ本令ニ依ル其ノ職権ノ一部ヲ命令ヲ以テ関東州庁長官ニ委任スルコトヲ得

第八十三条中「又ハ領事官」ヲ削ル

第九十四条中「民政署又ハ領事館」ヲ「地方法院又ハ地方法院出張所」ニ改ム

第百二条但書ヲ左ノ如ク改ム

但シ司法大臣トアルハ大使、地方裁判所長トアルハ地方法院長トス

第百十一条中「第八条乃至第十六条」ヲ「第八条乃至第十五条、第十六条」ニ、「第六十条乃至第六十四条」ヲ「第六十条乃至第六十二条、第六十三条、第六十四条」ニ改ム

附　則

本令ハ公布ノ日ヨリ之ヲ施行ス

○関東州金融組合令中改正

昭和十七年六月六日勅令第五百六十二号

第五条第一項第二号ヲ左ノ如ク改正ス

二　組合員ヨリ預リ金ヲ為シ又ハ期限ヲ定メテ一定金額ノ給付ヲ為スコトヲ約シ定期ニ若ハ一定期間内ニ於テ数回ニ金銭ヲ受入ルルコト

第六条　金融組合ハ大使ノ認可ヲ受ケ組合員ニ非ザル者ヨリ預リ金ヲ為シ又ハ期限ヲ定メテ一定金額ノ給付ヲ為スコトヲ約シ定期ニ若ハ一定期間内ニ於テ数回ニ金銭ヲ受入ルルコトヲ得

第十五条ノ二　大使ハ必要ト認ムルトキハ金融組合ノ区域又ハ

事務所所在地ノ変更ヲ命ズルコトヲ得

第十九条第一項第四号中「理事」ノ下ニ「、副理事」ヲ加フ

第三十一条第二項中「理事、」ノ下ニ「副理事、」ヲ、「組合ノ理事」ノ下ニ「及副理事」ヲ加ヘ同条第三項中「及理事」ヲ「、理事及副理事」ニ、同条第四項中「第二項但書」ヲ「第三項但書」ニ改メ同条第一項ノ次ニ左ノ一項ヲ加フ

金融組合ニハ前項ノ外必要アル場合ニ於テハ大使ノ認可ヲ受ケ副理事一人又ハ数人ヲ置クコトヲ得

第三十二条中「理事」ノ下ニ「、副理事」ヲ加フ

第三十三条中「及総会ニ於テ選任スル理事」ヲ「並ニ総会ニ於テ選任スル理事及副理事」ニ改ム

第三十四条中「理事」ノ下ニ「、副理事」ヲ加フ

第三十五条第三項中「組合長ハ」ノ下ニ「定款ニ別段ノ定アル場合ヲ除クノ外」ヲ加ヘ同条ニ左ノ二項ヲ加フ

理事ハ総会及評議員会ニ出席シ意見ヲ述ブルコトヲ得

副理事ハ組合長及理事ヲ補佐シ定款ノ定ムル所ニ依リ理事ヲ代理ス

第三十六条及第三十八条中「又ハ理事」ヲ「、理事又ハ副理事」ニ改ム

第三十九条中「及理事」ヲ「、理事及副理事」ニ改ム

第四十一条第四項中「組合長」ノ下ニ「又ハ理事」ヲ加フ

第四十四条第一項ヲ左ノ如ク改ム

組合長及理事事故アルトキ又ハ欠員ノ場合ハ総会ノ召集ハ監事之ヲ行フ

第六十二条ノ三　金融組合ハ第六条ノ規定ニ依リ受入レタル金額ノ三分ノ一以上ノ金額ヲ左ノ方法ニ依リ管理スベシ

一　金融組合連合会若ハ朝鮮銀行ヘノ預ケ金又ハ郵便貯金ト為スコト

二　国債証券又ハ地方債証券ヲ金融組合連合会又ハ朝鮮銀行ヘノ保護預ケト為スコト

前項ノ受入金額ハ毎年二月及八月ノ各末日現在ニ依リ之ヲ定ム

第六条ノ規定ニ依ル預金者及給付金ノ債権者ハ其ノ預ケ金及給付金ニ関シテハ第一項ノ規定ニ依リテ管理シタル預ケ金、国債証券及地方債証券ニ付他ノ債権者ニ先チ弁済ヲ受クルノ権利ヲ有ス

前項ノ規定ハ民法上ノ一般ノ先取特権ノ行使ヲ妨グルコトナシ

第六十四条中「理事」ノ下ニ「、副理事」ヲ加フ

第七十六条第一項中「総会」ノ下ニ「若ハ評議員会」ヲ加ヘ「理事若ハ監事」ヲ「理事、副理事、監事若ハ評議員」ニ改ム

第百三条ニ左ノ一号ヲ加フ

五　前各号ノ外大使ノ認可ヲ受ケタル業務ヲ為スコト

第百五条ノ二　金融組合連合会ハ定款ノ定ムル所ニ依リ大使ノ認可ヲ受ケ其ノ経費ノ一部ヲ所属組合ニ分賦スルコトヲ得

第百六条第一項中「理事一人」ヲ「理事三人以内」ニ改ム

第百七条第一項中「其ノ業務ヲ執行ス」ヲ「其ノ業務ヲ総理ス」ニ改メ同条第二項中「理事長ハ」ノ下ニ「定款ニ別段ノ定アル場合ヲ除クノ外」ヲ加ヘ同条第三項ヲ左ノ如ク改ム

理事ハ定款ノ定ムル所ニ依リ理事長ヲ輔佐シ金融組合連合会

ノ業務ヲ分掌シ理事長事故アルトキハ之ヲ代理シ理事長欠員ノ場合ハ其ノ職務ヲ行フ
第百十一条中「第三十四条」ノ下ニ「第三十六条、」ヲ加ヘ同条但書中「第三十八条、第三十九条、第四十四条、」及「第六十四条、」ヲ削ル

附　則

本令ハ昭和十七年六月十五日ヨリ之ヲ施行ス

◎関東州及南満洲鉄道附属地外国為替管理令

昭和八年九月十日勅令第二百四十一号

朕関東州及南満洲鉄道附属地外国為替管理令ヲ裁可シ茲ニ之ヲ公布セシム（総理、拓務大臣副署）

関東州及南満洲鉄道附属地外国為替管理令

第一条　関東州及南満洲鉄道附属地ニ於ケル外国為替管理ニ関シテハ外国為替管理法ニ依ル但シ同法中政府トアルハ関東長官、外国トアルハ本令施行地外、本邦内トアルハ本令施行地内、外国居住者トアルハ本令施行地外ニ居住スル者、本法トアルハ本令トス
第二条　本令ニ於テ依ルコトヲ定メタル外国為替管理法中外国通貨トハ本邦貨幣、日本銀行兌換券、朝鮮銀行券及台湾銀行券以外ノ通貨ヲ謂フ
第三条　関東長官ハ本令ニ定ムルモノノ外外国為替管理ニ関シ必要ナル事項ヲ定ムルコトヲ得

附　則

本令施行ノ期日ハ関東長官之ヲ定ム

○関東庁官制等ノ改正ニ際シ憲兵令其ノ他ノ勅令中改正等ノ件（抄）

昭和九年十二月二十六日勅令第三百九十五号

第六十六条　関東州及南満洲鉄道附属地外国為替管理令中左ノ通改正ス
第一条中「関東長官」ヲ「満洲国駐箚特命全権大使」ニ改ム
第三条中「関東長官」ヲ「大使」ニ改ム

附　則

本令ハ公布ノ日ヨリ之ヲ施行ス

○昭和十二年勅令第六百八十五号（抄）

昭和十二年十二月一日勅令第六百八十五号

第三十九条　関東州及南満洲鉄道附属地外国為替管理令中左ノ通改正ス
「関東州及南満洲鉄道附属地外国為替管理令」ヲ「関東州外国為替管理令」ニ改ム
第一条中「及南満洲鉄道附属地」ヲ削ル
第四条　大使ハ本令ニ依ル其ノ職権ノ一部ヲ命令ヲ以テ関東州庁長官ニ委任スルコトヲ得

附　則

本令ハ公布ノ日ヨリ之ヲ施行ス

○関東州外国為替管理令中改正

昭和十六年七月十六日
勅令第七百七十一号

第一条但書ヲ左ノ如ク改ム

但シ同法中政府トアルハ満洲国駐箚特命全権大使、外国トアルハ本令施行地外、外国居住者トアルハ本令施行地外ニ居住スル者、本部内トアルハ本令施行地内、本邦居住者トアルハ本令施行地内ニ居住スル者、本法トアルハ本令トシ同法第五条中勅令トアルハ関東局令トス

附　則

本令ハ公布ノ日ヨリ之ヲ施行ス

◎関東州臨時資金調整令

昭和十二年十一月十日
勅令第六百五十一号

朕関東州臨時資金調整令ヲ裁可シ茲ニ之ヲ公布セシム（総理大臣副署）

関東州臨時資金調整令

第一条　関東州ニ於ケル資金調整ニ関シテハ臨時資金調整法ニ依ル但シ同法第五条乃至第七条、第十一条乃至第十五条及第二十一条ノ規定ハ此ノ限ニ在ラズ

第二条　臨時資金調整法中政府トアルハ満洲国駐箚特命全権大使トシ同法第二条中銀行、信託会社、保険会社、産業組合中央金庫、商工組合中央金庫及北海道府縣ヲ区域トスル信用組合連合会トアルハ銀行、保険会社及東洋拓殖株式会社トシ同法第二十条中当該官吏、委員若ハ第五条第三項ニ規定スル日本銀行職員トアルハ当該官吏トス

附　則

本令施行ノ期日ハ大使之ヲ定ム

本令ハ支那事変終了後一年内ニ之ヲ廃止スルモノトス

○農業団体法施行令附則（抄）

昭和十八年九月十三日勅令第七百十三号

第百三十七条　関東州臨時資金調整令中左ノ通改正ス

第二条中「産業組合中央金庫」ヲ「農林中央金庫」ニ改メ「戦時金融金庫」ノ下ニ「、道府県農業会」ヲ加フ

（昭和十八年九月十五日から施行）

○関東州臨時資金調整令中改正

昭和十八年九月十八日
勅令第七百二十八号

第一条中「第七条ノ二」ノ下ニ「第十条ノ四乃至第十条ノ六、」ヲ、「第十五条」ノ下ニ「、第十五条ノ五」ヲ加フ

第二条　臨時資金調整法中政府トアルハ満洲国駐箚特命全権大使トシ同法第二条中銀行、信託会社、保険会社、農林中央金庫、商工組合中央金庫、戦時金融金庫、道府県農業会及北海道府県ヲ区域トスル信用組合連合会トアルハ銀行、保険会社及東洋拓殖株式会社トシ同法第十条ノ三中銀行、信託会社、

保険会社、市街地信用組合トアルハ銀行、保険会社、金融組合トシ同法第十五条ノ二及第十五条ノ三中銀行、信託会社、証券引受業者トアルハ銀行、証券引受業者トシ同法第二十条中当該官吏、委員若ハ第五条第三項ニ規定スル日本銀行職員トアルハ当該官吏トス

附則第二項中「本令ハ」ノ下ニ「臨時資金調整法第十条ノ三、第十条ノ七及第十条ノ八ノ規定ニ依ル部分ヲ除クノ外」ヲ加フ

附　則

本令ハ公布ノ日ヨリ之ヲ施行ス

◎関東州ニ於ケル金ノ管理ニ関スル件

昭和十三年二月一日勅令第六十七号

朕関東州ニ於ケル金ノ管理ニ関スル件ヲ裁可シ茲ニ之ヲ公布セシム（総理大臣副署）

関東州ニ於ケル金ノ管理ニ関シテハ産金法第十一条、第十二条、第二十条第四号及第二十二条第二号（第十条第一項ニ関スル部分ヲ除ク）ノ規定並ニ第二十三条中第二十条第四号及第二十二条第二号（第十条第一項ニ関スル部分ヲ除ク）ニ関スル規定ニ依ル但シ第十一条及第十二条中政府トアルハ満洲国駐箚特命全権大使トス

附　則

本令ハ公布ノ日ヨリ之ヲ施行ス

◎関東州ニ於ケル金ノ管理ニ関スル件

昭和十四年六月二十八日勅令第四百十九号

朕昭和十三年勅令第六十七号関東州ニ於ケル金ノ管理ニ関スル件改正ノ件ヲ裁可シ茲ニ之ヲ公布セシム（総理大臣副署）

昭和十三年勅令第六十七号左ノ通改正ス

関東州ニ於ケル金ノ管理ニ関シテハ産金法第十一条、第十一条ノ二、第十一条ノ五、第十二条、第十九条第五号第六号、第二十条第四号及第二十二条第二号（第十条第一項ニ関スル部分ヲ除ク）ノ規定並ニ第二十三条中第十九条第五号第六号、第二十条第四号及第二十二条第二号（第十条第一項ニ関スル部分ヲ除ク）ニ関スル規定ニ依ル但シ第十一条、第十一条ノ二、第十一条ノ五、第十二条及第十九条第六号中政府トアルハ満洲国駐箚特命全権大使トス

附　則

本令ハ公布ノ日ヨリ之ヲ施行ス

◎関東州敵産管理令

昭和十六年十二月二十九日勅令第千二百五十一号

朕関東州敵産管理令ヲ裁可シ茲ニ之ヲ公布セシム（総理大臣副署）

関東州敵産管理令

関東州ニ於ケル敵産ノ管理ニ関シテハ敵産管理法第十一条ノ規定ヲ除クノ外同法ニ依ル但シ同法中政府トアルハ満洲国駐箚特命全権大使トシ本法トアルハ本令トス

附則

本令ハ公布ノ日ヨリ之ヲ施行ス

◎帝国ト関東州トノ間ニ通航スル船舶ノ件

明治三十九年八月三十一日勅令第二百三十六号

朕帝国ト関東州トノ間ニ通航スル船舶ノ件ヲ裁可シ茲ニ之ヲ公布セシム（大蔵大臣副署）

帝国ト関東州トノ間ニ通航スル船舶ハ開港ニ由リ出入スヘシ

前項船舶ノ開港出入ニ関スル手続ハ外国貿易船ノ例ニ依ル

附則

本令ハ明治三十九年九月一日ヨリ之ヲ施行ス

◎大連税関ニ於テ適用スル税率

昭和十二年十二月二十九日関東局令第百二十五号

大連税関ニ於テ適用スル税率左ノ如シ

一　輸入外国貨物ニ対シテハ昭和十二年（康徳四年）十二月二十日公布ノ満洲国関税法別表輸入税率表ニ掲グル税率

二　輸出満洲国貨物ニ対シテハ昭和十二年（康徳四年）十二月二十日公布ノ満洲国関税法別表輸出税率表ニ掲グル税率

附則

本令ハ昭和十三年一月一日ヨリ之ヲ施行ス

◎大連税関ニ於テ適用スル輸入税ノ税率

昭和十六年九月二十四日関東局令第九十四号

大連税関ニ於テ適用スル輸入税ノ従量税率ハ昭和十二年（康徳四年）十二月二十日公布ノ満洲国関税法別表輸入税率表（以下輸入税率表ト称ス）ニ掲グル物品ニシテ昭和十六年（康徳八年）九月二十三日公布ノ満洲国勅令第二百三十二号輸入税ノ従量税率ニ関スル件（以下輸入税ノ従量税率ニ関スル件ト称ス）ノ別表ニ掲グルモノニ対シテハ当分ノ内輸入税率表ノ税率ニ依ラズ輸入税ノ従量税率ニ関スル件別表ノ税率ニ依ルモノトス

附則

本令ハ公布ノ日ヨリ之ヲ施行ス

◎関東州通関業取締規則（抄）

昭和十年十二月七日関東局令第七十号

改正　昭和一一年第一四号

第一条　本令ニ於テ通関業者トハ貨主ノ為ニ自己ノ名ヲ以テ税関（満洲国税関ヲ謂フ）ニ対シ貨物ノ通関ニ関スル手続ノ取扱ヲ為スヲ業トスル者ヲ謂フ

第二条　通関業ヲ為サントスル者ハ左ノ事項ヲ具シ戸籍謄本ヲ添ヘ関東州庁長官ノ許可ヲ受クベシ第二号乃至第五号ノ事項ヲ変更セントスルトキ亦同ジ

一　原籍、住所、職業、氏名及生年月日（法人ニ在リテハ其ノ名称、事務所ノ所在地、代表者ノ

氏名及定款
二　営業所ノ位置及数
三　営業地域
四　通関取扱料
五　営業資本金額
六　履歴

第三条　前条ノ許可ヲ受ケタルトキハ許可ノ日ヨリ十五日以内ニ左ノ区分ニ依リ身元保証金ヲ供託スベシ身元保証金ハ国債証券ヲ以テ之ニ代フルコトヲ得

営業地域	金額
大連	三千円以上
其ノ他ノ地	千円以上

前項ノ身元保証金ヲ提供シタル後ニ非ザレバ営業ヲ開始スルコトヲ得ズ

第四条　通関取扱料ハ通関手続ヲ完了シ貨物ノ引渡、保管及運送ニ関シ注意ヲ怠ラザリシコトヲ証明スルニ非ザレバ之ヲ請求スルコトヲ得ズ

第九条　左ノ各号ノ一ニ該当スルトキ又ハ営業ヲ継続セシムルニ不適当ト認ムルトキハ営業ヲ停止シ又ハ営業ノ許可ヲ取消スコトアルベシ

一　第三条ノ規定ニ依ル身元保証金ヲ提供セザルトキ
二　営業ノ許可ヲ受ケタル後正当ノ事由ナク六十日以上業務ヲ開始セザルトキ又ハ百八十日以上休業シタルトキ
三　本令又ハ本令ニ基ク命令ニ違反シタルトキ
四　本令ノ規定ニ依ル願届ニ虚偽ノ事項ヲ記載シタルトキ

附　則

本令ノ公布ノ日ヨリ之ヲ施行ス

本令施行前通関業ノ許可ヲ受ケタル者ハ第二条ノ規定ニ依ル許可ヲ受ケタルモノト看做ス（以下略）

◎関東州ニ於ケル輸出入品等ニ関スル臨時措置ニ関スル件

昭和十二年十二月二十二日
勅令第七百二十七号

朕関東州ニ於ケル輸出入品等ニ関スル臨時措置ニ関スル件ヲ裁可シ茲ニ之ヲ公布セシム（総理大臣副署）

関東州ニ於ケル輸出入品等ニ関スル臨時措置ニ関シテハ昭和十二年法律第九十二号ニ依ル

附　則

本令ハ公布ノ日ヨリ之ヲ施行ス

本令ハ支那事変終了後一年内ニ之ヲ廃止スルモノトス

◎関東州ノ生産ニ係ル物品ノ輸入税率ニ関スル件

明治三十九年九月二十六日
勅令第二百六十二号

朕関東州ノ生産ニ係ル物品ノ輸入税率ニ関スル件ヲ裁可シ茲ニ之ヲ公布セシム（大蔵大臣副署）

関東州ノ生産ニ係ル物品ノ輸入税率ハ協定税率ニ依ル但シ関税

定率法ニ定ムル税率カ協定税率ヨリ低キトキハ此ノ限ニ在ラス

関税法施行規則第一条及第二条ノ規定ハ前項ノ協定税率ニ依ルヘキ物品ニ之ヲ準用ス

附　則

本令ハ明治三十九年十月一日ヨリ之ヲ施行ス

◎関東州ノ生産ニ係ル物品ノ輸入税免除等ニ関スル法律

大正十四年六月十八日法律第五十一号

朕帝国議会ノ協賛ヲ経タル関東州ノ生産ニ係ル物品ノ輸入税免除等ニ関スル法律ヲ裁可シ茲ニ之ヲ公布セシム（総理、大蔵大臣副署）

関税定率法別表輸入税表ニ掲クル物品ニシテ関東州ノ生産ニ係リ本法別表ニ掲クルモノノ輸入税ハ之ヲ免除ス

前項ノ規定ニ依リテ輸入税ノ免除ヲ受クル物品ニ付テハ命令ノ定ムル所ニ依リ其ノ関東州ノ生産ニ係ルモノナルコトヲ証明スルコトヲ要ス

附　則

本法ハ公布ノ日ヨリ之ヲ施行ス

（別表）

輸入税表番号	品　名
三一ノ内	生果
七二ノ内	綿羊革及山羊革（塗リタルモノヲ除ク）
一四一ノ二	甘草越幾斯
一四五	阿膠
一四六	ゼラチン
一五一ノ二	ブローム
一六五ノ内	曹達灰
一六九	硫酸曹達
二〇四	ナフタリン
二二九ノ内	硫酸マグネシウム及コールタール分溜物
二三〇ノ内	コールタールヲ主原料トシタル消毒剤
二七八ノ内	苧麻糸及苧麻線
二八一ノ内	黄麻糸及黄麻線
二八三	毛織糸
二八四	毛綿織糸
二八六ノ内	野蚕真綿
二八八ノ内	野蚕紡績絹織糸
二八九ノ内	野蚕絹糸
二九六ノ内	苧麻縄
二九九ノ内	黄麻布（関東州ノ生産ニ係ル黄麻糸ヲ原料トシタルモノ）
三〇一ノ内	天鵞絨、プラッシュ其ノ他ノパイル織物以外ノ毛織物及毛綿交織物（関東州ノ生産ニ係ル毛織糸又ハ毛綿織糸ヲ原料トシタルモノ）
三一四ノ内	油布（関東州ノ生産ニ係ル布帛及油ヲ原料トシタルモノ）
三二六ノ内	毛製又ハ毛綿製ノブランケット（関東州ノ生産ニ

係ル毛織糸又ハ毛綿織糸ヲ原料トシタルモノ）
四三二ノ内ポートランドセメント
四三六ノ内耐火煉瓦
四三八　耐火性粘土製品（別号ニ掲ケサルモノ）
四四一　硝子塊
四四二　硝子粉
四四四　硝子板
六一七ノ内骨炭（径一、二五ミリメートルノ円眼ヲ有スル節ヲ通過スルモノヲ除ク）

○大正十四年法律第五十一号中改正

昭和二年四月一日
法律第四十三号

第一項中「本法別表ニ掲クルモノノ輸入税ハ之ヲ免除ス」ヲ「本法別表甲号ニ掲クルモノノ輸入税ハ之ヲ免除シ本法別表乙号ニ掲クルモノノ輸入税ハ関税定率法別表輸入税表ニ依ラス本法別表乙号ニ依ル」ニ改ム
第二項中「前項ノ規定ニ依リテ輸入税ノ免除ヲ受クル物品」ヲ「前項ノ規定ノ適用ヲ受クル物品」ニ改ム
「(別表)」ヲ「(別表甲号)」ニ改ム
別表輸入税表番号第七十三号ノ内ノ項中「綿羊革」ヲ「緬羊革」ニ改ム
同第百五十一号ノ二ノ項中「一五一ノ二」ヲ「一五一」ニ改ム
同第百六十九号ノ項中「一六九」ヲ「一六九ノ内」ニ改メ「硫酸曹達」ノ下ニ「(精製ノモノ)」ヲ加フ
同第二百四号ノ項ヲ削ル
同第二百二十九号ノ内ノ項中「及コールタール分溜物」ヲ削ル
同第二百七十八号ノ内ノ項ノ次ニ左ノ一項ヲ加フ
　二八〇　黄麻織糸
同第二百八十六号ノ内ノ項、第二百八十八号ノ内ノ項及第三百十四号ノ内ノ項ヲ削ル
同第三百二十六号ノ内ノ項ノ次ニ左ノ一項ヲ加フ
　三四三　別号ニ掲ケサル布帛製品
　　二ノ内内地、朝鮮、台湾、樺太又ハ関東州ノ生産ニ係ル綿布及関東州ノ生産ニ係ル油ヲ原料トシタルモノ
同第四百三十二号ノ内ノ項ノ次ニ左ノ一項ヲ加フ
　四三五　別号ニ掲ケサル鉱物製品
　　二　其ノ他
　　乙ノ内マグネサイト又ハドロマイトヲ主要原料トシタル建築材料（粉状ノモノ）
同第四百四十四号ノ項ノ次ニ左ノ二項ヲ加フ
　四六二ノ二　特殊鋼
　　一ノ内全重量百分中クローム、タングステン又ハモリブデンノ重量〇・五以上ヲ含有スルモノ（関東州ニ於テ製錬シタル塊及錠並之ヲ原料トシタル条、竿及板）
　四七六ノ内ニッケル及クロームヲ含ム電気抵抗材料（関東州ニ於テ製錬シタル塊及錠並之ヲ原料トシタル線
別表ニ左ノ如ク加フ

乙号

輸入税表番号	品名	単位	税率
一二〇ノ内	大豆硬化油（関東州ノ生産ニ係ル大豆油ヲ原料トシタルモノ）	毎百斤	一・二〇
三四三	別号ニ掲ケサル布帛製品ニノ内内地、朝鮮、台湾又ハ樺太ノ生産ニ係ル亜麻布（他ノ植物繊維ヲ交ヘタルモノ含ム）及関東州ノ生産ニ係ル油ヲ原料トシタルモノ	毎百斤	二・八五

備考 従量税率ノ単位ハ円トス

附　則

本法ハ公布ノ日ヨリ之ヲ施行ス

◎大正十四年法律第五十一号ニ依ル生産品ノ製産原地証明ニ関スル件

大正十四年六月十八日
勅令第二百三十二号

朕大正十四年法律第五十一号ニ依ル生産品ノ製産原地証明ニ関スル件ヲ裁可シ茲ニ之ヲ公布セシム（総理大臣副署）

第一条　大正十四年法律第五十一号ニ依リ輸入税ノ免除ヲ受ケムトスル者ハ輸入申告書ニ当該物品ノ産出地又ハ製造地ヲ管轄スル民政署長又ハ民政支署長ノ証明シタル製産原地証明書ヲ添附スヘシ

製産原地証明書ハ別記様式ニ依ル

第二条　製産原地証明書ノ有効期間ハ其ノ発給ノ日ヨリ六十日トス

前項ノ期間ヲ経過シタル製産原地証明書ハ直ニ之ヲ其ノ発給シタル官署ニ返納スヘシ

附　則

本令ハ公布ノ日ヨリ之ヲ施行ス

○関東庁官制等ノ改正ニ際シ憲兵令其ノ他ノ勅令中改正等ノ件（抄）

昭和九年十二月二十六日
勅令第三百九十五号

第六十条　大正十四年勅令第二百三十二号中左ノ通改正ス

第一条中「又ハ民政支署長」ヲ削ル

附　則

本令ハ公布ノ日ヨリ之ヲ施行ス

○昭和十二年勅令第六百八十五号（抄）

昭和十二年十二月一日
勅令第六百八十五号

第七十一条　大正十四年勅令第二百三十二号中左ノ通改正ス

第一条中「民政署長」ノ下ニ「（大連市ノ区域ニ在リテハ関東州庁長官）」ヲ加フ

◎大正十四年勅令第二百三十二号ニ依ル製産原地証明ニ関スル件

大正十四年六月十八日
関東庁令第三十六号

改正　昭和二年第一八号、四年第一四号、九年第一〇一号、一二年第一一号、一四年第三一号

第一条　大正十四年勅令第二百三十二号ニ依リ製産原地証明書ノ交付ヲ受ケムトスル者ハ左ノ事項ヲ具シ市長又ハ民政署長ニ申請スヘシ

一　品名
二　数量
三　価格
四　記号及番号
五　包装及箇数
六　産出地又ハ製造地
七　仕出地
八　仕向地

前項ノ場合ニ於テ黄麻布、天鵞絨ブラッシュ又ハ其ノ他ノパイル織物以外ノ毛織物及毛綿交織物、毛製又ハ毛綿製ノブランケット、ガンニー嚢、別号ニ掲ケサル布帛製品、特殊鋼、ニッケル及クロームヲ含ム電気抵抗材料並大豆硬化油ノ製産原地証明書ニ付テハ大正十四年法律第五十一号所定ノ物品ヲ原料トシタルモノナルコトヲ表示スヘシ

綿織糸ニ付第一項ノ申請ヲ為ス場合ニ於テハ尚製産者ノ作成シタル製産証明書ヲ添附スヘシ

第一条ノ二　綿織糸ノ製産証明書ニハ左ノ事項ヲ記載スルコトヲ要ス

一　製産証明書作成番号
二　製産者名
三　番手別数量
四　商標
五　包装
六　製産証明書作成年月日
七　製産証明書請求者名

製産証明書ハ製産原地証明書交付申請ノ日ヨリ前三十日内ニ作成セラレタルモノナルコトヲ要ス

第一条ノ三　製産者前条ノ製産証明書ヲ作成シタルトキハ其ノ都度所轄市長又ハ民政署長ニ其ノ旨届出ツヘシ

第一条ノ四　関東州庁長官必要アリト認ムルトキハ製産者ニ対シ第一条第三項ニ規定スル製産証明書ニ依リ証明ヲ為スコトヲ得ヘキ綿織糸ノ数量ヲ制限スルコトヲ得

第二条　詐欺其ノ他不正ノ行為ヲ以テ製産原地証明書ノ下付ヲ受ケタル者ハ二百円以下ノ罰金又ハ科料ニ処シ其ノ製産原地証明書ハ之ヲ没収ス

第三条　製産証明書ニ不実ノ記載ヲ為シタル者又ハ之ヲ偽造若ハ変造シタル者ハ二百円以下ノ罰金又ハ科料ニ処ス

附　則

本令ハ公布ノ日ヨリ之ヲ施行ス

法令五産業

（農林業、畜産、塩業、
水産会、漁業、鉱業、工業、
商業、実業組合、貯蓄組合
統制）
拓殖

◎関東州棉花取締規則

大正十五年十月十五日
関東庁令第五十三号

改正　昭和九年第四二号、一二年第一一号、一四年第三一号

第一条　棉花ヲ栽培セムトスル者ハ市長又ハ民政署長ニ届出テ種子ノ配布ヲ受クヘシ

第二条　棉花ハ故意ニ水気ヲ含マシメ又ハ土砂其ノ他ノ物質ヲ混淆シ又ハ其ノ品位ヲ損スヘキ一切ノ手段ヲ施シテ販賣スルコトヲ得ス

第三条　実棉ハ関東州庁長官ノ指定シタル場所以外ニ於テ賣買スルコトヲ得ス

第四条　実棉ヲ買入レ又ハ営利ノ目的ヲ以テ繰棉ヲ為サムトスル者ハ満洲国駐箚特命全権大使ノ免許ヲ受クヘシ

前項ノ免許ヲ受ケタル者ノ実棉買入価格ハ市長又ハ民政署長之ヲ指定スルコトアルヘシ

第五条　実棉又ハ棉実ヲ関東州内ニ搬入セムトスル者ハ関東州庁長官ノ許可ヲ受クヘシ

第六条　前四条ノ規定又ハ前四条ノ規定ニ基キテ発スル命令ニ違反シタル者ハ二百円以下ノ罰金又ハ科料ニ処ス

実棉ヲ買入レ又ハ営利ノ目的ヲ以テ繰棉ヲ為ス者ニシテ本令又ハ本令ニ基キテ発スル命令ニ違反シタルトキハ其ノ免許ヲ取消スコトアルヘシ

附　則

本令ハ公布ノ日ヨリ之ヲ施行ス

◎関東州苹果輸出取締規則

昭和十三年七月十一日
関東局令第六十五号

第一条　営利ノ目的ヲ以テ関東州ヨリ苹果ヲ輸出セムトスル者ハ満洲国駐箚特命全権大使ノ免許ヲ受クベシ

第二条　大使前条ノ免許ヲ為シタルトキハ左ニ掲グル事項ヲ告示ス

一　氏名又ハ名称及住所又ハ事務所

二　事業及営業所

三　免許ノ年月日（以下略）

第三条　第一条ノ免許ヲ受ケタル者ハ関東州内ニ於テ生産シタル苹果ノ買付又ハ其ノ委託販賣ノ引受ヲ拒ムコトヲ得ズ但シ左ノ各号ノ一ニ該当スル場合ハ此ノ限ニ在ラズ

一　其ノ苹果ガ法令ニ依ル検査ニ合格スルノ見込ナキモノ又ハ検査ニ合格セザルモノナルトキ

二　取引上ニ於ケル特別ノ事由ニ因リ関東州庁長官ノ認可ヲ受ケタルトキ

前項ノ場合ニ於テ其ノ苹果ガ法令上処分ヲ制限セラレ居ルトキハ之ガ買付又ハ其ノ委託販賣ノ引受ヲ拒ムコトヲ要ス

第四条　第一条ノ免許ヲ受ケタル者ハ毎年苹果ノ買付最低値段及委託手数料ヲ定メ関東州庁長官ノ認可ヲ受クベシ

第五条　第一条ノ免許ヲ受ケタル者本令ニ違反シタルトキハ其ノ免許ヲ取消スコトアルベシ

第六条　第一条、第三条又ハ第四条ノ規定ニ違反シタル者ハ二

百円以下ノ罰金又ハ科料ニ処ス

第七条　第一条ノ免許ヲ受ケタル者ハ其ノ代理人、戸主、家族、雇人其ノ他ノ従業者ガ本令ニ違反シタルトキハ自己ノ指揮ニ出デザルノ故ヲ以テ其ノ処罰ヲ免ルルコトヲ得ズ

第八条　本令ニ依リ適用スベキ罰則ハ其ノ者ガ法人ナルトキハ理事、取締役其ノ他ノ法人ノ業務ヲ執行スル役員ニ、未成年者又ハ禁治産者ナルトキハ其ノ法定代理人ニ之ヲ適用ス但シ営業ニ関シ成年者ト同一ノ能力ヲ有スル未成年者ニ付テハ此ノ限ニ在ラズ

附　則

本令ハ昭和十三年八月一日ヨリ之ヲ施行ス

◎関東州農会令

昭和十二年八月十四日
勅令第四百三十二号

改正　昭和一二年第六八五号　一四年第二五二号

朕関東州農会令ヲ裁可シ茲ニ之ヲ公布セシム（総理大臣副署）

関東州農会令

第一条　農会ハ農業（林業ヲ含ム）ノ改良発達ヲ図ルヲ以テ目的トス

第二条　農会ハ法人トス

第三条　農会ハ其ノ目的ヲ達スル為左ノ事業ヲ行フ

一　農業ノ指導奨励ニ関スル施設

二　農業ニ従事スル者ノ福利増進ニ関スル施設

三　農業ニ関スル研究及調査

四　農業ニ関スル紛議ノ調停又ハ仲裁

五　其ノ他農業ノ改良発達ヲ図ルニ必要ナル事業

第四条　農会ハ農業ニ関スル事項ニ付行政庁ニ建議スルコトヲ得農会ハ行政庁ノ諮問ニ対シ答申スベシ

第五条　行政官庁ハ農会ニ対シ農業ニ関スル報告及調査ヲ命ズルコトヲ得

第六条　満洲国駐箚特命全権大使ハ農会ニ対シ予算ノ範囲内ニ於テ補助金ヲ交付スルコトヲ得

第七条　農会ハ地方農会及州農会トス

第八条　農会ノ地区ハ地方農会ニ在リテハ市又ハ民政署ノ管轄区域、州農会ニ在リテハ関東州ノ区域ニ依ル特別ノ事由アルトキハ農会ノ地区ハ前項ノ区域ニ依ラザルコトヲ得

第一項ノ区域ニ増減アリタルトキハ其ノ区域ヲ地区トスル農会ノ地区モ亦之ニ応ジテ増減アリタルモノトス

第九条　農会ハ其ノ名称中ニ農会ナル文字ヲ用フベシ農会ニ非ザルモノハ其ノ名称中ニ農会ナル文字ヲ用フルコトヲ得ズ

第十条　農会ハ地方農会ニ在リテハ国、公共団体及大使ノ指定シタル者ヲ除クノ外其ノ地区内ノ耕地、牧場、森林又ハ原野ヲ所有スル者及其ノ地区内ニ於テ農業ヲ営ム者、州農会ニ在リテハ地方農会ヲ以テ其ノ会員トス

第十一条　農会ヲ設立セントスルトキハ大使ノ定ムル所ニ依リ其ノ地区内ノ会員タル資格ヲ有スル者ノ半数以上（州農会ニ在リテハ地方農会ノ全員）ノ同意ヲ得テ創立委員会ヲ開キ会

則ヲ議定シ役員ト為ルベキ者ヲ選任シテ大使ノ認可ヲ受クベシ

第十二条　農会ハ前条ノ設立ノ認可アリタル日ニ於テ成立ス

第十三条　農会成立シタルトキハ其ノ地区内ノ会員タル資格ヲ有スル者ハ総テ之ニ加入シタルモノト看做ス

第十四条　農会ニ議員総会ヲ置ク

議員総会ハ議員及大使ノ命ジタル特別議員ヲ以テ之ヲ組織ス

議員ハ地方農会ニ在リテハ大使ノ定ムル所ニ依リ会員中ヨリ之ヲ選任シ州農会ニ在リテハ其ノ会員タル地方農会ノ会長ヲ以テ之ニ充ツ

第十五条　左ノ事項ハ議員総会ノ議決ヲ経ルコトヲ要ス

一　会則ノ変更

二　経費ノ予算及賦課徴収方法

三　事業報告及収支決算ノ承認

四　借入金

五　基本財産ノ設置、管理及処分

六　役員ノ選任及解任

七　其ノ他重要ナル事項

前項第一号、第二号及第四号乃至第六号ニ掲グル事項ノ決議ハ大使ノ認可ヲ受クベシ但シ其ノ年度内ノ収入ヲ以テ償還スベキ一時ノ借入金ニ付テハ此ノ限ニ在ラズ

第十六条　議員総会ハ会長之ヲ招集ス

議員総会ヲ組織スル者ハ其ノ総数ノ三分ノ一以上ノ同意ヲ得テ会議ノ目的タル事項及招集ノ事由ヲ記載シタル書面ヲ会長ニ提出シテ議員総会ノ招集ヲ請求スルコトヲ得

会長正当ノ事由ナクシテ前項ノ規定ニ依ル請求アリタル後十四日以内ニ議員総会ヲ招集セザルトキハ請求者ハ大使ノ認可ヲ受ケ之ヲ招集スルコトヲ得

第十七条　議員総会ノ議長ハ会長、会長事故アルトキハ副会長ヲ以テ之ニ充ツ会長及副会長共ニ事故アルトキ又ハ前条第三項ノ場合ニ於テハ出席者ノ互選ニ依リ議長ヲ定ム

第十八条　議員総会ハ之ヲ組織スル者ノ半数以上出席スルニ非ザレバ之ヲ開クコトヲ得ズ

第十九条　議員及特別議員ハ議員総会ニ於テ各一個ノ議決権ヲ有ス

第二十条　議員総会ノ議決ハ出席者ノ過半数ニ依リ可否同数ナルトキハ議長之ヲ決ス

会則ノ変更ノ議決ハ出席者ノ三分ノ二以上ノ同意ヲ以テ之ヲ為スベシ

第二十一条　議員総会ノ議決ヲ経ベキ事項ニシテ軽微ナルモノニ付テハ会則ノ定ムル所ニ依リ書面ヲ以テ議員総会ヲ組織スル者ノ意見ヲ徴シ之ニ代フルコトヲ得

第二十二条　農会ニ左ノ役員ヲ置ク

会長　　一人

副会長　　一人又ハ二人

評議員　　数人

役員ハ議員総会ニ於テ会員（州農会ニ在リテハ其ノ会員タル地方農会ノ会長）ノ中ヨリ之ヲ選任ス但シ会長及副会長ハ其ノ他ノ者ヨリ之ヲ選任スルコトヲ妨ゲズ

役員ノ任期ハ大使ノ定ムル所ニ依リ農会ノ事業年度ニ従ヒ三

年以内トス

役員ハ任期満了後ト雖モ後任者ノ就任スル迄仍其ノ職務ヲ行フ

第二十三条　会長ハ農会ヲ代表シ会務ヲ総理ス

副会長ハ会長ヲ補佐シ会長事故アルトキハ其ノ職務ヲ代理ス

評議員ハ会長ノ諮問ニ応ジ並ニ会務執行及財産ノ状況ヲ監査ス

第二十四条　議員総会ノ議決ヲ経ベキ事項ニシテ臨時急施ヲ要シ議員総会ヲ招集スルノ暇ナシト認ムルモノハ会長之ヲ専決処分スルコトヲ得

前項ノ場合ニ於テハ次ノ議員総会ニ於テ其ノ承認ヲ求ムベシ

第二十五条　農会ハ会員ニ対シ経費ヲ賦課スルコトヲ得

農会ノ経費賦課ノ額ニ関スル制限及経費賦課ノ方法ハ大使之ヲ定ム

第二十六条　農会ハ会則ノ定ムル所ニ依リ会則違反者ヨリ過怠金ヲ徴収スルコトヲ得

第二十七条　地方農会ハ経費又ハ過怠金ノ徴収ヲ市又ハ会ニ嘱託スルコトヲ得

前項ノ場合ニ於テ農会ハ其ノ徴収金額ノ百分ノ五ヲ其ノ市又ハ会ニ交付スベシ

第二十八条　地方農会ノ経費又ハ過怠金ヲ滞納スル者アル場合ニ於テ其ノ会長ノ請求アルトキハ市又ハ会ハ国税ノ例ニ依リ之ヲ処分ス

前条第二項ノ規定ハ前項ノ場合ニ之ヲ準用ス

第一項ノ徴収金ハ市又ハ会ノ徴収金ニ次デ先取特権ヲ有シ其ノ時効ニ付テハ国税ノ例ニ依ル

経費ノ賦課又ハ過怠金ノ徴収ニ関シテハ大使ノ定ムル所ニ依リ異義ノ申立及裁決ノ申請ヲ為スコトヲ得

第二十九条　農会ハ会則ノ定ムル所ニ依リ使用料及手数料ヲ徴収スルコトヲ得

前項ノ使用料及手数料ノ徴収ニ関シテハ民事訴訟ヲ提起スルコトヲ得

第三十条　大使ハ農会ニ対シ会務ニ関スル報告ヲ為サシメ会務執行又ハ財産ノ状況ヲ検査シ会則又ハ経費ノ予算若ハ賦課徴収方法ノ変更ヲ命ジ其ノ他監督上必要ナル命令又ハ処分ヲ為スコトヲ得

第三十一条　地方農会ハ其ノ会務執行ニ関シ地区内ノ市又ハ会ノ長ニ対シ斡旋ヲ求ムルコトヲ得

第三十二条　州農会ハ会則ノ定ムル所ニ依リ地方農会ニ対シ会務ニ関スル報告及農業ニ関スル調査ヲ為サシムルコトヲ得

第三十三条　議員総会ノ決議又ハ役員ノ行為ガ法令若ハ会則ニ違反シ又ハ公益ヲ害スト認ムルトキハ大使ハ左ノ処分ヲ為スコトヲ得

一　決議ノ取消
二　議員、特別議員又ハ役員ノ解任
三　事業ノ停止
四　農会ノ解散

第三十四条　農会解散セントスルトキハ議員総会ノ議決ヲ経且其ノ会員ノ半数以上（州農会ニ在リテハ其ノ会員ノ全員）ノ同意ヲ得事由ヲ具シ大使ノ認可ヲ受クベシ

第二十条第二項ノ規定ハ前項ノ場合ニ之ヲ準用ス

第三十五条　農会ハ解散ノ後ト雖モ清算ノ目的ノ範囲内ニ於テハ仍存続スルモノト看做ス

第三十六条　農会解散シタルトキハ会長及副会長ヲ以テ其ノ清算人トス但シ会則ニ別段ノ規定アルトキ又ハ議員総会ニ於テ選任シタル者アルトキハ此ノ限ニ在ラズ

前項ノ規定ニ依リ清算人タル者ナキトキハ大使清算人ヲ選任ス清算人欠ケタルトキ亦同ジ

第三十七条　清算人ハ農会ヲ代表シ清算ヲ為スニ必要ナル一切ノ行為ヲ為ス権限ヲ有ス

清算及財産処分ノ方法ニ付テハ大使ノ認可ヲ受クベシ

第三十八条　大使必要アリト認ムルトキハ清算及財産処分ノ方法ノ変更ヲ命ジ又ハ清算人ヲ解任スルコトヲ得

第三十九条　大使ハ本令ニ規定シタル其ノ職権ノ一部ヲ命令ヲ以テ関東州庁長官ニ委任スルコトヲ得

附　則

本令施行ノ期日ハ大使之ヲ定ム（昭和十二年関東局令第百二十号で同年十二月二十日から施行）

第九条第二項ノ規定ハ本令施行ノ際現ニ存スル農会類似ノ団体ニ付テハ本令施行後六月間之ヲ適用セズ

○昭和十二年勅令第六百八十五号（抄）

昭和十二年十二月一日
勅令第六百八十五号

第四十三年　関東州農会令中左ノ通改正ス

第八条中「民政署ノ管轄区域」ノ下ニ「又ハ大連市ノ区域」ヲ加フ

附　則

本令ハ公布ノ日ヨリ之ヲ施行ス

◎関東州造林奨励規則

明治四十一年八月八日関東都督府令第四十五号

改正　大正九年第二八号
昭和九年第四五号、一二年第一一一号、一四年第三一号

第一条　造林ノ為官有地ヲ使用セムトスル者ニシテ関東州庁長官ノ適当ト認ムル者ニハ無償ニテ其ノ土地ヲ貸付ス会ニ於テ造林ノ為官有地ヲ使用セムトスルトキ亦同シ

前項ノ貸下期間ハ立木一代期間トス

第二条　造林ヲ為サムトスル者ニシテ関東州庁長官ノ適当ト認ムル者ニハ無償ニテ種苗ヲ下付ス

第三条　土地ノ貸付ヲ受ケムトスル者ハ別記第一号書式ニ依リ、種苗ノ下付ヲ受ケムトスル者ハ毎年九月末日迄ニ別記第二号書式ニ依リ願書ヲ関東州庁長官ニ差出スヘシ

第四条　造林地ハ免租地トス

第五条　関東州庁長官ハ国有地ノ貸付ヲ受ケタル者ニ貸付条件

ヲ記載シタル貸付地証書ヲ交付スヘシ

種苗ヲ無償下付スル場合ニ於テハ条件ヲ附スルコトアルヘシ

第六条　公用又ハ公益事業ノ為必要アルトキハ貸下国有地ヲ返還セシムルコトアルヘシ

前項ニ依リ土地ヲ返還セシメタルトキハ之ニ因リテ生シタル損害ヲ補償スルコトアルヘシ

附　則

本令ハ公布ノ日ヨリ之ヲ施行ス

（書式省略）

◎林野保護取締規則

大正二年五月二十二日
関東都督府令第十三号

改正　昭和五年第六一号、九年第四六号、一二年第一一号、一四年第三一号

第一条　関東州庁長官ハ必要アリト認ムルトキハ山林原野ノ所有者若ハ占有者ニ対シ営林ノ方法ヲ指定シ又ハ造林ヲ命スルコトアルヘシ

第二条　市長又ハ民政署長ノ許可ヲ受クルニ非サレハ原野ノ開墾、樹木ノ伐採、枝打、間伐又ハ造林地内ニ於テ切芝、土石、樹根、草根、落葉、雑草ノ採取若ハ放牧ヲ為スコトヲ得ス

第三条　市長又ハ民政署長ハ林野ノ地元住民ヲシテ害虫ノ駆除予防其ノ他林野ノ保護ニ従事セシムルコトヲ得

第四条　警察署長ノ許可ヲ受クルニ非サレハ林野又ハ之ニ接近スル土地ニ火入レヲ為スコトヲ得ス

第五条　警察署長ハ林野内ニ於ケル墓地ノ所有者又ハ管理者ニ対シ防空上必要ナル施設ヲ命スルコトヲ得

林野内ノ墓地ニ於テ線香銀紙等ヲ供スル者ハ滅火シタル後ニ非サレハ立去ルコトヲ得ス

第六条　左ノ各号ノ一ニ該当スル者ハ貳百円以下ノ罰金又ハ科料ニ処ス

一　第一条、第三条又ハ第五条第一項ノ命令又ハ指定ニ違反シタル者

二　許可ヲ得スシテ第二条又ハ第四条ノ行為ヲ為シタル者

三　第五条第二項ニ違反シタル者

四　林野ニ於テ濫ニ焚火ヲ為シ又ハ火ヲ失シタル者

五　林野ニ設置シタル標識ヲ濫ニ移転又ハ毀壊シタル者

附　則

本令ハ大正二年六月一日ヨリ施行ス

◎関東州牧野経営奨励規則

昭和十二年三月一日
関東局令第十三号

第一条　本令ニ於テ牧野トハ牛、馬、緬羊若ハ豚ノ生育飼育ノ為放牧又ハ採草ヲ為スヲ目的トスル土地ヲ謂フ

第二条　牧野トシテ国有地ノ貸付ヲ受ケントスル者ニシテ満洲国駐箚特命全権大使ノ適当ト認ムル者ニハ無償ニテ其ノ土地ヲ貸付スルコトアルベシ

前項ノ貸付期間ハ十年以内トス但シ之ヲ更新スルコトアルベシ

第三条　牧野トシテ国有地ノ貸付ヲ受ケントスル者ハ別記第一

号様式ノ願書ニ別記第二号書式ノ牧野経営方法書ヲ添ヘ大使ニ願出ヅベシ

第四条　大使牧野ヲ貸付スルトキハ別記第三号書式ノ牧野貸付証書ヲ交付ス

第五条　牧野借受人ハ本令ニ依ル貸付地ヲ牧野以外ノ目的ニ使用スルコトヲ得ズ

第六条　牧野借受人ハ牧野貸付証書交付ノ日ヨリ六月内ニ放牧、採草、牧草ノ栽培、牧舎ノ建築其ノ他ノ牧野経営ニ著手スベシ但シ天災其ノ他避クベカラザル事故ニ因リ大使ノ許可ヲ受ケタル場合ハ此ノ限ニ在ラズ

第七条　大使ハ畜産ノ改良増殖ヲ図ル為牧野借受人ニ対シ牧野ノ経営ニ関シ必要ナル事項ヲ命ズルコトアルベシ

第八条　牧野借受人牧野経営方法書記載事項ヲ変更セントスルトキハ大使ノ許可ヲ受クベシ

第九条　牧野借受人ハ大使ノ許可ヲ受クルニ非ザレバ牧野ノ経営ヲ停止シ又ハ貸付地ヲ転貸シ若ハ担保ノ目的ト為スコトヲ得ズ

牧野借受人牧野ノ経営ヲ廃止シタルトキハ遅滞ナク其ノ旨ヲ大使ニ届出ヅベシ

第十条　牧野借受人ハ毎年一月末日迄ニ前年中ニ於ケル牧野経営ノ成績ヲ別記第四号書式ニ依リ大使ニ報告スベシ

第十一条　左ノ各号ノ一ニ該当スルトキハ貸付期間中ト雖モ大使ハ貸付牧野ノ全部又ハ一部ノ返還ヲ命ズルコトアルベシ

一　公共用又ハ公用ニ供スル為必要アルトキ

二　都市計画事業ノ執行、土地整理ノ為其ノ他官ニ於テ必要アルトキ

三　牧野ノ経営ヲ廃止シタルトキ

四　第五条乃至第九条ノ規定ニ違反シタルトキ

第十二条　牧野借受人前条ノ規定ニ依リ牧野ノ返還ヲ命ゼラレタルトキ又ハ貸付期間満了シタルトキハ大使ノ指定スル三月ヲ下ラザル期間内ニ地上物件ヲ収去シ土地ヲ原状ニ復スベシ

其ノ期間内ニ収去セザルトキハ其ノ物件ハ官ノ所有ニ帰ス

前項ノ場合ニ於テ生ズルコトアルベキ損害ニ付テハ官ニ於テ賠償ノ責ニ任ゼズ

附　則

本令ハ公布ノ日ヨリ之ヲ施行ス

（各号書式省略）

◎関東州ニ於ケル競馬ニ関スル件

大正十二年七月十日
勅令第三百四十号

朕関東州ニ於ケル競馬ニ関スル件ヲ裁可シ茲ニ之ヲ公布セシム

（総理大臣副署）

関東州ニ於ケル競馬ニ関シテハ競馬法ニ依ル但シ同法中主務大臣トアルハ関東長官トス

前項ノ規定ニ依リ競馬ヲ行フ法人ノ数ハ一ニ限ル

附　則

本令ハ大正十二年八月一日ヨリ之ヲ施行ス

○関東庁官制等ノ改正ニ際シ憲兵令其ノ他ノ勅令中改正等ノ件（抄）

昭和九年十二月二十六日勅令第三百九十五号

第九十一条　大正十二年勅令第三百四十号中左ノ通改正ス

「関東長官」ヲ「満洲国駐箚特命全権大使」ニ改ム

附　則

本令ハ公布ノ日ヨリ之ヲ施行ス

◎関東州競馬令

昭和十三年五月二十五日勅令第三百七十四号

朕関東州競馬令ヲ裁可シ茲ニ之ヲ公布セシム（総理大臣副署）

関東州競馬令

第一条　関東州ニ於ケル競馬ニ関シテハ本令ニ定ムルモノヲ除クノ外競馬法ニ依ル但シ同法第二条第一項、第十条第三項、第十六条、第十九条第三項、第二十九条、第三十条及第四十三条乃至第五十一条ノ規定ハ此ノ限ニ在ラズ

同法中勅令トアルハ関東局令、主務大臣トアルハ満洲国駐箚特命全権大使、日本競馬会トアルハ関東州競馬会、裁判所トアルハ関東法院トス

同法第四条第一項中五円以上トアルハ一円以上トシ第九条中百分ノ十五トアルハ百分ノ二十トス

第二条　競馬ノ開催ハ各競馬場ヲ通ジ年十回ヲ超ユルコトヲ得ズ但シ特別ノ事由アル場合ニ限リ大使ノ許可ヲ受ケ年十一回開催スルコトヲ得

第三条　関東州競馬会ハ関東州ヲ通ジ一箇トシ主タル事務所ヲ大連市ニ置ク

第四条　関東州競馬会ニハ所得税及営業税ヲ課セズ

関東州競馬会ガ本令ニ基キテ為ス登記ニ付テハ登記手数料ヲ徴収セズ

第五条　理事長、副理事長、理事及監事ノ任期ハ三年トス

第六条　大使監督上必要アリト認ムルトキハ当該官吏ヲシテ関東州競馬会ノ事務所、競馬場其ノ他ノ場所ニ臨検シ業務若ハ財産ノ状況又ハ帳簿書類其ノ他ノ物件ヲ検査セシムルコトヲ得此ノ場合ニ於テハ其ノ身分ヲ示ス証票ヲ携帯セシムベシ

第七条　大使ハ本令ニ規定シタル其ノ職権ノ一部ヲ命令ヲ以テ関東州庁長官ニ委任スルコトヲ得

附　則

第八条　本令施行ノ期日ハ大使之ヲ定ム（昭和十三年関東局令第五十六号で昭和十三年六月十日から施行）

第九条　大正十二年勅令第三百四十号ハ之ヲ廃止ス

第十条　本令ニ依リ関東州競馬会ノ競馬ヲ開催スル競馬場ノ数ハ当分ノ内三以内ニ於テ大使之ヲ定ム

第十一条　大正十二年勅令第三百四十号ニ依リ競馬ヲ行フコトヲ得タル法人ハ関東州競馬会成立ノ日ニ解散シ其ノ権利義務ハ関東州競馬会之ヲ承継ス

前項ノ場合ニ於ケル解散ノ登記ハ解散シタル法人ノ理事ノ申請ニ依リ之ヲ為ス

第十二条　前条ノ規定ニ依リ承継シタル不動産ニ関スル権利ノ

取得ニ付登記ヲ受クル場合ニ於テハ其ノ登記手数料ノ額ハ不動産ノ価格ノ千分ノ三トス但シ関東州裁判手数料規則ニ依リ算出シタル手数料ノ金額ガ本条ニ依リ算出シタル手数料ノ金額ヨリ少キトキハ其ノ金額ニ依ル

第十三条 関東州競馬会第十一条ノ規定ニ依リ権利義務ヲ承継シタルトキハ直ニ其ノ旨ヲ公告シ且当該法人ノ債権者ニシテ知レタルモノニ対シ各別ニ其ノ旨ヲ通知スルコトヲ要ス

関東州競馬会ノ承継シタル債務中弁済期ノ至ラザルモノアルトキハ関東州競馬会ハ其ノ債権者ノ請求ニ因リ相当ノ担保ヲ供スルコトヲ要ス

◎関東州塩田規則

明治三十九年三月二十三日関東州民政署令第八号

改正 大正八年庁令第六号
昭和九年第五七号、一二年第一一一号

第一条 塩田ヲ開設セムトスル者ハ満洲国駐箚特命全権大使ニ願出テ土地ノ貸付ヲ受クヘシ

第二条 前条ノ許可ヲ受ケタル者ニハ土地ヲ無償ニテ貸付シ塩田成功ノ後関東州庁長官其ノ使用ヲ許可ス

第三条 塩田ノ使用料ハ之ヲ徴収セス

第四条 塩田開設ノ為貸付スル土地ノ面積ハ一人ニ対シ百町歩以内トス但シ既ニ貸付シタル土地ヲ成功シタル者又ハ相当ノ資力アリテ成功シ得ヘシト認ムル者ニ対シテハ此ノ限ニ在ラス

第五条 塩田開設ノ成功期間ヲ定ムルコト左ノ如シ

十町歩未満	二年以内
二十町歩未満	三年以内
五十町歩未満	四年以内
百町歩未満	五年以内
百町歩以上	七年以内

天災其ノ他避クヘカラサル事故ニ依リ法定期間内ニ成功スルコト能ハサルトキハ関東州庁長官ハ其ノ半期間之ヲ延期スルコトヲ得

第六条 第二条ニ依リ貸付シタル土地ニシテ予定ノ如ク成功セサルトキハ関東州庁長官ハ其ノ未成功地ノ全部ヲ返還セシムヘシ

関東州庁長官前項ノ場合ニ於テ土地整理上支障アリト認ムルトキハ其ノ成功地ノ一部若ハ全部ヲ無償ニテ返還セシムルコトヲ得

第七条 前条ニ依リ貸付地ヲ返還セシメ若ハ自己ノ便宜ニヨリ貸付地ヲ返還シタル場合ニ於テ其ノ土地ニ存在スル建設物其ノ他ノ物件アルトキハ指定ノ期間内ニ之ヲ撤去スヘシ若其ノ期間内ニ撤去セサルトキハ其ノ物件ハ官ノ所有ニ帰ス

第八条 塩田開設ノ許可ヲ受ケタル後天災其ノ他避クヘカラサル事故ニ依ルニ非スシテ一箇年以内ニ事業ニ著手セサルトキ又ハ其ノ意思ナシト認ムルトキハ大使ハ其ノ許可ヲ取消シ貸付ノ土地ヲ返還セシム

第九条 二箇年以上引続キ製塩業ヲ廃止シタルトキ若ハ塩ニ関スル法規ニ違背シタルトキハ関東州庁長官ハ塩田使用ノ許可

ヲ取消スコトヲ得

第十条　塩田ノ使用ハ関東州庁長官ノ許可ヲ得テ之ヲ相続、譲渡スルコトヲ得

第十一条　塩田ヲ変更シ之ヲ製塩以外ノ目的ニ使用セムトスルトキハ大使ノ許可ヲ受クヘシ

第十二条　許可ヲ受ケスシテ塩田ヲ開設シタルトキハ百円以下ノ罰金ニ処シ且其ノ土地ニ存在スル総テノ物件ヲ没収ス

附　則

第十三条　此ノ規則ハ発布ノ日ヨリ之ヲ施行ス

第十四条　既設塩田ノ使用者ハ此ノ規則施行ノ日ニ於テ其ノ使用ヲ許可セラレタルモノト看做ス

既設塩田ノ使用者ハ此ノ規則施行ノ日ヨリ一箇年以内ニ別ニ定ムル所ニ依リ民政長官ニ届出ツヘシ

前項ノ届出ヲ為ササル者ハ塩田ノ使用ヲ抛棄シタルモノト看做ス

◎関東州水産会令

大正十五年五月十日勅令第百七号

朕関東州水産会令ヲ裁可シ茲ニ之ヲ公布セシム（総理大臣副署）

関東州水産会令

第一条　関東州水産会ハ関東州水産業ノ改良発達ヲ図ルヲ以テ目的トス

第二条　関東州水産会ハ法人トス

第三条　関東州水産会ハ営利事業ヲ為スコトヲ得ス

第四条　関東州水産会ハ関東長官ノ定ムル者ヲ除クノ外関東州ニ於テ漁業又ハ水産物ノ製造、取引若ハ保管ノ業ヲ営ム者ヲ以テ之ヲ組織ス

第五条　関東州水産会ヲ設立セムトスルトキハ会員タル資格ヲ有スル者ノ二分ノ一以上ノ同意ヲ得テ創立委員会ヲ開キ会則ヲ議定シ関東長官ノ認可ヲ受クヘシ

第六条　関東州水産会ハ前条ノ認可ヲ受ケタル時成立ス

関東州水産会成立シタルトキハ其ノ会員タル資格ヲ有スル者ハ総テ之ニ加入シタルモノト看做ス

第七条　関東州水産会ニ総代会ヲ置ク

総代会ハ関東長官ノ定ムル所ニ依リ会員中ヨリ選任シタル議員及関東長官ノ命シタル特別議員ヲ以テ之ヲ組織ス

第八条　左ニ掲クル事項ハ総代会ノ議決ヲ経ヘシ

一　収支豫算
二　経費ノ賦課徴収方法
三　事業報告及収支決算ノ承認
四　予算ヲ以テ定メタルモノヲ除クノ外新ニ義務ヲ負ヒ又ハ権利ヲ失フヘキ行為
五　基金ノ造成、管理及処分
六　不動産ニ関スル権利ノ得喪及変更
七　会則ノ変更
八　役員ノ選任及解任
九　訴訟及和解

前項第一号、第二号、第四号、第七号及第八号ニ掲クル事項ノ決議ハ関東長官ノ認可ヲ受クルニ非サレハ其ノ効力ヲ生セ

ス

第九条　総代会ハ会長之ヲ招集ス但シ第一回ノ総代会ハ関東長官之ヲ招集ス

議員又ハ特別議員ハ議員及特別議員ノ総数ノ五分ノ一以上ノ同意ヲ得テ会議ノ目的タル事項及招集ノ事由ヲ記載シタル書面ヲ提出シ総代会ノ招集ヲ請求スルコトヲ得

会長正当ノ事由ナクシテ前項ノ規定ニ依ル請求アリタル後十四日以内ニ総代会ヲ招集セサルトキハ請求者ハ関東長官ノ認可ヲ受ケ招集スルコトヲ得

第十条　議員及特別議員ハ総代会ニ於テ各一個ノ議決権ヲ有ス

第十一条　総代会ノ議事ハ本令ニ別段ノ定アル場合ヲ除クノ外出席者ノ議決権ノ過半数ヲ以テ之ヲ決ス

第十二条　会則ノ変更ハ総代会ニ於テ之ヲ組織スル者半数以上出席シ出席者ノ議決権ノ三分ノ二以上ヲ以テ之ヲ議決ス

第十三条　関東州水産会ニ左ノ役員ヲ置ク

会長

副会長　一人又ハ二人

評議員　数人

役員ハ総代会ニ於テ其ノ会員中ヨリ之ヲ選任ス但シ特別ノ事由アル場合ニ於テハ会員ニ非サル者ヨリ之ヲ選任スルコトヲ得

第十四条　会長ハ関東州水産会ヲ代表シ会務ヲ総理ス

副会長ハ会長ヲ補佐シ会長事故アルトキ其ノ職務ヲ代理ス

評議員ハ会長ノ諮問ニ応シ並会務ノ執行及財産ノ状況ヲ監査ス

第十五条　総代会ノ議決ヲ経ヘキ事項ニシテ臨時急施ヲ要シ総代会ヲ招集スルノ暇ナシト認ムルトキハ会長ハ会則ノ定ムル所ニ依リ専決処分スルコトヲ得但シ第八条第二項ノ事項ニ付テハ此ノ限ニ在ラス

前項ノ場合ニ於テハ会長ハ次ノ総代会ニ於テ其ノ承認ヲ求ムヘシ

第十六条　関東州水産会ハ会則ノ定ムル所ニ依リ其ノ会員ニ対シ経費ヲ賦課シ及過怠金ヲ徴収スルコトヲ得

経費及過怠金ノ督促、滞納処分、追徴、還付及時効ニ付テハ国税ノ例ニ依ル

前項ニ規定スル徴収金ノ先取特権ノ順位ハ市又ハ会ノ徴収金ニ次クモノトス

経費ノ賦課又ハ過怠金ノ徴収ニ関シテハ関東長官ノ定ムル所ニ依リ異議ノ申立及裁決ノ申請ヲ為スコトヲ得

第十七条　関東州水産会ハ経費又ハ過怠金ノ徴収ヲ市又ハ会ニ嘱託スルコトヲ得此ノ場合ニ於テ関東州水産会ハ市又ハ会ノ徴収シタル金額ノ百分ノ五ヲ其ノ市又ハ会ニ交付スヘシ

避クヘカラサル災害ニ因リ市又ハ会既収ノ前項ニ規定スル経費又ハ過怠金ヲ失ヒタルトキハ関東州水産会ハ関東長官ノ定ムル所ニ依リ市又ハ会ニ対シ其ノ納入ノ義務ヲ免除スヘシ

第十八条　関東長官ハ関東州水産会ニ対シ事実ニ関スル報告ヲ為サシメ業務ノ執行又ハ財産ノ状況ヲ検査シ会則、収支予算又ハ経費ノ賦課徴収方法ノ変更ヲ命シ其ノ他監督上必要ナル命令又ハ処分ヲ為スコトヲ得

第十九条　関東長官ハ関東州水産会ノ総代会ノ決議又ハ役員ノ

行為ニシテ法令若ハ会則ニ違反シ又ハ公益ヲ害シ若ハ害スルノ虞アリト認ムルトキハ決議ヲ取消シ、特別議員及役員ヲ解任シ、議員ノ改選ヲ命シ、関東州水産会ノ事業ヲ停止シ又ハ関東州水産会ノ解散ヲ命スルコトヲ得

第二十条　関東州水産会解散ヲ為サムトスルトキハ会員ノ二分ノ一以上ノ同意ヲ得テ其ノ事由ヲ具シ関東長官ノ認可ヲ受クヘシ

第二十一条　関東州水産会ハ解散ノ後ト雖モ清算ノ目的ノ範囲内ニ於テハ尚存続スルモノト看做ス

第二十二条　関東州水産会解散シタルトキハ会長及副会長ヲ以テ其ノ清算人トス但シ会則ニ別段ノ定アルトキ又ハ総代会ニ於テ選任シタル者アルトキハ此ノ限ニ在ラス

前項ノ規定ニ依リ清算人タル者ナキトキハ関東長官清算人ヲ選任ス清算人欠ケタルトキ亦同シ

第二十三条　清算人ハ関東州水産会ヲ代表シ清算ヲ為スニ必要ナル一切ノ行為ヲ為ス権限ヲ有ス

清算ノ方法及財産処分ニ付テハ関東長官ノ認可ヲ受クヘシ

第二十四条　関東長官ニ於テ必要ト認ムルトキハ清算方法及財産処分ノ変更ヲ命シ又ハ清算人ヲ解任スルコトヲ得

第二十五条　本例ニ定ムルモノノ外関東州水産会ニ関シ必要ナル事項ニ付テハ関東長官ノ定ムル所ニ依ル

附　則

本令施行ノ期日ハ関東長官之ヲ定ム

○関東庁官制等ノ改正ニ際シ憲兵令其ノ他ノ勅令中改正等ノ件（抄）

昭和九年十二月二十六日勅令第三百九十五号

第九十条　関東州水産会令中左ノ通改正ス

第四条中「関東長官」ヲ「満洲国駐箚特命全権大使」ニ改ム

第五条、第七条乃至第九条、第十六条乃至第二十条及第二十二条乃至第二十五条中「関東長官」ヲ「大使」ニ改ム

第二十六条　大使ハ関東局令ノ定ムル所ニ依リ本令ニ規定スル職権ノ一部ヲ関東州庁長官ニ委任スルコトヲ得

附　則

本令ハ公布ノ日ヨリ之ヲ施行ス

◎関東州漁業令

昭和十三年五月二十四日勅令第三百六十三号

朕枢密顧問ノ諮詢ヲ経テ関東州漁業令ヲ裁可シ茲ニ之ヲ公布セシム（総理大臣副署）

関東州漁業令

第一章　総則

第一条　本令ニ於テ漁業トハ公共ノ用ニ供スル水面又ハ之ト連接シテ一体ヲ成ス公共ノ用ニ供セザル水面ニ於テ営利ノ目的ヲ以テ水産動植物ヲ採捕シ又ハ養殖スル業ヲ謂フ

第二条　本令ニ於テ漁業者トハ漁業ヲ為ス者及漁業権ヲ有スル者ヲ謂フ

第三条　公共ノ用ニ供スル水面ト連接シテ一体ヲ成ス公共ノ用ニ供セザル水面ノ占有者又ハ其ノ敷地ノ所有者ハ関東州庁長官ノ許可ヲ受ケ漁業ニ関シ之ガ利用ヲ制限シ又ハ禁止スルコトヲ得

第二章　漁業ノ免許、許可及届出

第四条　左ノ各号ノ一ニ該当スル漁業ヲ為サントスル者ハ関東州庁長官ノ免許ヲ受クベシ

一　養殖漁業　一定ノ水面ニ於テ区画其ノ他ノ施設ヲ為シテ養殖ヲ為ス漁業

二　定置漁業　一定ノ水面ニ於テ漁具ヲ定置シテ採捕ヲ為ス漁業

三　定所集魚漁業　一定ノ水面ニ於テ水産動物ヲ集合セシムル装置ヲ施シテ採捕ヲ為ス漁業

四　定所曳網漁業　一定ノ水面ニ於テ繰返シ漁網ヲ曳揚ゲ又ハ曳寄セテ採捕ヲ為ス漁業

五　定所敷網漁業　一定ノ水面ニ於テ繰返シ漁網ヲ敷設シ又ハ建設シテ採捕シ為ス漁業

一定ノ水面ヲ専用シテ前項ニ該当スル以外ノ方法ニ依リテ為ス漁業（専用漁業）ヲ為サントスル者ハ満洲国駐箚特命全権大使ノ免許ヲ受クベシ

前二項ノ規定ニ依リ免許ヲ受ケタル漁業ヲ為ス一定ノ水面ヲ漁場ト謂フ

第五条　専用漁業ハ漁業組合ガ其ノ地先水面ノ専用ヲ出願シタル場合ヲ除クノ外之ヲ免許セズ

第六条　左ノ各号ノ一ニ該当スル漁業ヲ為サントスル者ハ関東州庁長官ノ許可ヲ受クベシ

一　捕鯨業

二　母船式漁業

三　汽船「トロール」漁業

四　機船底曳網漁業

五　潜水器漁業

六　空釣縄漁業

七　海藻採取業

大使ハ水産動植物ノ蕃殖保護又ハ漁業取締ノ為必要アリト認ムルトキハ前項ニ規定スルモノノ外許可ヲ受ケシムベキ漁業ヲ定ムルコトヲ得

第七条　大使又ハ関東州庁長官ハ必要アリト認ムルトキハ漁業ノ免許又ハ許可ヲ為スニ当リ之ニ制限又ハ条件ヲ附スルコトヲ得

第八条　左ノ各号ノ一ニ該当スルトキハ関東州庁長官（専用漁業ニ在リテハ大使）ハ免許シ若ハ許可シタル漁業ヲ制限シ若ハ停止シ又ハ漁業ノ免許若ハ許可ヲ取消スコトヲ得

一　水産動植物ノ蕃殖保護ノ為必要アルトキ

二　国防其ノ他軍事上必要アルトキ

三　船舶ノ航行碇泊繋留、水底電線ノ敷設其ノ他公益上必要アルトキ

四　漁業者本令若ハ本令ニ基キテ発スル命令又ハ之ニ依リテ為ス処分若ハ其ノ制限、条件ニ違反シタルトキ

第九条　漁業ノ免許又ハ許可ヲ受ケタル日ヨリ一年間其ノ漁業ニ従事スル者ナキトキ又ハ引続キ二年間休業シタルトキハ関

東州庁長官（専用漁業ニ在リテハ大使）ハ其ノ免許又ハ許可ヲ取消スコトヲ得

錯誤ニ因リ免許又ハ許可ヲ与ヘタルトキ亦前項ニ同ジ

第一項ノ期間中ニハ関東州庁長官（専用漁業ニ在リテハ大使）ノ許可ヲ受ケ漁業ヲ為サザル期間及前条第一号乃至第三号ノ規定ニ依リ又ハ第三十三条ノ規定ニ基ク命令ニ依リ漁業ヲ停止セラレタル期間ハ之ヲ算入セズ

第十条　第四条第一項第二項及第六条ニ規定スル漁業ニ非ザル漁業ヲ為サントスル者ハ民政署長（大連市ノ区域ニ在リテハ関東州庁長官）ニ届出ヅベシ

第三章　漁業権

第十一条　第四条第一項又ハ第二項ノ規定ニ依リ漁業ノ免許ヲ受ケタル者ハ漁業権ヲ取得ス

漁業権ノ存続期間ハ免許ノ日ヨリ二十年以内ニ於テ免許ノ際大使又ハ関東州庁長官之ヲ定ム

関東州庁長官（専用漁業権ニ在リテハ大使）ハ漁業権者ノ申請ニ依リ漁業権ノ存続期間満了ノ日ヨリ二十年以内ニ於テ其ノ期間ノ延長ヲ許可スルコトヲ得

第十二条　漁業権ハ物件トシ土地ニ関スル規定ヲ準用ス

民法第二編第九章ノ規定ハ漁業権及之ヲ目的トスル権利ニ之ヲ適用セズ

第十三条　大使ハ漁業権保護ノ為保護区域ヲ設クルコトヲ得

保護区域内ニ於テ漁業権ノ行使ノ妨害ト為ルベキ漁業ノ制限又ハ禁止ニ関スル事項ハ大使之ヲ定ム

第十四条　漁業権ヲ抵当ト為シタル場合ニ於テ其ノ漁場ニ定著シタル工作物ハ民法第三百七十条ノ規定ノ準用ニ付テハ漁業権ニ附加シテ之ト一体ヲ為シタル物ト看做ス

第十五条　本令若ハ本令ニ基キテ発スル命令又ハ之ニ依リテ為ス処分ニ依リ漁業権者ニ生ジタル権利義務ハ漁業権ノ処分ニ従フ

第十六条　漁業権ハ関東州庁長官（専用漁業権ニ在リテハ大使）ノ許可ヲ受クルニ非ザレバ之ヲ分割シ其ノ他変更スルコトヲ得ズ

専用漁業ノ漁業権ハ大使ノ認可ヲ受クルニ非ザレバ之ヲ処分シ、担保ニ供シ又ハ貸付スルコトヲ得ズ

第十七条　漁業権ハ登録シタル権利者ノ同意アルニ非ザレバ之ヲ分割シ其ノ他変更シ又ハ抛棄スルコトヲ得ズ

第十八条　漁業権ノ各共有者ハ他ノ共有者三分ノ二以上ノ同意アルニ非ザレバ其ノ持分ヲ処分シ又ハ之ヲ担保ニ供スルコトヲ得ズ

第十九条　前条ノ場合ニ於テ共有者ノ住所又ハ居所ノ不分明其ノ他ノ事由ニ因リ之ガ同意ヲ求ムルコト能ハザルトキハ大使ノ定ムル所ニ依リ公告ヲ為スベシ

前項ノ規定ニ依リ公告ヲ為シタル場合ニ於テ其ノ公告ヲ為シタル日ノ翌日ヨリ起算シ三十日以内ニ異議ノ申立ナキトキハ其ノ末日ニ於テ同意ヲ為シタルモノト看做ス

第二十条　漁業ノ免許ヲ取消シタルトキハ大使又ハ関東州庁長官ハ遅滞ナク之ヲ漁業権ニ付登録シタル権利者ニ通知スベシ

第二十一条　第八条第四号及第九条第一項ノ規定ニ依リ漁業ノ免許ノ取消アリタル場合ニ於テハ漁業権ニ付登録シタル先取

特権者及抵当権者ハ前条ノ通知ヲ受ケタル日ノ翌日ヨリ起算シ三十日以内ニ漁業権ノ競賣ヲ請求スルコトヲ得

前項ノ規定ニ依リ競賣ヲ請求シタル場合ニ於テハ漁業権ハ漁業ノ免許ヲ取消シタル日ヨリ競賣ノ手続完結ノ日迄競賣ノ目的ノ範囲内ニ於テハ仍存続スルモノト看做ス

競賣ニ依ル賣得金ハ競賣ノ費用及第一項ノ権利者ニ対スル債務ノ弁済ニ充テ其ノ残金ハ国庫ニ帰属ス

競落ヲ許ス決定ガ確定シタルトキハ漁業ノ免許ノ取消ハ其ノ効力ヲ生ゼザリシモノト看做ス

第二十二条　専用漁業ノ漁業権者ハ従来ノ慣行ニ依リ其ノ漁場ニ於テ漁業ヲ為ス者ノ入漁ヲ拒ムコトヲ得ズ

第二十三条　前条ノ漁業権者ハ入漁ヲ為ス者ニ対シ関東州庁長官ノ認可ヲ受ケ入漁料ヲ請求スルコトヲ得但シ別段ノ慣行アル場合ヲ除クノ外入漁料算定ノ基礎ト為ルベキ期間入漁ヲ為サザル場合ニ於テハ其ノ入漁ヲ為サザル期間ニ対スル入漁料ハ之ヲ請求スルコトヲ得ズ

第二十四条　水産動植物ノ蕃殖保護又ハ漁業ノ秩序維持ノ為必要アリト認ムルトキハ第二十二条ノ漁業権者及入漁ヲ為ス者ハ協議ニ依リ其ノ漁場ニ於ケル漁業ニ関スル制限ヲ為スコトヲ得

漁業権者又ハ入漁ヲ為ス者前項ノ協議又ハ第五十一条ノ裁定ニ依ル制限ニ違反シタルトキハ大使ハ免許シタル漁業ヲ制限シ、停止シ若ハ漁業ノ免許ヲ取消シ又ハ入漁ヲ制限シ、停止シ若ハ禁止スルコトヲ得

第二十五条　入漁ヲ為ス者入漁料ノ支払ヲ怠リタルトキハ其ノ支払ヲ完了スルニ至ル迄漁業権者ハ之ガ入漁ヲ停止スルコトヲ得

入漁ヲ為ス者引続キ三年以上入漁料ノ支払ヲ怠リタルトキハ漁業権者ハ爾後其ノ入漁ヲ拒ムコトヲ得

第二十六条　第七条ノ規定ニ依リ専用漁業ノ免許ニ附シタル制限若ハ条件又ハ第八条第一号乃至第三号ノ規定ニ依ル専用漁業ノ制限若ハ停止ハ入漁ヲ為ス者ノ入漁ニ附シタル制限、条件又ハ停止ト看做ス

入漁ヲ為ス者前項ノ規定ニ依ル制限、条件又ハ停止ニ違反シタルトキハ関東州庁長官ハ入漁ヲ制限シ、停止シ又ハ禁止スルコトヲ得

第二十七条　漁業権並ニ之ヲ目的トスル先取特権、抵当権及賃借権ノ設定、保存、移転、変更、消滅及処分ノ制限並ニ入漁ニ関スル事項ハ漁業権原簿ニ之ヲ登録ス

漁業権原簿ノ登録ハ登記ニ代ハルモノトス

登録ニ関スル規程ハ大使之ヲ定ム

第四章　土地ノ使用

第二十八条　漁業者ハ左ニ掲グル目的ノ為必要アルトキハ関東州庁長官ノ許可ヲ受ケ他人ノ土地若ハ工作物其ノ他土地ノ定著物ヲ使用シ又ハ立木若ハ土石ノ除去ヲ制限スルコトヲ得

一　漁場ノ標識ノ設置

二　魚具若ハ漁業ニ関スル信号又ハ之ニ必要ナル施設物ノ設置

三　漁業ニ必要ナル目標ノ保存又ハ設置

前項ノ規定ニ依リ他人ノ土地又ハ工作物其ノ他土地ノ定著物

ヲ使用セントスルトキハ其ノ所有者及占有者ニ予メ其ノ旨ヲ通知スルコトヲ要ス

第二十九条　前条第一項ノ目的又ハ漁業ニ関スル測量若ハ調査ノ為必要アルトキハ漁業者又ハ漁業ノ免許ヲ受ケントスル者ハ関東州庁長官ノ許可ヲ受ケ他人ノ土地ニ立入リ又ハ已ムコトヲ得ザルトキハ立木其ノ他ノ障碍物ヲ変更若ハ除去スルコトヲ得

前項ノ規定ニ依リ他人ノ土地ニ立入ラントスルトキハ土地ノ占有者ニ、立木其ノ他ノ障碍物ヲ変更又ハ除去セントスルトキハ其ノ所有者及占有者ニ予メ其ノ旨ヲ通知スルコトヲ要ス

第三十条　住所又ハ居所ノ不分明其ノ他ノ事由ニ因リ第二十八条第二項又ハ前条第二項ノ通知ヲ為スコト能ハザルトキハ大使ノ定ムル所ニ依リ公告ヲ為スベシ

前項ノ規定ニ依リ公告ヲ為シタル場合ニ於テハ公告ヲ為シタル日ノ翌日ヨリ起算シ三日目ニ於テ通知ヲ為シタルモノト看做ス

第五章　蕃殖保護及漁業取締

第三十一条　公共ノ用ニ供スル水面、公共ノ用ニ供スル水面ト連接シテ一体ヲ成ス公共ノ用ニ供セザル水面其ノ他大使ノ指定シタル公共ノ用ニ供セザル水面ニ於テハ水産動植物ヲ採捕スル為有毒物、爆発物又ハ電流ヲ使用スルコトヲ得ズ但シ鯨其ノ他ノ海獣ヲ捕獲スル為爆発物ヲ銛ニ装置シテ使用スル場合ハ此ノ限ニ在ラズ

前項ノ規定ニ違反シテ採捕シタル物ハ之ヲ販賣又ハ交換ノ目的ヲ以テ譲受クルコトヲ得ズ

第三十二条　関東州庁長官ハ漁業者ニ漁場又ハ漁具ノ標識ノ設置ヲ命ズルコトヲ得

第三十三条　本令ニ規定スルモノノ外大使ハ水産動植物ノ蕃殖保護又ハ漁業取締ノ為必要ナル命令ヲ発スルコトヲ得

前項ノ命令ニハ犯人ノ所有シ又ハ所持スル採捕物、養殖物、其ノ製品、船舶（属具ヲ含ム）、漁具及副漁具ニシテ刑法第十九条第一項ノ物ノ没収並ニ其ノ没収スベキ物件ノ価格ニ相当スル金額ノ追徴ニ関スル規定ヲ設クルコトヲ得

第三十四条　海軍艦艇乗組武官、警察官吏並ニ大使ノ指定シタル官吏及関東州地方待遇職員ハ漁業ヲ監督シ必要アリト認ムルトキハ船舶、店舗其ノ他ノ場所ニ臨検シ帳簿、書類其ノ他ノ物件ヲ検査スルコトヲ得

第三十五条　前条ニ規定スル官吏及職員ハ漁業ニ関スル犯罪アリト認ムルトキハ捜索若ハ之ニ必要ナル処分ヲ為シ、犯則嫌疑者若ハ参考人ヲ尋問シ又ハ犯罪事実ヲ証明スベキ帳簿、書類其ノ他ノ物件ノ差押ヲ為スコトヲ得

前項ノ場合ニ於テ取調ノ必要上已ムコトヲ得ザルトキハ犯則嫌疑者ニ同行又ハ其ノ乗組ミタル船舶ノ廻航ヲ命ズルコトヲ得

第三十六条　前二条ノ捜索、尋問、差押及臨検ニ関シテハ間接国税犯則者処分法ヲ、前条第一項ノ捜索ニ必要ナル処分ニ関シテハ同法中捜索ニ関スル規定ヲ、前条第二項ノ同行及廻航ニ関シテハ同法第四条及第五条ノ規定ヲ準用ス但シ同法第四条ノ規定ハ海軍艦艇乗組武官及警察官吏ニ之ヲ準用セズ

第六章　漁業組合

第三十七条　一定ノ地区内ニ居住スル漁業者ハ漁業組合ヲ設立スルコトヲ得

漁業組合ノ地区ハ市又ハ会ノ区域ニ依リテ之ヲ定ムルコトヲ要ス但シ特別ノ事由アル場合ハ此ノ限ニ在ラズ

第三十八条　漁業組合ヲ設立セントスルトキハ発起人ニ於テ規約ヲ定メ組合ノ地区タルベル区域内ニ居住スル漁業者ノ三分ノ二以上ノ同意ヲ得テ大使ノ認可ヲ受クベシ

漁業組合ハ前項ノ認可ヲ受ケタル時成立ス

第三十九条　漁業組合成立シタルトキハ組合ノ地区内ニ居住スル漁業者ハ其ノ組合ノ組合員トス

第四十条　漁業組合ハ法人トス

漁業組合ハ漁業権ヲ取得シ又ハ漁業権ノ貸付ヲ受ケ組合員ノ漁業又ハ其ノ経済ノ発達ニ必要ナル共同ノ施設ヲ為スヲ以テ目的トス

漁業組合ハ漁業ヲ為スコトヲ得ズ

第四十一条　漁業組合ノ組合員ハ規約ノ定ムル所ニ依リ組合ノ取得シ又ハ貸付ヲ受ケタル専用漁業権ノ範囲内ニ於テ各自漁業ヲ為スノ権利ヲ有ス

第四十二条　漁業組合ニハ所得税ヲ課セズ

第四十三条　漁業組合ノ設立ハ其ノ主タル事務所ノ所在地ニ於テ登記ヲ為スニ非ザレバ之ヲ以テ第三者ニ対抗スルコトヲ得ズ

登記シタル事項ノ変更ハ其ノ登記ヲ為スニ非ザレバ之ヲ以テ第三者ニ対抗スルコトヲ得ズ

第四十四条　漁業組合ノ経費ハ関東州庁長官ノ認可ヲ受ケ組合員ニ之ヲ賦課スルコトヲ得

漁業組合ハ規約ノ定ムル所ニ依リ使用料及手数料ヲ徴収スルコトヲ得

漁業組合ハ組合員ニシテ規約ニ違反シタル者ニ対シ規約ノ定ムル所ニ依リ過怠金ヲ課スルコトヲ得

前三項ノ経費、使用料、手数料又ハ過怠金ノ徴収ニ関シテハ民事訴訟ヲ提起スルコトヲ得

第四十五条　大使又ハ関東州庁長官ハ何時ニテモ漁業組合ノ事業ニ関スル報告ヲ徴シ又ハ事業及財産ノ状況ヲ検査シ其ノ他監督上必要ナル命令ヲ発シ若ハ処分ヲ為スコトヲ得

第四十六条　漁業組合ノ決議又ハ役員ノ行為ニシテ本令若ハ本令ニ基キテ発スル命令又ハ之ニ依リテ為ス処分若ハ其ノ制限、条件ニ違反シタルトキ、規約ニ違反シタルトキ其ノ他公益ヲ害シ又ハ害スルノ虞アリト認ムルトキハ大使ハ左ニ掲グル第四号ノ処分ヲ、関東州庁長官ハ第一号乃至第三号ノ処分ヲ為スコトヲ得

一　決議ノ取消

二　役員ノ解任

三　事業ノ停止

四　解散

第四十七条　漁業組合ガ第四十条第三項ノ規定ニ違反シタル場合ニ於テハ其ノ役員ヲ三百円以下ノ過料ニ処ス

本令ニ基キテ発スル漁業組合ニ関スル命令ニハ組合ガ之ニ違反シタル場合ニ於テ其ノ役員ヲ三百円以下ノ過料ニ処スル規定ヲ設クルコトヲ得

前二項ノ過料ニ付テハ非訟事件手続法第二百六条乃至第二百八条ノ規定ヲ準用ス
第四十八条 本章ニ規定スルモノノ外漁業組合ノ設立、管理、監督、分合、解散、清算、登記其ノ他漁業組合ニ関シ必要ナル事項ハ大使之ヲ定ム

第七章　補償及裁定

第四十九条 第二十八条第一項又ハ第二十九条第一項ニ規定スル行為ニ因リ損害ヲ受ケタル者アルトキハ大使ノ定ムル所ニ依リ漁業者又ハ漁業ノ免許ヲ受ケントスル者之ヲ補償スベシ
第五十条 左ノ各号ノ一ニ該当スル場合ニ於テハ前条ノ規定ニ依ル補償金ハ之ヲ供託スベシ
一　補償ヲ受クベキ者補償金ノ受領ヲ拒ミ又ハ忌避シタルトキ
二　補償ヲ受クベキ者又ハ其ノ住所若ハ居所不明ナルトキ
三　補償ノ目的タル土地物件ニ付登記シタル先取特権者又ハ抵当権者アルトキ但シ先取特権者又ハ抵当権者ノ同意アリタル場合ハ此ノ限ニ在ラズ
前項ノ規定ハ補償ノ目的タル土地物件ガ訴訟ノ目的タル為訴訟当事者ヨリ請求アリタル場合ニ之ヲ準用ス
第一項第三号又ハ前項ノ規定ニ依リ補償金ヲ供託シタル場合ニ於テハ登記シタル先取特権者若ハ抵当権者又ハ訴訟当事者ハ供託シタル金銭ニ対シテモ其ノ権利ヲ行フコトヲ得
第五十一条 第二十四条第一項ノ協議調ハザルトキ又ハ協議ヲ為スコト能ハザルトキハ漁業権者又ハ入漁ヲ為ス者ハ関東州庁長官ノ裁定ヲ求ムルコトヲ得
第五十二条 漁場ノ区域、漁業権ノ範囲、保護区域、漁業ノ方法又ハ入漁ノ慣行ニ付争アルトキハ其ノ関係人ハ大使ノ裁定ヲ求ムルコトヲ得
第五十三条 本章ニ規定スルモノノ外補償及裁定ニ関シ必要ナル事項ハ大使之ヲ定ム

第八章　罰則

第五十四条 左ノ各号ノ一ニ該当スル者ハ二千円以下ノ罰金ニ処ス
一　免許ニ依ラズシテ第四条第一項又ハ第二項ノ漁業ヲ為シタル者
二　第七条、第八条又ハ第二十六条ノ規定ニ依ル制限、条件、停止又ハ禁止ニ違反シテ第四条第一項若ハ第二項ノ漁業又ハ入漁ヲ為シタル者
三　詐欺ノ手段ヲ以テ第四条第一項又ハ第二項ノ規定ニ依ル免許ヲ受ケタル者
第五十五条 左ノ各号ノ一ニ該当スル者ハ捕鯨業、母船式漁業又ハ汽船「トロール」漁業ニ付テハ五千円以下ノ罰金ニ、機船底曳網漁業ニ付テハ二千円以下ノ罰金ニ、潜水器漁業、空釣縄漁業、海藻採取業又ハ第六条第二項ノ規定ニ依ル漁業ニ付テハ五百円以下ノ罰金ニ処ス
一　許可ヲ受ケズシテ第六条ノ漁業ヲ為シタル者
二　第七条又ハ第八条ノ規定ニ依ル制限、条件、停止又ハ禁止ニ違反シテ第六条ノ漁業ヲ為シタル者
三　詐欺ノ手段ヲ以テ第六条ノ規定ニ依ル許可ヲ受ケタル者
第五十六条 届出ヲ為サズシテ第十条ノ漁業ヲ為シタル者ハ五

十円以下ノ罰金又ハ科料ニ処ス

第五十七条　漁業権又ハ第四十一条ニ規定スル漁業組合ノ組合員ノ漁業ヲ為スノ権利ヲ侵害シタル者ハ一年以下ノ懲役又ハ千円以下ノ罰金ニ処ス

第二十二条ノ規定ニ違反シタル者ハ二百円以下ノ罰金ニ処ス

前二項ノ罪ハ告訴ヲ待テ之ヲ論ズ

第五十八条　第三十一条第一項ノ規定ニ違反シタル者ハ三年以下ノ懲役又ハ三千円以下ノ罰金ニ、同条第二項ノ規定ニ違反シタル者ハ二年以下ノ懲役又ハ二千円以下ノ罰金ニ処ス

前項ノ未遂罪ハ之ヲ罰ス

第五十九条　第五十四条、第五十五条及第五十七条第一項ノ場合ニ於テハ犯人ノ所有シ又ハ所持スル採捕物、養殖物、其ノ製品、船舶（属具ヲ含ム）漁具及副漁具ニシテ刑法第十九条第一項ノ物ハ之ヲ没収ス

前条ノ場合ニ於テハ犯人ノ所有シ又ハ所持スル採捕物、養殖物、其ノ製品、船舶（属具ヲ含ム）、漁具、副漁具、有毒物、爆発物及電気器具（属具ヲ含ム）ニシテ刑法第十九条第一項ノ物ハ之ヲ没収ス

前二項ノ場合ニ於テ没収スベキ物件ノ全部又ハ一部ヲ没収スルコト能ハザルトキハ其ノ価格ニ相当スル金額ヲ追徴ス

第一項及第二項ニ規定スルモノヲ除クノ外第五十四条、第五十五条、第五十七条第一項及前条ノ場合ニ於テハ刑法第十九条ノ規定ノ適用ヲ妨ゲズ

第六十条　漁場若ハ漁具ノ標識ヲ移転シ、損壊シ若ハ隠蔽シタル者又ハ其ノ他ノ方法ヲ以テ漁場若ハ漁具ノ標識ノ効用ヲ失ハシメタル者ハ百円以下ノ罰金又ハ科料ニ処ス

第六十一条　第三十四条、第三十五条第一項又ハ第三十六条ノ規定ニ依リ為シタル職務ノ執行ヲ拒ミ、妨ゲ若ハ忌避シ又ハ尋問ニ対シ答弁ヲ為サズ若ハ虚偽ノ陳述ヲ為シタル者ハ三百円以下ノ罰金又ハ科料ニ処ス

第三十五条第二項ノ規定ニ依ル同行又ハ廻航ノ命ニ従ハザル者ハ五百円以下ノ罰金ニ処ス

第六十二条　営業者ハ其ノ代理人、戸主、家族、同居者、雇人其ノ他ノ従業者ガ其ノ業務ニ関シ本令又ハ本令ニ基キテ発スル命令ニ依ル罰則ニ違反シタルトキハ自己ノ指揮ニ出デザルノ故ヲ以テ其ノ処罰ヲ免ルルコトヲ得ズ

第六十三条　本令又ハ本令ニ基キテ発スル命令ニ依ル罰則ヲ営業者ノ業務ニ関シ之ニ適用スベキ場合ニ於テ営業者法人ナルトキハ理事、取締役其ノ他ノ法人ノ業務ヲ執行スル役員ニ、未成年者又ハ禁治産者ナルトキハ其ノ法定代理人ニ之ヲ適用ス但シ営業ニ関シ成年者ト同一ノ能力ヲ有スル未成年者ニ付テハ此ノ限ニ在ラズ

第六十四条　前二条ノ場合ニ於テハ懲役ノ刑ヲ科スルコトヲ得ズ

附　則

本令施行ノ期日ハ大使之ヲ定ム

本令施行ノ際現ニ関東州漁業規則ニ依リ許可ヲ得又ハ届出ヲ為シ漁業ヲ営ム者ハ本令ノ規定ニ拘ラズ仍従前ノ例ニ依リ其ノ漁業ヲ営ムコトヲ得

○関東州漁業令中改正

昭和十四年四月二十六日勅令第二百五十三号

第十条中「民政署長（大連市ノ区域ニ在リテハ関東州庁長官）」ヲ「市長又ハ民政署長」ニ改ム

附　則

本令施行ノ期日ハ満洲国駐箚特命全権大使之ヲ定ム

◎関東州鉱業取締規則

大正二年十一月九日関東都督府令第三十四号

改正　大正七年府二二号
昭和九年五一号、一二年一一号、一四年三一号

第一条　本令ニ於テ鉱業ト称スルハ鉱物ノ採掘、採取及之ニ付属スル事業ヲ謂フ

前項鉱物ノ種類ハ別ニ之ヲ定ム

第二条　鉱物ノ未タ採取セサルモノハ政府ノ所有トス

第三条　鉱業ヲ為サムトスル者ハ鉱物ノ種類ヲ明記シ左ノ事項ヲ具シタル鉱区図ヲ添付シテ関東州庁長官ニ出願スヘシ

一　地域及其ノ種目
二　面積
三　南北線
四　縮尺
五　二箇以上ノ不動基点並其ノ名称及特徴
六　地域ノ各隅トナルヘキ測点並其ノ番号
七　境界線並基点ト連結シタル測点間ノ方位及其ノ間数
八　地域及附近ニ於ケル他ノ鉱業トノ関係
九　地域及其ノ附近ニ於ケル鉱床ノ露頭並其ノ走向、傾斜
十　地域及其ノ附近ニ於ケル地形其ノ他第四条第五条ニ記載シタルモノ

第四条　防禦営造物地帯第一区、第二区及火薬庫若ハ弾薬庫ノ周囲三百間以内ノ地域ハ所轄官庁ノ許可ヲ受クルニ非サレハ之ヲ鉱区ト為シ又ハ鉱業ノ為使用スルコトヲ得ス

第五条　鉄道、軌道、社寺境内地、墓地、公園地其ノ他ノ営造物及建物ノ地表地下トモ其ノ周囲三十間以内ノ地域ハ各其ノ所有者其ノ他ノ関係人ノ承諾ヲ受クルニ非サレハ之ヲ鉱区（砂鉱区ヲ除ク）ト為シ又ハ鉱業（砂鉱業ヲ除ク）ノ為使用スルコトヲ得ス但シ所有者其ノ他ノ関係人ハ正当ノ理由ナクシテ其ノ承諾ヲ拒ムコトヲ得ス

第六条　砂鉱出願地他人ノ所有ニ係ルトキハ所有者ノ承諾ヲ受クヘシ

土地ノ所有者ハ自ラ砂鉱業ノ出願ヲ為ストキノ外前項ノ承諾ヲ拒ムコトヲ得ス

第七条　前二条ノ承諾ヲ拒マレタルトキ又ハ承諾ヲ得ルコト能ハサルトキハ出願者ノ請求ニ依リ市長又ハ民政署長之ヲ裁定ス

第八条　鉱業許可ノ出願ヲ為サムトスル者ハ所轄市長又ハ民政署長ノ許可ヲ得テ測量又ハ調査ノ為他人ノ土地ヲ使用スルコトヲ得

前項ノ許可ヲ為シタルトキハ市長又ハ民政署長ハ之ヲ土地ノ

占有者ニ通知スヘシ

第九条 同一地域ニ付鉱業出願人数人アルトキハ適当ト認ムル一人又ハ数人ニ之ヲ許可スルコトヲ得

第十条 鉱業出願地他人ノ鉱区ト重複スル場合ニ於テ異種ノ鉱物ナルトキハ関東州庁長官ハ之ヲ鉱業権者ニ通知スヘシ

鉱業権者ハ前項ノ通知アリタル日ヨリ三十日以内ニ自ラ其ノ鉱業ヲ出願スルコトヲ得

前項ノ場合ニ於テハ前条ノ規定ヲ適用セス

第一項及第二項ノ規定ハ予メ鉱業権者ノ承諾ヲ得タル場合ニ之ヲ適用セス

第十条ノ二 鉱業出願者ハ其ノ鉱業出願地ノ変更ヲ出願スルコトヲ得

前項ノ願書ニハ其ノ理由書並新旧出願地ノ関係ヲ明示セル図面ヲ添付スヘシ

第十一条 共同出願人ノ願書ト共ニ連署シタル総代選定ノ届書ヲ差出スヘシ総代ヲ変更シタルトキ亦同シ但シ願書ニ総代ヲ表示シテ届書ニ代フルコトヲ得

総代ハ政府ニ対シ共同出願人ヲ代表ス但シ出願ノ取下区域増減ノ出願又ハ出願人名義変更ノ届出ヲ為ス場合ニ於テハ此ノ限ニ在ラス

前二項ノ規定ハ名義変更其ノ他ノ事由ニ依リ鉱業権者二人以上トナリタル場合ニ之ヲ準用ス

第十二条 鉱業権者自ラ鉱業ヲ管理セサルトキハ鉱業代理人ヲ選定シ連署シタル届書ヲ差出スヘシ鉱業代理人ヲ変更シタルトキ亦同シ

第十三条 鉱業権者ハ其ノ鉱区増減分割若ハ合併ヲ出願スルコトヲ得

前項ノ願書ニハ其ノ理由書並地域ノ関係ヲ明示スル図面ヲ添付スヘシ

第十四条 鉱業権ハ許可ヲ得テ之ヲ相続又ハ譲渡スル場合ノ外権利ノ目的ト為スコトヲ得

第十五条 鉱業権者ハ鉱業上必要アルトキハ所轄市長又ハ民政署長ノ許可ヲ得テ他人ノ土地ヲ使用スルコトヲ得

前項ノ許可ヲ為シタルトキハ市長又ハ民政署長ハ之ヲ土地ノ権利者ニ通知スヘシ

前項ノ通知ノ後鉱業権者ハ其ノ土地ニ関スル権利ヲ取得スル為土地ノ権利者ニ協議スヘシ

前三項ノ規定ハ予メ土地ノ権利者ノ承諾ヲ得タル場合ニハ之ヲ適用セス

第十六条 土地ノ使用二年以上ニ亘ルトキ又ハ土地ノ形質ヲ変更スルトキハ土地ノ所有者ハ其ノ収用ヲ請求スルコトヲ得

土地ヲ収用スルトキハ収用ノ時ニ於テ所有権ハ鉱業権者之ヲ取得シ其ノ権利ハ消滅ス

前二項ノ規定ハ第六条ノ土地ノ所有者ニ之ヲ準用ス

第十七条 土地ヲ使用又ハ収用スルトキハ鉱業権者ハ土地ノ権利者ニ補償金ヲ支払フヘシ他人ノ所有地ニ於テ砂鉱ヲ採取スルトキ亦同シ

第十八条 土地ノ使用若ハ収用又ハ補償金額ニ付協議調ハサルトキ又ハ協議ヲ為スコト能ハサルトキハ鉱業権者又ハ土地ノ権利者ノ請求ニ依リ市長又ハ民政署長之ヲ裁定ス

第十八条ノ二　鉱業ニ関シテ出願ヲ為ス者ハ左ノ手数料ヲ納付スヘシ

一　鉱業出願手数料　毎一件　二十円
二　鉱業出願地変更願手数料
　増区又ハ増減区　毎一件　十円
　減　区　毎一件　五円
三　鉱区変更願手数料
　増区、増減区、分割、合併　毎一件　十円
　減　区　毎一件　五円
四　鉱業権者名義変更願手数料
　相　続　毎一件　三円
　譲　渡　毎一件　十円

前各号ノ手数料ハ砂鉱ノ場合ニ於テハ総テ半額トス

第十九条　鉱業権者ニハ鉱区使用料ヲ課ス

鉱区使用料ハ鉱区一千坪毎ニ毎年金十銭トス但シ一千坪未満ハ之ヲ一千坪ト看做ス

鉱区使用料ハ毎年十二月中ニ翌年分ヲ前納スヘシ

鉱業ノ許可アリタル年ニ係ル鉱区使用料及鉱区ノ増加ニ依リ新ニ賦課スル鉱区使用料ニシテ増加アリタル年ニ係ルモノハ之ヲ即納スヘシ

前項ニ依リ納付スヘキ鉱区使用料ハ月割ヲ以テ之ヲ計算ス鉱業許可期間満了ノ年ニ係ルモノ亦同シ

鉱業権ノ譲渡ハ鉱区使用料ノ関係ニ付テハ相続ト看做ス

本条ニ基ク共同鉱業権者ノ義務ハ連帯トス

第二十条　削除

第二十一条　鉱業ニ著手シタルトキ又ハ六十日以上鉱業ヲ休止セムトスルトキハ関東州庁長官ニ届出ツヘシ休業期間内ニ事業ニ著手シタルトキ亦同シ

第二十二条　鉱業公益ニ害アリ又ハ危険ノ虞アリト認メタルトキハ関東州庁長官ハ鉱業ノ許可ヲ取消シ又ハ鉱業ノ停止、改良若ハ危険ノ予防ヲ命スルコトヲ得

第二十三条　左ノ各号ノ一ニ該当スルトキハ関東州庁長官ハ鉱業ノ許可ヲ取消スコトヲ得

一　許可ヲ受ケタル日ヨリ正当ノ理由ナクシテ一年以内ニ鉱業ニ著手セサルトキ若ハ一年以上休業シタルトキ
二　本令又ハ本令ニ基キ発シタル命令ニ違反シタルトキ
三　詐欺又ハ錯誤ニ因リ許可ヲ与ヘタルコトヲ発見シタルトキ

第二十四条　鉱業許可ノ取消又ハ鉱業廃止ノ後ト雖一箇年以内ニ限リ関東州庁長官ハ鉱業権ヲ有セシ者ニ対シ保安ノ為必要ト認ムル措置ヲ命スルコトヲ得

前項ノ命令ヲ受ケタル者ハ其ノ命令ノ範囲内ニ於テ之ヲ鉱業権者ト看做ス

第二十五条　許可ヲ得スシテ鉱業ヲ為シタル者、鉱区外ニ侵掘シタル者又ハ詐偽ニ因リ鉱業ノ許可ヲ得タル者ハ一年以下ノ懲役又ハ二百円以下ノ罰金ニ処ス

過失ニ因リ鉱区外ニ侵掘シタル者ハ百円以下ノ罰金ニ処ス

第二十六条　第四条若ハ第五条ノ規定ニ違反シ又ハ第二十二条若ハ第二十四条ニ依ル命令ニ従ハサル者ハ二百円以下ノ罰金ニ処ス

第二十七条　第十一条、第十二条及第二十一条ニ依ル届出ヲ怠リタル者又ハ第八条及第十五条ニ依ル許可ヲ得スシテ他人ノ土地ヲ使用シタル者ハ五十円以下ノ罰金又ハ科料ニ処ス

第二十八条　鉱業権者カ未成年者又ハ禁治産者ナルトキハ本令ニ依リ鉱業権者ニ適用スヘキ罰則ハ其ノ法定代理人ニ適用ス但シ鉱業ニ関シ成年者ト同一ノ能力ヲ有スル未成年者ニ付テハ此ノ限ニ在ラス

第二十九条　鉱業権者ハ其ノ従業者カ業務ニ関シ本令ニ違反シタルトキト雖自己ノ指揮ニ出テサルノ故ヲ以テ処罰ヲ免ルルコトヲ得ス

第三十条　前二条ノ場合ニ於テハ懲役又ハ拘留ノ刑ニ処スルコトヲ得ス

第三十一条　明治三十三年法律第五十二号ノ規定ハ本令ニ依ル犯罪ニ之ヲ準用ス但シ同法中三百円以下ノ罰金トアルハ二百円以下ノ罰金又ハ科料トス

附　則

第三十二条　本令ハ公布ノ日ヨリ之ヲ施行ス

改正　大正四年第一二四号
昭和二年第一〇七号、一四年第九号

◎関東州鉱業取締規則ニ依ル鉱物ノ種類

大正二年十一月九日関東都督府告示第百三十一号

関東州鉱業取締規則ニ於テ鉱物ト称スルハ金鉱（砂金ヲ含ム）、銀鉱、銅鉱、鉛鉱、蒼鉛鉱、錫鉱（砂錫ヲ含ム）、安質母尼鉱、水銀鉱、亜鉛鉱、鉄鉱（砂鉄ヲ含ム）、硫化鉄鉱、格魯謨鉄鉱、満俺鉱、重石鉱、水鉛鋼、砒鉱、燐鉱、黒鉛、石炭、亜炭、石油、土瀝青、硫黄、石絨、雲母、苦灰石、滑石、重晶石、蛍石、礬石鉱及貴重ナル玉石類ヲ謂フ

◎関東州兵器等製造事業特別助成令

昭和十七年五月二十三日勅令第五百三十二号

朕関東州兵器等製造事業特別助成令ヲ裁可シ茲ニ之ヲ公布セシム（総理、陸軍、海軍大臣副署）

関東州兵器等製造事業特別助成令

関東州ニ於ケル兵器等製造事業ノ特別助成ニ関シテハ兵器等製造事業特別助成法及兵器等製造事業特別助成法施行令ニ依ル但シ兵器等製造事業特別助成法施行令中当該事業ノ所管大臣又ハ大蔵大臣トアルハ満洲国駐箚特命全権大使トス

附　則

本令ハ昭和十七年六月二十五日ヨリ之ヲ施行ス

◎関東州会社等臨時措置令

昭和十九年五月二十日勅令第三百五十八号

朕関東州会社等臨時措置令ヲ裁可シ茲ニ之ヲ公布セシム（総理、大東亜大臣副署）

関東州会社等臨時措置令

関東州ノ戦時ニ於ケル会社其ノ他ノ法人ニ関スル特例ニ関シテハ会社等臨時措置法第一条ノ規定ヲ除クノ外同法ニ依ル但シ同法中勅令トアルハ関東局令、商法トアルハ関東州裁判事務取扱令ニ於テ依ルコトヲ定メタル商法トス

附　則

本令ハ公布ノ日ヨリ之ヲ施行ス

◎関東州軍需会社令

昭和二十年八月十一日
勅令第四百六十九号

朕関東州軍需会社令ヲ裁可シ玆ニ之ヲ公布セシム（総理、大東亜大臣副署）

関東州軍需会社令

第一条　関東州ニ於ケル兵器、航空機、艦船等重要軍需品其ノ他軍需物資ノ生産、加工及修理ヲ為ス事業其ノ他軍需ノ充足上必要ナル事業ニ関シテハ本令ニ規定スルモノヲ除クノ外軍需会社法ニ依ル但シ同法第四条及第二十二条ノ規定並ニ軍需生産責任審査会ニ関スル規定ハ此ノ限ニ在ラズ

軍需会社法中本法トアルハ本令トシ兵器、航空機、船舶等重要軍需品其ノ他軍需物資ノ生産、加工及修理ヲ為ス事業（以下軍需事業ト称ス）ヲ営ム会社トアルハ兵器、航空機、船舶等重要軍需品其ノ他軍需物資ノ生産、加工及修理ヲ為ス事業（以下軍需事業ト称ス）ヲ営ム会社（関東州ニ本店ヲ有スルモノニ限ル）トシ政府トアルハ満洲国駐箚特命全権大使トシ勅令トアルハ関東局令トシ国家総動員法トアルハ関東州国家総動員令ニ於テ依ルコトヲ定メタル国家総動員法トシ法律トアルハ勅令トシ統制会若ハ統制会社トアルハ法人若ハ団体ニシテ大使ノ指定スルモノトス

第二条　軍需会社ニ生産責任者一人ヲ置ク

生産責任者ハ大使其ノ定ムル所ニ依リ之ヲ任免ス

生産責任者ハ大使ニ対シ軍需会社ノ責務遂行ニ関シ会社ヲ代表シテ其ノ責ニ任ズルモノトス

生産責任者ノ会社ノ代表及業務執行並ニ之ニ伴フ事項ニ関シ必要ナル事項ハ大使之ヲ定ム

第三条　本令及第一条ニ於テ依ルコトヲ定メタル軍需会社法中必要ナル規定ハ大使ノ定ムル所ニ依リ軍需事業ヲ営ム者ニシテ会社以外ノモノ及軍需ノ充足上必要ナル軍需事業以外ノ事業ヲ営ム会社其ノ他ノ者ニ対シ之ヲ準用スルコトヲ得関東州外ニ於テ本店又ハ主タル事務所ヲ有シ関東州ニ於テ軍需事業ヲ営ム支店、従タル事務所、工場又ハ事業場ヲ有スル会社其ノ他ノ者ニ付亦同ジ

第四条　大使ハ本令ニ定ムル其ノ職権ノ一部ヲ関東州庁長官ニ委任スルコトヲ得

附　則

本令施行ノ期日ハ大使之ヲ定ム

◎関東州南満洲鉄道附属地ニ於ケル担保附社債信託ニ関スル件

大正十一年一月二十四日勅令第十三号

朕関東州及南満洲鉄道附属地ニ於ケル担保附社債信託ニ関スル件ヲ裁可シ茲ニ之ヲ公布セシム（総理大臣副署）関東州及南満洲鉄道附属地ニ於ケル会社ノ締結スル担保附社債信託契約ニ関シテハ関東長官ノ監督ヲ受ク此ノ場合ニ於テハ担保附社債信託法ヲ準用ス

附　則

本令ハ公布ノ日ヨリ之ヲ施行ス

○関東庁官制等ノ改正ニ際シ憲兵令其ノ他ノ勅令中改正等ノ件（抄）

昭和九年十二月二十六日勅令第三百九十五号

第八十六条　大正十一年勅令第十三号中左ノ通改正ス

「関東長官」ヲ「満洲国駐箚特命全権大使」ニ改ム

附　則

本令ハ公布ノ日ヨリ之ヲ施行ス

○昭和十二年勅令第六百八十五号（抄）

昭和十二年十二月一日勅令第六百八十五号

第四十九条　大正十一年勅令第十三号中左ノ通改正ス

「及南満洲鉄道附属地」ヲ削ル

附　則

本令ハ公布ノ日ヨリ之ヲ施行ス

◎関東州ニ支店又ハ代理店ヲ設ケテ保険事業ヲ営ム者ニ関スル件

明治四十三年六月二十七日勅令第二百九十四号

朕関東州ニ支店又ハ代理店ヲ設ケテ保険事業ヲ営ム者ニ関スル件ヲ裁可シ茲ニ之ヲ公布セシム（総理大臣副署）

第一条　内地ニ於テ主務官庁ノ免許ヲ受ケタル保険会社カ関東州ニ支店又ハ代理店ヲ設ケテ其ノ免許ヲ受ケタル保険事業ヲ営ム場合ニ於テハ保険業法ニ依ル免許及認可ノ規定ハ之ヲ適用セス

前項ノ保険会社ハ関東州ニ於ケル代表者ヲ定メ支店又ハ代理店ノ設置ニ関スル事項ヲ具シ届出ツヘシ

商法第六十二条ノ規定ハ前項ノ代表者ニ之ヲ準用ス

第二条　前条ノ保険会社カ内地ニ於テ事業停止ノ処分ヲ受ケタルトキハ関東州ニ於テモ亦其ノ事業ヲ停止セラレタルモノトス

第三条　第一条第二項ノ届出ヲ為サスシテ保険事業ヲ営ム保険

会社ニ付テハ保険業法第九十七条ノ規定ヲ準用ス

第四条　前三条ノ規定ハ保険業法施行前設立シタル保険会社及内地ニ支店又ハ代理店ヲ設ケテ保険事業ヲ営ム外国人又ハ外国会社ニ之ヲ準用ス

第五条　保険業法ニ依リ取締役、監査役、清算人又ハ業務ヲ執行スル社員ニ適用スヘキ罰則ハ之ヲ関東州ニ於ケル代表者ニ適用ス

第六条　本令ニ規定スルモノノ外必要ナル事項ハ関東都督之ヲ定ム

附　則

本令ハ明治四十三年七月一日ヨリ之ヲ施行ス

○関東庁官制等ノ改正ニ際シ憲兵令其ノ他ノ勅令中改正等ノ件（抄）

（昭和九年十二月二十六日勅令第三百九十五号）

第八十七条　明治四十三年勅令第二百九十四号中左ノ通改正ス

第六条中「関東都督」ヲ「満洲国駐箚特命全権大使」ニ改ム

附　則

本令ハ公布ノ日ヨリ之ヲ施行ス

◎戦時海上保険補償法施行ニ関スル件（抄）

（大正三年九月十二日勅令第百八十九号）

朕戦時海上保険補償法施行ニ関スル件ヲ裁可シ茲ニ之ヲ公布セシム（総、農、外、大臣副署）

関東州ニ於ケル戦時海上保険契約ニ関シテハ前項ノ法律ニ依ル

朝鮮、台湾、樺太及関東州ニ於ケル戦時海上保険補償法ノ施行ニ関スル主務官庁ハ農商務大臣トス

附　則

本令ハ公布ノ日ヨリ之ヲ施行ス

（参照）戦時海上保険補償法（大正三年法律第四十四号）は大正六年七月二十一日法律第二十号で廃止された。

◎戦時海上再保険法施行ニ関スル件（抄）

（大正六年九月十一日勅令第百三十四号）

朕戦時海上再保険法施行ニ関スル件ヲ裁可シ茲ニ之ヲ公布セシム（総、農商大臣副署）

関東州ニ於ケル戦時海上再保険ニ関シテハ前項ノ法律ニ依ル

朝鮮、台湾、樺太及関東州ニ於ケル戦時海上再保険法ノ施行ニ関スル主務官庁ハ農商務大臣トス

附　則

本令ハ戦時海上再保険法施行ノ日ヨリ之ヲ施行ス（大正六年九月二十日から施

行）

（参照）戦時海上再保険法（大正六年法律第二十号）は大正九年八月九日法律第五十七号で廃止された。

◎関東州戦争保険臨時措置令

昭和十七年五月二十日
勅令第五百二十一号

朕関東州戦争保険臨時措置令ヲ裁可シ茲ニ之ヲ公布セシム

関東州戦争保険臨時措置令

第一条　関東州ニ於ケル戦争保険ニ関シテハ戦争保険臨時措置法第四条、第八条及第九条ノ規定ヲ除クノ外同法ニ依ル但シ同法中本法トアルハ本令トシ政府トアルハ同法第十一条及第十二条ノ場合ヲ除クノ外満洲国駐箚特命全権大使トス

第二条　大使ハ国民経済上必要アリト認ムルトキハ大使ノ定ムル所ニ依リ戦争保険ノ保険金ノ支払ヲ受クル者ニ対シ其ノ保険金ノ受取若ハ処分ニ関シ必要ナル指示ヲ為シ又ハ保険会社ニ対シ戦争保険ノ保険金ノ支払ヲ延期スベキコトヲ命ズルコトヲ得

前項ノ場合ニ於テ支払ヲ延期シタル保険金ニハ大使ノ定ムル所ニ依リ利息ヲ附スベシ

第三条　保険会社ガ填補スベキ損害ノ額トシテ大使ノ定ムル額ヲ超ユル額ヲ認定セントスルトキハ大使ノ許可ヲ受クベシ

第四条　大使ハ本令ニ定ムル職権ノ一部ヲ関東州庁長官ニ委任スルコトヲ得

附　則

本令施行ノ期日ハ大使之ヲ定ム（昭和八年関東局令第二十九号で同年四月一日から施行）

○関東州戦争保険臨時措置令中改正

昭和十八年十二月四日勅令第九百十三号

第一条　但書ヲ左ノ如ク改ム

但シ同法中本法トアルハ本令トシ政府トアルハ同法第十一条及第十二条ノ場合ヲ除クノ外満洲国駐箚特命全権大使トシ法人税法ニ依ル所得、営業税法ニ依ル純益及臨時利得税法ニ依ル利益トアルハ関東州所得税令ニ依ル所得及関東州臨時利得税令ニ依ル利益トス

附　則

本令ハ公布ノ日ヨリ之ヲ施行ス

○関東州戦時特殊損害保険令附則（抄）

昭和十九年六月七日
勅令第三百九十号

附　則

本令施行ノ期日ハ大使之ヲ定ム

関東州戦争保険臨時措置令ハ之ヲ廃止ス（以下略）

◎関東州戦争死亡傷害保険令

昭和十九年二月十四日勅令第七十五号

朕関東州戦争死亡傷害保険令ヲ裁可シ茲ニ之ヲ公布セシム

（総理、大東亜大臣副署）

関東州戦争死亡傷害保険令

第一条　関東州ニ於ケル戦争死亡傷害保険ニ関シテハ戦争死亡傷害保険法第三条及第五条ノ規定ヲ除クノ外同法ニ依ル但シ同法中本法トアルハ本令トシ政府トアルハ同法第七条ノ場合ヲ除クノ外満洲国駐箚特命全権大使トシ同法第八条中法人税法ニ依ル所得、営業税法ニ依ル純益及臨時利得税法ニ依ル利益トアルハ関東州所得税令ニ依ル所得及関東州臨時利得税令ニ依ル利益トス

第二条　大使ハ国民経済上必要アリト認ムルトキハ大使ノ定ムル所ニ依リ戦争死亡傷害保険ノ保険金ノ支払ヲ受クル者ニ対シ其ノ保険金ノ受取若ハ処分ニ関シ必要ナル指示ヲ為シ又ハ保険会社ニ対シ当該保険金ノ支払ノ時期若ハ方法ニ関シ必要ナル事項ヲ命ズルコトヲ得

前項ノ規定ニ依ル命令ニ基キ支払ヲ延期シタル保険金ニハ大使ノ定ムル所ニ依リ利息ヲ附スベシ

第三条　大使ハ本令ニ定ムル職権ノ一部ヲ関東州庁長官ニ委任スルコトヲ得

附　則

本令施行ノ期日ハ大使之ヲ定ム

◎関東州戦時特殊損害保険令

昭和十九年六月七日
勅令第三百九十号

朕関東州戦時特殊損害保険令ヲ裁可シ茲ニ之ヲ公布セシム

（総理、大東亜大臣副署）

関東州戦時特殊損害保険令

第一条　関東州ニ於ケル戦時特殊損害保険ニ関シテハ戦時特殊損害保険法第一条第二項、第十条、第十一条第四項及第五項、第十二条乃至第十四条、第十八条、第十九条並ニ第二十三条ノ規定ヲ除クノ外同法ニ依ル但シ同法中本法トアルハ本令トシ政府トアルハ同法第十六条及第十七条ノ場合ヲ除クノ外満洲国駐箚特命全権大使トシ戦争保険又ハ地震保険トアリ、戦争保険若ハ地震保険トアリ、戦争保険及地震保険トアリ、又ハ戦争保険、地震保険トアルハ戦争保険トシ戦争保険契約又ハ地震保険契約トアルハ戦争保険契約トス

第二条　保険会社ガ戦争保険ニ付填補スベキ損害ノ額トシテ大使ノ定ムル額ヲ超ユル額ヲ認定セントスルトキハ損害ノ原因及額ニ関シ大使ノ許可ヲ受クベシ戦時特殊損害保険法第五条ノ損害保険ニ付同条ニ規定スル事故ニ因リテ生ジタル損害ヲ填補スベキ場合ニ於テ填補スベキ損害ノ額トシテ大使ノ定ムル額ヲ超ユル額ヲ認定セントスルトキ亦同ジ

前項ノ規定ハ保険会社ガ戦時特殊損害保険法第十一条第一項ノ認定ニ基キ保険金ノ支払ヲ為ス場合ニハ之ヲ適用セズ

第三条　当該官吏ハ戦時特殊損害保険法第十一条第一項ノ規定ニ依リ損害ノ調査ヲ為ス為必要アリト認ムルトキハ保険会

社、保険契約者、被保険者其ノ他適当ト認ムル者ニ対シ質問ヲ為スコトヲ得

第四条　関東州所得税令ニ依ル所得及関東州臨時利得税令ニ依ル利益ノ計算ニ付テハ保険会社ノ戦争保険関係ニ基キ収入シタル金額、戦時特殊損害保険法第五条ノ損害保険ニ付収入シタル金額中大使ノ定ムル額及同法第十六条第一項又ハ第十七条第一項ノ規定ニ依ル補償金ハ其ノ総益金ヨリ、保険会社ノ戦争保険関係ニ基キ支出シタル金額、同法第五条ノ損害保険ニ付同条ニ規定スル事故ニ因リテ生ジタル損害ニ関シ支出シタル金額ニシテ大使ノ定ムルモノ及同法第十六条第二項又ハ第十七条第二項ノ規定ニ依ル納付金ハ其ノ総損金ヨリ之ヲ控除ス

第五条　大使ハ必要アリト認ムルトキハ保険会社其ノ他大使ノ定ムル者ヲシテ戦時特殊損害保険法第十一条第一項ノ規定ニ依リ大使ノ行フ損害ノ調査ニ協力セシムルコトヲ得

第六条　当該官吏、前条ノ規定ニ依リ大使ノ行フ損害ノ調査ニ協力スル者（其ノ者ガ法人ナルトキハ当該事務ニ従事スル職員）又ハ此等ノ職ニ在リタル者本令ニ依ル職務執行ニ関シ知得タル法人又ハ人ノ業務上ノ秘密ヲ漏泄シ又ハ窃用シタルトキハ二年以下ノ懲役又ハ二千円以下ノ罰金ニ処ス

第七条　大使ハ本令ニ定ムル職権ノ一部ヲ関東州庁長官ニ委任スルコトヲ得

附　則

本令施行ノ期日ハ大使之ヲ定ム

関東州戦争保険臨時措置令ハ之ヲ廃止ス

旧令ニ依ル戦争保険契約ニシテ本令施行ノ際現ニ存スルモノハ本令施行ノ時ニ於テ本令施行ノ時（当該戦争保険契約ノ保険期間ノ始期ガ本令施行後ナルトキハ其ノ始期）ニ始リ当該戦争保険契約ノ保険期間ノ終期ニ終ル期間ヲ保険期間トシテ成立シタル本令ニ依ル戦争保険契約ト看做ス

旧令ニ依ル戦争保険契約ニ付本令施行前発生シタル事故ニ因ル損害ノ填補ニ関シテハ仍旧令ニ依ル

第四条及戦時特殊損害保険法第十六条ノ規定ノ適用ニ付テハ旧令ニ依ル戦争保険ハ之ヲ本令ニ依ル戦争保険ト看做ス

本令施行前旧令ニ違反シタル者ノ処罰ニ付テハ仍旧令ニ依ル

前四項ニ定ムルモノノ外本令施行ノ際必要ナル事項ハ大使之ヲ定ム

◎関東州及南満洲鉄道附属地内ニ設立スル重要物産取引市場ニ関スル件

大正二年二月十五日勅令第六号

朕関東州内ニ設立スル重要物産取引市場ニ関スル件ヲ裁可シ茲ニ之ヲ公布セシム（総、大臣副署）

関東州内ニ設立スル重要物産取引市場ニ於ケル取引ノ方法及担保ニ関シテハ関東都督ノ定ムル所ニ依ル

附　則

本令ハ公布ノ日ヨリ之ヲ施行ス

○大正二年勅令第六号中改正

大正四年四月十三日勅令第五十四号

「関東州内」ヲ「関東州及南満洲鉄道附属地内」ニ改ム

○関東庁官制等ノ改正ニ際シ憲兵令其ノ他ノ勅令中改正等ノ件（抄）

昭和九年十二月二十六日勅令第三百九十五号

第八十八条 大正二年勅令第六号中左ノ通改正ス

「関東都督」ヲ「満洲国駐箚特命全権大使」ニ改ム

附 則

本令ハ公布ノ日ヨリ之ヲ施行ス

○大正二年勅令第六号中改正

昭和十二年十二月一日勅令第六百八十五号

第五十条 大正二年勅令第六号中左ノ通改正ス

「及南満洲鉄道附属地ヲ」ヲ削ル

附 則

本令ハ公布ノ日ヨリ之ヲ施行ス

◎関東州取引所令

大正八年十二月十五日勅令第四百九十四号

朕関東州取引所令ヲ裁可シ茲ニ之ヲ公布セシム（総理大臣副署）

関東州取引所令

第一条 関東州及南満洲鉄道附属地ニ於ケル取引所ノ設立ハ関東長官ノ免許ヲ受クヘシ

第二条 取引所ニ於テ賣買取引スル物件ノ種類ハ関東長官之ヲ定ム

第三条 同種ノ物件ヲ賣買取引スル取引所ハ一地区一箇所ニ限リ設立スルコトヲ得但シ其ノ地区ハ関東長官之ヲ定ム

第四条 取引所ノ免許年限ハ十年トス但シ出願ニ依リ関東長官ハ之ヲ更新スルコトヲ得

第五条 株式会社組織ノ取引所ハ資本金ノ十分ノ一ニ相当スル営業保証金ヲ供託スヘシ

取引所ハ前項ノ供託ヲ為シタル後ニ非サレハ取引所ノ業務ヲ行フコトヲ得ス営業保証金ニ不足ヲ生シタル場合ニ於テ関東長官ノ指定シタル期間内ニ其ノ不足額ヲ供託セサルトキ亦同シ

営業保証金ハ有価証券ヲ以テ之ニ代用スルコトヲ得其ノ種類及代用価格ハ関東長官之ヲ指定ス

第六条 取引所ハ会員組織又ハ株式会社組織トス

第七条 取引所ニ於テハ其ノ取引所ノ会員又ハ取引人ニ限リ賣買取引ヲ為スコトヲ得

会員又ハ取引人ハ其ノ市場代理人ヲ以テスルニ非サレハ取引

所ノ市場ニ於テ賣買取引ノ代理ヲ為サシムルコトヲ得ス
取引所ハ其ノ営業細則ニ市場代理人ニ関スル事項ヲ規定スヘシ
第八条 取引所ハ法人トシテ財産ヲ所有シ及之ヲ処分スルコトヲ得
取引所ノ責任ハ其ノ財産ニ限ルモノトス
第九条 取引所ハ関東長官ノ認可ヲ受ケ其ノ営業部類ニ属スル商品ノ倉庫ヲ設置シ及預証券、質入証券又ハ倉荷証券ヲ発行スルコトヲ得
取引所ハ其ノ預証券、質入証券又ハ倉荷証券ニ対シ前貸シ為スコト又ハ之ヲ買受クルコトヲ得ス
第十条 取引所ノ定款ハ関東長官ノ認可ヲ受クヘシ
第十一条 取引人タラムトスル者ハ関東長官ノ免許ヲ受クヘシ
第十二条 会員ノ資格、除名及脱退並取引人ノ資格、免許失効及免許取消ニ関シテハ関東長官之ヲ定ム
第十三条 取引人ハ自己ノ計算ヲ以テスルト他人ノ計算ヲ以テスルトヲ問ハス取引所ニ対シ其ノ賣買取引上一切ノ責任ヲ負フヘシ
第十四条 取引人ハ関東長官ノ定ムル所ニ依リ免許料ヲ納ムヘシ
第十五条 会員又ハ取引人ハ身元保証金ヲ其ノ取引所ニ納ムヘシ
身元保証金ノ金額ハ五千円ヲ下ルコトヲ得ス
身元保証金ハ取引所ノ定ムル所ニ依リ有価証券ヲ以テ之ニ代用スルコトヲ得
関東長官必要ト認ムルトキハ前項ノ有価証券ノ種類又ハ其ノ代用価格ヲ変更セシムルコトヲ得
取引所身元保証金ヲ受取リタルトキハ遅滞ナク之ヲ供託スヘシ
第十六条 取引所ハ其ノ秩序ヲ保持スル為定款ノ規定ニ依リ会員又ハ取引人ニ対シ其ノ営業ヲ停止シ、千円以内ノ過怠金ヲ之ニ課シ、関東長官ノ認可ヲ受ケ之ヲ除名スルコトヲ得
第十七条 取引所ハ其ノ定款ヲ以テ会員若ハ取引人ト為ルニ必要ナル条件ヲ定メ又ハ取引人ノ員数ヲ制限スルコトヲ得
第十八条 取引人ハ廃業後ト雖其ノ取引所ニ於ケル取引ノ結了及監督ノ目的ノ範囲内ニ於テハ取引結了後二週間ヲ経過スル迄仍廃業セサルモノト看做ス
取引人死亡シ若ハ除名セラレ又ハ其ノ免許カ取消サレ若ハ効力ヲ失ヒタル場合ニ於テハ其ノ取引所ニ於ケル取引ノ結了ニ至ル迄亦前項ニ同シ
前項ノ規定ハ会員ノ死亡、除名及脱退ノ場合ニ之ヲ準用ス
前三項ノ場合ニ於テ会員又ハ取引人ノ行為ヲ為ス者ナキトキハ取引所ハ定款ノ定ムル所ニ従ヒ他人ヲシテ其ノ行為ヲ為サシムルコトヲ得
第十九条 取引所ノ役員ハ定款ノ規定ニ依リ会員又ハ株主中ヨリ二年内ノ任期ヲ以テ之ヲ選挙シ関東長官ノ認可ヲ受クヘシ
取引所ノ役員左ノ如シ

理事長　一人
理事　二人以上
監査役　若干人

第二十条 取引所ノ取引人トノ間ニ資金ノ供与、損益ノ分配其ノ他取引人ノ営業ニ付特別ノ利害関係ヲ有スル者ハ其ノ取引所又ハ之ト同種ノ物件ヲ取引スル取引所ノ役員タルコトヲ得ス

役員カ取引人タルノ免許ヲ受ケタルトキハ其ノ職ヲ失フ理事長又ハ理事カ他ノ取引所ノ理事長又ハ理事タルノ認可ヲ受ケタルトキ亦同シ

関東長官ハ不正ノ手段ニ依リ役員タルノ認可ヲ受ケタル者又ハ第一項ノ規定ニ違反シテ役員タル者アルコトヲ発見シタルトキハ之ヲ解職スルコトヲ得

第二十一条 関東長官ハ役員ノ職務ヲ行フ者ナキ場合ニ於テ必要ト認ムルトキハ仮ニ役員ヲ選任スルコトヲ得

第二十二条 取引所ノ賣買取引ハ現物取引、延取引及定期取引ノ三種トス

二十三条 現物取引ハ其ノ契約成立ノ日ヨリ起算シ二日内ニ於テ、延取引ハ其ノ契約成立ノ日ヨリ起算シ三日以上百五十日内約定ノ日ニ於テ受渡ヲ為スヘシ但シ株式、国債、地方債、社債其ノ他有価証券ノ延取引ハ其ノ契約成立ノ日ヨリ起算シ一月内約定ノ日ニ於テ受渡ヲ為スヘシ

受渡ヲ為スヘキ日カ休日ニ当ルトキハ其ノ翌日ニ於テ受渡ヲ為スヘシ

第二十四条 定期取引ハ三月内ニ於テ取引所ノ定メタル限月ニ依ルヘシ

株式、国債、地方債、社債其ノ他有価証券ノ定期取引ノ期間ハ一月内トス

第二十五条 現物取引、延取引及会員組織ノ取引所ノ定期取引ハ競賣買ノ方法ニ依ルコトヲ得ス

転賣買戻ハ競賣買ノ方法ニ依ル定期取引ニ限リ之ヲ為スコトヲ得

第二十六条 取引人ハ委託ヲ受ケタル定期取引ニ付其ノ委託者ノ指図ニ依ラスシテ転賣又ハ買戻ヲ為スコトヲ得ス但シ営業細則ノ定ムル所ニ依リ提供スヘキ証拠金又ハ受渡物件若ハ受渡代金ヲ取引人ノ請求アルニ拘ラス委託者ニ於テ提供セサルトキハ此ノ限ニ在ラス

第二十七条 前条ノ規定ニ違反シテ転賣又ハ買戻ヲ為シタル取引人ニ対シテハ取引所ハ之ニ三月以上ノ営業停止ヲ命シ又ハ之ヲ除名スヘシ

第二十八条 定期取引ニ付証拠金ヲ納メシムル取引所ハ同一取引人ノ賣付ト買付トカ対立スルノ故ヲ以テ証拠金ノ減額又ハ免除ヲ為スコトヲ得ス

第二十九条 賣買取引ハ現物、見本又ハ銘柄ニ依リテ之ヲ為スヘシ

大豆、高粱又ハ小麦ノ定期取引ニ限リ営業細則ノ定ムル所ニ依リ標準物ヲ定メ格付受渡ノ方法ヲ用キルコトヲ得

前項ノ標準物ハ之ニ依リテ為シタル定期取引ノ受渡期日ヲ経過シタル後六月間取引所之ヲ保管スヘシ

第三十条 株式会社組織ノ取引所ノ定期取引ニ於ケル賣買取引ノ単位ハ営業細則ノ定ムル所ニ依ル

現物取引、延取引又ハ会員組織ノ取引所ノ定期取引ニ於ケル賣買取引ニ付単位ヲ定メムトスルトキハ関東長官ノ認可ヲ受

クヘシ

第三十一条　取引所ハ毎日一定ノ時ニ於テ市場ヲ開クヘシ

開市及休業ニ関スル事項ハ営業細則ニ之ヲ規定スヘシ

第三十二条　取引所ハ営業細則ノ定ムル所ニ依リ立会ノ停止又ハ会員若ハ取引人ノ市場ニ於ケル賣買取引ノ差止ヲ為スコトヲ得

第三十三条　受渡ハ営業細則ノ定ムル所ニ依リ取引所ヲ経テ之ヲ為スヘシ

受渡場所ハ営業細則ノ定ムル所ニ依ル

第三十四条　取引所ハ営業細則ヲ設ケ賣買取引ノ方法ニ関スル細則ヲ規定スヘシ

営業細則ハ関東長官ノ認可ヲ受クヘシ

関東長官必要ト認ムルトキハ営業細則ヲ変更セシムルコトヲ得

第三十五条　取引所ハ其ノ定款ニ依リ賣買取引ニ付証拠金ヲ納メシムルコトヲ得

第三十六条　取引所ハ賣買取引ノ責任ヲ履行セサル者アルトキハ其ノ証拠金及身元保証金ヲ以テ損害賠償ノ用ニ供スルコトヲ得

第三十七条　株式会社組織ノ取引所ハ賣買取引ノ違約ヨリ生スル損害ニ付賠償ノ責ニ任スヘシ但シ現物取引又ハ延取引違約ヨリ生スル損害ノ賠償ニ付テハ定款ヲ以テ別段ノ規定ヲ設クルコトヲ得

前項ノ場合ニ於テ取引所ハ其ノ賠償シタル金額及之ニ関スル諸費ノ追償ヲ違約者ニ要求スルコトヲ得

第三十八条　取引所ハ関東長官ノ認可ヲ受ケ賣買取引高ニ応シ賣買雙方ヨリ手数料ヲ徴収スルコトヲ得

第三十九条　取引所ハ証拠金及身元保証金ニ付他ノ債主ニ対シ優先権ヲ有ス

第四十条　取引人ハ委託ヲ受ケタル取引所ノ定期取引ニ付取引所ニ於テ其ノ賣付、買付又ハ受渡ヲ為サスシテ之ヲ為シタルト同一又ハ類似ノ計算ヲ以テ委託者ニ対シ其ノ決済ヲ為スコトヲ得ス

前項ノ規定ニ違反シタル取引人ニ対シテハ取引所ハ之ニ三月以上ノ営業停止ヲ命シ又ハ之ヲ除名スヘシ

第四十一条　取引所ハ関東長官ノ定ムル所ニ依リ公定相場ヲ決定シ之ヲ公示スヘシ

取引所ハ関東長官ノ定ムル所ニ依リ各取引人ノ賣買高ヲ公示スヘシ

第四十二条　株式会社組織ノ取引所ニハ賣買手数料ノ収入金額ニ対シ取引所営業税ヲ課ス

第四十三条　取引所ニ於ケル定期取引ニハ其ノ賣買各約定高ニ対シ取引税ヲ課ス但シ転賣買戻ニ付テハ其ノ限ニ在ラス

賣買ヲ解約スルモ其ノ税金ハ之ヲ免除セス

第四十四条　取引所営業税及取引税ノ課率並其ノ徴収ニ関シテハ関東長官之ヲ定ム

第四十五条　取引所ハ其ノ会員又ハ取引人ノ取引税ノ納付ニ付保証ノ責ニ任ス

会員又ハ取引人納期内ニ取引税ヲ納付セサルトキハ関東長官ハ取引所ヨリ之ヲ徴収スルコトヲ得

第四十六条　関東長官ハ取引所又ハ其ノ役員会員若ハ取引人ノ行為カ法令ニ違反シタルトキ、公益ヲ害スト認ムルトキ又ハ公衆ノ安寧ニ妨害アリト認ムルトキハ取引所又ハ其ノ役員、会員若ハ取引人ニ対シ左ノ処分ヲ為スコトヲ得

一　取引所ノ解散

二　取引所ノ停止

三　取引所ノ一部ノ停止又ハ禁止

四　役員ノ解職又ハ停職

五　会員又ハ取引人ノ営業停止又ハ除名

第四十七条　関東長官ハ必要ト認ムルトキハ官吏吏員ヲシテ取引所又ハ其ノ会員若ハ取引人ノ業務、帳簿、財産其ノ他一切ノ物件ノ検査ヲ又ハ監督上必要ナル処分ヲ為サシムルコトヲ得此ノ場合ニ於テハ取引所ノ役員、会員又ハ取引人ハ物件ヲ提供シ質問ニ応答スヘシ

第四十八条　関東長官ハ必要ト認ムルトキハ取引所ノ定款ノ改正セシメ又ハ其ノ決議ノ取消若ハ其ノ処分ノ停止禁止取消ヲ為スコトヲ得

第四十九条　取引所任意ノ解散ハ関東長官ノ認可ヲ受クヘシ

第五十条　関東長官ハ本令ニ定ムルモノヲ除クノ外取引所ニ関シ必要ナル規定ヲ設クルコトヲ得

附　則

本令施行ノ期日ハ関東長官之ヲ定ム（大正八年関東庁令第六十六号で大正八年十二月二十四日から施行但し第四十二条ないし第四十五条の規定は関東州にあっては大正九年三月十五日から施行し、南満洲鉄道付属地にあっては別にその施行期日を定める）

従前ノ規定ニ依リ設立シタル取引所ニシテ本令施行ノ際現ニ存スルモノニ付テハ同一地区ニ於テ同種ノ物件ヲ賣買取引スル取引所カ本令ニ依リ設立セラレ其ノ業務ヲ開始スル迄仍従前ノ規定ニ依ル

本令ニ依ル取引所カ其ノ業務ヲ開始シタルトキハ従前ノ規定ニ依ル前項ノ取引所ニ於テハ新ニ賣買取引ヲ為スコトヲ得ス但シ其ノ際受渡期限ノ到来セサル定期取引ニ付テハ仍転賣買戻ヲ為スコトヲ妨ケス

本令中取引税ニ関スル規定ハ従前ノ規定ニ依ル取引所ニ於ケル賣買取引ニ之ヲ適用ス

○関東州取引所令中改正

大正十年十月五日
勅令第四百十八号

第十五条第二項ヲ左ノ如ク改ム

身元保証金ノ額ハ五千円ヲ下ルコトヲ得ス但シ株式会社組織ノ取引所ニ在リテハ其ノ額ハ取引所ノ資本金ノ千分ノ五以上ニシテ関東長官ノ指定スル金額ヲ下ルコトヲ得サルモノトシ其ノ千分ノ五ノ金額カ五千円未満ナルトキハ五千円ヲ下ルコトヲ得サルモノトス

資本金ノ額カ二千万円ヲ超ユルトキハ其ノ超過金額ニ付テハ関東長官ハ其ノ定ムル別段ノ率ニ依リ身元保証金ノ額ヲ指定スヘシ

数種ノ物件ノ取引所ニシテ取引人ノ営業ノ部類ヲ数箇ニ分ツモノニ在リテハ関東長官ハ其ノ部類毎ニ資本金ヲ区分シテ前二項ノ規定ニ依ル金額ヲ指定スヘシ

第二十四条第一項ニ左ノ但書ヲ加ヘ同条第二項中「一月」ヲ「二

月」ニ改ム

但シ綿布、綿糸及麻袋ノ定期取引ニ限リ関東長官ノ認可ヲ受ケタル場合ニ於テハ六月内ノ限月ニ依ルコトヲ得

第二十六条 取引人ハ其ノ取引所ニ於ケル定期取引ノ賣建及買建ノ各数量ヲシテ委託者カ取引所ニ存続スヘキコトヲ指定シタル数量ヨリ下ラシムルコトヲ得ス

第二十七条 前条ノ規定ニ違反シタル取引人ハ取引所之ニ三月以上ノ営業停止ヲ命シ又ハ之ヲ除名スヘシ

第二十八条 取引人ハ委託者ニ於テ営業細則ノ定ムル所ニ依リ提供スヘキ証拠金又ハ受渡物件若ハ受渡代金ヲ取引人ノ請求アルニ拘ラス提供ヲ為サザルトキハ其ノ委託ヲ受ケタル定期取引ニ付転賣又ハ買戻ヲ為スコトヲ得

第三十五条ニ左ノ一項ヲ加フ

前項ニ規定スル証拠金ニシテ関東長官ノ指定スルモノニ付テハ取引所ハ取引人ヲシテ半額迄ハ現金ヲ以テ之ヲ納メシムヘシ

附　則

本令施行ノ期日ハ関東長官之ヲ定ム（大正十年関東庁令第六十八号で大正十年十月二十二日から施行）

第二十四条ノ改正規定ハ本令施行前ニ取引期間ノ開始シタル定期取引ニハ之ヲ適用セス

本令施行前ニ免許ヲ受ケタル取引人ノ納メタル身元保証金ノ額カ本令ニ依リ納ムヘキ身元保証金ノ額ニ達セサルモノニ付テハ取引所ハ関東長官ノ指定スル期間内ニ取引人ヲシテ之ヲ納メシムヘシ

○関東庁官制等ノ改正ニ際シ憲兵令其ノ他ノ勅令中改正等ノ件（抄）

昭和九年十二月二十六日勅令第三百九十五号

第八十九条 関東州取引所令中左ノ通改正ス

第一条中「関東長官」ヲ「満洲国駐箚特命全権大使」ニ改ム

第二条乃至第五条、第九条乃至第十二条、第十四条乃至第十六条、第十九条乃至第二十一条、第二十四条、第三十条、第三十四条、第三十五条、第三十八条、第四十一条及第四十四条乃至第五十条中「関東長官」ヲ「大使」ニ改ム

附　則

本令ハ公布ノ日ヨリ之ヲ施行ス

○昭和十二年勅令第六百八十五号（抄）

昭和十二年十二月一日勅令第六百八十五号

第五十一条 関東州取引所令中左ノ通改正ス

第一条中「及南満洲鉄道附属地」ヲ削ル

第五条、第九条、第十一条、第十五条、第十六条、第十九条乃至第二十一条、第二十四条、第三十条、第三十四条、第三十五条及第三十八条中「大使」ヲ「関東州庁長官」ニ改ム

第四十六条 取引所又ハ其ノ役員、会員若ハ取引人ノ行為カ法令ニ違反シタルトキ、公益ヲ害スト認ムルトキ又ハ公衆ノ安寧ニ妨害アリト認ムルトキハ取引所又ハ其ノ役員、会員若ハ取引人ニ対シ大使ハ第一号ノ処分ヲ、関東州庁長官

ハ第二号乃至第五号ノ処分ヲ為スコトヲ得
一　取引所ノ解散
二　取引所ノ停止
三　取引所ノ一部ノ停止又ハ禁止
四　役員ノ解職又ハ停職
五　会員又ハ取引人ノ営業停止又ハ除名

第四十七条中「大使」ノ下ニ「又ハ関東州庁長官」ヲ加フ

第四十八条　大使ハ必要ト認ムルトキハ取引所ノ定款ノ改正ヲ為サシムルコトヲ得

関東州庁長官ハ必要ト認ムルトキハ取引所ノ決議ノ取消又ハ其ノ処分ノ停止、禁止若ハ取消ヲ為スコトヲ得

附　則

本令ハ公布ノ日ヨリ之ヲ施行ス（以下略）

◎関東州商工会議所令

昭和十二年三月十九日勅令第三十三号

朕関東州商工会議所令ヲ裁可シ茲ニ之ヲ公布セシム（総理大臣副署）

関東州商工会議所令

第一条　商工会議所ハ商工業ノ改善発達ヲ図ルヲ以テ目的トス

第二条　商工会議所ハ法人トス

第三条　商工会議所ノ地区ハ市ノ区域ニ依ル但シ特別ノ事情アル場合ニ於テハ市ト会又ハ其ノ一部ヲ合シテ一地区ト為スコトヲ得

第四条　商工会議所ハ其ノ名称中ニ商工会議所ナル文字ヲ用フベシ

商工会議所ニ非ザルモノハ其ノ名称中ニ商工会議所ナル文字ヲ用フルコトヲ得ズ

第五条　商工会議所ヲ設立セントスルトキハ第十三条第一号ノ議員ノ被選挙権ヲ有スベキ者三十人以上発起人ト為リ其ノ議員ノ選挙権ヲ有スベキ者三分ノ二以上ノ同意ヲ得テ創立総会ヲ開キ定款其ノ他必要ナル事項ヲ定メ満洲国駐箚特命全権大使ノ認可ヲ受クベシ

第六条　商工会議所ハ前条ノ設立ノ認可アリタル日ニ於テ成立ス

商工会議所成立ノ後役員ノ選任アル迄ノ間必要ナル事務ハ発起人之ヲ行フ

第七条　定款ニハ左ノ事項ヲ記載スベシ
一　名称、地区及事務所ノ所在地
二　議員ノ定数、選挙及選定ニ関スル規定
三　役員ノ定数、権限及選任ニ関スル規定
四　会議ニ関スル規定
五　事業及其ノ執行ニ関スル規定
六　庶務及会計ニ関スル規定

第八条　商工会議所ハ其ノ目的ヲ達スル為左ノ事業ヲ行フ
一　商工業ニ関スル通報
二　商工業ニ関スル仲介又ハ斡旋
三　商工業ニ関スル調停又ハ仲裁
四　商工業ニ関スル証明又ハ鑑定
五　商工業ニ関スル統計ノ調査及編纂

六　商工業ニ関スル営造物ノ設置及管理
七　其ノ他商工業ノ改善発達ヲ図ルニ必要ナル事業
第九条　商工会議所ハ商工業ニ関スル事項ニ付行政庁ニ建議スルコトヲ得
商工会議所ハ行政庁ノ諮問ニ対シ答申スベシ
第十条　行政官庁ハ商工会議所ニ対シ商工業ニ関スル事項ノ調査ヲ命ズルコトヲ得
第十一条　商工会議所ハ商工業者ニ対シ商工業ニ関スル統計其ノ他ノ調査ヲ為ス為必要ナル資料ノ提出ヲ求ムルコトヲ得
第十二条　商工会議所ニ議員総会ヲ置ク
第十三条　議員総会ハ左ニ掲グル者ヲ以テ之ヲ組織ス
一　第十五条乃至第十九条ノ規定ニ依リ被選挙権アル者ニ就キ選挙人ノ選挙シタル議員
二　地区内ノ重要商工業ヲ代表セシムル為第二十条ノ規定ニ依リ選定シタル議員
三　南満洲鉄道株式会社
第十四条　議員ノ定数ハ五十人以内トシ前条第二号ノ議員ノ員数ハ議員定数ノ五分ノ二以内トス
同一商工会議所ニ於テ前条各号ノ議員ハ他ノ各号ノ議員ト相兼ヌルコトヲ得ズ
第十五条　左ノ条件ヲ具フル者ハ第十三条第一号ノ議員ノ選挙権ヲ有ス
一　帝国臣民又ハ帝国法令若ハ満洲国法令ニ依リ設立シタル会社ナルコト但シ会社ニ在リテハ資本又ハ財産ヲ目的トスル出資ノ半額以上及議決権ノ過半数ガ帝国臣民（帝国法令ニ依リ設立シタル法人ヲ含ム）ニ属スルモノタルコトヲ要ス
二　商工会議所ノ地区内ニ於テ引続キ一年以上本店、支店其ノ他ノ営業場ヲ有スルコト
三　自己ノ名ヲ以テ商行為ヲ為スヲ業トスル者（大使ノ指定スル営業ヲ為ス者ヲ除ク）又ハ取引所ニシテ商工会議所ノ地区内ニ於テ営業税又ハ取引所営業税ヲ一年間ニ大使ノ定ムル額以上納ムルコト但シ地区外ニモ営業場ヲ有スル者ノ納税額ノ算出方法ハ大使之ヲ定ム
前項第三号ノ納税額決定以前ニ於テハ其ノ最近ニ決定セラレタル一年間ノ納税額ヲ以テ其ノ納税額ト看做ス
会社ノ資本又ハ財産ヲ目的トスル出資ガ大使ノ定ムル金額以上ナル場合ニ於テハ第一項第三号ノ条件ヲ具ヘザルトキト雖モ第一項ノ選挙権ヲ有ス
家督相続ヲ為シタル者ニ付テハ第一項ノ選挙権ニ関スル条件ニシテ被相続人ノ具備シタルモノハ之ヲ其ノ者ノ具備シタルモノト看做ス
合併後存続スル会社又ハ合併ニ因リテ設立シタル会社ニ付テハ前項ノ規定ヲ準用ス
第十六条　左ノ各号ノ一ニ該当スル者ハ前条ノ選挙権ヲ有セズ
一　破産者ニシテ復権ヲ得ザル者
二　六年ノ懲役又ハ禁錮以上ノ刑ニ処セラレタル者
三　六年未満ノ懲役又ハ禁錮ノ刑ニ処セラレ其ノ執行ヲ終リ又ハ執行ヲ受クルコトナキニ至ル迄ノ者
第十七条　第十三条第一号ノ議員ノ選挙権ヲ有スル者ハ其ノ被

選挙権ヲ有ス

第十八条　左ノ各号ノ一ニ該当スル者ハ前条ノ被選挙権ヲ有セズ

一　禁治産者及準禁治産者

二　女子及年齢三十才未満ノ男子

第十九条　第十三条第一号ノ議員ノ選挙ハ投票ニ依リ之ヲ行フ

投票ハ一人一票ニ限ル

投票ハ選挙人自ラ之ヲ行フ但シ会社及無能力者ハ大使ノ定ムル所ニ依リ代人ヲ以テ之ヲ行フ

投票ハ単記無記名投票又ハ五人以内ノ連記無記名投票ノ方法ニ依ル

選挙ハ選挙人ヲ二級ニ分チテ之ヲ行フコトヲ得

前五項ニ規定スルモノノ外選挙ノ方法、手続、取締其ノ他選挙ニ関シ必要ナル事項ハ大使之ヲ定ム

第二十条　第十三条第二号ノ議員ハ地区内ノ重要商工業一業種ニ付三人以内トス

前項ノ重要商工業ノ種目及其ノ各業種ニ対スル議員ノ員数ハ大使之ヲ定ム

第一項ノ議員ハ第十五条第一項第一号ノ条件ヲ具フル者タルコトヲ要ス

第十六条又ハ第十八条各号ノ一ニ該当スル者ハ第一項ノ議員タルコトヲ得ズ

前四項ニ規定スルモノノ外第一項ノ議員ノ選定ニ関シテハ定款ノ定ムル所ニ依ル

第二十一条　議員タル会社ハ大使ノ定ムル所ニ依リ其ノ代表者ヲ定ムベシ

前項ノ代表者ハ会社ノ業務ヲ執行スル社員若ハ役員又ハ登記シタル支配人ニシテ帝国臣民タルコトヲ要ス

一人ニシテ同一商工業会議所ニ於テ二以上ノ会社ノ代表者ト為ルコトヲ得ズ

第二十二条　左ノ各号ノ一ニ該当スル者ハ前条ノ代表者タルコトヲ得ズ

一　第十六条又ハ第十八条各号ノ一ニ該当スル者

二　同一商工会議所ノ議員タル者

三　第十三条第一号ノ議員ノ選挙権及被選挙権停止中ノ者

第二十三条　議員ハ名誉職トス

第二十四条　第十三条第一号及第二号ノ議員ノ任期ハ三年トス

前項ノ期間ハ第十三条第一号ノ議員ノ総選挙ノ第一日ヨリ之ヲ起算ス

補欠議員ハ其ノ前任者ノ残任期間在任ス

第二十五条　第十三条第一号ノ議員ニシテ其ノ被選挙権ヲ有セザルニ至リタル者ハ其ノ職ヲ失フ但シ納税ニ関スル条件ヲ失ヒタル場合ハ此ノ限ニ在ラズ

第十三条第一号ノ議員ニシテ其ノ選挙権及被選挙権ヲ停止セラレタル者亦前項ニ同ジ

第二十六条　左ノ事項ハ議員総会ノ議決ヲ経ルコトヲ要ス

一　定款ノ変更

二　経費ノ予算及賦課徴収方法

三　事業報告及収支決算ノ承認

四　借入金

五　顧問ノ選任又ハ解任
六　議員又ハ役員ノ解任
七　過怠金ノ賦課
八　第十三条第一号ノ議員ノ選挙権及被選挙権ノ停止
九　商工会議所ノ解散
十　其ノ他重要ナル事項
前項第一号、第二号、第四号及第九号ニ掲グル事項ノ決議ハ大使ノ認可ヲ受クベシ但シ其ノ年度内ノ収入ヲ以テ償還スベキ一時ノ借入金ニ付テハ此ノ限ニ在ラズ

第二十七条　議員総会ハ会頭之ヲ招集ス
議員総会ノ議長ハ会頭、会頭事故アルトキハ副会頭ヲ以テ之ニ充ツ会頭及副会頭共ニ事故アルトキハ出席議員ノ互選ニ依リ議長ヲ定ム
議員総会ハ議員三分ノ一以上出席スルニ非ザレバ之ヲ開クコトヲ得ズ
議員総会ノ議決ハ出席議員ノ過半数ニ依リ可否同数ナルトキハ議長之ヲ決ス
前条第一項第一号、第四号及第六号乃至第九号ニ掲グル事項ノ議決ハ議員三分ノ二以上出席シ其ノ出席議員三分ノ二以上ノ同意ヲ以テ之ヲ為スベシ
定款ノ変更ガ地域ノ変更ニ関スルトキハ前項ノ規定ニ依ル議決ノ外新ニ編入セラルベキ地域内ニ於ケル第十三条第一号ノ議員ノ選挙権ヲ有スベキ者又ハ削除セラルベキ地域内ニ於ケル第十三条第一号ノ議員ノ選挙権ヲ有スル者ノ三分ノ二以上ノ同意アルコトヲ要ス但シ市又ハ区域ノ変更ニ因リ地区ニ変更ヲ生ジタル場合ハ此ノ限ニ在ラズ

第二十八条　商工会議所ニ左ノ役員ヲ置ク
会頭　一人
副会頭　一人又ハ二人
会頭ハ商工会議所ヲ代表シ所務ヲ総理ス
副会頭ハ会頭ヲ補佐シ会頭事故アルトキハ其ノ職務ヲ代理ス
会頭及副会頭ノ外商工会議所ニハ定款ノ定ムル所ニ依リ他ノ役員ヲ置クコトヲ得
役員ハ名誉職トス

第二十九条　役員ハ議員総会ニ於テ議員中ヨリ之ヲ選任ス
役員ノ任期ハ三年トス
前項ノ期間ハ第十三条第一号ノ議員ノ総選挙ノ第一日ヨリ之ヲ起算ス
役員議員ノ職ヲ失ヒタルトキハ役員ノ職ヲ失フ
議員タル会社役員ニ選任セラレタル後第二十一条第一項ノ規定ニ依ル其ノ代表者ニ異動ヲ生ジタルトキハ其ノ会社ハ役員ノ職ヲ失フ

第三十条　役員ノ職務終了シタル場合ニ於テ所務ノ遂行ニ支障ヲ生ズル虞アルトキハ退職シタル役員ハ定款ノ定ムル所ニ依リ其ノ後任者ノ就職スル迄引続キ仍其ノ職務ヲ行フコトヲ得但シ第三十八条又ハ第四十九条ノ規定ニ依リ解任セラレタル場合ハ此ノ限ニ在ラズ

第三十一条　商工会議所ハ定款ノ定ムル所ニ依リ重要ナル事項ニ付諮問ヲ為ス為議員定数ノ五分ノ一ヲ超エザル員数ノ顧問ヲ置クコトヲ得

顧問ハ商工業ニ関スル学識経験アル者又ハ十年以上議員トシテ功労顕著ナル者ヨリ之ヲ選任ス

顧問ハ名誉職トス

第三十二条　商工会議所ニ理事一人ヲ置ク

理事ハ会頭ノ命ヲ承ケ庶務ヲ掌理ス

理事ノ外商工会議所ニハ定款ノ定ムル所ニ依リ他ノ職員ヲ置クコトヲ得

第三十三条　商工会議所ハ必要ニ応ジ商業部、工業部又ハ其ノ他ノ部ヲ置クコトヲ得

部ノ名称、組織、権限其ノ他部ニ関シ必要ナル事項ハ定款ヲ以テ之ヲ定ム

第三十四条　商工会議所ハ第十三条第一号ノ議員ノ選挙権ヲ有スル者ニ対シ経費ヲ賦課スルコトヲ得

第三十九条又ハ第五十条ノ規定ニ依リ選挙権ヲ停止セラレタル者ニ対シテハ停止中ト雖モ経費ヲ賦課スルコトヲ得

商工会議所ノ経費賦課ノ額ニ関スル制限及経費賦課ノ方法ハ大使之ヲ定ム

第三十五条　商工会議所ハ定款ノ定ムル所ニ依リ定款違反者ヨリ過怠金ヲ徴収スルコトヲ得

第三十六条　経費又ハ過怠金ヲ滞納スル者アル場合ニ於テ会頭ノ請求アルトキハ市又ハ会ハ国税ノ例ニ依リ之ヲ処分ス此ノ場合ニ於テ商工会議所ハ其ノ徴収金額ノ百分ノ五ヲ市又ハ会ニ交付スベシ

前項ノ徴収金ハ市又ハ会ノ徴収金ニ次デ先取特権ヲ有シ其ノ時効ニ付テハ国税ノ例ニ依ル

経費ノ賦課又ハ過怠金ノ徴収ニ関シテハ大使ノ定ムル所ニ依リ異議ノ申立及裁決ノ申請ヲ為スコトヲ得

第三十七条　商工会議所ハ定款ノ定ムル所ニ依リ使用料及手数料ヲ徴収スルコトヲ得

前項ノ使用料及手数料ノ徴収ニ関シテハ民事訴訟ヲ提起スルコトヲ得

第三十八条　商工会議所ハ職務ヲ怠リ其ノ他不正ノ行為アリタル第十三条第一号若ハ第二号ノ議員又ハ役員ヲ解任スルコトヲ得

第三十九条　商工会議所ハ経費ヲ滞納シタル者ニ対シ其ノ滞納中、前条ノ規定ニ依リ解任セラレタル者ニ対シ解任ノ時ヨリ三年以内第十三条第一号ノ議員ノ選挙権及被選挙権ヲ停止スルコトヲ得

第四十条　商工会議所ハ収支決算ヲ大使ニ報告スベシ

商工会議所ハ少クトモ毎年一回其ノ事業成績ヲ大使ニ報告スベシ

第四十一条　商工会議所ハ解散ノ後ト雖モ清算ノ目的ノ範囲内ニ於テハ仍存続スルモノト看做ス

第四十二条　商工会議所解散シタルトキハ議員総会ニ於テ清算人ヲ選任スベシ清算人欠ケタルトキ亦同ジ

清算人ノ選任ハ大使ノ認可ヲ受クベシ

第四十三条　前条ノ規定ニ依リ清算人タル者ナキトキハ大使清算人ヲ選任ス

第四十四条　清算人ハ商工会議所ヲ代表シ清算ヲ為スニ必要ナル一切ノ行為ヲ為ス権限ヲ有ス

第四十五条　清算人ハ清算及財産処分ノ方法ヲ定メ議員総会ノ議決ヲ経大使ノ認可ヲ受クベシ

議員総会前項ノ議決ヲ為サズ又ハ為スコト能ハザルトキハ清算人ハ大使ノ認可ヲ受ケ清算及財産処分ノ方法ヲ定ムベシ

第四十六条　商工会議所ハ解散ノ後ト雖モ其ノ債務ヲ完済スルニ必要ナル金額ヲ賦課徴収スルコトヲ得

前項ノ賦課徴収ニ関シテハ第三十四条及第三十六条ノ規定ヲ準用ス

第四十七条　大使必要アリト認ムルトキハ定款、経費ノ予算及賦課徴収方法又ハ清算及財産処分ノ方法ノ変更ヲ命ジ其ノ他監督上必要ナル命令ヲ発シ又ハ処分ヲ為スコトヲ得

第四十八条　第十三条第一号ノ議員ノ選挙ガ法令又ハ定款ニ違反スルトキハ大使ハ選挙又ハ当選ノ取消ヲ為スコトヲ得

第四十九条　議員総会ノ決議又ハ議員、役員若ハ清算人ノ行為法令若ハ定款ニ違反シ又ハ公益ヲ害スト認ムルトキハ大使ハ左ノ処分ヲ為スコトヲ得

一　第十三条第一号若ハ第二号ノ議員、役員又ハ清算人ノ解任
二　議員総会ノ決議ノ取消
三　商工会議所ノ事業ノ停止
四　商工会議所ノ解散

第五十条　大使ハ不正ノ行為アリタルニ因リ第四十八条ノ規定ニ基キ当選ヲ取消サレタル者又ハ前条第一号ノ規定ニ依リ解任セラレタル議員若ハ役員ニ対シ取消又ハ解任ノ時ヨリ三年以内第十三条第一号ノ議員ノ選挙権及被選挙権ヲ停止スルコトヲ得

第五十一条　大使ハ本令ニ規定シタル其ノ職権ノ一部ヲ関東州庁長官ニ委任スルコトヲ得

附　則

第五十二条　本令施行ノ期日ハ大使之ヲ定ム

第五十三条　本令施行ノ際現ニ存スル商工会議所類似ノ法人ハ本令施行後六月以内ニ第五条ノ規定ニ準ジ大使ニ認可ヲ申請シ商工会議所ト為ルコトヲ得

第五十四条　前条ノ申請ニ対シ認可アリタルトキハ其ノ法人ノ権利義務ハ商工会議所之ヲ承継ス

第五十五条　第六条第二項ノ規定ノ適用ニ付テハ第五十三条ノ申請ヲ為シタル法人ノ役員ハ之ヲ発起人ト看做ス

第五十六条　第四条第二項ノ規定ハ本令施行ノ際現ニ存スル商工会議所類似ノ法人ニ付テハ本令施行後六月間之ヲ適用セズ

第五十三条ノ申請ヲ為シタルモノニ付テハ其ノ申請ニ対スル認否ノ処分ノ日迄亦同ジ

第五十七条　横浜正金銀行ハ本令ノ適用ニ付テハ之ヲ会社ト看做ス

◎関東州経済会令

昭和十八年十月二日
勅令第七百五十七号

朕関東州経済会令ヲ裁可シ茲ニ之ヲ交付セシム（総理、大東亜大臣副署）

関東州経済会令

第一条　関東州経済会ハ国家経済ノ総力ヲ最モ有効ニ発揮セシ

ムル為国ノ行フ経済諸施策ノ実施ニ協力シ併セテ産業経済ノ円滑ナル連絡ヲ図ルト共ニ其ノ改善向上ニ努ムルコトヲ目的トス

本令ニ於テ産業経済トハ第五条第一号ニ掲グル事業ニ関スル産業経済ヲ謂フ

第二条　関東州経済会ハ法人トス

第三条　関東州経済会ノ地区ハ関東州ノ区域ニ依ル

第四条　関東州経済会ハ其ノ目的ヲ達スル為左ニ掲グル事業ヲ行フ

一　関東州ニ於ケル産業経済ニ関スル統制ニ対スル協力
二　関東州ニ於ケル産業経済ノ運営又ハ整備ニ関スル連絡
三　関東州ニ於ケル産業経済ノ改善向上ニ関スル施設
四　産業経済ニ関スル調査及研究
五　前各号ニ掲グルモノノ外関東州経済会ノ目的ヲ達スルニ必要ナル事業

第五条　関東州経済会ノ会員タル資格ヲ有スル者ハ左ニ掲グル者ニシテ満洲国駐箚特命全権大使ノ指定スルモノトス

一　関東州ニ営業所、工場又ハ事業場ヲ有シ農林畜産業、水産業、製塩業、商業、交易業、工業、鉱業、金融業、電気事業、通信事業、交通運輸業又ハ土木建築業ヲ営ム者
二　前号ニ掲グル事業ヲ営ム者ヲ以テ組織スル団体ニシテ関東州ニ事務所ヲ有スルモノ
三　前号ニ掲グル団体ノ外関東州ニ事務所ヲ有スル産業経済ニ関スル団体

第六条　大使ハ其ノ定ムル所ニ依リ前条ノ規定ニ依リ会員タル資格ヲ有スル者ニ対シ関東州経済会ノ設立ヲ命ズベシ

前項ノ規定ニ依ル設立ノ命令アリタルトキハ大使ノ定ムル所ニ依リ創立総会ヲ開キ定款其ノ他関東州経済会ノ設立ニ必要ナル事項ヲ定メ大使ノ認可ヲ受クベシ

第一項ノ規定ニ依リ設立ヲ命ゼラレタル者大使ノ指定スル期限迄ニ設立ノ認可ヲ申請セザルトキハ大使ハ定款ノ作成其ノ他設立ニ関シ必要ナル処分ヲ為スコトヲ得

第七条　関東州経済会ノ定款ニハ左ニ掲グル事項ヲ記載スベシ

一　名称
二　事務所ノ所在地
三　会員ニ関スル規定
四　事業及其ノ執行ニ関スル規定
五　役員ニ関スル規定
六　総代ニ関スル規定
七　会議ニ関スル規定
八　会計ニ関スル規定
九　支部ニ関スル規定

第八条　関東州経済会ハ大使ノ定ムル所ニ依リ設立ノ登記ヲ為スニ因リテ成立ス

第九条　関東州経済会成立シタルトキハ其ノ会員タル資格ヲ有スル者ハ総テ其ノ会員トス

第十条　関東州経済会ハ大使ノ定ムル所ニ依リ登記ヲ為スコトヲ要ス

前項ノ規定ニ依リ登記スベキ事項ハ登記ノ後ニ非ザレバ之ヲ以テ第三者ニ対抗スルコトヲ得ズ

第十一条　関東州経済会ニ非ザル者ハ其ノ名称中ニ関東州経済会ナル文字ヲ用フルコトヲ得ズ

第十二条　関東州経済会ニハ左ノ役員ヲ置クベシ

会頭　一人

理事　五人以上

監事　三人以上

評議員　若干人

関東州経済会ニハ前項ノ役員ノ外定款ノ定ムル所ニ依リ副会頭三人以内又ハ理事長一人ヲ置クコトヲ得

第十三条　会頭ハ関東州経済会ヲ代表シ会務ヲ総理ス

副会頭ハ会頭ヲ輔佐シ豫メ会頭ノ定ムル順位ニ依リ会頭事故アルトキハ其ノ職務ヲ代理シ会頭缺員ノトキハ其ノ職務ヲ行フ

理事長ハ会頭及副会頭ヲ輔佐シ会務ヲ掌理シ会頭及副会頭共ニ事故アルトキハ会頭ノ職務ヲ代理シ会頭及副会頭共ニ缺員ノトキハ会頭ノ職務ヲ行フ

理事ハ会頭、副会頭及理事長ヲ輔佐シ会務ヲ分掌シ豫メ会頭ノ定ムル順位ニ依リ会頭、副会頭及理事長共ニ事故アルトキハ会頭ノ職務ヲ代理シ会頭、副会頭及理事長共ニ缺員ノトキハ会頭ノ職務ヲ行フ

監事ハ関東州経済会ノ業務及財産ノ状況ヲ監査ス

評議員ハ会頭ノ諮問ニ対シ答申シ又ハ会頭ニ対シ意見ヲ具申ス

第十四条　会頭ハ会頭銓衡委員ノ推薦シタル者ノ中ヨリ関東州庁長官ノ意見ヲ徴シ大使之ヲ命ズ

前項ノ会頭銓衡委員ハ関東州ニ於ケル産業経済ニ関シ経験アル者及学識アル者ノ中ヨリ関東州庁長官之ヲ命ズ

副会頭、理事長及理事ハ関東州ニ於ケル産業経済ニ関シ経験アル者及学識アル者ノ中ヨリ関東州庁長官ノ承認ヲ受ケ会頭之ヲ命ズ

監事ハ大使ノ定ムル所ニ依リ評議員之ヲ選任ス

評議員ハ評議員銓衡委員ノ推薦シタル者ノ中ヨリ会頭之ヲ命ズ

前項ノ評議員銓衡委員ハ会員及会員タル法人ノ業務ヲ執行スル役員ノ中ヨリ関東州庁長官ノ承認ヲ受ケ会頭之ヲ命ズ

関東州経済会ノ役員タリ得ベキ者ハ帝国臣民及昭和十七年関東局令第十号関東州民籍規則ニ依リ本籍ヲ有スル者タルコトヲ要ス

第十五条　関東州経済会ノ役員ノ任期ハ左ノ通トス

会頭　三年

副会頭　三年

理事長　三年

理事　三年

監事　二年

評議員　二年

会頭必要アリト認ムルトキハ任期中ト雖モ関東州庁長官ノ承認ヲ受ケ副会頭、理事長又ハ理事ヲ解任スルコトヲ得

第十六条　関東州経済会ニ総代会ヲ置ク

総代会ハ総代ヲ以テ之ヲ組織ス

前項ノ総代ノ選任、解任其ノ他総代ニ関スル事項ハ定款ヲ以

テ之ヲ定ム
第十七条　通常総代会ハ毎年一回会頭之ヲ招集ス
会頭必要アリト認ムルトキハ何時ニテモ臨時総代会ヲ招集スルコトヲ得
第十八条　左ニ掲グル事項ハ総代会ノ議決ヲ経ベシ
一　定款ノ変更
二　収支豫算
三　第二十三条ノ規定ニ依ル賦課金ノ賦課徴収方法
四　其ノ他大使ノ定ムル事項
第十九条　総代会ノ議長ハ会頭ヲ以テ之ニ充ツ
第二十条　総代会ハ総代三分ノ一以上出席スルニ非ザレバ之ヲ開クコトヲ得ズ
総代会ノ議決ハ出席者ノ過半数ニ依リ可否同数ナルトキハ議長之ヲ決ス
定款ノ変更ノ議決ハ総代ノ半数以上出席シ出席者ノ三分ノ二以上ヲ以テ之ヲ為ス
総代ハ代理人ヲ以テ議決権ヲ行フコトヲ得此ノ場合ニ於テハ之ヲ出席ト看做ス
前項ノ代理人ノ資格其ノ他代理人ニ関スル事項ハ定款ヲ以テ之ヲ定ム
第二十一条　関東州経済会ハ産業経済ニ関スル事項ニ付行政官庁ニ建議スルコトヲ得
関東州経済会ハ行政官庁ノ諮問ニ対シ答申スベシ
第二十二条　関東州経済会ハ其ノ会員及会員タル団体ヲ組織スル者ニ対シ産業経済ニ関スル事項ノ調査ヲ為ス為必要ナル資料ノ提出ヲ求ムルコトヲ得
第二十三条　関東州経済会ハ定款ノ定ムル所ニ依リ其ノ会員ニ対シ経費ヲ賦課スルコトヲ得
第二十四条　関東州経済会ハ定款ノ定ムル所ニ依リ定款ニ違反シタル会員ニ対シ過怠金ヲ課スルコトヲ得
第二十五条　第二十三条ノ規定ニ依ル賦課金又ハ過怠金ヲ滞納スル者アル場合ニ於テ関東州経済会ノ請求アルトキハ市又ハ会ハ国税ノ例ニ依リ之ヲ処分ス此ノ場合ニ於テ関東州経済会ハ其ノ徴収金額ノ百分ノ五ヲ市又ハ会ニ交付スベシ
前項ノ規定ニ依ル徴収金ノ先取特権ノ順位ハ市又ハ会ノ徴収金ニ次ギ其ノ時効ニ付テハ国税ノ例ニ依ル
第二十六条　関東州経済会ハ定款ノ定ムル所ニ依リ使用料及手数料ヲ徴収スルコトヲ得
前項ノ使用料及手数料ノ徴収ニ関シテハ民事訴訟ヲ提起スルコトヲ得
第二十七条　関東州経済会ハ必要ナル地ニ支部ヲ置キ其ノ事業ノ一部ヲ分掌セシムルコトヲ得
第二十八条　関東州経済会ノ支部ニ支部長ヲ置キ必要ニ応ジ参与ヲ置ク
支部長ハ支部ノ事務ヲ掌理ス
参与ハ支部ノ事務ニ参与ス
支部長ハ関東州経済会ノ監事以外ノ役員中ヨリ関東州庁長官ノ承認ヲ受ケ会頭之ヲ命ズ
参与ハ会頭ノ承認ヲ受ケ支部長之ヲ命ズ
第十四条第七項ノ規定ハ参与ニ之ヲ準用ス

第二十九条　定款ノ変更、収支豫算及第二十三条ノ規定ニ依ル賦課金ノ賦課徴収方法ハ大使ノ認可ヲ受クルニ非ザレバ其ノ効力ヲ生ゼズ

第三十条　行政官庁ハ関東州経済会ニ対シ産業経済ニ関スル事項ノ調査ヲ命ズルコトヲ得

第三十一条　大使ハ関東州ニ於ケル産業経済ノ統制運営上必要アリト認ムルトキハ関東州経済会ニ対シ必要ナル事業ノ施行ヲ命ジ又ハ定款ノ変更其ノ他必要ナル事項ヲ命ズルコトヲ得

第三十二条　大使ハ関東州経済会ニ対シ業務及会計ニ関シ監督上必要ナル命令ヲ発シ又ハ処分ヲ為スコトヲ得

大使必要アリト認ムルトキハ監事ヲシテ監査ノ結果ヲ報告セシムルコトヲ得

第三十三条　大使必要アリト認ムルトキハ関東州経済会ヨリ其ノ事業ニ関シ報告ヲ徴シ又ハ同会ノ業務ノ状況若ハ帳簿書類其ノ他ノ物件ヲ検査スルコトヲ得

第三十四条　総代会ノ議決又ハ役員ノ行為ガ法令若ハ定款ニ違反シ又ハ公益ヲ害スト認ムルトキハ大使ハ総代会ノ議決ヲ取消シ又ハ役員ヲ解任スルコトヲ得

第三十五条　関東州経済会ハ大使ノ命令ニ因リテ解散ス

第三十六条　関東州経済会ノ解散及清算ニ関シ必要ナル事項ハ大使之ヲ定ム

第三十七条　本令ニ基キテ大使ノ発スル命令ニ違反シ登記ヲ為スコトヲ怠リ又ハ不正ノ登記ヲ為シタルトキハ会頭、副会頭、理事長又ハ理事ヲ千円以下ノ過料ニ処ス

第三十八条　第十一条ノ規定ニ違反シ名称中ニ関東州経済会ナル文字ヲ用ヒタル者ハ千円以下ノ過料ニ処ス

第三十九条　大使ハ本令ニ定ムル其ノ職権ノ一部ヲ関東州庁長官ニ委任スルコトヲ得

附　則

第四十条　本令ハ公布ノ日ヨリ之ヲ施行ス

第四十一条　関東州商工会議所令ハ之ヲ廃止ス

第四十二条　関東州商工会議所令ニ依リ設立セラレ本令施行ノ際現ニ存スル商工会議所ハ本令施行後ト雖モ仍存続スルモノトス

前項ノ商工会議所ニハ関東州商工会議所令ノ規定ヲ適用ス

第四十三条　前条第一項ノ商工会議所ハ関東州経済会成立シタル時解散スルモノトシ其ノ権利義務ハ同会之ヲ承継ス此ノ場合ニ於テハ関東州商工会議所令中清算ニ関スル規定ハ之ヲ適用セズ

第四十四条　本令施行ノ際現ニ関東州経済会ノ名称ヲ使用スル者ハ本令施行後三月以内ニ其ノ名称ヲ変更スルコトヲ要ス

第三十八条ノ規定ハ前項ノ期間内之ヲ同項ニ掲グル者ニ適用セズ

第四十五条　関東州経済会成立ノ際関東州商工会議所令ニ依ル異議ノ申立ニシテ現ニ申立中ノモノ又ハ申立期間満了セザルモノ、同令ニ依ル賦課金又ハ過怠金ニシテ現ニ滞納セルモノ等ノ処理ニ関シ必要ナル規定ハ大使之ヲ定ム

◎關東州實業組合令

昭和十二年九月十五日
勅令第四百九十七號

朕關東州實業組合令ヲ裁可シ茲ニ之ヲ公布セシム（總理大臣副署）

關東州實業組合令

第一章　總則

第一條　農業、工業、商業、水産業其ノ他物産ノ生産又ハ販賣ニ關スル營業ヲ爲ス者ハ其ノ營業ノ改良發達ヲ圖ル爲共同ノ施設ヲ爲ス目的ヲ以テ實業組合ヲ設立スルコトヲ得但シ特別ノ事情アルトキハ二種以上ノ營業者ヲ以テ之ヲ設立スルコトヲ得

前項ノ營業者ノ範圍ハ滿洲國駐劄特命全權大使之ヲ指定ス

第二條　實業組合ハ法人トス

第三條　實業組合ノ住所ハ其ノ主タル事務所ノ所在地ニ在ルモノトス

第四條　實業組合ハ其ノ名稱中ニ實業組合ナル文字ヲ用フベシ

實業組合ニ非ザルモノハ其ノ名稱中ニ實業組合ナル文字ヲ用フルコトヲ得ズ

第五條　實業組合ニハ所得税ヲ課セズ

第六條　實業組合ハ左ノ事業ヲ行フコトヲ得

一　組合員ノ取扱品ノ生産、仕入、加工、販賣、保管、運搬、組合員ノ營業ニ必要ナル物ノ供給其ノ他組合員ノ營業ニ關スル共同施設

二　組合員ノ營業ニ關スル統制

三　組合員ノ營業ニ關スル指導、研究、調査其ノ他組合ノ目的ヲ達スルニ必要ナル施設

前項第一號ノ事業ヲ行フ組合ハ組合員ニ對シ其ノ營業ニ必要ナル資金ノ貸付又ハ組合員ノ貯金ノ受入ヲ併セ行フコトヲ得

第一項ニ掲ゲタル組合ノ施設ハ組合員ノ利用ニ支障ナキ場合ニ限リ組合員ニ非ザル者ヲシテ大使ノ定ムル所ニ依リ之ヲ利用セシムルコトヲ得

第七條　實業組合ハ定款ノ定ムル所ニ依リ組合員ニ出資ヲ爲サシメザルコトヲ得

前項ノ組合ハ前條第一項第一號ノ事業ヲ行フコトヲ得ズ

第八條　前條ノ實業組合ト其ノ他ノ實業組合トハ合併ヲ爲スコトヲ得ズ

第九條　第十五條、第二十二條、第二十三條、第二十五條乃至第二十九條、第三十一條、第三十二條、第五十三條乃至第五十六條、第五十八條乃至第六十一條、第七十條乃至第七十五條及第八十五條ノ規定ハ第七條ノ組合ニ之ヲ適用セズ

第十條　實業組合ハ定款ノ定ムル所ニ依リ其ノ經費ヲ組合員ニ分賦スルコトヲ得

第十一條　實業組合ハ定款ノ定ムル所ニ依リ定款違反者ニ對シ過怠金ヲ課スルコトヲ得

第十二條　實業組合定款ノ定ムル所ニ依リ組合員ノ營業ニ關スル統制ヲ行フ場合ニ於テハ總會ノ議決ヲ經テ之ニ關スル規定ヲ定メ大使ノ認可ヲ受クベシ其ノ規程ヲ變更セントスル場合亦同ジ

第十三條　營業上ノ弊害ヲ豫防シ又ハ矯正スル爲必要ト認ムルトキハ大使ハ實業組合ニ對シ必要ナル施設ヲ命ズルコトヲ得

第十四條　營業上ノ弊害ヲ豫防シ又ハ矯正スル爲特ニ必要ト認ムルトキハ大使ハ實業組合ノ組合員又ハ其ノ組合ノ組合員ニ非ズシテ其ノ組合ノ地區内ニ於テ組合員タル資格ヲ有スル者ニ對シ其ノ組合ノ統制ニ從フベキコトヲ命ズルコトヲ得

第十五條　實業組合ニハ本令ニ別段ノ規定アルモノヲ除クノ外商法及商法施行法中商人ニ關スル規定ヲ準用ス

第十六條　大使ハ本令ニ規定スル其ノ職種ノ一部ヲ命令ヲ以テ關東州廳長官ニ委任スルコトヲ得

第二章　設立

第十七條　實業組合ヲ設立セントスルトキハ豫メ地區ヲ定メ其ノ地區内ニ於テ組合員タル資格ヲ有スル者ノ過半數ノ同意ヲ得テ創立総会ヲ開キ定款其ノ他必要ナル事項ヲ定メ役員ヲ選任シ大使ノ認可ヲ受クベシ但シ組合員タル資格ヲ有スル者ノ營業ノ種類二以上アルトキハ各其ノ過半數ノ同意ヲ得ルコトヲ要ス

前項ノ同意ヲ得ルコト能ハザルトキト雖モ特別ノ事由アル場合ニ於テハ大使ノ認可ヲ受ケ創立總會ヲ招集スルコトヲ得

第十八條　創立總會ニ於ケル議決及役員ノ選任ハ設立同意者ノ三分ノ二以上ノ同意ヲ以テ之ヲ爲ス但シ設立同意者ノ營業ノ種類二以上アルトキハ各其ノ三分ノ二以上ノ同意アルコトヲ要ス

第十九條　設立同意者ハ創立總會ニ於テ代理人ヲ以テ其ノ議決權ヲ行フコトヲ得

前項ノ代理人ハ設立同意者タルコトヲ要ス但シ法人タル設立同意者ハ其ノ業務ヲ執行スル役員又ハ支配人ヲ代理人ト為スコトヲ得

代理人ハ代理權ヲ證スル書面ヲ差出スベシ

第二十條　實業組合ノ定款ニハ左ノ事項ヲ記載スベシ但シ第七條ノ組合ニ在リテハ第七號乃至第九號ニ掲ゲタル事項ハ之ヲ記載スルコトヲ要セズ

一　目的
二　名稱
三　地區
四　事務所ノ所在地
五　組合員タル資格ニ關スル規定
六　組合員ノ加入及脱退ニ關スル規定
七　出資一口ノ金額及其ノ拂込ノ方法
八　剰餘金ノ處分及損失分擔ニ關スル規定
九　準備金ノ額及其ノ積立ノ方法
十　組合員ノ權利義務ニ關スル規定
十一　事業及其ノ執行ニ關スル規定
十二　役員ニ關スル規定
十三　會議ニ關スル規定
十四　會計ニ關スル規定
十五　存立ノ時期又ハ解散ノ事由ヲ定メタルトキハ其ノ時期又ハ事由

第二十一條　實業組合ハ其ノ組合員ノ數ヲ限定スルコトヲ得ズ

第二十二條　出資一口ノ金額ハ均一ニ之ヲ定ムベシ

第二十三條　實業組合ガ設立ノ認可ヲ受ケタルトキハ遅滞ナク組合員ヲシテ第一回ノ拂込ヲ爲サシムベシ

第二十四條　前條ノ拂込アリタルトキハ十四日以内ニ各事務所ノ所在地ニ於テ設立ノ登記ヲ爲スベシ但シ第七條ノ組合ニ在リテハ設立ノ日ヨリ十四日以内ニ之ヲ爲スベシ

登記スベキ事項左ノ如シ但シ第七條ノ組合ニ在リテハ第三號及第二十條第七號ニ掲ゲタル事項ハ之ヲ登記スルコトヲ要セズ

一　第二十條第一號乃至第三號、第七號及第十五號ニ掲ゲタル事項
二　事務所
三　出資ノ總口數及拂込ミタル出資ノ總額
四　第三十二條ノ組合ニ在リテハ各組合員ノ氏名又ハ名稱、住所及保證金額
五　設立認可ノ年月日
六　理事及監事ノ氏名及住所

前項ニ掲ゲタル事項中ニ變更ヲ生ジタルトキハ其ノ登記ヲ爲スベシ但シ出資ノ總口數及拂込ミタル出資ノ總額ニ付テハ毎事業年度末日ノ現在ニ依リ事業年度終了後一月以内ニ登記ヲ爲スコトヲ得

第三章　組合員ノ權利義務

第二十五條　組合員ハ出資一口以上ヲ有スベシ

組合員ノ有スベキ出資口數ハ五十口ヲ超ユルコトヲ得ズ但シ特別ノ事由アルトキハ定款ノ定ムル所ニ依リ之ヲ增加スルコトヲ得

第二十六條　組合員ハ實業組合ニ拂込ムベキ出資額ニ付相殺ヲ以テ組合ニ對抗スルコトヲ得ズ

第二十七條　組合員ハ實業組合ノ承諾アルニ非ザレバ其ノ持分ヲ譲渡スルコトヲ得ズ

組合員ニ非ザル者ニシテ持分ヲ譲受ケントスルトキハ加入ノ例ニ依ルベシ

第二十八條　組合員ハ持分ヲ共有スルコトヲ得ズ

第二十九條　持分ノ譲受人ハ其ノ持分ニ付譲渡人ノ權利義務ヲ承繼ス

第三十條　新ニ實業組合ニ加入シタル組合員ハ其ノ加入前ニ生ジタル組合ノ債務ニ付テモ亦責任ヲ負擔ス

第三十一條　組合員ノ責任ハ第十條ノ規定ニ依ル費用負擔ノ外其ノ出資額ヲ限度トス

第三十二條　實業組合ハ定款ノ定ムル所ニ依リ組合財産ヲ以テ其ノ債務ヲ完濟スルコト能ハザル場合ニ於テ組合員ノ全員ガ其ノ出資額ノ外一定ノ金額（保證金額）ヲ限度トシテ責任ヲ負擔スルモノト爲スコトヲ得

第三十三條　組合員ハ總組合員ノ五分ノ一以上ノ同意ヲ得テ會議ノ目的タル事項及其ノ招集ノ理由ヲ記載シタル書面ヲ理事ニ提出シテ總會ノ招集ヲ請求スルコトヲ得

理事ガ正當ノ理由ナクシテ前項ノ規定ニ依ル請求アリタル後十四日以内ニ總會招集ノ手續ヲ為サザルトキハ請求者ハ大使ノ認可ヲ受ケ之ヲ招集スルコトヲ得

第三十四條　組合員ニシテ總會ノ招集手續又ハ其ノ決議ノ方法ガ法令又ハ定款ニ違反スト認ムルトキハ決議ノ日ヨリ一月以内ニ其ノ決議ノ取消ヲ大使ニ請求スルコトヲ得

第三十五條　組合員ハ總會ニ於テ各一個ノ議決權ヲ有ス但シ定

款ノ定ムル所ニ依リ一人ニ付議決權總數ノ十分ノ三ヲ超エザル範圍内ニ於テ出資口數ニ應ジ二個以上ノ議決權ヲ有セシムルコトヲ得

第四章　管理

第三十六條　實業組合ニハ理事及監事ヲ置クベシ

理事及監事ハ總會ニ於テ組合員又ハ組合員タル法人ノ業務ヲ執行スル役員若ハ支配人ノ中ヨリ之ヲ選任ス但シ組合設立當時ノ理事及監事ハ創立總會ニ於テ設立同意者又ハ設立同意者タル法人ノ業務ヲ執行スル役員若ハ支配人ノ中ヨリ之ヲ選任スベシ

特別ノ事由アルトキハ理事及監事ハ前項ニ該當セザル者ヨリ之ヲ選任スルコトヲ得此ノ場合ニ於ケル選任ハ大使ノ認可ヲ受クルニ非ザレバ其ノ效力ヲ生ゼズ

第一項ノ規定ニ依ル役員ノ外定款ノ定ムル所ニ依リ他ノ役員ヲ置クコトヲ得

第三十七條　理事ノ任期ハ三年トシ監事ノ任期ハ一年トス但シ定款ニ別段ノ定アルトキハ此ノ限ニ在ラズ

第三十八條　理事又監事ハ何時ニテモ總會ノ決議ヲ以テ之ヲ解任スルコトヲ得

第三十九條　理事及監事ノ選任及解任ハ總組合員ノ半數以上出席シ其ノ議決權ノ四分ノ三以上ヲ以テ之ヲ決ス但シ定款ニ別段ノ定アルトキハ此ノ限ニ在ラズ

第四十條　理事ハ定款及總會ノ決議録ヲ各事務所ニ備置キ且組合員名簿ヲ主タル事務所ニ備置クベシ

組合員及組合ノ債權者ハ前項ニ掲ゲタル書類ノ閲覧ヲ求ムルコトヲ得

第四十一條　組合員名簿ニハ左ノ事項ヲ記載スベシ但シ第七條ノ組合ニ在リテハ第一號ニ掲ゲタル事項ノミヲ記載スルヲ以テ足ル

一　各組合員ノ氏名又ハ名稱及住所

二　各組合員ノ出資口數

三　各組合員ノ拂込ミタル金額及其ノ拂込ノ年月日

四　出資各口ノ取得ノ年月日

五　第三十二條ノ組合ニ在リテハ各組合員ノ保證金額

第四十二條　理事ハ通常總會ノ期日前七日目迄ニ財産目録、貸借對照表、事業報告書及剰餘金處分案ヲ監事ニ提出シ且之ヲ主タル事務所ニ備置クベシ但シ第七條ノ組合ニ在リテハ剰餘金處分案ハ之ヲ省略スルコトヲ得

組合員及組合ノ債權者ハ前項ニ掲ゲタル書類ノ閲覧ヲ求ムルコトヲ得

第四十三條　理事ハ前條第一項ニ掲ゲタル書類及監事ノ意見書ヲ通常總會ニ提出シテ其ノ承認ヲ求ムベシ

第四十四條　實業組合ガ其ノ組合員ニ對シテ爲ス通知又ハ催告ハ組合員名簿ニ記載シタル組合員ノ住所又ハ其ノ者ガ組合ニ通知シタル住所ニ宛ツルヲ以テ足ル

前項ノ通知又ハ催告ハ通常其ノ到達スベカリシ時ニ到達シタルモノト看做ス

第四十五條　理事ハ少クトモ毎事業年度一回通常總會ヲ開クコトヲ要ス

第四十六條　理事缺ケタルトキハ總會ノ招集ハ監事之ヲ行フ

第四十七條　監事ハ理事其ノ他實業組合ノ事務員ト相兼ヌルコトヲ得ズ
第四十八條　實業組合ガ理事ト契約ヲ爲ス場合ニ於テハ監事組合ヲ代表ス組合ト理事トノ訴訟ニ付テモ亦同ジ
第四十九條　總會ノ決議ハ本令又ハ定款ニ別段ノ定アル場合ヲ除クノ外出席シタル組合員ノ議決權ノ過半數ヲ以テ之ヲ爲ス
第五十條　組合員ハ代理人ヲ以テ議決權ヲ行フコトヲ得此ノ場合ニ於テハ之ヲ出席ト看做ス
前項ノ代理人ハ組合員タルコトヲ要ス但シ法人タル組合員ハ其ノ業務ヲ執行スル役員又ハ支配人ヲ代理人ト爲スコトヲ得
代理人ハ代理權ヲ證スル書面ヲ組合ニ差出スベシ
第五十一條　實業組合ハ大使ノ定ムル所ニ依リ定款ヲ以テ總會ニ代ルベキ總代會ヲ設クルコトヲ得
總會ニ關スル規定ハ前項ノ總代會ニ之ヲ準用ス但シ總代會ニ於テハ解散及合併ノ決議ヲ爲スコトヲ得ズ
第五十二條　定款ノ變更ハ總會ノ議決ヲ經ベシ
第三十九條ノ規定ハ前項ノ議決ニ之ヲ準用ス
定款ノ變更ノ決議ハ大使ノ認可ヲ受クルニ非ザレバ其ノ效力ヲ生ゼズ
第五十三條　實業組合ガ出資一口ノ金額ノ減少ノ決議ヲ爲シタルトキハ其ノ決議ノ日ヨリ十四日以内ニ財産目録及貸借對照表ヲ作ルベシ
組合ハ前項ノ期間内ニ其ノ債權者ニ對シ異議アラバ一定ノ期間内ニ之ヲ述ブベキ旨ヲ定款ノ定ムル方法ニ從ヒテ公告シ且知レタル債權者ニ各別ニ之ヲ催告スベシ但シ其ノ期間ハ二月ヲ下ルコトヲ得ズ
第五十四條　債權者ガ前條第二項ノ期間内ニ出資ノ減少ニ對シテ異議ヲ述ベザリシトキハ之ヲ承認シタルモノト看做ス
債權者ガ異議ヲ述ベタルトキハ實業組合ハ之ニ辨濟ヲ爲シ又ハ相當ノ擔保ヲ供スルニ非ザレバ出資ヲ減少スルコトヲ得ズ
第五十五条　前二條ノ規定ハ第三十二條ノ組合ガ組合員ノ保證金額ヲ減少スル場合ニ之ヲ準用ス
第五十六條　組合員ガ其ノ出資ノ拂込ヲ終ル迄ハ之ニ配當スベキ剩餘金ハ其ノ拂込ニ充ツベシ但シ取扱ヒタル物ノ數量、價額其ノ他事業ノ分量ニ對シテ配當スベキ剩餘金ニ付テハ此ノ限ニ在ラズ
組合員ニ配當スベキ剩餘金又ハ持分ノ計算ニ付テハ計算ノ基礎ト爲ルベキ金額ニシテ計算上不便ナル端數金額ハ之ヲ切捨ツルコトヲ得
第五十七條　實業組合ノ事業年度ハ一年トス
第五十八條　實業組合ハ損失ヲ塡補シタル後ニ非ザレバ剩餘金ノ處分ヲ爲スコトヲ得ズ
剩餘金配當ニ關スル制限ハ大使之ヲ定ム
第五十九條　實業組合ハ第七十條ノ場合ヲ除クノ外持分ヲ拂戻スコトヲ得ズ
第六十條　實業組合ハ定款ヲ以テ定メタル準備金ノ額ニ達スル迄毎事業年度ノ剩餘金ノ四分ノ一以上ヲ積立ツベシ
第六十一條　實業組合ハ組合員ノ持分ヲ取得シ又ハ質權ノ目的トシテ之ヲ受クルコトヲ得ズ
第六十二條　經費ヲ組合員ニ分賦スル實業組合ニ在リテハ其ノ

經費ノ收支豫算及分賦收入方法ハ總會ノ議決ヲ經ベシ但シ組合設立當時ノ收支豫算及分賦收入方法ハ創立總會ニ於テ之ヲ議決スベシ

第三十九條ノ規定ハ前項ノ議決ニ之ヲ準用ス

第六十三條　檢查ヲ行フ實業組合ニ在リテハ檢查員ヲ置クベシ

檢查員ノ選任及解任ハ大使ノ認可ヲ受クベシ

第六十四條　前條ノ組合ハ檢查員ノ服務ニ關スル規程ヲ定メ大使ノ認可ヲ受クベシ

第六十五條　民法第四十四條第一項、第五十二條第二項、第五十三條乃至第五十五條、第五十九條、第六十一條第一項、第六十二條、第六十四條及第六十六條ノ規定ハ實業組合ニ之ヲ準用ス

第五章　加入及脱退

第六十六條　組合員タル資格ヲ有スル者實業組合ニ加入セントスルトキハ組合ハ正當ノ理由ナクシテ加入ニ困難ナル條件ヲ附シ又ハ其ノ加入ヲ拒ムコトヲ得ズ

第六十七條　組合員ハ大使ノ定ムル所ニ依リ一定ノ期間前ニ豫告ヲ爲シ實業組合ノ承諾ヲ得タル場合ニハ事業年度ノ終ニ於テ脱退スルコトヲ得

組合ハ正當ノ理由ナクシテ前項ノ承諾ヲ拒ムコトヲ得ズ

第六十八條　組合員ハ左ノ事由ニ因リテ脱退ス

一　組合員タル資格ノ喪失
二　死亡
三　破産
四　禁治産
五　除名

第六十九條　除名ノ事由ハ定款ヲ以テ之ヲ定ム

除名ハ總會ノ決議ニ依ル但シ除名シタル組合員ニ其ノ旨ヲ通知スルニ非ザレバ之ヲ以テ其ノ組合員ニ對抗スルコトヲ得ズ

第三十九條ノ規定ハ前項ノ決議ニ之ヲ準用ス

第七十條　脱退シタル組合員ハ定款ノ定ムル所ニ依リ其ノ持分ノ全部又ハ一部ノ拂戻ヲ請求スルコトヲ得

第七十一條　脱退シタル組合員ノ持分ハ其ノ脱退シタル事業年度ノ終ニ於ケル組合財産ニ依リテ之ヲ定ム但シ定款ノ定ムル所ニ依リ脱退當時ノ財産ニ依リテ之ヲ定ムルコトヲ得

第七十二條　持分ノ拂戻ハ事業年度ノ終ヨリ三月以内ニ之ヲ爲スベシ但シ前條但書ノ場合ニ於テハ脱退ノ時ヨリ三月以内ニ之ヲ爲スベシ

持分拂戻ノ請求權ハ前項ノ期間經過ノ後二年間之ヲ行ハザルニ因リテ消滅ス

第七十三條　持分ノ計算ヲ爲スニ當リ組合財産ヲ以テ實業組合ノ債務ヲ完濟スルニ足ラザルトキハ脱退シタル組合員ハ其ノ負擔ニ歸スベキ損失額ヲ拂込ムベシ

第七十四條　脱退シタル組合員ガ實業組合ニ對スル債務ヲ完濟スル迄ハ組合ハ其ノ持分ノ拂戻ヲ停止スルコトヲ得

第七十五條　第三十二條ノ組合ニ在リテハ脱退シタル組合員ハ脱退前ノ組合債權者ニ對シ其ノ脱退ヲ登記シタル後二年間責任ヲ負擔ス

前項ノ規定ニ依ル期間ハ總組合員ノ同意アルトキハ定款ヲ以テ之ヲ延長スルコトヲ得

前項ノ規定ニ依リ延長シタル期間ハ第一項ノ規定ニ違反セザル限リ之ヲ短縮スルコトヲ得此ノ場合ニ於テハ第五十三條及第五十四條ノ規定ヲ準用ス

前三項ノ規定ハ持分ヲ讓渡シタル組合員ニ之ヲ準用ス

第六章　監督

第七十六條　實業組合ハ大使之ヲ監督ス

第七十七條　大使ハ何時ニテモ理事又ハ清算人ヲシテ實業組合ノ事業、財産又ハ清算事務ニ關スル報告ヲ爲サシメ組合ノ事業、財産又ハ清算事務ノ状況ヲ検査シ其ノ他監督上必要ナル命令又ハ處分ヲ爲スコトヲ得

大使ハ組合清算ノ場合ニ於テ必要ト認ムルトキハ組合ニ對シ其ノ財産ノ供託ヲ命ズルコトヲ得

第七十八條　大使必要ト認ムルトキハ第六十三條ノ検査員ノ選任又ハ解任ヲ爲スコトヲ得

第七十九條　大使必要ト認ムルトキハ實業組合ニ對シ經費ノ收支豫算、其ノ分賦收入方法又ハ定款ノ變更ヲ命ズルコトヲ得

第八十條　實業組合ノ事業若ハ組合財産ノ状況ニ依リ其ノ事業ノ繼續ヲ困難ナリト認ムルトキ又ハ組合ノ行爲ガ法令、定款若ハ大使ノ命令ニ違反シタルトキ若ハ公益ヲ害スル虞アルトキハ大使ハ左ノ處分ヲ爲スコトヲ得

一　總會ノ決議ノ取消
二　役員又ハ清算人ノ解任
三　組合ノ事業ノ停止
四　組合ノ解散

第八十一條　理事ノ缺ケタル爲損害ヲ生ズル虞アルトキハ大使ハ假ニ理事ヲ選任スルコトヲ得

第七章　解散

第八十二條　實業組合ハ左ノ事由ニ因リテ解散ス

一　定款ニ定メタル事由ノ發生
二　總會ノ決議
三　組合ノ合併
四　組合ノ破産

第三十九條ノ規定ハ組合ノ解散及合併ノ決議ニ之ヲ準用ス但シ合併ニ因リテ組織變更ト同一ノ結果ヲ生ズベキトキハ其ノ合併ニ付總組合員ノ同意アルコトヲ要ス

第八十三條　實業組合解散シタルトキハ合併及破産ノ場合ヲ除クノ外各事務所ノ所在地ニ於テ其ノ登記ヲ爲スベシ

第八十四條　合併ニ因リテ實業組合ヲ設立スル場合ニ於テハ定款ノ作成其ノ他設立ニ關スル行爲ハ各組合ニ於テ選任シタル者共同シテ之ヲ爲スコトヲ要ス

第三十九條ノ規定ハ前項ノ規定ニ依ル選任ニ之ヲ準用ス

第八十五條　第五十三條及第五十四條ノ規定ハ合併ノ場合ニ之ヲ準用ス

第八十六條　總會ノ決議ニ因ル解散又ハ合併ハ大使ノ認可ヲ受クルニ非ザレバ其ノ效力ヲ生ゼズ

第八十七條　實業組合ガ合併ヲ爲シタルトキハ各事務所ノ所在地ニ於テ合併後存續スル組合ニ付テハ變更ノ登記ヲ爲シ、合併ニ因リテ消滅シタル組合ニ付テハ解散ノ登記ヲ爲シ、合併ニ因リテ設立シタル組合ニ付テハ設立ノ登記ヲ爲スベシ

第八十八條　合併後存續スル實業組合又ハ合併ニ因リテ設立シ

タル實業組合ハ合併ニ因リテ消滅シタル組合ノ權利義務ヲ承繼ス

第八十九條　實業組合ハ總組合員ノ同意ヲ以テ其ノ組織ヲ變更スルコトヲ得

組合ガ組織變更ニ因リ組合員ノ責任ヲ減少スルトキハ第五十三條及第五十四條ニ定メタル手續ヲ爲スベシ

第九十條　民法第七十條ノ規定ハ實業組合ノ解散ニ之ヲ準用ス但シ裁判所トアルハ關東法院トス

第八章　清算

第九十一條　清算人ハ其ノ職務ノ範圍內ニ於テ理事ト同一ノ權利義務ヲ有ス

第九十二條　清算人ハ就職後遲滯ナク組合財産ノ現況ヲ調査シ財産目録及貸借對照表ヲ作リ之ヲ總會ニ提出シテ其ノ承認ヲ求ムベシ

第九十三條　清算人ハ實業組合ノ債務ヲ辨濟シ又ハ辨濟ニ必要ナル金額ヲ供託スルニ非ザレバ組合財産ヲ分配スルコトヲ得ズ

第九十四條　清算事務終了シタルトキハ清算人ハ遲滯ナク決算報告書ヲ作リ之ヲ總會ニ提出シテ其ノ承認ヲ求ムベシ

第九十五條　清算人タル者ナキトキ又ハ清算人ノ缺ケタル爲損害ヲ生ズル虞アルトキハ大使ハ清算人ヲ選任スルコトヲ得

第九十六條　重要ナル事由アルトキハ大使ハ清算人ヲ解任スルコトヲ得

第九十七條　清算人ノ選任アリタルトキハ各事務所ノ所在地ニ於テ其ノ氏名及住所ヲ登記スベシ

前項ノ規定ニ因リ登記シタル事項中ニ變更ヲ生ジタルトキハ其ノ登記ヲ爲スベシ

第九十八條　清算結了シタルトキハ清算人ハ遲滯ナク各事務所ノ所在地ニ於テ其ノ登記ヲ爲スベシ

清算人ハ清算ノ顚末ヲ大使ニ報告スベシ

第九十九條　民法第七十三條、第七十四條及第七十八條乃至第八十一條竝ニ非訟事件手續法第百三十八條及第百三十八條ノ三ノ規定ハ實業組合ノ清算ニ之ヲ準用ス

第九章　實業組合聯合會

第百條　實業組合聯合會ハ所屬ノ實業組合及實業組合聯合會ノ共同ノ目的ヲ達スル爲之ヲ設立スルコトヲ得

聯合會ハ實業組合又ハ實業組合聯合會ヲ以テ之ヲ組織ス

聯合會ハ法人トス

第百一條　實業組合聯合會ヲ設立セントスルトキハ大使ノ定ムル所ニ依リ所屬ノ各組合及聯合會ニ於テ選任シタル創立委員ヲ以テ創立委員會ヲ開キ定款其ノ他必要ナル事項ヲ定メ役員ヲ選任シ大使ノ認可ヲ受クベシ

第百二條　創立委員會ニ於ケル議決及役員ノ選任ハ創立委員總數ノ三分ノ二以上ノ同意ヲ以テ之ヲ爲ス

第十九條ノ規定ハ創立委員ニ之ヲ準用ス

第百三條　實業組合聯合會ノ理事及監事ハ總會ニ於テ所屬ノ組合及聯合會ノ理事又ハ監事ノ中ヨリ之ヲ選任ス但シ聯合會設立當時ノ理事及監事ハ創立委員會ニ於テ之ヲ選任ス

特別ノ事由アルトキハ理事又ハ監事ハ所屬ノ組合及聯合會ノ理事又ハ監事ニ非ザル者ヨリ之ヲ選任スルコトヲ得此ノ場合

ニ於ケル選任ハ大使ノ認可ヲ受クルニ非ザレバ其ノ效力ヲ生ゼズ

第百四條　實業組合又ハ實業組合聯合會ガ實業組合聯合會ニ加入シ又ハ脱退セントスルトキハ總會ノ決議ニ依ルベシ

第三十九條ノ規定ハ前項ノ決議ニ之ヲ準用ス

第百五條　實業組合ニ關スル規定ハ第五十一條ノ規定ヲ除クノ外實業組合聯合會ニ之ヲ準用ス但シ第六條中組合員トアルハ所屬ノ組合、聯合會及組合員トス

第十章　登記

第百六條　本令ニ依リ登記スベキ事項ハ登記前ニ在リテハ之ヲ以テ第三者ニ對抗スルコトヲ得ズ

第百七條　本令ニ依リ登記スベキ事項ハ其ノ事實ノ生ジタル後十四日以内ニ之ヲ登記スベシ

登記スベキ事項ニシテ大使ノ認可ヲ要スルモノハ其ノ認可書ノ到達シタル時ヨリ登記ノ期間ヲ起算ス

第百八條　實業組合ノ登記ニ付テハ其ノ事務所所在地ヲ管轄スル民政署ヲ以テ管轄登記所トス

第百九條　登記所ニ實業組合登記簿及實業組合聯合會登記簿ヲ備フ

第百十條　設立ノ登記ハ理事及監事ノ全員ノ申請ニ因リテ之ヲ爲スベシ

申請書ニハ左ノ書面ヲ添附スベシ但シ第七條ノ組合ニ在リテハ第三號及第四號ノ書面ヲ添附スルコトヲ要セズ

一　定款
二　創立總會、總會又ハ創立委員會ノ決議録
三　出資ノ總口數ヲ證スル書面
四　出資ノ第一回ノ拂込アリタルコトヲ證スル書面
五　理事及監事ノ資格ヲ證スル書面

第百十一條　事務所ノ新設、移轉其ノ他登記事項ノ變更ノ登記ハ理事又ハ清算人ノ申請ニ因リテ之ヲ爲スベシ但シ合併、出資一口ノ金額若ハ保證金額ノ減少又ハ組合員ノ脱退ニ因ル變更ノ登記ハ理事及監事ノ全員ノ申請ニ因リ之ヲ爲スベシ

申請書ニハ申請人ノ資格ヲ證スル書面及登記事項ノ變更ヲ證スル書面ヲ添附スベシ前ニ登記ノ申請ヲ爲シタル申請人ガ同一登記所ニ前項ノ申請ヲ爲ス場合ニ於テハ其ノ資格ヲ證スル書面ヲ添附スルコトヲ要セズ

出資一口ノ金額又ハ保證金額ノ減少ノ登記申請書ニハ前項ニ規定スル書面ノ外本令ニ依リ催告ヲ爲シタルコト及異議ヲ述ベタル債權者アル場合ニ於テハ之ニ對シ辨濟ヲ爲シ又ハ擔保ヲ供シタルコトヲ證スル書面ヲ添附スベシ

第百十二條　解散ノ登記ハ合併ニ因ル解散ノ場合ニ於テハ解散シタルトキノ理事及監事ノ全員、其ノ他ノ場合ニ於テハ清算人ノ申請ニ因リテ之ヲ爲スベシ

申請書ニハ解散ノ事由ヲ證スル書面及理事ガ清算人タラザル場合ニ於テハ申請人ノ資格ヲ證スル書面ヲ添附スベシ

前條第三項ノ規定ハ合併ニ因ル解散ノ登記ノ申請ニ之ヲ準用ス

實業組合ガ大使ノ命令ニ因リテ解散シタルトキハ登記所ハ其ノ囑託ニ因リテ登記ヲ爲スベシ

第百十三條　本令ノ規定ニ依リ登記シタル事項ハ登記所遲滯ナ

ク之ヲ公告スベシ

第百十四條　民法第四十五條第二項第三項及第四十八條竝ニ非訟事件手續法第百四十一條乃至第百五十一條ノ六、第百五十四條乃至第百五十七條、第百六十五條、第百七十五條乃至第百七十八條ノ規定ハ實業組合ノ登記ニ之ヲ準用ス但シ民法中一週間トアルハ之ヲ十四日トシ非訟事件手續法中司法大臣トアルハ大使、地方裁判所長トアルハ高等法院長、区裁判所又ハ市町村役場トアルハ民政署、官報トアルハ關東局局報トス

附　則

本令施行ノ期日ハ大使之ヲ定ム（昭和十三年關東局令第三十六號で昭和十三年四月二十五日から施行）

○昭和十二年勅令第六百八十五号（抄）

昭和十二年十二月一日
勅令第六百八十五号

第四十四條　関東州実業組合令中左ノ通改正ス

第百八條中「民政署」ヲ「地方法院又ハ地方法院出張所」ニ改ム

第百十四條中「高等法院長」ヲ「地方法院長」ニ、「区裁判所又ハ市町村役場トアルハ民政署」ヲ「区裁判所トアルハ地方法院、登記所及其管轄内ノ市長村役場トアルハ地方法院及地方法院出張所」ニ改ム

附　則

本令ハ公布ノ日ヨリ之ヲ施行ス

◎関東州実業組合令（改正）

昭和二十年五月十七日勅令第三百一号

朕関東州実業組合令改正ノ件ヲ裁可シ茲ニ之ヲ公布セシム

（総理、大東亜大臣副署）

関東州実業組合令

第一章　総則

第一条　実業組合ハ統制組合及施設組合ノ二種トス

第二条　実業組合ハ法人トス

第三条　統制組合又ハ施設組合ハ其ノ名称中ニ統制組合又ハ施設組合ナル文字ヲ用フベシ但シ行政官庁ノ認可ヲ受ケタルトキハ此ノ限ニ在ラズ

統制組合又ハ施設組合ニ非ザル者ハ其ノ名称中ニ統制組合又ハ施設組合ナル文字ヲ用フルコトヲ得ズ

第四条　実業組合ハ満洲国駐箚特命全権大使ノ定ムル所ニ依リ登記ヲ為スコトヲ要ス

前項ノ規定ニ依リ登記スベキ事項ハ登記ノ後ニ非ザレバ之ヲ以テ第三者ニ対抗スルコトヲ得ズ

第五条　本令ニ規定スルモノノ外実業組合ノ設立、管理、組合員ノ権利義務及加入脱退、解散、合併、清算、其ノ他ニ関シ必要ナル事項ハ大使之ヲ定ム

第二章　統制組合

第六条　統制組合ハ国民経済ノ総力ヲ最モ有効ニ発揮セシムル為農業、工業、商業、水産業其ノ他物産ノ生産又ハ販賣ニ関スル事業ノ統制ヲ図リ又ハ之ガ為ニスル経営ヲ行ヒ且当該事

業ニ関スル国策ノ遂行ニ協力スルコトヲ目的トス
前項ノ事業ノ範囲ハ大使之ヲ指定ス

第七条　統制組合ハ一定地区ニ於テ同種又二種以上ノ事業別ニ之ヲ設立ス

第八条　統制組合ハ其ノ目的ヲ達スル為左ニ掲グル事業ヲ行フ
一　組合員及組合員タル団体ヲ組織スル者ノ当該事業ニ関スル統制指導
二　組合員及組合員タル団体ヲ組織スル者ノ取扱品ノ仕入、販賣、保管其ノ他組合員及組合員タル団体ヲ組織スル者ノ当該事業ニ関スル統制ノ為ニスル施設
三　当該事業ニ関スル調査及研究
四　組合員及組合員タル団体ヲ組織スル者ノ当該事業ニ関スル検査
五　前各号ニ掲グルモノノ外統制組合ノ目的ヲ達スルニ必要ナル事業
統制組合ハ前項ノ事業ノ外当該事業ノ統制ノ為必要アルトキハ組合員ニ対スル事業資金ノ貸付、組合員ノ事業資金ノ寄託ノ引受又ハ組合員ノ為ニスル其ノ事業上ノ債務ノ保証ヲ併セ行フコトヲ得
第五十四条乃至第五十七条ノ規定ハ保管事業ヲ行フ統制組合ニ之ヲ準用ス但シ施設組合倉庫証券トアルハ統制組合倉庫証券トス

第九条　統制組合ノ組合員タル資格ヲ有スル者ハ左ニ掲グル者ニシテ定款ヲ以テ定ムルモノトス
一　当該地区内ニ於テ当該事業ヲ営ム者
二　当該地区内ニ於テ当該事業ヲ営ム者ヲ以テ組織スル団体
三　第一号ニ掲グル者ヲ除クノ外当該事業ヲ行フ者ニシテ当該事業ノ統制上特ニ加入セシムル必要アリト認メ行政官庁ノ指定シ又ハ統制組合（組合設立当時ニ於テハ発起人）ニ於テ行政官庁ノ認可ヲ受ケタルモノ

第十条　統制組合ヲ設立セントスルトキハ組合員タルベキ者発起人ト為リ大使ノ定ムル所ニ依リ其ノ組合員タル資格ヲ有スル者ノ同意ヲ得テ創立総会ヲ開キ定款其ノ他必要ナル事項ヲ定メ理事長及監事ヲ選任シ行政官庁ノ認可ヲ受クベシ但シ大使事業ノ統制上特ニ必要アリト認メ指定シタル事業ニ係ル統制組合（以下指定業種統制組合ト称ス）ニ在リテハ理事長ハ之ヲ選任スルコトヲ要セズ

第十一条　行政官庁当該事業ノ統制ヲ図ル為必要アリト認ムルトキハ大使ノ定ムル所ニ依リ地区及組合員タル資格ヲ定メ其ノ地区内ニ於テ組合員タル資格ヲ有スル者ニ対シ統制組合ノ設立ヲ命ズルコトヲ得
前項ノ規定ニ依リ統制組合ノ設立ヲ命ゼラレタルトキハ大使ノ定ムル所ニ依リ創立総会ヲ開キ定款其ノ他必要ナル事項ヲ定メ理事長及監事ヲ選任シ設立ノ認可ヲ申請スベシ指定業種統制組合ニ在リテハ理事長ハ之ヲ選任スルコトヲ要セズ
第一項ノ規定ニ依リ設立ヲ命ゼラレタル者行政官庁ノ指定スル期限迄ニ設立ノ認可ヲ申請セザルトキハ行政官庁ハ定款ノ作成、理事長及監事ノ任命其ノ他設立ニ関シ必要ナル処分ヲ為スコトヲ得

第十二条　統制組合ノ定款ニハ左ニ掲グル事項ヲ記載スベシ

一　目的
二　名称
三　地区
四　事務所ノ所在地
五　組合員タル資格ニ関スル規定
六　組合員ノ権利義務ニ関スル規定
七　事業及其ノ執行ニ関スル規定
八　役員ニ関スル規定
九　会議ニ関スル規定
十　会計ニ関スル規定

第三十四条第一項ノ規定ニ依リ組合員ヲシテ出資ヲ為サシムル統制組合ノ定款ニハ前項各号ニ掲グル事項ノ外左ニ掲グル事項ヲ記載スベシ

一　出資ヲ為スベキ組合員ノ範囲、出資一口ノ金額及其ノ払込ノ方法
二　剰余金ノ処分及損失補塡ニ関スル規定
三　準備金ノ額及其ノ積立ノ方法

第十三条　統制組合ハ大使ノ定ムル所ニ依リ設立ノ登記ヲ為スニ因リテ成立ス

前項ノ場合ニ於テハ統制組合ハ遅滞ナク其ノ成立ノ旨及定款ヲ公示スベシ

第十四条　統制組合成立シタルトキハ其ノ組合員タル資格ヲ有スル者ハ総テ其ノ統制組合ノ組合員トス

第十五条　統制組合ニハ左ノ役員ヲ置クベシ

理事長　一人
理事　若干人
監事　若干人

統制組合ニハ前項ノ役員ノ外定款ノ定ムル所ニ依リ評議員若干人ヲ置クコトヲ得

指定業種統制組合ニハ前二項ノ役員ノ外定款ノ定ムル所ニ依リ副理事長一人ヲ置クコトヲ得

第十六条　理事長ハ統制組合ヲ代表シ組合事務ヲ総理ス

副理事長ハ理事長ヲ輔佐シ理事長事故アルトキハ其ノ職務ヲ代理シ理事長欠員ノトキハ其ノ職務ヲ行フ

理事ハ理事長及副理事長ヲ輔佐シ組合事務ヲ分掌シ予メ理事長ノ定ムル順位ニ依リ理事長及副理事長共ニ事故アルトキハ理事長ノ職務ヲ代理シ理事長及副理事長共ニ欠員ノトキハ理事長ノ職務ヲ行フ

監事ハ統制組合ノ業務及財産ノ状況ヲ監査ス

評議員ハ理事長ノ諮問ニ対シ答申シ又ハ理事長ニ対シ意見ヲ具申ス

第十七条　理事長ハ当該事業ニ関シ経験アル者及学識アル者ノ中ヨリ総会ニ於テ之ヲ選任ス但シ組合設立当時ノ理事長ハ当該事業ニ関シ経験アル者及学識アル者ノ中ヨリ創立総会ニ於テ之ヲ選任ス

指定業種統制組合ノ理事長ハ前項ノ規定ニ拘ラズ当該事業ニ関シ経験アル者及学識アル者ノ中ヨリ行政官庁之ヲ命ズ

副理事長、理事及評議員ハ当該事業ニ関シ経験アル者及学識アル者ノ中ヨリ理事長之ヲ命ズ

監事ハ組合員及組合員タル法人ノ業務ヲ執行スル役員ノ中ヨ

リ総会ニ於テ之ヲ選任ス但シ組合設立当時ノ監事ハ組合員タル資格ヲ有スル者及組合員タル資格ヲ有スル法人ノ業務ヲ執行スル役員ノ中ヨリ創立総会ニ於テ之ヲ選任ス

特別ノ事由アルトキハ監事ハ前項ニ該当セザル者ヨリ之ヲ選任スルコトヲ得

第一項及前項ノ規定ニ依ル理事長及監事ノ選任並ニ第三項ノ規定ニ依ル副理事長及理事ノ任命ハ行政官庁ノ認可ヲ受クルニ非ザレバ其ノ効力ヲ生ゼズ

第十八条　統制組合ノ役員ノ任期ハ左ノ通トス

理事長　三年
副理事長　三年
理事　三年
監事　二年
評議員　二年

理事長必要アリト認ムルトキハ任期中ト雖モ副理事長及理事ヲ解任スルコトヲ得

監事ハ任期中ト雖モ総会ノ決議ヲ以テ之ヲ解任スルコトヲ得

第二項ノ規定ニ依ル理事ノ解任ハ行政官庁ノ認可ヲ受クルニ非ザレバ其ノ効力ヲ生ゼズ

第十九条　統制組合ニ総会ヲ置ク但シ定款ノ定ムル所ニ依リ総会ニ代ルベキ総代会ヲ設クルコトヲ得

総会ニ関スル規定ハ前項ノ総代会ニ之ヲ準用ス

第二十条　本令中別ニ規定スルモノノ外左ニ掲グル事項ハ総会ノ議決ヲ経ベシ

一　定款ノ変更
二　第二十九条又ハ第三十条ノ規定ニ依ル賦課金ノ収支予算及賦課徴収方法
三　其ノ他大使ノ定ムル事項

第二十一条　理事長ハ少クトモ毎年一回通常総会ヲ招集スルコトヲ要ス

理事長必要アリト認ムルトキハ何時ニテモ臨時総会ヲ招集スルコトヲ得

第二十二条　総会ノ議長ハ理事長、理事長事故アルトキ又ハ欠員ノトキハ副理事長、理事長及副理事長共ニ事故アルトキ又ハ欠員ノトキハ予メ理事長ノ定ムル順位ニ依リ理事ヲ以テ之ニ充ツ

第二十三条　組合員ハ総会ニ於テ各一個ノ議決権ヲ有ス但シ定款ノ定ムル所ニ依リ一人ニ付十個ヲ超エザル範囲内ニ於テ二個以上ノ議決権ヲ有セシムルコトヲ得

第二十四条　総会ノ決議ハ議決権ヲ停止セラレザル組合員ノ半数以上出席シ其ノ議決権ノ過半数ヲ以テ之ヲ為ス可否同数ナルトキハ議長ノ決スル所ニ依ル

第二十五条　理事長特別ノ事由アリト認ムル場合ニ於テ行政官庁ノ認可ヲ受ケタルトキハ第二十条各号ニ掲グル事項ニ付総会ノ決議ニ拘ラズ之ヲ執行スルコトヲ得総会成立セズ又ハ総会ニ付議シタル事項ヲ議決セザルトキ亦同ジ

第二十六条　理事長ハ大使ノ定ムル所ニ依リ財産目録、貸借対照表、事業報告書及剰余金処分案ヲ通常総会ニ提出シテ其ノ承認ヲ求ムベシ

組合員及組合ノ債権者ハ前項ニ掲グル書類ノ閲覧ヲ求ムルコ

トヲ得

第二十七条　統制組合ハ当該事業ニ関スル事項ニ付行政官庁ニ建議スルコトヲ得

統制組合ハ行政官庁ノ諮問ニ対シ答申スベシ

第二十八条　統制組合ハ其ノ組合員及組合員タル団体ヲ組織スル者ニ対シ当該事業ニ関スル事項ノ調査ヲ為ス為必要ナル資料ノ提出ヲ求ムルコトヲ得

前項ノ規定ニ依リ資料ノ提出ヲ求メラレタル者ハ遅滞ナク之ヲ提出スベシ

第二十九条　統制組合ハ定款ノ定ムル所ニ依リ其ノ組合員ニ対シ経費ヲ賦課スルコトヲ得

第三十条　統制組合ハ其ノ事業ヲ行フ為特ニ必要アルトキハ大使ノ定ムル所ニ依リ行政官庁ノ認可ヲ受ケ其ノ組合員ノ全部又ハ一部ニ対シ前条ノ規定ニ依ル賦課金ノ外特別ノ賦課金ヲ課スルコトヲ得

第三十一条　統制組合ハ定款ノ定ムル所ニ依リ定款又ハ統制規定ニ違反シタル組合員ニ対シ過怠金ヲ課シ且必要アル場合ニ於テハ左ノ処分ヲ為スコトヲ得

一　原材料若ハ商品ノ割当又ハ配給ノ停止其ノ他必要ナル制裁

二　総会ニ於ケル議決権ノ停止

前項各号ノ処分ヲ為サントスルトキハ行政官庁ノ認可ヲ受クベシ

第三十二条　第二十九条若ハ第三十条ノ規定ニ依ル賦課金又ハ過怠金ヲ滞納スル者アル場合ニ於テ統制組合ノ請求アルトキハ市又ハ会ハ国税ノ例ニ依リ之ヲ処分ス此ノ場合ニ於テ統制組合ハ其ノ徴収金額ノ百分ノ五ヲ市又ハ会ニ交付スベシ

前項ノ規定ニ依ル徴収金ノ先取特権ノ順位ハ市又ハ会ノ徴収金ニ次ギ其ノ時効ニ付テハ国税ノ例ニ依ル

第三十三条　統制組合ハ定款ノ定ムル所ニ依リ使用料及手数料ヲ徴収スルコトヲ得

前項ノ使用料及手数料ノ徴収ニ関シテハ民事訴訟ヲ提起スルコトヲ得

第三十四条　第八条第一項第二号ニ掲グル事業ヲ行フ統制組合ハ定款ノ定ムル所ニ依リ其ノ組合員ノ全部又ハ一部ヲシテ出資ヲ為サシムルコトヲ得

前項ニ規定スル統制組合同項ノ規定ニ依リ其ノ組合員ノ全部又ハ一部ヲシテ出資ヲ為サシムル場合ニ於テハ当該組合員ハ出資一口以上ヲ有スベシ

第三十五条　前条第一項ノ規定ニ依リ出資ヲ為サシムル統制組合ハ出資ヲ引受ケタル組合員ヲシテ遅滞ナク第一回ノ払込ヲ為サシムベシ

第三十六条　第三十四条第一項ノ規定ニ依リ出資ヲ為ス組合員ノ責任ハ第二十九条及第三十条ノ規定ニ依ル費用負担ノ外其ノ出資額ヲ限度トス

第三十七条　統制組合ハ其ノ組合員又ハ組合員タル団体ヲ組織スル者ノ当該事業ニ関スル統制規程ヲ設置スベシ

第三十八条　定款ノ変更並ニ統制規程ノ設定及変更ハ行政官庁ノ認可ヲ受クルニ非ザレバ其ノ効力ヲ生ゼズ

行政官庁前項ノ規定ニ依リ統制規程ノ設定又ハ変更ノ認可ヲ

為シタルトキハ其ノ旨ヲ告示スベシ
統制組合第一項ノ規定ニ依リ定款ノ変更ノ認可ヲ受ケタルトキハ遅滞ナク其ノ旨ヲ公示スベシ

第三十九条　統制組合ノ組合員又ハ組合員タル団体ヲ組織スル者ハ当該統制組合ノ統制規程ニ依ルベシ

第四十条　統制組合統制規程ニ基キ製造、加工又ハ販賣ノ数量、販賣価額、加工料金其ノ他大使ノ定ムル事項ニ付決定ヲ為シタルトキハ遅滞ナク之ヲ行政官庁ニ届出ヅベシ
行政官庁必要アリト認ムルトキハ前項ノ決定ノ変更又ハ取消ヲ為スコトヲ得

第四十一条　統制組合ハ定款ノ定ムル所ニ依リ定款ノ違反ニ係ル取扱品ニシテ違反者ノ所有スルモノニ付抑留其ノ他必要ナル処分ヲ為シ特ニ必要アルトキハ之ヲ没収スルコトヲ得

第四十二条　統制組合必要アリト認ムルトキハ統制組合ノ役員又ハ使用人ヲシテ組合員及組合員タル団体ヲ組織スル者ノ業務若ハ財産ノ状況又ハ帳簿書類、設備其ノ他ノ物件ヲ検査セシムルコトヲ得
統制組合前項ノ規定ニ依リ役員又ハ使用人ヲシテ検査セシムル場合ニ於テハ其ノ身分ヲ示ス証票ヲ携帯セシムベシ

第四十三条　行政官庁必要アリト認ムルトキハ統制組合又ハ其ノ組合員若ハ組合員タル団体ヲ組織スル者ヨリ其ノ事業ニ関シ報告ヲ徴シ又ハ当該官吏ヲシテ其ノ事務所、営業所、工場、事業場其ノ他ノ場所ニ臨検シ業務ノ状況若ハ帳簿書類、設備其ノ他ノ物件ヲ検査セシムルコトヲ得
前項ノ規定ニ依リ当該官吏ヲシテ臨検検査セシムル場合ニ於テハ其ノ身分ヲ示ス証票ヲ携帯セシムベシ
第一項ノ場合ニ於テ当該官吏第三十九条ノ規定ニ違反シタル者アリト認ムルトキハ被疑者若ハ参考人ヲ尋問シ又ハ犯罪ノ事実ヲ証明スベキ物件ヲ捜索シ若ハ之ガ差押ヲ為スコトヲ得
臨検、尋問、捜索及差押ニ関シテハ関東州間接国税犯則者処分令ヲ準用ス

第四十四条　行政官庁ハ統制組合ニ対シ当該事業ニ関スル事項ノ調査ヲ命ズルコトヲ得

第四十五条　行政官庁当該事業ノ統制運営上必要アリト認ムルトキハ統制組合ニ対シ必要ナル事業ノ施行、定款若ハ統制規程ノ変更其ノ他必要ナル事項ヲ命ジ又ハ定款若ハ統制規程ノ変更ヲ為スコトヲ得

第四十六条　行政官庁ハ統制組合ニ対シ業務及会計ニ関シ監督上必要ナル命令ヲ発シ又ハ処分ヲ為スコトヲ得
行政官庁必要アリト認ムルトキハ監事ヲシテ監査ノ結果ヲ報告セシムルコトヲ得

第四十七条　行政官庁ハ理事長ノ行為ガ法令又ハ本令ニ基キテ為ス処分ニ違反シタルトキ、公益ヲ害シタルトキ其ノ他当該事業ノ統制運営上理事長ヲ不適当ナリト認ムルトキハ之ヲ解任スルコトヲ得
行政官庁ハ副理事長、理事、監事又ハ評議員ノ行為ガ法令若ハ法令ニ基キテ為ス処分ニ違反シタルトキ又ハ公益ヲ害シタルトキハ之ヲ解任スルコトヲ得

第四十八条　指定業種統制組合以外ノ統制組合ノ理事長欠ケタル場合ニ於テ行政官庁当該事業ノ統制運営上特ニ必要アリト

認ムルトキハ第十七条第一項ノ規定ニ拘ラズ当該事業ニ関シ経験アル者及学識アル者ノ中ヨリ理事長ヲ命ズルコトヲ得

第四十九条 統制組合ハ行政官庁ノ命令ニ因ルニ非ザレバ解散又ハ合併ヲ為スコトヲ得ズ

第五十条 統制組合ニハ所得税ヲ課セズ

第三章 施設組合

第五十一条 施設組合ハ組合員ノ事業ノ改良発達ヲ図ル為共同ノ施設ヲ為スヲ以テ目的トス

第五十二条 施設組合ハ第六条ニ規定スル事業ヲ営ム者ヲ以テ之ヲ設立ス

第五十三条 施設組合ハ其ノ目的ヲ達スル為左ニ掲グル事業ヲ行フ

一 組合員ノ取扱品ノ仕入、保管、運搬、加工若ハ販賣又ハ組合員ノ為ノ註文ノ引受

二 組合員ノ事業ニ関スル共同設備ノ設置

三 前二号ニ掲グルモノノ外施設組合ノ目的ヲ達スルニ必要ナル事業

施設組合ハ前項ノ事業ノ外組合員ニ対スル事業資金ノ貸付、組合員ノ為ニスル其ノ事業上ノ債務ノ保証又ハ組合員ノ貯金ノ受入ヲ併セ行フコトヲ得

第一項第二号ニ掲グル組合ノ共同設備ハ組合員ノ利用ニ支障ナキ場合ニ限リ組合員ニ非ザル者ヲシテ大使ノ定ムル所ニ依リ之ヲ利用セシムルコトヲ得

第五十四条 保管事業ヲ行フ施設組合ハ行政官庁ノ許可ヲ受ケ組合員ノ寄託物ニ付倉荷証券ヲ発行スルコトヲ得

前項ノ許可ヲ受ケタル施設組合ノ組合員タル寄託者ノ請求ニ因リ寄託物ノ倉荷証券ヲ交付スルコトヲ要ス

関東州裁判事務取扱令ニ於テ依ルコトヲ定メタル商法（以下商法ト称ス）第六百二十七条第二項及第六百二十八条ノ規定ハ第一項ノ倉荷証券ニ之ヲ準用ス

第五十五条 前条第一項ノ許可ヲ受ケタル施設組合ノ作成スル倉荷証券ニハ施設組合倉荷証券ナル文字ヲ記載スルコトヲ要ス

施設組合ニ非ザル者ノ作成スル預証券及質入証券又ハ倉荷証券ニハ施設組合倉庫証券ナル文字ヲ記載スルコトヲ得ズ

第五十六条 施設組合倉庫証券ノ発行アリタル寄託物ノ保管期間ハ寄託ノ日ヨリ六月以内トス

前項ノ寄託物ノ保管期間ハ六月ヲ限度トシ之ヲ更新スルコトヲ得但シ更新ノ際ニ於ケル証券ノ所持人組合員ニ非ザルトキハ組合員ノ利用ニ支障ナキ場合ニ限ル

第五十七条 商法第六百十六条乃至第六百十九条及第六百二十四条乃至第六百二十六条ノ規定ハ施設組合ガ施設組合倉庫証券ヲ発行シタル場合ニ之ヲ準用ス

第五十八条 施設組合ヲ設立セントスルトキハ組合員タラントスル者全員設立者ト為リ定款其ノ他必要ナル事項ヲ定メ行政官庁ノ認可ヲ受クベシ

第五十九条 施設組合ノ定款ニハ左ニ掲グル事項ヲ記載スベシ

一 目的

二 名称

三 事務所ノ所在地

四　組合員タル資格ニ関スル規定
五　組合員ノ加入及脱退ニ関スル規定
六　出資一口ノ金額及其ノ払込ノ方法
七　剰余金ノ処分及損失補填ニ関スル規定
八　準備金ノ額及其ノ積立ノ方法
九　組合員ノ権利義務ニ関スル規定
十　事業及其ノ執行ニ関スル規定
十一　役員ニ関スル規定
十二　会議ニ関スル規定
十三　会計ニ関スル規定
十四　存立ノ時期又ハ解散ノ事由ヲ定メタルトキハ其ノ時期又ハ事由

第六十条　施設組合ニハ理事及監事ヲ置クベシ
理事及監事ハ組合員及組合員タル法人ノ業務ヲ執行スル役員ノ中ヨリ総会ニ於テ之ヲ選任ス但シ組合設立当時ノ理事及監事ハ定款ヲ以テ之ヲ定ムベシ
特別ノ事由アルトキハ理事及監事ハ前項ニ該当セザル者ヨリ之ヲ選任スルコトヲ得
理事又ハ監事ハ何時ニテモ総会ノ決議ヲ以テ之ヲ解任スルコトヲ得

第六十一条　組合員ハ出資一口以上ヲ有スベシ

第六十二条　組合員タル資格ヲ有スル者ハ組合員ノ四分ノ三以上ノ同意ヲ得テ施設組合ニ加入スルコトヲ得

第六十三条　組合員ハ大使ノ定ムル所ニ依リ一定ノ期間前ニ予告ヲ為シ施設組合ノ承諾ヲ得タル場合ニハ事業年度ノ終ニ於テ脱退スルコトヲ得
組合ハ正当ノ理由ナクシテ前項ノ承諾ヲ拒ムコトヲ得ズ

第六十四条　施設組合ハ左ノ事由ニ因リテ解散ス
一　定款ニ定メタル事由ノ発生
二　総会ノ決議
三　組合ノ合併
四　組合ノ破産
五　第六十五条ノ規定ニ依ル解散ノ命令
総会ノ決議ニ因ル解散ハ行政官庁ノ認可ヲ受クルニ非ザレバ其ノ効力ヲ生ゼズ

第六十五条　施設組合ノ事業若ハ財産ノ状況ニ依リ其ノ事業ノ継続ヲ困難ナリト認ムルトキ又ハ施設組合ノ行為ガ法令、法令ニ基キテ為ス処分若ハ定款ニ違反シタルトキ若ハ公益ヲ害スル虞アルトキハ行政官庁ハ総会ノ決議ヲ取消シ、役員ヲ解任シ又ハ組合ノ解散ヲ命ズルコトヲ得

第六十六条　第十三条第一項、第十八条第一項、第十九条第一項（但書ヲ除ク）第二十条、第二十一条、第二十三条、第二十四条（後段ヲ除ク）、第二十六条、第二十九条、第三十一条、第三十三条、第三十五条、第三十六条、第三十八条第一項、第四十三条、第四十五条、第四十六条及第五十条ノ規定ハ施設組合ニ之ヲ準用ス

第四章　罰則

第六十七条　第三十九条ノ規定ニ違反シタル者ハ二年以下ノ懲役又ハ三千円以下ノ罰金ニ処ス
前項ノ罪ヲ犯シタル者ニハ情状ニ因リ懲役及罰金ヲ併科スル

コトヲ得

第六十八条　左ノ各号ノ一ニ該当スル者ハ五百円以下ノ罰金ニ処ス

一　第二十八条第二項ノ規定ニ違反シタル者

二　正当ノ理由ナクシテ第四十二条第一項ノ規定ニ依ル検査ヲ拒ミ、妨ゲ又ハ忌避シタル者

第六十九条　左ノ各号ノ一ニ該当スル者ハ千円以下ノ罰金ニ処ス

一　正当ノ理由ナクシテ第四十三条ノ規定（第六十六条ニ於テ準用スル場合ヲ含ム）ニ依ル当該官吏ノ臨検検査、尋問、捜索又ハ差押ヲ拒ミ、妨ゲ又ハ忌避シタル者

二　第四十三条ノ規定（第六十六条ニ於テ準用スル場合ヲ含ム）ニ依ル報告ヲ怠リ又ハ虚偽ノ報告ヲ為シタル者

第七十条　統制組合ノ証票若ハ検査証ヲ不正ニ使用シタル者、行使ノ目的ヲ以テ証票若ハ検査証ヲ偽造若ハ変造シタル者又ハ偽造若ハ変造ノ証票若ハ検査証ヲ使用シタル者ハ三年以下ノ徴役又ハ千円以下ノ罰金ニ処ス

第七十一条　統制組合ノ役員若ハ使用人又ハ其ノ職ニ在リタル者其ノ業務執行ニ関シ知得シタル法人又ハ人ノ業務上ノ秘密ヲ漏泄シ又ハ竊用シタルトキハ二年以下ノ徴役又ハ二千円以下ノ罰金ニ処ス

第七十二条　統制組合ノ役員、清算人又ハ使用人其ノ職務ニ関シ賄賂ヲ収受シ又ハ之ヲ要求若ハ約束シタルトキハ二年以下ノ徴役ニ処ス因テ不正ノ行為ヲ為シ又ハ相当ノ行為ヲ為サザルトキハ三年以下ノ懲役ニ処ス

前項ノ場合ニ於テ収受シタル賄賂ハ之ヲ没収ス若ハ其ノ全部又ハ一部ヲ没収スルコト能ハザルトキハ其ノ価額ヲ追徴ス

第七十三条　前条第一項ニ掲グル者ニ対シ賄賂ヲ交付、提供又ハ約束シタル者ハ二年以下ノ懲役又ハ五百円以下ノ罰金ニ処ス

前項ノ罪ヲ犯シタル者自首シタルトキハ其ノ刑ヲ軽減又ハ免除スルコトヲ得

第七十四条　第七十条ニ掲グル罪ハ関東州裁判事務取扱令ニ於テ依ルコトヲ定メタル刑法（以下刑法ト称ス）第三条ノ例ニ、第七十二条ニ掲グル罪ハ刑法第四条ノ例ニ従フ

第七十五条　実業組合本令若ハ本令ニ基キテ発スル命令又ハ之ニ基キテ為ス処分ニ違反シタルトキハ理事長、副理事長、理事又ハ監事ヲ五千円以下ノ過料ニ処ス

第七十六条　第三条第二項ノ規定ニ違反シタル者又ハ第五十五条第二項ノ規定（第八条第三項ニ於テ準用スル場合ヲ含ム）ニ違反シタル者ハ千円以下ノ過料ニ処ス

第七十七条　統制組合ノ組合員又ハ組合員タル団体ヲ組織スル者ハ其ノ代表者、代理人、戸主、家族、同居者、雇人其ノ他ノ従業者ガ其ノ業務ニ関シ第六十七条第一項、第六十八条第一号又ハ第六十九条第二号ノ罪ヲ犯シタルトキハ自己ノ指揮ニ出デザルノ故ヲ以テ其ノ処罰ヲ免ルルコトヲ得ズ

第七十八条　第六十七条第一項、第六十八条第一号又ハ第六十九条第二号ノ罰則ハ其ノ者ガ法人ナルトキハ理事、取締役其ノ他ノ法人ノ業務ヲ執行スル役員ニ、未成年者又ハ禁治産者ナルトキハ其ノ法定代理人ニ之ヲ適用ス但シ営業ニ関シ成年

者ト同一ノ能力ヲ有スル未成年者ニ付テハ此ノ限ニ在ラズ

第七十九条　前二条ノ場合ニ於テハ徴役ノ刑ニ処スルコトヲ得ズ

附　則

第八十条　本令施行ノ期日ハ大使之ヲ定ム

第八十一条　本令施行ノ際現ニ存スル従前ノ規定ニ依ル実業組合ハ本令施行後ト雖モ六月ヲ限リ仍存続スルモノトス

前項ノ実業組合ニ付テハ本令施行後ト雖モ仍従前ノ規定ニ依ル

本令施行前又ハ第一項ノ規定ニ依リ同項ノ実業組合ガ存続スル期間中ニ為シタル行為ニ関スル罰則ノ適用ニ付テハ本令施行後ト雖モ仍従前ノ規定ニ依ル

第一項ノ実業組合ニシテ同項ノ期間満了ノ際現ニ存スルモノ（清算中ノモノヲ除ク）ハ当該期間満了ノ際解散スルモノトス

前項ノ規定ニ依ル解散及清算ニ関シ必要ナル事項ハ大使之ヲ定ム

第八十二条　前条第一項ノ実業組合ハ定款其ノ他統制組合又ハ施設組合ト為ルニ必要ナル事項ヲ定メ行政官庁ノ認可ヲ受ケタルトキハ統制組合又ハ施設組合ト為ルコトヲ得

前項ノ場合ニ於テ同項ノ実業組合ノ権利義務ハ当該統制組合又ハ施設組合之ヲ承継ス

第一項ノ規定ニ依リ同項ニ掲ゲル実業組合ガ統制組合又ハ施設組合ト為リタルトキハ其ノ実業組合ノ組合員ノ出資ハ当該統制組合又ハ施設組合ニ対スル出資ト看做ス

前項ノ場合ニ於テ第一項ノ実業組合ニ対スル出資ノ持分ノ上ニ存在スル質権ハ統制組合又ハ施設組合ニ対スル出資ノ持分ノ上ニ存在ス

前四項ニ掲ゲルモノノ外第一項ノ実業組合ガ同項ノ規定ニ依リ統制組合又ハ施設組合ト為ルニ必要ナル事項ハ大使之ヲ定ム

第八十三条　行政官庁必要アリト認ムルトキハ第八十一条第一項ノ実業組合ニ対シ統制組合ト為ルベキコトヲ命ズルコトヲ得

前項ノ規定ニ依ル命令ヲ受ケタル実業組合ハ定款其ノ他統制組合ト為ルニ必要ナル事項ヲ定メ行政官庁ノ認可ヲ受クベシ

前項ノ実業組合行政官庁ノ指定スル期限迄ニ同項ノ認可ヲ申請セザルトキハ行政官庁ハ定款ノ作成其ノ他当該実業組合ガ統制組合ト為ルニ必要ナル処分ヲ為スコトヲ得

前条第二項乃至第五項ノ規定ハ前項ノ場合ニ之ヲ準用ス

第八十四条　第十三条ノ規定ハ前二条ノ規定ニ依ル統制組合又ハ施設組合ノ成立ニ付之ヲ適用ス

第八十五条　行政官庁当該事業ノ統制上必要アリト認ムルトキハ第八十一条第一項ノ実業組合ニ対シ同条第二項ノ規定ニ拘ラズ解散ヲ命ズルコトヲ得

前項ノ規定ニ依ル命令ヲ受ケタル実業組合ハ其ノ命令アリタル時解散スルモノトス此ノ場合ニ於テ必要アルトキハ大使ノ定ムル所ニ依リ当該実業組合ノ権利義務ハ行政官庁ノ指定スル統制組合之ヲ承継スルモノト為スコトヲ得

第八十一条第五項ノ規定ハ第一項ノ規定ニ依ル解散ノ場合

ニ、第八十二条第三項及第四項ノ規定ハ前項後段ノ場合ニ之ヲ準用ス

第八十六条　本令ニ定ムルモノノ外本令ノ施行ニ関シ必要ナル事項ハ大使之ヲ定ム

第八十七条　第八十一条第一項ノ実業組合ガ第八十二条若ハ第八十三条ノ規定ニ依リ統制組合若ハ施設組合ト為リ又ハ第八十五条第二項ノ規定ニ依リ解散シ同項ノ規定ニ依リ権利義務ノ承継アリタルトキハ関東州特別法人税令ノ適用ニ関シテハ其ノ実業組合ハ之ヲ合併ニ因リテ消滅シタル特別ノ法人ト看做シ統制組合又ハ施設組合ハ之ヲ合併ニ因リテ設立シタル特別ノ法人ト看做ス

第八十八条　統制組合又ハ施設組合ガ第八十二条乃至第八十五条ノ規定ニ依リ承継シタル財産ニ付テハ関東州特別法人税令ニ依ル剰余金ノ計算上之ヲ益金ニ算入セズ

第八十九条　本令施行ノ際現ニ第三条第一項ニ掲グル名称ヲ其ノ名称中ニ用フルモノハ本令施行後六月以内ニ其ノ名称ヲ変更スルコトヲ要ス

第七十六条ノ規定ハ前項ノ期間内同項ニ掲グルモノニ之ヲ適用セズ

第九十条　関東州特別法人税令中左ノ通改正ス

第二条第一項中「及実業組合連合会」ヲ「(所属ノ組合員ヲシテ出資ヲ為サシメザルモノヲ除ク)」ニ改ム

◎関東州貯蓄組合令

昭和十七年十二月十七日勅令第八百三十八号

朕関東州貯蓄組合令ヲ裁可シ茲ニ之ヲ公布セシム(総理、大東亜大臣副署)

関東州貯蓄組合令

第一条　本令ニ於テ貯蓄組合トハ左ノ各号ノ一ニ掲グル者ヲ以テ組織シ戦時(戦争ニ準ズベキ事変ノ場合ヲ含ム)ニ於ケル貯蓄ノ増強ニ資スル為組合員ノ貯蓄ノ斡旋ヲ為スモノヲ謂フ

一　市又ハ会ノ一部ニシテ満洲国駐箚特命全権大使ノ定ムル区域内ニ居住スル者

二　官公署、学校、事務所、営業所、工場、事業場又ハ之ニ準ズベキモノニ勤務スル者

三　実業組合其ノ他同業者ノ組織スル団体ノ構成員

四　前各号ニ掲グル者ノ外大使ノ定ムル者

第二条　貯蓄組合ノ斡旋ヲ為ス貯蓄ハ左ノ方法ニ依ルベシ

一　郵便貯金又ハ郵便年金ノ掛金若ハ簡易生命保険ノ保険料ノ払込

二　銀行ヘノ預ケ金

三　金融組合ヘノ預ケ金又ハ定期積金

四　無尽会社ヘノ無尽ノ掛金ノ払込

五　生命保険ノ保険料ノ払込

六　国債、貯蓄債権又ハ報国債券ノ買入

七　其ノ他大使ノ指定スルモノ

前項ノ貯蓄ノ斡旋ノ方法ハ大使之ヲ定ム

第三条　貯蓄組合ヲ組織シタルトキハ組合ノ代表者ハ大使ノ定

ムル所ニ依リ組合規約ヲ大使ニ届出ヅベシ組合規約ヲ変更シタルトキ亦同ジ

貯蓄組合解散シタルトキハ組合ノ代表者ハ大使ノ定ムル所ニ依リ其ノ旨ヲ大使ニ届出ヅベシ

第四条　貯蓄組合ノ斡旋ニ依ル銀行預金ニシテ大使ノ定ムルモノノ元本ガ七千円ヲ超エザルトキハ其ノ利子ニ付テハ大使ノ定ムル所ニ依リ第二種甲ノ所得ニ対スル所得税ヲ免除ス貯蓄組合ノ斡旋ニ依リ買入レ大使ノ定ムル所ニ依リ郵便官署ニ保管ヲ委託シタル国債ニシテ額面金額七千円ヲ超エザルモノノ利子ニ付亦同ジ

前項ノ場合ニ於テ預金ガ組合ノ代表者ノ名義ヲ以テ為サルルトキハ元本ハ組合員毎ニ其ノ預金ニ付之ヲ計算ス

前項ノ規定ハ第一項ノ場合ニ於テ国債ノ保管ノ委託ガ組合ノ代表者ノ名義ヲ以テ為サルル場合ノ額面金額ノ計算ニ之ヲ準用ス

前三項ノ元本及額面金額ハ大使ノ定ムル所ニ依リ之ヲ計算ス

第五条　政府ハ予算ノ範囲内ニ於テ貯蓄組合ニ補助金又ハ奨励金ヲ交付スルコトヲ得

第六条　大使必要アリト認ムルトキハ其ノ定ムル所ニ依リ第一条各号ノ一ニ掲グル者ニ対シ貯蓄組合ヲ組織スベキコトヲ命ズルコトヲ得

第七条　大使ハ貯蓄組合ノ代表者ニ対シ貯蓄ニ関シ報告ヲ為サシメ、帳簿書類其ノ他ノ物件ノ検査ヲ為シ又ハ組合ノ代表者ノ改任其ノ他監督上必要ナル命令ヲ為スコトヲ得

第八条　大使ハ本令ニ定ムル職権ノ一部ヲ命令ヲ以テ関東州庁長官ニ委任スルコトヲ得

第九条　貯蓄組合ノ代表者本令若ハ本令ニ基キテ発スル命令又ハ之ニ基キテ為ス処分ニ違反シタルトキハ三百円以下ノ過料ニ処ス

第十条　本令ニ規定スルモノノ外貯蓄組合ニ関スル事項ハ大使之ヲ定ム

附　則

本令施行ノ期日ハ大使之ヲ定ム（昭和十八年関東局令第十八号で昭和十八年四月一日から施行）本令施行ノ際現ニ存スル団体ニシテ第一条各号ノ一ニ掲グル者ヲ以テ組織シ戦時（戦争ニ準ズベキ事変ノ場合ヲ含ム）ニ於ケル貯蓄ノ増強ニ資スル為第二条ニ掲グル貯蓄ノ斡旋ヲ為スモノハ之ヲ本令ノ貯蓄組合ト看做ス

前項ノ貯蓄組合ノ代表者ハ本令施行後三月以内ニ第三条第一項ノ規定ニ準ジ組合規約ヲ大使ニ届出ヅベシ

◎関東州重要産業統制令

昭和十二年八月二十七日勅令第四百六十号

朕関東州重要産業統制令ヲ裁可シ茲ニ之ヲ公布セシム（総理大臣副署）

関東州重要産業統制令

第一条　本令ハ関東州ニ於ケル重要ナル産業ヲ統制シ以テ其ノ健全ナル発達ヲ図リ経済ノ円滑ナル伸展ヲ期スルコトヲ目的トス

第二条　本令ノ適用ヲ受クル重要ナル産業ノ種類ハ左ニ掲グルモノトス

製鋼業
アルミニウム製錬業
マグネシウム製錬業
自動車製造業
航空機製造業
兵器製造業
計器製造業
綿糸布紡織業
麻紡織業
毛織物製造業
小麦粉製造業
植物性油類製造業
石油製造業
無水アルコール製造業
セメント製造業
製塩業
ソーダ製造業
硫酸アンモニア製造業
火薬類製造業
マッチ製造業
煙草製造業
前項ノ重要ナル産業ノ範囲ニ関シ必要ナル事項ハ満洲国駐箚特命全権大使之ヲ定ム

第三条　重要ナル産業ヲ営マントスル者ハ大使ノ定ムル所ニ依リ其ノ許可ヲ受クベシ

第四条　重要ナル産業ヲ営ム者左ノ各号ノ一ニ該当スル行為ヲ為サントスルトキハ大使ノ定ムル所ニ依リ其ノ許可ヲ受クベシ
一　統制協定ノ締結又ハ変更
二　生産ノ設備又ハ能力ノ変更
三　事業ノ全部又ハ一部ノ譲渡
四　法人ノ合併

第五条　重要ナル産業ヲ営ム者ハ大使ノ定ムル所ニ依リ事業年度毎ニ事業ノ計画及実績ヲ大使ニ届出ヅベシ事業ノ計画ヲ変更シタルトキ亦同ジ

第六条　重要ナル産業ヲ営ム者左ノ各号ノ一ニ該当スル行為ヲ為シタルトキハ遅滞ナク其ノ旨ヲ大使ニ届出ヅベシ
一　統制協定ノ廃止
二　事業ノ全部又ハ一部ノ廃止又ハ休止
三　法人ノ解散

第七条　大使ハ重要ナル産業ヲ営ム者ニ対シ其ノ業務ニ関シ監督上必要ナル命令ヲ為スコトヲ得

第八条　大使監督上必要アリト認ムルトキハ当該官吏ヲシテ重要ナル産業ヲ営ム者ノ事務所、営業所、工場、倉庫其ノ他ノ場所ニ臨検シ業務若ハ財産ノ状況又ハ帳簿書類其ノ他ノ物件ヲ検査セシムルコトヲ得此ノ場合ニ於テハ其ノ身分ヲ示ス証票ヲ携帯セシムベシ

第九条　大使ハ統制上支障ナシト認メタルトキハ其ノ定ムル所ニ依リ重要ナル産業ヲ営ム者ニ対シ第四条及第五条ノ規定ニ依ル業務ノ一部ヲ免除スルコトヲ得

第十条　重要ナル産業ヲ営ム者本令若ハ本令ニ基キテ発スル命令又ハ之ニ基キテ為ス処分ニ違反シタルトキハ大使ハ其ノ業務ヲ停止シ、制限シ又ハ第三条ノ許可ヲ取消スコトヲ得

第十一条　大使ハ本令ニ規定シタル其ノ職権ノ一部ヲ命令ヲ以テ関東州庁長官ニ委任スルコトヲ得

附　則

本令施行ノ期日ハ大使之ヲ定ム（昭和十二年関東局令第八十九号で昭和十二年十月五日から執行）本令施行ノ際現ニ重要ナル産業ヲ営ム者ハ本令ニ依リ許可ヲ受ケタルモノト看做ス

本令施行ノ際現ニ締結セラレタル統制協定アルトキハ第四条ノ規定ニ拘ラズ本令施行ノ日ヨリ三十日以内ニ大使ノ許可ヲ受クベシ

◎関東州産業整備営団令

（昭和十九年七月二十六日勅令第四百八十二号）

朕関東州産業整備営団令ヲ裁可シ茲ニ之ヲ公布セシム（総理、大東亜大臣副署）

関東州産業整備営団令

第一章　総則

第一条　関東州産業整備営団ハ大東亜戦争ニ際シ関東州ニ於ケル産業ノ整備ヲ図ル為産業設備（之ニ充ツベキ機械及器具ヲ含ム以下同ジ）ニシテ未完成又ハ遊休ノ状態ニ在ルモノ（以下未動遊休設備ト称ス）ノ活用ヲ図リ及企業整備ニ関シ轉業又ハ廃業ヲ為ス商工業者等ノ資産及負債ノ整理ヲ行フト共ニ併セテ戦時生活必需物資其ノ他ノ緊要物資（以下重要物資ト称ス）ノ貯蔵ヲ確保シ及貯蔵重要物資ノ利用ヲ有効且適切ナラシムルコトヲ目的トス

関東州産業整備営団ハ法人トス

第二条　関東州産業整備営団ハ主タル事務所ヲ大連市ニ置ク

関東州産業整備営団ハ必要ノ地ニ従タル事務所ヲ設置スルコトヲ得

第三条　関東州産業整備営団ノ資本金ハ百万円トス

政府ハ百万円ヲ関東州産業整備営団ニ出資スベシ

第四条　関東州産業整備営団ハ定款ヲ以テ左ノ事項ヲ規定スベシ

一　目的
二　名称
三　事務所ノ所在地
四　役員ニ関スル事項
五　営業及其ノ執行ニ関スル事項
六　関東州産業整備債権ノ発行ニ関スル事項
七　会計ニ関スル事項
八　公告ノ方法

定款ハ満洲国駐箚特命全権大使ノ認可ヲ受ケ之ヲ変更スルコトヲ得

第五条　関東州産業整備営団ハ大使ノ定ムル所ニ依リ登記ヲ為スコトヲ要ス

前項ノ規定ニ依リ登記スベキ事項ハ登記ノ後ニ非ザレバ之ヲ以テ第三者ニ対抗スルコトヲ得ズ

第六条　関東州産業整備営団ニハ所得税ヲ課セズ
関東州産業整備営団ノ事業又ハ第十七条第一項第一号若ハ第二号ノ業務ノ為ニスル建物若ハ土地ノ取得ニ対シテハ地方税ヲ課スルコトヲ得ズ但シ関東州産業整備営団ノ事業ニ対シテハ特別ノ事情ニ基キ大使ノ認可ヲ受ケタル場合ハ此ノ限ニ在ラズ
第七条　関東州産業整備営団ニ付解散ヲ必要トスル事由発生シタル場合ニ於テ其ノ処置ニ関シテハ別ニ之ヲ定ム
第八条　関東州産業整備営団ニ非ザル者ハ関東州産業整備営団又ハ之ニ類似スル名称ヲ用フルコトヲ得ズ
第九条　関東州裁判事務取扱令ニ於テ依ルコトヲ定メタル民法第四十四条、第五十条、第五十四条及第五十七条並ニ非訟事件手続法第三十五条第一項ノ規定ハ関東州産業整備営団ニ之ヲ準用ス

第二章　職員

第十条　関東州産業整備営団ニ役員トシテ理事長一人、理事二人以上及監事二人以上ヲ置ク
第十一条　理事長ハ関東州産業整備営団ヲ代表シ其ノ業務ヲ総理ス
理事ハ定款ノ定ムル所ニ依リ関東州産業整備営団ヲ代表シ理事長ヲ輔佐シテ関東州産業整備営団ノ業務ヲ掌理ス
理事ハ定款ノ定ムル所ニ依リ理事長事故アルトキハ其ノ職務ヲ代理シ理事長欠員ノトキハ其ノ職務ヲ行フ監事ハ関東州産業整備営団ノ業務ヲ監査ス
第十二条　理事長、理事及監事ハ大使之ヲ命ズ
理事長及理事ノ任期ハ三年、監事ノ任期ハ二年トス
第十三条　理事長及理事ハ定款ノ定ムル所ニ依リ従タル事務所ノ業務ニ関シ一切ノ裁判上又ハ裁判外ノ行為ヲ為ス権限ヲ有スル代理人ヲ選任スルコトヲ得
第十四条　理事長及理事ハ他ノ職業ニ従事スルコトヲ得ズ但シ関東州庁長官ノ認可ヲ受ケタルトキハ此ノ限ニ在ラズ
第十五条　関東州産業整備営団ニ評議員若干人ヲ置キ大使之ヲ命ズ
評議員ハ関東州産業整備営団ノ業務ニ関スル重要ナル事項ニ付理事長ノ諮問ニ応ジ必要アルトキハ之ニ対シ意見ヲ述ブルコトヲ得
評議員ハ名誉職トシ其ノ任期ハ二年トス
第十六条　関東州産業整備営団ノ役員其ノ他ノ職員ハ之ヲ法令ニ依リ公務ニ従事スル職員ト看做ス

第三章　業務

第十七条　関東州産業整備営団ハ左ノ業務ヲ行フ
一　未動遊休設備ノ買受、賣渡及保有並ニ其ノ活用ニ関スル斡旋
二　企業整備ニ関シ転業又ハ廃業ヲ為ス商工業者等ノ資産ノ買受、賣渡及保有並ニ其ノ活用ニ関スル斡旋
三　前号ニ掲グル者ノ共助金資金ノ融通
四　大使ノ指定スル重要物資ノ買受、賣渡及保有
五　前各号ノ業務ニ附帯スル業務
関東州産業整備営団ハ大使ノ認可ヲ受ケ前項ニ掲グル業務以外ノ業務ヲ行フコトヲ得

第十八条　関東州産業整備営団ハ大使ノ認可ヲ受ケ契約ニ依リ法人其ノ他ノ団体ヲシテ前条ニ規定スル業務ノ一部ヲ取扱ハシムルコトヲ得

前項ノ規定ニ依リ同項ノ法人其ノ他ノ団体ガ同項ノ業務ヲ行フ場合ニ於テハ同項ノ法人其ノ他ノ団体ノ役員又ハ使用人ニシテ同項ノ業務ニ従事スルモノハ之ヲ関東州産業整備営団ノ当該業務ニ従事スル職員ト看做ス

第十九条　関東州産業整備営団ハ第十七条第一項第一号又ハ第二号ノ規定ニ依リ買受ケタル設備其ノ他ノ資産ノ代価ニ付テハ国債証券ヲ以テ之ヲ交付スルコトヲ得

前項ノ規定ニ依リ交付スル国債証券ノ交付価格ハ政府ノ定ムル所ニ依ル

第二十条　関東州庁長官ハ関東州産業整備営団ガ第十七条第一項第一号又ハ第二号ノ規定ニ依リ設備其ノ他ノ資産ヲ買受ケタル場合ニ於テ之ヲ売渡シタル者ニ対シ其ノ代価トシテ受ケタル金銭又ハ国債証券ノ処分ニ関シ必要ナル指示ヲ為スコトヲ得

第四章　関東州産業整備債券

第二十一条　関東州産業整備営団ハ払込資本金額ノ十倍ヲ限リ関東州産業整備債券ヲ発行スルコトヲ得

第二十二条　関東州産業整備債券ハ額面金額五十円以上トシ無記名利札附トス但シ応募者又ハ所有者ノ請求ニ依リ記名ト為スコトヲ得

関東州産業整備債券ハ割引ノ方法ヲ以テ之ヲ発行スルコトヲ得

第二十三条　関東州産業整備営団ハ関東州産業整備債券借換ノ為一時第二十一条ノ制限ニ依ラズ関東州産業整備債券ヲ発行スルコトヲ得

前項ノ規定ニ依リ関東州産業整備債券ヲ発行シタルトキハ発行後一月以内ニ其ノ発行額面金額ニ相当スル旧関東州産業整備債券ヲ償還スベシ

第二十四条　政府ハ関東州産業整備債券ノ元本ノ償還及利息ノ支払ヲ保証スルコトヲ得

第二十五条　関東州産業整備債券ハ売出ノ方法ヲ以テ之ヲ発行スルコトヲ得

第二十六条　関東州産業整備営団ニ於テ関東州産業整備債券ヲ発行セントスルトキハ大使ノ認可ヲ受クベシ

第二十七条　関東州産業整備債券ノ消滅時効ハ元本ニ在リテハ十五年、利息ニ在リテハ五年ヲ以テ完成ス

第二十八条　関東州産業整備債券ノ所有者ハ関東州産業整備営団ノ財産ニ付他ノ債券者ニ先チテ自己ノ債券ノ弁済ヲ受クル権利ヲ有ス

前項ノ規定ハ関東州裁判事務取扱令ニ於テ依ルコトヲ定メタル民法ノ一般ノ先取特権ノ行使ヲ妨グルコトナシ

第二十九条　関東州所得税令中国債以外ノ公債ニ関スル規定ハ関東州産業整備債券ニ之ヲ準用ス

第三十条　本章ニ規定スルモノヲ除クノ外関東州産業整備債券ニ関シ必要ナル事項ハ大使之ヲ定ム

第五章　会計

第三十一条　関東州産業整備営団ノ事業年度ハ毎年四月ヨリ翌

年三月迄トス

第三十二条　関東州産業整備営団ハ左ノ方法ニ依ルノ外業務上ノ余裕金ヲ運用スルコトヲ得ズ

一　国債、地方債又ハ大使ノ認可ヲ受ケタル有価証券ノ取得ヲ為スコト

二　銀行若ハ金融組合ヘノ預金又ハ郵便貯金ト為スコト

第三十三条　関東州産業整備営団ハ毎事業年度ノ初ニ於テ財産目録、貸借対照表及損益計算書ヲ作成シ定款ト共ニ之ヲ各事務所ニ備置クコトヲ要ス

第六章　監督及補助

第三十四条　関東州産業整備営団ハ第一次ニ於テ関東州庁長官之ヲ監督シ第二次ニ於テ大使之ヲ監督ス

第三十五条　関東州産業整備営団借入金ヲ為サントスルトキハ関東州庁長官ノ認可ヲ受クベシ

第三十六条　関東州産業整備営団ハ大使ノ認可ヲ受クルニ非ザレバ剰余金ノ処分ヲ為スコトヲ得ズ

第三十七条　関東州産業整備営団ハ業務開始ノ際業務ノ方法ヲ定メ大使ノ認可ヲ受クベシ之ヲ変更セントスルトキ亦同ジ

関東州産業整備営団ハ毎事業年度ノ初ニ於テ事業計画ヲ定メ大使ノ認可ヲ受クベシ之ヲ変更セントスルトキ亦同ジ

第三十八条　大使又ハ関東州庁長官ハ関東州産業整備営団ニ対シ業務及財産ノ状況ニ関シ報告ヲ為サシメ、検査ヲ為シ其ノ他監督上、必要ナル命令ヲ発シ又ハ処分ヲ為スコトヲ得

第三十九条　大使ハ関東州産業整備営団監理官ヲ置キ関東州産業整備営団ノ業務ヲ監視セシム

関東州産業整備営団監理官ハ何時ニテモ関東州産業整備営団ノ業務及財産ノ状況ヲ検査スルコトヲ得

関東州産業整備営団監理官ハ何時ニテモ関東州産業整備営団ニ命ジ業務及財産ノ状況ヲ報告セシムルコトヲ得

関東州産業整備営団監理官ハ関東州産業整備営団ノ諸般ノ会議ニ出席シ意見ヲ述ブルコトヲ得

第四十条　役員ガ法令、定款、大使若ハ関東州庁長官ノ命令ニ違反シ又ハ公益ヲ害スル行為ヲ為シタルトキハ大使ハ之ヲ解任スルコトヲ得

第四十一条　関東州産業整備営団ガ第十七条ニ規定スル業務ニ因リテ受ケタル損失ハ帝国議会ノ協賛ヲ経タル金額ヲ超エザル範囲内ニ於テ大使之ヲ補償スルコトヲ得

第七章　罰則

第四十二条　左ノ場合ニ於テハ関東州産業整備営団ノ理事長、理事又ハ監事ヲ千円以下ノ過料ニ処ス

一　本令ニ依リ大使又ハ関東州庁長官ノ認可ヲ受クベキ場合ニ於テ其ノ認可ヲ受ケザルトキ

二　第十七条ノ規定ニ依ラズシテ業務ヲ営ミタルトキ

三　第二十一条又ハ第二十三条第二項ノ規定ニ違反シ関東州産業整備債券ノ発行ヲ為シ又ハ償還ヲ為サザルトキ

四　第三十二条ノ規定ニ違反シ業務上ノ余裕金ヲ運用シタルトキ

五　大使又ハ関東州庁長官ノ監督上ノ命令又ハ処分ニ違反シタルトキ

六　関東州産業整備営団監理官ノ検査ヲ拒ミ、妨ゲ若ハ忌避

シ又ハ其ノ命ズル報告ヲ為サザルトキ

第四十三条　左ノ場合ニ於テハ関東州産業整備営団ノ理事長、理事又ハ監事ヲ五百円以下ノ過料ニ処ス

一　本令又ハ本令ニ基キテ発スル命令ニ違反シ登記ヲ為スコトヲ怠リ又ハ不正ノ登記ヲ為シタルトキ

二　第三十三条ノ規定ニ違反シ書類ヲ備置カザルトキ又ハ其ノ書類ニ記載スベキ事項ヲ記載セズ若ハ不正ノ記載ヲ為シタルトキ

第四十四条　第八条ノ規定ニ違反シ関東州産業整備営団又ハ之ニ類似スル名称ヲ用ヒタル者ハ五百円以下ノ過料ニ処ス

附　則

第四十五条　本令施行ノ期日ハ大使之ヲ定ム

第四十六条　大使ハ設立委員ヲ命ジ関東州産業整備営団ノ設立ニ関スル事務ヲ処理セシム

第四十七条　設立委員ハ定款ヲ作成シ大使ノ認可ヲ受クベシ

第四十八条　定款ニ付大使ノ認可アリタルトキハ設立委員ハ遅滞ナク出資ノ払込ヲ稟請スベシ

第四十九条　出資ノ払込アリタルトキハ設立委員ハ遅滞ナク其ノ事務ヲ関東州産業整備営団理事長ニ引継グベシ

理事長前項ノ事務ノ引継ヲ受ケタルトキハ設立ノ登記ヲ為スベシ

関東州産業整備営団ハ主タル事務所ノ所在地ニ於テ設立ノ登記ヲ為スニ因リテ成立ス

◎関東州価格平衡金庫令

昭和十九年八月九日
勅令第四百九十七号

朕関東州価格平衡金庫令ヲ裁可シ茲ニ之ヲ公布セシム（総理、大東亜大臣副署）

関東州価格平衡金庫令

第一章　総則

第一条　関東州価格平衡金庫ハ大東亜戦争ニ際シ生産拡充ニ必要ナル基本物資及戦時生活必需物資ノ価格ノ安定其ノ他物価ノ調整ニ資スル為関東州ニ於ケル諸物資ノ価格ノ平衡ヲ図ルコトヲ目的トス

第二条　関東州価格平衡金庫ハ法人トス

関東州価格平衡金庫ハ主タル事務所ヲ大連市ニ置ク

関東州価格平衡金庫ハ必要ノ地ニ従タル事務所ヲ置クコトヲ得

第三条　関東州価格平衡金庫ノ基金ハ百万円トス

政府ハ関東州価格平衡金庫ノ基金トシテ百万円ヲ支出スベシ

第四条　関東州価格平衡金庫ハ定款ヲ以テ左ノ事項ヲ規定スベシ

一　目的

二　名称

三　事務所ノ所在地

四　基金及資産ニ関スル事項

五　役員ニ関スル事項

六　業務及其ノ執行ニ関スル事項

七　会計ニ関スル事項

八　公告ノ方法

定款ノ変更ハ満洲国駐箚特命全権大使ノ認可ヲ受クルニ非ザレバ其ノ効力ヲ生ゼズ

第五条　関東州価格平衡金庫ハ大使ノ定ムル所ニ依リ登記ヲ為スコトヲ要ス

前項ノ規定ニ依リ登記スベキ事項ハ登記ノ後ニ非ザレバ之ヲ以テ第三者ニ対抗スルコトヲ得ズ

第六条　関東州価格平衡金庫ニハ所得税ヲ課セズ

関東州価格平衡金庫ノ事業ニ対シテハ地方税ヲ課スルコトヲ得ズ

第七条　関東州価格平衡金庫ニ付解散ヲ必要トスル事由発生シタル場合ニ於テ其ノ処置ニ関シテハ別ニ之ヲ定ム

第八条　関東州価格平衡金庫ニ非ザル者ハ関東州価格平衡金庫又ハ之ニ類似スル名称ヲ用フルコトヲ得ズ

第九条　関東州裁判事務取扱令ニ於テ依ルコトヲ定メタル民法第四十四条、第五十条、第五十四条及第五十七条並ニ非訟事件手続法第三十五条第一項ノ規定ハ関東州価格平衡金庫ニ之ヲ準用ス

第十条　大使ハ其ノ定ムル所ニ依リ本令ニ規定スル其ノ職権ノ一部ヲ関東州庁長官ニ委任スルコトヲ得

第二章　職員

第十一条　関東州価格平衡金庫ニ役員トシテ理事長一人、理事二人以上及監事二人以上ヲ置ク

第十二条　理事長ハ関東州価格平衡金庫ヲ代表シ其ノ業務ヲ総理ス

理事ハ定款ノ定ムル所ニ依リ関東州価格平衡金庫ヲ代表シ理事長ヲ輔佐シテ関東州価格平衡金庫ノ業務ヲ掌理ス

理事ハ定款ノ定ムル所ニ依リ理事長事故アルトキハ其ノ職務ヲ代理シ理事長欠員ノトキハ其ノ職務ヲ行フ

監事ハ関東州価格平衡金庫ノ業務ヲ監査ス

第十三条　理事長、理事及監事ハ大使之ヲ命ズ

理事長及理事ノ任期ハ三年、監事ノ任期ハ二年トス

第十四条　理事長及理事ハ定款ノ定ムル所ニ依リ従タル事務所ノ業務ニ関シ一切ノ裁判上又ハ裁判外ノ行為ヲ為ス権限ヲ有スル代理人ヲ選任スルコトヲ得

第十五条　理事長及理事ハ他ノ職業ニ従事スルコトヲ得ズ但シ大使ノ認可ヲ受ケタルトキハ此ノ限ニ在ラズ

第十六条　関東州価格平衡金庫ノ役員其ノ他ノ職員ハ法令ニ依リ公務ニ従事スル職員ト看做ス

第三章　業務

第十七条　関東州価格平衡金庫ハ左ノ業務ヲ行フ

一　価格平衡徴収金ノ徴収

二　価格平衡交付金ノ交付

関東州価格平衡金庫ハ大使ノ認可ヲ受ケ前項ノ業務ノ外関東州価格平衡金庫ノ目的達成上必要ナル業務ヲ行フコトヲ得

本令ニ於テ価格平衡徴収金トハ関東州ニ於ケル諸物資ノ価格ノ平衡ヲ図ル為価格引上ノ必要アル物資ニ付其ノ生産、販売若ハ交易（内地、朝鮮、台湾又ハ南洋群島ト関東州トノ間ノ移動ヲ含ム）ヲ為スヲ業トスル者又ハ此等ノ者ノ団体（以下

生産業者等ト称ス）ヨリ徴収スル金銭ヲ謂フ

本令ニ於テ価格平衡交付金トハ関東州ニ於ケル諸物資ノ価格ノ平衡ヲ図ル為価格引下ノ必要アル物資ニ付其ノ生産業者等ニ対シ交付スル金銭ヲ謂フ

第十八条　関東州価格平衡金庫ハ前条第一項ノ業務ヲ行フ為大使ノ定ムル所ニ依リ価格平衡資金ヲ設定スベシ

第十九条　左ノ各号ノ一ニ該当スル場合ハ関東州価格平衡金庫ハ大使ノ定ムル所ニ依リ価格平衡徴収金ヲ徴収スベシ

一　満洲国ニ於テ経済平衡資金ノ納付セラルル物資ノ関東州ニ於ケル価格ガ満洲国ニ於ケル価格ヨリ低キ場合

二　奢侈品其ノ他国民生活ニ重要ナラザル物資ガ其ノ原価ニ適正利潤ヲ加ヘタル金額ヨリ高キ価格ヲ以テ販売セラルル場合

三　其ノ他大使関東州ニ於ケル諸物資ノ価格ノ平衡ヲ図ル為価格平衡徴収金ノ徴収ヲ適当ト認ムル場合

第二十条　大使ハ税務署又ハ民政署ノ官吏ヲシテ価格平衡徴収金ノ徴収事務ニ従事セシムルコトヲ得

第二十一条　関東州価格平衡金庫ハ大使ノ認可ヲ受ケ第十七条第一項ニ規定スル業務ノ一部ノ取扱ヲ法人其ノ他ノ団体ニ委嘱スルコトヲ得

前項ノ規定ニ依リ同項ノ法人其ノ他ノ団体ガ同項ノ業務ヲ行フ場合ニ於テハ同項ノ法人其ノ他ノ団体ノ役員又ハ使用人ニシテ同項ノ業務ニ従事スルモノハ関東州価格平衡金庫ノ当該業務ニ従事スル職員ト看做ス

第二十二条　生産業者等ハ第十九条ノ規定ニ依ル価格平衡徴収金ノ徴収ニ不服アルトキハ大使ノ定ムル所ニ依リ関東州庁長官ニ異議ノ申立ヲ為スコトヲ得

前項ノ異議ノ申立アリタルトキハ関東州庁長官ハ大使ノ定ムル所ニ依リ之ヲ裁定スベシ

第二十三条　価格平衡徴収金ヲ滞納スル者アル場合ニ於テ理事長ノ請求アルトキハ市又ハ会ハ国税ノ例ニ依リ之ヲ処分ス此ノ場合ニ於テ関東州価格平衡金庫ハ其ノ徴収金額ノ百分ノ五ヲ市又ハ会ニ交付スベシ

前項ノ規定ニ依ル徴収金ノ先取特権ノ順位ハ市又ハ会ノ徴収金ニ次ギ其ノ時効ニ付テハ国税ノ例ニ依ル

第二十四条　左ノ各号ノ一ニ該当スル場合ハ関東州価格平衡金庫ハ大使ノ定ムル所ニ依リ価格平衡交付金ヲ交付スベシ

一　満洲国ニ於テ経済平衡資金ノ交付セラルル物資ノ関東州ニ於ケル価格ガ満洲国ニ於ケル価格ヨリ高キ場合

二　生産拡充ニ必要ナル基本物資、戦時生活必需物資其ノ他ノ重要物資ガ其ノ原価ニ適正利潤ヲ加ヘタル金額ヨリ低キ価格ヲ以テ販売セラルル場合

三　其ノ他大使関東州ニ於ケル諸物資ノ価格ノ平衡ヲ図ル為価格平衡交付金ノ交付ヲ適当ト認ムル場合

第二十五条　関東州価格平衡金庫ハ業務運営上必要アルトキハ大使ノ認可ヲ受ケ満洲国経済平衡資金全部トノ間ニ相互ニ繰入金ヲ為スコトヲ得

第二十六条　関東州価格平衡金庫業務運営上必要アリト認ムルトキハ生産業者等ニ対シ其ノ業務及財産ノ状況ニ関シ報告ヲ徴シ、帳簿書類ノ備付ヲ命ジ、帳簿書類ノ記載方ヲ指定シ又

ハ職員ヲシテ必要ナル場所ニ臨検シ収支状況若ハ帳簿書類其ノ他ノ物件ヲ検査セシムルコトヲ得

関東州価格平衡金庫前項ノ規定ニ依リ職員ヲシテ臨検検査セシムル場合ニ於テハ其ノ身分ヲ示ス証票ヲ携帯セシムベシ

第二十七条　大使必要アリト認ムルトキハ生産業者等ニ対シ其ノ業務及財産ノ状況ニ関シ報告ヲ徴シ又ハ当該官吏ヲシテ必要ナル場所ニ臨検シ収支状況若ハ帳簿書類其ノ他ノ物件ヲ検査セシムルコトヲ得

前項ノ規定ニ依リ当該官吏ヲシテ臨検検査セシムル場合ニ於テハ其ノ身分ヲ示ス証票ヲ携帯セシムベシ

第四章　監督

第二十八条　関東州価格平衡金庫ハ大使之ヲ監督ス

第二十九条　関東州価格平衡金庫ハ業務開始ノ際業務ノ方法ヲ定メ大使ノ認可ヲ受クベシ之ヲ変更セントスルトキ亦同ジ

第三十条　関東州価格平衡金庫借入金ヲ為サントスルトキハ大使ノ認可ヲ受クベシ

第三十一条　大使ハ関東州価格平衡金庫ニ対シ業務及財産ノ状況ニ関シ報告ヲ為サシメ、検査ヲ為シ其ノ他監督上必要ナル命令ヲ発シ又ハ処分ヲ為スコトヲ得

第三十二条　大使ハ関東州価格平衡金庫監理官ヲ置キ関東州価格平衡金庫ノ業務ヲ監視セシム

第三十三条　関東州価格平衡金庫監理官ハ何時ニテモ関東州価格平衡金庫ノ業務及財産ノ状況ヲ検査スルコトヲ得

関東州価格平衡金庫監理官ハ何時ニテモ関東州価格平衡金庫ニ命ジテ業務及財産ノ状況ヲ報告セシムルコトヲ得

関東州価格平衡金庫監理官ハ関東州価格平衡金庫ノ諸般ノ会議ニ出席シテ意見ヲ陳述スルコトヲ得

第三十四条　役員ガ法令、定款若ハ大使ノ命令ニ違反シ又ハ公益ヲ害スル行為ヲ為シタルトキハ大使ハ之ヲ解任スルコトヲ得

第五章　罰則

第三十五条　左ノ場合ニ於テハ関東州価格平衡金庫ノ理事長、理事又ハ監事ヲ千円以下ノ過料ニ処ス

一　本令ニ依リ認可ヲ受クベキ場合ニ於テ其ノ認可ヲ受ケザルトキ

二　本令ニ規定セザル業務ヲ営ミタルトキ

三　大使ノ監督上ノ命令又ハ処分ニ違反シタルトキ

第三十六条　左ノ各号ノ一ニ該当スル者ハ千円以下ノ過料ニ処ス

一　第二十六条第一項ノ規定ニ依ル報告ヲ為サズ、虚偽ノ報告ヲ為シ、帳簿書類ノ備付ヲ為サズ、之ニ記載スベキ事項ヲ記載セズ、之ニ虚偽ノ記載ヲ為シ又ハ之ノ記載方ノ指定ニ従ハザル者

二　第二十七条第一項ノ規定ニ依ル報告ヲ為サズ又ハ虚偽ノ報告ヲ為シタル者

三　第二十六条第一項又ハ第二十七条第一項ノ規定ニ依ル臨検検査ヲ拒ミ、妨ゲ又ハ忌避シタル者

第三十七条　人又ハ法人ノ代理人、戸主、家族、同居者、雇人其ノ他ノ従業員ガ其ノ人又ハ法人ノ業務ニ関シ前条第一号又ハ第二号ノ違反行為ヲ為シタルトキハ其ノ人又ハ法人ハ自己

ノ指揮ニ出デザルノ故ヲ以テ其ノ処罰ヲ免ルルコトヲ得ズ

第三十八条　第三十六条第一号及第二号ノ罰則ハ其ノ者ガ法人ナルトキハ理事、取締役其ノ他法人ノ業務ヲ執行スル役員ニ、未成年者又ハ禁治産者ナルトキハ其ノ法定代理人ニ之ヲ適用ス但シ営業ニ関シ成年者ト同一ノ能力ヲ有スル未成年者ニ付テハ此ノ限ニ在ラズ

第三十九条　本令又ハ本令ニ基キテ発スル命令ニ違反シ登記ヲ為スコトヲ怠リ又ハ不正ノ登記ヲ為シタル場合ハ関東州価格平衡金庫ノ理事長、理事又ハ監事ヲ五百円以下ノ過料ニ処ス

第四十条　第八条ノ規定ニ違反シ関東州価格平衡金庫又ハ之ニ類似スル名称ヲ用ヒタル者ハ五百円以下ノ過料ニ処ス

附　則

第四十一条　本令施行ノ期日ハ大使之ヲ定ム

第四十二条　大使ハ設立委員ヲ命ジ関東州価格平衡金庫ノ設立ニ関スル事務ヲ処理セシム

第四十三条　設立委員ハ定款ヲ作成シ大使ノ認可ヲ受クベシ

第四十四条　定款ニ付大使ノ認可アリタルトキハ設立委員ハ遅滞ナク基金ノ支出ヲ稟請スベシ

基金ノ支出アリタルトキハ設立委員ハ遅滞ナク其ノ事務ヲ関東州価格平衡金庫理事長ニ引継グベシ

理事長前項ノ規定ニ依ル事務ノ引継ヲ受ケタルトキハ設立ノ登記ヲ為スベシ

関東州価格平衡金庫ハ設立ノ登記ヲ為スニ因リテ成立ス

◎関東州企業整備資金措置令

昭和二十年五月十九日勅令第三百十八号

朕関東州企業整備資金措置令ヲ裁可シ茲ニ之ヲ公布セシム

（総理、大蔵、大東亜大臣副署）

関東州企業整備資金措置令

関東州ニ於ケル企業整備ニ伴フ資金ノ措置ニ関シテハ企業整備資金措置法ニ依ル但シ同法第十九条、第二十六条、第二十七条、第二十七条ノ二第三項及第三十四条ノ規定並ニ特殊金銭信託及戦時金融金庫特殊借入金ニ関スル規定ハ此ノ限ニ在ラズ

企業整備資金措置法中本法トアルハ本令トシ主務大臣トアルハ満洲国駐箚特命全権大使トシ勅令トアルハ関東局令トシ国民更生金庫トアリ又ハ産業設備営団及国民更生金庫トアルハ関東州産業整備営団トシ国民更生金庫法第十七条トアルハ関東州産業整備営団令第十七条トシ国税徴収法トアルハ明治四十年勅令第五十六号ニ於テ準用スル国税徴収法トシ裁判所トアルハ法院トシ企業整備資金措置法第十一条中大蔵大臣トアルハ政府特殊借入金ニ関スル場合ヲ除クノ外満洲国駐箚特命全権大使トシ同法第十三条第二項及第二十四条第三項中大蔵大臣トアルハ満洲国駐箚特命全権大使大蔵大臣ニ協議シテトス

附　則

本令施行ノ期日ハ満洲国駐箚特命全権大使之ヲ定ム

関東州臨時租税措置令中左ノ通改正ス

第一条ノ十一中「有価証券」ノ下ニ「其ノ他大使ノ定ムルモノ」ヲ加フ

第一条ノ二十　関東州企業整備資金措置令ニ於テ依ルコトヲ定メタル企業整備資金措置法ニ規定スル政府特殊借入金ノ利子ニ付テハ関東州所得税令ニ依ル

所得ノ計算ニ関シ大使ハ命令ヲ以テ特例ヲ設クルコトヲ得

関東州金属類回収令中左ノ通改正ス

第一条第一項中「、第十一条第三項」ヲ削リ同条第二項中「関東州土地収用令」ノ下ニ「トシ企業整備資金措置法トアルハ関東州企業整備資金措置令ニ於テ依ルコトヲ定メタル企業整備資金措置法」ヲ加フ

第二条ヲ削リ第一条ナル条名ヲ削ル

◎関東州及帝国カ治外法権ヲ行使スルコトヲ得ル外国ニ於ケル特許権、意匠権、商標権及著作権ノ保護ニ関スル件

明治四十一年八月十三日勅令第二百一号

朕関東州及帝国カ治外法権ヲ行使スルコトヲ得ル外国ニ於ケル特許権、意匠権、商標権及著作権ノ保護ニ関スル件ヲ裁可シ茲ニ之ヲ公布セシム（総、外、大臣副署）

第一条　帝国臣民又ハ韓国臣民カ帝国ニ於テ享有スル特許権、意匠権、商標権及著作権ノ効力ハ関東州及帝国カ治外法権ヲ行使スルコトヲ得ル外国ニ在ル帝国臣民及韓国臣民ニ及フモノトス

第二条　特許法、意匠法、商標法及著作権法中ノ罪ニ関スル規定ハ関東州及帝国カ治外法権ヲ行使スルコトヲ得ル外国ニ在ル帝国臣民及韓国臣民ニ対シ之ヲ適用ス

第三条　日韓両国以外ノ国ノ臣民又ハ人民カ帝国ニ於テ享有スル工業所有権及著作権ニ付テハ其ノ所属国カ治外法権ヲ有スル外国ニ於テ日韓両国ノ臣民ニ対シ工業所有権及著作権ノ保護ヲ与ヘ且韓国ニ於テ工業所有権及著作権ノ保護ニ関シ治外法権ヲ行使セサル場合ニ限リ前二条ノ規定ヲ適用ス

附則

第四条　本令ハ明治四十一年八月十六日ヨリ之ヲ施行ス

第五条　本令施行ノ際本令ノ保護スル他人ノ商標又ハ之ニ類似スル商標ヲ不正ニ附シタル商品ヲ販賣ノ為所蔵スル者ハ本令施行後六月内ニ其ノ商標ヲ除去若ハ抹消スルカ又ハ該商品ヲ清国市場ヨリ撤去スルコトヲ要ス

第六条　日本国臣民、韓国臣民及米国人民カ帝国又ハ米国内ニ於テ著作権ヲ享有セル著作物ヲ本令施行前清国ニ於テ著作権者ノ承諾ナクシテ複製シタル者、翻訳シタル者若ハ興行シタル者又ハ複製、翻訳、興行ニ著手シタル者ハ本令施行後一年間ハ之ヲ完成シテ発賣頒布シ又ハ興行スルコトヲ得

◎明治四十一年勅令第二百一号改正ノ件

明治四十四年五月二十六日勅令第百六十七号

朕明治四十一年勅令第二百一号改正ノ件ヲ裁可シ茲ニ之ヲ公布セシム（総、外、大臣副署）

第一条 帝国臣民カ帝国ニ於テ享有スル特許権、意匠権、商標権、実用新案権及著作権ノ効力ハ関東州及帝国カ治外法権ヲ行使スルコトヲ得ル外国ニ在ル帝国臣民ニ及フモノトス

第二条 特許法、意匠法、商標法、実用新案法及著作権法中ノ罪ニ関スル規定ハ関東州及帝国カ治外法権ヲ行使スルコトヲ得ル外国ニ在ル帝国臣民ニ対シ之ヲ適用ス

附則

本令ハ明治四十四年五月二十八日ヨリ之ヲ施行ス

○明治四十四年勅令第百六十七号中改正

昭和四年十一月十六日勅令第三百二十五号

第一条及第二条中「関東州及」ヲ削ル

附則

本令ハ昭和四年十二月一日ヨリ之ヲ施行ス

○明治四十四年勅令第百六十七号中改正

昭和十一年六月二十五日勅令第百二十六号

第三条 本令ハ著作権ニ関スルモノヲ除クノ外満洲国ニ在ル帝国臣民ニハ之ヲ適用セズ

附則

本令ハ昭和十一年七月一日ヨリ之ヲ施行ス

本令施行前帝国臣民ノ為シタル行為ニ付テハ本令施行後ト雖仍従前ノ例ニ依ル

◎関東州ニ於ケル特許権、実用新案権、意匠権、商標権及著作権ノ保護ニ関スル件

昭和四年十一月十六日勅令第三百二十四号

朕関東州ニ於ケル特許件、実用新案権、意匠権、商標権及著作権ノ保護ニ関スル件ヲ裁可シ茲ニ之ヲ公布セシム（総理、外務、拓務大臣副署）

第一条 特許権、実用新案権、意匠権、商標権及著作権ノ効力ハ関東州ニ及フモノトス

第二条 特許法、実用新案法、意匠法、商標法及著作権法中ノ罪ニ関スル規定ハ関東州ニ在ル者ニ対シ之ヲ適用ス

附則

本令ハ昭和四年十二月一日ヨリ之ヲ施行ス

◎朝鮮及台湾ニ工業所有権戦時法施行等ニ関スル件（抄）

大正六年九月十二日
勅令第百四十三号

朕朝鮮及台湾ニ工業所有権戦時法施行等ニ関スル件ヲ裁可シ茲ニ之ヲ公布セシム（総、外、農、大臣副署）

第二条 帝国臣民カ工業所有権戦時法第五条ノ規定ニ依リ帝国ニ於テ享有スル専用権ノ効力ハ関東州及帝国カ治外法権ヲ行使スルコトヲ得ル外国ニ在ル帝国臣民ニ及フモノトス

第三条 工業所有権戦時法中ノ罪ニ関スル規定ハ関東州及帝国カ治外法権ヲ行使スルコトヲ得ル外国ニ在ル帝国臣民ニ対シ之ヲ適用ス

附　則

本令ハ工業所有権戦時法施行ノ日ヨリ之ヲ施行ス（大正六年九月十五日から施行）

四　拓殖　移民

◎東洋拓殖株式会社法

明治四十一年八月二十七日法律第六十三号

改正　明治四三年第四九号
大正六年第二三号
昭和三年第七号、一三年第三八号、一四年第六八号

朕帝国議会ノ協賛ヲ経タル東洋拓殖株式会社法ヲ裁可シ茲ニ之ヲ公布セシム（総理、大蔵、農商務、司法大臣副署）

東洋拓殖株式会社法

第一章　総則

第一条 東洋拓殖株式会社ハ内地以外ノ地域ニ於ケル拓殖資金ノ供給其ノ他拓殖事業ノ経営ヲ目的トスル株式会社トシ其ノ本店ヲ東京ニ置ク

第二条 東洋拓殖株式会社ノ資本ハ一千萬円トス但シ政府ノ認可ヲ受ケ之ヲ増加スルコトヲ得

第三条 東洋拓殖株式会社ノ株式ハ総テ記名式トシ日本人ニ限リ之ヲ所有スルコトヲ得

第四条 東洋拓殖株式会社ノ資本増加ハ株金全額ノ払込アルコトヲ要セス

第四条ノ二 東洋拓殖株式会社ノ定款変更ハ資本ノ半額以上ニ当ル株主出席シ其ノ議決権ノ過半数ヲ以テ之ヲ決ス

第五条 東洋拓殖株式会社ノ存立期ハ設立登記ノ日ヨリ百年トス但シ政府ノ認可ヲ受ケ之ヲ延長スルコトヲ得

第六条 東洋拓殖株式会社ハ政府ノ認可ヲ受ケ支店又ハ出張所ヲ京城、奉天其ノ他ノ地ニ置ク

第二章　役員

第七条 東洋拓殖株式会社ニ総裁副総裁各一人、理事三人以上、監事二人以上ヲ置ク

第八条 総裁ハ東洋拓殖株式会社ヲ代表シ其ノ業務ヲ総理ス総裁事故アルトキハ副総裁其ノ職務ヲ代理シ総裁缺員ノトキハ其ノ職務ヲ行フ

副総裁及理事ハ総裁ヲ輔佐シ定款ノ定ムル所ニ従ヒ東洋拓殖

株式会社ノ業務ヲ分掌シ又ハ之ニ参与ス

監事ハ東洋拓殖株式会社ノ業務ヲ監査ス

第九条　総裁及副総裁ハ政府之ヲ命シ其ノ任期ヲ五年トス

理事ハ五十株以上ヲ所有スル株主中ヨリ株主総会ニ於テ二倍ノ候補者ヲ選挙シ政府其ノ中ヨリ之ヲ命シ其ノ任期ヲ四年トス

監事ハ三十株以上ヲ所有スル株主中ヨリ株主総会ニ於テ之ヲ選任シ其ノ任期ヲ二年トス

第十条　総裁、副総裁及東洋拓殖株式会社ノ業務ヲ分掌スル理事ハ他ノ職務又ハ商業ニ従事スルコトヲ得ス但シ政府ノ許可ヲ受ケタルトキハ此ノ限ニ在ラス

第三章　営業

第十一条　東洋拓殖株式会社ハ左ノ業務ヲ営ムモノトス

一　拓殖ノ為必要ナル資金ノ供給

二　拓殖ノ為必要ナル農業、水利事業及土地ノ取得、経営、処分

三　拓殖ノ為必要ナル移住民ノ募集及分配

四　移住民ノ為必要ナル建築物ノ築造、賣買及貸借

五　移住民又ハ農業者ニ対シ拓殖ノ為必要ナル物品ノ供給及其ノ生産シタル物品ノ分配

六　委託ニ因ル土地ノ経営及管理

七　其ノ他拓殖ノ為必要ナル事業ノ経営

前項第七号ノ事業ヲ経営シ又ハ朝鮮以外ノ地域ニ於テ前項第一号乃至第六号ノ事業ヲ営マムトスルトキハ其ノ事業及地域ニ付予メ政府ノ認可ヲ受クヘシ

第十二条　政府ハ必要ト認ムルトキハ前条第一項第一号以外ノ業務ニ使用スル資金ノ額ヲ制限スルコトヲ得

第十三条　第十一条第一項第一号ノ資金供給ハ左ノ方法ニ依リ之ヲ行フヘシ

一　移住民ニ対シ二十五年以内ノ年賦償還又ハ五年以内ノ定期償還ノ方法ニ依ル移住費ノ貸付

二　生産者ニ対シ其ノ生産物ヲ担保トスル一年以内ノ貸付

三　三十年以内ノ年賦償還又ハ五年以内ノ定期償還ノ方法ニ依ル不動産、鉄道、鉱業権其ノ他不動産上ノ権利ヲ担保トスル貸付

四　公共団体又ハ特別ノ法令ニ依リ組織シタル産業ニ関スル組合ニ対シ三十年以内ノ年賦償還又ハ五年以内ノ定期償還ノ方法ニ依ル無担保貸付

五　農業者二十人以上連帯シテ債務ヲ負フ者ニ対シ五年以内ノ定期償還ノ方法ニ依ル無担保貸付

六　移民取扱業其ノ他拓殖事業ヲ営ムコトヲ目的トスル会社ノ株券又ハ債券ノ応募、引受

七　移民取扱業其ノ他拓殖事業ヲ営ムコトヲ目的トスル会社ノ株券又ハ債券ヲ質トスル五年以内ノ定期償還ノ方法ニ依ル貸付

八　法令ノ規定ニ依リ設定シタル財団其ノ他確実ナル物件ヲ担保トスル三十年以内ノ年賦償還又ハ五年以内ノ定期償還ノ方法ニ依ル貸付

前項第二号ノ貸付ヲ為ス場合ニ於テハ手形割引ノ方法ニ依ルコトヲ得

第十三条ノ二　東洋拓殖株式会社ハ定期預リ金ヲ為スコトヲ得

前項ノ定期預リ金ハ前条第一項第二号又ハ第七号ノ添付ニ充ツル場合ヲ除クノ外之ヲ使用スルコトヲ得ス

第十四条　不動産ヲ担保トスル貸付金額ハ東洋拓殖株式会社ニ於テ鑑定シタル価格ノ三分ノ二以内トス

第十五条　不動産ヲ担保トスル貸付ニ付テハ第一順位ノ担保ナルコトヲ要ス但シ旧債アル場合ニ於テ東洋拓殖株式会社ヨリ借入スル新債ヲ以テ旧債ヲ償還スル効果ニ依リ新債ノ第一順位ノ担保ト為ルコトヲ得ヘキトキハ此ノ限ニ在ラス

第十六条　貸付金ノ年賦償還ニ付テハ五年以内ノ据置年限ヲ定ムヘシ

第十七条　年賦金ハ元金ト利子トヲ併セテ之ヲ計算シ各年ヲ通シテ一定平等ノ償還額ヲ定ムヘシ但シ据置年限間ノ利子ニ付テハ此ノ限ニ在ラス

第十八条　年賦償還ノ方法ヲ以テ借入ヲ為シタル債務者ハ償還期限前ニ借用金ノ全部又ハ一部ヲ償還スルコトヲ得

前項ノ場合ニ於テハ東洋拓殖株式会社ハ定款ニ於テ定ムル所ノ率ニ依リ相当ノ手数料ヲ要求スルコトヲ得

第十九条　左ノ場合ニ於テハ償還期限前ト雖貸付金全部ノ償還ヲ要求スルコトヲ得

一　債務者カ貸付ノ目的ニ反シテ貸付金ヲ使用シタルトキ

二　債務者カ年賦金ノ払込ヲ遅延シ催告ヲ受クルモ尚払込ヲ為ササルトキ

三　担保タル不動産ノ全部又ハ一部カ公用ノ為収用セラルルトキ但シ債務者ニ於テ収用補償金ヲ供託シ又ハ相当ノ不動産ヲ以テ増担保トスルトキハ此ノ限ニ在ラス

前項第三号ノ場合ニ於テ其ノ収用カ一部ニ止マルトキハ償還ノ要求モ其ノ割合ニ応スヘキモノトス

第二十条　担保物ノ価格減少シ貸付金償還残額ニ対シ第十四条ノ割合ニ不足ヲ生シタルトキハ増担保ヲ要求シ又ハ其ノ不足ニ相当スル貸付金額ノ償還ヲ要求スルコトヲ得

債務者前項ノ要求ニ応セサルトキハ償還期限前ト雖貸付金全部ノ償還ヲ要求スルコトヲ得

第二十一条　営業上ノ余裕金ハ一時国債証券若ハ政府ノ認可ヲ受ケタル有価証券ヲ買入レ又ハ政府若ハ政府ノ指定シタル銀行ニ預ケ金ヲ為スノ外之ヲ使用スルコトヲ得ス

第二十二条　東洋拓殖株式会社ハ営業上必要アルトキハ政府ノ認可ヲ受ケ借入金ヲ為スコトヲ得

第二十二条ノ二　東洋拓殖株式会社ハ日本勧業銀行ノ代理店タルコトヲ得

東洋拓殖株式会社ハ日本勧業銀行ノ貸付ヲ代理シタル場合ニ於テハ日本勧業銀行ニ対シ債務者ノ為ニ債務ノ保証ヲ為スコトヲ得

第四章　東洋拓殖債券

第二十三条　東洋拓殖株式会社ハ払込資本額ノ十五倍ヲ限リ東洋拓殖債券ヲ発行スルコトヲ得

東洋拓殖債券ヲ発行スル場合ニ於テハ商法第二百九十六条及第二百九十八条ノ規定ヲ適用セス

第二十四条　東洋拓殖債券ヲ発行セムトスル場合ニ於テハ毎回其ノ金額、条件並発行及償還ノ方法ヲ定メ政府ノ認可ヲ受ク

ヘシ

第二十五条　東洋拓殖債券ヲ発行スル場合ニ於テハ数回ニ分チ払込ヲ為サシムルコトヲ得

第二十六条　東洋拓殖債券ハ金額払込ノ後ハ無記名式トス但シ応募者又ハ所有者ノ請求ニ因リ記名式ト為スコトヲ得

第二十七条　東洋拓殖債券ノ所有者ハ東洋拓殖株式会社ノ財産ニ付他ノ債権者ニ先チテ自己ノ債権ノ弁済ヲ受クル権利ヲ有ス

第二十八条　東洋拓殖株式会社ハ社債借換ノ為一時第二十三条ノ制限ニ依ラス東洋拓殖債券ヲ発行スルコトヲ得此ノ場合ニ於テハ発行後一月以内ニ其ノ社債総額ニ相当スル旧東洋拓殖債券ヲ償還スヘシ

第二十九条　東洋拓殖債券ノ据置年限ハ五年以内トシ其ノ償還期限ハ三十年以内トス

第三十条　東洋拓殖株式会社ハ政府ノ認可ヲ受ケ東洋拓殖債券ノ買入消却ヲ為スコトヲ得

第五章　準備金

第三十一条　東洋拓殖株式会社ハ毎営業期ニ準備金トシテ資本ノ欠損ヲ補フ為利益ノ百分ノ八以上ヲ積立テ且利益配当ノ平均ヲ得セシムル為利益ノ百分ノ二以上ヲ積立ツヘシ

第六章　政府ノ監督及補助

第三十二条　政府ハ東洋拓殖株式会社ノ業務ヲ監督ス

第三十三条　政府ハ東洋拓殖株式会社監理官ヲ置キ東洋拓殖株式会社ノ業務ヲ監視セシム

東洋拓殖株式会社監理官ハ何時ニテモ東洋拓殖株式会社ノ金庫帳簿及諸般ノ文書物件ヲ検査スルコトヲ得

東洋拓殖株式会社監理官ハ必要ト認ムルトキハ何時ニテモ東洋拓殖株式会社ニ命シテ営業上諸般ノ計算及景況ヲ報告セシムルコトヲ得

東洋拓殖株式会社監理官ハ株主総会其ノ他諸般ノ会議ニ出席シテ意見ヲ陳述スルコトヲ得

第三十四条　政府ハ東洋拓殖株式会社ノ業務ニ関シ監督上必要ナル命令ヲ発スルコトヲ得

第三十五条　東洋拓殖株式会社ノ決議又ハ役員ノ行為法令若ハ定款ニ違反シ又ハ公益ヲ害スルモノト認ムルトキハ政府ハ其ノ決議ヲ取消シ又ハ役員ヲ解職スルコトヲ得東洋拓殖株式会社ノ役員ニ於テ監督官庁ノ命シタル事項ヲ執行セサルトキ亦同シ

第三十六条　東洋拓殖株式会社ハ政府ノ認可ヲ受クルニ非サレハ利益金ノ処分ヲ為スコトヲ得ス

第三十七条　東洋拓殖株式会社ニ於テ移住規則其ノ他ノ規定ヲ定ムルトキハ政府ノ認可ヲ受クヘシ

第三十七ノ二条　東洋拓殖株式会社ノ貸付金ノ利子及割引料ノ最高歩合ハ毎営業年度ノ初ニ於テ政府ノ認可ヲ受クヘシ

第三十八条　東洋拓殖株式会社ニ於テ政府ノ認可ヲ受ケタル事項ヲ変更セムトスルトキハ更ニ政府ノ認可ヲ受クヘシ

第三十九条　政府ハ東洋拓殖株式会社ニ対シ設立登記ノ日ヨリ起算シ八年間ヲ限リ毎年金三十萬円ヲ毎営業期ニ割当テ補給スヘシ但シ毎営業期ニ於ケル利益配当カ払込資本額ニ対シ年八分ノ割合ヲ超過スルトキハ其ノ超過額ニ相当スル金額ヲ補

給金ノ内ヨリ控除ス

第四十条　利益配当カ払込資本額ニ対シ年一割ノ割合ヲ超過スルトキハ其ノ超過金額ハ先ツ之ヲ前条補給金ノ償還ニ充ツヘシ

前項ノ償還ヲ終ヘタルトキハ該超過金額ハ其ノ半額ヲ特別積立金トスヘシ

第七章　罰則

第四十一条　東洋拓殖株式会社ニ於テ左ノ事犯アルトキハ総裁又ハ総裁ノ職務ヲ行ヒ若ハ代理スル副総裁ヲ百円以上千円以下ノ過料ニ処ス其ノ事犯副総裁又ハ理事ノ分掌業務ニ係ルトキハ副総裁又ハ理事ヲ過料ニ処スルコト亦同シ

一　本法ニ於テ政府ノ認可ヲ受クヘキ場合ニ其ノ認可ヲ受ケサルトキ

二　第十一条ノ規定ニ依ラス業務ヲ営ミタルトキ

三　第十二条又ハ第三十四条ノ規定ニ基キ発シタル命令ニ違反シタルトキ

三ノ二　第十三条、第十四条乃至第十七条ノ規定ニ違反シ資金ヲ供給シタルトキ

三ノ三　第十三条ノ二第二項ノ規定ニ違反シ預リ金ヲ使用シタルトキ

四　第二十一条ノ規定ニ違反シ営業上ノ余裕金ヲ使用シタルトキ

五　第二十三条ノ規定ニ違反シ東洋拓殖債券ヲ発行シタルトキ但シ第二十八条ノ場合ハ此ノ限ニ在ラス

六　第二十八条ノ規定ニ違反シ東洋拓殖債券ノ償還ヲ為サザルトキ

七　第三十一条又ハ第四十条ノ規定ニ違反シ利益金ヲ処分シタルトキ

第四十二条　東洋拓殖株式会社ノ総裁、副総裁又ハ理事第十条ノ規定ニ違反シタルトキハ二十円以上二百円以下ノ過料ニ処ス

第四十三条　前二条ニ規定セル過料ニ付テハ非訟事件手続法第二百六条乃至第二百八条ノ規定ヲ準用ス

附　則

第四十四条　政府ハ設立委員ヲ命シ韓国政府ノ命シタル設立委員ト共同シテ東洋拓殖株式会社ノ設立ニ関スル一切ノ事務ヲ処理セシム（以下略）

◎鮮満拓殖株式会社令

改正　昭和一五年第四〇号

鮮満拓殖株式会社令明治四十四年法律第三十号第一条及第二条ニ依リ勅裁ヲ得テ茲ニ之ヲ公布ス

昭和十一年六月四日　　朝鮮総督　宇垣　一成

制令第七号

鮮満拓殖株式会社令

第一章　総則

第一条　鮮満拓殖株式会社ハ西北鮮ニ於ケル朝鮮人移住者ノ為必要ナル拓殖事業ノ経営及満洲国ニ於ケル朝鮮人移住者ノ為必要ナル拓殖事業ニ対スル資金ノ供給ヲ為スヲ目的トスル株

式会社トシ其ノ本社ヲ京城ニ置ク

第二条　鮮満拓殖株式会社ノ資本ハ二千万円トス但シ朝鮮総督ノ認可ヲ受ケ之ヲ増加スルコトヲ得

第三条　鮮満拓殖株式会社ハ株金全額払込前ト雖モ其ノ資本ヲ増加スルコトヲ得

第四条　鮮満拓殖株式会社ノ株券ハ記名式トシ帝国臣民、帝国法令ニ依リ設立シタル法人、満洲国人又ハ満洲国法令ニ依リ設立シタル法人ニ限リ之ヲ所有スルコトヲ得

第五条　鮮満拓殖株式会社ノ存立期間ハ設立登記ノ日ヨリ三十年トス但シ朝鮮総督ノ認可ヲ受ケ之ヲ延長スルコトヲ得

第二章　役員

第六条　鮮満拓殖株式会社ニ総裁一人、理事三人以上及監事二人以上ヲ置ク

第七条　総裁ハ鮮満拓殖株式会社ヲ代表シ其ノ業務ヲ総理ス

総裁事故アルトキハ定款ノ定ムル所ニ従ヒ理事中一人其ノ職務ヲ代理シ総裁欠員ノトキハ其ノ職務ヲ行フ

理事ハ総裁ヲ補助シ鮮満拓殖株式会社ノ業務ヲ分掌ス

監事ハ鮮満拓殖株式会社ノ業務ヲ監査ス

第八条　総裁ハ朝鮮総督之ヲ命ジ其ノ任期ヲ五年トス

理事ハ五十株以上ヲ有スル株主中ヨリ株主総会ニ於テ二倍ノ候補者ヲ選挙シ朝鮮総督其ノ中ヨリ之ヲ命ジ其ノ任期ヲ四年トス

監事ハ三十株以上ヲ有スル株主中ヨリ株主総会ニ於テ之ヲ選任シ其ノ任期ヲ二年トス

第九条　総裁及理事ハ他ノ職務又ハ商業ニ従事スルコトヲ得ズ但シ朝鮮総督ノ認可ヲ受ケタルトキハ此ノ限ニ在ラズ

第三章　営業

第十条　鮮満拓殖株式会社ハ左ノ業務ヲ営ムモノトス

一　西北鮮ニ於ケル朝鮮人移住者ノ為必要ナル土地ノ取得、経営及処分

二　西北鮮ニ於ケル朝鮮人移住者ノ為必要ナル資金ノ貸付

三　西北鮮ニ於ケル朝鮮人移住者ノ為必要ナル建築物ノ築造、売買及貸借

四　西北鮮ニ於ケル朝鮮人移住者ノ為必要ナル土地ノ委託ニ依ル経営及管理

五　其ノ他西北鮮ニ於ケル朝鮮人移住者ノ為必要ナル事業

六　満洲国ニ於ケル朝鮮人移住者ノ為必要ナル拓殖事業ヲ営ムコトヲ目的トスル会社ノ株式ノ引受及事業資金ノ貸付

前項第五号又ハ第六号ノ業務ヲ営マントスルトキハ予メ朝鮮総督ノ認可ヲ受クベシ

第十一条　前条第一項第一号ノ土地ノ処分ノ方法及同項第二号ノ資金ノ貸付ノ方法ハ朝鮮総督ノ認可ヲ受クベシ

第十二条　営業上ノ余裕金ハ国債証券、地方債証券若ハ朝鮮総督ノ認可ヲ受ケタル有価証券ノ応募、引受若ハ買入ヲ為シ又ハ朝鮮総督ノ指定シタル銀行ニ預入ヲ為スノ外之ヲ使用スルコトヲ得ズ

第四章　鮮満拓殖債券

第十三条　鮮満拓殖株式会社ハ払込ミタル株金額ノ三倍ヲ限リ鮮満拓殖債券ヲ発行スルコトヲ得

鮮満拓殖債券ヲ発行スル場合ニ於テハ朝鮮民事令ニ於テ依ル

コトヲ定メタル商法第三百四十三条ニ定ムル決議ニ依ルコトヲ要セズ

社債ヲ発行スル場合ニ於テ応募総額ガ社債申込証ニ記載シタル社債総額ニ達セザルトキト雖モ社債ヲ成立セシムル旨ヲ社債申込証ニ記載シタルトキハ其ノ応募総額ヲ以テ社債総額トス

第十四条　鮮満拓殖債券ヲ発行セントスルトキハ毎回其ノ金額、条件並ニ発行及償還ノ方法ヲ定メ朝鮮総督ノ認可ヲ受クベシ

第十五条　鮮満拓殖債券ハ券面金額十円以上トシ無記名式利札附トス但シ応募者又ハ所有者ノ請求ニ因リ記名式ト為スコトヲ得

第十六条　券面金額二十円以下ノ鮮満拓殖債券ヲ発行スル場合ニ於テハ売出ノ方法ニ依ルコトヲ得此ノ場合ニ於テハ売出期間ヲ定ムルコトヲ要ス

前項ノ場合ニ於テハ社債申込証ヲ作ルコトヲ要セズ

第一項ノ規定ニ依リ発行スル鮮満拓殖債券ニハ朝鮮民事令ニ於テ依ルコトヲ定メタル商法第三百一条第二項第一号及第三号乃至第五号ニ掲グル事項並ニ債券ノ番号ヲ記載スルコトヲ要ス

朝鮮民事令ニ於テ依ルコトヲ定メタル商法第三百五条第一項ノ期間ハ鮮満拓殖債券ノ売出期間満了ノ日ヨリ之ヲ起算シ其ノ登記スベキ事項ハ売出期間内ニ於ケル鮮満拓殖債券ノ売上総額及朝鮮民事令ニ於テ依ルコトヲ定メタル商法第三百一条第二項第三号乃至第五号ニ掲グル事項トス

売出ノ方法ニ依リ鮮満拓殖債券ヲ発行シタル場合ニ於ケル社債ノ登記ノ申請書ニハ売出期間内ニ於ケル鮮満拓殖債券ノ売上総額ヲ証スル書面ヲ添付スルコトヲ要ス

第十七条　売出ノ方法ニ依リ鮮満拓殖債券ヲ発行セントスルトキハ売出期間及朝鮮民事令ニ於テ依ルコトヲ定メタル商法第三百一条第二項第一号乃至第五号、第七号及第八号ニ掲グル事項ヲ告示スベシ

第十八条　鮮満拓殖債券ノ所有者ハ鮮満拓殖株式会社ノ財産ニ付他ノ債権者ニ先チテ自己ノ債権ノ弁済ヲ受クル権利ヲ有ス

第十九条　鮮満拓殖債券ノ消滅時効ハ元金ニ在リテハ十五年、利子ニ在リテハ五年ヲ以テ完成ス

第二十条　鮮満拓殖株式会社ハ社債借換ノ為一時第十三条第一項ノ制限ニ依ラズ鮮満拓殖債券ヲ発行スルコトヲ得此ノ場合ニ於テハ発行後一月以内ニ其ノ社債総額ニ相当スル旧鮮満拓殖債券ヲ償還スベシ

第二十一条　鮮満拓殖株式会社ハ朝鮮総督ノ認可ヲ受ケ鮮満拓殖債券ノ買入償却ヲ為スコトヲ得

第二十二条　鮮満拓殖債券ノ模造ニ関シテハ朝鮮民事令ニ於テ依ルコトヲ定メタル通貨及証券模造取締法ヲ準用ス

第五章　監督

第二十三条　朝鮮総督ハ鮮満拓殖株式会社ノ業務ヲ監督ス

第二十四条　鮮満拓殖株式会社借入金ヲ為サントスルトキハ朝鮮総督ノ認可ヲ受クベシ

第二十五条　定款ノ変更、合併及解散ノ決議ハ朝鮮総督ノ認可ヲ受クルニ非ザレバ其ノ効力ヲ生ゼズ

第二十六条　鮮満拓殖株式会社ハ朝鮮総督ノ認可ヲ受クルニ非ザレバ利益金ノ処分ヲ為スコトヲ得ズ

第二十七条　朝鮮総督ハ鮮満拓殖株式会社ノ業務ニ関シ監督上必要ナル命令ヲ為スコトヲ得

第二十八条　朝鮮総督ハ鮮満拓殖株式会社監理官ヲ置キ鮮満拓殖株式会社ノ業務ヲ監視セシム

第二十九条　鮮満拓殖株式会社監理官ハ何時ニテモ鮮満拓殖株式会社ノ金庫、帳簿及諸般ノ文書物件ヲ検査スルコトヲ得

鮮満拓殖株式会社監理官ハ必要ト認ムルトキハ何時ニテモ鮮満拓殖株式会社ニ命ジ業務ニ関スル諸般ノ計算及状況ヲ報告セシムルコトヲ得

鮮満拓殖株式会社監理官ハ株主総会其ノ他諸般ノ会議ニ出席シ意見ヲ陳述スルコトヲ得

第三十条　朝鮮総督ハ鮮満拓殖株式会社ノ決議又ハ役員ノ行為ガ法令、法令ニ基キテ為ス処分若ハ定款ニ違反シ又ハ公益ヲ害スト認ムルトキハ其ノ決議ヲ取消シ又ハ役員ヲ解任スルコトヲ得

第六章　罰則

第三十一条　鮮満拓殖株式会社左ノ各号ノ一ニ該当スルトキハ総裁又ハ総裁ノ職務ヲ行ヒ若ハ代理スル理事ヲ百円以上二千円以下ノ過料ニ処ス理事ノ分掌業務ニ係ルトキハ理事ヲ過料ニ処スルコト亦同ジ

一　本令ニ依リ認可ヲ受クベキ場合ニ於テ其ノ認可ヲ受ケザルトキ

二　第十条第一項ノ規定ニ依ラズシテ業務ヲ営ミタルトキ

三　第十二条ノ規定ニ違反シ営業上ノ余裕金ヲ使用シタルトキ

四　第十三条第一項ノ規定ニ違反シ鮮満拓殖債券ヲ発行シタルトキ

五　第二十条ノ規定ニ違反シ鮮満拓殖債券ノ償還ヲ為サザルトキ

六　第二十七条ノ規定ニ基キテ為シタル命令ニ違反シタルトキ

第三十二条　鮮満拓殖株式会社ノ総裁又ハ理事第十条ノ規定ニ違反シタルトキハ二十円以上二百円以下ノ過料ニ処ス

第三十三条　朝鮮民事令ニ於テ依ルコトヲ定メタル非訟事件手続法第二百六条乃至第二百八条ノ規定ハ前二条ノ過料ニ之ヲ準用ス

附　則

第三十四条　本令施行ノ期日ハ朝鮮総督之ヲ定ム（昭和十一年総督府令第四十五号で昭和十一年六月十八日から施行）

第三十五条　朝鮮総督ハ設立委員ヲ命ジ鮮満拓殖株式会社ノ設立ニ関スル一切ノ事務ヲ処理セシム

第三十六条　設立委員ハ定款ヲ作成シ朝鮮総督ノ認可ヲ受ケタル後株主ヲ募集スベシ

第三十七条　株式申込証ニハ定款認可ノ年月日並ニ朝鮮民事令ニ於テ依ルコトヲ定メタル商法第百二十六条第二項第二号、第四号及第五号ニ規定スル事項ヲ記載スベシ

第三十八条　設立委員ハ株主ノ募集ヲ終リタルトキハ株式申込証ヲ朝鮮総督ニ提出シ其ノ検査ヲ受クベシ

第三十九条　設立委員ハ前条ノ検査ヲ受ケタル後遅滞ナク各株ニ付第一回ノ払込ヲ為サシムベシ
前項ノ払込アリタルトキハ設立委員ハ遅滞ナク創立総会ヲ招集スベシ

第四十条　創立総会終結シタルトキハ設立委員ハ其ノ事務ヲ鮮満拓殖株式会社総裁ニ引渡スベシ

第四十一条　設立初度ノ理事ハ五十株以上ヲ有スル株主中ヨリ、設立初度ノ監事ハ三十株以上ヲ有スル株主中ヨリ朝鮮総督之ヲ命ジ任期ハ理事ニ在リテハ四年、監事ニ在リテハ二年トス

第四十二条　朝鮮登録税令第三条第一項第八号中「朝鮮殖産債券」ノ下ニ「及鮮満拓殖債券」ヲ加フ

○朝鮮民事令ニ於テ依ルコトヲ定メタル商法ヲ引用スル条文ノ整理ニ関スル件（抄）

昭和十五年十二月九日制令第四十号

第二条　鮮満拓殖株式会社令中左ノ通改正ス
第十三条第二項中「商法第二百九条」ヲ「商法第三百四十三条」ニ改ム
第十六条第三項中「商号並ニ朝鮮民事令ニ於テ依ルコトヲ定メタル商法第百七十三条第二号及第四号乃至第六号ニ掲グル事項」ヲ「朝鮮民事令ニ於テ依ルコトヲ定メタル商法第三百一条第二項第一号及第三号乃至第五号ニ掲グル事項並ニ債券ノ番号」ニ、同条第四項中「商法第二百四条ノ三第一項」ヲ「商法第三百五条第一項」ニ、「商法第百七十三条第四号乃至第六号」ヲ「商法第三百一条第二項第三号乃至第五号」ニ改ム
第十七条中「商法第二百三条第二項第一号乃至第三号」ヲ「商法第三百一条第二項第一号乃至第五号、第七号及第八号」ニ改ム

○鮮満拓殖株式会社令廃止

昭和十六年十二月二十日制令第三十三号

鮮満拓殖株式会社令ハ之ヲ廃止ス

附　則

鮮満拓殖債券ノ模造ニ関シテハ仍従前ノ例ニ依ル
朝鮮登録税令第三条第一項第八号中「、鮮満拓殖債券」ヲ削ル

外地法制誌［第6部］
—関東州租借地と南満洲鉄道附属地（後編）—　第2巻

2004年3月復刻版第1刷 発行

揃本体価　30,000円（+税）
税込価格　33,000円

編　集　浅野豊美
発行者　北村正光
発行所　㈱龍溪書舎
〒173-0027 東京都板橋区南町43－4－103
TEL 03(3554)8045　振替 00130-1-76123
FAX 03(3554)8444

落丁・乱丁はおとりかえいたします。
揃：ISBN4-8447-0408-7

印刷：武内印刷
製本：高橋製本